KÖLZ / HÄNER

VERWALTUNGSVERFAHREN
UND VERWALTUNGSRECHTSPFLEGE
DES BUNDES

VERWALTUNGSVERFAHREN UND VERWALTUNGSRECHTSPFLEGE DES BUNDES

Mit einem Grundriss der
Verwaltungsrechtspflege
des Kantons Zürich

von

Alfred Kölz und **Isabelle Häner**
Dr. iur., Rechtsanwalt   Dr. iur., Rechtsanwältin
Professor an der   Lehrbeauftragte an der
Universität Zürich   Universität Zürich

Schulthess Polygraphischer Verlag Zürich 1993

© Schulthess Polygraphischer Verlag AG, Zürich 1993
ISBN 3 7255 3081 5

INHALTSÜBERSICHT

Inhaltsverzeichnis IX
Abkürzungsverzeichnis XXVII

I. Teil: Grundlagen und historische Entwicklung 1

1. Kapitel: Grundlagen 3
2. Kapitel: Historische Grundlagen 48

II. Teil: Das nichtstreitige Verwaltungsverfahren und die Verwaltungsrechtspflege im Bund 59

1. Abschnitt: Nichtstreitiges Verwaltungsverfahren 61

3. Kapitel: Grundlagen und Abgrenzung 61
4. Kapitel: Der Verfahrensablauf 67

2. Abschnitt: Die verwaltungsinterne Verwaltungsrechtspflege 108

5. Kapitel: Grundlagen 108
6. Kapitel: Wiedererwägung und Aufsichtsbeschwerde im Bund 115
7. Kapitel: Die Einsprache 124
8. Kapitel: Allgemeines verwaltungsinternes Beschwerdeverfahren 125
9. Kapitel: Rechtsverweigerungs- und Rechtsverzögerungsbeschwerde 185
10. Kapitel: Erläuterung und Berichtigung von Rechnungs- und Kanzleifehlern 187
11. Kapitel: Revision 188
12. Kapitel: Besonderheiten der Verwaltungsbeschwerde an den Bundesrat 192

3. Abschnitt: Beschwerde an die Bundesversammlung 200

4. Abschnitt: Verwaltungsrechtspflege durch Rekurs- und Schiedskommissionen 202

13. Kapitel: Grundlagen 202
14. Kapitel: Besonderheiten der Organisation und des Verfahrens 204

5. Abschnitt: Verwaltungsrechtspflege durch das Bundesgericht — 209

15. Kapitel: Grundlagen — 209
16. Kapitel: Die Verwaltungsgerichtsbeschwerde an das Bundesgericht — 214
17. Kapitel: Rechtsverweigerungs- und Rechtsverzögerungsbeschwerde — 258
18. Kapitel: Erläuterung und Revision — 259
19. Kapitel: Das Bundesgericht als einzige Instanz — 262
20. Kapitel: Das Bundesgericht als Instanz für kantonale Verwaltungsrechtsstreitigkeiten — 267
21. Kapitel: Zuständigkeit des eidgenössischen Versicherungsgerichtes — 268

III. Teil: Das nichtstreitige Verwaltungsverfahren und die Verwaltungsrechtspflege im Kanton Zürich – ein Überblick — 271

1. Abschnitt: Das verwaltungsinterne Verfahren — 273

22. Kapitel: Grundlagen — 273
23. Kapitel: Der Verfahrensablauf — 276

2. Abschnitt: Verwaltungsinterne Rechtspflege im Kanton Zürich — 292

24. Kapitel: Rechtsgrundlagen — 292
25. Kapitel: Die Rechtsbehelfe im Kanton Zürich — 293
26. Kapitel: Einsprache — 295
27. Kapitel: Verwaltungsrekurs — 296
28. Kapitel: Rechtsverweigerungs- und Rechtsverzögerungsbeschwerde — 318
29. Kapitel: Erläuterung und Revision bei Rekursentscheiden — 319

3. Abschnitt: Verwaltungsrechtspflege durch Rekurskommissionen — 321

4. Abschnitt: Verwaltungsrechtspflege durch die Justiz — 323

30. Kapitel: Grundlagen — 323
31. Kapitel: Das Verwaltungsgericht als Beschwerdeinstanz — 326
32. Kapitel: Das Verwaltungsgericht als Rekurs- und Beschwerdeinstanz in Steuersachen — 339
33. Kapitel: Das Verwaltungsgericht als Disziplinargericht — 340

34. Kapitel: Das Verwaltungsgericht als einzige Instanz　343
35. Kapitel: Rechtsschutz und Verwaltungskontrolle durch den
　　　Ombudsmann　346

**Bundesgesetz über das Verwaltungsverfahren vom
20. Dezember 1968**　351

**Bundesgesetz über die Organisation der
Bundesrechtspflege vom 16. Dezember 1943 (Teilabdruck)**　379

Gesetzesregister　423

Sachregister　433

INHALTSVERZEICHNIS

I. Teil: Grundlagen und historische Entwicklung — 1

1. Kapitel: Grundlagen — 3

- I. Übersicht über die Rechtsquellen, Materialien und die allgemeine Literatur — 3
  1. Rechtsquellen und Materialien im Bund — 3
  2. Rechtsquellen und Materialien im Kanton Zürich — 4
  3. Rechtsquellen und Materialien in den anderen Kantonen — 4
  4. Allgemeine Literatur — 7
     - A. Allgemeines Verwaltungsrecht — 7
     - B. Verfahrensrecht allgemein – Verwaltungsverfahren und Verwaltungsrechtspflege des Bundes: Allgemeine Literatur — 8
     - C. Verwaltungsverfahren und Verwaltungsrechtspflege der anderen Kantone — 9
     - D. Literaturauswahl zur Verwaltungsrechtspflege und zum Verwaltungsverfahren im Ausland — 11
       - a. Deutschland — 11
       - b. Österreich — 12
       - c. Frankreich — 12
       - d. Italien — 12
       - e. Englische, angloamerikanische und rechtsvergleichende Literatur — 12
- II. Begriff und Gegenstand des Verwaltungsverfahrens — 13
- III. Verwaltungsrechtspflege — 14
  1. Begriffliche Unterscheidungen — 14
  2. Zweck der Verwaltungsrechtspflege — 14
  3. Verwaltungsinterne Verwaltungsrechtspflege — 15
  4. Verwaltungsexterne Verwaltungsrechtspflege — 16
     - A. Die Verwaltungsgerichtsbarkeit — 16
       - a. Begriff — 16
       - b. Zur Unterscheidung «ursprüngliche» und «nachträgliche Verwaltungsgerichtsbarkeit» — 16
       - c. Träger — 17
         - aa. Übersicht — 17
         - bb. Verwaltungsrechtspflege durch allgemeine Verwaltungsgerichte — 18

			cc. Zivilgerichte	18
			dd. Rekurs- und Schiedskommissionen	18
			ee. Sozialversicherungsgericht	19
		B.	Das Parlament	19
IV.	**Übersicht**			20
V.	**Zum anwendbaren Recht**			21
	1. Bedeutung des Bundesverfassungsrechts			21
	2. Geltung der EMRK			22
	3. Gesetzliche Regelung des Verfahrensrechts			25
		A.	Notwendigkeit der Kodifikation des Verfahrensrechts und der Festlegung verfahrensrechtlicher Formen	25
		B.	Bemerkungen zu den Verfahrensrechten	26
		C.	Für die Kantone geltende Bundesvorschriften unterhalb der Verfassungsstufe	27
		D.	Intertemporales Verfahrensrecht	30
VI.	**Abgrenzung gegenüber benachbarten Rechtsgebieten**			31
	1. Abgrenzung Verwaltungsverfahrensrecht – materielles Verwaltungsrecht			31
	2. Abgrenzung Verwaltungsrechtspflege – Verfassungsgerichtsbarkeit			33
	3. Abgrenzung Verwaltungsrechtspflege – Verwaltungsaufsicht und parlamentarische Aufsicht			34
VII.	**Verfahrensmaximen**			36
	1. Begriff			36
	2. Offizialmaxime – Dispositionsmaxime			37
	3. Untersuchungsmaxime – Verhandlungsmaxime			38
	4. Eventualmaxime			39
	5. Rechtsanwendung von Amtes wegen			39
	6. Das rechtliche Gehör			40
	7. Gleichbehandlung der Parteien			41
	8. Übrige Verfahrensmaximen			42
		A.	Grundsatz der Mündlichkeit	42
		B.	Grundsatz der Unmittelbarkeit	43
		C.	Grundsatz der Öffentlichkeit	43
			a. Publikumsöffentlichkeit	44
			b. Parteiöffentlichkeit	46

	D. Amtsbetrieb	46
	E. Grundsatz der freien Beweiswürdigung	47
	F. Vertrauensgrundsatz	47

2. Kapitel: Historische Grundlagen 48

I. Überblick 48
    1. Erste Verwirklichung des Verwaltungsrechtsschutzes in der Mediationsverfassung 1803   48
    2. Keine Verwaltungsgerichtsbarkeit in den Regenerationsverfassungen 1830/31   49
    3. Betonung des demokratischen Staatsgedankens in der zweiten Hälfte des 19. Jahrhunderts   50
    4. Verbesserung des Verwaltungsrechtsschutzes im 20. Jahrhundert   50

II. Entwicklung im Bund 50
    1. Einführung der Verwaltungsgerichtsbarkeit   51
    2. Neuordnung des Verwaltungsverfahrens und der Verwaltungsrechtspflege 1968   52
    3. Reorganisation der Bundesrechtspflege   53

III. Entwicklung in den Kantonen 54
    1. Erste Impulse   54
    2. Entwicklung im Kanton Zürich   55
    3. Entwicklung in den übrigen Kantonen   55

II. Teil: Das nichtstreitige Verwaltungsverfahren und die Verwaltungsrechtspflege im Bund 59

1. Abschnitt: Nichtstreitiges Verwaltungsverfahren 61

3. Kapitel: Grundlagen und Abgrenzung 61

I. Gegenstand 61
    1. Regelung der Handlungsformen   61
    2. Die Verfügung   62

II.	**Anwendung des Verwaltungsverfahrensgesetzes**	64
	1. Die massgebenden Bestimmungen	64
	2. Anwendungsbereich des VwVG	64
	3. Die übergangsrechtlichen Bestimmungen	66

4. Kapitel: Der Verfahrensablauf 67

I.	**Einleitung des Verfahrens und Bestimmung des Gegenstandes**	67
	1. Offizialmaxime	67
	2. Feststellungsverfügung	68
	3. Anspruch auf Erlass einer Leistungs- oder Gestaltungsverfügung	70
II.	**Zuständigkeit**	70
	1. Begriff	71
	2. Pflicht der Behörde zur Überprüfung der Zuständigkeit	72
	3. Überweisungspflicht	72
	4. Kompetenzstreitigkeiten	73
	A. Kompetenzkonflikt zwischen den Behörden	73
	B. Kompetenzstreitigkeit zwischen Behörden und Privaten	74
III.	**Ausstand**	74
IV.	**Parteien**	76
V.	**Feststellung des Sachverhaltes**	78
	1. Geltung und Grenze der Untersuchungsmaxime	78
	2. Beweismittel	80
	A. Arten und Unterscheidung	80
	B. Die Pflichten Dritter: Zeugenaussage, Aktenherausgabepflicht und Duldung des Augenscheins	82
	C. Verwendung widerrechtlich erlangter Beweismittel	83
	D. Freie Beweiswürdigung	84
	3. Mitwirkungspflichten der Parteien	84
	4. Anspruch der Parteien auf rechtliches Gehör	86
	A. Allgemeines	86
	B. Akteneinsichtsrecht	86
	a. Grundsatz	86
	b. Ausnahmen	88

	C. Das Äusserungsrecht	90
	a. Allgemein	90
	b. Besonderes Einwendungsverfahren	91
	D. Mitwirkungsrechte bei der Beweiserhebung	92
	a. Beweisanerbieten der Parteien	92
	b. Das Recht auf Teilnahme an der Beweiserhebung	92
	E. Prüfung der Parteivorbringen	93
	F. Folgen der Verletzung des rechtlichen Gehörs	94
	G. Exkurs: Das 'verfahrene Verfahren' oder der 'seufzende Beamte'	94
VI.	**Vorsorgliche Massnahmen**	95
VII.	**Fristen**	96
VIII.	**Eröffnung der Verfügung**	98
	1. Formvorschriften	99
	A. Schriftlichkeit und individuelle Zustellung	99
	B. Veröffentlichung	99
	C. Begründung	100
	D. Rechtsmittelbelehrung	101
	2. Mängel	101
IX.	**Kosten**	102
X.	**Wirkung der Verfügung**	104
XI.	**Vollstreckung der Verfügung**	105
	1. Allgemeine Bemerkungen und Voraussetzungen	105
	2. Vollstreckungsmittel	107

2. Abschnitt: Die verwaltungsinterne Verwaltungsrechtspflege — 108

5. Kapitel: Grundlagen — 108

I.	**Die Rechtsmittel**	108
	1. Zu den Arten von Rechtsmitteln	108
	2. Überblick über die bestehenden Rechtsmittel im Bund	110
II.	**Streitgegenstand**	110
III.	**Prozessvoraussetzungen**	111

IV.	Rechtsgrundlagen des Verwaltungsinternen Beschwerdeverfahrens im Bund	113
	1. Geltungsbereich des VwVG und Übergangsrecht	113
	2. Die massgebenden Bestimmungen	113

6. Kapitel: Wiedererwägung und Aufsichtsbeschwerde im Bund 115

1. Die Unterscheidung Rechtsmittel – Rechtsbehelf 115
2. Wiedererwägungsgesuch 116
   A. Abgrenzung 116
   B. Das Wiedererwägungsgesuch im einzelnen 117
3. Aufsichtsbeschwerde 120

7. Kapitel: Die Einsprache 124

8. Kapitel: Allgemeines verwaltungsinternes Beschwerdeverfahren 125

I. Dispositionsmaxime 125
II. Beschwerdevoraussetzungen 126
   1. Zuständigkeit der verwaltungsinternen Rechtspflegeinstanzen 126
      A. Zwingende Natur der Zuständigkeitsvorschriften, Vorgehen bei Unzuständigkeit 126
      B. Beschwerdeinstanzen 126
         a. Im allgemeinen 126
         b. Sprungbeschwerde 127
         c. Das Verhältnis zwischen Verwaltungsbeschwerde und Verwaltungsgerichtsbeschwerde im Besonderen 128
      C. Sachliche Zuständigkeit der verwaltungsinternen Rechtspflegeinstanzen 129
   2. Beschwerdeobjekt 129
      A. Im allgemeinen 130
      B. Die Verfügung 131
         a. Anordnung einer Behörde 131
         b. Einseitigkeit 131
         c. Individuell konkrete Anordnung 133

d. Rechtsverbindlichkeit 134
e. Anordnung in Anwendung von öffentlichem Recht
des Bundes, Abgrenzung zu Rechtsmitteln des Bundes 135
C. Die Zwischenverfügung und Vollstreckungsverfügung im besonderen 137

3. Beschwerdefähigkeit und Beschwerdelegitimation 140
A. Die Parteien und andere Beteiligte 141
B. Partei- und Prozessfähigkeit 143
C. Legitimation 144
   a. Vertretung schutzwürdiger Interessen 144
      aa. Überblick und Begriffselemente des schutzwürdigen Interesses 144
      bb. Verfügungsadressaten 146
      cc. Drittbetroffene 147
      dd. Egoistische Verbandsbeschwerde 149
      ee. Allgemeine Beschwerdebefugnis öffentlich-rechtlicher Körperschaften und anderer Verwaltungseinheiten 150
   b. Besondere Beschwerdebefugnis 151
      aa. Im allgemeinen 151
      bb. Besondere Behördenbeschwerde 153
      cc. Ideelle Verbandsbeschwerde 155

4. Beschwerdefrist und Beschwerdeschrift 157
A. Frist 157
B. Beschwerdeschrift 157
   a. Im allgemeinen 157
   b. Änderung des Begehrens, Novenrecht 160

III. **Beschwerdegründe** 161

1. Allgemeine Bemerkungen 161
2. Bundesrechtsverletzung 162
3. Unrichtige Feststellung des Sachverhaltes 165
4. Unangemessenheit 165
A. Grundsatz 165
B. Ausnahmen 166

IV. **Wirkung der Beschwerde und vorsorgliche Massnahmen** 167

1. Suspensiveffekt 167
A. Im allgemeinen 167
B. Folgen des willkürlichen Entzuges 170
C. Andere vorsorgliche Massnahmen 171
2. Devolutiveffekt 171

V.	**Verfahren vor Beschwerdeinstanz**	172
	1. Ausstand	172
	2. Beschwerdeinstruktion	173
	3. Vorprüfung und Schriftenwechsel	173
	4. Untersuchungsmaxime und der Grundsatz der Rechtsanwendung von Amtes wegen	175
	5. Wahrung des rechtlichen Gehörs	176
	6. Tragweite der Verfahrensöffentlichkeit gemäss Art. 6 EMRK	176
VI.	**Beschwerdeentscheid**	176
	1. Formeller Entscheid	177
	2. Materieller Entscheid	178
	A. Keine Bindung an Parteibegehren	178
	B. Gutheissung oder Abweisung der Beschwerde	179
	3. Inhalt des Entscheides	180
	4. Verfahrenskosten und Parteientschädigung	180
	5. Eröffnung des Entscheides	183
	6. Wirkung und Vollstreckung des Entscheides	184

9. Kapitel: Rechtsverweigerungs- und Rechtsverzögerungsbeschwerde   185

10. Kapitel: Erläuterung und Berichtigung von Rechnungs- und Kanzleifehlern   187

11. Kapitel: Revision   188

I.	**Instanz, Anfechtungsobjekt, Legitimation**	188
II.	**Revisionsgründe**	188
III.	**Unzulässigkeit der Revision**	190
IV.	**Frist und Verfahren**	191

12. Kapitel: Besonderheiten der Verwaltungsbeschwerde an den Bundesrat — 192

- I. Allgemeines — 192
- II. Zuständigkeit des Bundesrates — 193
  1. Das Verhältnis zur Verwaltungsgerichtsbeschwerde — 193
  2. Weitere Zuständigkeitsvorschriften — 194
- III. Beschwerde gegen letztinstanzliche Verfügungen und Erlasse der Kantone im besonderen — 195
  1. Zuständigkeit und Anfechtungsobjekt — 195
  2. Beschwerdegründe — 195
     - A. Zulässige Beschwerdegründe — 195
     - B. Unzulässige Beschwerdegründe — 197
- IV. Ausstand und Instruktion — 198
- V. Überblick — 199

3. Abschnitt: Beschwerde an die Bundesversammlung — 200

4. Abschnitt: Verwaltungsrechtspflege durch Rekurs- und Schiedskommissionen — 202

13. Kapitel: Grundlagen — 202

- I. Allgemeines — 202
- II. Rechtsgrundlagen — 203

14. Kapitel: Besonderheiten der Organisation und des Verfahrens — 204

- I. Organisation – Verfahren — 204
- II. Zuständigkeit — 205
- III. Rechtsmittel — 205
- IV. Arten von Rekurs- und Schiedskommissionen — 206
  1. Rekurskommissionen — 206
  2. Schiedskommissionen — 207

3. Rekurs- und Schiedskommissionen nach der revidierten Bundesrechtspflege . . . 208

5. Abschnitt: Verwaltungsrechtspflege durch das Bundesgericht . . . 209

15. Kapitel: Grundlagen . . . 209

I. Die anwendbaren Bestimmungen . . . 209
 1. Rechtsgrundlagen . . . 209
 2. Übergangsbestimmungen . . . 210

II. Zunehmende Bedeutung der Verwaltungsgerichtsbeschwerde . . . 211

III. Träger der Verwaltungsgerichtsbarkeit . . . 212
 1. Das Bundesgericht . . . 212
 2. Das eidgenössische Versicherungsgericht . . . 212
 3. Richterliche Unabhängigkeit . . . 213

16. Kapitel: Die Verwaltungsgerichtsbeschwerde an das Bundesgericht . . . 214

I. Dispositionsmaxime . . . 214

II. Beschwerdevoraussetzungen . . . 214
 1. Zuständigkeit des Bundesgerichts . . . 214
  A. Überweisungspflichten . . . 215
  B. Vorinstanzen . . . 215
   a. Allgemeines . . . 215
   b. Letzte kantonale Instanzen im Besonderen . . . 218
   c. Übersicht . . . 220
  C. Sachliche Zuständigkeit . . . 220
   a. Methoden der Umschreibung des Zuständigkeitsbereiches der Verwaltungsgerichte im allgemeinen . . . 220
   b. Sachliche Zuständigkeit des Bundesgerichts gemäss Art. 97 ff. OG im allgemeinen . . . 221
   c. Die Ausschlüsse im einzelnen . . . 223
    aa. Ermessenssachverhalte . . . 223
    bb. Technische Tatbestände . . . 225
    cc. Andere Ausschlusstatbestände . . . 226
    dd. Unechte Ausnahmen . . . 227
 2. Anfechtungsobjekt . . . 229

	3. Beschwerdelegitimation		231
	A. Parteivertretung vor Bundesgericht		231
	B. Legitimation der Betroffenen		231
	C. Die Vertretung des öffentlichen Interesses		231
	a. Behördenbeschwerde		231
	b. Verbandsbeschwerde		234
	4. Beschwerdefrist und Beschwerdeschrift		235
	A. Beschwerdefrist		235
	B. Beschwerdeschrift		236
	a. Im allgemeinen		236
	b. Änderung des Begehrens, Novenrecht		237
III.	**Beschwerdegründe**		239
	1. Im allgemeinen		239
	2. Bundesrechtsverletzung		239
	3. Feststellung des Sachverhaltes		242
	4. Unangemessenheit		243
IV.	**Devolutive Wirkung der Beschwerde**		244
V.	**Aufschiebende Wirkung und andere vorsorgliche Massnahmen**		244
	1. Allgemein		244
	2. Haftung bei ungerechtfertigter Anordnung		245
VI.	**Das Verfahren vor Bundesgericht**		246
	1. Ausstand		246
	2. Instruktion		247
	3. Schriftenwechsel		247
	4. Untersuchungsmaxime und Grundsatz der Rechtsanwendung von Amtes wegen		248
	5. Erledigung im vereinfachten Verfahren		249
	6. Zirkulationsverfahren		250
	7. Schlussverhandlungen und Besetzung des Gerichts		250
	8. Öffentlichkeit des Verfahrens und der Entscheide		250
	9. Verhältnis des vereinfachten Verfahrens und des Zirkulationsverfahrens zur Europäischen Menschenrechtskonvention		251
VII.	**Beschwerdeentscheid**		252
	1. Bindung an Parteibegehren		252

2. Form und Inhalt des Entscheides	253
3. Kosten und Parteientschädigung	254
4. Wirkung des Beschwerdeentscheids	257
5. Vollstreckung	257

17. Kapitel: Rechtsverweigerungs- und Rechtsverzögerungsbeschwerde — 258

18. Kapitel: Erläuterung und Revision — 259

    I. Erläuterung und Berichtigung von Redaktions- und Rechnungsfehlern — 259
    II. Revision — 259

19. Kapitel: Das Bundesgericht als einzige Instanz — 262

    I. Allgemeines — 262
    II. Verhältnis zu anderen Rechtsmitteln — 263
    III. Zuständigkeit — 264
        1. Sachzuständigkeit nach dem geltenden Art. 116 OG — 264
        2. Zuständigkeit nach dem revidierten Art. 116 OG — 265
    IV. Klagegründe — 266
    V. Verfahren — 266

20. Kapitel: Das Bundesgericht als Instanz für kantonale Verwaltungsrechtsstreitigkeiten — 267

21. Kapitel: Zuständigkeit des eidgenössischen Versicherungsgerichtes — 268

III. Teil: Das nichtstreitige Verwaltungsverfahren und die Verwaltungsrechtspflege im Kanton Zürich – ein Überblick 271

1. Abschnitt: Das verwaltungsinterne Verfahren 273

22. Kapitel: Grundlagen 273

    I. Gegenstand 273
    II. Rechtsgrundlagen, Geltungsbereich des VRG 273

23. Kapitel: Der Verfahrensablauf 276

    I. Offizialmaxime 276
    II. Feststellungsverfügung 276
    III. Anspruch auf Erlass einer Leistungs- oder Gestaltungsverfügung 277
    IV. Zuständigkeit 277
        1. Pflicht der Behörde zur Überprüfung ihrer Zuständigkeit 277
        2. Überweisungspflicht 278
        3. Kompetenzkonflikte 278
        4. Entscheid über Zuständigkeit oder Unzuständigkeit 279
    V. Ausstand 279
    VI. Parteien 280
    VII. Feststellung des Sachverhaltes 280
        1. Untersuchungsmaxime 280
        2. Beweismittel 280
        3. Mitwirkungspflichten der Parteien 282
        4. Anspruch der Parteien auf rechtliches Gehör 283
            A. Rechtsgrundlagen 283
            B. Zur Konkretisierung von Art. 4 Abs. 1 BV durch das Bundesgericht 283
                a. Das Äusserungs- und das Anhörungsrecht 283
                b. Mitwirkung an der Beweiserhebung 284
            C. Akteneinsichtsrecht 285
                a. Grundsatz 285
                b. Ausnahmen 285

	D. Prüfung der Parteivorbringen	286
	E. Folgen der Verletzung des rechtlichen Gehörs	286
VIII.	**Vorsorgliche Massnahmen**	286
IX.	**Fristen**	287
X.	**Eröffnung der Verfügung**	288
	1. Formvorschriften	288
	A. Schriftlichkeit	288
	B. Begründung	288
	C. Rechtsmittelbelehrung	289
	2. Mängel	289
XI.	**Kosten**	289
XII.	**Vollstreckung der Verfügung**	290

2. Abschnitt: Verwaltungsinterne Rechtspflege im Kanton Zürich 292

24. Kapitel: Rechtsgrundlagen 292

25. Kapitel: Die Rechtsbehelfe im Kanton Zürich 293

I.	**Wiedererwägungsgesuch**	293
II.	**Aufsichtsbeschwerde**	293

26. Kapitel: Einsprache 295

27. Kapitel: Verwaltungsrekurs 296

I.	**Dispositionsmaxime**	296
II.	**Rekursvoraussetzungen**	296
	1. Zuständigkeit	296
	A. Im allgemeinen	296
	B. Instanzenzug bei Verfügungen unterer kantonaler Instanzen	297
	C. Instanzenzug bei Beschlüssen der Gemeinde und Gemeindebehörden	298

		Exkurs zur Gemeindebeschwerde und zum Gemeinderekurs	298
		D. Instanzenzug nach dem Planungs- und Baugesetz	300
	2.	Anfechtungsobjekt	301
	3.	Parteien und Rekurslegitimation	302
		A. Die Parteien	302
		B. Legitimation der durch die Verfügung Betroffenen	304
		a. Im allgemeinen	304
		b. Legitimation Dritter im besonderen	304
		C. Vertretung des öffentlichen Interesses	305
		a. Behördenbeschwerde	305
		b. Verbandsbeschwerde	306
		D. Anforderungen des Bundesrechts an die Legitimation	307
		E. Rekursfrist und Rekursschrift	308
		a. Rekursfrist	308
		b. Rekursschrift	308
		aa. Im allgemeinen	308
		bb. Änderung des Begehrens, Novenrecht	309
III.	**Rekursgründe**		309
	1.	Allgemeines	309
	2.	Rechtsverletzung	310
	3.	Unrichtige oder unvollständige Tatsachenfeststellung	310
	4.	Unangemessenheit	310
IV.	**Wirkung des Rekurses**		311
V.	**Verfahren**		311
	1.	Ausstand	311
	2.	Instruktion	312
	3.	Aktenbeizug und Anordnung des Schriftenwechsels	312
	4.	Untersuchungsgrundsatz und Rechtsanwendung von Amtes wegen	313
	5.	Rechtliches Gehör	314
	6.	Öffentlichkeit des Verfahrens	314
VI.	**Rekursentscheid**		314
	1.	Keine Bindung an Parteibegehren	314
	2.	Inhalt und Zustellung des Entscheides	315
	3.	Verfahrenskosten und Parteientschädigung	316
	4.	Eröffnung des Entscheides	317

28. Kapitel: Rechtsverweigerungs- und Rechtsverzögerungsbeschwerde — 318

29. Kapitel: Erläuterung und Revision bei Rekursentscheiden — 319

3. Abschnitt: Verwaltungsrechtspflege durch Rekurskommissionen — 321

4. Abschnitt: Verwaltungsrechtspflege durch die Justiz — 323

30. Kapitel: Grundlagen — 323

    I. Rechtsgrundlagen — 323
    II. Träger und Organisation der Verwaltungsgerichtsbarkeit — 324
        1. Verwaltungsgericht — 324
        2. Zivilgerichte — 324

31. Kapitel: Das Verwaltungsgericht als Beschwerdeinstanz — 326

    I. Dispositionsmaxime — 326
    II. Beschwerdevoraussetzungen — 326
        1. Zuständigkeit — 326
            A. Vorinstanzen — 326
            B. Sachliche Zuständigkeit — 327
                a. Zulässigkeit der Beschwerde — 327
                b. Unzulässigkeit der Beschwerde — 328
        2. Anfechtungsobjekt — 329
        3. Verhältnis zu den eidgenössischen Rechtsmitteln — 329
        4. Legitimation — 330
        5. Beschwerdefrist und Beschwerdeschrift — 331
            A. Beschwerdefrist — 331
            B. Beschwerdeschrift — 331

		a. Allgemeines	331
		b. Änderung des Begehrens, Noven	332
III.	Beschwerdegründe		332
	1. Allgemeine Bemerkungen		332
	2. Rechtsverletzungen		333
	3. Ungenügende Sachverhaltsfeststellung		333
IV.	Wirkung der Beschwerde und vorsorgliche Massnahmen		334
V.	Verfahren		334
	1. Ausstand		334
	2. Vorprüfungsverfahren		335
	3. Anordnung des Schriftenwechsels – Parteiverhandlung		335
	4. Die Feststellung des Sachverhaltes von Amtes wegen und der Grundsatz der richterlichen Rechtsanwendung		336
	5. Wahrung des rechtlichen Gehörs		336
VI.	Beschwerdeentscheid		337
	1. Bindung an Parteibegehren		337
	2. Eröffnung und Inhalt des Urteils		337
	3. Kosten und Parteientschädigung		338
	4. Wirkungen		338

32. Kapitel: Das Verwaltungsgericht als Rekurs- und Beschwerdeinstanz in Steuersachen 339

33. Kapitel: Das Verwaltungsgericht als Disziplinargericht 340

I.	Disziplinarfälle	340
II.	Legitimation	341
III.	Vorinstanzen	341
IV.	Rekursgründe	341
V.	Rekurserledigung	342

34. Kapitel: Das Verwaltungsgericht als einzige Instanz   343

    I.   Zuständigkeit   343

    II.   Kognition   344

    III.   Verfahren   344

35. Kapitel: Rechtsschutz und Verwaltungskontrolle durch die Ombudsstelle   346

    I.   Allgemeines   346

    II.   Stellung und Aufgaben   347

    III.   Zuständigkeit   348

    IV.   Verfahren   349

Bundesgesetz über das Verwaltungsverfahren vom 20. Dezember 1968   351

Bundesgesetz über die Organisation der Bundesrechtspflege vom 16. Dezember 1943 (Teilabdruck)   379

Gesetzesregister   423

Sachregister   433

ABKÜRZUNGSVERZEICHNIS

A.	Auflage
a.a.O.	am angegebenen Ort
Abs.	Absatz
AHV/AHVG	Alters- und Hinterlassenenversicherung/ Bundesgesetz über die Alters- und Hinterlassenenversicherung vom 20. Dezember 1946 (SR 831.10)
AJP	Aktuelle Juristische Praxis (seit 1992)
ALG	Bundesgesetz über die Anlagefonds vom 1. Juli 1966 (SR 951.31; Anlagefondsgesetz)
ANAG	Bundesgesetz über Aufenthalt und Niederlassung der Ausländer vom 26. März 1931 (SR 142.20)
Anm.	Anmerkung
ArG	Bundesgesetz über die Arbeit in Industrie, Gewerbe und Handel vom 13. März 1964 (SR 822.11; Arbeitsgesetz)
Art.	Artikel
AtG	Bundesgesetz über die friedliche Verwendung der Atomenergie und den Strahlenschutz vom 23. Dezember 1959 (SR 732.0; Atomgesetz)
Aufgaben-VO	Verordnung über die Aufgaben der Departemente, Gruppen und Ämter vom 9. Mai 1979 (SR 172.010.15)
BBl	Bundesblatt der Schweizerischen Eidgenossenschaft
BdBSt	Bundesratsbeschluss über die Erhebung einer direkten Bundessteuer vom 9. Dezember 1940 (SR 642.11); das Bundesgesetz über die direkte Bundessteuer vom 14. Dezember 1990 (DBG) wird erst am 1. Januar 1995 in Kraft treten
BewG	Bundesgesetz über den Erwerb von Grundstükken durch Personen im Ausland vom 16. Dezember 1983 (SR 211.412.41; Lex Friedrich)
BGE	Entscheidungen des Schweizerischen Bundesgerichts (amtliche Sammlung)
BPR	Bundesgesetz über die politischen Rechte vom 17. Dezember 1976 (SR 161.1)
BStP	Bundesgesetz über die Bundesstrafrechtspflege vom 15. Juni 1934 (SR 312.0; Bundesstrafprozessordnung)
BtG	Beamtengesetz vom 30. Juni 1927 (SR 221.10)
BüG	Bundesgesetz über Erwerb und Verlust des Schweizer Bürgerrechts (SR 141.0; Bürgerrechtsgesetz)

BUWAL	Bundesamt für Umwelt, Wald und Landschaft
BV	Bundesverfassung der Schweizerischen Eidgenossenschaft vom 29. Mai 1874 (SR 101)
BVG	Bundesgesetz über die berufliche Alters-, Hinterlassenen- und Invalidenvorsorge vom 25. Juni 1982 (SR 831.40)
BZP	Bundesgesetz über den Bundeszivilprozess vom 4. Dezember 1947 (SR 273; Bundeszivilprozessordnung)
bzw.	beziehungsweise
d.h.	das heisst
ders.	derselbe
E.	Erwägung
EDA	Eidgenössisches Departement für auswärtige Angelegenheiten
EDI	Eidgenössisches Departement für Inneres
EFTA	European free trade association/Europäische Freihandelsassoziation
EJPD	Eidgenössisches Justiz- und Polizeidepartement
EMD	Eidgenössisches Militärdepartement
EMRK	Konvention des Europarates vom 4. November 1950 zum Schutz der Menschenrechte und Grundfreiheiten (In Kraft getreten für die Schweiz am 28. November 1974, SR 0.101)
EntG	Bundesgesetz über die Enteignung vom 20. Juni 1930 (SR 711)
EO	Erwerbsersatzordnung
ESchG	Gesetz über die Erbschafts- und Schenkungssteuer vom 26. April 1936 (Kanton Zürich)
ETH	Eidgenössische Technische Hochschule
EuGRZ	Europäische Grundrechte-Zeitschrift
EWR	Europäischer Wirtschaftsraum
f./ff.	folgende Seite/folgende Seiten
FWG	Bundesgesetz über Fuss- und Wanderwege vom 4. Oktober 1985 (SR 704)
GarG	Bundesgesetz über die politischen und polizeilichen Garantien zugunsten der Eidgenossenschaft vom 26. März 1934 (SR 170.21; Garantiegesetz)
GG	Gesetz über das Gemeindewesen vom 6. Juni 1926 (GS ZH 131.1; Gemeindegesetz)
GS ZH	Gesetzessammlung des Kantons Zürich
GVG	Bundesgesetz über den Geschäftsverkehr der Bundesversammlung sowie über die Form, die Bekanntmachung und das Inkrafttreten ihrer Erlasse vom 3. März 1962 (SR 171.11; Geschäftsverkehrsgesetz)

GVG ZH	Gerichtsverfassungsgesetz vom 13. Juni 1976 (GS ZH 211.1)
HFG	Bundesgesetz über die Hochschulförderung vom 28. Juni 1968 (SR 414.20; Hochschulförderungsgesetz)
HG	Gesetz über die Haftung des Staates und der Gemeinden sowie ihrer Behörden und Beamten vom 14. September 1969 (Haftungsgesetz)
hrsg./Hrsg.	herausgegeben/Herausgeber
IRSG	Bundesgesetz über internationale Rechtshilfe in Strafsachen vom 20. März 1981 (SR 351.1; Rechtshilfegesetz)
i.V.m.	in Verbindung mit
KG	Bundesgesetz über Kartelle und ähnliche Organisationen vom 20. Dezember 1985 (SR 251; Kartellgesetz)
KonfliktG	Gesetz über die Konflikte vom 23. Juni 1831 (GS ZH 175.1; Konfliktgesetz)
KV	Kantonsverfassung
KVG	Bundesgesetz über die Krankenversicherung vom 13. Juni 1911 (SR 832.10)
LFG	Bundesgesetz über die Luftfahrt vom 21. Dezember 1948 (SR 748.0; Luftfahrtsgesetz)
lit.	littera
m.w.H.	mit weiteren Hinweisen
NBG	Nationalbankgesetz vom 23. Dezember 1953 (SR 951.11)
NHG	Bundesgesetz über den Natur- und Heimatschutz vom 1. Juli 1966 (SR 451)
Nr.	Nummer
ob.	oben
OG/rev. OG	Bundesgesetz über die Organisation der Bundesrechtspflege vom 16. Dezember 1943 (SR 173.110)/anlässlich der Änderung des OG vom 4. Oktober 1991 revidierte Bestimmungen, die noch nicht in Kraft getreten sind (vgl. Verordnung über die teilweise Inkraftsetzung der Änderung des OG vom 15. Januar 1992)
OG RR	Gesetz betreffend die Organisation und Geschäftsordnung des Regierungsrates und seiner Direktionen vom 26. Februar 1899 (GS ZH 172.1)
OR	Bundesgesetz betreffend die Ergänzung des Schweizerischen Zivilgesetzbuches (Fünfter Teil: Obligationenrecht) vom 30. März 1911 (SR 220)

PBG	Gesetz über die Raumplanung und das öffentliche Baurecht (Raumplanungs- und Baugesetz) vom 7. September 1975 (GS ZH 700.1)
Pra	Die Praxis des Bundesgerichts
PTT	Post, Telegrafen- und Telefonbetriebe
RADF	Revue de droit administratif et de droit fiscal
RB	Rechenschaftsbericht des Verwaltungsgerichts an den Kantonsrat (zit. nach Nummern)
R BGer	Reglement für das Schweizerische Bundesgericht vom 14. Dezember 1978 (SR 173.111.1)
rev.	revidiert
RPG	Bundesgesetz über die Raumplanung vom 22. Juni 1979 (SR 700)
RPV	Verordnung über die Raumplanung vom 2. Oktober 1989 (SR 700.1)
Rz.	Randziffer
S.	Seite
SBB	Schweizerische Bundesbahnen
SchKG	Bundesgesetz über Schuldbetreibung und Konkurs vom 11. April 1889 (SR 281.1)
SJZ	Schweizerische Juristenzeitung
StG	Gesetz über die direkten Steuern vom 8. Juli 1951 (GS ZH 631.1)
StGB	Schweizerisches Strafgesetzbuch vom 21. Dezember 1937 (SR 311.0)
StPO	Gesetz betreffend den Strafprozess vom 4. Mai 1919 (GS ZH 321; Strafprozessordnung)
SuG	Bundesgesetz über Finanzhilfen und Abgeltungen vom 5. Oktober 1990 (SR 616.1; Subventionsgesetz)
SUVA	Schweizerische Unfallversicherungsanstalt
SVG	Strassenverkehrsgesetz vom 19. Dezember 1958 (SR 741.01)
TSchG	Tierschutzgesetz vom 9. März 1978 (SR 455)
u.a.	unter anderem
URP	Umweltrecht in der Praxis (seit 1986)
USG	Bundesgesetz über den Umweltschutz vom 7. Oktober 1983 (SR 814.01; Umweltschutzgesetz)
UVG	Bundesgesetz über die Unfallversicherung vom 20. März 1981 (SR 832.20)
UVPV	Verordnung über die Umweltverträglichkeitsprüfung vom 19. Oktober 1988 (SR 814.011)
VE	Vorentwurf
VG	Bundesgesetz über die Verantwortlichkeit des Bundes sowie seiner Behördenmitglieder und Beamten vom 14. März 1958 (SR 170.32; Verantwortlichkeitsgesetz)

vgl.	vergleiche
VO	Verordnung
VPB	Verwaltungspraxis der Bundesbehörden (bis 1963 VEB)
VRG	Gesetz über den Rechtsschutz in Verwaltungssachen des Kantons Zürich vom 24. Mai 1959 (GS ZH 175.2; Verwaltungsrechtspflegegesetz)
VStR	Bundesgesetz über das Verwaltungsstrafrecht vom 22. März 1974 (SR 313.0)
VVdStRL	Veröffentlichungen der Vereinigung der Deutschen Staatsrechtslehrer
VwOG	Bundesgesetz über die Organisation und die Geschäftsführung des Bundesrates und der Bundesverwaltung vom 19. September 1978 (SR 172.010; Verwaltungsorganisationsgesetz)
VwVG/rev. VwVG	Bundesgesetz über das Verwaltungsverfahren vom 20. Dezember 1968 (SR 172.020)/anlässlich der Änderung des OG vom 4. Oktober 1991 revidierte Bestimmungen des VwVG, die noch nicht in Kraft getreten sind (vgl. Verordnung über die teilweise Inkraftsetzung der Änderung des OG vom 15. Januar 1992)
WaG	Bundesgesetz über den Wald vom 4. Oktober 1991 (Waldgesetz; Inkrafttreten am 1.1.1993)
WahlG	Gesetz über die Wahlen und Abstimmungen vom 4. September 1983 (GS ZH 161; Wahlgesetz)
z.B.	zum Beispiel
ZBJV	Zeitschrift des Bernischen Juristenvereins
ZBl	Schweizerisches Zentralblatt für Staats- und Gemeindeverwaltung (bis 1988)/Schweizerisches Zentralblatt für Staats- und Verwaltungsrecht (ab 1989)
ZGB	Schweizerisches Zivilgesetzbuch vom 10. Dezember 1907 (SR 210)
ZH	Zürich
Ziff.	Ziffer
zit.	zitiert
ZPO	Gesetz über den Zivilprozess vom 30. Juni 1976 (GS ZH 271; Zivilprozessordnung)
ZSR	Zeitschrift für Schweizerisches Recht (Neue Folge)

I. TEIL

GRUNDLAGEN UND HISTORISCHE ENTWICKLUNG

1. KAPITEL: GRUNDLAGEN

I. ÜBERSICHT ÜBER DIE RECHTSQUELLEN, MATERIALIEN UND DIE ALLGEMEINE LITERATUR

1. RECHTSQUELLEN UND MATERIALIEN IM BUND

- Art. 89 Ziff. 12 und 13, 102 Ziff. 2, 103 Abs. 3, 106–114bis der Bundesverfassung (BV)
- Bundesgesetz vom 20. Dezember 1968 über das Verwaltungsverfahren (VwVG)
- Bundesgesetz vom 16. Dezember 1943 über die Organisation der Bundesrechtspflege (OG)
- Verordnung des Bundesrates über die teilweise Inkraftsetzung der Änderung des Bundesgesetzes über die Organisation der Bundesrechtspflege vom 15. Januar 1992

- Botschaft des Bundesrates an die Bundesversammlung über den Ausbau der Verwaltungsgerichtsbarkeit im Bunde vom 24. September 1965 (BBl 1965 II 1265 ff.)
- Botschaft des Bundesrates an die Bundesversammlung über das Verwaltungsverfahren vom 24. September 1965 (BBl 1965 II 1348 ff.)
- Vorentwurf und Bericht der Expertenkommission für die Reorganisation der Bundesrechtspflege, Januar 1982
- Botschaft des Bundesrates an die Bundesversammlung betreffend die Änderung des Bundesgesetzes über die Organisation der Bundesrechtspflege vom 29. Mai 1985 (BBl 1985 II 737)
- Botschaft des Bundesrates an die Bundesversammlung betreffend die Änderung des Bundesgesetzes über die Organisation der Bundesrechtspflege sowie die Änderung des Bundesbeschlusses über ein vorübergehende Erhöhung der Zahl der Ersatzrichter und der Urteilsredaktoren des Bundesgerichtes vom 18. März 1991 (BBl 1991 II 465)
- Botschaft des Bundesrates an die Bundesversammlung zur Genehmigung des Abkommens über den Europäischen Wirtschaftsraum (EWR) vom 18. Mai 1992, S. I/433.
- Botschaft II des Bundesrats an die Bundesversammlung über die Anpassung des Bundesrechts an das EWR-Recht (Zusatzbotschaft II zur EWR-Botschaft) vom 15. Juni 1992 (Botschaft II Eurolex), S. 206 ff.

2. RECHTSQUELLEN UND MATERIALIEN IM KANTON ZÜRICH

- Art. 31 Ziff. 4, 40 Ziff. 5, 45, 48, 56 der Kantonsverfassung (KV)
- Gesetz über den Rechtsschutz in Verwaltungssachen (Verwaltungsrechtspflegegesetz) vom 24. Mai 1959 (VRG)
- Gesetz über die Konflikte vom 23. Juni 1831 (KonfliktG)
- Verordnung des Verwaltungsgerichts über die Organisation und den Geschäftssgang des Verwaltungsgerichts vom 14. September 1961
- Gesetz betreffend die Organisation und Geschäftsgang des Regierungsrates und seiner Direktionen vom 26. Februar 1899 (OG RR)
- Gesetz über die Raumplanung und das öffentliche Baurecht (Planungs- und Baugesetz) vom 7. September 1975, letztmals geändert 1. September 1991, in Kraft seit 1. Februar 1992 (PBG).
- Gesetz über das Gemeindewesen vom 6. Juni 1916 (GG)
- Gesetz über die Wahlen und Abstimmungen (Wahlgesetz) vom 4. September 1983 (WahlG)

- Weisung des Regierungsrates an den Kantonsrat vom 10. Oktober 1957 zum Gesetz über die Verwaltungsrechtspflege (Amtsblatt 1957, 1020 ff.)
- Beleuchtender Bericht zur Volksabstimmung vom 24. Mai 1959 über das Verwaltungsrechtspflegegesetz (Amtsblatt 1959, 391 ff.)
- Antrag und Weisung des Regierungsrates an den Kantonsrat vom 9. Juni 1976 zum G über die Änderung des VRG, des GVG und des Wahlgesetzes (Amtsblatt 1976, 963 ff.)
- Antrag der Kommission vom 19. April 1977 zum obgenannten Gesetz (Amtsblatt 1977, 597)
- Beleuchtender Bericht zur Volksabstimmung vom 25. September 1977 über das obgenannte Gesetz (Amtsblatt 1977, 929 ff.)
- Bericht und Antrag des Regierungsrates zur Einzelinitiative betreffend die Prozessentschädigung im Verwaltungsverfahren (Amtsblatt 1986, 1656 ff.)

3. RECHTSQUELLEN UND MATERIALIEN IN DEN ANDEREN KANTONEN

Bern
- Gesetz über die Verwaltungsrechtspflege vom 23. Mai 1989

Luzern
- Gesetz über die Verwaltungsrechtspflege vom 3. Juli 1972
- Gesetz über die Organisation des Verwaltungsgerichts vom 3. Juli 1972
- Geschäftsordnung für das Verwaltungsgericht des Kantons Luzern vom 16. Mai 1973/10. Juli 1986

Uri
- Organisationsgesetz für die urnerischen Gerichtsbehörden vom 26. Januar 1958: Art. 63 ff.
- Verordnung des Landrates über die Organisation der Regierungs- und der Verwaltungstätigkeit (Organisationsverordnung) vom 9. November 1982: Art. 53 ff.
- Angenommene Referendumsvorlage vom 17. Mai 1992 über das Gesetz über die Organistion der richterlichen Behörden (Gerichtsorganisationsgestz), GOG

Schwyz
- Verordnung des Kantonsrates über die Verwaltungsrechtspflege vom 6. Juni 1974, revidiert am 4. Dezember 1975
- Gerichtsordnung des Kantonsrates vom 10. Mai 1974
- Verordnung des Kantonsrates über die Organisation des Regierungsrates und der kantonalen Verwaltung vom 27. November 1986

Obwalden
- Gesetz über die Gerichtsorganisation vom 12. Januar/4. März 1973
- Verordnung des Kantonsrates über das Verwaltungsgerichtsverfahren vom 14. Dezember 1972/9. März 1973
- Weisungen des Regierungsrates zum Verwaltungsverfahren (Akteneinsichtsrecht und rechtliches Gehör) vom 28. August 1984

Nidwalden
- Gesetz über die Organisation und das Verfahren der Gerichte (Gerichtsgesetz) vom 28. April 1968 (Art. 5 f.).
- Verordnung über das Verwaltungsverfahren und die Verwaltungsrechtspflege (Verwaltungsrechtspflegeverordnung) vom 8. Februar 1985
- Verordnung des Landrates über die Organisation und die Geschäftsführung des Regierungsrates und der Kantonsverwaltung (Regierungsratsverordnung) vom 21. April 1978

Glarus
- Gesetz über die Verwaltungsrechtspflege (Verwaltungsrechtspflegegesetz) vom 4. Mai 1986
- Gesetz über die Gerichtsorganisation des Kantons Glarus (Gerichtsorganisationsgesetz) vom 6. Mai 1990

Zug
- Gesetz über den Rechtsschutz in Verwaltungssachen (Verwaltungsrechtspflegegesetz) vom 1. April 1976

Freiburg
- Gesetz über die Organisation des Verwaltungsgerichts vom 24. April 1990
- Gesetz über die Verwaltungsrechtspflege (VRG) vom 23. Mai 1991

Solothurn
- Gesetz über den Rechtsschutz in Verwaltungssachen (Verwaltungsrechtspflegegesetz) vom 15. November 1970
- Gesetz über die Gerichtsorganisation vom 13. März 1977
- Gesetz über die Delegation von Verwaltungsbefugnissen (Delegationsgesetz) vom 5. April 1981

Basel Stadt
- Gesetz über die Verwaltungsrechtspflege vom 14. Juni 1928
- Gesetz betreffend die Organisation des Regierungsrates und der Verwaltung des Kantons Basel-Stadt (Organisationsgesetz) vom 22. April 1976

Basel Landschaft
- Verwaltungsverfahrensgesetz vom 13. Juni 1988
- Gesetz über die Rechtspflege in Verwaltungs- und Sozialversicherungssachen vom 22. Juni 1959
- Verordnung des Regierungsrates über die Akteneinsicht und Aktenherausgabe vom 27. März 1990
- Verordnung des Regierungsrates über den Vollzug von Verfügungen vom 27. März 1990
- Verordnung des Regierungsrates über die verfahrensleitenden Instanzen im Beschwerdeverfahren vom 17. Januar 1989
- Verordnung des Regierungsrates über die Delegation von Entscheidungskometenzen im Beschwerdeverfahren vom 17. Janaur 1989
- Regierungsratsbeschluss über die Behandlung von verwaltungsgerichtlichen Beschwerden oder Klagen vom 20. September 1960

Schaffhausen
- Gesetz über den Rechtsschutz in Verwaltungssachen vom 20. September 1971
- Gesetz über die Organisation der Regierungs- und Verwaltungstätigkeit (Organisationsgesetz) vom 18. Februar 1985

Appenzell Ausserrhoden
- Zivilprozessordnung für den Kanton Appenzell A. Rh. vom 27. April 1980: Art. 1, 13, 18
- Einführungsgesetz zum Schweizerischen Zivilgesetzbuch vom 27. April 1969: Art. 7
- Gesetz über das Verwaltungsverfahren vom 28. April 1985
- Verordnung über die Rechtspflegebehörden vom 15. Juni 1981

St. Gallen
- Gesetz über die Verwaltungsrechtspflege vom 16. Mai 1965
- Gerichtsgesetz vom 2. April 1987, Art. 16ff., 50ff.
- Verordnung des Grossen Rates über die Organisation der Verwaltungsrekurskommission vom 2. Juni 1987

Graubünden
- Gesetz über das Verfahren in Verwaltungs- und Verfassungssachen (VVG) vom 3. Oktober 1982
- Gerichtsverfassungsgesetz vom 24. September 1978
- Gesetz über die Verwaltungsgerichtsbarkeit im Kanton Graubünden (Verwaltungsrechtspflegegesetz VGG) vom 9. April 1967
- Verordnung über Organisation, Geschäftsführung und Gebühren des Verwaltungsgerichts (VOG) vom 30. November 1966

Aargau
- Gesetz über die Verwaltungsrechtspflege vom 9. Juli 1968 (VRPG), revidiert am 11. Januar 1977

- Gerichtsorganisationsgesetz (Gesetz über die Organisation der ordentlichen richterlichen Behörden, GOG) vom 11. Dezember 1984
- Dekret des Grossen Rates über die Organisation des Obergerichts, des Handelsgerichts, des Versicherungsgerichts und des Verwaltungsgerichts (Gerichtsorganisationsdekret, GOD) vom 23. Juni 1987
- Organisationsgesetz (Gesetz über die Organisation des Regierungsrates und der kantonalen Verwaltung) vom 26. März 1985

Thurgau
- Gesetz über die Verwaltungsrechtspflege vom 23. Februar 1981
- Verordnung des Regierungsrates über die Organisation und den Geschäftsgang der Rekurskommissionen vom 10. Januar 1984

Tessin
- Legge di procedura per le cause amministrative del 19 aprile 1966

Waadt
- Loi du 18 décember 1989 sur la juridiction et la procédure administrative

Wallis
- Gesetz über das Verwaltungsverfahren und die Verwaltungsrechtspflege (VVRG) vom 6. Oktober 1976
- Reglement des Verwaltungsgerichts über die Organisation und den Geschäftsgang des Verwaltungsgerichts vom 5. Oktober 1977

Neuenburg
- Loi sur la procédure et la juridiction administratives (LPJA) du 27 juin 1979
- Loi d'organisation judiciaire neuchâteloise (OJN) du 27 juin 1979

Genf
- Loi sur la procédure administrative du 12 septembre 1985
- Loi sur le Tribunal administratif et le Tribunal des conflits du 29 mai 1970

Jura
- Loi de procédure et de juridiction administrative et constitutionnelle du 30 novembre 1978
- Loi sur l'organisation judiciaire du 26 octobre 1978

4. ALLGEMEINE LITERATUR

(Die folgenden angeführten Autoren werden im Text nur mit Nachnamen zitiert.)

A. Allgemeines Verwaltungsrecht (Auswahl)

GRISEL ANDRÉ, Traité de droit administratif, 2 Bände, Neuchâtel 1984
GYGI FRITZ, Verwaltungsrecht. Eine Einführung, Bern 1986
HÄFELIN ULRICH/MÜLLER GEORG, Grundriss des Allgemeinen Verwaltungsrechts, Zürich 1989

KNAPP BLAISE, Grundlagen des Verwaltungsrechts, 1. Band, Basel u.a., 4. A., 1992
KNAPP BLAISE, Précis de droit administratif, Basel u.a. 1991
IMBODEN MAX/RHINOW RENÉ A./KRÄHENMANN BEAT, Schweizerische Verwaltungsrechtsprechung, unveränderte 6. A., 2 Bände, Basel u.a. 1976, Ergänzungsband zur 6. Auflage, Basel u.a. 1990
MOOR PIERRE, Droit administratif, Volume I: Les fondements généraux, Bern 1988; Volume II: Les actes adminstratifs et leur contrôle, Bern 1991; Volume III: L'organisation des activités administratives. Les biens de l'Etat, Bern 1992
SCHWARZENBACH HANS RUDOLF, Grundriss des allgemeinen Verwaltungsrechts. Eine Einführung für Studierende und Praxis, 10. A.; Bern 1991
FLEINER THOMAS, Grundzüge des allgemeinen und schweizerischen Verwaltungsrechts, 2. A. Zürich 1980
GIACOMETTI ZACCARIA, Allgemeine Lehren des rechtsstaatlichen Verwaltungsrechts (Allgemeines Verwaltungsrecht des Rechtsstaates), 1. Band, Zürich 1960

B. Verfahrensrecht allgemein – Verwaltungsverfahren und Verwaltungsrechtspflege des Bundes: Allgemeine Literatur

GRUNSKY WOLFGANG, Grundlagen des Verfahrensrechts, 2. A., Bielefeld 1974
BOLZ URS, Rechtsschutz im Ausländer- und Asylrecht, Bern 1990
GYGI FRITZ, Bundesverwaltungsrechtspflege, 2. A., Bern 1983
JOST ANDREAS, Rechtsschutz im Wirtschaftsverwaltungsrecht, ZSR 1982 II, S. 513 ff.
KÄLIN WALTER, Grundriss des Asylverfahrens, Basel u.a. 1990
KOMMENTAR ZUR BUNDESVERFASSUNG der Schweizerischen Eidgenossenschaft vom 29. Mai 1874, AUBERT JEAN-FRANÇOIS/EICHENBERGER KURT/MÜLLER JÖRG PAUL/RHINOW RENÉ A./SCHINDLER DIETRICH, 4. Lieferung, Basel 1991
MENGER CHRISTIAN F., System des verwaltungsgerichtlichen Rechtsschutze Eine Verwaltungsrechtliche und prozessvergleichende Studie, Tübingen 1954
POUDRET JEAN-FRANÇOIS, Commentaire de la loi fédérale d'organisation judiciaire, Volume 1, 2, et 5, Bern 1990/1992.
SALADIN PETER, Das Verwaltungsverfahrensrecht des Bundes, Basel 1979
SCHMIDT-BLEIBTREU BENNO, Rechtsschutz gegen den Staat, 3. A., München 1986
SCHWEIZER RAINER J., Auf dem Weg zu einem schweizerischen Verwaltungsverfahrens- und Verwaltungsprozessrecht, ZBl 1990, S. 193 ff.
VERFASSUNGSRECHTSPRECHUNG UND VERWALTUNGSRECHTSPRECHUNG. Sammlung von Beiträgen veröffentlicht von der I. öffentlich-rechtlichen Abteilung des schweizerischen Bundesgerichts, Zürich 1992

C. Verwaltungsverfahren und Verwaltungsrechtspflege der anderen Kantone

(Für den Kanton Zürich finden sich in den Rz. 476, 514, 532, 549, 572, 577, 580, 591, 598, 625 weitere Literaturhinweise)

ACKERMANN JOSEF, Die solothurnische Verwaltungsgerichtsbarkeit, Freiburg i. Ü. 1968

ADANK MATTHIAS/VIRCHAUX ALAIN, Introduction à la procédure et à la juridiction adminstrative neuchâteloises, St. Blaise 1980

AESCHLIMANN ARTHUR, Das Anfechtungsstreitverfahren im bernischen Verwaltungsrecht, Bern 1979

BAUMGARTNER URS, Die Legitimation in der Verwaltungsrechtspflege des Kantons Aargau unter besonderer Berücksichtigung von § 38 Abs. 1 des Verwaltungsrechtspflegegesetzes, Zürich 1978

BAYERDÖRFER MANFRED, Die Beschwerdevoraussetzungen nach baselstädtischem Verwaltungsprozessrecht, Basel 1980

BORGHI MARCO, Giurisprudenza amministrativa ticinese. Incluso l'indice della Rivista di diritto amministrativo ticinesi, Bellinzona 1975 al 1988. Suppl. Gurisprudenza amministrativa ticinese: massimario e indici, Dipartimento dell'Interno, Bellinzona 1989

BROGLIN PIERRE, La juridiction administrative et constitutionnelle de la République du Canton du Jura, RDAF 1980, 369 ff.

BURREN ANDREAS, Die Aufsichtsbeschwerde im Verwaltungsverfahren insbesondere nach aargauischem Recht, Basel 1978

CAMPICHE EDOUARD, Die Kognitionspraxis des aargauischen Verwaltungsgerichts zur inzidenten Normenkontrolle, ZBl 1983, S. 414 ff.

CAVIEZEL WERNER, Die Wiedererwägung im bündnerischen Verwaltungsrecht, Zürich 1975

CAUENDET ISABELLE/MALFANTI LEONARDO, La jurisprudence rendue e 1989 par la Tribunal administratif et le Conseil d'Etat genevois, Sem.jud. 1990, S. 529 ff.

ECKSTEIN HANSPETER, Die Organisation der kantonalen Verwaltungsgerichte, Basel 1975

EICHENBERGER KURT, Die aargauische Verwaltungsgerichtsbarkeit im System der schweizerischen Verwaltungspflege, in: Aargauische Rechtspflege im Gang der Zeit, Aarau 1969, 271 ff.

FEHLMANN-LEUTWYLER MONIKA, Die prinzipale Normenkontrolle nach aargauischem Recht, Zürich 1987

FISCHER ROLF, Verwaltungsgerichtlicher Schutz im Steuerrecht der Kantone, Zürich 1972

FURRER CHRISTIAN, Die Verwaltungsrechtspflege im Kanton Uri, Freiburg i. Ü. 1971

HALLER-GIMELLI SANDRA, Die Kognitionspraxis des aargauischen Verwaltungsgerichts, eine Spurensicherung, ZBl 1983, S. 404 ff.

HÄRING ADOLF, Die Anwendung zivilprozessualer Regeln im verwaltungsgerichtlichen Beschwerdeverfahren, dargestellt am basel-landschaftlichen Verwaltungsrechtspflegegesetz, Basel 1976

HAGMANN WERNER E., Die st. gallische Verwaltungsrechtspflege und das Rechtsmittelverfahren vor dem Regierungsrat, Zürich 1979

HAUBENSAK URS/LITSCHGER PETER/STÄHELIN PHILIPP, Kommentar zum Gesetz über die Verwaltungsrechtspflege des Kantons Thurgau, Frauenfeld 1984

HUBER FELIX, Die Beiladung insbesondere im Zürcher Baubewilligungsverfahren, ZBl 1989, S. 233 ff.

HENSLER JOSEF, Die Verwaltungsgerichtsbeschwerde im Kanton Schwyz, Zürich 1980

KISTLER HANSJÖRG, Die Verwaltungsrechtspflege im Kanton Graubünden, Zürich 1979

KÖLZ ALFRED, Kommentar zum Verwaltungsrechtspflegegesetz des Kantons Zürich (VRG), Zürich 1978

LUDER WALTER, 25 Jahre Verwaltungsgericht des Kantons Solothurn, in: Solothurnische Gerichtspraxis (SOG) 1986, S. 85 ff.

LUGON JEAN-CLAUDE, Queleques aspects de la loi valaisanne sur la procédure et la juridiction administrative, RADF 1989, S. 226 ff.

MALFANTI LEONARDO, La juriprudence rendue en 1988 par le Tribunal administratif et le Conseil d'Etat genevois, Sem.jud. 1989, S. 401 ff.

MARTI ARNOLD, 10 Jahre allgemeine Verwaltungsgerichtsbarkeit im Kanton Schaffhausen, SJZ 1983, S. 1 ff.

MARTI ARNOLD, Verwaltungsgerichtsbarkeit im Kanton Schaffhausen (insbesondere die allgemeine Verwaltungsgerichtsbeschwerde), Zürich 1986

MATTLI GEORG S., Das bündnerische Verwaltungsverfahren, Zürich 1979

MATTEY BLAISE/HOTTELIER MICHEL, La légalité des preuves en procédure adminitrative genevoise, RADF 1989, S. 153 ff.

MEYER ROLF, Die Organisation der Verwaltungsrechtspflege im Kanton Zug, Zürich 1984

MEYER PIUS, Der Rechtsschutz im luzernischen Bau- und Planungsrecht, mit Hinweisen auf Regelung und Praxis in anderen Kantonen, ZBl 1984, S. 357 ff.

MÜLLER PETER ALEXANDER, Organisation und Überprüfungsbefugnis der kantonalen Verwaltungsgerichte, Revue valaisanne de jurisprudence (RVJ) 1981, S. 155 ff.

PFISTERER THOMAS, Verfassungsrechtsprechung des kantonalen Verwaltungsgerichts: ein Gang durch die aargauische Verwaltungsgerichtspraxis, In: Festschrift für Dr. Kurt Eichenberger, alt Oberrichter, Aarau 1990, S. 305 ff.

RUCKSTUHL FRANÇOIS, Der Rechtsschutz im zürcherischen Planungs- und Baurecht, ZBl 1985, S. 281 ff.

RUF JÜRG, Staats- und Verwaltungsrechtspflege im Kanton Nidwalden, Bern 1989

SCHÄR HANS-JÜRG, Gesetz über das Verwaltungsverfahren des Kantons Appenzell Ausserrhoden, Herisau 1985

SEILER PETER, Neuordnung der Verwaltungsrechtspflege im Kanton Graubünden, ZBl 1967, S. 505 ff.

STAEHELIN PHILIPP, Kantonale Verwaltungsgerichtsbarkeit in der Schweiz, in: Föderalistische Verwaltungsrechtspflege als wirksamer Schutz der Menschenrechte, hrsg. von Peter Pernthaler, Wien 1986, S. 29 ff.

STREHLER RUDOLF, Die Verwaltungsgerichtsbeschwerde im Kanton Thurgau, Zürich 1986

STUTZ WALTER, Die luzernische Gesetzgebung über die Verwaltungsrechtspflege:

Besonderheiten und Bewährung in der Praxis, ZBl 1977, S. 385 ff.
TRIPPEL SIMON ANDREAS, Gemeindebeschwerde und Gemeinderekurs im Kanton Zürich (§ 151 und 152 Gemeindegesetz), Zürich 1988.
VON WERRA RAPHAEL, Handkommentar zum Walliser Verwaltungsverfahren, Bern 1967
WEBER RUDOLF, Grundsätzliches zur Wiederaufnahme nach § 27 VRPG (Anm. der Autoren: Aargau), In: Festschrift für Dr. Kurt, Eichenberger, alt Oberrichter, Aarau,1990, S. 335 ff.
WEISS MARC, Verfahren der Verwaltungsrechtspflege im Kanton Zug, Zürich 1983
WILLI THOMAS, Funktion und Aufgaben der Gemeindebeschwerde im System der Verwaltungsrechtspflege des Kantons Luzern, Bern 1989
ZEN-RUFFINEN PIERMARCO, Le Tribunal administratif neuchâtelois, ZBl 1988, S. 402 ff.
ZOLLIKOFER GEROLD, Aufschiebende Wirkung und vorsorgliche Massnahmen im Verwaltungsrechtspflegeverfahren des Bundes und des Kantons Aargau, Zürich 1981
20 Jahre Verwaltungsgerichtsbarkeit des Kantons St. Gallen, St. Gallen 1986
20 Jahre Verwaltungsgericht Graubünden, Chur 1989

D. Literaturauswahl zur Verwaltungsrechtspflege und zum Verwaltungsverfahren im Ausland

a. Deutschland

ENGELHARDT HANNS, Verwaltungs- und Vollstreckungsgesetz, Verwaltungszustellungsgesetz: Kommentar: unter besonderer Berücksichtigung der landesrechtlichen Bestimmungen, 2. A., München 1988
EYERMANN ERICH/FRÖHLER LUDWIG/KORMANN JOACHIM, Verwaltungsgerichtsordnung: Kommentar, 9. A., München 1988
FRANK GÖTZ/LANGREHR HEINRICH –WILHELM, Verwaltungsprozessrecht, Heidelberg 1987.
KOPP FERDINAND O.,VwGO, Verwaltungsgerichtsordnung, 8. A., München 1989
KOPP FERDINAND O., Verwaltungsverfahrensgesetz, Verwaltungsgerichtsordnung, Textausgabe, 14. A., München
OBERMAYER KLAUS, Kommentar zum Verwaltungsverfahrensgesetz, 2. A., München u.a. 1990
SCHMITT GLAESER WALTER, Verwaltungsprozessrecht, 10. A., München u.a. 1990
STELKENS PAUL/BONK HEINZ JOACHIM/SACHS MICHAEL/LEONHARDT KLAUS, Verwaltungsverfahrensgesetz, Kommentar, 3. A., München 1990
ULE CARL HERMANN, Verwaltungsprozessrecht, 9. A., München 1987
ULE CARL HERMANN/LAUBINGER HANS-WERNER, Verwaltungs-Verfahrensrecht, 3. A., Köln 1986

b. Österreich

ADAMOVICH LUDWIG K./FUNK BERND CHRISTIAN, Allgmeines Verwaltungsrecht, 3. A., Wien u.a. 1987
WALTER ROBERT/MAYER HEINZ, Grundriss des österreichischen Verwaltungsverfahrensrechts, 4. A., Wien 1987
WIELINGER GERHART, Einführung in das österreichische Verwaltungsverfahrensrecht, 3. A., Graz 1988

c. Frankreich

AUBY JEAN-MARIE/FROMONT MICHEL, Les recours contre les actes administratifs dans les pays de la Communauté économique européenne, Paris 1971
FROMONT MICHEL, La protection juridictionnelle du particulier contre le pouvoir exécutif en France, in: Gerichtsschutz gegen die Exekutive (Länderberichte und Rechtsvergleichung), hrsg. vom Max-Planck-Institut für ausländisches öffentliches Recht und Völkerrecht (Beiträge zum ausländischen öffentlichen Recht und Völkerrecht, 3 Bde.), Köln/Berlin/Bonn/München 1969/70, Bd. 1, S. 221 ff.
GEORGES PHILIPPE, Organisation constitutionelle et administrative de la France, Paris 1988

d. Italien

CESSARINO, Il processo amminstrativo, Milano 1984–1987
CHITI M. P./PIZZI A., La giustizia amministrativa nelle leggi e nella giurisprudenza constituzionale, Roma 1972
ROMANO A., Giurisdizione amministrativa e limiti della giurisdizione ordinaria, Milano 1975

e. Englische, angloamerikanische und rechtsvergleichende Literatur

CAPT GLORIA, Les procédures administratives en droit américaine, Genève 1989
FREIVOGEL ANDREAS, Audi alteram partem. Das rechtliche Gehör im englischen Verwaltungsvefahren (mit einigen rechtsvergleichenden Bemerkungen zur Praxis des Schweizerischen Bundesgerichts, Basel u.a. 1979
HÄNNI PETER, Die Klage auf Vornahme einer Verwaltungshandlung. Rechtsvergleichende Untersuchung zur Stellung der Judikative und zu ihren Einwirkungsmöglichkeiten auf das Verwaltungshandeln. Dargestellt am Beispiel Frankreichs, Grossbritanniens, der Vereinigten Staaten von Amerika, der Bundesrepublik Deutschland und der Schweiz, Fribourg 1988
SHAPIRO MARTIN, Who guards the gardians?, Judicial control of administration, Athens, Georgia, 1988

II. BEGRIFF UND GEGENSTAND DES VERWALTUNGSVERFAHRENS*

Literatur: GYGI, Bundesverwaltungsrechtspflege, S. 13 ff., 27 ff.; GADOLA, S. 1 ff.; MOOR, Vol. II, S. 122 ff., 329 ff.; SALADIN, Verwaltungsverfahrensrecht, S. 13 ff.

Das *nichtstreitige,* erstinstanzliche *Verwaltungsverfahren* ist dasjenige Verfahren, in welchem die zuständige Verwaltungsbehörde in der Regel eine Verfügung mit dem Zweck erlässt, ein Verwaltungsrechtsverhältnis verbindlich festzulegen. Selbst wenn während des Verfahrens Differenzen rechtlicher oder tatsächlicher Natur bestehen, liegt kein *Rechtsstreit* vor. Ein solcher kann entsprechend der positivrechtlichen Ausgestaltung des Verfahrensrechts erst entstehen, wenn das nichtstreitige Verwaltungsverfahren mit dem Erlass der Verfügung seinen Abschluss gefunden hat oder wenn eine Zwischenverfügung ergangen ist. 1

Können die dazu legitimierten Parteien die verbindlich gewordene Anordnung bei einer Verwaltungsbehörde anfechten, leiten sie das *streitige* Verwaltungsverfahren ein. Ein Rechtsstreit ist nunmehr deshalb gegeben, weil eine Differenz in der Auffassung der Beteiligten vorliegt und sie diese in einem rechtlich geordneten Verfahren auszutragen befugt sind. Die Meinungsverschiedenheit ergibt sich daraus, dass die Betroffenen oder andere zum Verfahren Legitimierte die Rechtmässigkeit oder Zweckmässigkeit der von der Verwaltungsbehörde erlassenen Verfügung bestreiten. 2

Der Gegenstand des Verwaltungsverfahrens umfasst somit die Vorbereitung und den Erlass von Verwaltungsakten (Verfügungen), sowie die Voraussetzung und Folgen ihrer Anfechtung innerhalb der Exekutive. Das Verwaltungsverfahren kann sich aber auch auf andere Handlungsformen wie Verträge oder Raumpläne beziehen. Nicht zum Verwaltungsverfahren gehört hingegen der Erlass von Rechtssätzen. Diese ergehen im Gesetzgebungs- oder Verordnungsverfahren. 3

Die Systematik der Verwaltungsverfahrensgesetze lässt sich ebenfalls von der Einteilung in streitiges und nichtstreitiges Verwaltungsverfahren leiten. So regelt das Verwaltungsverfahrensgesetz des Bundes (VwVG) im zweiten Abschnitt (Art. 7 bis 43) das nichtstreitige

---

* Wir danken Herrn lic. iur. Stefan Wehrenberg für seine engagierte Mithilfe. Frau lic. iur. Paola Masoni danken wir für die Mitarbeit bei den Korrekturen.

und im dritten und vierten Abschnitt (Art. 44 bis 79) das streitige Verwaltungsverfahren. Im Kanton Zürich etwa bestimmen die §§ 4 bis 18 des Verwaltungsrechtspflegegesetzes (VRG) das nichtstreitige, die §§ 19 bis 28 das streitige Verwaltungsverfahren.

III. VERWALTUNGSRECHTSPFLEGE

4 *Literatur:* GYGI, Bundesverwaltungsrechtspflege, S. 13 ff., 26 ff.; GADOLA, S. 7 ff.; KÖLZ ALFRED, Die Vertretung des öffentlichen Interesses in der Verwaltungsrechtspflege, ZBl 1985, S. 49 ff.

1. BEGRIFFLICHE UNTERSCHEIDUNGEN

5 Das streitige Verwaltungsverfahren fällt zugleich unter den Begriff der Verwaltungsrechtspflege. Weil die Verwaltungsbehörde selbst Trägerin der Verwaltungsrechtspflege ist, spricht man von *verwaltungsinterner Verwaltungsrechtspflege*. Das streitige Verwaltungsverfahren trägt aber trotzdem Züge eines Prozessverfahrens: Es ist weitgehend als Parteiverfahren ausgestaltet und im wesentlichen von denselben Maximen und Grundsätzen beherrscht wie die *verwaltungsexterne Verwaltungsrechtspflege* (Verwaltungsgerichtsbarkeit). Bei dieser wird die Rechtspflege von Instanzen ausgeübt, die von der Exekutive grundsätzlich unabhängig sind, wobei der Grad der Unabhängigkeit verschieden ist.

2. ZWECK DER VERWALTUNGSRECHTSPFLEGE

6 Bei der Verwaltungsrechtspflege steht die Beilegung des Rechtsstreites durch eine für alle Beteiligten verbindliche Entscheidung im Mittelpunkt. Bestrittenes wird zur juristisch unbestreitbaren Gegebenheit und ist mit staatlichen Zwangsmitteln durchsetzbar.

Zweck der Verwaltungsrechtspflege insgesamt und derjenigen durch Justizbehörden im besonderen ist auf der einen Seite der individuelle Rechtsschutz. Auf der anderen Seite gilt es aber auch, das im Gesetz zum Ausdruck gebrachte öffentliche Interesse zu verwirklichen. Die

Verwaltungsrechtspflege gehört gleichsam zur institutionellen Verwaltungskontrolle und dient der Verwirklichung des objektiven Rechts. Versteht man unter dem im Gesetz verkörperten öffentlichen Interesse den Inbegriff von autoritativ verdichteten Individualinteressen, so wird deutlich, dass bei der Durchsetzung des verwaltungsrechtlichen Gesetzes ebenso die Interessen anderer als der Verfügungsadressaten in Frage stehen. Da den Interessen der Gesetzesadressaten und den gesetzlich festgelegten öffentlichen Interessen prinzipiell gleich grosse Legitimität zukommt, muss das Prozessrecht diese auch gleich wirksam – im Sinne der prozessualen Waffengleichheit – zur Geltung bringen (Kölz, ZBl 1985, S. 54).

Schliesslich ist zu erwähnen, dass die Verwaltungsrechtspflege der Fortentwicklung des materiellen Verwaltungsrechts dient, namentlich wenn eine höchstrichterliche Instanz entscheidet.

3. VERWALTUNGSINTERNE VERWALTUNGSRECHTSPFLEGE

Kennzeichen der verwaltungsinternen Rechtspflege ist, dass der Streit durch eine Behörde erledigt wird, welche in die Verwaltungshierarchie eingegliedert und nicht verwaltungsunabhängig ist. Die Behörde kann entweder monokratisch (z.B. Departement) oder kollegial (z.B. Bezirksrat, Bundesrat) strukturiert sein.

Die umfassende Rechts- und Ermessenskontrolle in der verwaltungsinternen Verwaltungsrechtspflege gewährleistet zwar eine volle Überprüfung der angefochtenen Verfügungen und eine einheitliche Führung der Verwaltung durch die Oberbehörde. Allerdings haftet der verwaltungsinternen Verwaltungsrechtspflege der Makel des Richtens in eigener Sache an, denn die Verwaltung bildet trotz ihrer hierarchischen Gliederung in vielerlei Hinsicht ein durch gemeinsame Interessen verbundenes Ganzes. Eine gewisse Unabhängigkeit lässt sich institutionell sichern, indem spezielle Rechtsdienste geschaffen werden, welche die Rechtsmittelentscheide mit juristischer Sachkompetenz vorbereiten.

4. VERWALTUNGSEXTERNE VERWALTUNGSRECHTSPFLEGE

A. Die Verwaltungsgerichtsbarkeit

a. Begriff

8 Die Verwaltungsgerichtsbarkeit kann definiert werden als die Erledigung von Verwaltungsrechtsstreitigkeiten durch mit richterlicher Unabhängigkeit ausgestattete Gerichte. Die richterliche Unabhängigkeit ist ein in Art. 58 BV enthaltenes und in Art. 6 Ziff. 1 EMRK ausdrücklich erwähntes verfassungsmässiges Recht. Für das Bundesgericht wird die Unabhängigkeit zudem in Art. 21 Abs. 1 OG festgehalten.

Ein Gericht ist in *verfahrensorganisatorischer Hinsicht* dann unabhängig, wenn es organisatorisch und personell von den anderen beiden Gewalten, der Legislative und Exekutive getrennt ist, wenn die Richter von diesen und den Parteien keine Weisungen entgegennehmen müssen und weder die Exekutive noch die Legislative desselben Staatsverbandes die Gerichtsentscheide aufheben kann (vgl. auch BGE 115 Ia 185 ff. mit Hinweisen).

b. Zur Unterscheidung «ursprüngliche» und «nachträgliche Verwaltungsgerichtsbarkeit»

9 Bei der *nachträglichen* Verwaltungsgerichtsbarkeit geht es um die Erledigung eines Rechtsstreites über eine bereits ergangene Verfügung. In Gestalt einer Beschwerde kann eine verbindliche Anordnung angefochten, das Anfechtungsstreitverfahren eingeleitet oder weitergeführt werden. Bei der *ursprünglichen* Verwaltungsgerichtsbarkeit hingegen wird in einem erstinstanzlichen Verfahren über einen Rechtsstreit entschieden. Eine formelle Verfügung ist noch nicht ergangen, obwohl die Verwaltungsbehörden bereits materiell Stellung genommen haben. Die ursprüngliche Verwaltungsgerichtsbarkeit kommt dann zum Zuge, wenn es der Verwaltung nicht zusteht, ein Rechtsverhältnis einseitig und verbindlich zu regeln. Die ursprüngliche Verwaltungsgerichtsbarkeit sieht einem Zivilprozess vor erster Instanz ähnlich, während die nachträgliche Verwaltungsgerichtsbarkeit ein Rechtsmittelverfahren darstellt. Das Verfahren der ursprünglichen Verwaltungsgerichtsbarkeit steht auch für Streitigkeiten zwischen öffentlichrechtlichen Körperschaften gleicher oder unterschiedlicher Stufe zur Ver-

fügung. Das Mittel der ursprünglichen Verwaltungsgerichtsbarkeit ist herkömmlicherweise die verwaltungsrechtliche Klage, die beim allgemeinen Verwaltungsgericht anhängig gemacht werden muss. Da allerdings das wesentliche Element der ursprünglichen Verwaltungsgerichtsbarkeit darin besteht, dass noch keine Verfügung ergangen ist, zählen auch Verfahren dazu, die nicht vor den allgemeinen Verwaltungsgerichten anhängig zu machen sind. Zu verweisen ist insbesondere auf die Verfahren vor den Zivilgerichten oder den Schiedskommissionen.

Die Prozessart der ursprünglichen Verwaltungsgerichtsbarkeit lässt sich vorwiegend historisch erklären. Früher war die Fiskustheorie zur Begründung der gerichtlichen Beurteilungskompetenz von vermögensrechtlichen Streitigkeiten in Verwaltungssachen wegleitend. Bei der Schaffung von Verwaltungsgerichten beliess man zum einen gewisse Bereiche in der Zuständigkeit der Zivilgerichte (vgl. §§ 2 und 3 VRG). Zum andern glaubte man, weitere Materien wegen ihrer besonderen Natur einem anderen als dem Anfechtungsstreitverfahren unterstellen zu müssen. Zu diesem Zweck wurde daher die ursprüngliche Verwaltungsgerichtsbarkeit geschaffen. 10

Von der ursprünglichen Verwaltungsgerichtsbarkeit bei den allgemeinen Verwaltungsgerichten nimmt man zunehmend Abstand. So wird das Klageverfahren vor Bundesgericht gemäss dem revidierten Art. 116 OG vom 4. Oktober 1991 gegenüber der derzeit noch in Kraft stehenden Regelung stark eingeschränkt (vgl. Verordnung über die teilweise Inkraftsetzung der Änderung des Bundesgesetzes über die Organisation der Bundesrechtspflege vom 15. Januar 1992).

Auf der anderen Seite zeigt sich aber, dass die Schaffung von Rechtsschutzinstanzen, zu deren Anrufung nicht der Erlass einer Verfügung vorausgesetzt ist, einem praktischen Bedürfnis entspricht. So kann der Bundesgesetzgeber erstinstanzlich entscheidende Schiedskommissionen vorsehen, deren Organisation und Verfahren sich dannzumal nach den noch in Kraft zu setzenden Bestimmungen von Art. 71a ff. VwVG richten wird.

c. Träger

aa. Übersicht

Die Verwaltungsgerichte verfügen entweder über eine allgemeine oder eine auf bestimmte Sachgebiete beschränkte Zuständigkeit. Im ersteren Fall handelt es sich um allgemeine, im letzteren um *Spezialverwaltungsgerichte*. Als solches amtet zum Beispiel das Eidgenössische Versicherungsgericht, das ausschliesslich für Sozialversicherungsfra- 11 gen zuständig ist. Aber auch die Schieds- und Rekurskommissionen zählen dazu, wenn ihnen die richterliche Unabhängigkeit in verfahrensorganisatorischer Hinsicht zukommt.

bb. Verwaltungsrechtspflege durch allgemeine Verwaltungsgerichte

12 Der wichtigste Träger der externen Verwaltungsrechtspflege ist zweifellos das mit richterlicher Unabhängigkeit ausgestattete allgemeine Verwaltungsgericht. Im Bund wird die Funktion der Verwaltungsgerichtsbarkeit vom Bundesgericht ausgeübt. Dabei sind die im fünften Titel enthaltenen Art. 97 ff. des Bundesgesetzes vom 16. Dezember 1943 über die Organisation der Bundesrechtspflege (OG) massgebend. In den meisten Kantonen bestehen bereits heute allgemeine Verwaltungsgerichte, die zum Teil organisatorisch verselbständigt sind, wie im Kanton Zürich, zum Teil in das Obergericht eingegliedert sind, wie etwa im Kanton Schaffhausen.

cc. Zivilgerichte

13 Die Verwaltungsrechtspflege fällt – in seltenen Fällen – auch in die Zuständigkeit von Zivilgerichten, vorab wenn es um vermögensrechtliche Streitigkeiten zwischen Dritten und dem Staat geht. Ein Beispiel ist die Zuständigkeit der kantonalen Zivilgerichte gemäss § 19 des Haftungsgesetzes des Kantons Zürich vom 14. September 1969. Ein weiteres Beispiel ergibt sich aus Art. 42 Abs. 1 OG. Danach urteilt das Bundesgericht als Zivilgericht und einzige Instanz über vermögensrechtliche Streitigkeiten zwischen den Kantonen und Privaten, wenn der Streitwert Fr. 8000.- beträgt und eine Partei die Beurteilung durch das Bundesgericht rechtzeitig verlangt. Nach dem Wortlaut von Art. 42 Abs. 1 OG muss es sich dabei zwar um eine zivilrechtliche Streitigkeit handeln. Doch ist die Auslegung des Begriffs «zivilrechtliche Streitigkeiten» eine historische, sodass von der Zivilgerichtsbarkeit auch öffentlichrechtliche Streitigkeiten erfasst werden. Praktisch wird diese Bestimmung insbesondere bei Haftungsfällen (vgl. BGE 107 Ib 157; Poudret, Commentaire OJ, Art. 42 n. 2.).

dd. Rekurs- und Schiedskommissionen

14 Der Gesetzgeber sieht Rekurs- und Schiedskommissionen für diejenigen Fälle vor, in denen in tatsächlicher Hinsicht spezielle Fachkenntnisse notwendig oder die Beschwerdefälle besonderes zahlreich sind. Schiedskommissionen entscheiden dabei als erste Instanzen, während Rekurskommissionen Rechtsmittelinstanzen sind und bereits ergange-

ne Verfügungen beurteilen (vgl. Art. 71a Abs. 1 rev. VwVG). Zwar führen die Kommissionen ihre Geschäfte grundsätzlich unabhängig von der Exekutive. Insbesondere sind sie nicht weisungsgebunden und stehen ausserhalb der Verwaltungsorganisation und Behördenhierarchie; zudem sind sie von der Exekutive auch in personeller Hinsicht getrennt (vgl. Art. 71c Abs. 1 und 2 rev. VwVG; vgl. demgegenüber die Weisungsgebundenheit der Asylrekurskommission bei der Ermessensüberprüfung nach Art. 11 Abs. 3 lit. c Asylgesetz, dazu Kälin, Asylverfahren, S. 274). Häufig werden ihre Mitglieder jedoch durch die Exekutive gewählt, weshalb ihre Unabhängigkeit genaugenommn wieder eingeschränkt wird (vgl. z.B. Art. 71b Abs. 3 rev. VwVG). Dennoch stellt die Wahl der Kommissionsmitglieder durch Exekutivbehörden für sich allein nach der Praxis der Organe der Menschenrechtskonvention und des Bundesgerichts die richterliche Unabhängigkeit noch nicht in Frage (vgl. BGE 115 Ia 185 ff., 114 Ia 54 mit Hinweisen; vgl. auch BGE 111 IV 194 f.). Insgesamt stehen die Rekurs- und Schiedskommissionen den Justizbehörden denn auch weit näher. Entspricht die Stellung derselben der richterlichen Unabhängigkeit im organisatorischen Sinn, sind diese – in Anlehnung an die herrschende Praxis – den Spezialverwaltungsgerichten zuzuordnen. Im Bund ist auf das Verfahren vor den Kommissionen aber trotzdem grundsätzlich das Verwaltungsverfahrensgesetz anwendbar (Art. 1 Abs. 2 lit. d, Art. 4, Art. 71d rev. VwVG).

ee. Sozialversicherungsgericht

Die Verwaltungsgerichtsbarkeit über sozialversicherungsrechtliche Angelegenheiten übt im Bund die organisatorisch verselbständigte Abteilung des Bundesgerichts, das eidgenössische Versicherungsgericht, mit Sitz in Luzern aus (Art. 122 OG). In den Kantonen sind zum Teil Bestrebungen im Gang, verselbständigte allgemeine Sozialversicherungsgerichte zu schaffen. Dies ist schon deshalb erforderlich, weil die Kantone gemäss Art. 98a OG eine unabhängige richterliche Instanz schaffen müssen, wenn unmittelbar die Verwaltungsgerichtsbeschwerde an das Bundesgericht zulässig ist (Art. 128 OG).

B. Das Parlament

In seltenen Fällen entscheidet das Parlament über Verwaltungsrechtsstreitigkeiten. So ist beispielsweise nach Art. 79 Abs. 1 VwVG die Bundesversammlung in Verwaltungsrechtsstreitigkeiten Beschwerdeinstanz, wenn ein Bundesgesetz dies vorsieht (vgl. etwa Art. 5 Garantiegesetz). Das Parlament als politische Behörde eignet sich allerdings wenig für die Rechtsanwendung.

IV. ÜBERSICHT

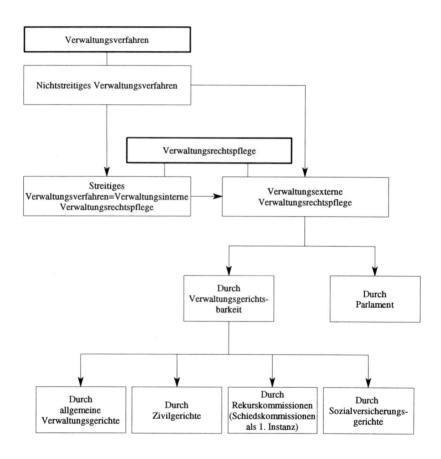

V. ZUM ANWENDBAREN RECHT

Literatur: BRÖNIMANN JÜRGEN, Verfassungsrechtliche Probleme des einfachen und 17
raschen Verfahrens, ZSR 1989 II, S. 353 ff.; HAEFLIGER ARTHUR, Alle Schweizer
sind vor dem Gesetze gleich. Zur Tragweite des Art. 4 der Bundesverfassung,
Bern 1985, S. 115 ff.; KELLER PETER, Koordination zwischen Bund und Kantonen; URP 1992, S. 258 ff.; KÖLZ ALFRED, Intertemporales Verwaltungsrecht, ZSR
1983 II, 101 ff., 222 f.; KÖLZ ALFRED/KELLER HELEN, Koordination umweltrelevanter Bewilligungsverfahren als Rechtsproblem, URP 1990, 385 ff.; KÖLZ ALFRED/KOTTUSCH PETER, Bundesrecht und kantonales Verwaltungsverfahrensrecht
– eine Problemübersicht, ZBl 1978, S. 421 ff.; Knapp Blaise, Les prcédure administrative complexes, AJP 1992, S. 839 ff.; MANFRINI PIERRE-LOUIS/PEREGRINA
DANIEL, La qualité de partie dans les procèdure cantonale non contentieuse, RADF
1985, S. 37 ff.; MARTI ARNOLD, Verfahrensrechtliche Möglichkeiten der Koordination bei der ersten Instanz, URP 1991, S. 226 ff.; MOOR, Vol. II, S. 135 ff.,
358 ff.; MÜLLER GEORG, in Kommentar BV, Art. 4, Rz. 85 ff.; POLEDNA TOMAS,
Praxis zur Europäischen Menschenrechtskonvention aus schweizerischer Sicht,
Zürich 1993; SALADIN, S. 15 ff.; *ders.,* Das Verfassungsprinzip der Fairness, in:
Festgabe der Schweizerischen Rechtsfakultäten zur 100-Jahrfeier des Bundesgerichts, Basel 1975, S. 41 ff.; *ders.,* Koordination von Rechtsmittelverfahren, URP
1991, S. 276 ff.; SCHWEIZER RAINER J., Auf dem Weg zu einem schweizerischen
Verwaltungsverfahrens- und Verwaltungsprozessrecht, ZBl 1990, S. 193 ff.; *ders.,*
Europäische Menschenrechtskonvention (EMRK) und schweizerisches
Sozialversicherungsrecht, in: Festschrift 75 Jahre Eidgenössisches Versicherungsgerich, Bern 1992, S. 19 ff.; SCHMUCKLI THOMAS, Die Fairness in der Verwaltungsrechtspflege. Art. 6 Ziff. 1 EMRK und die Anwendung auf die Verwaltungsrechtspflege des Bundes, Freiburg 1990; SUHR RETO, Möglichkeiten und Grenzen der
Kodifizierung des allgemeinen Teil des schweizerischen Verwaltungsrechts, Zürich 1974; THÜRER DANIEL, Europäische Menschenrechtskonvention und schweizerische Verwaltungsverfahren, ZBl 1986, S. 241 ff.

1. BEDEUTUNG DES BUNDESVERFASSUNGSRECHTS

Das Verfassungsrecht hat im Verwaltungsverfahren und der Verwal- 18
tungsrechtspflege sein besonderes Gewicht durch das aus Art. 4 Abs.
1 BV abgeleitete Verbot der formellen Rechtsverweigerung erlangt.
Dieser Grundsatz wird durch eine Reihe weiterer Prinzipien konkretisiert:

– durch das Verbot der Rechtsverweigerung und -verzögerung

- durch den Anspruch auf rechtliches Gehör und insbesondere durch das Recht auf Akteneinsicht sowie das Verbot der unrichtigen Zusammensetzung der Behörde
- durch das Verbot des überspitzten Formalismus
- durch das Verbot der ungerechtfertigten Verweigerung der unentgeltlichen Rechtspflege und unentgeltlichen Verbeiständung.

Die aus Art. 4 Abs. 1 BV abgeleiteten Verfahrensgarantien stellen an den kantonalen Gesetzgeber und den Bundesgesetzgeber aber nur Mindestanforderungen (BGE 117 Ia 268 mit weiteren Hinweisen). Enthält ein Gesetz eine weitergehende Regelung, ist dieses anzuwenden; geht die gesetzliche Regelung jedoch weniger weit, können die Ansprüche unmittelbar auf die Verfassung abgestützt werden. Bei den Bundesgesetzen ist zu beachten, dass die akzessorische Überprüfung gemäss Art. 113 Abs. 3 BV eingeschränkt ist. Das VwVG hat indessen die vom Bundesgericht aus dem Verbot der formellen Rechtsverweigerung abgeleiteten Grundsätze weitgehend übernommen.

19   Dazu kommen die zum Teil ebenfalls aus Art. 4 Abs. 1 BV abgeleiteten allgemeinen Verfassungsgrundsätze der Gesetzmässigkeit, der Verhältnismässigkeit und des Gebotes von Treu und Glauben. Letzterer Grundsatz gilt auch für das Verhalten der Privaten gegenüber der Verwaltung (BGE 113 Ia 334, 106 Ia 17). In gewissen Kantonen sind diese Grundsätze ausdrücklich im Gesetz verankert (z.B. §§ 2 und 3 VRG AG).

2. GELTUNG DER EMRK

20   Für die Verwaltungsrechtspflege sind insbesondere die Art. 6 und 13 EMRK von Bedeutung. Art. 6 Ziff. 1 EMRK garantiert den Anspruch auf Zugang zu einem unparteiischen und unabhängigen, auf Gesetz beruhenden Gericht. Zudem verlangt die Bestimmung die Wahrung des rechtlichen Gehörs, die grundsätzlich öffentliche Parteiverhandlung und Urteilsverkündung, die Entscheidung innert angemessener Frist und die Entscheidbegründung. In Art. 6 Ziff. 3 EMRK werden sodann weitere Grundsätze des fairen Verfahrens angeführt, welche sich auf Verfahren über strafrechtliche Anklagen beziehen. Es sind, abgesehen von der Öffentlichkeitsmaxime, weniger die Garantien des fairen Verfahrens, welche für die schweizerische Rechtsordnung von Bedeutung sind, da diese fast alle auf Grund von Art. 4 Abs. 1 BV gewährleistet sind, als vielmehr der Anspruch auf Zugang zu einem Gericht.

Die Schweiz hatte bei der Ratifikation der EMRK zu Art. 6 Ziff. 1 21
eine auslegende Erklärung und einen Vorbehalt angebracht. Die auslegende Erklärung betrifft das Recht auf Zugang zu einem Gericht. Der Vorbehalt auf der anderen Seite beschlägt die Öffentlichkeit der Verhandlungen in kantonalen Verfahren vor *Verwaltungsbehörden* und die Öffentlichkeit der Urteilsverkündung nach den kantonalen Zivil- und Strafprozessordnungen (AS 1974 II 2173). Der europäische Gerichtshof erklärte sowohl die auslegende Erklärung, die er ebenso als Vorbehalt qualifiziert hatte (EuGRZ 1989, S. 21 ff., in Sachen «Belilos»), wie auch den Vorbehalt hinsichtlich der Öffentlichkeit der Verhandlungen (EuGRZ 1990, S. 266 ff. in Sachen «Weber») für ungültig, weil beide nicht den Voraussetzungen von Art. 64 EMRK entsprachen. Der Bundesrat hinterlegte alsdann zwar eine neue, die Rechtsweggarantie betreffende auslegende Erklärung und zählte entsprechend den Voraussetzungen von Art. 64 Ziff. 2 EMRK die von der Erklärung betroffenen Gesetze im einzelnen auf (AS 1988 II 1264, 1989 I 276 f.). Diese neue Erklärung bezog sich nur noch auf zivilrechtliche Ansprüche, während «strafrechtliche Anklagen» ausgeklammert wurden. Das Bundesgericht hat das Nachschieben dieser Erklärung im Entscheid vom 17. Dezember 1992 jedoch als unzulässig erklärt (vgl. Neue Zürcher Zeitung vom 18. Dezember 1992 Nr. 295, S. 15; noch offengelassen in BGE 117 Ia 386). Da die auslegende Erklärung vom Bundesrat ausging, konnte sie vom Bundesgericht überprüft werden (vgl. Art. 113 Abs. 3 BV). Hinsichtlich der Ungültigerklärung des Vorbehalts über die Verhandlungsöffentlichkeit in kantonalen Verwaltungsverfahren hat der Bundesrat demgegenüber überhaupt von der Hinterlegung eines neuen Vorbehaltes abgesehen.

Aus der umschriebenen Entscheidungssituation ergibt sich für die Rechtsweggarantie und das Öffentlichkeitsprinzip nun folgende materielle Rechtslage: Die *Rechtsweggarantie* ist nicht mehr beschränkt, wenn es um Streitigkeiten über zivilrechtliche Ansprüche geht. Sie gilt somit in allen Verfahren, wenn über einen Gegenstand im Geltungsbereich von Art. 6 Ziff. 1 EMRK zu entscheiden ist und bedeutet, dass ein in organisatorischer Hinsicht unabhängiges Gericht den Sachverhalt und die aufgeworfenen Rechtsfragen frei überprüft. Ebenso ist das *Öffentlichkeitsprinzip* bezüglich der Parteiverhandlungen seit dem Entscheid «Weber» (EuGRZ 1990, S. 266 ff.) von den kantonalen Verwaltungsbehörden zu beachten. Was die Öffentlichkeit der Urteilsverkündung angeht, so war diese im genannten Entscheid zwar nicht Gegenstand des Verfahrens. Doch bezieht sich der Vorbehalt weder im ersten noch im zweiten Absatz – jedenfalls seinem Wortlaut nach – auch auf die Entscheidverkündung im Verwaltungsverfahren und der

Verwaltungsrechtspflege. Demzufolge ist auch diesbezüglich – entgegen anderer Ansicht (BBl 1974 I 1078) – auf Art. 6 EMRK abzustellen.

Anzuführen ist schliesslich die auslegende Erklärung zu Art. 6 Ziff. 3 lit. c und e EMRK, wonach die Garantie der Unentgeltlichkeit des Beistandes eines amtlichen Verteidigers und eines Dolmetschers in einem Verfahren über strafrechtliche Anklagen in dem Sinn auszulegen ist, dass sie die begünstigte Person nicht endgültig von der Zahlung der entsprechenden Kosten befreit (vgl. hinten Rz. 309). Diese Erklärung wurde von den Europäischen Organen noch nicht auf ihre Gültigkeit hin überprüft (vgl. dazu BGE 106 Ia 214).

22   In sachlicher Hinsicht beansprucht Art. 6 EMRK Geltung, wenn «zivilrechtliche» Ansprüche und Verpflichtungen (civil rights and obligations) streitig sind oder die Stichhaltigkeit strafrechtlicher Anklagen (criminal charge) beurteilt werden. Die Organe der EMRK legen beide Begriffe dahingehend aus, dass auch verwaltungsrechtliche Angelegenheiten darunter fallen. Allerdings fehlt eine genaue Begriffsbestimmung, was alles unter zivilrechtlichen Ansprüchen und strafrechtlichen Anklagen zu verstehen ist. Nach dem gegenwärtigen Stand der Rechtsprechung durch die Konventionsorgane sind im Bund und in den Kantonen konkret zum einen Verfahren betroffen, in denen es um die Ausübung freier Berufe geht, soweit damit unmittelbar *zivilrechtliche Ansprüche und Verpflichtungen* betroffen werden. So fällt etwa der Widerruf oder die Verweigerung einer Berufsausübungsbewilligung darunter, nicht aber Ansprüche aus dem Beamtenverhältnis (VPB 1989 Nr. 62). Zum andern kann direkt in zivilrechtliche Ansprüche eingegriffen werden, wenn ein Entscheid die Gültigkeit eines Vertrages unter Privaten oder bestimmte sozialversicherungsrechtliche Ansprüche betrifft. Ferner geht es um «Zivilrechte», wenn Fragen über die Enteignung und Nutzungsbeschränkungen des Eigentums (BGE 117 Ia 384 f., 526 ff., beide mit Hinweisen) sowie über die Staatshaftung zu entscheiden sind. Da es sich dabei nach französischem und englischem Wortlaut von Art. 6 EMRK zugleich um «Streitigkeiten» («contestation»/«determination») über zivilrechtliche Ansprüche handeln muss, ist Art. 6 EMRK in der Regel entsprechend dem Begriff der Rechtsstreitigkeit nach schweizerischem Recht erst im Verwaltungsrechtspflegeverfahren, nach ergangener Verfügung, anwendbar. Gibt es jedoch kein Rechtsmittel oder muss keine Verfügung erlassen werden, genügt zur Annahme einer Streitigkeit über die «Zivilrechte» im Sinne der Konvention bereits, dass die Bestreitung in einem Schriftenwechsel zum Ausdruck kommt (Schmuckli, S. 26 ff., 34 f. mit Hinweisen). In bezug auf die *strafrechtlichen Anklagen* kommen Verfahren in Betracht, in denen es um bestimmte Disziplinar-

massnahmen geht, wobei es insbesondere auf die Natur im Sinne des Zwecks und die Art und die Schwere der angedrohten Sanktion ankommt (vgl. BGE 117 Ia 188 f. mit Hinweisen). Desgleichen kann Art. 6 EMRK bei Verwaltungsstrafen Anwendung finden, wenn diese generalpräventive Wirkung haben und in einer Busse oder Freiheitsstrafe bestehen (EuGRZ 1985, S. 62).

Art. 13 EMRK gewährleistet das Recht auf eine wirksame Beschwerde bei einer nationalen Instanz, wenn die in der Konvention garantierte Rechte und Freiheiten verletzt worden sind. Dabei muss es sich nicht um eine Gerichtsbeschwerde handeln, damit sie «wirksam» ist, sondern es genügt die Verwaltungsbeschwerde, wenn die minimalen Verfahrensgrundsätze eingehalten werden und die entscheidende Instanz selber – d.h. reformatorisch – entscheiden kann (BGE 111 Ib 72 f.). 23

3. GESETZLICHE REGELUNG DES VERFAHRENSRECHTS

A. Notwendigkeit der Kodifikation des Verfahrensrechts und der Festlegung verfahrensrechtlicher Formen

Wie das materielle Verwaltungsrecht kann das Verwaltungsverfahrensrecht nicht auf eine Kodifikation verzichten. Eine gute Verfahrensordnung zielt darauf ab, das nichtstreitige wie das streitige Verwaltungsverfahren möglichst rasch durch einen rechtmässigen Entscheid zu beenden. Dieser Zweck wird besser durch eingehende gesetzliche Verfahrensregeln erreicht, als wenn sich die Behörde auf Lehre und Praxis stützen muss. Der Grundsatz der Gesetzmässigkeit hat im Verfahrensrecht besonders strenge Gültigkeit. Die Verwaltungsbehörden sind, in doppelter Hinsicht dem Gesetz unterworfen: einerseits bezüglich des Inhalts der Verwaltungshandlung, anderseits hinsichtlich des Verfahrens (Moor, Vol. II, S. 138). 24

Die positivrechtliche Festlegung des Verfahrensrechts für sich genommen genügt indessen noch nicht. Vielmehr muss dieses auch gewisse inhaltliche Voraussetzungen erfüllen und einen genügenden Bestimmtheitsgrad aufweisen. Auf Grund einer eingehend normierten Verfahrensordnung lassen sich nicht nur die Rechte und Pflichten der am Verfahren Beteiligten eindeutig voneinander abgrenzen, sondern es lässt sich auch eine klare Zuständigkeitsausscheidung zwischen den verschiedenen Instanzen herbeiführen. Verfahrensrechtliche Formvorschriften bestehen nicht um ihrer selbst willen; sie garantieren vielmehr die Wahrung der Rechte und der Gleichheit der Parteien und schützen vor willkürlicher Behandlung durch die Behörden. Die Konsequenzen eines Verfahrens werden durch die Formalisierung der Verfahrens- und Prozesshandlungen berechenbar. So ist die Form nach Jhering «die geschworene Feindin der Willkür, die Zwillingsschwester der Freiheit» (zitiert nach Fritz Gygi, Verwaltungsrechtspflege und Verwaltungsverfahren im Bund, 2. A., Bern 1971, S. 45).

Dies gilt grundsätzlich auch für das nichtstreitige Verwaltungsverfahren. Zwar gibt es dort Verfahren, bei denen ein Ausbau verfahrensrechtlicher Formen bereits im erstinstanzlichen Verfahren kaum sinnvoll wäre. Zu denken ist hier insbesondere an Verfügungen, die in grosser Anzahl ergehen (Steuerveranlagung, Erhebung der Sozialversicherungsbeiträge). Auf der anderen Seite kann sich aber ein zu geringer Formalisierungsgrad des erstinstanzlichen Verfahrens als Mangel erweisen. Dies trifft ganz besonders auf Verfahren zu, die miteinander koordiniert werden müssen, weil sie dieselbe Angelegenheit betreffen, die dazu notwendigen Bewilligungen jedoch von verschiedenen Behörden ausgehen (vgl. etwa zum Bau einer Foststrasse BGE 117 Ib 42 mit Hinweisen). Auch in Bereichen, wo die Regelungsdichte des materiellen Verwaltungsrechts eher gering ist und für den herbeizuführenden Entscheid wenig Vorgaben bestehen, kann eine formalisierte Verfahrensregelung einen Ausgleich herbeiführen. Schliesslich vermag ein gut ausgebautes erstinstanzliches Verfahren für die Rechtsmittelinstanzen entlastend zu wirken.

25   Die Formerfordernisse im Verfahrensrecht haben dort ihre Grenze, wo sie sich weder durch eine ordnungsgemässe noch durch eine rechtsgleiche Abwicklung des Verfahrens rechtfertigen lassen oder wenn sie die Durchsetzung des materiellen Rechts unverhältnismässig erschweren. Über die Zulässigkeit und Grenze der Formvorschriften im Verfahrensrecht hat das Bundesgericht unter dem bereits angeführten Grundsatz des Verbots des überspitzten Formalismus eine umfangreiche Rechtsprechung entwickelt.

B. Bemerkungen zu den Verfahrensrechten

26   Die heutige rechtliche Regelung des Verfahrens ist trotz allgemeiner gesetzlicher Normierung des Verwaltungsverfahrens und der Verwaltungsrechtspflege im Bund sowie in vielen Kantonen stark zersplittert; sie weist zahlreiche Arten von Rechtsmitteln und Rechtsbehel-

fen auf. Dazu tragen auch Spezialgesetze bei, welche oft eigene Verfahrensregelungen enthalten und einen besonderen Instanzenzug vorsehen. Zudem ist eine umfassende Verwaltungsgerichtsbarkeit nirgends verwirklicht. So haben Rechtsunkundige den Eindruck eines beinahe undurchquerbaren Dschungels und selbst für Fachleute stellt die Verfahrensordnung in Verwaltungsangelegenheiten ein nur mühsam zu durchdringendes Gehölz dar.

Bei den kantonalen Verfahrensregelungen kommt hinzu, dass diese oft lückenhaft und ungenügend sind. Das nichtstreitige Verwaltungsverfahren und teilweise auch die Verwaltungsrechtspflege sind in einzelnen Kantonen nur in Ansätzen geregelt. Immerhin stellen aber insbesondere die Kantone Bern, Luzern und Jura gesetzliche Vorschriften bereits für das nichtstreitige Verwaltungsverfahren ähnlich dem VwVG zur Verfügung. Die übrigen Kantone beschränken sich in Bezug auf das nichtstreitige Verwaltungsverfahren entweder auf eine rudimentäre Regelung, wie der Kanton Zürich, oder überlassen die Ordnung überhaupt der Praxis, wie dies etwa für das gesamte Verwaltungsverfahren im Kanton Obwalden der Fall ist (vgl. Gadola, S. 37 dff.). Die Gründe für die geringe Normierungsdichte liegen vor allem darin, dass die schweizerische Verwaltung, dem föderalistischen Staatsaufbau entsprechend, sehr komplex ist. Neben dem Bund verfügen die Kantone, zum Teil die Bezirke und vor allem die Gemeinden je über eine eigene Verwaltung. Ein weiterer Grund für die lükkenhaften Regelungen ist darin zu sehen, dass sich die Regierungen und Verwaltungen nicht gerne durch Vorschriften formeller wie materieller Natur einschränken lassen. Die Neben- und Ehrenamtlichkeit vieler Beamter spielt ebenfalls eine Rolle. Infolge der rudimentären Normierung bleiben zum Teil wichtige Fragen unbeantwortet. Die Lösung der Probleme muss alsdann allein der Praxis überlassen werden. Als Beispiele aus dem nichtstreitigen Verwaltungsverfahren können die Bindung der Verwaltungsbehörden an Tatsachenfeststellungen von anderen Behörden (vgl. BGE 115 Ib 164; 109 Ib 204 mit Hinweisen) oder auch die formelle und materielle Rechtskraft von Verwaltungsakten erwähnt werden (vgl. zum Widerruf von Verwaltungsakten etwa BGE 115 Ib 152; 111 Ib 210).

C. Für die Kantone geltende Bundesvorschriften unterhalb der Verfassungsstufe

Abgesehen von den Verfahrensgarantien, die sich aus dem internationalen Recht und der Bundesverfassung ergeben, wirkt der Bund auch mittels der Gesetzgebung oder der Rechtsanwendung auf die kantonalen Verfahrensordnungen ein. Bei der Frage nach der Zulässigkeit solcher Eingriffe ist zu unterscheiden. Handelt es sich um Streitigkeiten aus dem kantonalen Verwaltungsrecht, kommt den Kantonen Organisations- und Verfahrenshoheit zu, die nur durch die Bundesverfassung eingeschränkt werden darf. Geht es hingegen um Bereiche, in denen die Bundesverfassung den Vollzug der Bundesgesetze den Kantonen überlässt oder das Bundesgesetz selbst seine Vollziehung an die Kantone delegiert, ist der Bund insoweit befugt, in die Organisations- und Verfahrenszuständigkeit der Kantone einzugreifen, als dies für die Verwirklichung des Bundesverwaltungsrechts und zur Ausführung materieller Prinzipien notwendig ist (vgl. BGE 111 Ib 203). Daneben kann auch der Grundsatz der Einheit des Verfahrens von Bedeutung sein; danach dürfen die Verfahrensvoraussetzungen und die Überprüfung des vorangegangenen Entscheides vor der unteren Instanz nicht enger gefasst sein, als vor der nächstfolgenden Instanz.

28 Erschweren die kantonalen Verfahrensvorschriften die Durchsetzung des materiellen Bundesrechts übermässig oder vereiteln sie dieses überhaupt, stellt dies eine Bundesrechtsverletzung besonderer Art dar (vgl. die Hinweise bei Kölz/Kottusch, S. 421 ff.). Je mehr die Durchsetzung des Bundesrechts und der materiellen Prinzipien als gefährdet erscheint, desto eher lässt sich die Notwendigkeit eines Eingreifens bereits durch den *Gesetzgeber* begründen. Dies ist insbesondere der Fall, wenn es um umstrittene Belange geht, wie beispielsweise beim Umweltschutzgesetz, bei der Raumplanung oder beim Grundstückerwerb durch Personen im Ausland. Im Bundesgesetz über den Erwerb von Grundstücken durch Personen im Ausland vom 1. Oktober 1984 (BewG) etwa ist in Art. 15 lit. b die Behördenbeschwerde vorgesehen oder die Anwendung des kantonalen Verfahrensrechts eingeschränkt, wenn es um den Erwerb eines Grundstücks in der Nähe einer wichtigen militärischen Anlage geht (Art. 18 Abs. 4 BewG). Es können aber auch Gründe des Schutzes der schwächeren Partei hinzukommen, die der Notwendigkeit eines Eingreifens in das kantonale Recht durch den Gesetzgeber erhöhtes Gewicht verleihen. Gerade bei den Verfahrensregelungen im Sozialversicherungsrecht spielt der Rechtsschutzgedanke eine bedeutende Rolle. Dort sind die Einwirkungen auf das kantonale Recht am intensivsten. Art. 84 bis 86 AHVG, welche Normen auch auf die Invalidenversicherung Anwendung finden, enthalten detaillierte Regelungen für die Organisation der Rekursbehörden und das kantonale Rekursverfahren. Teilweise nimmt der Gesetzgeber die Vereinheitlichung von Rechtsnormen zum Anlass, zugleich verfahrensrechtliche Bestimmungen zu erlassen. Zu erwähnen

sind hier etwa das Steuerharmonisierungsgesetz und der von den eidgenössischen Räten noch nicht verabschiedete allgemeine Teil des Sozialversicherungsrechts. Die Notwendigkeit eines Eingriffs in die kantonale Organisations- und Verfahrenshoheit ist jedoch nicht immer offensichtlich. Dies ist etwa der Fall bei der Verordnung über Aufgaben und Befugnisse der Kantone im Mass- und Gewichtswesen (Eichämter-Verordnung) vom 25. Juni 1980, wo in Art. 5 Abs. 4 selbst die Stellvertretung des Eichmeisters geregelt wird (Kölz/Kottusch, S. 437 f.).

Neben diesen spezialgesetzlichen Regelungen erklärt auch Art. 1 Abs. 3 VwVG verschiedene Normen des VwVG im kantonalen Verfahren für anwendbar. Hier steht vor allem der reibungslose Übergang vom kantonalen zum bundesrechtlichen Rechtsmittelverfahren und damit die Verfahrenseinheit im Vordergrund. Gemäss dieser Bestimmung haben die kantonalen Instanzen, die gestützt auf das öffentliche Recht des Bundes nicht endgültig verfügen, die Art. 34 bis 38 sowie 61 Abs. 2 und 3 VwVG über die Eröffnung einer Verfügung anzuwenden. Zudem müssen sie unter den erwähnten Voraussetzungen Art. 55 Abs. 2 und 4 VwVG betreffend aufschiebende Wirkung der Beschwerden beachten. In der Praxis hat sich allerdings gezeigt, dass Art. 1 Abs. 3 VwVG bei weitem nicht genügt, um die Einheit des Verfahrens zu gewährleisten und auch das Vereitelungsverbot durchzusetzen. Um eine engere Verknüpfung zwischen bundesrechtlichen und kantonalen Verfahren herbeizuführen und dem Vereitelungsgebot Nachachtung zu verschaffen, hat das Bundesgericht in den Fällen, wo die Verwaltungsgerichtsbeschwerde offen steht, festgehalten, dass in den kantonalen Verfahren der Verfügungsbegriff und die Beschwerdelegitimation nach Bundesrecht zu bestimmen sei (vgl. etwa BGE 117 Ia 99, 116 Ib 122 mit Hinweisen). Der in der Revision vom 4. Oktober 1991 eingefügte Art. 98a OG knüpft nun an diese Rechtsprechung an. Nach dessen Abs. 3 sind Beschwerdelegitimation und Beschwerdegründe in mindestens gleichem Umfang wie für die Verwaltungsgerichtsbeschwerde an das Bundesgericht zu gewährleisten. Überdies sind die Kantone in diesen Fällen gehalten, als letzte Instanzen richterliche Behörden einzurichten (Art. 98a Abs. 1 und 2 OG), wobei Rekurskommissionen als Spezialverwaltungsgerichte genügen. Schliesslich enthält Art. 139a Abs. 3 OG die Bestimmung, dass die kantonale Vorinstanz auch dann auf ein beim Bundesgericht eingereichtes, an die Vorinstanz überwiesenes Revisionsgesuch einzutreten hat, wenn das kantonale Recht den Revisionsgrund der durch die europäischen Behörden festgestellten Verletzung der EMRK nicht kennt.

30 Ein Eingreifen in die kantonalen Verfahren und Behördenorganisationen durch die *Rechtsanwendung* muss auch wegen des Grundsatzes der Gesetzmässigkeit im Verfahrensrecht die Ausnahme bleiben. Tritt ein neuer Regelungsbedarf ein, so ist in erster Linie der Bundesgesetzgeber aufgerufen, tätig zu werden und gewisse vereinheitlichende Bestimmungen zu erlassen. Zu denken ist dabei insbesondere an die vom Bundesgericht festgelegte Koordinationspflicht im Zusammenhang mit umweltrelevanten Verfahren. Die Verordnung zur Umweltverträglichkeitsprüfung enthält zwar eine diesbezügliche Regelung (Art. 21 f. UVPV). Diese Bestimmungen finden aber nur auf Anlagen Anwendung, die der Umweltverträglichkeitsprüfung unterliegen. Für eine weitergehende Rechtspflicht der Kantone, die verschiedenen Verfahren zu koordinieren, fehlt hingegen die Rechtsgrundlage. Somit darf das Bundesgericht nur eingreifen, wenn die Gefahr der Vereitelung von Bundesrecht besteht oder aber der Übergang von den kantonalen Verfahren zu den bundesrechtlichen Verfahren sichergestellt werden muss. Das Bundesgericht ist daher zu weit gegangen, wenn es die Kantone nicht nur anhielt, ein erstinstanzliches Leitverfahren einzurichten, sondern auch ein einheitliches Rechtsmittelverfahren vorzusehen (BGE 114 Ib 353). Aufgeteilte Zuständigkeiten und parallele Rechtsmittelverfahren sind für sich genommen kein genügender Grund, eine übermässige Erschwerung der Verwirklichung oder gar eine Vereitelung von Bundesrecht anzunehmen (vgl. Kölz/Keller, S. 403 ff. mit Hinweisen).

D. Intertemporales Verfahrensrecht

31 Das intertemporale Verfahrensrecht ist zu trennen von der Frage der Anwendbarkeit von geändertem materiellem Recht auf hängige Streitfragen. Für diesen Problemkreis sei auf die Literatur des allgemeinen Verwaltungsrechts verwiesen.

Intertemporalrechtliche Probleme ergeben sich im Verfahrensrecht wegen seiner Wertneutralität nur wenige. Auszugehen ist von der *sofortigen Anwendbarkeit* des neuen Verfahrensrechts. Die Gesetze sehen indessen einschränkend vor, dass neues Prozessrecht keine Anwendung auf die zum Zeitpunkt seines Inkrafttretens bereits bei bestimmten Rechtsmittelinstanzen hängigen Streitigkeiten findet. Dabei stellt sich indessen die Frage, welches Prozessrecht auf die zum Zeitpunkt des Inkrafttretens des neuen Rechts bereits eröffneten, aber noch nicht weitergezogenen Verfügungen oder Entscheide anwendbar ist. Die Gesetze knüpfen, um allfällige Änderungen von Rechtsmittelfristen während laufender Frist zu vermeiden, zu Recht an den Zeitpunkt der Eröffnung der anfechtbaren Verfügungen und Entscheide an: Findet die Eröffnung vor dem Inkrafttreten des neuen Prozessrechts statt, so ist das alte, im andern Fall das neue Recht anzuwenden (vgl. Ziff. 3 Abs. 1 Schlussbestimmungen 1991 OG, Art. 81 VwVG). Dieselbe Wirkung wird in bezug auf den Fristenlauf mit der Formulierung erreicht, wonach sich die Dauer von Fristen, die im Zeitpunkt des Inkrafttretens laufen, nach altem Recht richtet; allerdings bleibt damit die Frage, ob sich die Modalitäten der aufschiebenden Wirkung eines Rechtsmittels nach altem oder neuem Recht richtet, unbeantwortet (Kölz, ZSR 1983 II, S. 222 f.). Allgemein darf wohl angenommen werden, dass der Grundsatz der Anwendung des für die Privaten milderen Rechts (lex mitior) gilt.

VI. ABGRENZUNG GEGENÜBER BENACHBARTEN RECHTSGEBIETEN

1. ABGRENZUNG VERWALTUNGSVERFAHRENSRECHT – MATERIELLES VERWALTUNGSRECHT

Literatur: KÖLZ/KOTTUSCH (ob. zit. in Rz. 17), S. 426 ff.; SALADIN PETER, Verwaltungsprozessrecht und materielles Verwaltungsrecht. Einwirkungen des Verwaltungsprozess- und des Verwaltungsverfahrensrechts im Bund auf das materielle Verwaltungsrecht, ZSR 1975 II, S. 307 ff.; SALADIN, S. 13 ff.

32

Das Verwaltungsrecht ist konkretisiertes Verfassungsrecht. Es umfasst diejenigen Rechtssätze, welche die Verwaltungstätigkeit regeln. Dabei ist zwischen materiellem und formellem Verwaltungsrecht zu unterscheiden. Das *materielle Verwaltungsrecht* bestimmt Inhalt und Umfang der Verwaltungstätigkeit und legt die Rechte und Pflichten zwischen den einzelnen und dem Gemeinwesen fest. Als Beispiel können die Bestimmungen über die Voraussetzungen zur Erteilung oder zum Entzug einer Bewilligung erwähnt werden.

33

Das *formelle Recht* besteht demgegenüber aus dem Organisations- und Verfahrensrecht. Das Verwaltungsverfahrensrecht als Teil des formellen Rechts regelt den Rahmen und Gang der Verwaltungstätigkeit, die Art und Weise des Zustandekommens einer Verfügung oder eines Entscheides. Beispiele sind die Bestimmungen über das rechtliche Gehör, die Fristen oder die Zuständigkeit.

Das Verfahrensrecht soll das materielle Recht möglichst verwirklichen. Es hat aber insoweit selbständige Bedeutung, als korrekt angewandte prozessuale Formvorschriften im Einzelfall die Verwirklichung des materiellen Rechts definitiv verhindern können. Gleichzeitig hat es Ordnungsaufgaben zu erfüllen. Es muss mittels Formen, Fristen und Fiktionen die Handlungen der Verfahrensbeteiligten verbindlich und definitiv festlegen. Zweck des Verfahrens ist es, einen für alle Beteiligten verbindlichen Entscheid herbeizuführen und – soweit es um die Verwaltungsrechtspflege geht – den Rechtsstreit zu erledigen.

34 Einige Normen des Verfahrensrechts sind besonders stark vom materiellen Recht abhängig und lassen sich nicht auslegen, ohne dass das materielle Recht miteinbezogen wird. Dies gilt vorab für die Prozessvoraussetzungen des Anfechtungsobjekts (Verfügung) und der Legitimation. Beiden Voraussetzungen kommt eine eigentliche «Scharnierfunktion» zwischen dem materiellen Recht und dem Verfahrensrecht zu (Saladin, ZSR 1975 II, S. 309). Werden sie nicht richtig angewandt, so kann das materielle Recht vereitelt werden. Aus diesem Grund sind es auch in erster Linie diese Normen des bundesrechtlichen Verfahrens, welche vom Bundesgericht für die Kantone bei der Anwendung von Bundesverwaltungsrecht als verbindlich erklärt wurden. Demgegenüber können die mehr «technischen» Verfahrensvorschriften mit streng prozessualem Charakter selbständig und aus sich selbst heraus ausgelegt werden. Zu erwähnen sind etwa die Bestimmungen über die Fristen, Säumnisfolgen, Vertretung und die Form von Eingaben. Eine Mittelstellung zwischen den «technischen» und den in starker Abhängigkeit zum materiellen Recht stehenden Prozessinstituten nehmen schliesslich diejenigen Verfahrensnormen ein, bei denen das materielle Recht nur bei einer bestimmen Ausgestaltung oder Auslegung von Bedeutung ist. Zu nennen sind beispielsweise die Beweisvorschriften, die Bindung der Beschwerdeinstanzen an Parteibegehren und die aufschiebende Wirkung (vgl. Kölz/Kottusch, S. 427 ff.).

Infolge der zeitweiligen Verbundenheit von formellem und materiellem Recht können nicht alle Normen genau in das Schema «formell – materiell» eingeordnet werden. Es sind Vorschriften denkbar, die einen gemischten Charakter aufweisen, wie dies zum Beispiel bei Normen der Fall ist, welche den Widerruf von Verwaltungsakten regeln.

2. ABGRENZUNG VERWALTUNGSRECHTSPFLEGE – VERFASSUNGSGERICHTSBARKEIT

Literatur: AUER ANDREAS, Die schweizerische Verfassungsgerichtsbarkeit, Basel 1984; KÄLIN WALTER, Das Verfahren der staatsrechtlichen Beschwerde, Bern 1984; KOTTUSCH PETER, Zum Verhältnis von Verfassungs- und Verwaltungsgerichtsbarkeit, Zürich 1973.

Unter den Begriff der Verfassungsgerichtsbarkeit fallen Gerichte und gerichtliche Verfahren, die ausschliesslich für Streitigkeiten über behauptete Verfassungsverletzungen vorgesehen sind.

Verwaltungsrechtsstreitigkeiten über Verwaltungsakte sind dagegen grundsätzlich solche über geltend gemachte Verletzungen von Gesetzesbestimmungen, die im Stufenbau der Rechtsordnung unterhalb der Verfassung stehen. Im Verwaltungsbeschwerde- wie auch im Verwaltungsgerichtsbeschwerdeverfahren können Verfassungsverletzungen aber dennoch gerügt werden, weil der Begriff der «Rechtsverletzung» das Verfassungsrecht mitumfasst; so wird im Bund die «Verletzung von Bundesrecht» als Beschwerdegrund genannt (Art. 49 lit. a VwVG und Art. 104 lit. a OG). Die Verwaltungsrechtsstreitigkeit wird dann gleichzeitig zu einer Verfassungsrechtsstreitigkeit. So kann beispielsweise eine Verletzung des rechtlichen Gehörs nach Art. 4 Abs. 1 BV auch im Verwaltungsrechtspflegeverfahren geltend gemacht werden, sofern die prozessualen Normen dieses weniger weit schützen. Ein interessanter Anwendungsfall, in dem sowohl ein Verstoss gegen das Gesetz als auch ein solcher gegen die Verfassung in Frage steht, ist das aus Art. 4 Abs. 1 BV abgeleitete Willkürverbot: Es verbietet eine Gesetzesverletzung, die so schwer wiegt, dass sie mittelbar zu einer Verfassungsverletzung wird. Die Verwaltungsgerichtsbeschwerde an das Bundesgericht übernimmt bei Verfassungsverletzungen dann die Funktion der staatsrechtlichen Beschwerde, wenn eine Verfügung gemäss Art. 5 VwVG, die durch eine letzte kantonale Instanz ergangen ist, angefochten wird und auch die übrigen Voraussetzungen von Art. 97 ff. OG gegeben sind.

Die staatsrechtliche Beschwerde gegen einen kantonalen letztinstanzlichen Entscheid einer Verwaltungsbehörde oder des kantonalen Verwaltungsgerichts bildet für sich jedoch keine Fortsetzung des kantonalen Verwaltungsrechtspflegeverfahrens, da sie ein selbständiges, ausserordentliches Rechtsmittel mit kassatorischer Wirkung ist. Damit hängt auch zusammen, dass die aufschiebende Wirkung fehlt und vorsorgliche Massnahmen nur auf Antrag der Beschwerdeführenden gewährt werden (Art. 94 OG). Die Kantone behalten die Verfügungsmacht über das Streitobjekt, sodass der Entscheid an sich nach Eröffnung sogleich vollstreckt werden kann. Die kantonalen Behörden verzichten jedoch gewöhnlich darauf und warten den unbenutzten Ablauf der dreissigtägigen Beschwerdefrist oder die Erledigung der staatsrechtlichen Beschwerde ab (Kälin, S. 322).

3. ABGRENZUNG VERWALTUNGSRECHTSPFLEGE – VERWALTUNGSAUFSICHT UND PARLAMENTARISCHE AUFSICHT

39 *Literatur:* BÄUMLIN RICHARD, Die Kontrolle des Parlaments über Regierung und Verwaltung, ZSR 1966 II, S. 165 ff.; BUSER WALTER, Neue Aspekte der Verwaltungskontrolle, in: Festschrift für Ulrich Häfelin, Zürich 1989, S. 429 ff.; EGLI ANTON, Die Kontrollfunktion kantonaler Parlamente, Zürich 1974. GRISEL ANDRÉ, Pouvoir de surveillance et recours de droit administratif, ZBl 1973, S. 49 ff.; KÄGI-DIENER REGULA, Justiz und Verwaltung aus der Sicht des Problems der Bindung des ordentlichen Richters an Verwaltungsakte, Zürich 1979; MASTRONARDI PHILIPPE, Kriterien der demokratischen Verwaltungskontrolle. Analyse und Konzept der parlamentarischen Oberaufsicht im Bund, Basel 1991; MOOR, Vol. II., S. 329 ff.; MOSER WERNER, Die parlamentarische Kontrolle über Verwaltung und Justiz, Zürich 1969; MÜLLER GEORG, ZSR 1992 I, 389 ff.; RHINOW RENÉ, Verwaltungsgerichtsbarkeit im Wandel, in: Festschrift für Kurt Eichenberger zum 60. Geburtstag, Basel u.a. 1982, S. 675 ff.; WEBER-DÜRLER BEATRICE, Verwaltungsökonomie und Praktikabilität im Rechtsstaat, ZBl 1986, S. 193 ff.

40 Die Verwaltungsrechtspflege, die Verwaltungsaufsicht und die parlamentarische Regierungs- und Verwaltungsaufsicht dienen der Kontrolle der Verwaltungstätigkeit. Übt diese Aufsicht ein ausserhalb der Verwaltung stehendes Organ – die Legislative oder Judikative – aus, so hat sie zugleich gewaltenhemmende Funktion.

41 Die *Verwaltungsrechtspflege* wird durch das formgerechte Einlegen eines Rechtsmittels einer Partei ausgelöst. Die Rechtspflege durch Verwaltungsgerichte in letzter Instanz beschränkt sich jedoch in der Regel auf die Überprüfung der Rechtmässigkeit, während diejenige durch Rekurskommissionen auch eine Ermessensüberprüfung beinhaltet. Wird der Rechtsstreit von den Gerichten an die Verwaltungsbehörden zur Neuentscheidung zurückgewiesen, sind diese zwar an den Rückweisungsentscheid im Dispositiv gebunden; im übrigen können die Gerichte den Verwaltungsbehörden aber keine Weisungen erteilen. Da die Justizkontrolle von der Rechtsmittelerhebung abhängt, bleibt sie punktuell.

Demgegenüber ist die Kontrolle durch die hierarchisch *übergeord-* 42
nete Verwaltungsinstanz eine umfassende. Sie wird zudem nicht nur
auf Anzeige hin, sondern auch von Amtes wegen ausgeübt. Der Aufsichtsinstanz steht es zu, in einer Angelegenheit selber zu entscheiden sowie generelle Weisungen oder dienstliche Anordnungen im Einzelfall zu erlassen.

Die *parlamentarische Regierungs- und Verwaltungsaufsicht* ist kei- 43
ne verwaltungshierarchische Dienstaufsicht, sondern eine allgemeine
Aufsicht; sie beschränkt sich auf eine demokratische und politische
Kontrolle. Da der Begriff der politischen Kontrolle kaum verlässliche
Kriterien dafür abgibt, woran die Verwaltungstätigkeit gemessen werden soll, hat die im Bund neu geschaffene parlamentarische Verwaltungskontrollstelle gemäss Art. 47[sexies] GVG die Verwaltungstätigkeit
sowohl auf Rechtmässigkeit und Zweckmässigkeit als auch auf deren
Wirksamkeit und Leistungsfähigkeit hin zu prüfen. Ziel ist es somit
ebenso, den Erfolg einer im Gesetz vorgesehenen Massnahme zu untersuchen und insbesondere das Funktionieren der Vollzugsorganisation und -instrumente im Hinblick auf die Verwirklichung des Gesetzeszweckes zu überwachen. Gerade im komplexen und oft technischen
Bereich des Umweltschutzes erscheint dies notwendig und ist auch
in Art. 44 Abs. 1 USG in allgemeiner Form vorgesehen. Dennoch
bleibt die Kontrolle durch das Parlament allgemeiner Natur und führt
nicht zur Aufhebung konkreter Akte. Auch ist die Legislative grundsätzlich nicht befugt, im Zuständigkeitsbereich der Exekutive verbindliche Weisungen zu erteilen. Die parlamentarische Kontrolle ist insgesamt weniger zufällig als die Verwaltungsrechtspflege, da dem Parlament zahlreiche Instrumente zur präventiven sowie zur nachträglichen Kontrolle zur Verfügung stehen. Bei der ersteren ist vor allem
an das Budgetrecht zu denken, bei der letzteren an die parlamentarischen Vorstösse, die Geschäftsprüfungskommissionen und die parlamentarischen Untersuchungskommissionen.

Die Tendenz geht dahin, die Verwaltung immer mehr auch am
Kriterium der Wirtschaftlichkeit zu messen. So wünschenswert eine
Steigerung der Verwaltungsleistung ist, muss doch beachtet werden,
dass der Übernahme ökonomischer Prinzipien auf die Verwaltungstätigkeit Grenzen gesetzt sind. Denn die durch die Verwaltungsbehörden zu erfüllenden Aufgaben werden von Gesetz und Verfassung
umschrieben; sie sind Ausdruck des öffentlichen Interesses und wirtschaftlichen Betrachtungen nur sehr begrenzt zugänglich.

VII. VERFAHRENSMAXIMEN

44 *Literatur:* COTTIER THOMAS, Anspruch auf rechtliches Gehör, recht 1984, S. 1 ff. und 122 ff.; DUBACH ALEXANDER, Das Recht auf Akteneinsicht, Zürich 1990; EGLI JEAN-FRANÇOIS, La protection de la bonne foi dans le procès: in: Verfassungsrechtsprechung und Verwaltungsrechtsprechung, Zürich 1992, S. 225 ff.; GADOLA, S. 61 ff.; GYGI, Bundesverwaltungsrechtspflege, S. 199 ff.; HABSCHEID WALTHER J., Schweizerisches Zivilprozess- und Gerichtsorganisationsrecht. Ein Lehrbuch seiner Grundlagen, unter Mitarbeit von STEPHEN BERTI, 2. A., Zürich 1990, S. 83 ff. und 309 ff.; HAEFLIGER ARTHUR, (ob. zit. in Rz. 17), S. 128 ff.; ders., Grundsatz der Öffentlichkeit der Verhandlung, in: Verfassungsrechtsprechung und Verwaltungsrechtsprechung, Zürich 1992, S. 243 ff.; HÄNER ISABELLE, Öffentlichkeit und Verwaltung, Zürich 1990; IMBODEN/RHINOW/KRÄHENMANN, Nr. 79: Treu und Glauben im Verfahren, Nr. 88 ff.: Allgemeine Verfahrensgrundsätze; Kölz, Kommentar VRG, Vorbem. zu §§ 19–28 N. 2 ff.; ders., Prozessmaximen im schweizerischen Verwaltungsprozess, 2. A., Zürich 1974; PFEIFER MICHAEL, Der Untersuchungsgrundsatz und die Offizialmaxime im Verwaltungsverfahren, Basel 1980; Saladin, Fairness (ob. zit. in Rz. 17); SCHMUCKLI, (ob. zit. in Rz. 17); SEILER HANSJÖRG, Die (Nicht-) Öffentlichkeit der Verwaltung, ZSR 1992 I 415 ff.

1. BEGRIFF

45 Die Verfahrensmaximen sind Grundsätze, nach denen sich eine Verfahrensordnung richtet. Nur besonders wichtige Entscheidungen des Gesetzgebers und teilweise auch der Praxis werden durch die Prozessmaximen beeinflusst. Sie geben jedoch einem Verfahren einen bestimmten Charakter, was erlaubt, sie bei unklaren oder lückenhaften Verfahrensordnungen als Auslegungshilfen heranzuziehen. Die Maximen geben Aufschluss über die Stellung der am Verfahren Beteiligten entweder in bezug auf die Bestimmung des Verfahrensgegenstandes oder die Beschaffung des Tatsachenmaterials oder in bezug auf den Beginn, den Gang und die Beendigung des Verfahrens. Oftmals stellen die Verfahrensmaximen Gegensatzpaare dar. Eine Verfahrensart kann aber Elemente von zwei gegensätzlichen Maximen in sich vereinigen und dennoch ein sinnvolles Ganzes ergeben.

Problematisch ist es, wenn die Maximen von der Gerichtspraxis nicht genügend klar umschrieben und voneinander abgegrenzt werden. Dies gilt insbesondere für das Zivilprozessverfahren, wo das Bundesgericht den Grundsatz der Sachverhaltsabklärung von Amtes wegen häufig der Offizialmaxime statt der Untersuchungsmaxime zuordnet (BGE 111 II 229). Damit verlieren die Verfahrensmaximen an klaren Umrissen und in der Folge an praktischer Tauglichkeit.

Vorliegend wird von der Begriffsumschreibung ausgegangen, wie sie sich für das Verwaltungsverfahren sowie die Verwaltungsrechtspflege verfestigt (vgl. etwa BGE 111 II 284, 112 Ib 505) und teilweise auch in der Lehre des Zivilprozessrechts durchgesetzt hat (Habscheid, ob. zit. in Rz. 44).

2. OFFIZIALMAXIME – DISPOSITIONSMAXIME

In einem von der Offizialmaxime beherrschten Verfahren hat die Behörde das Recht und die Pflicht, das Verfahren einzuleiten, dessen Gegenstand zu bestimmen und dieses durch Verfügung oder Urteil zu beenden. Die Offizialmaxime bestimmt in massgeblicher Art und Weise das nichtstreitige Verwaltungsverfahren. Hier wird die Behörde – ausser im Fall der mitwirkungsbedürftigen Verwaltungsakte – von Amtes wegen tätig. Sie entscheidet unabhängig von Parteibegehren, ob und in welchem Umfang nach Massgabe der rechtlichen Grundlage eine Verfügung zu erlassen ist. 46

Gilt in einem Verfahren dagegen die Dispositionsmaxime, so werden die entsprechenden Handlungen von den Parteien selbst vorgenommen. Diese lösen das Verfahren aus, bestimmen mit ihren Begehren den Streitgegenstand und können es durch Anerkennung, Vergleich oder Rückzug des Begehrens beenden. Der Grundsatz, wonach die Parteien den Streitgegenstand bestimmen, hat zur Folge, dass die entscheidende Behörde einer Partei nicht mehr und nichts anderes zusprechen darf, als diese beantragt hat. Sie darf aber auch nicht weniger zusprechen, als die Gegenpartei anerkannt hat. Die drei genannten Fälle der Prozessbeendigung sodann unterscheiden sich von einem richterlichen Sach- oder Prozessurteil dadurch, dass der Prozess durch Parteihandlung beendet wird. Bei Klagerücknahme und Anerkennung geschieht dies durch einseitige Parteihandlung, beim Vergleich jedoch durch zweiseitige. Der Dispositionsmaxime kommt in der Verwaltungsrechtspflege vorrangige Bedeutung zu, doch bestehen Einschränkungen: Zu Abweichungen kommt es in der Regel in der verwaltungsinternen Verwaltungsrechtspflege bezüglich der Bindung an Parteibegehren; aber auch die Beendigung des Verfahrens durch Parteihandlung, insbesondere durch Vergleich, ist wegen der zwingenden Geltung des materiellen Verwaltungsrechts nur beschränkt zulässig. 47

3. UNTERSUCHUNGSMAXIME – VERHANDLUNGSMAXIME

48 Bei diesen beiden Maximen geht es um die Ermittlung des rechtserheblichen Sachverhalts. Die Untersuchungsmaxime besagt, dass die entscheidende Behörde den Sachverhalt von sich aus abklären muss. Sie ist verantwortlich für die Beschaffung der für den Entscheid notwendigen Unterlagen. Beweisanträge und Sachverhaltsdarstellungen der Parteien sind für die Behörden nicht bindend. Somit existiert im Verwaltungsverfahren weder eine Behauptungs- noch eine subjektive Beweislast (Beweisführungslast). In einem vom Untersuchungsgrundsatz beherrschten Verfahren sind sie begriffsnotwendig ausgeschlossen (BGE 115 V 44, BGE 117 V 153 ff.). Von der subjektiven ist die objektive Beweislast zu unterscheiden, welche die Frage nach den Folgen der Beweislosigkeit eines Sachumstandes stellt und durch das materielle Recht bestimmt wird. Die Untersuchungsmaxime wird nicht beeinflusst durch die objektive Beweislast. Tatsächlich wird aber die interessierte Partei aus eigenem Interesse an der Sachverhaltsabklärung mitwirken. Allerdings ist es unzulässig, allein daraus Mitwirkungspflichten abzuleiten. Um den Untersuchungsgrundsatz rechtlich einzuschränken, müssen sich die Mitwirkungspflichten entweder aus dem Grundsatz von Treu und Glauben ergeben oder aber gesetzlich vorgesehen sein, wie dies beispielsweise in Art. 13 VwVG der Fall ist. Eine weitere Einschränkung erfährt der Untersuchungsgrundsatz insbesondere im Rechtsmittelverfahren durch die Pflicht, die Vorbringen tatbeständlich und beweismässig zu begründen.

49 Im Gegensatz zur Untersuchungsmaxime verpflichtet die Verhandlungsmaxime die entscheidenden Behörden, nur solche Tatsachen zu verwenden, die von einer Partei behauptet und – im Bestreitungsfalle – bewiesen worden sind. Es ist demnach allein den Parteien überlassen, Tatsachen ins Verfahren einzuführen.

Das Verwaltungsverfahren und die Verwaltungsrechtspflege wird grundsätzlich von der Untersuchungsmaxime beherrscht (vgl. Art. 12 VwVG). Der Zivilprozess dagegen geht weitgehend von der Verhandlungsmaxime aus. Allerdings gilt die Verhandlungsmaxime auch dort nicht unbeschränkt, sodass sich die beiden Verfahren bei weitem ähnlicher sind, als oftmals angenommen wird. Einerseits gilt auch dort die richterliche Fragepflicht, andererseits wird im Bundeszivilrecht häufig der Untersuchungsgrundsatz festgelegt, wie etwa in Art. 156 und 158 ZGB für das Scheidungsverfahren oder in Art. 343 Abs. 4 OR für arbeitsrechtliche Streitigkeiten.

4. EVENTUALMAXIME

Gilt in einem Verfahren die Eventualmaxime, so sind die Parteien verpflichtet, bis zu einem bestimmten Verfahrensabschnitt die Begehren sowie die dazugehörigen tatsächlichen Behauptungen und Beweismittel vorzubringen. Im Verwaltungsverfahren und in der Verwaltungsrechtspflege hat die Eventualmaxime eine geringe Bedeutung; sie wird auch nirgends ausdrücklich genannt. Für die Rekurs- und Beschwerdeverfahren gilt die Eventualmaxime aber dennoch insoweit, als der Antrag sämtliche Begehren, wie auch Eventualbegehren, enthalten muss. Tatsächliche Behauptungen und die Beweismittel dagegen können – wegen der Geltung der Untersuchungsmaxime – nachgebracht werden. Die Partei darf sich aber nicht dem Vorwurf der nachlässigen Prozessführung aussetzen.

50

5. RECHTSANWENDUNG VON AMTES WEGEN

Der Grundsatz der Rechtsanwendung von Amtes wegen (iura novit curia) bedeutet, dass die entscheidenden Behörden die auf den festgestellten Sachverhalt anwendbaren Normen aufzufinden und anzuwenden haben. Sie sind an die vorgebrachten rechtlichen Überlegungen der Parteien nicht gebunden. Zusammen mit der Untersuchungsmaxime stellt der Grundsatz der Rechtsanwendung von Amtes wegen einen wichtigen Garanten für die materielle Rechtmässigkeit des Verwaltungshandelns dar. Zudem schützt dieser Grundsatz auch die rechtsunkundigen Verfügungsbetroffenen.

51

Die in den Verfahrensgesetzen vorgesehene Begründungspflicht der Rechtsmittelerhebung wird in der Regel so ausgelegt, dass in der Rechtsschrift die behauptete Rechtsverletzung darzulegen ist. Dies ist auch in Bezug auf Art. 52 Abs. 1 VwVG oder nach Art. 108 Abs. 2 OG der Fall. Zwar ist nicht vorausgesetzt, dass der richtige Rechtssatz oder überhaupt eine Rechtsnorm angerufen wird. Auch schadet die Nennung eines falschen Rechtsgrundes nicht. Auf der anderen Seite ist die Rechtspflegeinstanz aber auch nicht gehalten, nach allen erdenklichen Rechtsfehlern zu suchen. Vielmehr müssen sich zumindest aus den Akten oder Rechtsschriften Anhaltspunkte ergeben (BGE 110 V 53). Aus der Rechtsschrift muss sinngemäss ersichtlich sein, welche Norm verletzt sein könnte. Demgegenüber gilt nach der Rechtsprechung des Bundesgerichts im staatsrechtlichen Beschwerdeverfahren das Rügeprinzip. Welche verfassungsmässigen Rechte verletzt sind und inwieweit dies der Fall ist, muss dargelegt werden (BGE 115 Ia 14; vgl. auch BGE 118 Ib 135).

6. DAS RECHTLICHE GEHÖR

52 Der Grundsatz des rechtlichen Gehörs stellt eine Verfahrensgarantie dar, die davon ausgeht, dass niemand in seiner Rechtsstellung beeinträchtigt werden darf, ohne vorher angehört worden zu sein. Der Anspruch auf rechtliches Gehör gründet in der Auffassung, dass die einzelnen in einem staatlichen Verfahren nicht blosse Objekte, sondern Verfahrenssubjekte sind und in dieser Eigenschaft durch aktives Mitwirken ihre Rechte wahren können. Ferner erhöht sich durch die Beteiligung der Betroffenen an der Entscheidfindung die Chance, dass der autoritativ festgelegte Entscheid von allen akzeptiert wird. Schliesslich dient das rechtliche Gehör auch der richtigen Sachverhaltsabklärung, weil der Grundsatz ein kontradiktorisches Verfahren auslöst (BGE 117 Ia 268 mit Hinweisen). Der Grundsatz des rechtlichen Gehörs, welcher seinerseits aus dem Verbot der formellen Rechtsverweigerung abgeleitet wird, wurde vom Bundesgericht durch Interpretation von Art. 4 Abs. 1 BV gewonnen. Ebenso enthält Art. 6 Ziff. 1 EMRK den Anspruch auf rechtliches Gehör, der – abgesehen vom Erfordernis der mündliche Anhörung in gewissen Verfahren – jedoch nicht über die aus Art. 4 Abs. 1 BV abgeleiteten Garantien hinausgeht (BGE 111 Ia 274). Das rechtliche Gehör weist insbesondere folgende Teilgehalte auf:

– Der Anspruch auf vorgängige Orientierung, wozu auch das Akteneinsichtsrecht gehört.
– Das Recht, bei der Sachverhaltsabklärung mitzuwirken (BGE 115 Ia 97) und insbesondere Beweisanträge zu stellen.
– Das Recht, sich zu allen rechtserheblichen Punkten vor dem Entscheid zu äussern (BGE 114 Ia 314).
– Der Anspruch auf Prüfung aller vorgebrachten rechtserheblichen Anträge und Stellungnahmen durch die entscheidende Instanz sowie das Recht auf Begründung des Entscheides, insbesondere im Hinblick auf die entscheidrelevanten Parteivorbringen (BGE 112 Ia 109).
– Der Anspruch der Parteien, sich vertreten oder verbeiständen zu lassen.

– Das Recht auf richtige Zusammensetzung der entscheidenden Behörde.

Auf den Gehörsanspruch als solchen kann nicht verzichtet werden. Hingegen steht es den Betroffenen frei, im Einzelfall von der konkreten Inanspruchnahme abzusehen (BGE 101 Ia 313).

Der Anspruch auf rechtliches Gehör ist *formeller Natur*. Ist er verletzt, wird ein Entscheid grundsätzlich unabhängig davon, ob er materiell richtig ist oder nicht, aufgehoben. Trotz der formellen Natur des rechtlichen Gehörs besteht aber die Möglichkeit der Heilung eines derartigen Verfahrensmangels. Die Anhörung kann von der oberen Instanz nachgeholt werden, wenn diese mit gleicher Überprüfungsbefugnis wie die vorhergehende Instanz entscheidet (BGE 116 Ia 95 f. mit Hinweisen). Indessen bildet die nachträgliche Anhörung nur einen unvollkommenen Ersatz für das vorgängige Anhörungsrecht. Es sollte von der formellen Natur nur dann abgewichen werden, wenn der angefochtene Akt die Beschwerdeführenden nicht in schwerer Weise trifft (Kölz, Die staatsrechtliche Rechtsprechung des Bundesgerichts 1981, ZBJV 1983, S. 558).

In Bezug auf das Akteneinsichtsrecht hat das Bundesgericht zudem festgehalten, dass dieses nicht mehr nur dann besteht, wenn ein Verfahren hängig ist, sondern auch ausserhalb eines solchen, sofern ein schutzwürdiges Interesse besteht. Dies ist zum Beispiel der Fall ist, wenn ein Verfahren eingeleitet werden soll und es darum geht, die Prozesschancen abzuwägen (BGE 113 Ia 4 mit Hinweisen, Dubach S. 83 mit Hinweisen).

7. GLEICHBEHANDLUNG DER PARTEIEN

Der Grundsatz der Gleichbehandlung der Parteien verpflichtet die Behörden, die «Waffengleichheit» zwischen den am Verfahren Beteiligten zu gewährleisten und die Rechte, Pflichten und Lasten gleichmässig unter ihnen aufzuteilen. Dieser Grundsatz ist ein wesentlicher Bestandteil von Art. 6 Ziff. 1 EMRK. Er ergibt sich aber auch aus Art. 4 Abs. 1 BV. Es muss den Parteien insbesondere Gelegenheit gegeben werden, ihre Sache je in angemessener Form vorzubringen. Sie sollen die gleichen prozessualen Chancen haben, mit ihren Standpunkten durchzudringen. Die Verwirklichung dieser Chancengleichheit erfordert mehr als nur die formelle Gleichbehandlung. Die zuständige Instanz hat den schwächeren Parteien – in der Regel sind es die Privaten – durch geeignete Massnahmen eine angemessene Position zu verschaffen. Dies geschieht beispielsweise durch Gewährung des in Art. 4 Abs. 1 BV enthaltenen Rechts auf unentgeltliche Prozessführung; oder aber es hat die entscheidende Behörde die unkundige Partei auf rechtliche und tatsächliche Probleme hinzuweisen. Zur Verbesserung einer mangelhaften Rechtsschrift im streitigen Verwaltungsverfahren ist eine Nachfrist anzusetzen; der Eintritt prozessualer Verwirkung ist nur in ausgesprochenen Ausnahmefällen anzunehmen.

8. ÜBRIGE VERFAHRENSMAXIMEN

Weitere Verfahrensmaximen sind die Mündlichkeit und Öffentlichkeit des Verfahrens, der Grundsatz des Amtsbetriebes, das Prinzip der freien Beweiswürdigung sowie der Vertrauensgrundsatz.

A. Grundsatz der Mündlichkeit

55 Ob sich ein Verfahren nach dem Grundsatz der Mündlichkeit oder Schriftlichkeit abspielen soll, hängt nicht zuletzt von Zweckmässigkeitsüberlegungen ab. Eine Zeugeneinvernahme beispielsweise ist auf schriftlichem Weg kaum denkbar, während der Gehörsanspruch auch schriftlich gewährt werden kann. Nach den geltenden Verfahrensrechten spielt sich das Verwaltungsverfahren und die Verwaltungsrechtspflege nach wie vor weitgehend schriftlich ab. Gelegentlich sehen die Gesetze eine mündliche Schlussverhandlung vor, wie dies etwa in Art. 112 OG der Fall ist, wonach die Abteilungsvorsitzenden eine mündliche Parteiverhandlung anordnen können. Ebenso kann in der verwaltungsinternen Rechtspflege eine mündliche Verhandlung anstelle eines weiteren Schriftenwechsels angeordnet werden (Art. 57 Abs. 2 VwVG). In der Praxis wird die mündliche Verhandlung oftmals anlässlich eines Augenscheins durchgeführt.

Zudem setzt Art. 6 EMRK für gewisse Verfahrensabschnitte Mündlichkeit voraus. So verbindet Ziff. 1 dieser Bestimmung das Erfordernis der öffentlichen Parteiverhandlungen mit der Mündlichkeit derselben. Diese sind demzufolge zugleich mündlich durchzuführen, wenn sie öffentlich sein müssen. Dagegen ist das Urteil auch nach Art. 6 Ziff. 1 EMRK nicht zwingend mündlich zu eröffnen; danach genügt es, wenn dieses auf der Gerichtskanzlei aufliegt (vgl. VPB 1984 Nr. 83).

Aber auch unabhängig von der Verfahrensöffentlichkeit kann es zu einem fairen Verfahren gehören, dass die Parteien mündlich angehört werden; dies ist dann der Fall, wenn für die Entscheidung der persönliche Eindruck von Bedeutung ist. Insoweit wird die mündliche Anhörung denn auch durch Art. 6 Ziff. 1 EMRK garantiert. Demgegenüber enthält der aus Art. 4 Abs. 1 BV abgeleitete Anspruch auf rechtliches Gehör nicht auch die Pflicht, die Anhörung mündlich durchzuführen (BGE 115 II 133, 109 Ia 178). In dieser Beziehung geht daher Art. 6 EMRK über Art. 4 Abs. 1 BV hinaus. Die mündliche Anhörung ist dort geboten, wo Verwaltungsstrafen oder Disziplinarmassnahmen als «strafrechtliche Anklagen» im Sinn von Art. 6 Ziff. 1 EMRK gewertet werden müssen (BGE 117 Ia 188). Im Kanton Zürich etwa wurde die Strafsteuer gemäss §§ 188 ff. Steuergesetz in einer Änderung der verwaltungsgerichtlichen Rechtsprechung als echte Strafe qualifiziert mit der Folge, dass die Angeschuldigten nunmehr persönlich anzuhören sind (RB 1989 Nr. 41). Aber auch bei der Beurteilung zivilrechtlicher Ansprüche kann der persönliche Eindruck für die behördliche Meinungsbildung bedeutsam sein. Aus der genannten Konventionsbestimmung kann nun allerdings nicht abgeleitet werden, dass die Anhörung vor allen Instanzen mündlich zu erfolgen hat. Massgebend ist, in welchem Stadium des persönliche Eindruck die bedeutendste Rolle spielt.

B. Grundsatz der Unmittelbarkeit

Der Grundsatz der Unmittelbarkeit erfordert, dass sich die wesentlichen Verfahrenshandlungen, insbesondere die Beweisführung, vor der entscheidenden Instanz abwickeln. Gemäss dem Prinzip der Mittelbarkeit dagegen kann die Beweisführung auch vor einer Delegation, einem Sachbearbeiter oder einer Sachbearbeiterin vorgenommen werden. In der Verwaltungsrechtspflege und zum Teil auch im nichtstreitigen Verwaltungsverfahren ist das Mittelbarkeitsprinzip die Regel (Art. 75 und 78 VwVG, Art. 95 i.V.m. Art. 113 OG). 56

Weder aus Art. 4 Abs. 1 BV noch aus der EMRK lässt sich ein Anspruch auf Unmittelbarkeit ableiten. In der Spezialnorm von Art. 397f Abs. 3 ZGB über den fürsorgerischen Freiheitsentzug ist er hingegen ausdrücklich festgelegt (dazu eingehend BGE 115 II 129 ff.).

C. Grundsatz der Öffentlichkeit

Beim Öffentlichkeitsgrundsatz kann unterschieden werden zwischen der Publikumsöffentlichkeit und der Parteiöffentlichkeit. Die Publikumsöffentlichkeit begründet die Zugänglichkeit der Allgemeinheit, die Parteiöffentlichkeit diejenige der Verfahrensbeteiligten. Die Zu- 57 gänglichkeit kann sich auf mündliche Verhandlungen oder auf die Akten beziehen.

a. Publikumsöffentlichkeit

58 Das Bundesgericht hat wiederholt festgehalten, dass im Gegensatz zur Legislativ- und Judikativtätigkeit die Verwaltung grundsätzlich nicht öffentlich ist. Hier gilt die Geheimhaltung mit Öffentlichkeitsvorbehalt (BGE 113 Ia 7, E. 4. cc) mit Hinweisen, 108 Ia 7).
Fällt ein Sachverhalt allerdings unter den Geltungsbereich von Art. 6 EMRK, so gilt der Grundsatz der Öffentlichkeit für die Parteiverhandlung und die Urteilsverkündung. Für die Verhandlung genügt es, wenn die Öffentlichkeit vor den mit der Sachverhaltsermittlung betrauten Instanzen besteht und diese alle Rechtsfragen überprüfen sowie in der Sache selber, also reformatorisch, entscheiden können. War aber das Verfahren bei der Vorinstanz, welcher die vorausgesetzte Überprüfungsbefugnis zukam, öffentlich und kann die nächsthöhere Instanz aufgrund der Akten angemessen entscheiden oder handelt es sich um eine geringfügige Strafe, die im eingeleiteten Rechtsmittelverfahren nicht mehr verschärft werden kann, so muss dieses Verfahren nicht mehr öffentlich durchgeführt werden. Die Öffentlichkeit der Parteiverhandlung bezieht sich zumindest auf die mündlich durchzuführende Schlussverhandlung. Vorbehalten bleiben in allen Fällen die in Art. 6 Ziff. 1 EMRK erwähnten Geheimhaltungsinteressen. Was die öffentliche Urteilsverkündung angeht, so ist diese vom Vorbehalt der Geheimhaltungsinteressen ausgenommen und gilt für alle Instanzen. Doch bezieht sich die Öffentlichkeit nur auf den Urteilsspruch und nicht auch auf die Begründung. Zudem hat der Europäische Gerichtshof im Fall Sutter festgehalten (vgl. VPB 1984 Nr. 83, S. 518), dass die Zugänglichkeit des schriftlichen, die tatsächliche und rechtliche Würdigung des Prozessstoffes enthaltenden Urteils auf diejenigen Personen beschränkt bleibt, welche ein schützenswertes Interesse zur Einsicht nachweisen. Der Widerspruch zum Öffentlichkeitsprinzip ist nicht zu übersehen, da dieses voraussetzt, dass die Zugänglichkeit für alle, unabhängig von einem Interessennachweis besteht. Im Hinblick auf das Rechtssicherheitsgebot sollen aber ohnehin alle wichtigen Entscheide, unabhängig von laufenden und einzuleitenden Verfahren, in genügend ausführlicher Weise veröffentlicht werden.
Es stellt sich die Frage, ob das Bundesgericht dem Öffentlichkeitsprinzip in der Verwaltung nicht einen über Art. 6 Ziff. 1 EMRK hinausreichenden Geltungsbereich verschaffen sollte. Dabei kann es zwar nicht allein seine Aufgabe sein, die Umkehrung zum Öffentlich-

keitsprinzip mit Geheimnisvorbehalt vorzunehmen. Vielmehr sollte auch der Gesetzgeber tätig werden. Einen Ansatz bietet die Rechtsprechung zu den ungeschriebenen Freiheitsrechten: Wenn die Öffentlichkeit unentbehrlicher Bestandteil der demokratischen und rechtsstaatlichen Ordnung darstellt, ist es gerechtfertigt, vom Öffentlichkeitsprinzip auszugehen. Als Anspruch der Verfahrensbeteiligten liesse sich in Weiterführung des Grundgedankens von Art. 6 EMRK die durch Öffentlichkeit herbeigeführte Kontrolle über die korrekte und gesetzmässige Behandlung dann grundrechtlich begründen, wenn ein schwerer Eingriff in die rechtliche oder tatsächliche Stellung der einzelnen in Frage steht. Denn auch Art. 6 EMRK will die Verfahrensgarantien, wozu gleichsam die Öffentlichkeit der Parteiverhandlung und des Entscheides gehört, zur Geltung bringen, wenn besonders schützenswerte Rechtspositionen in Frage stehen. Vom Anspruch der Verfahrensbeteiligten auf Öffentlichkeit zu unterscheiden, sind die aus der Informationsfreiheit abgeleiteten Informationsrechte Dritter, nicht am Verfahren beteiligter. Diese kommen nach der bundesgerichtlichen Rechtsprechung wohl allen zu; doch beschränken sie sich auf allgemein zugängliche Quellen (BGE 107 Ia 308). Da auch öffentliche Verfahren zu den allgemein zugänglichen Quellen gehören, ergänzt und verstärkt zwar das Freiheitsrecht auf Information den Anspruch der Beteiligten auf Verfahrensöffentlichkeit. Unter dem Gesichtspunkt der ungeschriebenen Freiheitsrechte sind die den beliebigen Dritten zustehenden Informationsansprüche indessen unabhängig von jener Verfahrensöffentlichkeit zu überdenken. Denn gerade unter diesem Blickwinkel erweisen sie sich in bezug auf gewisse Tätigkeitsbereiche der Exekutive als unentbehrliche Bestandteile der demokratischen und rechtsstaatlichen Ordnung. Von derart begründeten Informationsansprüchen wären alsdann etwa Verfahren oder Teile von solchen betroffen, in denen über wichtige öffentliche Interessen entschieden wird oder der Exekutive ein grosser Ermessensspielraum zusteht (dazu Häner, (zit. in Rz. 44), S. 163 ff.).

Der Grundsatz der Öffentlichkeit gilt hingegen für die Gerichtsverfahren als Regel. So sieht Art. 17 OG für Teile des bundesgerichtlichen Verfahrens die Öffentlichkeit vor. Ob die Entscheide in der amtlichen Sammlung zu veröffentlichen sind, wird gemäss Art. 18 des Reglementes des Bundesgerichts von Fall zu Fall entschieden. Für eine genügende Berichterstattung über die Parteiverhandlungen und Beratungen des Bundesgerichts sorgen zudem die am Bundesgericht akkreditierten Journalisten (Art. 31 des Reglementes des Bundesgerichts). Das Gericht sollte künftig im Interesse der Rechtssicherheit in seinen Entscheiden nur mit grösster Zurückhaltung auf seine von ihm nicht zur Veröffentlichung freigegebenen Entscheide verweisen.

60 Demgegenüber sind die Verfahren vor den als Spezialverwaltungsgerichte ausgestalteten Rekurs- und Schiedskommissionen gemäss Art. 71a rev. VwVG nicht öffentlich; das VwVG sieht vom Öffentlichkeitsprinzip ab. Ist die Verwaltungsgerichtsbeschwerde an das Bundesgericht nicht gegeben und handelt es sich um ein Verfahren über «zivilrechtliche Ansprüche» oder «strafrechtliche Anklagen«, kann diese Regelung zu Widersprüchen mit Art. 6 EMRK führen.

b. Parteiöffentlichkeit

61 Nach den überwiegenden gesetzlichen Regelungen haben im Verfahren vor Verwaltungsbehörden nur die Parteien Zugang zu allen Beweishandlungen und Einsicht in schriftliche Beweismittel. Die Parteiöffentlichkeit ist ein Ausfluss des rechtlichen Gehörs und zu dessen Wahrung unabdingbar. Der Zugang zu den Beweishandlungen bedeutet insbesondere, dass die Verfahrensbeteiligten zu Augenscheinen, Feststellungen durch Sachverständige und Zeugeneinvernahmen vorgeladen sein müssen. Art. 6 Ziff. 3 lit. d EMRK verleiht den Angeklagten in Verfahren über strafrechtliche Anklagen zusätzlich zu den aus Art. 4 Abs. 1 BV abgeleiteten Anwesenheitsrechten den Anspruch, Ergänzungsfragen an die Zeugen zu stellen. Für das Verwaltungsverfahren des Bundes ist dieses Recht in Art. 18 Abs. 1 VwVG aber ausdrücklich festgehalten.

D. Amtsbetrieb

62 Der Amtsbetrieb findet seinen Gegensatz im Parteibetrieb. Das Begriffspaar betrifft die Frage, wer den äusseren Gang des Verfahrens festlegt, wem die Verfahrensleitung zukommt. Im Verwaltungsverfahren herrscht Amtsbetrieb. Das bedeutet, dass die Terminbestimmungen, Vorladungen und Zustellungen von Amtes wegen erfolgen. Wegleitend ist dabei, dass das Verfahren rasch und sorgfältig zum Abschluss gelangt. Der Grundsatz des Amtsbetriebes findet seine konkrete Ausgestaltung im Verbot der Rechtsverzögerung. Liegt eine solche vor, kann dies mit den verschiedenen Rechtsmitteln geltend gemacht werden, wie etwa gemäss Art. 70 Abs. 1 VwVG, im verwaltungsinternen Beschwerdeverfahren oder gemäss Art. 97 Abs. 2 OG im verwaltungsgerichtlichen Beschwerdeverfahren.

In einem vom Parteibetrieb beherrschten Verfahren dagegen geben die Parteien den Anstoss zur Vornahme der erwähnten Handlungen. Der Parteibetrieb bildete die Regel im Zivilprozess des 19. Jahrhunderts, wurde aber wegen der möglichen Prozessverschleppung sukzessive eingeschränkt.

E. Grundsatz der freien Beweiswürdigung

Als weitere Verfahrensmaxime sei der Grundsatz der freien Beweiswürdigung erwähnt. Er verlangt von den entscheidenden Instanzen einerseits, dass sie sich unvoreingenommen davon überzeugen, ob sich die der Verfügung oder dem Entscheid zugrundeliegenden Tatsachen wirklich zugetragen haben oder nicht. Andererseits sind die Beweise nach Massgabe aller Umstände entsprechend ihrem Gewicht zu werten. Formelle Beweisregeln sind unzulässig: So darf nicht verbindlich festgelegt werden, die Aussage von zwei Zeugen habe mehr Gewicht als die eines einzigen – glaubwürdigeren. Der Grundsatz beherrscht das gesamte Verfahrensrecht und ist im Bund bereits für das erstinstanzliche Verfahrensrecht vorgesehen (Art. 19 VwVG i.V.m. Art. 40 BZP).

63

Bezüglich der Zulassung der Beweismittel ist zu beachten, dass die Wahrung des rechtlichen Gehörs grundsätzlich verlangt, die angebotenen Beweise abzunehmen. Davon darf aber im Rahmen der zulässigen vorweggenommenen (antizipierten) Beweiswürdigung abgesehen werden, wenn aufgrund bereits abgenommener Beweise der rechtlich erhebliche Sachverhalt für genügend geklärt erachtet wird und ohne Willkür vorweg die Annahme getroffen werden kann, die rechtliche Überzeugung würde durch weitere Beweiserhebungen nicht geändert (URP 1989, S. 60).

F. Vertrauensgrundsatz

Schliesslich ist der Vertrauensgrundsatz zu nennen, der im Verfahrensrecht vor allem bei der prozessualen Formenstrenge zur Anwendung gelangt. Hauptbeispiel: Wer sich auf eine falsche schriftliche Rechtsmittelbelehrung verlässt, ist in seinem Vertrauen zu schützen (BGE 117 Ia 297; Art. 38 VwVG, Art. 107 Abs. 3 OG). Umgekehrt haben die Rechtsuchenden ein Ausstandsbegehren sofort nach Kenntnisnahme des Ausstandsgrundes zu stellen, ansonsten das Recht zur Geltendmachung gemäss Art. 4 Abs.1 oder Art. 58 BV verwirkt ist (BGE 117 Ia 323).

64

2. KAPITEL: HISTORISCHE GRUNDLAGEN

I. ÜBERBLICK

65 *Literatur:* BÄUMLIN RICHARD; Verfassung und Verwaltung, in: Festschrift für Hans Huber, Bern 1991, S. 61 ff.; IMBODEN MAX, Die Verwaltungsrechtsprechung in der Schweiz, in: Staatsbürger und Staatsgewalt, Bd. I, Karlsruhe 1963, S. 307 ff.; IMBODEN MAX, Erfahrungen auf dem Gebiet der Verwaltungsrechtsprechung in den Kantonen und im Bund, ZSR 1947 II, S. 1 ff.; KÖLZ ALFRED, Von der Herkunft des schweizerischen Verwaltungsrechts, in: Festschrift für Dietrich Schindler, Basel u.a. 1989, S. 597 ff.; *ders.,* Neuere Schweizerische Verfassungsgeschichte, Bern 1992, S. 147, 361 ff.; *Schweizer Rainer J.,* (ob. zit. in Rz. 17), ZBl 1990, S. 193 ff.

1. ERSTE VERWIRKLICHUNG DES VERWALTUNGSRECHTSSCHUTZES IN DER MEDIATIONSVERFASSUNG 1803

66 Die Frage des Rechtsschutzes gegenüber der Verwaltung stellte sich zu Beginn des 19. Jahrhunderts in allen europäischen Ländern. Insbesondere während und nach der Französischen Revolution wurde versucht, die Postulate des modernen demokratischen Rechtsstaates in die Wirklichkeit umzusetzen. Standen in der Helvetik die Institutionalisierung einer klar durchgebildeten und rechtssatzgebundenen Verwaltung im Vordergrund und wurde die Rechtskontrolle darob vernachlässigt, legte man dann in der Mediationszeit gewisse Grundsteine für die späteren Rechtsschutzeinrichtungen: Die Verfassungen der neu geschaffenen Kantone Aargau, St. Gallen, Tessin, Thurgau und Waadt sahen nach dem Vorbild des französischen Conseil d'Etat besondere Gerichte für Administrativstreitigkeiten, sogenannte 'Administrativgerichte', vor. Diese waren für alle Verwaltungsrechtsstreitigkeiten zuständig. Zwar kam ihnen justizmässige Unabhängigkeit zu, doch war ein Mitglied des Gerichtes zugleich Mitglied des Kleinen Rates (Exekutive). Im Kanton Zürich dagegen war die Verbindung der Rechtsschutzeinrichtungen mit der Verwaltung enger: Art. 6 der Mediationsverfassung vom 19. Februar 1803 bestimmte nämlich, dass der Kleine Rat (Exekutive), bestehend aus 25 Mitgliedern des Grossen Rates

(Legislative), in letzter Instanz über alle Streitigkeiten «im Verwaltungsfache» entscheide.

Den Zivil- und Strafgerichten standen nach französischem Vorbild im Bereich der Verwaltung überhaupt keine Rechtsprechungskompetenzen zu. Der Grund lag in der besonderen historischen Situation Frankreichs vor der Revolution, wo die Gerichte gegenüber der Verwaltung traditionell eine Übermacht besassen und die Justiz das «reaktionäre» Element im französischen Staat verkörperte. Um der Verwaltung die Verwirklichung der von der Revolution postulierten Wohlfahrtsideen zu ermöglichen, musste sie verselbständigt und dem Einfluss der Gerichte entzogen werden. Die von der Revolution geforderte Gewaltentrennung wurde daher im Bereich der Verwaltung nicht zur Differenzierung zwischen Verwaltungstätigkeit und Verwaltungsrechtsprechung weiterentwickelt.

In der Restaurationszeit verschwanden diese Rechtsschutzeinrichtungen wieder. Im Kanton Waadt wurden sie allerdings erst 1832 abgeschafft, und im Kanton Aargau blieb das Obergericht für gewisse Verwaltungsstreitigkeiten weiter zuständig.

2. KEINE VERWALTUNGSGERICHTSBARKEIT IN DEN REGENERATIONSVERFASSUNGEN 1830/31

In der Regenerationszeit wurde das Gewaltenteilungsprinzip nicht weiter entwickelt. Es übten hauptsächlich die Regierungen die Verwaltungsrechtspflege aus. Die zürcherische Regenerationsverfassung sah zwar in Art. 10 vor, dass Streitiges ausschliesslich von den ordentlichen Gerichten zu entscheiden sei, doch bezog sich dieser Artikel nur auf die Zivil- und Strafjustiz. Sich dieses Mangels bewusst werdend, behalf man sich mit der *Fiskustheorie*. Sie qualifizierte vermögensrechtliche Streitigkeiten zwischen Bürger und Staat als privatrechtliche, die vor den Zivilgerichten ausgetragen werden konnten, indem die Staatskasse (Fiskus) als besonderes Privatrechtssubjekt aufgefasst wurde. Nach wie vor blieben aber nichtvermögensrechtliche Verwaltungsrechtsstreitigkeiten von einer gerichtlichen Beurteilung ausgeschlossen.

3. BETONUNG DES DEMOKRATISCHEN STAATSGEDANKENS IN DER ZWEITEN HÄLFTE DES 19. JAHRHUNDERTS

68 Die Demokraten, die in den Sechzigerjahren des 19. Jh. erstarkten, legten das Schwergewicht auf die *politische* Kontrolle der Behörden mittels Ausdehnung der Volkswahlen, insbesondere der Verwirklichung der Volkswahl der kantonalen Regierungen, des Referendums und der Initiative. Der Justiz als eher 'aristokratischer' Gewalt misstrauten sie. Aus diesem Grund suchten sie mittels Schaffung von Geschworenengerichten eine demokratische Strafrechtspflege herbeizuführen. Den ordentlichen Zivilgerichten entzog man die wenigen Rechtsprechungsfunktionen im Bereich des Verwaltungsrechts und übertrug diese auf den vom Volk gewählten Regierungsrat, in der Meinung, die Volkswahl sei eine genügende Garantie für die Gesetzmässigkeit seiner Rechtsprechungsentscheide.

4. VERBESSERUNG DES VERWALTUNGS- RECHTSSCHUTZES IM 20. JAHRHUNDERT

69 Wegen der Überordnung des demokratischen über das rechtsstaatliche Prinzip befand sich die Schweiz zu Beginn des 20. Jahrhunderts gegenüber Deutschland, Österreich und Frankreich in Bezug auf die Regelung des verwaltungsinternen Verfahrens sowie auf die Institutionalisierung der Verwaltungsgerichtsbarkeit zeitlich und sachlich in grossem Rückstand. Diesen konnte sie nur sehr langsam aufholen. Wesentlichen Anteil an der Verbesserung des Verwaltungsrechtsschutzes im Bund und in den Kantonen hatte die Rechtslehre, namentlich durch das Wirken der Professoren Fritz Fleiner und Max Imboden.

II. ENTWICKLUNG IM BUND

70 *Literatur:* GRISEL ETIENNE, Une procédure de renvoi préjudiciel au Tribunal fédéral suisse? Contribution à l'étude de la révision de la loi fédérale d'organisation judiciaire, ZSR 1977 I, S. 109 ff.; KIRCHHOFER EMIL, Die Verwaltungsrechtspflege beim Bundesgericht, ZSR 1930, S. 1 ff.; PACHE MARC-ETIENNE (Herausgeber), L'organisation judiciaire et les procédures fédérales. Le point sur les révisions

récentes, Lausanne 1992; RICHLI PAUL, Zum verfahrens- und prozessrechtlichen Regelungsdefizit beim verfügungsfreien Staatshandeln, AJP 1992, S. 196 ff.; SALADIN PETER, Die Erweiterung der Verwaltungsgerichtsbarkeit im Bund, ZBl 1966, S. 46 ff., 65 ff.; SCHIBLI PETER, Die Möglichkeit der Einführung einer Zulassungsbeschränkung am schweizerischen Bundesgericht nach dem Muster des amerikanischen Certiorari-Verfahrens, Bern 1984.

1. EINFÜHRUNG DER VERWALTUNGSGERICHTSBARKEIT

Im Jahre 1894 regte der Bundesrat an, die verwaltungsinterne Rechtspflege durch eine justizmässige Verwaltungsrechtspflege zu ersetzen. Dabei stand nicht in erster Linie der verbesserte Rechtsschutz des Bürgers im Vordergrund, sondern die Überlastung des Bundesrates. Nachdem der bundesrätliche Vorschlag keine Beachtung fand, machte der schweizerische Juristentag 1897 die Frage der Einführung einer eidgenössischen Verwaltungsgerichtsbarkeit zum Beratungsgegenstand. Das Thema lieferte auch in den folgenden Jahren dauerhaften Diskussionsstoff in Politik und Rechtslehre.

1906 und 1907 fertigte Fritz Fleiner zwei Entwürfe für eine eidgenössische Verwaltungsgerichtsbarkeit an. Im Vordergrund stand damals die Frage, ob zur Einführung der Verwaltungsgerichtsbarkeit die Verfassung revidiert werden müsse oder nicht. Dies wurde bejaht, da Art. 95 BV den Bundesrat als oberste vollziehende und leitende Behörde bezeichnet. Es entstand Art. 114bis BV, der in allen wichtigen Fragen, insbesondere auch in jener nach dem Träger der Verwaltungsgerichtsbarkeit, auf die Gesetzgebung verweist.

Bei der Ausführung des Verfassungsartikels ergaben sich starke Verzögerungen. Erst 1929, 15 Jahre nach seiner Schaffung, trat das Gesetz über die Eidgenössische Verwaltungs- und Disziplinarrechtspflege (VDG) in Kraft. Im Gegensatz dazu stand die rasche Bildung von Rechtsschutzeinrichtungen im Sozialversicherungsrecht. Das Eidgenössische Versicherungsgericht nahm seine Tätigkeit bereits 1917 auf.

Als Träger der Verwaltungsgerichtsbarkeit bezeichnete man das Bundesgericht. Sein Kompetenzbereich blieb allerdings beschränkt. Denn die im neuen Gesetz bevorzugte Enumeration der Zuständigkeiten erlaubte nur eine bruchstückhafte und zum Teil zufällige Unterstellung einzelner Sachbereiche unter die bundesgerichtliche Rechtsprechungsbefugnis. So waren etwa die Entscheide des Bundesrates nicht mit Verwaltungsgerichtsbeschwerde beim Bundesgericht anfechtbar. Nach wie vor lag also das Schwergewicht bei der verwaltungsinternen Verwaltungsrechtspflege. Das VDG wurde dann mit unbedeutenden Änderungen in das neue Bundesgesetz über die Organisation der Bundesrechtspflege (OG) von 1943 eingebaut. Dieses Gesetz brachte eine nicht unerhebliche Verbesserung des Rechtsschutzes durch das Bundesgericht, konnte aber den zunehmenden Anforderungen an rechtsstaatliche Erfordernisse umso weniger genügen, als die Kantone ihrerseits sukzessive den gerichtlichen Rechtsschutz erweiterten.

2. NEUORDNUNG DES VERWALTUNGSVERFAHRENS UND DER VERWALTUNGSRECHTSPFLEGE 1968

72 Nach dem Zweiten Weltkrieg ertönte immer stärker der Ruf nach einer Neuordnung des Verwaltungsverfahrens und nach einem gerichtlichen Rechtsschutz anstelle der verwaltungsinternen Verwaltungsrechtspflege. Doch erst die Mirage-Affäre des Jahres 1964 gab den wirksamen Anstoss für den Ausbau der Verwaltungsgerichtsbarkeit und liess die Furcht vor einem Justizstaat zurücktreten. 1965 legte der Bundesrat zwei Gesetzentwürfe vor, welche unter Mitwirkung von Max Imboden erarbeitet worden waren. Der eine betraf das Verwaltungsverfahrensgesetz (BBl 1965 II 1348 ff.). Hier stand die Vereinheitlichung des nichtstreitigen Verwaltungs- und des Verwaltungsbeschwerdeverfahrens im Vordergrund, welche bisher nur fragmentarisch und in verschiedenen Gesetzen geregelt waren. Mit dem anderen Entwurf nahm der Bundesrat die Revision des Bundesgesetzes über die Organisation der Bundesrechtspflege (BBl 1965 II 1205 ff.) an die Hand. Dieser Entwurf erweiterte den gerichtlichen Rechtsschutz wesentlich. Die Zuständigkeit des Bundesgerichtes in Verwaltungsrechtsstreitigkeiten bestimmte sich nun nach einer *Generalklausel*, abgeschwächt allerdings durch einen grossen Negativkatalog. Entscheide des Bundesrates wurden indessen mit einer Ausnahme (Art. 98 lit. a OG) wie bis anhin nicht der bundesgerichtlichen Kontrolle zugänglich gemacht. Schliesslich wurde mit dieser Revision das Eidgenössische Versicherungsgericht dem Bundesgericht gleichgestellt.

3. REORGANISATION DER BUNDESRECHTSPFLEGE

Anlass der Bestrebungen für die Reorganisation der Bundesrechtspflege, die bereits 1975 mit der Einsetzung der Expertenkommission «Dubach» begann, war zunächst die Verbesserung des Rechtsschutzes. Diese Anliegen wurde dann aber unter dem Eindruck der zunehmenden Geschäftslast des Bundesgerichts immer mehr durch das Ziel, das Bundesgericht möglichst zu entlasten, in den Hintergrund gedrängt. Weil die Geschäftslast in der Folge noch mehr anstieg, wurde im Jahre 1978 eine teilweise Änderung des OG vorgezogen und insbesondere eine zweite öffentlichrechtliche Abteilung geschaffen. Zugleich war es nun bei der staatsrechtlichen Beschwerde und der Verwaltungsgerichtsbeschwerde möglich, offensichtlich unbegründete Begehren im summarischen Verfahren abzuweisen oder offensichtlich begründete in gleicher Weise gutzuheissen (Art. 92 und 109 aOG). Trotzdem musste in den folgenden Jahren die Zahl der Ersatzrichter und Urteilsredaktoren laufend erhöht werden.

73

Angesichts der übergrossen Geschäftslast des Bundesgerichts hatte der Bundesrat in seiner Vorlage vom 29. März 1985 (BBl 1985 II 737) ein sogenanntes «Annahmeverfahren» vorgeschlagen, das den Zugang zu allen wesentlichen Bundesrechtsmitteln – auch zur Verwaltungsgerichtsbeschwerde – eingeschränkt hätte. Das Parlament schwächte diesen Vorschlag in der Beratung zwar ab, ein Vorprüfungsverfahren für die staatsrechtliche Beschwerde wurde aber beibehalten. Dies bildete schliesslich bezüglich des öffentlichen Rechts auch den Stein des Anstosses, dass die Vorlage in der Volksabstimmung vom 1. April 1990 abgelehnt wurde.

In der abgelehnten Revisionsvorlage waren jedoch auch Verbesserungen des Rechtsschutzes vorgesehen, so namentlich die Schaffung weiterer verwaltungsunabhängiger Beschwerdeinstanzen des Bundes sowie eine Verpflichtung der Kantone, für Streitigkeiten aus dem Vollzug von Bundesverwaltungsrecht durchwegs unabhängige Rechtsschutzinstanzen einzurichten. Da diese Punkte im Vorfeld der Abstimmung vom 1. April 1990 unbestritten gewesen waren, wurden sie in der darauf folgenden Vorlage des Bundesrates vom 18. März 1991 (BBl II 465) erneut aufgegriffen. Ein wesentliches Ziel dabei blieb es aber, eine Entlastung des Bundesgerichts herbeizuführen. Zudem wollte der Bundesrat die Gelegenheit wahrnehmen, die Verfahrensgesetze der EMRK anzupassen. Das in diesem Sinne revidierte OG ist am 15. Februar 1992 teilweise in Kraft getreten.

74

Die Anpassungen an die EMRK konnten wegen des Zeitdruckes, in der die Revision vorgenommen wurde, nicht vollständig erfolgen. So wurde etwa der Ausnahmekatalog von Art. 99 ff. OG bei der Verwaltungsgerichtsbeschwerde beibehalten, obwohl dieser zu einem teilweise konventionswidrigen Rechtsmittelsystem führt. Aber auch sonst mussten viele Probleme gerade in der Verwaltungsrechtspflege ungelöst bleiben: Die Rechtsmittel der Verwaltungsrechtspflege sind nach wie vor hauptsächlich gegen Verfügungen gegeben; auch fehlt eine vollständige Regelung der Vertretung des öffentlichen Interesses weiterhin (dazu Kölz, (ob zit. in Rz. 4), ZBl 1985, S. 56 f.). Ferner mangelt es an einer gesetzlichen Regelung der Abgrenzung der Verwaltungsgerichtsbeschwerde von der staatsrechtlichen Beschwerde. Gerade die letztere Frage beschäftigt die Praxis immer wieder. Der Bundesrat hat sich indessen zum Ziel gesetzt, eine Totalrevision auf längere Sicht an die Hand zu nehmen (BBl 1991 II 473 f.)

III. ENTWICKLUNG IN DEN KANTONEN

75 *Literatur:* GADOLA, S. 19 ff.; HANGARTNER IVO, Die Neuordnung der Verwaltungsrechtspflege im Kanton St. Gallen, ZBl 1965, S. 441 ff.; KÖLZ, Kommentar VRG, Einleitung Rz. 1 ff.; MARTI, S. 1 ff.; Weiss, S. 2 ff.

1. ERSTE IMPULSE

76 Im 19. Jahrhundert stand man infolge des Vorherrschens demokratischer Auffassungen dem Verwaltungsrechtsschutz, insbesondere dem gerichtlichen, weiterhin ablehnend gegenüber. Als erster Kanton führte Basel-Stadt im Jahre 1905 die Verwaltungsgerichtsbarkeit ein. Ein praktisch allerdings wenig bedeutsamer Vorläufer findet sich im Kanton Wallis, der seit 1877 über ein Gericht für Administrativstreitigkeiten verfügt. Der zweite Kanton, welcher der Forderung nach einem Ausbau des Rechtsschutzes der Bürger gegenüber der Verwaltung nachkam, war Bern. Bereits 1893 wurde die Verfassung dieses Standes entsprechend geändert (Art. 40) und 1909 das Gesetz zur Institutionalisierung der Verwaltungsgerichtsbarkeit in Kraft gesetzt.

2. ENTWICKLUNG IM KANTON ZÜRICH

Schon zur Zeit der Regeneration entstand ein Gesetz, das die verwaltungsinterne Rechtspflege sowie einen Teil der zivilgerichtlichen Verwaltungsrechtspflege regelte. Auch das sogenannte Gesetz über die Konflikte (GS 175.1) geht auf das Jahr 1831 zurück. Dessen §§ 1 bis 7 sind heute noch in Kraft.

Zur Zeit der demokratischen Bewegung war das Bedürfnis nach verwaltungsexterner, justizmässiger Kontrolle der Verwaltung gering. Obwohl die verstärkte Mitwirkungsmöglichkeit des Volkes bei der Gesetzgebung und insbesondere bei der Wahl von Behörden und Beamten zu genügen schien, verstummte der Ruf nach einem Ausbau der Verwaltungskontrolle nicht. 1902 erfolgte dann im Kantonsrat der erste Vorstoss. Nach verschiedenen weiteren parlamentarischen Anregungen erhielt Fritz Fleiner von der Justizdirektion den Auftrag, einen Gesetzesentwurf auszuarbeiten. Es verstrich eine lange Zeit, bis dieser Entwurf – vom Kantonsrat abgeschwächt – im Jahre 1933 dem Volk vorgelegt wurde. Bei der Abstimmung überwogen knapp die Nein-Stimmen. Der Regierungsrat hatte die Befürchtung geäussert, die Verwaltungsgerichtsbarkeit werde die Regierungstätigkeit hemmen.

Der Kantonsrat nahm erst 1944 einen zweiten Anlauf. Auf Grund von zwei im Rat eingereichten Motionen arbeitete Max Imboden einen weiteren Entwurf aus. Auch dieser blieb eine geraume Zeit liegen. Nach weiteren parlamentarischen Vorstössen wurde dann auf der Grundlage der Arbeiten von Max Imboden das noch heute geltende Verwaltungsrechtspflegegesetz (GS 175.2) geschaffen. Das Volk nahm es am 24. Mai 1959 an. 1977/78 wurde es mit der Novelle über den Ombudsmann (§§ 87 bis 94) und 1988 insbesondere um eine Neufassung von § 17 (Parteientschädigung) bereichert.

77

3. ENTWICKLUNG IN DEN ÜBRIGEN KANTONEN

Im gleichen Jahr, in dem das Zürcher Volk dem VRG zustimmte, wurde im Kanton Basel Land das Gesetz über die Verwaltungsgerichtsbarkeit in Kraft gesetzt. 1961 folgte Solothurn, dessen Verwaltungsrechtspflegegesetz bereits 1970 durch ein neues ersetzt wurde. Das auf das Jahr 1981 zurückgehende Solothurner Delegationsgesetz nahm eine weitere Verbesserung des Rechtsschutzes des Bürgers und eine Vereinfachung des Instanzenzuges vor, indem es den Regierungs-

78

rat als Rechtspflegeinstanz weitgehend ausschaltete und den direkten Zugang zum Obergericht (Verwaltungsgericht) ermöglichte. Neue Wege schlug der Kanton St. Gallen 1965 mit seinem Gesetz über die Verwaltungsrechtspflege ein. Es ermöglichte eine zweistufige justizmässige Überprüfung von Verwaltungsverfügungen. In erster Stufe entscheiden dort unabhängige Verwaltungsrekurskommissionen mit der Befugnis, auch das Ermessen zu überprüfen. Darin können Fachleute bestimmter Gebiete mitwirken wie Steuer-, Bau-, Fürsorge- und andere Experten. In zweiter Stufe kann dann das Verwaltungsgericht angerufen werden, dessen Kognition auf die Rechtskontrolle beschränkt ist.

Übersicht

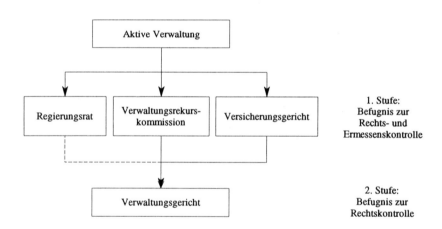

Dieses St. Galler System des zweistufigen Rechtsschutzes kann als zukunftsweisend und als Vorbild angesehen werden. Es ermöglicht einen qualifizierten Rechtsschutz durch zwei unabhängige Instanzen. Gleichzeitig lässt sich damit die Verfahrensdauer in Grenzen halten.

1966 schuf der Kanton Tessin ein Verwaltungsgericht mit allerdings sehr beschränkten Kompetenzen. Als Kontrast ist der Kanton Graubünden zu erwähnen, der dem seit 1967 bestehenden Verwaltungsgericht einen beachtlichen Kompetenzbereich zuweist.

Im Jahre 1968 führten gleich zwei Kantone die justizmässige Verwaltungskontrolle ein: Nidwalden und Aargau. In letzterem besteht die Besonderheit, dass das Gericht eine abstrakte Normenkontrolle gegenüber Verordnungen und Dekreten vornehmen kann.

Es folgten 1970 Genf, 1971 Schaffhausen, welcher es als erster Kanton wagte, die Zuständigkeit des Verwaltungsgerichts (Obergericht) umfassend in einer Generalklausel ohne eine einzige Ausnahme festzulegen. 1972 folgte dann Luzern, dessen aus zwei Gesetzen, dem Gesetz über die Organisation des Verwaltungsgerichtes und dem Gesetz über die Verwaltungsrechtspflege, bestehende Regelung als die bestnormierten und eingehendsten Erlasse auf diesem Gebiet zu bezeichnen sind.

In den folgenden Jahren führten zehn weitere Kantone die Verwaltungsgerichtsbarkeit ein: Obwalden 1973, Schwyz 1974, Zug 1976, Jura 1978, Neuenburg 1980, Thurgau 1981, Glarus, Freiburg und Waadt 1990 und Uri 1992. Unter diesen Gesetzen ragt jenes des Kantons Jura als präzises und eingehendes hervor. Zudem haben andere Kantone wie etwa Solothurn, Basel-Land, Basel-Stadt und Bern ihre Verwaltungsverfahrens- und Verwaltungsrechtspflegegesetze bereits wieder total oder partial revidiert. Im Kanton Zürich wird eine Revision vorbereitet.

Nunmehr sind es zur Zeit nur noch die beiden Appenzell, die kein Verwaltungsgericht kennen. In Appenzell Ausserrhoden wie Innerrhoden sind die Vorbereitungsarbeiten dazu aber im Gange.

II. TEIL

DAS NICHTSTREITIGE VERWALTUNGS-VERFAHREN UND DIE VERWALTUNGSRECHTS-PFLEGE IM BUND

1. ABSCHNITT: NICHTSTREITIGES VERWALTUNGSVERFAHREN

3. KAPITEL: GRUNDLAGEN UND ABGRENZUNG

I. GEGENSTAND

Literatur: BRÜWILER-FRÉSEY LUKAS S., Verfügung, Vertrag, Realakt und andere verwaltungsrechtliche Handlungssysteme, Bern 1984; GADOLA, S. 280 ff.; GYGI, Bundesverwaltungsrechtspflege, S. 126 ff.; HALTNER ROLF HEINRICH, Begriff und Arten der Verfügung im Verwaltungsverfahrensrecht des Bundes (Art. 5 VwVG), Zürich 1979; IMBODEN/RHINOW/KRÄHENMANN Nr. 35; MAEGLI ROLF, Gesetzmässigkeit im kooperativen Verwaltungshandeln, URP 1990, S. 265 ff.; MOOR, Vol. II, S. 1–6, 141 ff.; RICHLI PAUL, Zu den Gründen, Möglichkeiten und Grenzen für Verhandlungselemente im öffentlichen Recht, ZBl 1991, S. 381 ff.; *ders.,* (ob. zit., in Rz. 70) AJP 1992, 196 ff.; SALADIN, S. 25 ff., 57 ff.

79

1. REGELUNG DER HANDLUNGSFORMEN

In einem weiteren Sinn bezieht sich das nichtstreitige Verwaltungsverfahren auf alle Handlungsformen, in welchen die Verwaltungsbehörden die erstinstanzliche Tätigkeit abwickeln. Neben die 'typische' Form des Verwaltungshandelns, den Erlass einer Verfügung, treten die Pläne, Verträge, Zusicherungen, informellen Verhandlungen, Dienstanweisungen, Verwarnungen und anderes mehr.

80

Die Regelung des nichtstreitigen Verwaltungsverfahrens im VwVG ist jedoch weit enger gefasst und betrifft nur den Erlass einer Verfügung. Allerdings sind in Spezialbestimmungen weitere Handlungsformen festgelegt. So enthalten zum Beispiel Art. 16 Abs. 2 und Art. 19 f. SuG Bestimmungen über die verwaltungrechtlichen Verträge betreffend Finanzhilfen und Abgeltungen oder Art. 49 lit. c EntG eine

Regelung über den verwaltungsrechtlichen Vertrag betreffend die Enteignung und ihre Folgen.

81 Die Formalisierung des Verwaltungshandelns ist verschieden stark ausgebildet. Während das VwVG die Formen und den Verfahrensablauf, der zum Erlass der Verfügung führt, eingehend regelt, gibt es auch besondere gesetzliche Bestimmungen, welche weniger strenge Anforderungen stellen. Dies ist insbesondere der Fall, wenn die Verwaltungsakte in grosser Zahl ergehen. Zu verweisen ist etwa auf Verfügungen betreffend Leistungen des Sozialversicherungsrechts. Gemäss Art. 99 UVG kann zum Beispiel bei unerheblichen Leistungen und Forderungen sowie bei solchen, die unbestritten sind, auf das Schrifterfordernis beim Erlass verzichtet werden. Überhaupt nicht formalisiert sind die sogenannten Realakte, welche zwar durchaus Rechtsfolgen zeitigen, deren Zweck aber primär die Tathandlung ist, wie etwa das Bauen, die Krankenpflege, die Kehrichtabfuhr und die Information (vgl. Brühwiler-Frésey, S. 272 ff.). Ebenfalls ohne verfahrensrechtliche Formen vollzieht sich das sogenannte «informelle Verwaltungshandeln». Es geht dabei um formlose Beziehungen zwischen Verwaltungsbehörden und Privaten, wie beispielsweise wechselseitige Kontaktaufnahme, Absprachen und Vorabklärungen. Diese Art des kooperativen Verwaltungshandelns entspricht einem zunehmenden praktischen Bedürfnis. Im Vorfeld einer Verfügung gehört dies zum Alltag der Verwaltungsbehörden. Von der Verwaltungsrechtslehre und von der Gesetzgebung noch wenig durchdrungen, birgt es allerdings die Gefahr in sich, dass vom Gesetz unzulässigerweise abgewichen wird oder in den Verfahrensordnungen verankerte Rechte Dritter verletzt werden. Aber auch der Rechtsschutz der unmittelbar Beteiligten fällt weg, wenn im Anschluss solcher Handlungen keine Verfügung ergeht. Bei Leistungsstörungen besteht zudem keine Rechtssicherheit über das weitere Vorgehen und das Beseitigen der Hindernisse. Dennoch kann nicht übersehen werden, dass informelles Handeln auch eine raschere Anpassung an veränderte Gegebenheiten erlaubt. Schliesslich tragen die Verfahrensgesetze komplexen Verhältnissen zuweilen noch zu wenig Rechnung.

2. DIE VERFÜGUNG

82 Die Verfügung bildet trotz dem Gesagten nach wie vor die Grundform des Verwaltungshandelns. Dies liegt nicht zuletzt daran, dass den Verwaltungsbehörden durch die Gebundenheit an das Gesetz und das Rechtsgleichheitsgebot nicht derselbe Gestaltungsspielraum zukom-

men kann wie Privaten. Dazu kommt, dass sich die im Gesetz festgelegten öffentlichen Interessen in der Regel nur aufgrund zwingenden Rechts verwirklichen lassen. Dementsprechend ist im folgenden auf dasjenige nichtstreitige Verfahren einzugehen, das seinen positiven Niederschlag im VwVG gefunden hat und diese 'typische' Form der Verwaltungstätigkeit, die Vorbereitung und den Erlass einer Verfügung zum Gegenstand hat.

Die Verfügung kann man definieren als «einen individuellen, an den einzelnen gerichteten Hoheitsakt der Behörden, durch den eine konkrete verwaltungsrechtliche Rechtsbeziehung in verbindlicher und erzwingbarer Weise geregelt wird» (BGE 104 Ia 29). Diese Umschreibung entspringt sinngemäss der Legaldefinition von Art. 5 Abs. 1 VwVG. Die Verfügung regelt somit die Begründung, Änderung oder Feststellung von Rechten oder Pflichten; es geht mit anderen Worten um die Regelung eines Rechtsverhältnisses (BGE 113 Ib 95).

Wie angeführt, gibt es zahlreiche Verwaltungshandlungen, die nicht zu einer Verfügung führen. Auch hat die genaue gesetzliche Umschreibung der Verfügung zur Folge, dass die Verwaltungshandlungen derselben manchmal nicht genau entsprechen. Weil die Verfügung zugleich Beschwerdeobjekt und damit Prozessvoraussetzung bildet, wird der Rechtsschutz gegenüber anderen Verwaltungshandlungen oder solchen, die sich nicht eindeutig als Verfügung qualifizieren lassen, stark geschmälert. Die bundesgerichtliche Rechtsprechung lässt bei solchen Handlungsformen im Falle besonders intensiver Rechtsschutzinteressen immerhin die staatsrechtliche Beschwerde zu, nicht aber die Verwaltungsgerichtsbeschwerde (vgl. BGE 103 Ib 157). So verneint das Bundesgericht zwar den Verfügungscharakter des Zuschlages bei einer Submission; es tritt aber auf die staatsrechtliche Beschwerde insoweit ein, als die Verletzung von Bestimmungen geltend gemacht wird, die den spezifischen Schutz von Mitbewerbern bezwecken (vgl. Bundesgerichtsentscheid vom 18. Februar 1991, in: ZBl 1991, S. 560; BGE 115 Ia 76; ebenso bezüglich Nutzungsplänen: BGE 107 Ia 275 f. und Begnadigungsentscheiden: BGE 117 Ia 85 f. mit Hinweisen). Genau genommen geht das Bundesgericht in solchen Fällen von einer Fiktion der Verfügung aus (Gygi, S. 130; vgl. auch hinten Rz. 198 ff. und Rz. 217 ff.).

Der Gesetzgeber hat wegen des Rechtsschutzbedürfnisses der einzelnen bereits für das erstinstanzliche Verfahren eine Verfahrensregelung getroffen. Deshalb und weil die Verfügung Beschwerdeobjekt des streitigen Verwaltungsverfahrens ist, haben die Verwaltungsbehörden die Form der Verfügung und das entsprechende Verfahren immer dann zu wählen, wenn ein Verwaltungsrechtsverhältnis verbindlich festgelegt werden soll. Da das Gesetz den Behörden überdies in der Regel keine Wahl zwischen den verschiedenen Handlungsformen offen lässt, sind sie auch wegen der Gebundenheit an das Gesetz verpflichtet, die Verfügungsform zu wählen. Bei gegebenen Voraussetzungen besteht also ein Rechtsanspruch auf eine Verfügung.

II. ANWENDUNG DES VERWALTUNGSVERFAHRENSGESETZES

83 *Literatur:* GYGI, Bundesverwaltungsrechtspflege, S. 52 f.; KÖLZ, (ob. zit. Rz. 17) ZSR 1983 II, S. 101 ff.; MOOR, Vol. II, S. 139 ff.; MÜLLER STEFAN, Die Bedeutung von Art. 4 BV bei der Besetzung öffentlichrechtlicher Stellen, Bern 1981, insbes. S. 94 ff.; SALADIN, S. 39 ff.; STRAUB MARTIN; Das intertemporale Recht bei der Baubewilligung, Zürich 1976.

1. DIE MASSGEBENDEN BESTIMMUNGEN

84 Massgebend für das nichtstreitige Verwaltungsverfahren im Bund sind die Art. 7 bis 43 VwVG (vgl. auch Art. 78 VwVG). Als allgemeine Verfahrensgrundsätze sind diese Normen auch im verwaltungsinternen Beschwerdeverfahren (Art. 1 Abs. 1 VwVG) anzuwenden, das durch die Art. 44 bis 78 VwVG geregelt wird. Art. 1 bis 6 VwVG behandeln den Geltungsbereich des Gesetzes und bestimmen die wichtigsten Begriffe.

2. ANWENDUNGSBEREICH DES VWVG

85 Damit die Bestimmungen des Verwaltungsverfahrensgesetzes zur Anwendung gelangen, müssen folgende drei Voraussetzungen gegeben sein: es muss sich um eine Behörde gemäss Art. 1 VwVG handeln, es muss eine Verfügung im Sinn von Art. 5 VwVG gegeben sein, und es darf sich nicht um ein Verfahren handeln, das in Art. 2 oder 3 VwVG erwähnt ist.

Die Bestimmung von Art. 1 VwVG ist derjenigen von Art. 98 OG ähnlich. Es handelt sich grundsätzlich um Verwaltungsbehörden des Bundes. Dies sind einmal die in die Zentralverwaltung eingegliederten Behörden oder Amtsstellen, wie der Bundesrat, seine Departemente, die Bundeskanzlei und die diesen untergeordneten Ämter oder Dienstabteilungen (Art. 1 Abs. 2 lit. a VwVG). Bei den in lit. c von Art. 1 Abs. 2 VwVG genannten eidgenössischen Anstalten oder Betrieben handelt es sich etwa um die PTT, SBB oder die SUVA (BGE 115 V 299). Was die eidgenössischen Kommissionen gemäss lit. d angeht, kann bezüglich des erstinstanzlichen Verfahrens als Beispiel die eidgenössische Banken- und die Kartellkommission (vgl. BGE 117 Ib 481 ff., Art. 31 KG) angeführt werden. Die Instanzen und Organisationen ausserhalb der Bundesverwaltung nach lit. e schliesslich sind Private, denen eine öffentlichrechtliche Aufgabe übertragen wurde wie beispielsweise die durch die PTT konzessionierte SRG (BGE 104 Ib 243). Das VwVG ist aber in diesem Fall nur insoweit anwendbar, als gegen die Verfügung die Beschwerde unmittelbar an eine Bundesbehörde zulässig ist (Art. 3 lit. a VwVG). Ausnahmsweise, wenn letzte kantonale Instanzen gestützt auf öffentliches Recht des Bundes nicht endgültig verfügen, sind gewisse Bestimmungen des VwVG überdies auf die kantonalen Verfahren anzuwenden (Art. 1 Abs. 3 VwVG).

Damit das VwVG Anwendung findet, muss es sich um eine Verfügung handeln, die sich auf Bundesverwaltungsrecht abstützt (Art. 1 Abs. 1 i.V.m. Art. 5 VwVG). Wie erwähnt, findet das VwVG bezüglich anderer Handlungsformen keine Anwendung. Ebenso ist es nicht anwendbar, wenn die Verfügung auf Grund von kantonalem Recht ergeht oder ihre Grundlage nicht im Bundes*verwaltungsrecht,* sondern etwa im Strafrecht findet. Auf die Abgrenzung der Verfügung im einzelnen ist zurückzukommen (siehe hinten Rz. 226 ff.). 86

Schliesslich sind bestimmte Verfahren ganz (Art. 3 VwVG) oder zum Teil (Art. 2 VwVG) vom Anwendungsbereich des Gesetzes ausgenommen. Die Ausnahmeregelungen lassen sich teilweise damit rechtfertigen, dass das Verfahren bereits in einer spezialgesetzlichen Regelung festgelegt ist. So gilt etwa für das Verfahren vor Schätzungskommission bei Enteignungen, abgesehen von den Art. 20–24 VwVG (Art. 2 Abs. 3 VwVG), grundsätzlich das Enteignungsgesetz und die vom Bundesgericht erlassene Verordnung für die eidgenössische Schätzungskommissionen vom 24. April 1972, wobei dort in Art. 3 allerdings für das Verfahren vor den Vorsitzenden sowie vor den Kommissionen auch der Zweite Abschnitt des VwVG für anwendbar erklärt wird (Art. 63 EntG; vgl. auch 115 Ib 414). Dass nach Art. 3 lit. b VwVG gewisse beamtenrechtliche, erstinstanzliche Entscheide nicht unter dieses Gesetz fallen, hängt mit dem weiten Ermessensspielraum zusammen, der bei diesen Entscheiden gegeben ist. Es handelt sich dabei etwa um die erstmalige Begründung des Dienstverhältnisses oder die Beförderung. Ausgeschlossen ist die Anwendung des VwVG auch, wenn die Natur der Verfügung eine sofortige Vollstreckung verlangt 87

(Art. 3 lit. f VwVG). In allgemeiner Form hält Art. 4 VwVG fest, dass bestehende spezialgesetzliche Bestimmungen nur mehr dann angewendet werden können, wenn sie das Verfahren eingehender regeln und dem VwVG nicht widersprechen. Widersprechen die Bestimmungen aber dem VwVG, so sind sie kraft Art. 80 lit. c VwVG aufgehoben. Art. 4 VwVG hat zwar nur Gültigkeit bezüglich bestehendem Recht. Ergibt sich aber ein Widerspruch zwischen dem VwVG und dem jüngerem Recht, muss die Normenkollision im Hinblick auf den Zweck des VwVG gelöst werden. Dieses wollte eine Vereinheitlichung der Verfahren und eine Verbesserung des Rechtsschutzes herbeiführen. Folglich darf selbst in diesem Fall von den Bestimmungen des VwVG nur abgewichen werden, wenn es der Gesetzgeber ausdrücklich erlaubt (so BGE 115 Ib 433 beiläufig (obiter dictum)).

3. DIE ÜBERGANGSRECHTLICHEN BESTIMMUNGEN

88 Für das erstinstanzliche Verfahren gilt, dass die neuen Bestimmungen auf hängige Verfahren sofort anzuwenden sind. Art. 81 VwVG bezieht sich nur auf Verfügungen, die vor dem Inkrafttreten des geänderten VwVG am 15. Februar 1992 eröffnet wurden und gegen welche eine legitimierte Partei die Beschwerde anhängig gemacht hat.

4. KAPITEL: DER VERFAHRENS-ABLAUF

I. EINLEITUNG DES VERFAHRENS UND BESTIMMUNG DES GEGENSTANDES

Literatur: GADOLA, S. 81 ff., 294 ff.; GUENG URS, Zur Tragweite des Feststellungsanspruches gemäss Art. 25 VwVG, SJZ 1971, S. 369 ff.; IMBODEN/RHINOW/KRÄHENMANN Nr. 36; MOOR, Vol. II, S. 173 ff.; *ders.,* Rechtsfragen des Vollzugs der Störfallverordnung: Problèmes d'organisation et de procédure, URP 1992, S. 309 ff.; SALADIN, S. 63, 96 ff.; TRÜB HANS RUDOLF, Rechtsschutz gegen Luftverunreinigung und Lärm. Das Beschwerdeverfahren bei Errichtung und Sanierung ortsfester Anlagen im Geltungsbereich des Umweltschutzgesetzes, Zürich 1990, S. 213 ff.; ZIMMERMANN ROBERT, Lex exigence formelles à respecter dans l'élaboration des mesures de prévention prévues par l'ordonnance sur la protection contre les accidents majeurs (OPAM), URP 1992, S. 391 ff.

1. OFFIZIALMAXIME

Das nichtstreitige Verwaltungsverfahren wird grundsätzlich durch die zuständige Behörde eingeleitet und beendet. Diese entscheidet auf Grund einer genügenden gesetzlichen Grundlage, worüber und in welchem Umfang zu verfügen ist.

Das Offizialprinzip ist im nichtstreitigen Verwaltungsverfahren allerdings nicht durchgehend verwirklicht. In einigen Fällen, insbesondere im Bereich der Leistungsverwaltung, können auch die Privaten das erstinstanzliche Verfahren auslösen, indem sie beispielsweise ein Gesuch auf Erteilung einer Bewilligung, auf Einräumung einer Konzession, auf Steuererlass, auf den Eintritt in ein Sonderstatusverhältnis oder auf die Erteilung von Subventionen stellen. Ziehen die Betreffenden den Antrag zurück, wird das Verfahren beendet und den Behörden bleibt kein Raum mehr, eine gestaltende Verfügung zu erlassen (BGE 100 Ib 129).

In bezug auf die Bestimmung des Verfahrensgegenstandes sind die Gesuchsteller nicht frei. Es kann unter der Herrschaft des Legalitätsprinzips jedenfalls nur angeordnet werden, was das Gesetz vorsieht.

Das VwVG enthält für das nichtstreitige Verwaltungsverfahren jedoch keine Bestimmung analog zu § 7 Abs. 3 VRG des Kantons Zürich, der im letzten Satz festhält, dass die Behörden an Parteibegehren nicht gebunden sind.

2. FESTSTELLUNGSVERFÜGUNG

91 Die Privaten können von der Verwaltungsbehörde nur dann eine verbindliche Feststellungsverfügung über Bestand, Nichtbestand oder Umfang von Rechten und Pflichten verlangen, wenn sie ein schutzwürdiges Interesse an einer Feststellung nachzuweisen vermögen (Art. 25 VwVG, vgl. auch Art. 5 Abs. 1 lit. b VwVG). Feststellungsverfügungen können aber auch auf Anstoss der Behörden ergehen.

Das Interesse ist dann ein schutzwürdiges, wenn die gesuchstellende Person ohne die verbindliche Feststellung über den Bestand, Nichtbestand oder Umfang öffentlichrechtlicher Rechte und Pflichten Gefahr liefe, dass sie oder die Behörde ihr nachteilige Massnahmen treffen oder ihr günstige unterlassen würde (BGE 108 Ib 546). In Präzisierung seiner früheren Rechtsprechung und in Anlehnung an die Umschreibung der Beschwerdelegitimation in Art. 48 lit. a VwVG und Art. 103 lit. a OG lässt das Bundesgericht richtigerweise nicht nur ein rechtliches, sondern auch ein bloss tatsächliches Interesse genügen (BGE 114 V 203). Das Interesse muss sodann grundsätzlich ein aktuelles sein. Ein ausreichendes Interesse wurde etwa bejaht für die Feststellung, ob ein Grundstück, über das ein Verkauf geplant war, landwirtschaftlichen Charakter habe und demgemäss den Veräusserungsbeschränkungen des Bundesgesetzes über die Erhaltung des bäuerlichen Grundbesitzes vom 12. Juni 1951 unterliege (BGE 116 II 167 ff.). Ferner gehört zur Schutzwürdigkeit des Interesses, dass es *konkret* ist. Die festzustellende Rechtsfrage darf nicht rein theoretischer Natur sein, sondern muss einen Zusammenhang mit zu beurteilenden tatsächlichen Gegebenheiten aufweisen (BGE 108 Ib 22). Da das Bundesverfahrensrecht vom Institut der abstrakten Normenkontrolle absieht, kann die Feststellungsverfügung auch nicht dazu benutzt werden, Normen abstrakt, also unabhängig von einer konkreten Anwendung zu prüfen (BGE 110 Ib 215, 108 Ib 546). Hingegen kann die Prüfung der Feststellungsverfügung namentlich im gerichtlichen Anfechtungsverfahren zur vorfrageweisen (akzessorischen) Normenkontrolle führen.

92 Die Feststellungsverfügung ist nach bundesgerichtlicher Rechtsprechung insoweit subsidiärer Natur, als das schutzwürdige Interesse ebensogut mit einer Leistungs- oder Gestaltungsverfügung gewahrt

werden kann (BGE 114 V 203; 108 Ib 546 beide mit Hinweisen; VPB 1989 Nr. 31, S. 201). Da sich ein Leistungsbegehren grundsätzlich nur auf einen abgeschlossenen Zeitraum beziehen kann, muss eine Feststellungsverfügung erlassen werden, wenn in bezug auf ein andauerndes Rechtsverhältnis ebenso künftige Leistungen beurteilt werden müssen; dies kann beispielsweise der Fall sein, wenn die Lohngleichheit gemäss Art. 4 Abs. 2 BV in Frage steht (vgl. dazu Urteil des Obergerichts des Kantons Schaffhausen vom 25. Oktober 1988, in: ZBl 1989, S. 481 ff.).

Die Subsidiarität der Feststellungsverfügung darf im Gegensatz zum Feststellungsbegehren im Zivilprozess aber dennoch nicht in einem generellen Sinn verstanden werden. Vielmehr muss eine Feststellungsverfügung anbegehrt werden können, selbst wenn die Voraussetzungen zu einer definitiven und vollstreckbaren Leistungs- oder Gestaltungsverfügung gegeben sind, sofern ein schutzwürdiges Interesse vorliegt. Dies ist insbesondere der Fall, wenn mit der Feststellungsverfügung gewisse grundlegende Rechtsfragen vorweg gelöst werden können und damit auf die Einleitung eines unter Umständen aufwendigen Verfahrens verzichtet werden kann (vgl. Kölz, Kommentar VRG, § 19 Rz. 41; vgl. denn auch Pra 1987 Nr. 34, S. 138).

Der Gegenstand der Feststellungsverfügung bezieht sich – dem Verfügungscharakter entsprechend – auf zweifelsfrei bestimmbare sowie eindeutige individuelle und konkrete Pflichten (BGE 102 V 149 f.; vgl. auch VPB 1989 Nr. 31). Es kann damit immer nur eine Rechtsfrage, nicht aber eine tatbeständliche Frage geklärt werden. Zudem ergibt sich aus dem Gesetzmässigkeitsprinzip, dass die zuständige Verwaltungsbehörde in dieser Verfügung inhaltlich nicht weiter gehen darf, als sie dies bei einer Leistungs- oder Gestaltungsverfügung tun dürfte (vgl. BGE 108 Ib 547).

Aus dem Vertrauensschutz folgt sodann, dass der Partei, die auf Grund einer Feststellungsverfügung Vorkehrungen getroffen hat, keine Nachteile erwachsen dürfen (Art. 25 Abs. 3 VwVG). Das bedeutet, dass die Behörde an die Feststellungsverfügung gebunden ist. Weicht sie später dennoch infolge zureichender öffentlicher Interessen davon ab, so hat sie die Voraussetzungen zum Widerruf einer Verfügung zu beachten und wird unter Umständen entschädigungspflichtig.

Zuständig zum Erlass einer Feststellungsverfügung ist die in der Sachfrage kompetente Behörde (BGE 108 Ib 547).

3. ANSPRUCH AUF ERLASS EINER LEISTUNGS- ODER GESTALTUNGSVERFÜGUNG

94 Ein Anspruch auf Erlass einer Verfügung besteht nach der Praxis in analoger Anwendung von Art. 25 Abs. 2 VwVG allerdings nicht nur für Feststellungsverfügungen, sondern auch für Leistungs- und Gestaltungsverfügungen, wenn ein schutzwürdiges Interesse geltend gemacht werden kann (BGE 98 Ib 58 ff.). Dazu braucht es auf der einen Seite einen gesetzlichen Auftrag an die Verwaltungsbehörde, tätig zu werden. Die beantragte Anordnung muss weiter geeignet sein, ein Rechtsverhältnis im individuell konkreten Fall festzulegen; und schliesslich muss sich die antragstellende Person grundsätzlich über ein dem Rechtsschutzinteresse in Anfechtungsstreitigkeiten vergleichbares Interesse ausweisen. Richtigerweise ist zwar in Anknüpfung an die Parteistellung gemäss Art. 6 VwVG ein Anspruch auf Erlass einer Verfügung auch zu bejahen, wenn zur Beschwerdelegitimation kein Rechtsschutzinteresse nachgewiesen werden muss; doch müssen die anderen beiden Voraussetzungen gegeben sein. Insbesondere muss zugleich eine gesetzliche Verpflichtung zum Tätigwerden des Gemeinwesens bestehen (vgl. Trüb, S. 215, 219; vgl. auch Entscheid des Verwaltungsgerichts des Kantons Zürich vom 11. Juni 1991, in: ZBl 1991, S. 497 ff.; enger BGE 110 Ib 162). Unterlässt es die Behörde, die Verfügung zu erlassen, kann dies mit Rechtsverweigerungsbeschwerde bei der zuständigen Instanz gerügt werden (Art. 70 VwVG, Art. 97 Abs. 2 OG, vgl. dazu hinten Rz. 314, 316). Unter Umständen liegt aber eine Nichteintretensverfügung vor (Art. 5 Abs. 1 lit. c VwVG), die mit Verwaltungs- und allenfalls Verwaltungsgerichtsbeschwerde weitergezogen werden kann.

II. ZUSTÄNDIGKEIT

95 *Literatur:* GADOLA, S. 184 ff.; GYGI, Bundesverwaltungsrechtspflege, S. 76 ff.; KÖLZ, Kommentar VRG, § 5 Rz. 1 ff.; MOOR, Vol. II, S. 155 f.; SALADIN, S. 108 ff.

1. BEGRIFF

Die Zuständigkeitsordnung gibt darüber Auskunft, in wessen Kompetenzbereich die Befugnis zum Erlass einer Verfügung (oder eines Rechtsmittelentscheides) fällt. Sie bestimmt, womit sich eine Behörde zu befassen und womit sie sich nicht zu befassen hat (Unzuständigkeit). Diese Ordnung der Zuständigkeiten wird vom Gesetz nach sachlichen, örtlichen und funktionellen Kriterien festgelegt.

96

Die *sachliche Zuständigkeit* richtet sich nach der Natur des Verfahrensgegenstandes und teilt die Geschäfte innerhalb der Behörden auf, deren örtlicher Wirkungsbereich übereinstimmt und deren funktionelle Stufe die gleiche ist. Im erstinstanzlichen Verfahren geben in der Regel die Gesetze des materiellen Rechts darüber Auskunft, welche Behörde zu verfügen hat. So ermächtigt beispielsweise das Luftfahrtgesetz in Art. 28 das Eidgenössische Verkehrs- und Energiewirtschaftsdepartement, Konzessionen zur gewerbsmässigen Beförderung von Personen und Gütern zu erteilen. Die Bewilligung für Flüge zu Ausbildungszwecken wird hingegen vom eidgenössischen Luftamt erteilt (Art. 33 Luftfahrtgesetz). Die Bestimmungen des materiellen Rechts werden ergänzt durch das Verwaltungsorganisationsrecht (vgl. Art. 61 Abs. 1 VwOG).

Die *örtliche Zuständigkeit* regelt die räumliche Beziehung der Verwaltungsbehörde zum Verfügungsgegenstand. Sie muss dann bestimmt werden, wenn mehrere Amtsstellen sachlich und funktionell für ein bestimmtes Verwaltungsrechtsverhältnis zuständig sind. Stellt das Gesetz keine Bestimmungen auf, so gelten als Anknüpfungen der Wohnsitz, der Ort der gelegenen Sache oder der Ort des massgeblichen Vorganges. Im Verwaltungsverfahren des Bundes spielt die örtliche Zuständigkeit jedoch keine grosse Rolle, da es in der Regel nur eine einzige mit einer bestimmten Angelegenheit befasste Amtsstelle gibt. Ein Beispiel, aus der Verwaltungsrechtspflege zwar, wo die örtliche Zuständigkeit auf Bundesebene bedeutsam ist, findet sich aber im Enteignungsgesetz, wonach das Gebiet der Eidgenossenschaft in Schätzungskreise eingeteilt ist und für jeden Kreis eine Schätzungskommission zuständig ist (Art. 58 ff. EntG).

Die Abfolge der Instanzen im Rechtsmittelverfahren schliesslich bildet die *funktionelle Zuständigkeit*. Sie hat ihren Ursprung darin, dass hintereinander mehrere Instanzen zum Entscheid über die gleiche Sache zuständig sind, indem auf das nichtstreitige Verwaltungsverfahren die Verwaltungsrechtspflege folgt.

2. PFLICHT DER BEHÖRDE ZUR ÜBERPRÜFUNG DER ZUSTÄNDIGKEIT

97 Die Verwaltungsbehörden sind verpflichtet, ihre Zuständigkeit in sachlicher, örtlicher und funktioneller Hinsicht von Amtes wegen zu prüfen (Art. 7 Abs. 1 VwVG). Aus der zwingenden Natur der Zuständigkeitsvorschriften folgt das in Art. 7 Abs. 2 VwVG ausgesprochene Verbot der Prorogation, was bedeutet, dass Abmachungen zwischen Parteien und Behörden über die Zuständigkeit unzulässig sind. Demzufolge ist es auch ausgeschlossen, die Zuständigkeit durch sogenannte «Einlassung» zu begründen. Gleichermassen kann den Verfügungsbetroffenen auch das Gebot von Treu und Glauben nicht entgegengehalten werden, wenn sie eine Unzuständigkeit wider besseres Wissen erst im Rechtsmittelverfahren geltend machen (BGE 103 Ib 233 f.). Ein solches Verhalten ist jedoch bei den Kostenfolgen zu berücksichtigen.

Verfügt eine unzuständige Instanz, ist regelmässig Anfechtbarkeit, ausnahmsweise Nichtigkeit, die Folge. Letztere tritt dann ein, wenn eine qualifiziert funktionell oder sachlich unzuständige Instanz entschieden hat. Dabei muss der Mangel schwer, offensichtlich und leicht erkennbar sein; zudem darf die Aufhebung der Verfügung die Rechtssicherheit nicht ernsthaft gefährden (vgl. BGE 117 Ia 220 f. mit Hinweisen).

Fällt eine Zuständigkeitsvoraussetzung nachträglich weg, wechselt beispielsweise eine Partei während des laufenden Verfahrens den Wohnsitz, ändert sich an der Zuständigkeit nichts; die einmal begründete Zuständigkeit bleibt bestehen (BGE 108 Ib 139 ff.).

3. ÜBERWEISUNGSPFLICHT

98 Ein bei einer unzuständigen Instanz eingeleitetes Verfahren soll nicht durch einen Nichteintretensentscheid erledigt werden (BGE 108 Ib 543 f.). Auch gilt eine Frist als gewahrt, wenn die Eingabe rechtzeitig an die unzuständige Behörde im Sinn von Art. 1 Abs. 2 VwVG gelangt (Art. 21 Abs. 2 VwVG; BGE 113 Ib 39, 101 Ib 103 f.; VPB 1985 Nr. 64). Dieser kommt die Pflicht zur Überweisung der Angelegenheit an die zuständige Stelle zu (Art. 8 Abs. 1 VwVG).

4. KOMPETENZSTREITIGKEITEN

Wird die Zuständigkeit bestritten, unterscheidet das Gesetz zwei Fälle. Einerseits geht es um Kompetenzkonflikte unter den Behörden, wenn nach dem Meinungsaustausch die Zuständigkeit streitig geblieben ist (Art. 8 Abs. 2 und Art. 9 Abs. 3 VwVG). Andererseits kann eine Kompetenzstreitigkeit auch zwischen Behörden und Parteien entstehen (Art. 9 Abs. 1 und 2 VwVG; dazu auch BGE 108 Ib 543 ff.). 99

A. Kompetenzkonflikt zwischen den Behörden

Ist die Unzuständigkeit nicht offensichtlich, zieht die Behörde ihre Zuständigkeit aber in Zweifel, eröffnet sie zunächst einen Meinungsaustausch mit der Behörde, deren Zuständigkeit auch in Frage kommt (Art. 8 Abs. 2 VwVG). Die im Meinungsaustausch festgelegte Zuständigkeit ist endgültig (VPB 1988 Nr. 53). Kommen die Behörden in der Zuständigkeitsfrage nicht überein, entsteht ein Kompetenzkonflikt. Dieser zeichnet sich entweder dadurch aus, dass sich mehrere Stellen für die Behandlung eines Gesuchs als zuständig erklären (positiver Kompetenzkonflikt), oder aber dadurch, dass keine Behörde die Angelegenheit an die Hand nehmen will (negativer Kompetenzkonflikt). In diesem Fall entscheidet die gemeinsame Aufsichtsbehörde, im Zweifel der Bundesrat (vgl. Art. 9 Abs. 3 VwVG). Ist die Zuständigkeit zwischen Bundesrat und Bundesgericht streitig, entscheidet gemäss Art. 85 Ziff. 13 BV die Bundesversammlung darüber. 100

Streitigkeiten über die Zuständigkeit zwischen kantonalen Behörden und Bundesbehörden beurteilt dagegen das Bundesgericht als Kompetenzgericht (Art. 83 lit. a OG). Mittels staatsrechtlicher Klage können die Behörden einen Entscheid über die Kompetenzausscheidung zwischen Bund und Kantonen herbeiführen. Die Frage der Zuständigkeit des föderalistischen Verbandes ist dabei zu trennen von der Frage nach der genügenden gesetzlichen Grundlage und damit nach der Zuständigkeit des Organs innerhalb des föderalistischen Verbandes: Die Kompetenz zum Erlass der Verordnung über die Behandlung von Staatsschutzakten des Bundes (Staatsschutzverordnung vom 5. März 1990) kommt zwar entsprechend der Kompetenzverteilung in der Bundesverfassung über die innere und äussere Sicherheit durchaus dem Bund zu. Eine andere Frage ist es aber, ob der Bundesrat dazu befugt war oder ob nicht der Gesetzgeber eine Regelung hätte treffen sollen. Das Bundesgericht musste die Frage offen lassen, weil dies entsprechend dem Zweck der staatsrechtlichen Klage 101 nicht in diesem Verfahren zu entscheiden war (BGE 117 Ia 202 ff., 117 Ia 221 ff.).

B. Kompetenzstreitigkeit zwischen Behörden und Privaten

102 Bei den Kompetenzstreitigkeiten zwischen Behörden und Privaten können wiederum zwei Fälle unterschieden werden.

Macht eine Partei eine andere Zuständigkeit geltend, als von der Behörde angenommen wurde, kommt dieser die Pflicht zu, eine mit ordentlichem Rechtsmittel anfechtbare Zwischenverfügung (Art. 9 Abs. 1 und 2 i.V.m. Art. 45 Abs. 2 lit. a VwVG) zu erlassen. Die Einrede der Unzuständigkeit muss zwar nicht ausdrücklich erfolgen; doch muss die Partei auf irgendeine Weise zu erkennen geben, dass sie ihr Begehren von der andern Behörde behandelt haben will (BGE 108 Ib 544 f.).

Wenn sich demgegenüber die Behörde entgegen der geäusserten Meinung der Betroffenen für unzuständig betrachtet, hat sie einen Nichteintretensentscheid zu fällen (Art. 9 Abs. 1 VwVG). Das Gesetz bezeichnet diesen Entscheid als Zwischenverfügung (vgl. Art. 45 Abs. 2 lit. a VwVG); weil damit das Verfahren abgeschlossen wird, handelt es sich um eine atypische Zwischenverfügung.

III. AUSSTAND

103 *Literatur:* GYGI, Bundesverwaltungsrechtspflege, S. 55 ff.; IMBODEN/RHINOW/KRÄHENMANN Nr. 90; Kölz in Kommentar BV, Art. 58, Rz. 25 ff.; MOOR, Vol. II, S. 157 ff.; MÜLLER JÖRG PAUL, Die Grundrechte der schweizerischen Bundesverfassung, zweite, überarbeitete Auflage von Jörg Paul Müller/Stefan Müller Grundrechte – Besonderer Teil, Bern 1991, S. 315 f.; SALADIN, S. 110 ff.

104 Der Zweck der Ausstandspflicht besteht darin, jeden Anschein der Befangenheit oder Interessenkollision zu vermeiden. Die Gründe, die zum Ausstand einer mit der Vorbereitung einer Verfügung befassten Person führen, werden in Art. 10 Abs. 1 VwVG aufgezählt. Für beigezogene Sachverständige dagegen ist Art. 19 VwVG i.V.m. Art. 58 BZP anwendbar, der auf Art. 22 f. OG verweist. Dabei unterscheidet das Gesetz nicht zwischen Ausschlussgründen, die zwingend zu beachten sind und den Ablehnungsgründen, deren Geltendmachung den

Beteiligten frei steht, wie etwa nach der Bestimmung von Art. 22 f. OG. Vielmehr müssen sämtliche Ausstandsgründe von Amtes wegen berücksichtigt werden. Gemäss Art. 10 Abs. 1 VwVG sind diejenigen Beamten und Behördenmitglieder ausstandspflichtig, die

- in der Sache ein persönliches Interesse haben (vgl. BGE 103 Ib 137f.);
- mit einer Partei verwandt oder verschwägert bzw. durch Ehe, Verlobung oder Kinder mit ihr verbunden sind;
- eine Partei vertreten oder für sie in der gleichen Sache tätig waren;
- aus anderen Gründen befangen sein könnten.

Bei der zuletzt genannten Generalklausel ist es unmassgeblich, ob die Betreffenden tatsächlich befangen sind. Es genügt, dass sie es sein könnten. Diese potentielle Befangenheit muss sich aber aus den objektiven Umständen ergeben; auf die subjektive Empfindung einer Partei kommt es nicht an (BGE 97 I 94 f.; VPB 1983 Nr. 2). Die Meinungsäusserung allgemeiner Art über aktuelle politische Auseinandersetzungen genügt nicht als objektiver Umstand (VPB 1988 Nr. 29). Das Bundesgericht lehnt es überdies ab, eine Behörde als Ganzes grundsätzlich für ausstandspflichtig zu erklären, auch wenn Interessenkollisionen möglich sind (BGE 105 Ib 130). Der regelhaften Zusammensetzung einer Behörde kommt in solchen Fällen der Vorrang vor deren Unabhängigkeit und Unparteilichkeit zu.

Der Entscheid über den Ausstand ergeht in einer selbständig anfechtbaren Zwischenverfügung (Art. 45 Abs. 2 lit. b VwVG; BGE 112 V 210). Der Anspruch auf eine unabhängige Entscheidungsinstanz ist formeller Natur. Tritt die Behörde trotz bestehender Pflicht nicht in den Ausstand, ist die ergangene Verfügung daher anfechtbar. Sie wird ungeachtet der materiellen Interessenlage aufgehoben. Ob ein derartiger Mangel heilbar ist, hat das Bundesgericht im Zusammenhang mit Art. 58 BV offen gelassen (BGE 114 Ia 156 f.). Nach richtiger Auffassung darf die Heilung eines derartigen Verfahrensmangels, wie beim Grundsatz der rechtlichen Gehörs, nur mit grösster Zurückhaltung angenommen werden, da mit einer solchen Ausnahme auch hier der Instanzenzug verkürzt wird. Bezüglich des Zeitpunktes der Geltendmachung der Ausstandsgründe seitens der Parteien stellt sich die Frage, ob ihnen bei verspäteter Geltendmachung der Grundsatz von Treu und Glauben entgegengehalten werden kann, selbst wenn gemäss Art. 10 VwVG sämtliche Ausstandsgründe von Amtes wegen zu beachten sind. Das Bundesgericht hat dies in bezug auf einen Richter für die Fälle bejaht, in denen der Richter selbst Partei ist oder wenn es um den Ausstandsgrund der sogenannten Vorbefassung geht (BGE 117 Ia 323 f.).

105

106 Die Regelung von Art. 10 VwVG ist mit derjenigen von Art. 58 BV und Art. 6 Ziff. 1 EMRK, der bezüglich der Qualifikation, was ein unabhängiges und unparteiisches Gericht ist, denselben Inhalt wie Art. 58 BV aufweist, vergleichbar. Das Bundesgericht leitet aus Art. 4 Abs. 1 BV für Verwaltungsbehörden oder Parlamentsbehörden dem Art. 58 BV entsprechende Garantien ab (BGE 117 Ia 408 ff.). In seiner früheren Rechtsprechung hat es allerdings problematischerweise selbst in Bezug auf Rechtsmittelentscheide zugelassen, dass ein Behördenmitglied, welches zur Vertretung gegensätzlicher öffentlicher Interessen zuständig ist, am Entscheid mitwirkt (BGE 107 Ia 136 f.).

IV. PARTEIEN

107 *Literatur:* BRUNNER CHRISTIAN, Über die Teilnahme der Bürger an Verwaltungsentscheiden, Basel u.a. 1984; GADOLA, S. 191 ff., 217 f.; GYGI, Bundesverwaltungsrechtspflege, S. 174 ff.; *ders.,* Vom Beschwerderecht in der Bundesverwaltungsrechtspflege: (zugleich eine Besprechung von BGE 109 Ib 198 ff., 110 Ib 105 ff., 148 ff.) recht 4, 1986, S. 8 ff.; HUBER FELIX, Die Beiladung insbesondere im Zürcher Baubewilligungsverfahren, ZBl 1989, S. 233 ff.; LEBER MARINO, Die Beteiligten am Verwaltungsprozess, recht 1985, S. 22 ff.; MOOR, Vol. II, S. 163 ff.; SALADIN, S. 85 ff.; TRÜB, HANS RUDOLF (ob. zit Rz. 89), S. 131 ff.; ÜBERSAX PETER, Betroffenheit als Anknüpfung für Partizipation, Basel u.a. 1991.

108 Erste Voraussetzung der Parteistellung ist die Partei- und Prozessfähigkeit. Diese bestimmen sich grundsätzlich auch im Verwaltungsverfahren nach dem Zivilrecht. *Parteifähig* ist, wer rechtsfähig ist. Rechtsfähig sind die natürlichen und juristischen Personen des Privatrechts und des öffentlichen Rechts. Den unselbständigen öffentlichrechtlichen Anstalten kommt die Parteifähigkeit nur zu, wenn dies im Gesetz vorgesehen ist (vgl. Art. 5 Abs. 2 des Bundesgesetzes über die Schweizerischen Bundesbahnen, dazu BGE 116 Ib 346.). Entsprechend der zivilrechtlichen Regelung sind weiter auch die Kollektiv- und Kommanditgesellschaften parteifähig (vgl. Art. 562 und 602 OR). Desgleichen kommt einer Stockwerkeigentümergemeinschaft im Rahmen der ihr obliegenden Verwaltungsaufgaben Parteifähigkeit zu (vgl. Art. 712 l Abs. 2 ZGB). Die Prozessfähigkeit sodann beschlägt die Handlungsfähigkeit im Verfahren und wird entsprechend der zivilrechtlichen Handlungsfähigkeit nach Art. 17 f. ZGB gehandhabt. Handlungsunfähige müssen sich durch ihre gesetzlichen Vertreter vertreten lassen, es sei denn, es gehe um höchstpersönliche Rechte. Die juristischen Personen handeln durch ihre Organe.

Der Parteibegriff wird des weiteren in Art. 6 VwVG umschrieben. 109
Danach ist zur Teilnahme am erstinstanzlichen Verfahren berechtigt,
wer gegen eine Verfügung ein Rechtsmittel einlegen kann (Art. 6
VwVG). Parteien sind somit einmal die Adressaten einer Verfügung.
Sodann erhält Parteistellung, wer durch einen Verwaltungsakt berührt
ist und ein schutzwürdiges Interesse an dessen Aufhebung hat.
Schliesslich kommt den Personen, Organisationen oder Behörden Parteistellung zu, denen das Bundesrecht die Beschwerdebefugnis einräumt (dazu hinten, Rz. 231, 237, 245, 249 ff.). So sind all diejenigen
berechtigt, am Plangenehmigungs- und dem folgenden Einspracheverfahren teilzunehmen, die durch ein öffentliches Werk, wie zum Beispiel durch eine Eisenbahnbaute, in ihren tatsächlichen Interessen
betroffen sind. Ebenso sind die zur Beschwerde berechtigten Organisationen in das Verfahren miteinzubeziehen, wenn ihnen die Beschwerdelegitimation gemäss Art. 12 NHG zukommt (BGE 115 Ib
432 f.). Genau genommen kann die Frage, ob die Beteiligten zur Beschwerde legitimiert sind, erst nach Erlass der Verfügung beurteilt
werden. Art. 6 VwVG bewirkt aber, dass unter Umständen Parteien
in das Verfahren einbezogen werden müssen, welche die Beschwerdelegitimation dann doch nicht beanspruchen können.

Die Einräumung der Parteistellung hat zur Folge, dass den Betroffenen einerseits sämtliche Parteirechte, wie beispielsweise das rechtliche Gehör gemäss Art. 18, 26 ff. und 30 f. VwVG (BGE 115 Ib 423)
oder das Recht auf Eröffnung der Verfügung nach Art. 34 Abs. 1
VwVG zukommt. Andererseits sind die Parteien auch von allen Mitwirkungspflichten betroffen (Art. 13 VwVG). 110

Von den speziellen Mitwirkungspflichten bei der Sachverhaltsfeststellung, welche die Parteistellung voraussetzen, ist die Frage zu unterscheiden, ob allfällige zur Beschwerde Legitimierte nicht nur
berechtigt, sondern auch verpflichtet sind, am erstinstanzlichen Verfahren als Parteien teilzunehmen. Eine Pflicht, vom Anhörungsrecht
Gebrauch zu machen, wenn anschliessend gegen die Verfügung ein
Rechtsmittel eingelegt werden soll, wurde vom Bundesgericht verneint.
Demnach ist die Teilnahme am vorinstanzlichen Verfahren des Bundes keine Voraussetzung zur Rechtsmittelbefugnis im Verwaltungsrechtspflegeverfahren (BGE 110 Ib 110). Anders wird die Teilnahmepflicht vom Bundesgericht gehandhabt, wenn die Vorinstanz eine
kantonale Instanz ist (BGE 116 Ib 123, 418 ff.). Darauf ist zurückzukommen (sieh hinten Rz. 255).

Die Parteien haben kraft Art. 11 VwVG das Recht, sich vertreten 111
zu lassen, wenn nicht persönliches Handeln gefordert ist oder – soweit es die Dringlichkeit einer amtlichen Untersuchung nicht ausschliesst – sich verbeiständen zu lassen. Ein Zwang zur Vertretung

statuiert neuerdings Art. 11a Abs. 1 VwVG für diejenigen Verfahren, in denen mehr als 20 Parteien mit kollektiven oder individuellen Eingaben, welche dieselben Interessen betreffen, auftreten. Bestehen verschiedene Interessengruppen, so hat jede Gruppe einen Vertretung zu bestellen. Kommen sie dieser Pflicht nicht nach, bezeichnet die Behörde die Vertretung (Art. 11a Abs. 2 VwVG). Damit sollen die sogenannten Massenverfahren vereinfacht und beschleunigt werden. Die Behörde muss alsdann ihre Mitteilungen nur noch an die Vertretung richten (Art. 11 Abs. 3 VwVG).

V. FESTSTELLUNG DES SACHVERHALTES

112 *Literatur:* (vgl. auch die in Rz. 17 zit. Lit.) GADOLA, S. 399 ff.; GYGI, Bundesverwaltungsrechtspflege, S. 269 ff.; HÄNER ISABELLE, Rechtsfragen des Vollzugs der Störfallverordnung: Daten, Datenschutz und Information im Risikobereich, URP 1992, S. 436 ff.; JUNGO PIERRE-ANDRÉ; Die Umweltverträglichkeitsprüfung als neues Institut des Verwaltungsrechts, Fribourg 1987; LORETAN THEODOR, Die Umweltverträglichkeitsprüfung, ihre Ausgestaltung im Bundesgesetz über den Umweltschutz, mit Hinweise auf das amerikanische und deutsche Recht, Zürich 1985; MOOR, Vol. II, S. 173 ff.; SUTTER PETER, Die Beweislastregeln unter besonderer Berücksichtigung des verwaltungsrechtlichen Streitverfahrens, St. Gallen 1988; SALADIN, S. 113 ff.; JÜRG WALTER SIMON, Amtshilfe; Allgemeine Verpflichtungen, Schranken und Grundsätze, Chur u.a. 1991.

1. GELTUNG UND GRENZE DER UNTERSUCHUNGSMAXIME

113 Das erstinstanzliche Verfahren ist von der Untersuchungsmaxime beherrscht. Art. 12 Abs. 1 VwVG hält dementsprechend fest, dass die Behörde den Sachverhalt von Amtes wegen festzustellen hat. Sie muss die für das Verfahren notwendigen Sachverhaltsunterlagen beschaffen und die rechtlich relevanten Umstände abklären sowie darüber ordnungsgemäss Beweis führen (zum Beispiel, indem sie ein Gutachten einholt: BGE 99 Ib 109 f.). Der Sachverhaltsuntersuchung unterliegen Tatsachen und Erfahrungssätze. Letztere sind allerdings nur dann nachzuweisen, wenn die Behörden keine sicheren Kenntnisse über Geschehensabläufe oder deren Ursache und Wirkung haben. Ansonsten muss darüber kein Beweis erhoben werden.

Die Verwaltungsbehörde darf eine Tatsache erst als bewiesen annehmen, wenn sie von deren Vorhandensein überzeugt ist. Dabei genügt unter Umständen der Beweisgrad der überwiegenden Wahrscheinlichkeit. Die blosse Möglichkeit, dass sich die Tatsache zugetragen hat, kann demgegenüber nicht ausreichen (vgl. für das Sozialversicherungsrecht BGE 115 V 44; vgl. auch BGE 117 V 153 ff.). Zudem gilt bei Administrativsanktionen sinngemäss die strafrechtliche Beweisregel «im Zweifel für den Angeklagten» (in dubio pro reo): Eine Unsicherheit darf sich nicht zu Lasten der zu Bestrafenden auswirken (Rhinow/Krähenmann Nr. 88 B I.). Wenn beispielsweise der Halter eines Fahrzeuges in einem Verfahren betreffend Führerausweisentzug infolge Geschwindigkeitsüberschreitung bestreitet, selber gefahren zu sein, die abgegebene Erklärung aber unglaubhaft ist, darf die Behörde davon ausgehen, der Halter hätte das Fahrzeug gelenkt. Erscheint die Erklärung aber nicht als absolut unwahrscheinlich, kann der Führerschein nicht entzogen werden (BGE 105 Ib 117).

Der Untersuchungsgrundsatz wird zunächst *faktisch* durch die objektive Beweislast, welche aus dem materiellen Recht hervorgeht und sich subsidiär nach dem allgemeinen Rechtsgrundsatz von Art. 8 ZGB richtet, eingeschränkt. Aufgrund der Tatsache, dass sich die Beweislosigkeit bei begünstigenden Verfügungen zum Nachteil einer Partei auswirkt, ist diese gezwungen, an der Beweisbeschaffung mitzuwirken (VPB 1987 Nr. 22; BGE 114 Ia 6.) und auf die für sie günstigen Umstände hinzuweisen. Die im materiellen Recht und dem subsidiär geltenden Art. 8 ZGB enthaltenen Beweislastregeln sind nach Treu und Glauben anzuwenden. Liegt die objektive Beweislast bei den Privaten, kommt den Verwaltungsbehörden eine Aufklärungspflicht zu. Dementsprechend haben sie genau anzugeben, über welche Tatsachen der Beweis geführt werden muss (BGE 112 Ib 67).

Der Untersuchungsgrundsatz wird weiter von Rechts wegen dadurch eingeschränkt, dass den Beteiligten gewisse Mitwirkungspflichten bei der Sachverhaltsfeststellung auferlegt werden. Solche Mitwirkungspflichten werden vom Gesetzgeber vorgesehen (vgl. Art. 13 Abs. 1 VwVG) oder ergeben sich aus dem Grundsatz von Treu und Glauben. Die Mitwirkungspflichten sind von der objektiven Beweislast aber unabhängig (BGE 112 Ib 67; zu den Mitwirkungspflichten sogleich Ziff. 3).

Die Untersuchungsaufgabe der Behörden wird schliesslich ergänzt durch die Mitwirkungsrechte der Parteien. Diese müssen die Suche nach relevanten Tatsachen und Beweismitteln nicht allein den Behörden überlassen. Vielmehr sind sie befugt, über die ihnen am Verfahren zustehenden Mitwirkungsrechte auf die Sachverhaltsabklärung Einfluss zu nehmen. Insbesondere sind sie nach Art. 33 Abs. 1 VwVG berechtigt, Beweise anzubieten, welche die Verwaltungsbehörde grundsätzlich im Rahmen der Gewährung des rechtlichen Gehörs und der zulässigen vorweggenommenen Beweiswürdigung abzunehmen hat (BGE 111 Ib 327).

2. BEWEISMITTEL

A. Arten und Unterscheidung

116 Das Verwaltungsverfahrensgesetz anerkennt ausdrücklich die folgenden Beweismittel: Urkunden, Auskünfte von Parteien oder Drittpersonen, Augenschein, Gutachten von Sachverständigen (Art. 12 VwVG) sowie in eingeschränkter Weise die Zeugeneinvernahme (Art. 14 ff. VwVG). Art. 19 VwVG enthält zudem einen allgemeinen Verweis auf die Bestimmungen des Beweisverfahrens gemäss BZP, welche sinngemäss anzuwenden sind. Grundsätzlich können auch weitere, im Gesetz nicht angeführte Beweismittel berücksichtigt werden. Unzulässig ist aber die Beweisaussage im Sinn des Parteiverhörs, weil dieses Beweismittel einer ausdrücklichen gesetzlichen Grundlage bedarf, die Art. 62 ff. BZP indessen im Verweis von Art. 19 VwVG nicht eingeschlossen sind (vgl. Art. 309 StGB). Auch Dritte, nicht als Parteien am Verfahren Beteiligte, können grundsätzlich immer nur insoweit in Pflicht genommen werden, wie es das Gesetz vorsieht. Gemäss Art. 19 VwVG i.V.m. Art. 51 BZP können sie beispielsweise zur Herausgabe der Akten verpflichtet werden. Desgleichen müssen sie einen Augenschein an den in ihrem Gewahrsam befindlichen Sachen dulden (Art. 19 VwVG i. V. m. Art. 55 BZP). Zudem können sie als Zeugen einvernommen werden (Art. 15 VwVG). Umgekehrt ergibt sich die Rechtsstellung der Parteien bei der Beweiserhebung aus ihren Mitwirkungsrechten und Mitwirkungspflichten.

117 Die von der Behörde zu treffende Auswahl der Beweismittel richtet sich nach deren Tauglichkeit und Beweiskraft. *Öffentliche Urkunden* (beispielsweise Aufzeichnungen der PTT-Betriebe über Telefongespräche: BGE 102 Ib 200) tragen die Vermutung der Richtigkeit in sich.

118 *Auskünfte von Dritten* sind schriftlich einzuholen, da sich nur so einwandfrei feststellen lässt, wie die Fragestellung und die entsprechende Antwort lautete (BGE 99 Ib 109 f.; Art. 19 VwVG i. V. m. Art. 49 BZP). Dies gilt auch für die Auskunftserteilung durch andere Amtsstellen. Solche Auskünfte ergehen in der Form des Amtsberichts.

Dabei kommt den Amtsstellen grundsätzlich die Pflicht zur Amtshilfeleistung zu. Zu berücksichtigen sind in solchen Fällen aber auch die besonderen Voraussetzungen des Datenschutzes, wenn es um die Bekanntgabe personenbezogener Daten geht: Diese bedarf grundsätzlich einer gesetzlichen Grundlage, wobei Art. 19 VwVG i.V.m. Art. 49 BZP in dieser Hinsicht kaum Probleme bieten dürfte; sodann darf die Zweckverwendung der Daten entsprechend dem Grundsatz von Treu und Glauben nicht verändert werden; schliesslich müssen die Daten für die auszufällende Verfügung unentbehrlich sein (vgl. zum Ganzen Art. 16 Abs. 1 lit. a Datenschutzgesetz-Entwurf, BBl 1988 II 413 ff., wonach eine besondere gesetzliche Grundlage für die Amtshilfe nicht mehr notwendig ist, wenn die übrigen Voraussetzungen gegeben sind).

Wer in einem Verfahren allein seiner Fachkenntnisse wegen zur Abklärung der Sachumstände beigezogen und mit einem *Sachverständigengutachten* beauftragt wird, wirkt als Expertin oder Experte, und nicht bloss als Auskunftsperson mit (BGE 99 Ib 57). Geht es allerdings um amtlich vermittelte Sachkunde, so vermag diese das Sachverständigengutachten durchaus zu ersetzen (BGE 108 Ib 110). Dabei sollten aber die Rechte der Beteiligte gleichermassen wie bei der Begutachtung gewahrt werden. Insbesondere darf das Recht, sich zur Fragestellung zu äussern und diesbezügliche Abänderungs- und Ergänzungsanträge zu stellen (vgl. Art. 19 VwVG i.V.m. Art. 57 Abs. 2 BZP), auch in diesen Fällen nicht eingeschränkt werden (anderer Auffassung VPB 1989 Nr. 9, 1991 Nr. 17). Ebenso sind die Ausstandsgründe zu beachten (vgl. Art. 10 VwVG). Bei den Sachverständigengutachten geht es um die Feststellung von Tatsachen und Erfahrungssätzen, auf welche die Behörde nicht aus eigenem Sachverstand zurückgreifen kann und die demzufolge durch besondere Fachkenntnisse nachzuweisen sind. Im Verwaltungsverfahren dürfen zudem auch Rechtsgutachten beigezogen werden. Bisweilen legt das materielle Recht sogar eine Pflicht zur Einholung eines Gutachtens fest (z.B. Art. 6 Abs. 2 Atomgesetz, VPB 1982 Nr. 54; Art. 2 Abs. 2 VO (1) über das Filmwesen vom 28. Dezember 1962, VPB 1978 Nr. 58). Ein wesentlicher Unterschied zwischen dem Gutachten und der einfachen Auskunft liegt ausserdem darin, dass ersteres unter der besonderen Mahnung, nach bestem Wissen und Gewissen zu handeln, erfolgt, und zudem eine Ordnungsbusse gemäss Art. 19 VwVG i.V.m. Art. 60 VwVG angedroht werden kann (vgl. Art. 19 i.V.m. Art. 59 BZP).

In diesem Zusammenhang ist auch auf die Umweltverträglichkeitsprüfung hinzuweisen. Entsprechend ihrer Rechtsnatur stellt sie ein Parteigutachten dar, zu welchem die Umweltschutzfachstellen – bei bundesrechtlichen Verfahren ist dies das BUWAL (Art. 42 Abs. 2

USG) – zuhanden der über ein Projekt entscheidenden Behörde Stellung nehmen und über die zu treffenden Massnahmen Antrag stellen (Art. 9 USG). Konkret von Bedeutung ist die UVP etwa bei der Konzessionserteilung von Flughäfen, Luftseilbahnen, Eisenbahnen, bei der Errichtung militärischer Anlagen oder beim Bau von neuen Eisenbahnlinien (vgl. im einzelnen dazu UVPV-Anhang).

120 Gegenstand des *Augenscheins* kann schliesslich alles sein, was der sinnlichen Wahrnehmung unterliegt. Der Augenschein kann zudem die Besichtigung einer Liegenschaft beinhalten. Diese Art Augenschein ist von der Hausdurchsuchung, welche eine Zwangsmassnahme, insbesondere des Strafprozessrechts, darstellt und mit welcher die Sicherung des Verfahrensgegenstandes bezweckt wird, zu unterscheiden. Die Hausdurchsuchung müsste, wegen des Eingriffs in das Recht auf Wohnung gemäss Art. 8 EMRK, im Gesetz vorgesehen sein.

B. Die Pflichten Dritter: Zeugenaussage, Aktenherausgabepflicht und Duldung des Augenscheins

121 Gemäss Art. 14 VwVG sind nur die obersten Verwaltungsorgane berechtigt, Zeugen einzuvernehmen. Zudem ist die Zeugeneinvernahme nur zulässig, wenn der Sachverhalt nicht auf andere Weise abgeklärt werden kann (vgl. auch VPB 1992 Nr. 3). Oberste Verwaltungsorgane im Sinne des Gesetzes sind der Bundesrat, die Departemente, das Bundesamt für Justiz sowie – was dann für das Rechtsmittelverfahren von Bedeutung ist – die eidgenössischen Rekurs- und Schiedskommissionen (Art. 14 Abs. 1 lit. a bis c VwVG). Die Zeugenaussage unterscheidet sich von der einfachen Auskunft dadurch, dass sie unter der Strafandrohung von Art. 309 i.V.m. Art. 307 StGB erfolgt. Die Zeugenaussage betrifft im Gegensatz zum Gutachten grundsätzlich nur selber wahrgenommene Tatsachen, nie aber wissenschaftliche Erkenntnisse oder Erfahrungssätze.

122 Die Pflichten Dritter, nicht als Parteien Beteiligter, beschränken sich indessen nicht nur darauf, als Zeuginnen und Zeugen aufzutreten. Vielmehr erstrecken sie sich auch auf die Mitwirkung an der Beweiserhebung. Sie haben insbesondere die in ihren Händen befindlichen Urkunden herauszugeben (Herausgabepflicht: Art. 17 VwVG) und können als Auskunftspersonen beigezogen werden (Art. 19 VwVG i.V.m. Art. 49 BZP). Überdies haben sie Augenscheine zu dulden (Art.19 VwVG i.V.m. Art. 55 BZP). Eine darüber ergangene Verfü-

gung ist als selbständige Zwischenverfügung anfechtbar (Art. 45 Abs. 2 lit. d VwVG).

Die erwähnten Pflichten zur Duldung und Mitwirkung im Beweisverfahren kommen allen Drittpersonen zu (vgl. für die Zeugnispflicht etwa: Art. 15 VwVG). Entsprechend dem Zeugnisverweigerungsrecht, welches sich grundsätzlich nach der Bundeszivilprozessordnung (Art. 16 Abs. 1 VwVG i. V. m. Art. 42 Abs. 1 und 3 BZP) richtet, kann die Zeugenaussage aber verweigert werden. Art. 16 Abs. 2 VwVG enthält die Besonderheit, dass ein anderes Bundesgesetz den in Art. 42 Abs. 2 BZP enthaltenen Verweigerungsgrund des Berufs- und Geschäftsgeheimnisses ausschliessen kann. Diese Bestimmung bezieht sich zwar ausdrücklich nur auf das Zeugnisverweigerungsrecht. Sie muss jedoch ebenfalls für die Verweigerung der Aktenherausgabe oder des Augenscheins gelten. Zusätzlich steht gemäss Art. 16 Abs. 3 VwVG das Recht auf Verweigerung der Zeugenaussage bestimmter Medienschaffenden bezüglich des Inhalts und der Quelle der Informationen zu (BGE 111 Ib 299), sofern das Verfahren nicht zur Wahrung der inneren oder äusseren Sicherheit des Landes dient. Zwar bezieht sich diese Norm wiederum nur auf die Zeugenaussage. Aus deren Sinn und Zweck ergibt sich aber auch hier, dass die Bestimmung auf die Aktenedition und die Duldung von Augenscheinen Anwendung finden muss. Hingegen kann sie entsprechend dem Geltungsbereich des VwVG keine Bedeutung in gerichtlichen Verfahren oder in Strafverfahren erlangen (BGE 115 IV 79).

C. Verwendung widerrechtlich erlangter Beweismittel

Die Frage der Verwendbarkeit widerrechtlich erlangter Beweismittel 123
wurde vom Bundesgericht hauptsächlich bezüglich Strafverfahren beurteilt. Für diese Verfahren ergibt sich aus Art. 4 Abs. 1 BV, dass Beweismittel überhaupt nicht verwendet werden dürfen, wenn gegen eine Vorschrift verstossen wurde, die gerade die Erlangung des Beweismittels verhindern will. So darf beispielsweise auf eine Zeugenaussage dann nicht abgestellt werden, wenn eine Person nicht auf das Zeugnisverweigerungsrecht aufmerksam gemacht wird und sich nachträglich herausstellt, dass das Verweigerungsrecht bestanden hätte (BGE 96 I 441). Hätten die Beweismittel dagegen auch rechtmässig beschafft werden können oder wurde lediglich gegen ein Formvorschrift verstossen, ist eine Güterabwägung vorzunehmen (vgl. auch BGE 109 Ia 244 ff.). Es ist danach zu fragen, ob das private Interesse

an der korrekten Durchführung des Beweisverfahrens gegenüber dem öffentlichen Interesse an der Wahrheitsfindung überwiegt.

Bei der Übertragung dieser Regeln auf das Verwaltungsverfahren und die Verwaltungsrechtspflege muss berücksichtigt werden, dass das öffentliche Interesse hier anders gelagert ist als im Strafverfahren. Selbstverständlich ist es zwar auch hier unzulässig, zur Erlangung der Beweismittel in den Kerngehalt der persönlichen Freiheit einzugreifen. Im übrigen aber kann ein gewichtiges öffentliches Interesse, insbesondere der Schutz der Gesundheit oder der Umwelt, selbst dann die Verwendung der Beweismittel erfordern, wenn sie nicht rechtmässig hätten beschafft werden können. Zu denken ist etwa an den Fall, wo es darum geht, eine besonders gefährliche Tätigkeit für die erwähnten Güter zu unterbinden. Die Abwägung zwischen den genannten Interessen muss deshalb in allen Fällen grundsätzlich zulässig sein (Kölz, Kommentar VRG, § 7 Rz. 46).

D. Freie Beweiswürdigung

124 Gemäss Art. 19 VwVG i.V.m. Art. 40 BZP gilt der Grundsatz der freien Beweiswürdigung. Danach hat die Verwaltungsbehörde nach freier Überzeugung die Beweise zu würdigen sowie das Verhalten der Parteien im Verfahren, wie das Nichtbefolgen einer persönlichen Vorladung, das Verweigern der Beantwortung von Fragen seitens der Verwaltungsbehörden und das Vorenthalten angeforderter Beweismittel, mitzuerwägen. Bezüglich Gutachten und sachkundigen Auskünften einer Amtsstelle besteht in der Praxis die Besonderheit, dass sie nur überprüft werden und von ihnen abgewichen wird, wenn dafür stichhaltige Gründe bestehen (vgl. VPB 1991 Nr. 17, S. 157; 1990 Nr. 29). Dies ist etwa der Fall bei offensichtlichen Mängeln oder inneren Widersprüchlichkeiten (vgl. auch BGE 111 V 188, 110 Ib 56).

3. MITWIRKUNGSPFLICHTEN DER PARTEIEN

125 Das Verwaltungsverfahrensgesetz regelt die Mitwirkungspflichten der Parteien, welche etwa eine Auskunftspflicht oder die Pflicht zur Duldung eines Augenscheins beinhalten können, in Art. 13 VwVG. Danach sind diese gehalten, sich an der Feststellung des Sachverhaltes zu beteiligen, wenn sie das Verfahren durch eigenes Begehren einge-

leitet haben (BGE 110 V 112, 201 f.), wenn sie in einem Verfahren selbständige Begehren gestellt haben oder soweit ihnen ein anderes Bundesgesetz Auskunfts- und Offenbarungspflichten auferlegt (Art. 13 Abs. 1 lit. a bis c VwVG). Das materielle Recht statuiert insbesondere dann Mitwirkungspflichten, wenn die Betroffenen zu den tatsächlichen Begebenheiten besser Zugang haben als die Verwaltungsbehörden. So enthält etwa Art. 22 Abs. 3 des BG über den Erwerb von Grundstücken durch Personen im Ausland eine Auskunftspflicht und eine Herausgabepflicht für aufschlussreiche Akten (zum analogen Art. 13 des ehemaligen Bundesbeschlusses: BGE 106 Ib 203 f. mit Hinweisen; betreffend Steuern: BGE 107 Ib 216 f.).

Für den Fall, dass die Tatsachen für die Behörden nicht oder nur schwer zugänglich sind, können die Mitwirkungspflichten auch aus dem Grundsatz von Treu und Glauben abgeleitet werden. Alsdann sind die Parteien verpflichtet, bei der Sachverhaltsabklärung durch Auskunftserteilung oder Beibringen der Beweismittel mitzuwirken. Bestreitet beispielsweise der Halter des Fahrzeuges bei der Geschwindigkeitsüberschreitung, selber gefahren zu sein, so hat er mitzuhelfen, die Tatsachen aufzuklären (BGE 105 Ib 117).

Allerdings muss den Mitwirkungspflichten eine Aufklärungspflicht der Behörden gegenüberstehen: Die Verwaltungsbehörden haben die Betroffenen darüber zu informieren, worin die Mitwirkungspflichten bestehen und insbesondere welche Beweismittel sie beizubringen haben. Gibt es in einem Verfahren mehrere Beteiligte und sind die Behörden dazu befugt, die am Verfahren Beteiligten zur Mitwirkung anzuhalten, haben sie sich zudem an den Grundsatz der Gleichbehandlung der Parteien zu halten.

Verweigern die Parteien in einem von ihnen eingeleiteten Verfahren oder in einem Verfahren, worin sie selbständige Begehren stellen, die notwendige und zumutbare Mitwirkung, so kann die Behörde das Eintreten verweigern (Art. 13 Abs. 2 VwVG). Tritt sie trotzdem ein, so ist sie in der Beweiswürdigung frei und kann aus der Verweigerung zur Mitwirkung entsprechende Schlüsse ziehen (Art. 19 VwVG i. V. m. Art. 40 BZP). Unter Umständen kommt zur Durchsetzung gesetzlicher Mitwirkungspflichten auch unmittelbarer Verwaltungszwang oder die Androhung der Bestrafung wegen Ungehorsams gemäss Art. 292 StGB in Frage; dies beispielsweise dann, wenn es die Interessen Dritter oder öffentliche Interessen erfordern und eine mögliche Schlechterstellung des Betroffenen diesen daran hindert, freiwillig mitzuwirken (Art. 41 Abs. 1 VwVG; VPB 1987 Nr. 54).

4. ANSPRUCH DER PARTEIEN AUF RECHTLICHES GEHÖR

126 *Literatur:* vgl. ob. in Rz. 17 und 44 zit. Lit.; HUBER WILLY, Das Recht des Bürgers auf Akteneinsicht im Verwaltungsverfahren, St. Gallen 1980; IMBODEN/ RHINOW/KRÄHENMANN, Nr. 81 ff.; REINHARDT KLAUS, Das rechtliche Gehör in Verwaltungssachen, Zürich 1968; TINNER ROLF, Das rechtliche Gehör, ZSR 1964 II, S. 395 ff.

A. Allgemeines

127 Für das Verwaltungsverfahren im Bund ist das rechtliche Gehör in den Art. 26 ff. VwVG geregelt. Neben der allgemein gefassten Klausel in Art. 29 über das rechtliche Gehör und deren Konkretisierung in Art. 30, 30a, 31 und 32 widmet das VwVG Art. 33 den Beweisanerbieten der Parteien, Art. 18 dem Recht auf Teilnahme bei Zeugeneinvernahmen und Art. 26 bis 28 dem Akteneinsichtsrecht. Sodann enthält Art. 34 eine Regelung über die Eröffnung einer Verfügung, während Art. 35 die Begründungspflicht und Rechtsmittelbelehrung festhält.

Die Übersicht über die Bestimmungen zeigt, dass der Gesetzgeber die vom Bundesgericht aus der Verfassung abgeleiteten wesentlichen Elemente des rechtlichen Gehörs im VwVG ausdrücklich konkretisiert hat. Dies rechtfertigt zugleich, für die Auslegung und Konkretisierung dieser Normen auf die Rechtsprechung über den Gehörsanspruch gemäss Art. 4 Abs. 1 BV zurückzugreifen.

B. Akteneinsichtsrecht

a. Grundsatz

128 Das Akteneinsichtsrecht (Art. 26 bis 28 VwVG) soll den Parteien dazu verhelfen, sich über alle für das Verfahren wesentlichen Unterlagen zu orientieren. Es ist gleichsam Vorbedingung zu einer wirksamen und sachbezogenen Ausübung des Äusserungsrechts (vgl. Art. 30 VwVG). Die Parteien müssen sich über die Eingaben und Vernehmlassungen, über die als Beweismittel dienenden Aktenstücke und über Niederschriften eröffneter Verfügungen (Art. 26 Abs. 1 lit. a bis c VwVG) in Kenntnis setzen können, damit sie die Grundlagen zur Verteidigung der eigenen Interessen erarbeiten können (BGE 100 Ia 103 f.). Falls eine Behörde ihre wichtigen Verfügungen oder Entscheide nicht re-

gelmässig und in genügendem Umfang der Öffentlichkeit bekannt macht, sollten zu den einsehbaren Akten auf Verlangen auch frühere Verfügungen oder Entscheide in ähnlich gelagerten Fällen gehören, da eine wirksame Geltendmachung des eigenen Standpunktes oftmals nur in Kenntnis einer geübten Praxis möglich ist. Desgleichen wären frühere unveröffentlichte Verfügungen oder Entscheide dem Einsichtsrecht zu unterstellen, wenn die Behörde die Begründung der Verfügung oder des Entscheids auf solche abzustützen gedenkt. Vorbehalten bleiben vorgehende Geheimhaltungsinteressen.

Nach der Rechtsprechung des Bundesgerichts unterliegen die verwaltungsinternen Akten, wie beispielsweise Aktennotizen oder interne Stellungnahmen, nicht dem Einsichtsrecht (BGE 115 V 303 f., 117 Ia 95 f. beide mit Hinweisen). Ob ein Aktenstück als intern bezeichnet werden kann, bestimmt sich nach seiner objektiven Bedeutung für die verfügungswesentliche Sachverhaltsfeststellung. Die Unterscheidung zwischen internen und externen Verwaltungsakten ist indessen zu Recht nicht unumstritten geblieben. Dieses Kriterium ist erfahrungsgemäss nicht einfach anzuwenden und sollte aufgegeben werden. Denn allgemein fordert das rechtliche Gehör, dass interne Akten einsehbar sind, wenn ihr Einfluss auf den Ausgang des Verfahrens nicht auszuschliessen ist, was aber den Regelfall bilden dürfte (vgl. ebenso VPB 1984 Nr. 34, S. 224 f.). Der Bundesrat hält in VPB 1982 Nr. 54 zudem fest, dass zumindest die Begründung der Verfügung die wesentlichen Punkte der verwaltungsinternen Arbeitspapiere, die als Entscheidungsgrundlage gedient haben, enthalten muss oder aber, dass diese als Gutachten zur Einsicht aufgelegt werden müssen. 129

Damit vom Akteneinsichtsrecht überhaupt Gebrauch gemacht werden kann, müssen die Akten zunächst erstellt werden. Ob eine Aktenführungspflicht besteht, hängt von der konkreten Interessenlage ab. Bringen die Ergebnisse eines Augenscheins eine erhebliche Beschwer mit sich, ist kein Rechtsmittel mehr gegeben oder nimmt am Augenschein kein Mitglied der entscheidenden Behörde teil, ist darüber ein Protokoll zu erstellen (BGE 106 Ia 74 f.; vgl. auch BGE 115 Ia 99). 130

Das Einsichtsrecht ist an die Parteistellung gebunden und wird grundsätzlich nur gewährt, wenn das Verfahren hängig ist. Schutzwürdige Interessen können aber den Anspruch auf Akteneinsichtsrecht auch ausserhalb eines laufenden Verfahrens begründen und entweder ein in Aussicht genommenes, ein anderes laufendes oder abgeschlossenes Verfahren betreffen. Ein schutzwürdiges Interesse liegt insbesondere vor, wenn das in Aussicht genommene Verfahren sinnvollerweise nur in Kenntnis der Akten eingeleitet werden kann (vgl. BGE 95 I 108; 113 Ia 1 ff.). 131

Das Akteneinsichtsrecht wird regelmässig nur auf Gesuch hin gewährt (vgl. VPB 1991 Nr. 17, 1989 Nr. 12). Die Behörden haben die Parteien zu benachrichtigen, wenn sie entscheidwesentliche Akten beiziehen, welche diese nicht kennen und auch nicht kennen können (vgl. BGE 114 Ia 100 mit Hinweisen; VPB 1989 Nr. 12). Art. 26 Abs. 1 VwVG sieht vor, dass die Akten am Sitz der verfügenden Behörde oder bei einer durch diese bezeichneten kantonalen Stelle eingesehen werden können. Es ist aber durchaus zulässig, patentierte Anwältinnen und Anwälte bevorzugt zu behandeln und diesen die Akten in ihr Büro zuzustellen. Dies drängt sich schon deshalb auf, weil die Rechtsanwälte einer strengen Disziplinaraufsicht unterstehen (vgl. auch BGE 108 Ia 8). Umgekehrt kann aus Art. 26 VwVG keine allgemeine Pflicht der Verwaltungsbehörden abgeleitet werden, die Akten den Betroffenen zuzustellen (BGE 99 Ib 114, vgl. auch BGE 112 Ia 380). Hingegen hat das Bundesgericht mit Bezug auf Art. 4 Abs. 1 BV festgehalten, dass im Fall der Nichtherausgabe der Akten ein Recht besteht, gegen Gebühr auf einem Kopiergerät der Verwaltung normalformatige Kopien herzustellen. Dabei darf der Verwaltung aber kein unverhältnismässiger Aufwand erwachsen (BGE 116 Ia 327 f. mit Hinweisen).

b. Ausnahmen

132 Art. 27 Abs. 1 VwVG nennt die Ausnahmen vom Akteneinsichtsrecht. Das Geheimhaltungsinteresse ist jeweils gegenüber den Interessen der Parteien am Einsichtsrecht abzuwägen (vgl. VPB 1987 Nr. 60, 1984 Nr. 34). Wegleitend ist dabei allgemein das Verhältnismässigkeitsprinzip.

133 Die Einsicht darf zunächst einmal verweigert werden, wenn wesentliche *öffentliche,* Interessen, insbesondere die innere oder äussere Sicherheit des Landes eine Geheimhaltung erfordern (Art. 27 Abs. 1 lit. a VwVG). So ist beispielsweise in einem Verfahren betreffend Bewilligung über den Grundstückerwerb durch Ausländer die Verweigerung des Einsichtsrechts dann gerechtfertigt, wenn das Grundstück direkt neben einer militärischen Anlage liegt (VPB 1976 Nr. 6; vgl. auch VPB 1987 Nr. 60, 1989 Nr. 22). In diesem Zusammenhang sei auch auf die – nicht auf Verwaltungsverfahren beschränkte – Verordnung über die Behandlung von Staatsschutzakten des Bundes vom 5. März 1990 verwiesen. Gemäss Art. 5 Abs. 3 lit. a dieser Verordnung kann das dort garantierte Einsichtsrecht wieder eingeschränkt werden, wenn es um Erkenntnisse im Bereich der Terrorbekämpfung, der Spionageabwehr oder des organisierten Verbrechens geht. Zu den dem

Akteneinsichtsrecht entgegenstehenden öffentlichen Interessen gehört auch das Interesse an einer noch nicht abgeschlossenen Untersuchung gemäss Art. 27 Abs. 1 lit. c VwVG (VPB 1984 Nr. 52). Das überwiegende Interesse an der Geheimhaltung besteht jedoch nur so lange, als die laufende Untersuchung durch die Einsichtsgewährung gefährdet werden könnte. Unter Umständen kann die Akteneinsicht in die Schlussphase des Verfahrens verlegt werden (BGE 113 Ib 268 ff.). Problematisch – und im Hinblick auf die Landesinteressen wohl kaum erforderlich – ist hingegen die Geheimhaltung der Namen der Sachverständigen, die an einer amtlichen Expertise mitwirken (VPB 1983 Nr. 15, 1982 Nr.41). Hinzu kommt, dass die Ausstandsgründe bei dieser Praxis nicht erkannt und geltend gemacht werden können, obwohl auch die Sachverständigen den Ausstandsregelungen unterliegen, wenn sie zur Begutachtung eingeladen werden (Art. 19 VwVG i.V.m. Art. 58 BZP). Das Bundesgericht hat zudem entschieden, dass sich aus Art. 4 Abs. 1 BV gleichermassen wie aus Art. 58 BV der Anspruch ergibt, dass die Zusammensetzung einer entscheidenden Behörde bekannt gegeben wird (vgl. BGE 114 Ia 279 f., 114 V 62.).

Auch *private* Interessen können gegenüber dem Anspruch auf Akteneinsicht überwiegen (vgl. Art. 27 Abs. 1 lit. b VwVG). So wird zum Schutz von Auskunftspersonen deren Identität nicht bekanntgegeben, wenn diesen Nachstellungen oder widerrechtliche Nachteile drohen (BGE 103 Ia 493). Insgesamt muss das Interesse der Drittperson am Schutz ihrer Persönlichkeit das Interesse an einer wirksamen Verteidigung der Parteien aufwiegen (vgl. BGE 103 Ia 493 und zur Abwägung entgegenstehender privater Interessen allgemein: BGE 112 Ia 100 ff.).

Liegt ein Verweigerungsgrund vor, darf ein Aktenstück nicht zum Nachteil einer Partei verwendet werden, es sei denn, diese werde durch die entscheidende Amtsstelle über den wesentlichen Inhalt unterrichtet und sie erhalte Gelegenheit, sich zu äussern und Gegenbeweismittel zu bezeichnen (Art. 28 VwVG). Zudem darf entsprechend dem Verhältnismässigkeitsprinzip das Einsichtsrecht nicht bezüglich des ganzen Dossiers verweigert werden, wenn sich das Geheimnis lediglich auf einzelne Aktenstücke bezieht (VPB 1984 Nr. 34).

Der Entscheid über die Verweigerung der Einsichtnahme in die Akten, das Ergebnis der Interessenabwägung kann als selbständige Zwischenverfügung mit Beschwerde angefochten werden (Art. 45 Abs. 2 lit. e VwVG; VPB 1985 Nr. 18).

C. Das Äusserungsrecht

a. Allgemein

136 Zum Äusserungsrecht gehört, dass sich die Parteien vor den zuständigen Behörden äussern können und diese von der Äusserung Kenntnis nehmen müssen. Die Amtsstellen sind nach Art. 30 VwVG wenigstens grundsätzlich gehalten, die Parteien anzuhören, bevor sie verfügen (BGE 105 Ib 172; zur besonderen Situation bei negativen Examensentscheiden, vgl. BGE 113 Ia 288). Die Parteien üben das Äusserungsrecht mündlich oder schriftlich aus (VPB 1986 Nr. 16). Gelangt Art. 6 EMRK zur Anwendung, muss unter Umständen bereits vor erster Instanz eine mündliche Anhörung erfolgen. Dies ist insbesondere der Fall, wenn über strafrechtliche Anklagen entschieden wird (vgl. vorne Rz. 22). Dabei genügt es in allen Fällen, wenn die mit der Sachbearbeitung betraute Amtsstelle die Anhörung durchführt (vgl. BGE 114 Ib 246 sowie vorne Rz. 55 f.). Zum Äusserungsrecht gehört schliesslich auch, dass sich die Parteien möglichst frei und leicht ausdrücken können, gegebenenfalls in ihrer Muttersprache. Dies ist insbesondere in Asylverfahren von Bedeutung (VPB 1990 Nr. 22).

Die Betroffenen können in Ausübung des Rechts auf vorgängige Anhörung zur Tatbestandsaufnahme, zu den Beweismitteln (VPB 1988 Nr. 9) und zum Beweisergebnis Stellung nehmen (BGE 104 Ia 71). Zur Rechtsanwendung sind sie nur dann anzuhören, wenn die Behörde ihren Entscheid auf einen nicht voraussehbaren Rechtsgrund abstützten will (vgl. BGE 116 Ib 43 mit Hinweisen). In einem Verfahren, in dem verschiedene private Interessen betroffen sind, hört die Behörde die Partei überdies auch zu den Vorbringen der Gegenpartei, beispielsweise des Nachbarn oder Konkurrenten an (Art. 31 VwVG).

137 Die *Ausnahmen* vom Anspruch auf vorgängige Anhörung sind in Art. 30 Abs. 2 lit. a bis e VwVG aufgezählt. Der Bundesgesetzgeber hat den Kreis der Fälle, in denen vorgängig keine Anhörung stattfindet klar umschrieben und gegenüber der Rechtsprechung zu Art. 4 Abs. 1 BV eingeengt (BGE 104 Ib 136; vgl. zu Art. 4 Abs. 1 BV: BGE 105 Ia 197 und 116 Ia 100). Die Behörde braucht eine Partei vorgängig nicht anzuhören, wenn:

– sie eine nicht selbständig anfechtbare Zwischenverfügung erlässt;
– sie den Begehren der Parteien voll entspricht;
– eine Einsprachemöglichkeit gegen die Verfügung besteht;
– es sich um eine Vollstreckungsverfügung handelt;

– es sich um eine andere Verfügung in einem erstinstanzlichen Verfahren handelt, deren Erlass zeitlich dringend ist, den Parteien ein Beschwerderecht zusteht und ihnen keine andere Bestimmung des Bundesrechts einen Anspruch auf vorgängige Anhörung einräumt.

Unter Umständen, wenn nachträglich keine Rechtsmittelinstanz mit voller Kognition angerufen werden kann, muss eine superprovisorische Massnahme angeordnet werden und die Anhörung ist im Hinblick auf die zu erlassende Anordnung nachzuholen (BGE 104 Ib 134 ff.).

Daneben gibt es spezialgesetzliche Einschränkungen, welche vom VwVG abweichen, wie beispielsweise das abgekürzte Verfahren nach Art. 33 Enteignungsgesetz (vgl. BGE 112 Ib 420).

b. Besonderes Einwendungsverfahren

Art. 30a VwVG enthält eine Neuerung, die zu den Sonderregelungen über das Massenverfahren gehört. Danach soll die vorgängige Anhörung vereinfacht werden, wenn wahrscheinlich zahlreiche Personen berührt sind oder sich die Parteien ohne unverhältnismässigen Aufwand nicht vollzählig bestimmen lassen. Alsdann kann die Behörde vor ihrer Verfügung das Gesuch oder die beabsichtigte Verfügung ohne Begründung in einem amtlichen Blatt veröffentlichen. Gleichzeitig wird das Gesuch oder die beabsichtigte Verfügung mit Begründung öffentlich aufgelegt und der Ort der Auflage bekanntgemacht (vgl. auch BGE 117 Ib 20 ff.). Weiter ist eine Frist für die Einwendungen zu setzen und auf die Pflicht hinzuweisen, gegebenenfalls – unter den Voraussetzungen von Art. 11a VwVG – eine Vertretung zu bestellen. Schliesslich muss in der Veröffentlichung auch darauf aufmerksam gemacht werden, dass unter Umständen die Verfahrenskosten und die Parteientschädigungen zu bezahlen sind.

138

Das Einwendungsverfahren wird vor allem zum Zuge kommen, wo es um Bewilligungen im Zusammenhang mit Grossprojekten geht, bei denen ein grosser Kreis der Bevölkerung betroffen ist. Zu denken ist hier etwa an den Nationalstrassenbau, die Lagerung radioaktiver Abfälle oder den Bau von Eisenbahnlinien. Zu beachten ist aber, dass die auf diese Projekte anwendbaren Gesetze gegenüber dem Einwendungsverfahren gemäss Art. 30a VwVG eingehender normierte Planauflageverfahren vorsehen; diese Spezialbestimmungen dürften in der Regel kaum in Widerspruch zum neuen Einwendungsverfahren treten, sodass sie entsprechend der Übergangsbestimmung von Art. 80 VwVG in Verbindung mit Art. 4 VwVG – anwendbar bleiben.

D. Mitwirkungsrechte bei der Beweiserhebung

a. Beweisanerbieten der Parteien

139 Im erstinstanzlichen Verfahren obliegt es der Behörde, diejenigen von den Parteien angebotenen Beweismittel abzunehmen, die ihr zur Abklärung des rechtserheblichen Sachverhaltes tauglich erscheinen (Art. 33 Abs. 1 VwVG; vgl. auch Art. 45 Abs. 2 lit. f VwVG). Dabei sind zwei Voraussetzungen zu berücksichtigen: Einerseits hat sich das Beweismittel auf einen rechtserheblichen Umstand zu beziehen; andererseits muss es tauglich sein, diesen Umstand zu beweisen. Bei der Beurteilung der Tauglichkeit kommt der entscheidenden Instanz ein gewisser Ermessensspielraum zu (vgl. BGE 110 V 113 ff.).

Die Behörden können von einem beantragten Beweismittel insbesondere dann absehen, wenn der Sachverhalt, den eine Partei beweisen will, nicht rechtserheblich ist, wenn bereits Feststehendes bewiesen werden soll, wenn zum voraus gewiss ist, dass der angebotene Beweis keine wesentlichen Erkenntnisse zu vermitteln vermag (antizipierte Beweiswürdigung), oder wenn die verfügende Behörde den Sachverhalt auf Grund eigener Sachkunde ausreichend würdigen kann. Insbesondere ist sie nicht gehalten, Beweise abzunehmen, wenn die Tatsachen bereits aus den Akten genügend ersichtlich sind (VPB 1980 Nr. 66; vgl. auch BGE 112 Ia 202 sowie den Bundesgerichtsentscheid vom 17. November 1987, in: ZBl 1988, S. 372 ff.; VPB 1982 Nr. 54).

b. Das Recht auf Teilnahme an der Beweiserhebung

140 Die am Verfahren Beteiligten sind nicht nur berechtigt, Beweisanträge zu stellen, sondern sie haben auf Grund des Gehörsanspruchs auch das Recht, sich über den Stand und den Ablauf des Verfahrens zu informieren.

Dazu gehört, sich beim *Sachverständigengutachten* zur Fragestellung zu äussern, sowie Abänderungs- und Ergänzungsanträge zu stellen. Zudem muss die vorgängige Stellungnahme zur in Aussicht genommenen Person gewährleistet sein (Art. 19 VwVG i.V.m. Art. 57 Abs. 2 und Art. 58 Abs. 2 BZP).

141 Was das Recht auf Teilnahme bei der *Zeugeneinvernahme* angeht, so ist dieses ausdrücklich in Art. 18 VwVG geregelt. Danach haben die Parteien einen Anspruch darauf, der Zeugeneinvernahme beizuwohnen und Ergänzungsfragen zu stellen. Drängt sich eine Zeugeneinvernahme in Abwesenheit der Parteien auf, weil wesentliche öffentliche oder private Interessen vorgehen, und wird auch die Einsicht in

die Protokolle verweigert, dürfen die entsprechenden Aussagen nur unter den in Art. 28 VwVG genannten Voraussetzungen zum Nachteil der Beteiligten verwendet werden (Art. 18 Abs. 2 und 3 VwVG). Die Behörden haben die Betroffenen vom Inhalt der Aussage in Kenntnis zu setzen und ihnen Gelegenheit zur Stellungnahme und zum Anerbieten von Gegenbeweismitteln zu geben. Der Ausschluss ist mit Beschwerde anfechtbar (Art. 45 Abs. 2 lit. d VwVG). Die Zeugeneinvernahme muss nicht von der entscheidenden Behörde durchgeführt werden. Vielmehr ist es zulässig, dazu eine geeignete Amtsperson zu ernennen (Art. 14 Abs. 2 VwVG).

Das Recht auf Teilnahme am *Augenschein* schliesslich ist im VwVG nicht geregelt, gehört aber, wie erwähnt, zum Grundsatz des rechtlichen Gehörs und lässt sich somit unmittelbar auf Art. 29 VwVG abstützen (vgl. BGE 116 Ia 97 ff.). Überwiegende Geheimhaltungsinteressen können den Ausschluss der Parteien rechtfertigen (vgl. VPB 1989 Nr. 22). Von einer Teilnahme der Parteien kann des weiteren abgesehen werden, wenn der Zweck des Augenscheins nur erfüllt werden kann, wenn er unaufgefordert erfolgt (BGE 104 Ia 69 ff.) oder wenn zeitliche Dringlichkeit besteht. Der Gehörsanspruch ist in diesen Fällen durch nachträgliche Stellungnahme zum Beweisergebnis zu wahren (vgl. BGE 115 Ia 11). Informell und ohne Beizug der Parteien dürfen Augenscheine nur mit Zurückhaltung durchgeführt werden. Unzulässig ist ein informeller Augenschein jedenfalls dann, wenn der Sachverhalt bestritten und nicht genügend abgeklärt ist. Dies gilt gleichsam für Tatsachen die allgemein zugänglich sind (vgl. BGE 116 Ia 99; vgl. auch VPB 1989 Nr. 11). Auch die Durchführung des Augenscheins kann an die sachbearbeitende Amtsstelle delegiert werden. Die Anwesenheit der entscheidenden Behörde ist – problematischerweise – nicht gefordert (vgl. auch Art. 78 Abs. 2 VwVG). Allerdings müssen die Akten so geführt werden, dass sich diese ein ausreichendes Bild über die tatsächlichen Verhältnisse machen kann (vgl. BGE 110 Ia 82). 142

E. Prüfung der Parteivorbringen

Bevor die Behörde ein Verfahren durch Verfügung abschliesst, hat sie alle erheblichen und rechtzeitigen Parteivorbringen zu würdigen (Art. 32 Abs. 1 VwVG). Das Ergebnis dieser Würdigung muss sich zudem in der Begründung niederschlagen, wobei sich die Behörde nicht mit jeder tatbeständlicher Behauptung und jedem rechtlichen Einwand auseinandersetzen muss. Sie kann sich auf die für den Entscheid wesentlichen Gesichtspunkte beschränken (vgl. BGE 112 Ia 109 ff.). 143

Folgender Aspekt des rechtlichen Gehörs muss im Zusammenhang mit der Untersuchungsmaxime gesehen werden: Wenn sich ein von den Parteien vorgebrachter Sachumstand zur Aufklärung der materiellen Wahrheit als erheblich erweist, hat ihn die zuständige Behörde zu berücksichtigen, selbst wenn er verspätet vorgebracht wurde (Art. 32 Abs. 2 VwVG; vgl. VPB 1982 Nr. 61 und BGE 110 V 113). Dasselbe gilt für Vorbringen rechtlicher Natur, da die verfügende Instanz an den Grundsatz der Rechtsanwendung von Amtes wegen (iura novit curia) gebunden ist.

F. Folgen der Verletzung des rechtlichen Gehörs

144 Aus der formellen Natur des rechtlichen Gehörs folgt, dass die Partei bei einer Verletzung dieses Anspruchs die Aufhebung der Verfügung verlangen kann, ohne dass sie ein materielles Interesse an deren Aufhebung geltend machen muss. Bei gegebenen Voraussetzungen ist dieser Mangel allerdings heilbar. So kann auch die Teilnahme der Parteien am Augenschein im Beschwerdeverfahren nachgeholt werden (so BGE 116 Ia 100, beiläufig; vgl. aber Kritik zur Heilung des Mangels bei Verletzung des rechtlichen Gehörs, vorne Rz. 53).

Die Verletzung des rechtlichen Gehörs bildet nach Art. 66 Abs. 2 lit. c VwVG einen Revisionsgrund und verleiht damit einen Anspruch auf Wiedererwägung der erstinstanzlichen Anordnung. Der Verfahrensmangel wirkt sich somit auch nach der formellen Rechtskraft der Verfügung aus.

G. Exkurs: Das 'verfahrene Verfahren' oder der 'seufzende Beamte'

Ratschlag eines unlängst pensionierten ehemaligen Beamten:

«Ich möchte mich am Ende meiner Laufbahn zum sogenannten 'verfahrenen Verfahren' äussern: Nur zu oft kommt dieser Verfahrenstyp vor! Sie finden aber in keinem Lehrbuch etwas darüber. Vieles ist unklar, sowohl in rechtlicher wie tatsächlicher Hinsicht. Es wurden formelle und informelle Auskünfte eingeholt, Experten und Zeugen befragt, Augenscheine durchgeführt, Amtsberichte eingeholt, zahlreiche Telefonate erledigt, interne Begründungen ausgearbeitet und wieder verworfen, es sind Dienstanweisungen vorhanden und Wünsche der vorgesetzten Stelle zu berücksichtigen, ja sogar der Ombudsmann hat von Ihnen Näheres zum verfahrenen Verfahren wissen wollen. Sie sind nicht ganz sicher, was für das Verfahren relevant ist und was nicht; ein grosses Aktendossier liegt vor, das Sie, um es nicht täglich ansehen zu müssen, in einem Schrank versorgt haben. Allein, es hilft nichts, Sie müssen trotzdem bald einen haltbaren Entscheid treffen. Auch das 'verfahrene Verfahren' muss eben erledigt werden! Gehen Sie in diesem Fall nach der ausgezeichneten Faustregel von § 249 StPO des Kantons Zürich vor und geben Sie vor Ihrem Entscheid den Parteien zum ganzen Aktenberg abschliessend das 'letzte Wort', dann kann Ihnen aus der Sicht des rechtlichen Gehörs nicht viel passieren.»

VI. VORSORGLICHE MASSNAHMEN

Literatur: GADOLA, S. 376 ff.; GYGI, Bundesverwaltungsrechtspflege, S. 245 ff.; KÖLZ, Kommentar VRG, § 6; SCHAUB CHRISTOPH, Der vorläufige Rechtsschutz im Anwendungsbereich des Umweltschutzgesetzes, Zürich 1990.

145

Vorsorgliche Massnahmen haben zum Zweck, die Wirksamkeit einer erst später zu treffenden definitiven Anordnung sicherzustellen. Sie zielen darauf ab, den Gegenstand einer Anordnung zu sichern, einen gefährlichen Zustand zu beseitigen oder den Vollzug einer Verfügung zu gewährleisten. So ist beispielsweise ein akut einsturzgefährdetes Wohnhaus vorsorglicherweise zu räumen, bevor über sein weiteres Schicksal entschieden wird. Im Gegensatz zu § 6 VRG des Kantons Zürich und zu Art. 56 VwVG, deren Bestimmungen für das Beschwerdeverfahren gelten, enthält das VwVG keine Regelung über vorsorgliche Massnahmen im nichtstreitigen Verwaltungsverfahren. Offensichtlich handelt es sich um eine Lücke im VwVG, zumal bereits das materielle Recht den für seine Durchsetzung notwendigen Rechtsschutz erfordert (vgl. Schaub, S. 45, 50 ff.; vgl. auch BGE 116 Ia 180).

146

Eine vorsorgliche Massnahme ist dann zulässig, wenn überwiegende öffentliche oder private Interessen zu wahren sind und die Endverfügung nicht sofort getroffen werden kann. Sodann gilt das Verhältnismässigkeitsprinzip: Ein nicht leicht wiedergutzumachender Nachteil für die zu wahrenden Interessen muss dargetan sein. Auch darf die zu erlassende Verfügung weder präjudiziert noch verunmöglicht werden. In der Regel wird es darum gehen, einen Zustand vorläufig aufrecht zu erhalten. Denkbar sind aber auch gestaltende Massnahmen, beispielsweise, wenn eine Bewilligung sofort entzogen werden muss oder vorläufige Sicherheitsmassnahmen getroffen werden müssen.

Vorsorgliche Massnahmen ergehen als selbständig anfechtbare Zwischenverfügungen, da sie in der Regel einen Nachteil für den Betroffenen zur Folge haben (vgl. Art. 45 Abs. 1 VwVG). Es ist bei Dringlichkeit zulässig, die vorsorgliche Massnahme ohne vorgängige Anhörung zu erlassen. Alsdann liegt eine superprovisorische Massnahme vor (vgl. BGE 104 Ib 136; 115 Ia 323). Mit Eintritt der formellen Rechtskraft der Hauptverfügung fallen die vorsorglichen Massnahmen dahin.

Wird die vorsorgliche Massnahme ungerechtfertigterweise angeordnet und entsteht den Betroffenen dadurch ein Schaden, ist dieser gemäss den Art. 3 ff. Verantwortlichkeitsgesetz geltend zu machen.

VII. FRISTEN

147 *Literatur:* GADOLA, S. 90 ff.; GYGI, Bundesverwaltungsrechtspflege, S. 60 ff.; MOOR, Vol. II, S. 181 f.

148 Das VwVG stellt für das Verwaltungsverfahren in Art. 20 bis 24 Vorschriften über die Fristen auf, die weitgehend mit denjenigen von Art. 32 bis 35 OG übereinstimmen.

Die Bestimmungen betreffen zunächst einmal die *Berechnung* der Fristen (Art. 20 VwVG, Art. 32 OG; vgl. BG über den Fristenlauf an Samstagen). Wird von den Behörden eine Frist angesetzt, so beginnt die Frist mit der Zustellung der Verfügung zu laufen. Rechtsgenügend zugestellt ist eine behördliche Anordnung grundsäztlich dann, wenn sie die Partei tatsächlich in Empfang nimmt. Wird die Partei nicht angetroffen und wird bei eingeschriebenen Sendungen eine Abholeinladung in den Briefkasten gelegt, so gilt die Sendung aber als in jenem Zeitpunkt zugestellt, in welchem sie auf der Post abgeholt wird. Geschieht dies nicht innert der Abholfrist, so gilt die Sendung am letzten Tag dieser Frist als zugestellt. Postlagernde Sendungen gelten dagegen als am letzten Tag der Aufbewahrungsfrist als zugestellt, wenn sie nicht abgeholt werden. Dass die Frist mit Zustellung zu laufen beginnt und die Partei sie nicht tatsächlich zur Kenntnis nehmen muss, ist eine Folge davon, dass die Verfügung wohl eine empfangsbedürftige, aber keine annahmebedürftige Rechtshandlung darstellt. Diese fingierte Zustellung darf allerdings nur vorausgesetzt werden, wenn die Sendung den Umständen entsprechend von der betroffenen Person mit einer gewissen Wahrscheinlichkeit erwartet werden musste (vgl. BGE 115 Ia 15; demgegenüber noch BGE 111 V 101). Das Recht auf Wiederherstellung der Frist bleibt in allen Fällen gewahrt. Hat die Partei eine Vertretung bestellt, erfolgt die Eröffnung der Verfügung an dieselbe, bis die Vollmacht widerrufen wird (Art. 11 Abs. 3 VwVG, VPB 1989 Nr. 54). Für die richtige Zustellung trägt die Behörde die Beweislast.

Dagegen obliegt der Partei die Beweislast für die *Einhaltung* der Frist. Kann der Beweis der Rechtzeitigkeit aus Gründen nicht erbracht werden, die von den Behörden zu verantworten sind, so sind die Folgen der Beweislosigkeit aber von den Behörden und nicht der Partei zu tragen. Dies ist der Fall, wenn eine Verfügung uneingeschrieben zugestellt wird, und die Partei nicht in der Lage ist, das Empfangsdatum und damit die Einhaltung der Frist nachzuweisen (VPB 1992 Nr. 1). 149

Damit die Frist eingehalten ist, müssen schriftliche Eingaben spätestens am letzten Tag der Behörde eingereicht oder zu deren Händen der schweizerischen Post oder einer schweizerischen diplomatischen oder konsularischen Vertretung übergeben werden (Art. 21 Abs. 1 VwVG, Art. 32 Abs. 3 OG). Bezüglich Aufgaben bei der Post genügt zum Beweis in der Regel der Poststempel. Das Bundesgericht hat in Bezug auf Art. 32 Abs. 3 OG zudem entschieden, dass die Bestimmung über die Fristeinhaltung bezüglich der Postaufgabe analog für die Leistung des Kostenvorschusses durch eine PTT- Überweisung gilt (vgl. Art. 11a Abs. 3 VwVG). Bei der Banküberweisung hingegen ist die Frist nicht bereits mit der Belastung des Kontos des Schuldner zugunsten der Staatskasse eingehalten; vielmehr muss die Bank ihrerseits die Zahlung an die Staatskasse oder die Post weitergeleitet haben (vgl. BGE 114 Ib 68). Gelangt die Partei rechtzeitig an eine unzuständige Bundesbehörde, so gilt nach Art. 21 Abs. 2 VwVG die Frist als gewahrt (BGE 116 Ib 144). Vorbehalten bleiben rechtsmissbräuchliche Fehladressierungen (BGE 111 V 408).

Gesetzliche Fristen können nicht *erstreckt* werden, während behördliche Fristen aus zureichenden Gründen erstreckbar sind, sofern eine Partei vor Ablauf der Frist darum nachsucht (Art. 22 VwVG, Art. 33 OG; vgl. VPB 1989 Nr.19). Gemäss dem revidierten VwVG stehen die nach Tagen bestimmten Fristen während den *Gerichtsferien* auch im erstinstanzlichen Verfahren still (Art. 22a VwVG, Art. 34 OG). Das bedeutet, dass der Fristenlauf gehemmt wird und sich der Ablauf der Frist um die Dauer der Gerichtsferien verlängert. Die Gerichtsferien dauern vom siebten Tag vor Ostern bis und mit dem siebten Tag nach Ostern, vom 15. Juli bis und mit dem 15. August und vom 18. Dezember bis und mit dem 1. Januar. 150

Die Möglichkeit der *Wiederherstellung* sowohl der gesetzlichen wie auch der behördlichen Fristen ist ein allgemeiner Rechtsgrundsatz 151

(BGE 108 V 109) und auch gemäss Art. 24 VwVG – sowie Art. 35 OG – zulässig, wenn die gesuchstellende Person oder deren Vertretung unverschuldet abgehalten worden ist, innert Frist zu handeln. Gemäss Art. 24 VwVG – wie auch nach Art. 35 OG – muss binnen 10 Tagen nach Wegfall des Hindernisses ein begründetes Begehren um Wiederherstellung gestellt werden. Gleichzeitig ist die versäumte Rechtshandlung nachzuholen. Unverschuldet ist das Versäumnis, wenn der Partei oder der Vertretung keine Nachlässigkeit vorgeworfen werden kann und objektive Gründe vorliegen. Dies ist beispielsweise der Fall bei derart schwerer Krankheit, dass die betroffene Person von der Rechtshandlung abgehalten wird und auch nicht in der Lage ist, eine Vertretung zu bestellen (BGE 112 V 255, 108 V 109). Demgegenüber genügt blosse Ferienabwesenheit oder Arbeitsüberlastung nicht (VPB 1987 Nr. 1). Ist die Verspätung durch die Parteivertretung verschuldet, muss sich die vertretene Partei das Verschulden derselben anrechnen lassen. Dasselbe gilt, wenn eine Hilfsperson beigezogen wurde (vgl. BGE 114 Ib 69; vgl. auch VPB 1990 Nr. 25 bei verspäteter Leistung des Kostenvorschusses). Handelt es sich bei den verspäteten Vorbringen allerdings um solche, die rechtserheblich sind, müssen sie gemäss Art. 32 Abs. 2 VwVG – entsprechend der Geltung der Untersuchungsmaxime und des Grundsatzes der Rechtsanwendung von Amtes wegen – trotz Verspätung berücksichtigt werden.

152 Art. 23 VwVG sieht zugunsten der Parteien schliesslich vor, dass die Behörde, die eine Frist ansetzte, nur diejenigen *Säumnisfolgen* eintreten lassen darf, die sie zuvor angedroht hat (vgl. VPB 1988 Nr. 54).

VIII. ERÖFFNUNG DER VERFÜGUNG

153 *Literatur:* IMBODEN/RHINOW/KRÄHENMANN, Nr. 84 ff.; KÄLIN WALTER, Rechtliche Anforderungen an die Verwendung von Textbausteinen für die Begründung von Verwaltungsverfügungen, in: ZSR 1988 I, S. 43 ff.; MEYLAN JAQUES, La motivation des actes administratifs en droit suisse, in: Recueil des travaux suisse présenté au VIIIe Congrès international de droit comparé, Basel 1970, S. 313 ff.; MOOR, Vol. II, S. 196 ff.; VILLIGER MARK E., Die Pflicht zur Begründung von Verfügungen, in: ZBl 1989, S. 137 ff.

1. FORMVORSCHRIFTEN

A. Schriftlichkeit und individuelle Zustellung

Die Behörden eröffnen die durch sie erlassene Verfügung schriftlich (Art. 34 Abs. 1 VwVG) und – auch wenn eine ausdrückliche Regelung im VwVG fehlt – regelmässig durch individuelle Zustellung (BGE 100 III 3 ff.). Dabei ist die Verfügung als solche zu bezeichnen (Art. 35 Abs. 1 VwVG). Bei Zwischenverfügungen genügt eine mündliche Bekanntgabe, welche aber auf Verlangen einer Partei schriftlich zu bestätigen ist (Art. 34 Abs. 2 VwVG). Anspruch auf die formgerechte Eröffnung von Verfügungen haben die Parteien im Sinn von Art. 6 VwVG. 154

B. Veröffentlichung

Die verfügende Instanz ist nicht gehalten, nach allen möglichen Betroffenen zu suchen. Vielmehr kann sie in den in Art. 36 VwVG genannten Fällen ihre Anordnung durch Veröffentlichung in einem amtlichen Organ bekannt machen. Einerseits greift sie zum Mittel der Publikation, wenn eine Partei unbekannten Aufenthaltes ist und keine erreichbare Vertretung hat oder sich an einem im Ausland gelegenen, unerreichbaren Ort aufhält und gleichsam keine Vertretung bestimmt ist (Art. 36 lit. a und b VwVG). Andererseits kann die Verfügung durch Veröffentlichung eröffnet werden, wenn in einer Sache die Parteien zahlreich sind oder sich nicht ohne unverhältnismässigen Aufwand bestimmen lassen (Art. 36 lit. c und d VwVG, neu). Gegenüber dem früheren Recht wird die Veröffentlichung bei den Massenverfahren nunmehr erleichtert. Sind die Voraussetzungen zur Veröffentlichung gegeben, braucht eine Verfügung nicht mehr durch individuelle Zustellung eröffnet zu werden. Eine Pflicht zur Veröffentlichung besteht beispielsweise, falls Art. 12 NHG anwendbar ist, da hier die beschwerdelegitimierten Verbände im Gegensatz zur Verbandsbeschwerde nach Art. 55 USG nicht leicht auszumachen sind (VPB 1988 Nr. 61; vgl. als weiteres Beispiel: die Bewilligung zur Durchführung von Nachtflügen: VPB 1988 Nr. 60). 155

In der amtlichen Veröffentlichung müssen die wichtigsten Punkte der Verfügung enthalten sein, damit die Betroffenen ersehen können, ob ihre Interessen berührt sind oder nicht. Nicht erforderlich ist aber, dass für den Laien kaum verständliche technische Angaben mitveröffentlicht werden. Es genügt, wenn die entsprechenden Unterlagen in der Nähe zur Einsicht aufliegen (VPB 1980 Nr. 22, S. 90 f.).

C. Begründung

156 Jede schriftliche Verfügung ist zu begründen (Art. 35 Abs. 1 VwVG). Dies folgt auch aus dem Grundsatz des rechtlichen Gehörs (vgl. BGE 112 Ia 109, 105 Ib 248). Auf die Begründung kann verzichtet werden, wenn die ergangene Verfügung den Begehren der Parteien voll entspricht und diese keine Begründung verlangen (Art. 35 Abs. 3 VwVG). Sobald aber einer Anordnung Widerstand erwächst, darf von der Begründung nicht abgesehen werden. Dies ist insbesondere von Bedeutung, wenn Drittbetroffene ein Rechtsmittel erheben wollen (VPB 1983 Nr. 16).

Die Begründungspflicht umfasst die Offenlegungspflicht der Entscheidungsgründe. Damit kann in der Regel auch verhindert werden, dass sich die Behörde von unsachgemässen Motiven leiten lässt. Sie ist ein Element rationaler und transparenter Entscheidfindung und dient nicht zuletzt der Selbstkontrolle der Behörden. Mit einer gut verständlich formulierten, für die Betroffenen gedanklich nachvollziehbaren Begründung erhöht sich auch die Akzeptanz einer hoheitlichen Anordnung. Das VwVG stellt allerdings keine besonderen Anforderungen an den Inhalt und den Umfang der Begründung. Nach den zu Art. 4 Abs. 1 BV entwickelten Grundsätzen müssen die Betroffenen in die Lage versetzt werden, die Verfügung sachgerecht anfechten zu können. Dies ist nur möglich, wenn sich sowohl diese wie auch die Rechtsmittelinstanz ein Bild über die Tragweite des Entscheides machen können. Die verfügende Behörde muss sich dabei aber nicht mit allen tatbeständlichen Behauptungen und jedem rechtlichen Einwand auseinandersetzen. Die Würdigung der Parteivorbringen muss sich insoweit in der Begründung niederschlagen, als die vorgebrachten Behauptungen und Einwände für die Verfügung wesentlich sind. Die Begründungs*dichte* richtet sich nach den Umständen des Einzelfalls. Je grösser der Spielraum, welcher der Behörde infolge Ermessen und unbestimmter Rechtsbegriffe eingeräumt ist, und je stärker ein Entscheid in die individuellen Rechte eingreift, desto höhere Anforderungen sind an die Begründung eines Entscheides zu stellen, desto detaillierter und konkreter muss die Auseinandersetzung mit dem Tatbestand und den Rechtsfolgen ausfallen (vgl. eingehend BGE 112 Ia 110 mit Hinweisen). Dies setzt zugleich der Verwendung von vorgegebenen Textbausteinen in der Begründung eine Grenze. Textbausteine dürfen nur insoweit eingesetzt werden, als sie eine dem konkreten

Fall noch angemessene Begründung zulassen (vgl. Kälin, ZSR 1988
I, S. 453 sowie BGE 105 Ib 246).

Eine summarische Begründung kann allerdings trotz weitem Entscheidungsspielraum oder grosser Eingriffsintensität erforderlich sein, wenn überwiegende Geheimhaltungsinteressen, wie beispielsweise die Sicherheit des Landes, geschützt werden müssen (z.b. die militärische: VPB 1976 Nr. 6, VPB 1978 Nr. 128, 129).

Nicht vorausgesetzt ist, dass die Begründung in der Verfügung 157
selbst enthalten ist. Vielmehr kann auf eine separate schriftliche Mitteilung verwiesen werden (BGE 113 II 205 mit Hinweisen). Zudem ist für die Gültigkeit der Verfügung nicht erforderlich, dass die Namen der Entscheidenden angegeben werden. Nach bundesgerichtlicher Rechtsprechung genügt es, wenn die verfügende Behörde als solche genannt wird (BGE 106 Ib 177). Aus dem Anspruch auf richtige Zusammensetzung der Behörde ergibt sich allerdings, dass die Namen in irgend einer Form bekanntzugeben sind, damit die Ausstandsgründe geltend gemacht werden können (vgl. vorne Rz. 104 ff.).

D. Rechtsmittelbelehrung

Neben der Begründung muss die eröffnete Verfügung gemäss Art. 35 158
Abs. 2 VwVG eine Rechtsmittelbelehrung enthalten (BGE 111 Ib 186; 111 V 149 f.). Diese umfasst die Bezeichnung des zulässigen ordentlichen Rechtsmittels, der Rechtsmittelinstanz und auch der Rechtsmittelfrist. Ein Verzicht auf Rechtsmittelbelehrung ist gemäss Art. 35 Abs. 3 VwVG wiederum zulässig, wenn die Behörde den Parteibegehren vollumfänglich entspricht.

2. MÄNGEL

Eine mangelhaft eröffnete Verfügung darf für die Betroffenen keinen 159
Nachteil zur Folge haben (Art. 38 VwVG). Wird eine Verfügung überhaupt nicht oder mangelhaft und nicht den oben erwähnten Voraussetzungen entsprechend eröffnet, so wird der Fristenlauf nicht ausgelöst, bis die ordentliche Eröffnung – beispielsweise durch Zustellung der Verfügung an die beschwerdeberechtigte Partei, durch Veröffentlichung oder Nachbringen der richtigen Rechtsmittelbelehrung – erfolgt ist (vgl. BGE 116 Ib 326 mit Hinweisen); bis dahin kommt der Verfügung keine formelle Rechtskraft zu und einer Anfechtung kann nicht die abgelaufene Frist entgegengehalten werden. Die damit ent-

stehende Wirkung nähert sich den Folgen der Nichtigkeit einer Verfügung. Die mangelhaft eröffnete Verfügung kann aber auch nicht während beliebig langer Zeit an die Beschwerdeinstanz weitergezogen werden. Rechtsschutzinteresse und Rechtssicherheit stehen einander gegenüber. Richtschnur ist in dieser Frage der Grundsatz von Treu und Glauben. Die Beschwerdeinstanz beurteilt nach dem konkreten Einzelfall, ob die Partei tatsächlich irregeführt und benachteiligt wurde (BGE 102 Ib 93 ff.; 107 Ib 175; VPB 1989 Nr. 23). Wird beispielsweise trotz fehlender oder falscher Rechtsmittelbelehrung das richtige Rechtsmittel eingelegt, kann von einer Benachteiligung nicht die Rede sein (BGE 114 Ib 115 f.). Legt die Partei bei der falschen Behörde ein Rechtsmittel ein, hat diese eine Überweisungspflicht (Art. 8 Abs. 1 VwVG; Art. 107 Abs. 2 OG). Zudem ist gemäss dem Vertrauensprinzip zu erwägen, ob die Partei den Fehler hätte kennen müssen. Dabei vermögen nach bundesgerichtlicher Rechtsprechung aber nur grobe Nachlässigkeiten eine falsche Rechtsmittelbelehrung aufzuwiegen. So geniessen die Parteien keinen Schutz, wenn sie oder ihre anwaltliche Vertretung die Mängel durch Konsultierung des massgebenden Gesetzestextes hätten erkennen können. Ein Nachschlagen in Literatur oder Rechtsprechung wird aber nicht verlangt (BGE 112 Ia 310; 117 Ia 422). Im allgemeinen sind die Anforderungen an die Sorgfaltspflicht rechtskundiger Personen höher anzusetzen als bei juristischen Laien.

160   Ist lediglich die Begründung mangelhaft und ist im übrigen durch entsprechende Bezeichnung gemäss Art. 35 Abs. 1 VwVG klargestellt, dass eine Verfügung ergangen ist, muss die Anfechtung innert Frist gleichwohl erfolgen und der Mangel geltend gemacht werden. Die Verfügung wird alsdann entsprechend der formellen Natur des rechtlichen Gehörs unabhängig vom materiellen Interesse der Parteien aufgehoben, es sei denn, der Mangel sei im Beschwerdeverfahren heilbar. Dies ist dann der Fall, wenn die Instanz über volle Kognition verfügt, der Partei die wesentlichen Tatsachen zur Kenntnis gebracht werden und diese zu ihnen angehört wird. In der Regel erfolgt die Anhörung durch Anordnung eines zweiten Schriftenwechsels (VPB 1987 Nr. 22, 1988 Nr. 60; BGE 116 V 39; 110 V 113).

IX. KOSTEN

161   *Literatur:* BERNET MARTIN, Die Parteientschädigung in der schweizerischen Verwaltungsrechtspflege, Zürich 1986; FORSTER MARC, Der Anspruch auf unentgelt-

liche Rechtsverbeiständung in der neueren bundesgerichtlichen Rechtsprechung, ZBl 1992, S. 457 ff.; ZEN-RUFFINEN PIERMARCO, Assistance judiciaire et administrative: les règles minimales imposées par l'article 4 de la Constituion fédérale, in: Journal des Tribunaux 1989 I, S. 34 ff.

Das VwVG enthält für die Auferlegung von Verfahrenskosten im nichtstreitigen Verwaltungsverfahren eine gesetzliche Grundlage in Art. 26 Abs. 2 VwVG. Danach darf die verfügende Behörde eine Gebühr für die Einsichtnahme in Akten einer erledigten Sache erheben. Sodann darf gemäss Art. 33 Abs. 2 VwVG bei angebotenen Beweisen, deren Abnahme verhältnismässig hohe Kosten verursachen, ein Kostenvorschuss verlangt werden, wenn die Partei bei einer ihr ungünstigen Verfügung kostenpflichtig wird. Im übrigen dürfen Verfahrenskosten nur auferlegt werden, wenn es das anwendbare Bundesgesetz vorsieht (vgl. auch Art. 13 der Verordnung über Kosten und Entschädigungen im Verwaltungsverfahren vom 10. September 1969). Hingegen können aufgrund dieser Kostenverordung für das Verwaltungsverfahren die Kanzleigebühren erhoben werden (Art. 14 ff.).

162

Art. 11a Abs. 3 VwVG enthält sodann eine Bestimmung über die Parteientschädigung bei amtlich bezeichneter Vertretung in Massenverfahren. Danach hat die Partei, gegen deren Vorhaben sich Eingaben in einer Sache richten, in der mehr als 20 Parteien beteiligt sind, die Kosten für die amtliche Vertretung vorzuschiessen. Im übrigen gilt für die Kostentragung der Parteientschädigung Art. 64 VwVG sinngemäss. Obsiegt die Partei, welcher die Pflicht zur Vorschussleistung zukommt, und werden die Kosten für die amtliche Vertretung den Gegenparteien auferlegt, so kann sie die vorgeschossenen Kosten bei diesen Gegenparteien eintreiben.

163

Das Bundesgericht leitet in seiner jüngsten Rechtsprechung ein Recht auf unentgeltliches Verfahren und Verbeiständung aus Art. 4 Abs. 1 BV auch für das nichtstreitige Verwaltungsverfahren ab. Das Recht auf unentgeltliches Verfahren befreit von der Leistung der Kostenvorschusspflicht, nicht aber von einer allfälligen Sicherheitsleistung für die Parteientschädigung (vgl. BGE 114 V 231). Das unentgeltliche Verfahren wird gewährt, wenn die ersuchende Partei bedürftig ist, ihr Rechtsbegehren nicht zum vornherein aussichtslos erscheint und die verlangten Verfahrenshandlungen nicht unzulässig sind (vgl. BGE 112 Ia 18). Unentgeltliche Verbeiständung kann sodann beansprucht werden, wenn es die besondere Kompliziertheit der Sache erfordert und zur Wahrung der Interessen der bedürftigen Partei erforderlich ist. Die Begehren dürfen zudem nicht zum vornherein aussichtslos sein. Bislang ging es dabei um das nichtstreitige Invaliditäts-Abklärungsverfahren (BGE 114 V 228 ff.) sowie um das Verfahren um Rück-

164

versetzung in den Massnahmenvollzug gemäss Art. 45 Ziff. 3 Abs. 1 StGB (BGE 117 Ia 279). Das VwVG enthält im Gegensatz zum Beschwerdeverfahren für das nichtstreitige Verfahren keine entsprechende Regelung (vgl. Art. 65 VwVG). Geht man davon aus, dass es einem Grundanliegen des Gesetzgebers entspricht, die vom Bundesgericht gestützt auf Art. 4 Abs. 1 BV entwickelten Grundsätze im Gesetz festzulegen, ist es gerechtfertigt, im Hinblick auf diese Zielsetzung eine Lücke anzunehmen und unter den genannten Voraussetzungen die unentgeltliche Verbeiständung auch im nichtstreitigen Verfahren zu gewähren, sofern die Voraussetzungen dazu gegeben sind.

X. WIRKUNG DER VERFÜGUNG

165 *Literatur:* GYGI FRITZ, Zur Rechtsbeständigkeit von Verwaltungsverfügungen, ZBl 1982, S. 149 ff.

166 In formelle Rechtskraft erwächst die Verfügung, wenn den Parteien kein ordentliches Rechtsmittel zur Verfügung steht oder wenn die Rechtsmittelfrist unbenutzt abgelaufen ist. Formell rechtskräftig wird die Verfügung auch, wenn die Parteien endgültig auf die Einlegung eines Rechtsmittels verzichtet haben oder wenn sie das Rechtsmittel zurückgezogen haben. Ein Verzicht auf das Rechtsmittel ist nur im Nachhinein und in voller Kenntnis der Verfügung rechtsgültig möglich; ein vor Kenntnisnahme der Verfügung erklärter Verzicht auf das Rechtsmittel ist ungültig (vgl. BGE 110 V 332). Formelle Rechtskraft bedeutet, dass die Verfügung innerhalb eines bestimmten Verfahrens unabänderlich geworden ist. Zudem ist die Vollstreckbarkeit der Verfügung grundsätzlich an die formelle Rechtskraft gebunden, es sei denn, dem zur Verfügung stehenden Rechtsmittel komme keine aufschiebende Wirkung zu oder diese sei entzogen worden (Art. 39 VwVG).

167 Die materielle Rechtskraft dagegen hätte zur Folge, dass die Verfügung inhaltlich nicht mehr abänderbar wäre. Ob eine Verfügung überhaupt materiell rechtskräftig werden kann, ist umstritten. Da die Wiedererwägung oder der Widerruf selbst bei nachträglich veränderten Verhältnissen, wenn die Voraussetzungen erfüllt sind, zulässig ist, kann deren Beständigkeit nicht ohne weiteres mit der materiellen Rechtskraft im zivilprozessualen Sinn verglichen werden. Der Begriff der Rechtsbeständigkeit ist deshalb dem Begriff der materiellen Rechtskraft vorzuziehen (Gygi, ZBl 1982, S. 149 ff.).

XI. VOLLSTRECKUNG DER VERFÜGUNG

Literatur: GADOLA, S. 487 ff.; GEISER HANSPETER, Rechtsschutz im Verwaltungsvollstreckungsverfahren, St. Gallen 1978; KÖLZ, Kommentar VRG, Vorbem. zu §§ 29–31; IMBODEN/RHINOW/KRÄHENMANN, Nr. 49 ff.; MEYLAN JACQUES-H., Bénéfice du doute et charge de la preuve en matière de sanctions administratives, RDF 1984, S. 257 ff.; MOOR, Vol. II, S. 63 ff.; MÜLLER HEINRICH ANDREAS, Der Verwaltungszwang, Zürich 1976. 168

1. ALLGEMEINE BEMERKUNGEN UND VORAUSSETZUNGEN

Den Verwaltungsbehörden werden Mittel in die Hand gegeben, verbindliche Verfügungen für den Fall zu vollstrecken, dass einer Verfügung, die auf ein Tun oder Unterlassen zielt, nicht nachgelebt wird. Zu unterscheiden ist dabei zwischen exekutorischen und repressiven Mitteln. Die exekutorischen Zwangsmittel dienen unmittelbar der Durchsetzung der Anordnung. Dazu gehören etwa der unmittelbar Zwang, die Ersatzvornahme sowie die Schuldbetreibung. Die repressiven Massnahmen weisen demgegenüber zugleich die Funktion einer Sanktion auf und dienen der Durchsetzung der Verfügung nur mittelbar. Beispiele sind hier die Ordnungsbusse oder die Ungehorsamsstrafe (Art. 292 StGB). Diese Sanktionen stehen im Grenzbereich zwischen Straf- und Verwaltungsrecht. Reiner Strafcharakter kommt hingegen den übrigen Bestimmungen des StGB und sowie den anderen Sanktionen des Verwaltungsstrafrechts zu. 169

Steht die Kumulation oder Wiederholung von Zwangsanordnungen in Frage, so ist von deren Zielsetzung auszugehen, wobei die Abgrenzung im Einzelfall nicht immer einfach ist. Der Grundsatz 'ne bis in idem' kann im Verwaltungsrecht jedenfalls dort Geltung beanspruchen, wo Massnahmen mit reinem Strafcharakter verhängt werden. Bei den Sanktionen mit gemischtem Charakter ist Zulässigkeit der Kumulation dagegen verschieden zu beurteilen. Die Ungehorsamsstrafe gemäss Art. 292 StGB darf nach der Rechtsprechung des Bundesgericht jedenfalls dann wiederholt verhängt werden, wenn eine rechtswidrige Situation weiterbestehen würde. Ob die wiederholte Verhängung auch zur Durchsetzung eines einmaligen Tuns zulässig ist, liess das Bundesgericht offen (BGE 104 IV 230 f.). Hingegen kann eine Ordnungsbusse nach erneuter Mahnung in allen Fällen wiederholt werden (vgl. 170

zur disziplinarisch begründeten Busse BGE 108 Ia 230 f.). Ebenso ist es ist es zulässig, exekutorische und repressive Massnahmen zusammen zu veranlassen. Auch können exekutorische Mittel im Rahmen des Verhältnismässigkeitsprinzipes wiederholt angewandt oder miteinander verbunden werden.

171 Was sodann das Verschulden angeht, so wird dieses für die Anwendung von Art. 292 StGB vorausgesetzt. Gelangt das VstR zur Anwendung, ist das Verschulden ebenfalls zu berücksichtigen (vgl. Art. 8 VstR). Bei den Ordnungsbussen hat das Bundesgericht differenziert: Es ist wiederum darauf abzustellen, welches der primäre Charakter der Sanktion ist, ob der angedrohten Sanktion tatsächlich der Charakter einer Ordnungsbusse zukommt (BGE 103 Ia 225 ff., vgl. auch BGE 104 Ib 263). Die exekutorischen Massnahmen setzen dagegen ihrer Natur nach kein Verschulden voraus.

172 Die allgemeinen Voraussetzungen zur Vollstreckung einer Anordnung sind im wesentlichen im VwVG selbst enthalten. Nach Art. 39 lit. a VwVG ist eine Verfügung dann zu vollstrecken, wenn sie nicht mehr durch ein Rechtsmittel angefochten werden kann, also formell rechtskräftig geworden ist. Ausserdem ist sie zu vollstrecken, wenn zwar ein Rechtsmittel erhoben wurde, diesem aber keine aufschiebende Wirkung zukommt (Art. 39 lit. b VwVG, vgl. Art. 111 OG) und schliesslich, wenn die einem Rechtsmittel innewohnende aufschiebende Wirkung entzogen wird (Art. 39 lit. c VwVG).

Jede Verwaltungszwangsmassnahme hat dem Verhältnismässigkeitsprinzip zu entsprechen (Art. 42 VwVG). Zudem dürfen Zwangsmittel gemäss Art. 41 Abs. 2 VwVG in der Regel nur dann eingesetzt werden, wenn sie vorgängig angedroht wurden. Beim Erfordernis der gesetzlichen Grundlage ist zu unterscheiden: Exekutorische Massnahmen sind grundsätzlich in der Vollzugskompetenz der Behörden enthalten. Sie bedürfen aber dann einer ausdrücklichen gesetzlichen Grundlage, wenn sie über die ursprüngliche Anordnung hinaus in die Rechtsposition der einzelnen eingreifen (vgl. BGE 108 Ib 165) oder über das hinausgehen, was zur Herstellung des gesetzlichen Zustandes notwendig ist. Keine gesetzliche Grundlage braucht es demzufolge, wenn beispielsweise der Abbruch einer widerrechtlich erstellten Baute – unter Beachtung des Verhältnismässigkeits- und Vertrauensprinzips – befohlen wird (BGE 111 Ib 226). Ebenso kann eine Verfügung bei gegebenen Voraussetzungen ohne gesetzliche Grundlage widerrufen werden. Hingegen bedürfen diejenigen Massnahmen in der Regel einer besonderen Grundlage im Gesetz, denen zugleich repressiver Charakter zukommt. Ein Beispiel ist der vorübergehende Entzug einer Berufsausübungsbewilligung. Solche Massnahmen gehen regelmässig über das in der ursprünglichen Verfügung vorgesehene oder das zur Herstellung des gesetzlichen Zustandes Notwendige hinaus.

2. VOLLSTRECKUNGSMITTEL

Das VwVG zählt einige exekutorische und repressive Zwangsmassnahmen auf (Art. 40 f.). Im VwVG geregelt sind die Zwangsvollstreckung von Verfügungen, die auf Geldzahlung oder Sicherheitsleistung lauten (Art. 40 VwVG mit Hinweis auf das SchKG), die Ersatzvornahme und der unmittelbare Zwang als exekutorische Massnahmen (Art. 41 Abs. 1 lit. a und b VwVG) sowie die Bestrafung wegen Ungehorsams (Art. 41 Abs. 1 lit. d VwVG). Bei den Ersatzvornahmen sind die Kosten grundsätzlich von den Privaten zu übernehmen, es sei denn, sie erweisen sich als wirtschaftlich nicht mehr tragbar. Dabei wird an den Störerbegriff angeknüpft. Bei Haftungskonkurrenz sind die Kosten in erster Linie vom Verhaltensstörer, in letzter Linie vom Zustandsstörer zu tragen (BGE 114 Ib 54 f.; Bundesgerichtsentscheid vom 12. Oktober 1990, in: ZBl 1991, S. 216.). 173

Ist dringendes Handeln notwendig, kann die Behörde mit Ersatzvornahme oder mit Anwendung unmittelbaren Zwangs sofort, nach Art. 41 Abs. 3 VwVG auch ohne Fristansetzung und ohne vorgängige Androhung handeln (BGE 105 Ib 345 f.). Ersteres wird antizipierte Ersatzvornahme genannt. Überdies besteht kraft Art. 3 lit. f VwVG die Möglichkeit, vollständig auf die Anwendung der im VwVG aufgeführten Grundsätze zu verzichten, wenn die Natur der Verwaltungssache die Vollstreckung auf der Stelle erfordert.

Neben dem VwVG enthalten auch verwaltungsrechtliche Spezialgesetze Bestimmungen über Zwangsmittel. Als Beispiele seien hier die Disziplinarmassnahmen gemäss Art. 30 ff. BtG, das Verwaltungsstrafrecht, die Leistungsverweigerung oder Rückforderung bei Finanzhilfen nach Art. 40 SuG genannt. Zudem sei auf die Bussen- und Gefängnisandrohungen in Art. 60 ff. USG oder in Art. 70 ff. GschG verwiesen (vgl. auch VPB 1987 Nr. 54, 1986 Nr. 42). Verstösse gegen die letzteren beiden Gesetze fallen allerdings in die Beurteilungskompetenz des Strafrichters.

2. ABSCHNITT: DIE VERWALTUNGSINTERNE VERWALTUNGSRECHTSPFLEGE

5. KAPITEL: GRUNDLAGEN

174 *Literatur:* GADOLA, S. 105 ff.; GYGI, Bundesverwaltungsrechtspflege, S. 71 ff.; SALADIN, S. 163 ff.; MOOR, Vol. II, S. 122 ff.

I. DIE RECHTSMITTEL

1. ZU DEN ARTEN VON RECHTSMITTELN

175 Die Rechtsmittel werden nach verschiedenen Kriterien unterschieden. Nach dem Kriterium der Wirkung auf die formelle Rechtskraft einer Verfügung werden die Rechtsmittel in *ordentliche* und *ausserordentliche* unterteilt. Ordentliche Rechtsmittel hemmen die formelle Rechtskraft einer Verfügung oder eines Entscheides. Sie schliessen sich an das vorangegangene Verfahren an und führen durch den funktionellen Instanzenzug hindurch. Ausserordentliche Rechtsmittel dagegen hemmen die formelle Rechtskraft einer Verfügung nicht, eröffnen je ein eigenständiges Verfahren und bezwecken, die formelle Rechtskraft zu beseitigen. Solange ein ordentliches Rechtsmittel erhoben werden kann, ist eine Verfügung nicht definitiv wirksam, kann aber unter Umständen bereits vollstreckbar sein, wenn dem Rechtsmittel keine aufschiebende Wirkung zukommt oder diese entzogen wird (vgl. Art. 39 lit. b und c VwVG). Im Bund zählen zu den ordentlichen Rechtsmitteln die Einsprache, die Verwaltungsbeschwerde und die Verwaltungsgerichtsbeschwerde, zu den ausserordentliche Rechtsmittel die Revision und die Erläuterung. Bei kantonalen Hoheitsakten kommt bei gegebenen Voraussetzungen die staatsrechtliche Beschwerde als ausserordentliches Rechtsmittel hinzu.

Nach dem Umfang der möglichen Rügen werden *vollkommene* und 176
unvollkommene Rechtsmittel unterschieden. Mit ersteren können sämtliche Mängel einer Verfügung oder eines Entscheides sowie Rechtsverletzungen als auch fehlerhafte Sachverhaltsfeststellungen und Unangemessenheit geltend gemacht werden. Unvollkommene Rechtsmittel dienen nur der Geltendmachung des einen oder anderen Beschwerdegrundes. Vollkommene Rechtsmittel sind im Bund die Einsprache und die Verwaltungsbeschwerde. Ein unvollkommenes Rechtsmittel dagegen ist in der Regel die Verwaltungsgerichtsbeschwerde an das Bundesgericht.

Nach der urteilenden Instanz werden die Rechtsmittel in *devolutive* 177
und *nicht devolutive* eingeteilt. Bei den devolutiven ist die übergeordnete Instanz zur Streiterledigung berufen, bei den nicht devolutiven dagegen ist die verfügende oder entscheidende Instanz selbst zugleich als Rechtsmittelinstanz tätig. Ist ein Rechtsmittel devolutiv, wird die Verwaltungssache der Vorinstanz entzogen. Devolutiv ist die Verwaltungs- und Verwaltungsgerichtsbeschwerde, nicht devolutiv dagegen die Einsprache und die Erläuterung.

Innerhalb der devolutiven Rechtsmittel unterscheidet man nach der 178
Wirkung des Entscheides zwischen *reformatorischen* und *kassatorischen* Rechtsmitteln. Reformatorische Rechtsmittel räumen der entscheidenden Instanz die Kompetenz ein, einen neuen Entscheid zu fällen; bei kassatorischen Rechtsmitteln hingegen hebt die entscheidende Instanz lediglich den Entscheid oder die Verfügung der Vorinstanz auf und weist die Sache zur verbesserten Entscheidung zurück, ohne selbst einen neuen Entscheid zu treffen oder eine neue Verfügung zu erlassen. Die vorhandenen Rechtsmittel im Bund lassen sich nicht eindeutig einordnen; der Entscheid kann reformatorisch oder kassatorisch ausfallen.

Schliesslich ist noch auf die Unterscheidung zwischen *prinzipalen* 179
und *subsidiären* Rechtsmitteln hinzuweisen. Kann ein Prozessthema mit verschiedenen Rechtsmitteln zum Entscheid geführt werden, sind die Rechtsmittel voneinander abzugrenzen. Dies ist immer dann der Fall, wenn sämtliche Prozessvoraussetzungen für alle Rechtsmittel erfüllt sind. Deshalb erklärt beispielsweise Art. 74 lit. a VwVG die Verwaltungsbeschwerde an den Bundesrat gegenüber der Verwaltungsgerichtsbeschwerde an das Bundesgericht als subsidiär.

2. ÜBERBLICK ÜBER DIE BESTEHENDEN RECHTSMITTEL IM BUND

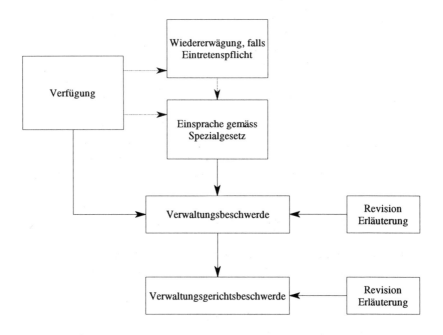

II. STREITGEGENSTAND

180 *Literatur:* GYGI, Bundesverwaltungsrechtspflege, S. 42 ff.; Kölz, Kommentar VRG, Vorbem. zu §§ 19–28, Rz. 19 ff.; ders., Prozessmaximen, S. 133 ff. (ob zit. in Rz. 44).

181 Den Gegenstand, den Umfang des streitigen Verwaltungsverfahrens, nennt man Streitgegenstand. Dieser kann definiert werden als die im Beschwerdeantrag enthaltene Behauptung einer Rechtsfolge im Rahmen des Umfangs der erstinstanzlichen Verfügung oder des angefochtenen Rechtsmittelentscheides. Zwei Elemente sind somit ausschlaggebend: Einmal kann nur Gegenstand des Beschwerdeverfahrens sein, was Gegenstand des erstinstanzlichen Verfahrens war oder nach richtiger Gesetzesauslegung hätte sein sollen. Dann gehört zum Streitgegenstand das im Beschwerdeantrag enthaltene Rechtsfolgebegehren. Die Verfügung bildet somit den Ausgangspunkt des Streitgegenstandes. Es braucht aber nicht die Verfügung als Ganze im Streit zu liegen; vielmehr kann auch nur ein Teil des Dispositivs angefoch-

ten werden. Die Parteibegehren schliesslich konkretisieren den Streitgegenstand.

Es entspricht einem prozessualen Grundsatz, dass im Laufe des Rechtsmittelzuges der Streitgegenstand nicht erweitert und qualitativ nicht verändert werden darf. Er kann sich höchstens verengen und um nicht mehr streitige Punkte reduzieren, nicht aber ausweiten. Gegenstände, über welche die erstinstanzlich verfügende Behörde nicht entschieden hat, darf die zweite Instanz nicht beurteilen; sonst würde in die funktionelle Zuständigkeit der ersten Instanz eingegriffen. Demzufolge umgrenzt der Streitgegenstand die behördliche Sachverhaltsfeststellung und die Rechtsanwendung von Amtes wegen. Das bedeutet auch, dass die Rechtsmittelinstanz im Rahmen des Rechtsmittelverfahrens die Verfügung nur insoweit überprüfen darf, als sie angefochten ist. Allerdings bleiben aufsichtsrechtliche Massnahmen der übergeordneten Verwaltungsinstanz vorbehalten. Sodann darf die Behörde, sofern sie an die Parteibegehren nicht gebunden ist, die Verfügung reformieren, wenn der Sachzusammenhang mit dem Streitgegenstand gewahrt bleibt. Der Streitgegenstand ist schliesslich bedeutsam zur Bestimmung der sachlichen Zuständigkeit und für die Frage, inwieweit Noven zugelassen werden können. 182

III. PROZESSVORAUSSETZUNGEN

Literatur: GADOLA, S. 181 ff.; GYGI, Bundesverwaltungsrechtspflege, S. 71 ff. 183

Damit die Rechtsmittelinstanz auf eine Beschwerde eintritt und diese materiell behandelt, müssen die Prozessvoraussetzungen – auch Sachurteilsvoraussetzungen genannt – gegeben sein. Die angerufene Behörde prüft sie von Amtes wegen. Die Untersuchungsmaxime gilt allerdings auch hier nicht uneingeschränkt. Vielmehr tragen die Beschwerdeführenden die Substantiierungslast; sie müssen tatbestands- und beweismässig begründen, dass die Prozessvoraussetzungen gegeben sind (vgl. Art. 52 VwVG). Die einer Rechtsmittelinstanz nachfolgende Instanz hat gleichermassen von Amtes wegen zu prüfen, ob die Prozessvoraussetzungen bei der Vorinstanz gegeben waren. 184

Die Rechtsmittelinstanz erledigt das Verfahren, wenn es an einer Voraussetzung mangelt, durch Nichteintretensentscheid. Sind die Prozessvoraussetzungen gegeben, untersucht die Beschwerdeinstanz die Streitsache auf ihre materielle Begründetheit hin, heisst sie entweder gut oder weist sie ab. In der Regel wird das Eintreten nicht in einer

Zwischenverfügung festgehalten. Eine Anfechtung wegen mangelnder Prozessvoraussetzung kann daher erst mit dem Endentscheid erfolgen. Wird ein Entscheid deswegen angefochten und erweist sich die Beschwerde als unbegründet, so ist das Rechtsmittel abzuweisen (vgl. BGE 112 Ib 160).

Die Prozessvoraussetzungen müssen auch im Zeitpunkt der Entscheidfällung noch gegeben sein. Fällt eine Prozessvoraussetzung nach Eintreten auf das Rechtsmittel dahin, so ist zu unterscheiden: Betrifft sie die – hier eher selten bedeutsame – örtliche Zuständigkeit, bleibt die ursprüngliche Zuständigkeit bestehen (vgl. vorne Rz. 97). Fällt dagegen das aktuelle Rechtsschutzinteresse oder das Streitobjekt nach dem Eintreten weg, ist das Verfahren infolge Gegenstandslosigkeit abzuschreiben (BGE 111 Ib 185).

185 Zuweilen befindet die Rechtsmittelinstanz in materieller Hinsicht, selbst wenn die Prozessvoraussetzungen nicht gegeben sind. Häufig geht es dabei um die Legitimation der Rechtsuchenden, wenn das genügende Rechtsschutzinteresse nicht einwandfrei bestimmt werden kann (vgl. BGE 116 Ib 336). Zuweilen wird auch die Frage offen gelassen, ob ein genügendes Anfechtungsobjekt vorliegt (URP 1992, S. 624 ff. mit der Anmerkung von Monika Kölz). Dieses Vorgehen ist im Hinblick auf das Rechtssicherheitsgebot nicht ganz unproblematisch, da es die Beurteilung der Prozesschancen durch die Parteien erheblich erschwert.

186 Die Prozessvoraussetzungen können unterschieden werden in objektive und subjektive Voraussetzungen. Letztere betreffen Voraussetzungen an die Person des rechtsuchenden Subjekts. Im allgemeinen handelt es sich dabei um folgende:

Objektive Voraussetzungen:
– Zuständigkeit
– Anfechtungsobjekt
– Wahrung der Frist
– formgerechte Beschwerdeschrift
Subjektive Voraussetzungen:
– Partei- und Prozessfähigkeit
– Vertretungsbefugnis der Parteivertretung
– Legitimation

IV. RECHTSGRUNDLAGEN DES VERWALTUNGSINTERNEN BESCHWERDEVERFAHRENS IM BUND

1. GELTUNGSBEREICH DES VWVG UND ÜBERGANGSRECHT

Bezüglich des Geltungsbereiches des VwVG kann auf das vorne zum erstinstanzlichen Verfahren Gesagte verwiesen werden (vgl. vorne Rz. 84 ff.). Anzufügen bleibt in diesem Zusammenhang, dass das Bundesgesetz vom 21. Juni 1991 über Radio- und Fernsehen nun in Art. 60 ff. eine Verfahrensregelung für die unabhängige Beschwerdeinstanz enthält; dementsprechend ist das Verwaltungsverfahrensgesetz gemäss Art. 3 lit. ebis VwVG auf dieses Verfahren nicht mehr anwendbar.

186

Sind die Verfügungen vor der teilweisen Inkraftsetzung des Bundesgesetzes über die Organisation der Bundesrechtspflege, also vor dem 15. Februar 1992 bei einer Rechtsmittelinstanz angefochten worden, ist mithin das Rechtsmittelverfahren anhängig gemacht, gelten die alten Verfahrensbestimmungen. Dasselbe gilt, wenn die Verfügung bereits zum diesem Zeitpunkt eröffnet worden ist, aber erst nach dem 15. Februar 1992 angefochten wurde (Art. 81 VwVG). Im übrigen gelten die neuen Verfahrensbestimmungen (vgl. Kölz, (ob zit. in Rz. 17), ZSR 1983 II, S. 222 f.). Für das allgemeine Beschwerdeverfahren im besonderen wurden die Art. 46 lit. f VwVG und Art. 66 Abs. 1 VwVG revidiert.

2. DIE MASSGEBENDEN BESTIMMUNGEN

Das VwVG regelt im dritten und vierten Abschnitt in den Art. 44 bis 78 das Beschwerdeverfahren vor den Verwaltungsbehörden. Darin sind folgende Rechtsmittel enthalten: Die Verwaltungsbeschwerde im allgemeinen (Art. 44 bis 65 VwVG) und diejenige an den Bundesrat (Art. 72 bis 78 VwVG), die Rechtsverweigerungs- und -verzögerungsbeschwerde (Art. 70 VwVG) sowie die Revision und die Erläuterung (Art. 66 bis 69 VwVG). Keine ausdrückliche Regelung im Verwaltungsverfahrensgesetz erfährt das Rechtsmittel der Einsprache. Von

187

den Rechtsbehelfen ist nur die Aufsichtsbeschwerde geregelt (Art. 71 VwVG). Die Möglichkeit der Wiedererwägung wird zwar in Art. 58 Abs. 1 VwVG erwähnt, die Behandlung eines Wiedererwägungsgesuches stützt sich aber auf die von der Praxis entwickelten Grundsätze. Gegenüber den Bestimmungen des ersten und zweiten Abschnitts des VwVG sind diejenigen des dritten und vierten Abschnitts die spezielleren. Enthalten die letzteren beiden Abschnitte keine besonderen Regelungen, gelten die Bestimmungen der ersten beiden Abschnitte.

6. KAPITEL: WIEDERERWÄGUNG UND AUFSICHTSBESCHWERDE IM BUND

Literatur: BEERLI-BONORAND URSINA, Die ausserordentlichen Rechtsmittel in der Verwaltungsrechtspflege des Bundes und der Kantone, Zürich 1985; GADOLA, S. 148 ff.; GYGI, Bundesverwaltungsrechtspflege, S. 217 ff.; ders., Zur Rechtsbeständigkeit von Verwaltungsverfügungen, ZBl 1982, S. 149 ff.; HUNZIKER FELIX, Die Anzeige an die Aufsichtsbehörde (Aufsichtsbeschwerde), Zürich 1978; IMBODEN/RHINOW/KRÄHENMANN Nr. 41 ff., Nr. 145; KÖLZ, Kommentar VRG, § 20, Rz. 44 ff.; LUGON JEAN-CLAUDE, Révocation, reconsidération, révision, ZBl 1989, S. 425 ff.; MOOR, Vol. II, S. 217 ff.; MÜLLER URS, Die Entschädigungspflicht beim Widerruf von Verfügungen, Bern 1983; MUHEIM FRANZ XAVER, Das Petitionsrecht ist gewährleistet, Diessenhofen 1981.

1. DIE UNTERSCHEIDUNG RECHTSMITTEL – RECHTSBEHELF

Erfüllt die durch eine Verfügung betroffene Person die Voraussetzungen zur Erhebung eines Rechtsmittels, hat sie einen Rechtsanspruch darauf, dass die zuständige Instanz einen Entscheid fällt. Ein *Rechtsmittel* räumt den Beschwerdeführenden einen Erledigungsanspruch ein. Der fehlende Rechtsschutzanspruch hebt die *Rechtsbehelfe* von den Rechtsmitteln ab. Die angerufenen Instanzen sind grundsätzlich nicht verpflichtet, auf die Begehren einzutreten und einen formell begründeten Entscheid zu treffen. Auch sind sie nicht an bestimmte Formen oder Fristen gebunden. Zudem haben die Gesuchstellenden regelmässig keine Parteirechte. Die Zulässigkeit von Rechtsbehelfen beschränkt sich im allgemeinen auf den verwaltungsinternen Instanzenzug. Zuweilen besteht nach ständiger Praxis – wie beispielsweise im Bund und im Kanton Zürich – eine Behandlungspflicht. Den Betroffenen kommt dann Parteistellung wie in den übrigen Rechtsmittelverfahren zu.

Unter die Rechtsbehelfe fallen das Wiedererwägungsgesuch, das sich an die verfügende Instanz richtet, und die Aufsichtsbeschwerde, welche die hierarchisch übergeordnete Instanz zu beurteilen hat.

2. WIEDERERWÄGUNGSGESUCH

A. Abgrenzung

190 Mit einem Wiedererwägungsgesuch wird die verfügende Instanz ersucht, auf ihre Verfügung zurückzukommen. Die Wiedererwägung ist einerseits von der Revision, andererseits vom Widerruf von Verwaltungsakten abzugrenzen. Allerdings ist vorauszuschicken, dass die Begriffsverwendung in Lehre und Rechtsprechung, aber auch in der Gesetzgebung uneinheitlich ist (vgl. BGE 113 Ia 150 mit Hinweisen). Im folgenden ist unter der *Revision* die Wiederaufnahme des Verfahrens bei einer Beschwerdeinstanz gegen einen qualifiziert fehlerhaften Entscheid zu verstehen. Demgegenüber ist das *Wiedererwägungsverfahren* vor der verfügenden Behörde einzuleiten. Das Gesuch wird in beiden Fällen durch die Betroffenen selbst gestellt. Da die Revision ein Rechtsmittel ist, kommt der Beschwerdeinstanz die Pflicht zu, auf das Gesuch einzutreten, währenddessen das Wiedererwägungsgesuch grundsätzlich nicht anhand genommen werden muss. Zudem ist das Revisionsgesuch an Formen und Fristen gebunden, das Wiedererwägungsgesuch jedoch nicht. Schliesslich stimmen die Revisions- und Wiedererwägungsgründe nicht in allen Teilen überein. Die nachträgliche Änderung der Sach- oder Rechtslage kann kein Revisionsgrund, wohl aber ein Grund zur Wiedererwägung sein (vgl. Art. 66 VwVG). Die Revision ist somit immer nur gegen ursprünglich fehlerhafte *Entscheide* zulässig, die Wiedererwägung dagegen betrifft ursprünglich fehlerhafte und nachträglich fehlerhaft gewordene *Verfügungen*. Die Anpassung von Rechtsmittelentscheiden an veränderte Verhältnisse ist grundsätzlich nicht zulässig. Der Grund dafür liegt darin, dass diesen materielle Rechtskraft zukommt. Formell rechtskräftige erstinstanzliche Verfügungen hingegen sind nur unter Vorbehalt des Widerrufs (materiell) rechtsbeständig. Nach der Rechtsprechung des Bundesgerichts darf aber die erste Instanz bei Dauersachverhalten trotz Rechtsmittelentscheid in der gleichen Sache neu verfügen, wenn Widerrufsgründe vorliegen (BGE 97 I 752 f.). Darauf ist im nächsten Abschnitt zurückzukommen.

191 Der *Widerruf* von *Verwaltungsakten* ergeht – nach der hier verwendeten Begriffsbestimmung – auf Initiative der für den Erlass der Verfügung zuständigen Behörde oder deren Aufsichtsbehörde und bezieht sich wiederum sowohl auf ursprünglich fehlerhafte als auch auf nachträglich fehlerhaft gewordene Verfügungen (vgl. zur Begriffsverwendung dagegen Art. 58 VwVG). Letztere sind dann widerrufbar, wenn

ihre Rechtmässigkeit nachträglich dahinfällt, weil sich die rechtlichen oder tatsächlichen Gegebenheiten geändert haben oder weil ein gesetzlich vorgesehener Widerrufsgrund eingetreten ist. Gründe des Vertrauensschutzes können allerdings einem Widerruf entgegenstehen; immer hat die widerrufende Instanz die sich entgegenstehenden Interessen abzuwägen: Das Interesse an der richtigen Anwendung des objektiven Rechts auf der einen Seite und der Vertrauensschutz auf der anderen Seite (vgl. BGE 115 Ib 155 mit Hinweisen).

B. Das Wiedererwägungsgesuch im einzelnen

Art. 58 VwVG versteht unter Wiedererwägung den Erlass einer geänderten Verfügung für den Fall, dass ein Rechtsmittel ergriffen wurde. Alsdann ist der Rechtsstreit ist insoweit beendet, als dem Begehren der beschwerdeführenden Person entsprochen wird (BGE 113 V 237). Mit dieser Regelung wollte der Gesetzgeber die Wiedererwägung in den übrigen Fällen, ausserhalb eines Rechtsmittelverfahrens aber nicht ausschliessen. Die Rechtsprechung des Bundesgerichts geht denn auch davon aus, dass die Wiedererwägung jedenfalls zulässig sein muss, wenn ein Revisionsgrund vorliegt, da die Rechtsmittelentscheide gemäss Art. 66 VwVG ebenfalls in Revision gezogen werden können (BGE 113 Ia 151 mit Hinweisen). Aber auch aus anderen Gründen als den Revisionsgründen muss die Wiedererwägung von Verfügungen möglich sein, zumal das Institut der Wiedererwägung den Charakter eines allgemeinen verwaltungsrechtlichen Grundsatzes hat (BGE 110 V 294). Die Frage wurde in VPB 1976 Nr. 53 noch offen gelassen. Das Wiedererwägungsgesuch wird in der Regel dann materiell behandelt, wenn dem Interesse an der Durchsetzung des objektiven Rechts gegenüber jenem am Bestand der Verfügung der Vorzug zu geben ist. Berechtigt, ein Wiedererwägungsgesuch zu stellen, sind diejenigen, die im ursprünglichen Verfahren auch zur Rechtsmittelerhebung befugt gewesen sind (vgl. BGE 109 Ib 251 f.). 192

Von der Frage nach der Zulässigkeit der Wiedererwägung ist die Frage nach der Pflicht der Verwaltungsbehörde, das Gesuch inhaltlich zu behandeln, zu unterscheiden. Die Anhandnahme eines Wiedererwägungsgesuch ist in solchen Fällen nicht nur nach Ermessen möglich (VPB 1985 Nr. 24, S. 154). Die Behandlungspflicht wird von den Bundesbehörden zunächst in analoger Anwendung von Art. 66 VwVG angenommen, wenn ein Revisionsgrund gemäss dieser Bestimmung vorliegt (VPB 1991 Nr. 2, Nr. 40, 1983 Nr. 14; vgl. dazu im einzelnen hinten, Rz. 321). Angesichts der Lückenhaftigkeit des VwVG kann 193 sodann ergänzend auf die aus Art. 4 Abs. 1 BV abgeleiteten Minimalgarantien abgestellt werden. Über den ebenfalls in Art. 66 Abs. 2 lit. a VwVG angeführten Revisionsgrund der neuen Tatsachen und Beweismittel hinaus kommt den Behörden deshalb gemäss Art. 4 Abs. 1 BV auch dann eine Pflicht zu Anhandnahme zu, wenn sich die Sachlage wesentlich verändert hat (VPB 1985 Nr. 24; BGE 100 Ib 373). Die wesentliche Änderung der Umstände kann entweder den Sachverhalt oder die Rechtsnormen betreffen, während eine Praxisänderung zur Begründung der Behandlungspflicht nicht genügt (so jedenfalls das Verwaltungsgericht des Kanton Basel-Land im Entscheid vom 24. Mai 1978, in: ZBl 1979, S. 39). Geänderte Rechtsnormen hingegen mussten etwa berücksichtigt werden, als das Bundesgericht in einem Entscheid das Eidgenössische Verkehrs- und Energiewirtschaftsdepartement angewiesen hatte, eine bereits 1971 erteilte Bewilligung zum Bau eines Flugfeldes in Croix-de-Coeur bei Verbier in Wiedererwägung zu ziehen. Es bestand ein vordringliches öffentliches Interesse an der Durchsetzung der inzwischen bedeutend verschärften Umweltschutz- und Raumplanungsvorschriften. Weil die Gesuchstellenden nicht mit dem Bewilligungsadressaten identisch waren, mussten überdies die Regeln über den Widerruf von Verfügungen beachtet werden. Von der Bewilligung war noch kein Gebrauch gemacht worden, sodass dem öffentlichen Interesse an der Durchsetzung des geänderten Rechts der Vorrang eingeräumt werden konnte (BGE 109 Ib 250 ff.). Klarzustellen bleibt, dass das Wiedererwägungsgesuch grundsätzlich kein formelles Rechtsmittel darstellt und dieses somit genaugenommen nicht durch Nichteintreten erledigt werden kann, wenn keine Pflicht zur inhaltlichen Behandlung besteht (vgl. demgegenüber BGE 113 Ia 154; vgl. auch die Erledigungsformen der Revisionsgesuche, hinten Rz. 324).

194 Das Bundesgericht hat zu Recht entschieden, dass eine erstinstanzlich zuständige Behörde in den Fällen, in denen es im verwaltungsgerichtlichen Beschwerdeverfahren über die Verfügung entschieden hat, durchaus eine neue Verfügung treffen könne, wenn sich die Verhältnisse verändert oder sich neue Erkenntnisse ergeben hätten und ein Dauersachverhalt in Frage stehe. In solchen Fällen kommt den Bewilligungsinhabern keine stärkere Stellung zu, als wenn die Bewilligung durch die Verwaltungsbehörden ohne nachträglichen Rechtsmittelentscheid erteilt worden ist (BGE 97 I 753). Die materielle Rechtskraft von Rechtsmittelentscheiden wird damit zugunsten der für die Durchsetzung der öffentlichen Ordnung zuständigen Verwaltungsbehörden eingeschränkt (Kölz, Kommentar VRG, § 20, Rz. 53). Ob analog der Rechtslage bei der Wiedererwägung auch eine Pflicht besteht, in solchen Fällen ein Gesuch der Verfügungsbetroffenen um eine

neue Verfügung in Anpassung an die veränderten Verhältnisse zu behandeln, ist nicht entschieden, müsste aber konsequenterweise bejaht werden. Liegen allerdings Revisionsgründe vor, muss das Revisionsverfahren vor derjenigen Behörde durchgeführt werden, welche letztinstanzlich entschieden hat.

Bei negativen Entscheiden, beispielsweise wenn die Behörde eine Bewilligung zur Berufsausübung ablehnt, wird angenommen, dass die erneute Gesuchstellung jederzeit zulässig ist (BGE 100 Ib 372). Dennoch steht aber die Rechtsbeständigkeit der Ablehnungsverfügung solange entgegen, als sich die Sachlage in der Zwischenzeit nicht verändert hat; dann muss ein solches Gesuch nicht behandelt werden (BGE 109 V 264; VPB 1991 Nr. 40). Es drängt sich allgemein auf, die erneute Gesuchstellung den gleichen Regeln wie die Wiedererwägungsgesuche zu unterstellen, sofern das Gesetz keine eigene Regelung vorsieht und beispielsweise eine Frist zur neuen Gesuchseinreichung setzt (vgl. etwa Art. 21 Abs. 2 der Verordnung über die eidgenössische Maturitätsprüfung; Art. 38 der Allgemeinen Medizinalprüfungsverordnung). 195

Wiedererwägungsgesuche werden in der Praxis unter analoger Anwendung von Art. 66 Abs. 3 VwVG abgelehnt, wenn der Gesuchsteller die vorgebrachten Gründe schon im ordentlichen Rechtsmittelverfahren hätte geltend machen können (VPB 1987 Nr. 22). Da die Wiedererwägung weder an Formen noch an Fristen gebunden ist, kann das Gesuch im übrigen auch nach Ablauf der Rechtsmittelfrist gestellt werden (BGE 113 Ia 150). Nicht entschieden ist, ob die relative Frist zur Stellung des Revisionsgesuches gemäss Art. 67 Abs. 1 VwVG zu beachten ist. Ein über die Gebühr langes Zuwarten seit Entdecken des Revisionsgrundes kann jedoch gegen den Grundsatz von Treu und Glauben verstossen; bei der absoluten Frist sollte zudem Art. 67 Abs. 1 VwVG analog angewendet werden: Wird der Mangel erst 10 Jahre nach Eröffnung der Verfügung entdeckt, ist die Wiedererwägung ausgeschlossen. 196

Falls sich die Behörde mit dem Gesuch nicht befasst, kann dieser Entscheid an die Rechtsmittelinstanz weitergezogen werden, da diese Frage eine Rechtsfrage ist. Die beschwerdeführende Person kann aber entsprechend dem prozessualen Grundsatz, dass sich der Streitgegenstand im Zuge des Rechtsmittelverfahrens nicht verändern darf, nur die Anhandnahme beantragen, nicht aber die Aufhebung oder Änderung der Verfügung verlangen. Wird das Rechtsmittel gutgeheissen, erfolgt eine Rückweisung an die erste Instanz mit der Anordnung, das Wiedererwägungsgesuch zu behandeln und neu zu verfügen. Unter Umständen nimmt die Beschwerdeinstanz in den Erwägungen aber zugleich zur materiellen Frage Stellung. Verweist sie im Entscheid- 197 dispositv darauf, sind diese für die angewiesene Behörde verbindlich (vgl. VPB 1986 Nr. 13, S. 90). Ergeht hingegen auf Grund des Wiedererwägungsgesuches eine neue Verfügung, ist diese auf dem ordentlichen Rechtsmittelweg anfechtbar (BGE 113 Ia 153 f; VPB 1985 Nr. 24).

3. AUFSICHTSBESCHWERDE

198 Gemäss Art. 71 Abs. 1 VwVG kann jede beliebige Person jederzeit der Aufsichtsbehörde Tatsachen anzeigen, die im öffentlichen Interesse von Amtes wegen ein Einschreiten gegen eine untere Behörde erfordern. Mit einer begründeten Aufsichtsbeschwerde wird die Behörde auf einen Sachverhalt aufmerksam gemacht, den sie – hätte sie darum gewusst – von Amtes wegen hätte aufgreifen müssen (VPB 1982 Nr. 41). Die Aufsichtsbeschwerde ist weder an Formen noch an Fristen gebunden. Sie ist Ausfluss der Aufsichts- und nicht der Justizfunktion der übergeordneten Verwaltungsbehörden.

199 Wann eine übergeordnete Behörde einzuschreiten hat, richtet sich grundsätzlich nach dem Umfang ihrer Aufsichtskompetenz. Dabei ist zwischen Dienstaufsicht und Verbandsaufsicht zu unterscheiden. Erstere kommt allen oberen Instanzen innerhalb der gleichen Verwaltungshierarchie zu; letztere besteht dagegen zugunsten des übergeordneten Verbandes gegenüber denjenigen Gemeinwesen, autonomen Anstalten, Stiftungen oder anderen öffentlichrechtlichen Körperschaften, welche Verwaltungsaufgaben für jenen besorgen.

200 Die *Verbandsaufsicht* des Bundes gegenüber den Kantonen kommt demnach dort zum Tragen, wo die Zuständigkeiten der Kantone auf einer Delegation des Bundes beruhen. Im Rahmen der Verbandsaufsicht greift der Bund gegenüber kantonalen Verfügungen aber nur dann zu Aufsichtsmassnahmen, wenn sich jene als vor dem Bundesrecht nicht haltbar erweisen und somit die öffentlichen Interessen in schwerwiegender Weise verletzen oder gefährden. Dabei ist nach dem Verhältnismässigkeitsprinzip entsprechend der Bedeutung der verletzten Norm und der Schwere des Verstosses ein adäquates Aufsichtsmittel zu ergreifen oder es ist ganz darauf zu verzichten. Die Aufhebung von kantonalen Verfügungen kommt als letzte mögliche Massnahme in Betracht und ist gegenüber zulässigen Rechtsmitteln, zu deren Erhebung die Bundesbehörden legitimiert sind, subsidiär (VPB 1991 Nr. 29, 1990 Nr. 40, 1982 Nr. 18, S. 123). Die aufsichtsrechtliche Aufhebung kantonaler Gerichtsentscheide wird zu Recht ebenfalls als zulässig erachtet, denn die richterliche Unabhängigkeit kann im Verwal-

tungsrecht wegen den qualifizierten öffentlichen Interessen nur im horizontalen Verhältnis absolute Geltung beanspruchen; auch müssten kantonale Verfügungen nach dem willkürlichen Kriterium, ob sie angefochten wurden oder nicht, als «aufsichtsfest» gelten oder nicht. Die Kantone könnten sich so durch die Einrichtung kantonaler Verwaltungsgerichte der Bundesaufsicht entziehen (vgl. den Fall «Fextal»: ZBl 1974, S. 529 f.). Eine besondere gesetzliche Grundlage ist dazu nicht notwendig, weil dem Bund gemäss Art. 102 Ziff. 2 BV die unmittelbare Kompetenz zur Aufsicht zukommt und er dabei an das Verhältnismässigkeitsprinzip gebunden ist (Frage offen gelassen in: VPB 1986 Nr. 61 und 62; vgl. auch Art. 39 OG).

Im Rahmen der *Dienstaufsicht* dürfen Verfügungen oder Entscheide aufgrund einer Aufsichtsbeschwerde nur dann aufgehoben werden, wenn sie gegen klares Recht, wesentliche Verfahrensvorschriften oder öffentliche Interessen verstossen (vgl. VPB 1988 Nr. 54, S. 324). Bei rechtskräftigen Verfügungen und Entscheiden kann auch nach den Widerrufsregeln vorgegangen werden, was im Ergebnis allerdings wohl kaum zu Unterschieden führen wird. Die Kognitionsbeschränkung der Aufsichtsbehörden ist in Bezug auf nicht rechtskräftige Verfügungen und Entscheide jedoch problematisch, wenn man bedenkt, dass sie gegenüber den unteren Behörden voll weisungsbefugt sind.

Die Aufsichtsbeschwerde kann sich gegen jede Handlung der Verwaltung richten, sowohl gegen Verfügungen und Entscheide als auch gegen nicht förmliches Verwaltungshandeln wie beispielsweise gegen (unterlassene) Rechtsgeschäfte oder organisatorische Massnahmen (VPB 1986 Nr. 51).

Jede beliebige Drittperson ist zur Anzeige befugt. Doch kommen den Anzeigenden nicht die gleichen Rechte zu wie einer Partei im Rechtsmittelverfahren (Art. 71 Abs. 2 VwVG). Dies zeigt sich zunächst einmal darin, dass die Behörde nicht verpflichtet ist, der Beschwerde Folge zu leisten (VPB 1988 Nr. 52). Immerhin hat der Bundesrat in einem früheren Entscheid festgehalten, dass ein Bescheid über die Behandlung der Anzeige erwartet werden darf (VPB 1979 Nr. 82). Sodann hat die Aufsichtsbeschwerde keinen Einfluss auf die Wirkung einer Verfügung oder eines Entscheides. Insbesondere wirkt sie nicht aufschiebend. Das öffentliche Interesse kann jedoch die Anordnung vorsorglicher Massnahmen gebieten (VPB 1978 Nr. 67). Schliesslich muss den Anzeigenden keine Einsicht in die Akten gewährt werden (Art. 71 Abs. 2 VwVG). Auch sind sie vorgängig nicht anzuhören (VPB 1988 Nr. 52; BGE 102 Ib 84). Davon zu unterscheiden ist jedoch der Gehörsanspruch der *Betroffenen:* Soll eine getroffene Anordnung aufgrund einer Aufsichtsbeschwerde geändert werden, ist ihnen das rechtliche Gehör zu gewähren.

Die Behörde behandelt eine Anzeige gemäss einer Praxis nicht, solange den Beschwerdeführenden die ordentlichen oder ausserordentlichen Rechtsmittel oder die Aufsichtsbeschwerde an eine andere Instanz zur Verfügung stehen, um ihre privaten Interessen zu wahren (vgl. VPB 1989 Nr. 36, 1990 Nr. 45). Zu Recht kann die Frage aufgeworfen werden, ob diese Einschränkung gerade auch angesichts des Wortlautes von Art. 71 Abs. 1 VwVG nicht zu weit geht, zumal mit Einlegung der Aufsichtsbeschwerde auch auf die Parteistellung verzichtet wird (Rhinow/Krähenmann Nr. 145 B II f).

201 In der Regel ist die Rechtsmittelinstanz bereit, eine Beschwerde als Aufsichtsbeschwerde entgegenzunehmen, wenn entweder ein Anfechtungsobjekt nicht gegeben ist oder die Legitimation der beschwerdeführenden Person fehlt (vgl. VPB 1990 Nr. 31). Da beispielsweise die Vergebung der Arbeiten im Submissionsverfahren nach herkömmlicher Rechtsprechung keine Verfügung darstellt, steht den nichtberücksichtigten Mitbewerbern auch kein Rechtsmittel offen. Im verwaltungsinternen Beschwerdeverfahren wird eine allfällige Anfechtung gleichwohl als Aufsichtsbeschwerde behandelt (VPB 1981 Nr. 61; vgl. auch VPB 1986 Nr. 51). Im staatsrechtlichen Beschwerdeverfahren hingegen – und im Gegensatz zur Verwaltungsgerichtsbeschwerde (BGE 103 Ib 157) – tritt das Bundesgericht, wie angeführt, auf die Beschwerde ein, wenn die Verletzung von Bestimmungen geltend gemacht wird, welche eigens den Schutz der Mitbewerber bezwecken (vgl. die Hinweise vorne Rz. 82 und hinten Rz. 223). Umgekehrt nimmt im Bereich der Anordnung des Abhörens eines Telefons durch die Bundesanwaltschaft das EJPD eine Aufsichtsbeschwerde als förmliche Beschwerde entgegen, um den Anforderungen an Art. 13 EMRK genügen zu können (VPB 1988 Nr. 78).

202 Lehnt es die Behörde ab, auf die Anzeige einzugehen oder leistet sie ihr keine Folge, steht den Anzeigenden lediglich die Aufsichtsbeschwerde an die nächsthöhere Verwaltungsinstanz offen. Es bleibt den Beschwerdeführenden nach wie vor verwehrt, den ordentlichen Rechtsmittelweg zu beschreiten, da es an der verbindlichen Regelung eines konkreten Rechtsverhältnisses und demzufolge am Rechtsschutzinteresse der Anzeigenden fehlt (BGE 103 Ib 158). Desgleichen bleibt die Rechtsverweigerungs- und die Rechtsverzögerungsbeschwerde ausgeschlossen (BGE 104 Ib 241). Fällt die Aufsichtsbehörde aber einen neuen Entscheid, ist dieser mit den ordentlichen Rechtsmitteln anfechtbar, soweit deren Voraussetzungen erfüllt sind. Insbesondere muss ein ausreichendes Rechtsschutzinteresse vorhanden sein, damit die Legitimation zur Erhebung des Rechtsmittels gegeben ist (BGE 102 Ib 84 f.).

Gemäss Art. 10 der Verordnung vom 10. September 1969 über Kosten und Entschädigungen im Verwaltungsverfahren kann die Aufsichtsbehörde die Kosten der anzeigenden Person auferlegen, wenn die Aufsichtsbeschwerde mutwillig erfolgte oder aussergewöhnlich umfangreich oder besonders schwierig war (vgl. VPB 1987 Nr. 41, S. 254).

7. KAPITEL: DIE EINSPRACHE

203 *Literatur:* GADOLA, S. 110 ff.; GYGI, Bundesverwaltungsrechtspflege, S. 33, 139 f.; SALADIN, S. 165 f.

204 Das Einspracheverfahren als Rechtsmittelverfahren wird nach Erlass einer Verfügung bei der selben Verwaltungsbehörde eingeleitet, welche die Anordnung getroffen hat.
Die Einsprache ist also ein nicht devolutives Rechtsmittel. Sie ermöglicht einerseits eine umfassende Interessenabwägung, birgt aber andererseits die Gefahr in sich, dass das Rechtsmittelverfahren unnötig verlängert wird. Das Einspracheverfahren hat dort seine besondere Bedeutung, wo zahlreiche Verfügungen ergehen müssen und dementsprechend auch die Gefahr, dass Fehler unterlaufen, grösser ist. Oftmals ersetzt es die vorgängige Anhörung. Seinen Ursprung hat es im Steuerrecht. Das VwVG sieht kein allgemeines Einspracheverfahren vor. Ob die Einsprache als Rechtsmittel besteht, bestimmt sich ausschliesslich nach den Spezialgesetzen. Doch richtet sich das Verfahren selber – im Rahmen von Art. 1 bis 5 VwVG – nach den Bestimmungen des VwVG (vgl. BGE 110 Ib 101, 400). Ist das Einspracheverfahren spezialgesetzlich vorgesehen, gehört dieses zum ordentlichen Verfahrensgang; die Verwaltungs- oder Verwaltungsgerichtsbeschwerde kann vorerst nicht erhoben werden (vgl. Art. 46 lit. b und 74 lit. b VwVG, Art. 102 lit. d OG; Beispiel: Art. 105 Unfallversicherungsgesetz).

205 Die Einsprache als Rechtsmittel ist abzugrenzen vom *besonderen Einwendungsverfahren* gemäss Art. 30a VwVG, welches der Gewährung des rechtlichen Gehörs für eine grosse Anzahl von Betroffenen dient und vor Erlass der Verfügung durchgeführt wird. Formalisierte Äusserungsrechte haben ebenso ihre Bedeutung in Planungs- und Enteignungsverfahren (vgl. Art. 35 Enteignungsgesetz, dazu BGE 111 Ib 231).

8. KAPITEL: ALLGEMEINES VERWALTUNGSINTERNES BESCHWERDEVERFAHREN

Literatur: GADOLA, S. 181 ff., MOOR, Vol. II., S. 173 ff., SALADIN, S. 163 ff.   206

I. DISPOSITIONSMAXIME

Dem Dispositionsgrundsatz entsprechend, steht es den durch die Verfügung Betroffenen zu, das streitige Verwaltungsverfahren einzuleiten. Dem Dispositionsgrundsatz entspricht ferner, dass die beschwerdeführende Partei durch ihre Anträge den Streitgegenstand bestimmen kann und die Behörden an diese Anträge gebunden sind. Im Verwaltungsbeschwerdeverfahren wird die Dispositionsmaxime allerdings von der Offizialmaxime durchbrochen, indem die Behörden unter den Voraussetzungen von Art. 62 Abs. 1 und 2 VwVG nicht an die Parteibegehren gebunden sind. Aus dem Dispositionsgrundsatz ergibt sich ferner, dass die Parteien das Verfahren durch Beschwerderückzug und auch durch Anerkennung zum Abschluss bringen können. Hingegen ist die Beendigung des Verfahrens durch Vergleich infolge des zwingenden Charakters des materiellen Verwaltungsrechts nur beschränkt möglich.   207

II. BESCHWERDEVORAUSSETZUNGEN

1. ZUSTÄNDIGKEIT DER VERWALTUNGS- INTERNEN RECHTSPFLEGEINSTANZEN

A. Zwingende Natur der Zuständigkeitsvorschriften, Vorgehen bei Unzuständigkeit

208 Die Vorschriften über die Zuständigkeit sind zwingender Natur (Art. 7 Abs. 2 VwVG). Die Behörden prüfen die Zuständigkeit von Amtes wegen und pflegen einen Meinungsaustausch, wenn sie ihre Zuständigkeit als zweifelhaft erachten. Sind sie nicht zuständig, wird die Angelegenheit an die zuständige Instanz überwiesen (Art. 7 und 8 VwVG). Gelangt eine Eingabe anstatt an das Bundesgericht an eine Verwaltungsbehörde, gilt die Frist auch für das bundesgerichtliche Rechtsmittel der Verwaltungsgerichtsbeschwerde (Art. 107 Abs. 1 OG) und der staatsrechtlichen Beschwerde (Art. 96 Abs. 1 OG) als gewahrt. Der unzuständigen Behörde kommt eine Überweisungspflicht zu, wobei sich Art. 96 OG nur auf die Rechtspflegeinstanzen des Bundes bezieht, während Art. 107 OG bezüglich aller Behörden, auch derjenigen der Kantone oder Gemeinden gilt (BGE 111 V 408).

Bestreiten dagegen die Parteien die Zuständigkeit, ergeht darüber eine anfechtbare Zwischenverfügung (vgl. Art. 9 VwVG in Verbindung mit Art. 45 Abs. 2 lit. a VwVG).

B. Beschwerdeinstanzen

209 *Literatur:* GYGI FRITZ, Das System der Verwaltungsrechtspflege in Bundesverwaltungssachen, in: Erhaltung und Entfaltung des Rechts in der Rechtsprechung des Schweizerischen Bundesgerichtes, Festgabe zur Hundertjahrfeier des Bundesgerichts, Basel 1975, S. 197 ff.; *ders.,* Bundesverwaltungsrechtspflege, S. 81, 238 ff.; Saladin, S. 199 ff., 164, 172.

a. Im allgemeinen

210 Entsprechend der devolutiven Natur der Beschwerde ist im Beschwerdeverfahren – im Gegensatz zur Einsprache – eine andere als die verfügende Behörde zuständig. Grundsätzlich ist dies die der verfügenden Behörde hierarchisch übergeordnete Instanz, die Aufsichtsbehör-

de (Art. 47 Abs. 1 lit. c VwVG). Das Bundesrecht kann aber eine andere Beschwerdeinstanz bezeichnen (Art. 47 Abs. 1 lit. b VwVG) oder eine Verfügung als endgültig erklären (Art. 46 lit. d VwVG, vgl. auch lit. c). Letztere Bestimmung erscheint im Hinblick auf Art. 103 Abs. 2 BV deshalb als zweifelhaft, weil dort das Beschwerderecht vorbehalten bleibt, wenn der Bundesgesetzgeber bestimmte Geschäfte den Departementen oder untergeordneten Amtsstellen zur Erledigung überweist. Zudem muss der Gesetzgeber im Anwendungsbereich von Art. 6 EMRK die Garantie des Zugangs zu einem unabhängigen Gericht beachten, ansonsten sie sich als EMRK widrig erweisen (vgl. vorne Rz. 21). Die oberste Behörde innerhalb der Bundesverwaltung ist der Bundesrat, wobei hier die besonderen Bestimmungen von Art. 72 ff. VwVG gelten (Art. 47 Abs. 1 lit. a VwVG). In Ergänzung zum Verwaltungsverfahrensgesetz hält Art. 61 Abs. 3 VwOG fest, dass gegen Verfügungen der Ämter die Departemente Beschwerdeinstanz sind. Ausgenommen sind Fälle, in denen:

- die direkte Verwaltungsgerichtsbeschwerde an das Bundesgericht gegeben ist (Art. 98 lit. c OG);
- die Beschwerde an eine besondere Instanz offensteht (Art. 47 Abs. 1 lit. b VwVG);
- der Sprungrekurs zulässig ist (Art. 47 Abs. 2 VwVG);
- eine endgültige Verfügung gemäss Art. 46 lit. c und d sowie Art. 74 lit. e VwVG ergeht.

Art. 46 lit. b VwVG sagt, dass die Beschwerde nicht erhoben werden kann, solange Verfügungen durch Einsprache anfechtbar sind. Daraus geht hervor, dass der Instanzenzug erschöpft sein muss, bevor die nächsthöhere Instanz angerufen werden kann; vorbehalten bleibt die Sprungbeschwerde.

b. Sprungbeschwerde

Hat eine nicht endgültig entscheidende Beschwerdeinstanz im Einzelfall der verfügenden Behörde eine Weisung erteilt, wie die zu treffende Anordnung lauten soll, so ist deren Verfügung unmittelbar an die nächsthöhere Instanz weiterziehbar. In diesem Fall darf der Instanzenzug durchbrochen werden. In der Rechtsmittelbelehrung ist auf die Sprungbeschwerde hinzuweisen (Art. 47 Abs. 2 VwVG). Rückweisungsentscheide, deren Erwägungen für die Vorinstanz verbindlich sind, gelten aber nicht als Weisungen im Sinne von Art. 47 Abs. 2 VwVG (Art. 47 Abs. 4 VwVG). 211

Die der übersprungenen Instanz folgende Behörde darf nicht ebenfalls ausgelassen werden. Beeinflusst etwa das Bundesamt für Landwirtschaft den Entscheid eines Milchverbandes, so darf das Departement nicht ausgelassen und das Bundesgericht nicht direkt angerufen werden (BGE 108 Ib 414 ff.; vgl. auch BGE 110 Ib 96 ff.). Die Sprungbeschwerde ist auch an das Bundesgericht oder eidgenössische Versicherungsgericht zulässig. Hätte die übersprungene Instanz die Rüge der Unangemessenheit geprüft, erweitert sich die Kognition der Justizbehörden auf die Prüfung des Ermessens (Art. 47 Abs. 3 VwVG). Praktisch hat die Sprungbeschwerde wenig Bedeutung erlangt.

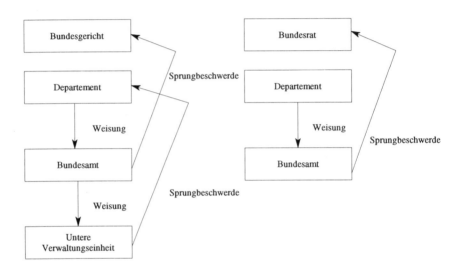

c. Das Verhältnis zwischen Verwaltungsbeschwerde und Verwaltungsgerichtsbeschwerde im Besonderen

212 Gegen Verfügungen, die mit Verwaltungsgerichtsbeschwerde beim Bundesgericht oder Eidgenössischen Versicherungsgericht anfechtbar sind, ist die Verwaltungsbeschwerde unzulässig (Art. 46 lit. a VwVG). Diese Bestimmung bezweckt die Abgrenzung der funktionellen Zuständigkeit zwischen den unteren Verwaltungsrechtspflegeinstanzen und dem Bundesgericht. Sobald eine Verfügung einer Vorinstanz gemäss Art. 98 OG vorliegt – und die übrigen Voraussetzungen ebenfalls gegeben sind – ist die Verwaltungsgerichtsbeschwerde zu ergreifen; der verwaltungsinterne Instanzenzug gilt als abgeschlossen.

C. Sachliche Zuständigkeit der verwaltungsinternen Rechtspflegeinstanzen

Ausgangspunkt zur Bestimmung der sachlichen Zuständigkeit ist der Streitgegenstand. In den unteren Stufen der Verwaltungsrechtspflege besteht eine Vielzahl von Rechtspflegeinstanzen. Der Zuständigkeitsbereich von funktionell auf gleicher Ebene tätigen Verwaltungsbehörden wird durch sachliche – und unter Umständen örtliche – Kriterien abgegrenzt, die im Verwaltungsorganisationsrecht und im materiellen Recht festgelegt sind. Die sachliche Zuständigkeit muss aber, ausser bei der Verwaltungsgerichtsbeschwerde, welche die funktionelle Zuständigkeit betrifft, auch gegenüber derjenigen des Bundesgerichts in Zivil- und Strafsachen sowie zur Beurteilung der staatsrechtlichen Beschwerde abgegrenzt werden. Diese Zuständigkeitsabgrenzung erfolgt durch den Verfügungsbegriff gemäss Art. 5 Abs. 1 VwVG. Da die Verfügungen in Anwendung von Bundesverwaltungsrecht ergehen müssen, können Anordnungen, die sich auf Zivil- oder Strafrecht abstützen, nicht mit Verwaltungsbeschwerde angefochten werden. Desgleichen sind Verfügungen, die ihre Grundlage im kantonalen Recht haben, grundsätzlich nicht mit Verwaltungsbeschwerde anfechtbar.

213

2. BESCHWERDEOBJEKT

Literatur: vgl. die in Rz. 79 zit. Literatur; GALLI PETER, Die Submission der öffentlichen Hand im Bauwesen, Zürich 1981; GYGI FRITZ, Über die anfechtbare Verfügung, in: Berner Festgabe zum Schweizerischen Juristentag, Bern 1979, S. 517 ff.; HAEFLIGER ARTHUR, Die Anfechtung von Zwischenverfügungen in der Verwaltungsrechtspflege des Bundesgerichts, in: Mélanges Robert Patry, Lausanne 1988, S. 341 ff.; IMBODEN/RHINOW/KRÄHENMANN, Nr. 35; JAAG TOBIAS, Die Abgrenzung zwischen Rechtssatz und Einzelakt, Zürich 1985; *ders.,* Die Allgemeinverfügung im schweizerischen Recht, ZBl 1984, S. 433 ff.; KÄLIN WALTER, Das Verfahren der staatsrechtlichen Beschwerde, Bern 1984, S. 143 f., 264 ff.; LEIGGENER ERWIN, Die Vergebung von öffentlichen Aufträgen der Gemeinwesen als Problem des Rechtsstaates, Fribourg 1976; SALADIN, S. 170 ff.; TRÜB, S. 70 ff. (ob. zit. in Rz. 89); WARTMANN THOMAS, Die Genehmigung kommunaler Erlasse durch kantonale Behörden nach aargauischem Recht, Zürich 1974.

214

A. Im allgemeinen

215 Beschwerdeobjekt bildet im Verwaltungsbeschwerdeverfahren die Verfügung im Sinne von Art. 5 VwVG (Art. 44 VwVG). Sie ist neben der Legitimation das wichtigste Verbindungselement zwischen nichtstreitigem und streitigem Verwaltungsverfahren, weil sie das nichtstreitige Verwaltungsverfahren abschliesst und den Ausgangspunkt des streitigen Verwaltungsverfahrens bildet. Zu deren begrifflichen Umschreibung kann an das vorne Gesagte angeknüpft werden (vorne Rz. 82). Da sich gemäss Art. 97 Abs. 1 OG das Anfechtungsobjekt ebenfalls nach Art. 5 VwVG richtet, kann zur Umschreibung und Abgrenzung des Verfügungsbegriffs die Rechtsprechung des Bundesgerichts zur Verwaltungsgerichtsbeschwerde miteinbezogen werden.

Art. 5 Abs. 1 VwVG besagt, dass diejenigen Anordnungen der Behörden als Verfügungen gelten, die im Einzelfall ergehen, sich auf öffentliches Recht des Bundes stützen und zum Gegenstand haben:

– die Begründung, Änderung oder Aufhebung von Rechten oder Pflichten;
– die Feststellung des Bestehens, Nichtbestehens oder Umfangs von Rechten oder Pflichten
– die Abweisung von oder das Nichteintreten auf Begehren um Begründung, Änderung, Aufhebung oder Feststellung von Rechten oder Pflichten.

Im Falle der Abweisung oder des Nichteintretens spricht man von negativen Verfügungen. Dabei ist darauf abzustellen, ob ein verfügungsmässiges Rechtsverhältnis begründet würde, wenn die Antwort ausgefallen wäre.

Um mögliche Zweifelsfälle auszuschalten, zählt Art. 5 Abs. 2 VwVG Sachverhalte auf, die zusätzlich zum in Abs. 1 Festgehaltenen als Verfügungen gelten. Diese müssen aber, um als Verfügungen zu gelten, ebenfalls die Voraussetzungen von Art. 5 Abs. 1 VwVG erfüllen. Dies sind:

– Vollstreckungsverfügungen (vgl. dazu hinten Rz. 229);
– Zwischenverfügungen (vgl. dazu hinten Rz. 226 ff.);
– Einspracheentscheide;
– Beschwerdeentscheide;
– Revisionsentscheide;
– die Erläuterung.

Nicht zu den Verfügungen gezählt werden: Erklärungen von Behörden über die Ablehnung oder das Erheben von Ansprüchen, die in der ursprünglichen Verwaltungsgerichtsbarkeit, also auf dem Klageweg zu erfolgen haben (Art. 5 Abs. 3 VwVG, Art. 119 Abs. 3 OG). Dazu gehört etwa auch die Erklärung des Enteigners über die Verjährung von Ansprüchen oder die Erklärung, dass keine materielle Enteignung vorliege und auch kein Schaden entstanden sei (BGE 116 Ib 252 und 115 Ib 414). Desgleichen bildet beispielsweise die Erklärung einer Kreisdirektion II der SBB über die Schadensbeteiligung eines Beamten nach Art. 8 VG keine Verfügung, sondern ist als blosse Erklärung im Sinne von Art. 5 Abs. 3 VwVG zu qualifizieren (VPB 1985 Nr. 55). 216

B. Die Verfügung

Damit eine Verfügung gemäss Art. 5 Abs. 1 VwVG vorliegt, müssen folgende Elemente vorhanden sein:

a. Anordnung einer Behörde

Die Verfügung muss zunächst durch den zuständigen Träger der öffentlichen Gewalt, durch eine Behörde, welcher die Verfügungskompetenz zukommt, erlassen worden sein. Entsprechend dem in Art. 1 VwVG umschriebenen Geltungsbereich des VwVG handelt es sich dabei um Bundesverwaltungsbehörden (vgl. vorne Rz. 85). Aber auch den kantonalen Behörden, welche Bundesverwaltungserlasse vollziehen, steht die Verfügungsbefugnis zu. 217

Die Kompetenz zum Erlass einer Verfügung muss sich aus dem Gesetz ergeben. Keine Verfügungskompetenz haben beispielsweise die Vorsorgeeinrichtungen gemäss Berufsvorsorgegesetz (BVG), selbst wenn sie öffentlichrechtlich organisiert sind. Umgekehrt hat der Gesetzgeber diese Befugnis den Ausgleichskassen (vgl. Art. 63 AHVG), den Krankenkassen (Art. 30 KVG) oder Unfallversicherern (Art. 99 UVG) eingeräumt (vgl. BGE 112 Ia 184). Nicht in hoheitlicher Funktion amtet die eidgenössische Schätzungskommission, wenn sie auf Grund einer Schiedsvereinbarung einen Entscheid über eine Enteignungsentschädigung fällt, weil eine solche Funktion der Kommission in keinem Gesetz vorgesehen ist, ihr mithin keine derartige Entscheidfunktion übertragen wurde (BGE 112 Ib 540 f.; vgl. für den Bereich der Rechtshilfe auch BGE 112 Ib 145, 148).

b. Einseitigkeit

218 Das Kriterium der Einseitigkeit grenzt die Verfügungen gegenüber rechtsgeschäftlichen Handlungen ab. Für die Einseitigkeit wesentlich ist der autoritative Charakter der Verfügung. Die Abgrenzung kann aber nicht immer eindeutig vorgenommen werden. Es ist darauf abzustellen, welches Element überwiegt: das rechtsgeschäftliche oder das autoritative. Mitwirkungsbedürftige Verwaltungsakte, zu deren Rechtswirksamkeit die Zustimmung der Betroffenen notwendig ist, wie dies beispielsweise bei Bewilligungen, Konzessionen, Beamtenernennungen oder Anstellungen im öffentlichen Dienst der Fall ist, werden zu den Verfügungen gezählt. Verträge dagegen, die auf einer übereinstimmenden Willensäusserung beruhen, sind keine Verfügungen (vgl. etwa BGE 112 II 109: Erschliessungsvereinbarung; BGE 109 Ib 148 ff.: Sorgfaltspflichtvereinbarung zwischen der Nationalbank und den übrigen Banken; BGE 103 Ib 335 ff.: Pflichtlagervertrag.). Der Vertragsabschluss ist nach der überwiegenden Praxis nicht Ausdruck autoritativer staatlicher Befehlsgewalt. Wohl aber sollte der vorgängigen Entscheidung, mit einem Anbieter den Vertrag abzuschliessen, für einen Anbieter Verfügungscharakter zukommen. Dies würde dazu führen, dass der bereits mehrfach erwähnte Submissionszuschlag an einen Anbieter durch die abgewiesenen Bewerberinnen und Bewerber angefochten werden könnte (vgl. die Hinweise vorne Rz. 198 ff. und Rz. 82 ff.). Gewisse Kantone bezeichnen den Submissionszuschlag denn auch ausdrücklich als Verfügung (vgl. die Hinweise bei Rhinow/Krähenmann Nr. 47 B V). Bezüglich Finanzhilfen und Abgeltungen verlangt überdies ebenso der Bundesgesetzgeber in Art. 16 Abs. 4 SuG, dass über die Abweisung eines entsprechenden Gesuchs in allen Fällen, selbst wenn die Subvention in Vertragsform hätte gewährt werden sollen, eine Verfügung nötig ist. Hinzu kommt, dass selbst das Bundesgericht nicht durchwegs den Verfügungscharakter einer Gesuchsabweisung verneint: So hat es etwa eine Verfügung angenommen, als das Eidgenössische Volkswirtschaftsdepartement feststellte, die Voraussetzungen zum Abschluss eines Zwischenhändler-Rahmenvertrages zur Käsevermarktung durch die Gesuchstellerin würden nicht erfüllt (BGE 101 Ib 306 ff.). Auch ist es nicht ausgeschlossen, dass in Bereichen, wo Verträge abgeschlossen wurden, Verfügungen ergehen können (vgl. BGE 109 Ib 149 f., 103 Ib 338.).

219 Dass die behördeninterne Willensbildung mit einer auf öffentliches Recht abgestützten Entscheidung in der Form einer Verfügung endet, mit einer bestimmten Person einen Vertrag abzuschliessen, ergibt sich aus der Zweistufentheorie. Der abzuschliessende Vertrag kann öffentlichrechtlicher oder privatrechtlicher Natur sein. Wesentlich ist, dass

damit der Rechtsschutz gewährleistet ist. Die Verfügung über den Vertragsschluss beinhaltet für die abgewiesenen Gesuchsteller oder Anbieter zugleich den negativen Entscheid, den Vertrag, um welchen die Verwaltungsbehörde ersucht worden ist, nicht abzuschliessen. Wie weit ein solcher Hoheitsakt von den Abgewiesenen angefochten werden kann, ist dann eine Frage der Legitimation (vgl. zur der Zweistufentheorie entsprechenden Lehre des «acte detachable» in Frankreich: Moor, Vol. II, S. 255 ff.).

c. Individuell konkrete Anordnung

Der Verfügungsbegriff erfordert grundsätzlich, dass sich die Anordnung an eine einzelne Person oder an mehrere, objektiv bestimmte Personen richtet und einen konkreten Sachverhalt oder eine bestimmte Vielzahl von Sachverhalten regelt. Im Verwaltungsbeschwerde- wie im Verwaltungsgerichtsbeschwerdeverfahren können generell abstrakte Erlasse nicht angefochten werden (VPB 1985 Nr. 46; BGE 112 Ia 185 f.; vgl. aber die Ausnahme in Art. 73 Abs. 1 VwVG). Hingegen sind Allgemeinverfügungen, die eine generell konkrete Anordnung darstellen, anfechtbar, obwohl der Adressatenkreis nicht bestimmt ist. Um als anfechtbare Verfügung zu gelten, genügt es demzufolge, dass die Anordnung konkret ist (z.B. Verkehrsmassnahmen: VPB 1991 Nr. 6, Nr. 32; BGE 112 Ib 252). 220

Das Unterscheidungsmerkmal der Einzelfallregelung lässt aber keine begriffslogische Unterscheidung zwischen Verfügung und Rechtssatz zu. Es gibt keine Trennlinie; vielmehr bleibt eine «Grauzone», in der sich die verschiedensten Verwaltungshandlungen ansiedeln lassen. Dies ist insbesondere der Fall, wenn zwar die geregelten Sachverhalte oder die Adressaten individuell bestimmt sind, jedoch eine grosse Anzahl derselben unter die Regelung fällt (vgl. Jaag, Abgrenzung S. 65, 104). Die Qualifikation entspringt einer historisch-konventionellen Betrachtungsweise und ist nicht frei von Wertungen. Das bedeutet allerdings nicht, dass die Unterscheidung deshalb unbrauchbar wäre; doch sind die Zuordnungen der verschiedenen Handlungen zum Verwaltungsverfahren oder Rechtssetzungsverfahren jeweils in Abwägung der verschiedenen Zwecksetzungen dieser Verfahren vorzunehmen.

Pläne zum Beispiel stehen je nach ihrem Inhalt einer Verfügung oder einem Rechtssatz näher. Hinsichtlich ihrer Anfechtbarkeit sind sie dem einen oder andern Rechtsinstitut gleichzustellen. Raumpläne bezeichnet das Bundesgericht als Anordnungen eigener Natur (BGE 107 Ia 275 f.). Deren Anfechtung im Verwaltungsbeschwerdeverfah- 221 ren ist allerdings bereits wegen der besonderen Regelung von Art. 34 RPG unzulässig. Im übrigen tritt der Bundesrat in der Regel aber auf Beschwerden gegen Pläne ein und setzt deren Verfügungscharakter voraus, zumal die Verwaltungsgerichtbeschwerde gegen Pläne infolge der besonderen Bestimmung von Art. 99 lit. c OG ausgeschlossen ist. So prüfte der Bundesrat etwa die Festsetzung eines Sicherheitszonenplanes gemäss Art. 43 Luftfahrtsgesetz (VPB 1987 Nr. 63), einen Lärmzonenplan (VPB 1987 Nr. 64), die Plangenehmigung einer Eisenbahnbaute (VPB 1989 Nr. 14 oder die Plangenehmigung für Hochspannungsleitungen (VPB 1991 Nr. 19).

Die Genehmigung von Rechtssätzen wird von der Praxis nicht als Verfügung, sondern als Rechtssetzungsakt qualifiziert, weil diese kein Rechtsverhältnis begründet (VPB 1985 Nr. 29). Wirkt die Genehmigung überdies konstitutiv, gehört sie noch zum Rechtssetzungsverfahren (vgl. auch BGE 115 V 397).

d. Rechtsverbindlichkeit

223 Mit einer Verfügung soll ein verwaltungsrechtliches Rechtsverhältnis, das Rechtswirkungen nach aussen zeitigt, definitiv und in erzwingbarer Weise festgelegt werden (VPB 1986 Nr. 15). Die Rechtswirkungen bestehen darin, dass Rechte oder Pflichten geändert, begründet, aufgehoben oder festgestellt werden oder aber ein entsprechendes Begehren abgewiesen oder darauf nicht eingetreten wird (Art. 5 Abs. 1 lit. a bis c VwVG; VPB 1986 Nr. 15). Die Rechtswirkungen entfalten sich sowohl für die Behörden als auch für die Verfügungsadressaten unmittelbar. Die Adressaten müssen aber von der verfügenden Behörde verschiedene Rechtspersonen sein.

Organisatorische Massnahmen etwa vermögen grundsätzlich keine Rechte oder Pflichten eines Privaten zu begründen. So können die Umbenennung einer Poststelle (BGE 109 Ib 253 ff.; vgl. als Beispiel auch den Entscheid des Regierungsrates des Kantons Zug vom 13. 8. 1991 zur Umbenennung einer Strasse, ZBl 1992, S. 24 ff.), die Änderung der Abfertigungszeiten bei einem Zollamt (VPB 1989 N. 38), die örtliche Verlegung eines Postautokurses (VPB 1986 Nr. 51) oder der Beschluss der Generaldirektion der PTT, einen Fernsehturm zu bauen, nicht angefochten werden (VPB 1986 Nr. 48, S. 320 f.). Hingegen ist im zuletzt genannten Fall die entsprechende Baubewilligung anfechtbar (BGE 112 Ib 73 ff.). Das Bundesgericht lehnt es ferner ab, die Aufhebung einer Bahnhaltestelle oder einer Poststelle als Verfügung zu qualifizieren (BGE 109 Ib 256; anders zu Recht die Praxis des Bundesrates betreffend Bahnhaltestellen: VPB 1980 Nr. 60).

Nicht anfechtbar sind nach der Praxis sodann grundsätzlich die Dienstanweisungen, die entweder in genereller Art und Weise als Verwaltungsverordnungen (vgl. BGE 105 Ib 139) oder aber im konkreten Einzelfall als Dienstbefehle ergehen und sich nicht auf die Rechte und Pflichten der einzelnen auswirken, mithin keine Aussenwirkungen zeitigen (zur Aussenwirkung von Verwaltungsverordnungen vgl. BGE 105 Ia 352 ff.).

Desgleichen werden keine Rechte und Pflichten geregelt, wenn die zuständige Bewilligungsbehörde im Rahmen der Verfahrenskoordination gemäss Art. 21 der Verordnung über die Umweltverträglichkeitsprüfung (UVPV) eine Stellungnahme abgibt (BGE 116 Ib 260). Demgegenüber ist der Entscheid über die Durchführung der Umweltverträglichkeitsprüfung als Verfügung zu qualifizieren (BGE 115 Ib 344). Keine Verfügung ist ferner die Stellungnahme der Kartellkommission über die volkswirtschaftliche oder soziale Schädlichkeit eines Kartells eine Verfügung (BGE 113 Ib 95; 117 Ib 484 ff.).

Auch im Fall, wo einem Beamten die Ermächtigung zur Zeugenaussage verweigert wird, werden keine Rechte und Pflichten zwischen dem Bürger und dem Privaten begründet (BGE 103 Ib 255 f.).

Nicht auf Rechtswirkung ausgerichtet sind schliesslich Auskünfte, Mitteilungen oder Empfehlungen. Sie erzeugen grundsätzlich keine Rechtsverbindlichkeit, weder für den Empfänger der Auskunft noch für die Verwaltung. Ihre Anfechtbarkeit wird aber dennoch bejaht, wenn sie rechtlich nicht ohne Folgen bleiben und für einen künftigen Entscheid vorbelastend wirken (BGE 114 Ib 191). Ist dies nicht der Fall, sollten Hinweise, Ermahnungen oder Voranzeigen nicht in das Dispositiv einer Verfügung aufgenommen werden, ansonsten die Betroffenen unter Umständen unnötigerweise Beschwerde erheben (VPB 1991 Nr. 18). Zusicherungen und Auskünfte können indessen nach dem Grundsatz von Treu und Glauben unter bestimmten Voraussetzungen Verbindlichkeit erlangen und sind deshalb nicht ohne weiteres widerrufbar (vgl. BGE 116 V 298 ff., mit Hinweisen). Wird das Begehren um eine Auskunft durch eine betroffene Person gestellt, ist darauf abzustellen, ob diese ein Interesse an einer rechtsverbindlichen Entscheidung hat. Kann dies bejaht werden, ist eine Verfügung zu erlassen (VPB 1983 Nr. 23).

e. Anordnung in Anwendung von öffentlichem Recht des Bundes, Abgrenzung zu Rechtsmitteln des Bundes

224 Damit einer behördlichen Anordnung Verfügungscharakter zukommt, muss sie sich gemäss Art. 5 Abs. 1 VwVG auf öffentliches Recht des Bundes stützen. Dabei genügt es, wenn sich die Verfügung auf Bundesrecht hätte stützen sollen (BGE 117 Ib 11 mit Hinweisen).

Einerseits fällt unter den Begriff «öffentliches Recht des Bundes» nur *Verwaltungsrecht*. Davon ist sowohl das Strafrecht, das Schuldbetreibungs- und Konkursrecht als auch das Zivilrecht abzugrenzen, weil hier besondere Bundesrechtsmittel bestehen. Der Verfügungsbegriff dient, wie angeführt, zugleich der Abgrenzung der sachlichen Zuständigkeit zwischen den Verwaltungsinstanzen und dem Bundesgericht (vgl. vorne Rz. 213). Was die Unterscheidung zwischen öffentlichem und privatem Recht im besonderen angeht, so herrscht in der Rechtsprechung des Bundesgerichts ein Methodenpluralismus vor. Je nach Einzelfall, welches Abgrenzungskriterium den konkreten Gegebenheiten am besten Rechnung trägt, wird vorab auf die Interessentheorie, die Funktionstheorie oder Subordinationstheorie abgestellt (vgl. BGE 109 Ib 149; im einzelnen vgl. Häfelin/Müller, S. 43 ff.). Im übrigen wird bei der Abgrenzung von einem materiellen Rechtsbegriff ausgegangen. Dies hat zur Folge, dass beispielsweise die formell dem Zivilrecht zugehörigen Regeln über die Stiftungsaufsicht materiell dem Verwaltungsrecht zugeordnet werden (Art. 84 ZGB, BGE 103 Ib 164; ebenso Art. 703 ZGB, dazu BGE 116 Ib 28 f.). Auch die Registerangelegenheiten sind verwaltungsrechtlicher Natur, wie etwa die Verweigerung des Eintrages in das Handelsregister (vgl. Art. 5 Handelsregisterverordnung, Art. 103 Grundbuchverordnung). Desgleichen finden sich im Strafgesetzbuch Bestimmungen, die Verwaltungsrecht darstellen (vgl. etwa Art. 45 Ziff. 3 Abs. 1 StGB, BGE 106 IV 332 f.; zudem BGE 102 Ib 254 ff.).

225 Weiter muss es sich um eine Verfügung handeln, die sich auf öffentliches Bundesrecht unterhalb der Verfassungsstufe stützt. Es genügt nicht, dass die Verfügung auf Grundsätzen der Bundesverfassung fusst. Ein Schätzungsentscheid, der – neben kantonalem Recht – die aus der Eigentumsgarantie entwickelten Grundsätze über die materielle Enteignung anwendet, ist keine Verfügung im Sinne von Art. 5 VwVG (BGE 103 Ib 214).

Schliesslich ist das kantonale Verwaltungsrecht vom Bundesverwaltungsrecht zu unterscheiden. Abgrenzungsschwierigkeiten können dort entstehen, wo sowohl der Bund wie auch die Kantone legiferiert haben. Es ist darauf abzustellen, ob dem kantonalen Recht gegenüber dem Bundesrecht selbständige Bedeutung zukommt und der kantonale Gesetzgeber eine *erhebliche Entscheidungsfreiheit* inne hat (vgl. Kölz Alfred, Die staatsrechtliche Rechtsprechung des Bundesgerichts 1981, ZBJV 1983, S. 589 f.; BGE 118 Ib 131 f.). Das ist namentlich dort der Fall, wo der Bund nur über eine Grundsatzgesetzgebungskompetenz verfügt, wie beispielsweise im Bereich der Nationalstrassengesetzgebung (BGE 105 Ib 107 ff.) oder der Wasserbaupolizeigesetzgebung (BGE 116 Ib 27). Wenn auf Bundesebene eine umfassendere Gesetzgebung ergangen ist, kann aber den Kantonen dennoch eine Aufgabe zur selbständigen Erledigung übertragen und ihnen ein erheblicher Entscheidungsspielraum eingeräumt werden. Einen solchen Entscheidungsspielraum überlässt der Bundesrat den Kantonen etwa in Art. 7 der gestützt auf Art. 397bis StGB erlassenen Verordnung (1) zum Schweizerischen Strafgesetzbuch vom 13. 11. 1973 (vgl. BGE 115 IV 133; demgegenüber zu Art. 5 dieser Verordnung: BGE 118 Ib 132 f.). Seit dem Erlass der auf das USG abgestützten Lärmschutzverordnung sind entsprechende kantonale Lärmzonenvorschriften teilweise obsolet geworden. Sie behalten indessen dort ihre selbständige Bedeutung bei, wo es um die Regelung besonderer städtebaulicher Aspekte geht; auch wird ein Teil der Sekundärimmissionen bei störenden Betrieben, wie etwa die Gefährdung von Fussgängern, vom bundesrechtlichen Umweltschutzrecht nicht erfasst (BGE 116 Ia 491 ff. mit Hinweisen).

Im allgemeinen kann festgehalten werden, dass Verfügungen, die sich formell auf kantonales Recht abstützen, nur dann mit Rechtsmitteln der Bundesverwaltungsrechtspflege angefochten werden können, wenn:

– die Behörde fälschlicherweise kantonales anstelle von Bundesrecht angewendet hat;
– ein auf kantonales Verfahrensrecht gestützter Nichteintretensentscheid ergangen ist und damit die Anwendung von Bundesrecht ausgeschlossen wird (BGE 112 Ib 413 mit Hinweis);
– den kantonalen Vorschriften, auf die sich der Entscheid stützt, gegenüber dem Bundesrecht keine selbständige Bedeutung zukommt (vgl. dazu BGE 116 Ib 178 mit Hinweisen; 117 Ib 444; VPB 1981 Nr. 44, S. 234 mit Hinweisen);
– die Anwendung von Bundesverwaltungsrecht die Hauptfrage darstellt, die Anwendung von kantonalem Verwaltungsrecht lediglich nebensächlich ist und in hinreichend engem Sachzusammenhang mit der Hauptfrage steht (BGE 117 Ib 11). Diese Möglichkeit erwähnt das Bundesgericht zwar, lässt sie aber nur mit äusserster Zurückhaltung zu. Demgegenüber verlangt der Bundesrat nur, dass der

Sachzusammenhang gegeben ist (vgl. VPB 1991 Nr. 19, S. 174). (Zu diesen Grundsätzen vgl. BGE 117 Ib 11; Kälin, 269 f.).

C. Die Zwischenverfügung und Vollstreckungsverfügung im besonderen

226 Die *Zwischenverfügung* unterscheidet sich von der Endverfügung dahingehend, dass erstere das Verfahren nicht abschliesst sondern lediglich einen Schritt in Richtung Verfahrenserledigung unternimmt (BGE 108 Ib 381). Zwischenverfügungen ergehen in einem der Endverfügung vorangehenden Verfahren (Art. 45 Abs. 1 VwVG). Teilverfügungen dagegen entscheiden über einen Teil des Verfügungsgegenstandes und erledigen das Verfahren in dieser Hinsicht endgültig (BGE 107 Ib 343). Aus prozessökonomischen Gründen sind Zwischenverfügungen nur beschränkt anfechtbar (BGE 104 Ib 133 f.). Es soll vermieden werden, dass das Verfahren ungebührlich verlängert oder verschleppt wird.

Die Zwischenverfügung ist dann selbständig anfechtbar, wenn sie einen nicht wiedergutzumachenden Nachteil zur Folge hätte, falls sie erst mit der Endverfügung angefochten werden könnte (Art. 45 Abs. 1 und 3 VwVG). Dabei reicht ein schutzwürdiges Interesse aus; zudem braucht der in Aussicht stehende Nachteil kein rechtlicher zu sein, wie dies im staatsrechtlichen Beschwerdeverfahren nach Art. 87 OG vorausgesetzt wird (BGE 116 Ib 238); es genügt ein tatsächlicher Nachteil.

Ein Nachteil im Sinn von Art. 45 Abs. 1 VwVG entsteht etwa dann, wenn über die Frage entschieden wurde, ob vor der eidgenössischen Schätzungskommission das ordentliche oder das abgekürzte Verfahren einzuschlagen sei (BGE 112 Ib 421 f.) oder ob ein Ausstandsgrund vorliege (VPB 1983 Nr. 2). Ferner liegt ein Nachteil in der Verweigerung des Akteneinsichtsrechts (vgl. VPB 1985 Nr. 18). Desgleichen ist von einem nicht wiedergutzumachenden Nachteil auszugehen, wenn mit der Zwischenverfügung über die Notwendigkeit der Durchführung einer Umweltverträglichkeitsprüfung entschieden wurde (VPB 1989 Nr. 16). Kein Nachteil steht demgegenüber in Aussicht, wenn im Beschwerdeverfahren noch alle Beweisanträge vorgebracht werden können und der Beschwerdeinstanz die gleiche Kognition wie der Vorinstanz zusteht (VPB 1983 Nr. 50). Desgleichen entsteht kein Nachteil im Falle der Festsetzung einer Teilnote, welche für die Berechnung des Jahresdurchschnitts bei einem ETH-Studium berücksichtigt wird (VPB 1987 Nr. 8) oder im Falle der Verweigerung einer Fristerstreckung gemäss Art. 22 Abs. 2 VwVG (VPB 1989 Nr. 19).

Der Nachweis des nicht wiedergutzumachenden Nachteils muss 227
grundsätzlich auch dann erbracht sein, wenn sich Betroffene gegen
eine der in Art. 45 Abs. 2 VwVG aufgezählten Verfügungen beschweren (BGE 99 Ib 415 f.). Da der Nichteintretensentscheid gemäss Art.
9 VwVG aber eine atypische – weil verfahrensabschliessende – Zwischenverfügung darstellt, hat das Bundesgericht in Zweifel gezogen,
ob der Nachteil auch hier dargetan sein müsse. Die Frage wurde dann
aber offen gelassen (BGE 108 Ib 545). Die Aufzählung der Zwischenverfügungen in Art. 45 Abs. 2 VwVG ist nicht abschliessend. Es
werden dort nur die wichtigsten Zwischenverfügungen genannt. Es
sind dies Verfügungen über:

– die Zuständigkeit (BGE 108 Ib 544 f.);
– den Ausstand;
– die Sistierung des Verfahrens (BGE 115 Ib 17);
– die Auskunfts-, Zeugnis- oder Editionspflicht und den Ausschluss einer Partei von der Zeugeneinvernahme;
– die Verweigerung der Akteneinsicht;
– vorsorgliche Massnahmen (BGE 116 Ib 346 f.);
– die Verweigerung der unentgeltlichen Rechtspflege.

Als nicht anfechtbare Zwischenverfügung bezeichnet das Gesetz in 228
Art. 46 lit. f VwVG dagegen die Verfügung über die Ansetzung einer
Frist zur Bestellung einer Vertretung und über die Bezeichnung einer
Vertretung gemäss Art 11a VwVG. Damit sollen die Massenverfahren nicht unnötig verlängert werden, zumal den Parteien durch diese
Verfügung keine nicht wieder gutzumachende Nachteile erwachsen,
wenn die Anfechtung erst mit der Endverfügung erfolgen kann.

Eine Zwischenverfügung ist auf dem Rechtsmittelweg nur weiter- 229
ziehbar, wenn es die Hauptverfügung ebenfalls ist (Art. 46 lit. e
VwVG). Aus dem Grundsatz der Einheit des Verfahrens folgt, dass
für die Zwischenverfügung keine anderen Voraussetzungen gelten
können als für die Hauptsache. So ist etwa der Entscheid über den
Entzug der aufschiebenden Wirkung eines Rechtsmittels bei Tarifstreitigkeiten im Bereich der Krankenversicherung an den Bundesrat weiterzuziehen und nicht an das Eidgenössische Versicherungsgericht
(vgl. VPB 1991 Nr. 1, Art. 129 Abs. 2, 101 lit. a OG, Art. 72 ff.
VwVG).

Dem Grundsatze nach kann die *Vollstreckungsverfügung* nicht angefochten werden, es sei denn, es würden gegenüber der materiellen Anordnung weitergehende Rechte und Pflichten geregelt. Der
Grund für die Beschränkung der Anfechtbarkeit liegt darin, dass die
Fristbestimmungen nicht dadurch umgangen werden dürfen; im Gegensatz dazu ist die Anfechtung von Bestätigungsakten im staatsrecht-

lichen Beschwerdeverfahren zulässig, wenn unverjährbare und unverzichtbare Freiheitsrechte geltend gemacht werden (vgl. dazu Kälin, S. 167). Regelt beispielsweise ein Grundsatzbeschluss für Bundesbeiträge an Meliorationen alle wesentlichen Punkte, so muss dieser angefochten werden; die nachfolgenden Verfügungen, welche einerseits die Zusicherung eines Bundesbeitrages für eine einzelne Bauetappe und andererseits die Auszahlung eines Bundesbeitrages zum Gegenstand haben, sind lediglich Vollstreckungsverfügungen, die der Beschwerde grundsätzlich nicht unterliegen (VPB 1989 Nr. 34, S. 217). Die Vollstreckungsverfügung ist im verwaltungsinternen Beschwerdeverfahren aber dann anfechtbar, wenn etwa geltend gemacht wird, es liege keine vollstreckbare Verfügung vor oder die Verfügung sei mangelhaft eröffnet worden, die Vollstreckungsmassnahme sei unverhältnismässig oder rechtswidrig oder aber gehe über die Sachverfügung hinaus (vgl. demgegenüber Art. 101 lit. c OG, dazu hinten, Rz. 401). Art. 5 Abs. 2 VwVG verweist wohl gerade nur auf die Ersatzvornahme und den unmittelbaren Zwang (Art. 41 Abs. 1 lit. a und b VwVG). Diese Aufzählung ist indessen nicht abschliessend zu verstehen. Auch spezialgesetzlich vorgesehene Vollstreckungsmassnahmen können im umschriebenen Umfang angefochten werden. Dasselbe gilt für diejenigen Vollzugsmassnahmen, welche in der Vollzugskompetenz der Exekutive enthalten und insoweit ohne besondere gesetzliche Grundlage zulässig sind (vgl. vorne, Rz. 172), der verwaltungsinternen Beschwerde.

3. BESCHWERDEFÄHIGKEIT UND BESCHWERDELEGITIMATION

230 *Literatur:* Vgl. auch die ob. in Rz. 107 zit. Lit.; BALLENEGGER JACQUES, Le droit de recours des organisations de protection de l'environnement, URP 1992, S. 209 ff.; BAUMGARTNER URS, Behördenbeschwerde – und kein Ausweg?, ZSR 1980 I, S. 301 ff.; GADOLA ATTILIO R., Beteiligung ideeller Verbände am Verfahren vor den unteren kantonalen Instanzen – Pflicht oder blosse Obliegenheit? Zugleich eine Auseinandersetzung mit BGE 116 Ib 119 ff. und 418 ff., ZBl 1992, S. 97 ff.; GYGI FRITZ, Zur Beschwerdebefugnis des Gemeinwesens in der Bundesverwaltungsrechtspflege, ZSR 1979 I, S. 449 ff.; *ders.,* Die Beschwerdebefugnis im Verwaltungsprozess, ZBl 1960, S. 473 ff.; KÖLZ ALFRED, Vollzug des Bundesverwaltungsrechts und Behördenbeschwerde, ZBl 1975, S. 361 ff.; *ders.,* Die Beschwerdebefugnis der Gemeinde in der Verwaltungsrechtspflege, ZBl 1977, S. 97 ff.; *ders.,* Die Legitimation zur staatsrechtlichen Beschwerde und das subjektive öffentliche Recht, in: Mélanges André Grisel, Neuchâtel 1983, S. 739 ff.; *ders.,* Die Vertretung des öffentlichen Interesses in der Verwaltungsrechtspfle-

ge, ZBl 1985, S. 49 ff.; MACHERET AUGUSTIN, La qualité pour recourir: clef de la juridiction constitutionnelle et administrative du Tribunal fédéral, ZSR 1975 II, S. 131 ff.; *Manfrini Pierre-Louis/Peregrina Daniel* (ob. zit. in Rz. 17); MAYER DIEMUTH, Bürgerklage und Bürgerbeschwerde als Beispiel objektiver Rechtskontrolle im Umweltschutz, ZSR 1987 I, 293 ff.; MATTER FELIX, Die Verbandsbeschwerde im schweizerischen Umweltschutzrecht, ZSR 1981 I, S. 445 ff.; MEYER LORENZ, Das Beschwerderecht von Vereinigungen; Auswirkungen auf das kantonale Verfahren, in: Verfassungsrechtsprechung und Verwaltungsrechtsprechung, Zürich 1992, S. 167 ff.; MOOR, Vol. II, S. 408 ff.; MÜLLER GEORG, Legitimation und Kognition in der Verwaltungsrechtspflege, ZBl 1982, S. 281 ff.; NUTT RETO, Das Beschwerderecht ideeller Vereinigungen, insbesondere nach Art. 14 des Bundesgesetzes über Fuss- und Wanderwege (FWG), ZBl 1992, S. 255 ff.; RIVA ENRICO, Die Beschwerdebefugnis der Natur- und Heimatschutzvereinigungen im schweizerischen Recht, Bern 1980; SCHWANDER YVO, Zur Beschwerdebefugnis in den Verwaltungsverfahren und Verwaltungsgerichtsverfahren, ZBl 1978, S. 469 ff.; SCHMID GERHARD, Grenzüberschreitende Verfahrensbeteiligung im Umweltschutzrecht, in: Mélanges André Grisel, Neuchâtel 1983; WALLISER PETER, Zur Beschwerdelegitimation gesamtschweizerischer Vereinigungen des Natur- und Heimatschutzes, ZBl 1977, S. 403 ff.

A. Die Parteien und andere Beteiligte

Wiederum gilt der in Art. 6 VwVG definierte Parteibegriff, welcher auf Art. 48 VwVG abstellt. Wer zur Beschwerde berechtigt ist, kann somit im Beschwerdeverfahren Partei werden (vgl. BGE 108 Ib 94, zudem vorne Rz. 108 ff.). Grundsätzlich ist das Beschwerdeverfahren als eigentliches *Zweiparteienverfahren* ausgestaltet: Der Verfügungsadressat als die «klägerische Partei» in der aktiven Rolle steht der erstinstanzlich verfügenden Verwaltungseinheit als Prozessgegnerin in der passiven Rolle gegenüber. Da letztere höchstens ausnahmsweise zur Rechtsmittelerhebung legitimiert ist (Art. 48 lit. b VwVG), bildet die erwähnte Rollenverteilung die Regel. Streng genommen ist die verfügende Behörde mangels Rechtsfähigkeit zwar nicht Partei im eigentlichen Sinn und fällt auch nicht unter den Parteibegriff gemäss Art. 6 VwVG. Dennoch kommen ihr aus praktischen Gründen grundsätzlich dieselben Parteirechte wie der beschwerdeführenden Partei zu, sofern die Auslegung des Gesetzes nicht den gegenteiligen Schluss nahelegt (BGE 105 V 188 f.). So ist sie beispielsweise an einem weiteren Schriftenwechsel nach Art. 57 Abs. 2 VwVG zu beteiligen; der dort verwendete Parteibegriff stimmt demnach nicht in allen Teilen mit demjenigen von Art. 6 VwVG überein. Auch kann die verfügende Behörde die Beschwerde im Rahmen des Gesetzes anerkennen und ihre Verfügung in Wiedererwägung ziehen (Art. 58 Abs. 1 VwVG). In diesem Umfang kann sie über den Streitgegenstand bestimmen.

231

Demgegenüber ergibt aber beispielsweise die Regelung über die Bindung an Parteibegehren gemäss Art. 62 VwVG nur dann einen Sinn, wenn unter dem Begriff «Partei» oder «Gegenpartei» nicht auch die verfügende Instanz verstanden wird. Desgleichen meint Art. 31 VwVG mit «Gegenpartei» nicht die verfügende Behörde, sondern bezieht sich auf das Mehrparteienverfahren.

Wird der Beschwerdeentscheid weitergezogen und das Verfahren vor einer dritten Instanz fortgeführt, tritt die zweite Instanz als weitere beteiligte Vorinstanz hinzu. Auch sie wird nicht als Partei im Sinn von Art. 6 VwVG angesehen, doch wird sie im Gesetz verschiedentlich besonders angeführt (vgl. etwa Art. 57 Abs. 1 oder Art. 61 Abs. 3 VwVG. Vgl. auch BGE 105 V 188). In Art. 76 Abs. 2 VwVG werden dem Departement, dessen Vorsteherin oder Vorsteher in den Ausstand treten muss, neben dem Vernehmlassungsrecht ausdrücklich dieselben Rechte wie der beschwerdeführenden Partei eingeräumt, unabhängig davon, ob dieses verfügende oder beschwerdeentscheidende Instanz ist.

232   Ein *Mehrparteienverfahren* liegt einerseits vor, wenn eine Verfügung mehrere Adressaten betrifft. Andererseits wird ein Mehrparteienverfahren auch eingeleitet, wenn gemäss Art. 48 lit. a VwVG Drittbetroffene oder nach Art. 48 lit. b VwVG Legitimierte das Rechtsmittel erheben und sich die Verfügungsadressaten mit eigenen Prozessanträgen widersetzen; diese werden dann neben der verfügenden Instanz zu Gegenparteien (vgl. in diesem Sinn beispielsweise Art. 31 und Art. 57 Abs. 1 VwVG). In Art. 57 VwVG sind andere «Beteiligte» erwähnt. Darunter sind in erster Linie diejenigen zu verstehen, welche, ohne Parteistellung beanspruchen zu können, in den Schriftenwechesel einbezogen werden dürfen (vgl. VPB 1991 Nr. 33, S. 311). Unter die Beteiligten im Sinn von Art. 57 VwVG fallen aber auch Drittbeschwerdeführende, welche mit dem Entscheid der unteren Instanz einverstanden sind oder sich damit abgefunden haben. Diese nehmen nur dann die Stellung einer Gegenpartei ein, wenn sie sich den Anträgen der Beschwerdeführenden mit eigenen Anträgen widersetzen (vgl. BGE 116 Ib 346). Allerdings werden sie im Fall der Stellung eigener Anträge auch kostenpflichtig (vgl. Art. 63 Abs. 1, Art. 64 Abs. 3 VwVG).

Angesichts des weiten Parteibegriffs fällt das Institut der Beiladung in der Verwaltungsrechtspflege des Bundes dahin, soweit es nicht um die ursprüngliche Verwaltungsgerichtsbarkeit geht. Die Beiladung bedeutet die Prozessbeteiligung einer Person, die zwar schutzwürdige Interessen am Ausgang des Verfahrens hat, jedoch von der Vorinstanz nicht als Partei zugelassen worden ist. Zweck der Beiladung ist die Ausdehnung der Rechtskraft auf die beigeladene Person. Die Beiladung wird in den Kantonen teils ausdrücklich geregelt (vgl. etwa Art. 14 des Gesetzes über die Verwaltungsrechtspflege des Kanton Bern) oder von der Praxis zugelassen (so im Kanton Zürich, vgl. hinten Rz. 535).

Der Überblick über die möglichen Parteien und anderen Verfahrensbeteiligten ergibt, dass die Begriffsverwendung des Gesetzes uneinheitlich ist und insbesondere mit Art. 6 VwVG nicht immer übereinstimmt. Es ist im konkreten Fall anhand der anwendbaren Rechtsnorm zu bestimmen, welche Beteiligten jeweilen unter den von der konkreten Norm verwendeten Parteibegriff fallen und welche weiteren Beteiligten zur Mitwirkung am Verfahren befugt sind. Insoweit relativiert sich auch die begriffliche Unterscheidung zwischen Zwei- und Mehrparteienverfahren.

B. Partei- und Prozessfähigkeit

Die Partei- und Prozessfähigkeit bestimmt sich, wie vorne in Rz. 108 erwähnt, nach dem Zivilrecht. Zur Parteifähigkeit ist weiter folgendes anzumerken: 233

Den Gesamthandschaften, wie etwa der einfachen Gesellschaft, der Erbengemeinschaft oder der Miteigentümergemeinschaft kommt keine Parteifähigkeit zu. Die einzelnen Mitglieder sind in der Verwaltungsrechtspflege aber ohne Zustimmung der andern befugt, eine belastende oder pflichtbegründende Anordnung anzufechten, um für die Gemeinschaft allfällige Nachteile abzuwehren. Wesentlich ist, dass die jeweiligen Beschwerdeführenden ein aktuelles Interesse an der Anfechtung geltend machen können. Die Zustimmung der übrigen Mitglieder des Gesamthandsverhältnisses ist jedoch dann einzuholen, wenn durch die Erhebung des Rechtsmittels die Interessen der Gemeinschaft oder Erben – im konkreten Fall ging es um eine Erbengemeinschaft – beeinträchtigt werden könnten (BGE 116 Ib 449 f.; Bundesgerichtsentscheid vom 8. Juli 1987, in: ZBl 1988, S. 553 ff. mit Hinweisen).

Die Parteifähigkeit fehlt regelmässig auch der Vorinstanz, wenn im Namen eines Amtes Mitwirkungsrechte geltend gemacht werden. Dennoch nimmt sie – wie gezeigt – aus praktischen Gründen die Stellung einer «Gegenpartei» ein. Dieses pragmatische Vorgehen hat durchaus seine Berechtigung, zumal diese jeweils die den privaten Interessen entgegenstehenden öffentlichen Interessen zu vertreten haben. Will eine Verwaltungseinheit aber gestützt auf Art. 48 lit. a VwVG oder 103 lit. a OG Beschwerde führen, muss sie parteifähig und damit rechtsfähig sein; die Stellung als Vorinstanz genügt nicht.

C. Legitimation

a. Vertretung schutzwürdiger Interessen

aa. Überblick und Begriffselemente des schutzwürdigen Interesses

234 Gemäss Art. 48 lit. a VwVG sind diejenigen zur Beschwerde berechtigt, die durch die angefochtene Verfügung «berührt» sind und ein «schutzwürdiges Interesse» an deren Aufhebung oder Änderung haben. Die Vorschrift stimmt wörtlich und inhaltlich mit Art. 103 lit. a OG überein, welcher die Legitimation zur Verwaltungsgerichtsbeschwerde regelt (BGE 116 Ib 323 mit Hinweisen). Zudem stellen Art. 48 lit. a VwVG und 103 lit. a OG Minimalvorschriften für das kantonale Verfahren dar, sofern der Streit an eine bundesrechtliche Rechtsmittelinstanz weitergezogen werden kann (BGE 116 Ib 122 mit Hinweisen; VPB 1982 Nr. 55).

235 Zunächst ist klarzustellen, dass die im Gesetz erwähnten Erfordernisse des «Berührtseins» und des «schutzwürdigen Interesses» nicht als kumulative Voraussetzungen verstanden werden können; denn es dürfte kaum möglich sein, ein schutzwürdiges Interesse darzutun, ohne auch von der Verfügung berührt zu sein; auf das Begriffselement des «Berührtseins» hätte der Gesetzgeber bei der letzten Revision besser verzichtet. Im folgenden muss daher lediglich das schutzwürdige Interesse verdeutlicht werden.

Das schutzwürdige Interesse kann *rechtlicher oder tatsächlicher* Natur sein. Es muss somit nicht in einer Rechtsverletzung bestehen und mit der als verletzt gerügten Norm korrespondieren; vielmehr genügt es, wenn rein tatsächliche, praktische, wirtschaftliche, ideelle oder andere Interessen der beschwerdeführenden Person beeinträchtigt werden. Das Eidgenössische Verkehrs- und Energiewirtschaftsdepartement war deshalb beispielsweise nicht befugt, auf eine Beschwerde von Nachbarn eines Flughafens gegen die Genehmigung von Flugplänen mit der Begründung nicht einzutreten, Art. 132 der Verordnung über die Luftfahrt (in der Fassung vom 30. 10. 1968, geändert am 14. 11. 1973) richte sich nur an die Behörden und schütze nicht die Interessen von Privaten (BGE 104 Ib 317 f.). Im Gegensatz dazu verlangt die Legitimation nach Art. 88 OG ein rechtlich geschütztes Interesse (vgl. BGE 116 Ib 450). Sodann stellt die Legitimation im Zivilprozessrecht eine Frage des materiellen Rechts dar. In der Verwaltungsrechtspflege aber ist sie rein prozessualer Natur und besteht im praktischen Nutzen, den die erfolgreiche Beschwerde der beschwerdeführenden Partei in ihrer rechtlichen oder tatsächlichen Situation eintragen würde; oder anders ausgedrückt, in der Abwendung des materiellen oder ideellen Nachteils, den die Verfügung zur Folge hätte (vgl. BGE 106 Ib 413 mit Hinweisen). Ist die Legitimation nicht gegeben, führt dies zu einem Nichteintretensentscheid, während im Zivilprozess die Klage abgewiesen wird (BGE 111 V 346).

Die Legitimierten müssen in einem materiellen Sinn beschwert sein *(materiellen Beschwer)*. Ausgangspunkt zur Bestimmung der materiellen Beschwer bildet die Beziehungsnähe zum Streitgegenstand (BGE 116 Ib 323 f.). Damit diese gegeben ist, muss das Interesse ein unmittelbares, eigenes und persönliches sein. Die beschwerdeführende Person kann nicht lediglich Drittinteressen wahrnehmen. Kein genügendes Interesse kommt deshalb der Aktionärin oder dem Aktionär zu, wenn eine Massnahme gegen die Aktiengesellschaft gerichtet ist. Das Interesse ist alsdann höchstens ein mittelbares (BGE 116 Ib 335 f. mit Hinweis). Auch muss sich das Interesse gegenüber demjenigen der Allgemeinheit abheben. Ein öffentliches Interesse genügt nicht. Desgleichen schliessen es die Art. 48 lit. a VwVG und Art. 103 lit. a OG aus, dass lediglich theoretisch über eine Rechtsfrage entschieden werden soll (BGE 116 II 138 f.).

In besonderen Fällen sind auch öffentlichrechtliche Körperschaften oder andere rechtsfähige Träger von Verwaltungsaufgaben legitimiert, aufgrund von Art. 48 lit. a VwVG oder Art. 103 lit. a OG eine Verfügung anzufechten. Diesen kommt dann gleichermassen ein schutzwürdiges Interesse zu, wenn sie gleich oder ähnlich betroffen sind wie Private. Genau genommen kann eine Verwaltungseinheit zwar keine privaten Interessen im Sinn von Einzelinteressen wahrnehmen. Keinesfalls genügt es aber, wenn lediglich das öffentliche Interesse an der richtigen und einheitlichen Durchsetzung von Bundesrecht geltend gemacht werden soll und kein weiterer Bezug zum Streitgegenstand besteht (vgl. BGE 108 Ib 170, 107 Ib 173, 105 Ib 359).

Umstritten ist, inwiefern auch die Teilnahme am vorinstanzlichen Verfahren, die *«formelle Beschwer»* Legitimationsvoraussetzung ist. In einem neueren Entscheid führte das Bundesgericht an, dass diese auf eidgenössischer Ebene keine Eintretensvoraussetzung darstelle (BGE 110 Ib 110, anders noch BGE 108 Ib 94). Dieser Entscheid verdient Zustimmung, da sich eine Teilnahmepflicht weder aus Art. 103 OG noch aus den Art. 48 oder Art. 6 VwVG ergibt. Wäre anders entschieden worden, so wäre mit einem (vorläufigen) Verzicht auf Teilnahme am Verfahren zugleich die Verwirkung des Rechtsschutzes verbunden gewesen. Voraussetzung dieser Rechtsfolge wäre aber eine klare Äusserung des Gesetzgebers. Anders als in BGE 110 Ib 110 hat das Bundesgericht demgegenüber bei der Verbandsbeschwerde gemäss Art. 55 USG und Art. 12 NHG (Art. 103 lit. c OG) entschieden. Darauf ist sogleich zurückzukommen.

237 Das Interesse an der Aufhebung der Verfügung muss schliesslich ein *aktuelles* sein. Das Bundesgericht und der Bundesrat sehen allerdings, gleich wie bei der staatsrechtlichen Beschwerde, von diesem Erfordernis ab, wenn sonst in Grundsatzfragen nie ein rechtzeitiger Entscheid gefällt werden könnte (VPB 1988 Nr. 61; vgl. auch VPB 1991 Nr. 33, 1988 Nr. 60). In einem neueren Entscheid hat das Bundesgericht die Grenzen allerdings eng gezogen und für die Bejahung des Vorliegens eines grundsätzlichen Falles darauf abgestellt, ob er sich je wieder in vergleichbarer Weise stellen könne oder wegen der grundsätzlichen Bedeutung ein hinreichendes Interesse an einer Entscheidung bestehe (BGE 111 Ib 59; vgl. die Kritik von Paul Richli, Die verwaltungsrechtliche Rechtsprechung des Bundesgerichts 1983, ZBJV 1985, S. 494 f.).

Die offene Umschreibung der Legitimation hat zur Folge, dass der Kreis der Beschwerdeberechtigten sehr weit gezogen ist. Die Praxis hat gezeigt, dass die gesetzliche Ausgangslage keine streng rechtslogische, begrifflich fassbare Eingrenzung der Beschwerdebefugnis zulässt. Die Begrenzung ist vielmehr vom praktischen Standpunkt aus für jedes Rechtsgebiet gesondert vorzunehmen (BGE 113 Ib 367). Neben den Adressaten der Verfügung sind auch Dritte, Verbände und unter gewissen Voraussetzungen öffentlichrechtliche Körperschaften und andere Verwaltungseinheiten zur Beschwerde berechtigt.

bb. Verfügungsadressaten

238 Zunächst einmal sind diejenigen zur Erhebung der Beschwerde befugt, mit denen die Verwaltungsbehörde eine Rechtsbeziehung verbindlich festlegt sowie deren Rechte und Pflichten regelt. Diese bilden die Anordnungssubjekte, die *primären Adressaten* der Verfügung und sind zu unterscheiden von den Drittbetroffenen, die auch als *sekundäre Adressaten* bezeichnet werden können. Die primären Adressaten haben in der Regel ohne weiteres die vorausgesetzte Beziehungsnähe zum Streitgegenstand und damit auch ein schutzwürdiges Interesse an der Anfechtung einer Anordnung (z.B. BGE 116 Ib 335, 112 Ib 157). Immerhin sind Fälle denkbar, in denen selbst die Adressaten kein schutzwürdiges Interesse haben. Dies ist etwa der Fall, wenn das geltend gemachte Interesse in einem anderen Verfahren – etwa dem Zivilverfahren – gewahrt werden kann (vgl. BGE 101 Ib 213 f.).

cc. **Drittbetroffene**

In die rechtliche oder tatsächliche Stellung der sekundären Adressaten greift eine Verfügung indirekt im Sinn einer Drittwirkung ein (vgl. Jaag, Abgrenzung, (ob. zit. in Rz. 214), S. 40 ff.). Bei der Beschwerde durch Drittbetroffene kommt dem Kriterium der *besonderen Beziehungsnähe* zur Streitsache besondere Bedeutung zu. Deren Betroffenheit hebt sich gegenüber derjenigen der Allgemeinheit ab. Damit wird zugleich die Popularbeschwerde ausgeschlossen. Es kommt zudem darauf an, ob die Beschwerdeführenden bei ihrem Obsiegen einen unmittelbaren persönlichen und praktischen Nutzen ziehen könnten (vgl. etwa BGE 116 Ib 323; 112 Ib 158). Dabei muss jeweils im Einzelfall bestimmt werden, worin die besondere Beziehungsnähe besteht.

239

Häufig auftretende Drittbeschwerden sind:

– Beschwerden der *Nachbarn* gegen die Erteilung von Bewilligungen: Deren besondere Betroffenheit ergibt sich aus der räumlichen Beziehungsnähe, wie dies beispielsweise bei den der Nachbarn der Fall ist, die sich gegen die Erteilung einer Bewilligung für Nachtflüge (VPB 1988 Nr. 60, S. 343; BGE 104 Ib 317), gegen eine Parkplatzerweiterung (BGE 115 Ib 511 f. mit Hinweisen) oder gegen eine Waldrodung (BGE 116 Ib 325) beschweren. Weitere Beispiele sind Beschwerden gegen eine projektierte Strasse (BGE 112 Ib 411), gegen Verkehrsmassnahmen (VPB 1990 Nr. 9, 42, 1989 Nr. 42, 1986 Nr. 49) oder gegen das Ausführungsprojekt einer Nationalstrasse (BGE 110 Ib 399; vgl. auch VPB 1989 Nr. 41: Ob bereits gegen die Plangenehmigung die Beschwerdebefugnis gegeben ist, wurde offen gelassen).

240

– Bei den Beschwerden von im wirtschaftlichen Wettbewerb *Konkurrierenden* gilt eine Besonderheit: Es genügt nicht, dass die Betroffenen in einem Konkurrenzverhältnis zueinander stehen. Damit wäre der Kreis der Beschwerdebetroffenen in der Regel zu weit gezogen und eine Abgrenzung zur Popularbeschwerde kaum mehr möglich. Vielmehr müssen die Beschwerdeführenden eine weitere besondere Beziehungsnähe zum Streitgegenstand aufweisen und sich dadurch von den übrigen am Wettbewerb Beteiligten unterscheiden. Dies ist insbesondere der Fall, wenn sie derselben wirtschaftsverwaltungsrechtlichen Ordnung auf Bundesebene unterworfen sind. Dementsprechend konnten sich Gewerbetreibende gegen ein Bauprojekt zur Errichtung eines Helikopterflugfeldes durch einen Konkurrenten nicht zur Wehr setzen, nur weil sie einen Konkurrenznachteil befürchten (VPB 1980 Nr. 126). Hingegen war die besondere Beziehungsnähe gegeben, als die Beförderung von Zeit-

241

schriften und Zeitungen umstritten war, weil alle Verfügungsbetroffenen dem Postverkehrsgesetz unterlagen (BGE 101 Ib 185 f.); desgleichen war ein Kinoinhaber legitimiert, gegen die Umwandlung eines herkömmlichen Kinobetriebes in ein Mehrfach-Kino Verwaltungsgerichtsbeschwerde zu erheben, weil sowohl der Gesuchsteller wie der Beschwerdeführer dem Filmgesetz unterstanden (BGE 113 Ib 99 f.; vgl. als weiteres Beispiel: BGE 113 Ib 363 ff.).

Eine besondere Art von Konkurrentenbeschwerde ist die Anfechtung der Beamtenwahl durch eine Mitbewerberin oder einen Mitbewerber. Zwar schliesst Art. 3 lit. b VwVG die Anwendung des Verwaltungsverfahrensgesetzes auf die erstmalige Begründung eines Dienstverhältnisses aus. Doch kann aus dieser Bestimmung nicht gefolgert werden, dass gegen die Wahl, welche eine Verfügung mit Drittwirkung darstellt, verwaltungsintern grundsätzlich nicht Beschwerde geführt werden kann (vgl. Art. 59 BtG). Der Bundesrat verneint indessen das besondere schutzwürdige Interesse der Mitbewerber. Er begründet dies damit, dass der praktische Nutzen der Anfechtung kein unmittelbarer sei, weil damit eine beschwerdeführende Person nicht an die Stelle des Gewählten treten könne. Vielmehr sei ein neuer Wahlentscheid zu treffen und die Wahlbehörde könne erneut eine andere Kandidatin oder einen anderen Kandidaten vorziehen. Indessen – und dies gesteht der Bundesrat selber ein – erhöhen sich bei einer Wiederholung der Wahl die Chancen eines vorerst abgewiesenen Bewerbers (VPB 1984 Nr. 35; 1979 Nr. 92). Es wäre deshalb zu prüfen, ob nicht auf entsprechende Beschwerden einzutreten wäre, bei deren Beurteilung aber die Kognition im Ermessensbereich eingeschränkt werden könnte.

242 – Nicht selten sind schliesslich Beschwerden einer privaten Vertragspartei von primären Verfügungsadressaten. Dabei tritt die beschwerdeführende Vertragspartei – als sekundärer Adressat – in der Regel zugunsten der anderen Vertragspartei auf. So kann etwa eine Bank gegen den Widerruf von Subventionen für die Erstellung eines Gebäudes, wozu sie Kredite gewährt hat, Beschwerde erheben (BGE 107 Ib 45). Desgleichen sind diejenigen zur Beschwerde befugt, die ein Pflichtlager des Pflichtigen tatsächlich halten (BGE 103 Ib 338). Häufig sind aber sämtliche Vertragsparteien primäre Adressaten: Dies ist etwa der Fall bei einem Treuhandverhältnis, wenn ein abgelehntes Gesuch um Bewilligung zur Umwandlung eines Hotels in Ferienwohnungen sowohl vom Treuhänder, der das Gesuch gestellt hat, als auch vom Treugeber angefochten werden soll (BGE 112 Ib 243 f.), oder aber wenn die Abweisung der Eintragung in das Grundbuch in Frage steht (BGE 104 Ib 379; davon

zu unterscheiden ist die Frage zur Befugnis der Anmeldung nach Art. 963 ZGB, welche grundsätzlich dem Eigentümer zusteht.).

dd. Egoistische Verbandsbeschwerde

243 Die Verbandsbeschwerde ist zu unterscheiden von der Beschwerde juristischer Personen, welche diese als Adressatinnen von Verfügungen erheben. Ist eine juristische Person, etwa ein Verein, in den eigenen Interessen betroffen, richtet sich die Legitimation nach den Regeln des allgemeinen Beschwerderechts.

244 Die Berechtigung zur egoistischen Verbandsbeschwerde steht den – regelmässig als Vereine organisierten – Verbänden dagegen dann zu, wenn eine grosse Anzahl ihrer Mitglieder durch eine Verfügung betroffen wird und die Beschwerdeerhebung nicht ihrem statutarischen Zweck zuwiderläuft. Rechtlich liegt eine Form der Prozesstandschaft vor, da der Verband in eigenem Namen aber im Interesse der Mitglieder Beschwerde führt. Da es bei dieser Verbandsbeschwerde jeweils um private, häufig wirtschaftliche Interessen der Mitglieder geht, spricht man von der «egoistischen» Verbandsbeschwerde. Im Gegensatz dazu steht die «ideelle» Verbandsbeschwerde.

Voraussetzungen, dass ein Verband für seine Mitglieder Beschwerde erheben kann sind folgende (vgl. BGE 113 Ib 365):

– die Vereinigung besitzt juristische Persönlichkeit;
– sie ist statutarisch zur Wahrung der in Frage stehenden Interessen der Mitglieder befugt;
– die Interessen sind den Mitgliedern oder einer grossen Anzahl von Mitgliedern gemeinsam;
– jedes dieser Mitglieder wäre zur Geltendmachung des Interesses durch Beschwerde befugt.

Die Legitimation ist zum Beispiel dann zu verneinen, wenn ein schweizerischer oder kantonaler Verband gegen den Abbruch eines Gebäudes klagt, denn eine grosse Anzahl der Mitglieder müsste Nachbar des betreffenden Gebäudes sein (BGE 104 Ib 384; vgl. auch VPB 1991 Nr. 32).

Was der statutarische Zweck des Verbandes angeht, so muss dieser in engem Zusammenhang mit dem Sachgebiet stehen, in welchem die Verfügung ergangen ist. Eine politische Partei ist deshalb nicht befugt, Verkehrsbeschränkungen anzufechten. Sie kann nicht allgemeine öffentliche Interessen wahren, auch dann nicht, wenn sie in ihren Zielsetzungen Interesse an solchen Fragen bekundet (vgl. VPB 1992 Nr. 10). Hingegen steht es den Verkehrsverbänden zu, gegen derartige Massnahmen Beschwerde zu führen (VPB 1991 Nr. 6).

ee. Allgemeine Beschwerdebefugnis öffentlichrechtlicher Körperschaften und anderer Verwaltungseinheiten

245 Bund, Kantone, Gemeinden und andere Träger von Verwaltungsaufgaben sind – wie einleitend angeführt – nur zur Beschwerde berechtigt, wenn sie in gleicher oder ähnlicher Weise betroffen werden wie eine Privatperson (vgl. auch BGE 113 Ib 32 mit Hinweisen). Sind sie selbst Adressat einer Verfügung oder sind sie Drittbetroffene, kommt ihnen in diesen Fällen die allgemeine Beschwerdebefugnis nach Art. 48 lit. a VwVG oder Art. 103 lit. a OG zu. So ist eine Gemeinde etwa zur Beschwerde zuzulassen, um sich gegen Eingriffe in ihr Verwaltungs- oder Finanzvermögen zu wehren, weil sie beispielsweise zu Entschädigungsleistungen im Enteignungsverfahren verurteilt worden ist (BGE 103 Ib 216; vgl. auch BGE 105 Ib 359; 113 Ib 31 f.). Ebenso kann sich eine öffentlichrechtliche Genossenschaft gegen die Verweigerung einer Bundessubvention zur Wehr setzen (BGE 110 Ib 153 f.). Offen gelassen wurde die Frage, ob eine Gemeinde befugt ist, als Konkurrentin gegen die Bewilligung zum Bau eines Flugfeldes Beschwerde zu erheben (VPB 1980 Nr. 61), oder ob die Butyra als öffentlichrechtliche Genossenschaft bei Zulassung eines Konkurrenzproduktes zur Beschwerde berechtigt sei. Im letzten Fall konnte das Bundesgericht die Frage deshalb offen lassen, weil es bereits an der zur Legitimation erforderlichen besonderen Beziehungsnähe zum Streitgegenstand mangelte (BGE 113 Ib 365). Hingegen war die Gemeinde als Grundstückeigentümerin eines Nachbargrundstückes berechtigt, den Bau eines Kernkraftwerkes anzufechten (VPB 1982 Nr. 54; vgl. auch VPB 1990 Nr. 30).

Die Praxis des Bundesgerichts betreffend die Legitimation der Gemeinden ist im Gegensatz zur Praxis des Bundesrats eher restriktiv (vgl. Kölz, ZBl 1977, S. 97 ff. mit Hinweisen). Zwar genügt es auch im verwaltungsinternen Beschwerdeverfahren grundsätzlich nicht, wenn die Gemeinde lediglich allgemeine Interessen der Bevölkerung und damit der Öffentlichkeit wahrnehmen möchte (VPB 1986 Nr. 30, S. 202). Sobald aber zugleich ihre kommunalen Interessen mitberührt sind, räumt der Bundesrat ihr die Legitimation ein; dies ist etwa der Fall, wenn die Gefahr besteht, dass die Einwohner wegen der Bewilligung eines Flugfeldes wegziehen könnten (VPB 1990 Nr. 44). Auch bejaht der Bundesrat die Legitimation der Gemeinde, wenn eine Verfügung in ihre Autonomie eingreift (VPB 1982 Nr. 55, S. 309).

246 Eine genaue Abgrenzung, wann die Betroffenheit mit derjenigen von Privatpersonen vergleichbar ist, dürfte im einzelnen schwierig vorzunehmen sein. Dies ist schon deshalb der Fall, weil die jeweiligen Verwaltungseinheiten und insbesondere auch die Gemeinden öffent-

liche Interessen wahrnehmen. So hat auch schon das Bundesgericht die Legitimation einer Gemeinde bejaht, als es um den Schutz von Grundwasservorkommen auf dem Gemeindegebiet, mithin um öffentliche kommunale Interessen ging (BGE 98 Ib 15 f.). Es stellt sich deshalb die Frage, ob gestützt auf Art. 48 lit. a VwVG und Art. 103 lit. a OG die Beschwerdebefugnis nicht allgemein zu bejahen ist, wenn in den Wirkungskreis einer Gemeinde oder anderen Körperschaft eingegriffen wird und – um die materielle Beschwer zu begründen – ein erheblicher Interessengegensatz zwischen der entscheidenden Instanz und der anfechtenden Körperschaft besteht. Der Wirkungskreis kann dabei durchaus über den Autonomiebereich hinausgehen. Massgebend ist einzig, ob es sich – beispielsweise bei einer Gemeinde – um schutzwürdige kommunale Interessen handelt. Davon wäre immer dann auszugehen, wenn eine Körperschaft mehr betroffen ist als andere (vgl. Matter, Kommentar USG, Art. 57 Rz. 13).

Art. 57 USG knüpft an Art. 48 lit. a VwVG und Art. 103 lit. a OG an. Mit dieser Bestimmung wollte der Gesetzgeber keine über die allgemeinen Verfahrensbestimmungen des OG und VwVG hinausgehende Norm schaffen und die abstrakte Behördenbeschwerde einführen. Dies ergibt sich bereits aus dem Wortlaut von Art. 57 USG, wonach ein schützenswertes Interesse an der Aufhebung einer Verfügung bestehen und die Gemeinde durch eine Verfügung besonders berührt sein muss. Art. 57 USG ist demzufolge in Anlehnung an Art. 48 lit. a VwVG und Art. 103 lit. a OG auszulegen. 247

b. Besondere Beschwerdebefugnis

aa. Im allgemeinen

Bei der Beschwerdelegitimation aufgrund schützenswerter Interessen steht, wie gezeigt, der Individualrechtsschutz im Vordergrund. Keinesfalls vermögen die Interessen an der richtigen Anwendung des Verwaltungsrechts die Legitimation zu begründen. Die Verwirklichung des in der anwendbaren Verwaltungsrechtsnorm objektivierten öffentlichen Interesses wird allein durch das Gesetzmässigkeitsprinzip garantiert. Eine besondere Vertretung dieser öffentlichen Interessen ist im VwVG im Gegensatz zu Art. 103 lit. b OG nicht vorgesehen, sondern grundsätzlich der entscheidenden Behörde überlassen. Die parteimässige Vertretung derselben kann aber gemäss Art. 48 lit. b VwVG in einem bundesrechtlichen Spezialerlass enthalten sein. Deren Einführung durch den Gesetzgeber rechtfertigt sich vor allem deshalb, weil im Verwaltungsrecht Ziel und Zweckbestimmungen, unbestimmte Rechts- und Ermessensbegriffe immer häufiger anzutreffen sind, was 248 eine mehr oder weniger starke Offenheit der verwaltungsrechtlichen Erlasse bewirkt. Weiter übt die beschwerdeführende Person als Partei auf die Feststellung des Sachverhalts einen beträchtlichen Einfluss aus. Ferner werden Betroffene eine Verfügung, die sie zulasten des öffentlichen Interesses begünstigt, nicht anfechten, so dass die unrichtige Rechtsanwendung und damit die Beeinträchtigung des öffentlichen Interesses ungeahndet bleibt. Schliesslich räumen die Verwaltungsrechtsnormen durch ihre Ausgleichsfunktion den öffentlichen und den privaten Interessen die gleiche Legitimität ein, was auch in der gleichen Vertretung der verschiedenen Interessen zum Ausdruck kommen muss.

249 Art. 48 lit. b VwVG besagt, dass jede andere als in ihren schutzwürdigen Interessen betroffene Person, Organisation oder Behörde zur Beschwerde legitimiert ist, wenn sie das Bundesrecht dazu ermächtigt. Wird eine solche Beschwerdebefugnis durch Bundesrecht eingeräumt, muss somit kein schutzwürdiges Interesse im Sinn einer materiellen Beschwer nachgewiesen sein. Das Beschwerderecht steht hier den Beschwerdebefugten grundsätzlich abstrakt zu (BGE 113 Ib 221). Doch sind dazu Einschränkungen angebracht. Es ist unzulässig, gestützt auf eine besondere Beschwerdebefugnis lediglich private Interessen zu vertreten. Die Durchsetzung des öffentlichen Interesses muss im konkreten Fall zusätzlich gefährdet sein, da diese Beschwerden bezwekken, das objektive Recht zu verwirklichen und das öffentliche Interesse zu schützen. So dürfen beispielsweise ein Kanton und eine Gemeinde nicht Beschwerde erheben, um einer privaten Partei zu einer Rodungsbewilligung zu verhelfen; anfechtbar ist nur die Erteilung der Bewilligung (so nun auch BGE 109 Ib 341 ff., dagegen noch BGE 108 Ib 170 f.).

250 Was die *formelle Beschwer* betrifft, so ist jeweils anhand der Spezialgesetze, welche die Beschwerdebefugnis einräumen, zu ermitteln, ob mit der besonderen Beschwerdeberechtigung auch eine Teilnahme*pflicht* mitgemeint ist (vgl. BGE 116 Ib 418 ff., 426 ff. = ZBl 1991, S. 372 ff.). Ebenso muss anhand der Spezialgesetze festgestellt werden, ob sich eine allfällige Beteiligungspflicht nur auf die letztinstanzlichen kantonalen Verfahren oder auch auf die bundesrechtlichen Verfahren bezieht. Allein aus Art. 48 VwVG oder Art. 103 OG darf eine solche jedenfalls nicht abgeleitet werden (vgl. vorne Rz. 236).

251 Aus den Spezialgesetzen ergibt sich schliesslich auch, ob sich das *Recht* zur Anfechtung bereits auf die unteren Instanzen bezieht oder erst die letzte Instanz betrifft.

bb. Besondere Behördenbeschwerde

Die Beschwerdelegitimation kann auf Grund eines bundesrechtlichen 252
Erlasses Bundesbehörden, kantonalen oder kommunalen Behörden
zustehen. Die Behörde tritt jeweils als Organ der betreffenden Körperschaft auf. Im allgemeinen gilt der Grundsatz, dass die Behörden innerhalb der Verwaltungshierarchie nicht gegeneinander prozessieren sollen. Die untere Instanz darf grundsätzlich die Entscheide der oberen Instanz nicht anfechten.

Die Beschwerdeberechtigung von *Bundesbehörden* wird vom Verwaltungsverfahrensgesetz im Gegensatz zu Art. 103 lit. b OG nicht allgemein vorgesehen. Vielmehr braucht es dazu für alle Bundesbehörden gemäss Art. 48 lit. b VwVG – und nach Art. 103 lit. c OG – eine spezialgesetzliche Regelung. So bestimmt Art. 56 Abs. 1 USG beispielsweise, dass das Departement des Innern befugt ist, Entscheide kantonaler Behörden, die in Anwendung des Umweltschutzgesetzes ergehen, mit Verwaltungsbeschwerde – oder auch Verwaltungsgerichtsbeschwerde – anzufechten. Zudem ist das Departement berechtigt, bereits die kantonalen Rechtsmittel zu ergreifen. Dieses Beschwerderecht richtet sich sowohl gegen erstinstanzliche Verfügungen wie auch gegen Entscheide unterer kantonaler Rechtsmittelinstanzen. Da nicht zuerst ein letztinstanzlicher kantonaler Entscheid abgewartet werden muss, wird diese Beschwerde auch «integrale Behördenbeschwerde» genannt. Eine solche Beschwerde sieht auch – um ein weiteres Beispiel aufzugreifen – das Waldgesetz in Art. 46 Abs. 2 vor. Danach ist das Bundesamt für Umwelt, Wald und Landschaft (BUWAL) berechtigt, gegen diejenigen Verfügungen der kantonalen Behörden, die in Anwendung des Waldgesetzes ergehen, die kantonalen und eidgenössischen Rechtsmittel zu erheben. Wegen der Methode der Delegation des Vollzugs von Bundesverwaltungsrecht an die Kantone hat die Bedeutung der integralen Behördenbeschwerde entsprechend zugenommen. Die Behördenbeschwerde stellt eine sinnvolle Kontrolle und eine Garantin der richtigen und einheitlichen Durchsetzung und Anwendung der Bundesgesetze dar, ohne dass der Bund zu den allgemeinen aufsichtsrechtlichen Mitteln (Verbandsaufsicht) greifen muss. Auch wird damit nicht unverhältnismässig in die Verfahrens- und Organisationsautonomie der Kantone eingegriffen. Es wäre deshalb zweckmässig, die integrale Behördenbeschwerde allgemein in das VwVG und OG aufzunehmen (vgl. Kölz, ZBl 1975, S. 374).

Eine besondere Legitimation *kantonaler Behörden* zur Verwaltungs- 253
beschwerde ist zunächst einmal in Art. 24 Abs. 5 lit. a und b SVG zu finden. Dieses Beschwerderecht kann auch durch die verfügende Behörde ausgeübt werden. Damit durchbricht das SVG den oben erwähn-

ten Grundsatz, wonach die unterliegende verfügende Behörde nicht gegen die übergeordnete Behörde Beschwerde führen soll. Sodann hält Art. 12 Abs. 2 NHG fest, dass die Kantone gegenüber Verfügungen der Bundesbehörden zur Beschwerde legitimiert sind. Dieses Beschwerderecht lässt sich vor allem daraus erklären, dass nach Art. 24^{sexies} Abs. 1 BV der Natur- und Heimatschutz Sache der Kantone ist und demnach als kantonales öffentliches Interesse anzusehen ist. Die angefochtene Verfügung muss Auswirkungen auf die Natur- und Heimatschutzinteressen haben. Bei welchen Bundesaufgaben jeweils die Natur- und Heimatschutzinteressen zu wahren sind, ergibt sich auch aus Art. 2 NHG (vgl. auch BGE 118 Ib 7; VPB 1991 Nr. 4, 1990 Nr. 29, Nr. 43, 1989 Nr. 25). Zudem kommt den Kantonen ein Beschwerderecht aufgrund von Art. 46 Abs. 3 Waldgesetz zu. Da diese Bestimmung auf die Legitimation gemäss Art. 12 NHG verweist, hat sie aber keine selbständige Bedeutung. Der Hinweis, welche Verfügungen anfechtbar sind, soll lediglich allfällige Unklarheiten ausräumen; die Voraussetzungen von Art. 12 Abs. 2 NHG müssen somit ebenfalls gegeben sein (vgl. BBl 1988 III 173 ff., 213 f.). Weiter kann sich ein Kanton kraft Art. 56 Abs. 2 USG mit kantonalen und eidgenössischen Rechtsmitteln beschweren, wenn eine Anlage im Nachbarkanton unzulässige Einwirkungen auf sein Gebiet verursacht, wobei nur kantonale Verfügungen anfechtbar sind. Sodann räumt Art. 14 Abs. 2 FWG den Kantonen ein Beschwerderecht gegen Verfügungen von Bundesbehörden ein. Schliesslich ist auf die Art. 51 Abs. 2 und 3 BüG hinzuweisen; in der letzteren Bestimmung wird der Regierung des Einbürgerungskantons ein Beschwerderecht an den Bundesrat gegen Verweigerung der eidgenössischen Bewilligung für die ordentliche Einbürgerung einräumt, wogegen den Gesuchstellenden kein derartiges Anfechtungsrecht zukommt.

254   Kommunale öffentliche Interessen können den öffentlichen Interessen des Kantons durchaus entgegenstehen, weshalb es sinnvoll sein kann, den *Gemeinden* grundsätzlich die abstrakte Beschwerdelegitimation einzuräumen (vgl. demgegenüber Art. 57 USG, vorne Rz. 247). Sie wird in Art. 12 Abs. 1 NHG sehr weit umschrieben. Danach sind diese legitimiert, gegen kantonale Verfügungen und – soweit dies zulässig ist – auch gegen Erlasse sowie gegen Verfügungen der Bundesbehörden Beschwerde zu führen, wenn die Beschwerde an den Bundesrat oder das Bundesgericht offen steht. Dabei muss sich die Verfügung auf Bundesverwaltungsrecht stützen und auf den Natur- und Heimatschutz auswirken. Ein weiteres Beispiel ergibt sich aus Art. 14 Abs. 1 lit. a FWG, wenn das Gebiet der Gemeinde betroffen ist sowie aus Art. 46 Abs. 3 Waldgesetz, wobei gemäss letzterer Bestimmung wiederum die Voraussetzungen von Art. 12 Abs. 1 NHG er-

füllt sein müssen. Schliesslich räumt auch Art. 51 Abs. 2 BüG den Gemeinden das Beschwerderecht ein.

cc. **Ideelle Verbandsbeschwerde**

Die ideelle Verbandsbeschwerde ist ein weiteres Mittel, dem öffentlichen Interesse in der Verwaltungsrechtspflege mehr Geltung zu verschaffen. Die Beschwerde, mit welcher ein Verband ein öffentliches Anliegen vertritt, ist von der bereits erwähnten Beschwerde zugunsten der Mitglieder, von der egoistischen Verbandsbeschwerde, zu unterscheiden.

255

Gesamtschweizerische Umweltschutzorganisationen, die mindestens zehn Jahre vor Einreichung der Beschwerde bestanden haben, sind gemäss Art. 55 USG beschwerdeberechtigt. Die Beschwerde kann sich gegen Verfügungen von Kantons- oder Bundesbehörden richten, welche die Planung, Errichtung oder Änderung von ortsfesten Anlagen beschlagen, für die eine Umweltverträglichkeitsprüfung erforderlich ist (vgl. dazu etwa BGE 118 Ib 5, 115 Ib 339). Die zehnjährige Frist will Missbräuchen vorbeugen. Im Anhang zur UVPV hat der Bundesrat gemäss Art. 55 Abs. 2 USG eine Liste der beschwerdebefugten Verbände veröffentlicht. Diese ist allerdings nur deklaratorischer Natur, sodass die Beschwerdebefugnis eingeräumt werden muss, selbst wenn der beschwerdeführende Verband nicht angeführt ist, aber die Voraussetzungen von Art. 55 Abs. 1 USG erfüllt sind (BGE 112 Ib 548). Gemäss Art. 55 Abs. 3 USG sind die Verbände überdies bereits zur Ergreifung der kantonalen Rechtsmittel berechtigt.

Eine weitere ideelle Verbandsbeschwerde sieht Art. 12 Abs. 1 NHG vor. Danach sind gesamtschweizerische Organisationen beschwerdeberechtigt, die sich statutengemäss dem Natur- und Heimatschutz oder verwandten ideellen Zielen widmen (VPB 1988 Nr. 61). Kantonale oder regionale Vereine sind dagegen nicht legitimiert (vgl. VPB 1980 Nr. 95). Mit der Beschwerde können Verfügungen oder Erlasse kantonaler Behörden oder Verfügungen von Bundesbehörden angefochten werden, sofern in letzter Instanz der Bundesrat oder das Bundesgericht entscheidet. Wie bei der Beschwerdebefugnis der Gemeinden erwähnt wurde, muss die Verfügung oder der Erlass in Anwendung von Bundesrecht ergehen, bei dem die Natur- und Heimatschutzinteressen zu wahren sind (vgl. auch Art. 2 f. NHG). So ist es zulässig, dass ein Verband sich gegen die Erteilung einer Luftseilbahnkonzession (VPB 1983 Nr. 16) oder die Genehmigung des generellen Projekts zur Errichtung einer Hochspannungsfreileitung (vgl. Art. 2 lit. b NHG; VPB 1990 Nr. 29 und 43) zur Wehr setzt. Den Vereinigungen kommt auch nach Art. 12 NHG ein integrales Beschwerderecht zu (BGE 110 Ib 162).

In bezug auf die Beschwerdebefugnis der gemäss Art. 12 NHG und Art. 55 USG legitimierten Verbände hat das Bundesgericht in Auslegung dieser Bestimmungen vorausgesetzt, dass diese verpflichtet sind, sich bereits im *letztinstanzlichen* kantonalen Verfahren zu beteiligen und insoweit formell beschwert sein müssen (BGE 116 Ib 418 ff. = ZBl 1991, S. 372 ff. mit Hinweisen; vgl. auch vorne Rz. 110). In seinem Vorschlag zu einem neuen Art. 12a Abs. 2 NHG knüpft der Bundesrat an diese Rechtsprechung an, verschärft sie aber noch. Danach hätten sich die rechtsmittelbefugten Verbände wie auch die Gemeinden bereits im *erstinstanzlichen* Verfahren einzuschalten, ansonsten sie das Recht zur Rechtsmittelerhebung verwirken (BBl 1991 III 1121 ff., 1154). Im Hinblick auf die Prozessökonomie wäre eine Teilnahmepflicht bereits im erstinstanzlichen Verfahren sicherlich von Vorteil, da die Vorbringen so frühzeitig bekannt werden und behandelt werden können. Zudem entspricht sie dem Grundsatz der Einheit des Verfahrens. Allerdings bestehen dagegen auch gewichtige Einwände: Zunächst ist nicht sichergestellt, dass die ideellen Verbände rechtzeitig von einem Vorhaben Kenntnis erhalten. Weiter ist es in einem Bauverfahren in erster Instanz jeweils die Bauherrschaft, die das Aktendossier am besten kennt, hat sie doch das Projekt auch selbst ausgearbeitet, während die Verbände nicht über denselben Wissensstand und oftmals auch nicht über die entsprechenden Mittel verfügen, um sich innert der für das Baugesuch laufenden Publikationsfrist in das Dossier einzuarbeiten. Auch ist eine derartige Teilnahmepflicht mit einem höheren Kostenrisiko verbunden. Im Ergebnis wird den Verbänden so ein Aufwand aufgebürdet, der in keinem Verhältnis zur Tatsache steht, dass diese öffentliche und nicht eigene wirtschaftliche Interessen vertreten. Aus diesen praktischen Überlegungen ist die vom Bundesrat vorgeschlagene Lösung abzulehnen (vgl. Ballenegger, URP 1992, S. 215 ff.; anderer Meinung: Gadola, ZBl 1992, S. 120 f.).

256 Ein Verbandsbeschwerderecht sieht auch Art. 14 FWG vor. Der Bundesrat hat die zur Beschwerde berechtigten Organisationen von gesamtschweizerischer Bedeutung in Art. 1 der Verordnung vom 8. August 1988 über das Beschwerderecht anerkannter Fachorganisationen für Fuss- und Wanderwege der Arbeitsgemeinschaft «Recht für Fussgänger» und der Vereinigung «Schweizer Wanderwege» eingeräumt.

257 Schliesslich sind die Arbeitnehmer- und Arbeitgeberverbände nach Art. 58 ArG zur Durchsetzung der entsprechenden Gesundheitsschutznormen berechtigt, anstelle eines einzelnen Arbeitnehmers oder Arbeitgebers, welcher nicht Mitglied des entsprechenden Verbandes zu sein

braucht, Beschwerde zu erheben und sich für die richtige Durchsetzung des Arbeitsgesetzes einzusetzen (vgl. BGE 116 Ib 271, 286). In der Volksabstimmung vom 16. Februar 1992 wurde hingegen die Einführung eines Verbandsbeschwerde und -klagerechts der Tierschutzorganisationen in Belangen der Tierversuche abgelehnt.

4. BESCHWERDEFRIST UND BESCHWERDESCHRIFT

Literatur: Vgl. die ob. in Rz. 147 und 153 zit. Lit.; sowie GADOLA, S. 115 f.; GYGI, Bundesverwaltungsrechtspflege, S. 60 ff., 191 ff., 236; SALADIN, S. 196 ff.

258

A. Frist

Gemäss Art. 50 VwVG hat die durch eine Verfügung betroffene Person innerhalb von 30 Tagen die Beschwerde einzureichen. Handelt es sich um eine Zwischenverfügung, beträgt die Frist 10 Tage. Für den Fristenlauf, die Einhaltung, Stillstand, Erstreckung und Wiederherstellung der Frist sowie für die Säumnisfolgen sind die Art. 20 bis 24 VwVG anzuwenden. Ist die Eröffnung der Verfügung mangelhaft, ist etwa die Rechtsmittelbelehrung unrichtig oder die Rechtsmittelfrist bereits abgelaufen, kann die Verfügung dennoch nicht formell rechtskräftig werden (vgl. BGE 116 Ib 326), es sei denn, der Grundsatz von Treu und Glauben lege eine andere Folgerung nahe (vgl. Art. 38 VwVG, vorne Rz. 159 ff.).

259

B. Beschwerdeschrift

a. Im allgemeinen

Mit der Beschwerdeschrift bestimmt die betroffene Person den Streitgegenstand. In der Beschwerdeschrift ist gemäss Art. 52 Abs. 1 VwVG ein *Begehren* zu stellen, das auf Aufhebung oder Abänderung der Verfügung und im Fall der Abweisung eines entsprechenden Gesuchs auf Erlass der Verfügung lautet. Bei Feststellungsverfügungen geht das Begehren auf Kassation oder Reformation der Feststellung. Lässt das Begehren die Absicht der beschwerdeführenden Partei nicht eindeutig erkennen, kann zur Auslegung auch die Begründung beigezogen werden. Zudem wird es als genügend erachtet, wenn das Begeh-

260

ren lediglich aus der Begründung hervorgeht, sich aber genügend klar ermitteln lässt, inwiefern die angefochtene Verfügung geändert werden soll (vgl. BGE 103 Ib 95).

261 Das Rechtsmittel ist nach der angeführten Bestimmung ferner zu begründen, es muss substantiiert werden. Die Begründung bezieht sich auf den Sachverhalt sowie die massgebende Rechtsnorm und deren Auslegung. Zudem muss die Begründung Angaben über die Beschwerdevoraussetzungen enthalten. Insbesondere sind die Vertretungsverhältnisse anzugeben; auf Verlangen der Behörde ist die schriftliche Vollmacht einzureichen (vgl. Art. 11 VwVG). Aus praktischen Gründen empfiehlt es sich aber, die Vollmacht stets beizulegen. Die zulässigen Beschwerdegründe decken sich mit der Prüfungszuständigkeit der Verwaltungsinstanz und beziehen sich insbesondere auch auf die Unangemessenheit (vgl. Art. 49 lit. c VwVG). Aus der Begründung muss zumindest hervorgehen, in welchen Punkten und weshalb die beanstandete Verfügung aufgehoben werden soll (vgl. auch BGE 115 Ib 340). Zwar ist die Anrufung des richtigen Rechtssatzes oder überhaupt einer Rechtsnorm nicht vorausgesetzt; doch muss trotz der Rechtsanwendung von Amtes wegen sinngemäss aus der Beschwerdeschrift hervorgehen, welche Norm verletzt sein soll. Desgleichen sollte aus der tatbeständlichen und beweismässigen Begründung hervorgehen, inwiefern nach Ansicht der beschwerdeführenden Partei der Sachverhalt rechtlich unrichtig oder unvollständig festgestellt worden ist. Eine genügende Begründung liegt auch im Interesse der beschwerdeführenden Partei, denn die Beschwerdeinstanz ist nach der Praxis nicht verpflichtet, zu prüfen, ob sich die angefochtene Verfügung unter schlechthin allen Aspekten als korrekt erweist. Zusätzliche Abklärungen zum Sachverhalt oder die Prüfung von weiteren Rechtsfragen muss die Beschwerdeinstanz von sich aus nur vornehmen, wenn sich Anhaltspunkte aus den Parteivorbringen oder den Akten ergeben (BGE 110 V 53). Die falsche Bezeichnung des Rechtsmittels schadet aber nicht, sofern im übrigen die Begehren und die Begründung zu genügen vermögen (vgl. BGE 104 Ib 160, 110 Ib 65).

262 Die Beweismittel sind sodann zu bezeichnen und zusammen mit den Urkunden, sowie der angefochtenen Verfügung beizulegen, soweit sie sich in den Händen der beschwerdeführenden Partei befinden. Allerdings geht hier der Untersuchungsgrundsatz vor, sodass die praktische Bedeutung dieser Voraussetzung gering ist. Dieses Erfordernis wird lediglich als Ordnungsvorschrift angesehen und zieht bei Nichtbefolgung keine prozessualen Nachteile nach sich, es sei denn, es bestünde gemäss Art. 13 VwVG eine Mitwirkungspflicht (vgl. vorne Rz. 125).

Die Beschwerdeschrift ist zu unterschreiben (Art. 52 Abs. 1 VwVG) und im Doppel einzureichen (Art. 51 Abs. 1 VwVG). Eine fotokopierte oder per Telefax übermittelte Unterschrift ist ungültig; die Unterschrift hat grundsätzlich im Original zu erfolgen (vgl. BGE 112 Ia 173; Pra 1992 Nr. 26).

Genügt die Beschwerdeschrift den Anforderungen von Art. 52 Abs. 1 VwVG nicht, sind die Begehren oder die Begründung unklar oder ist die Beschwerde sonst mangelhaft (BGE 112 Ib 634), räumt die Rechtsmittelinstanz eine kurze Nachfrist zur Verbesserung ein. Zugleich droht sie an, nach unbenutztem Ablauf aufgrund der Akten zu entscheiden. Fehlt das Begehren, die Begründung oder die Unterschrift, droht sie der beschwerdeführenden Partei an, das Verfahren durch Nichteintreten zu erledigen. (Art. 52 Abs. 2 und 3 VwVG; VPB 1987 Nr. 23). Da es sich dabei um eine formelle Vorschrift handelt, ist die Beschwerdeinstanz grundsätzlich zur Nachfristansetzung verpflichtet; vorbehalten bleiben Fälle des offensichtlichen Rechtsmissbrauches (vgl. BGE 104 V 178 f.).

Der Wortlaut von Art. 52 Abs. 1 und 2 VwVG erscheint missverständlich, müsste doch für die zunächst gültige Beschwerdeerhebung weder ein Begehren, noch eine Begründung oder Unterschrift eingereicht werden. Dies kann aber nicht dem Sinn der Bestimmung entsprechen. Aus einer Eingabe muss zumindest der Wille, als beschwerdeführende Partei aufzutreten und eine sie betreffenden Verfügung anzufechten, klar hervorgehen. Nur dann muss eine Nachfrist zur Mängelbehebung angesetzt werden (BGE 116 V 356, 102 Ib 372; vgl. auch VPB 1984 Nr. 45). Da die Eingabe aufschiebende Wirkung hat und deshalb mit der Vollstreckung zugewartet werden muss, ist von der beschwerdeführenden Partei ein Mindestmass an Sorgfalt zu verlangen, selbst wenn das Verwaltungsverfahrensgesetz im Vergleich zu Art. 108 OG weniger strenge Anforderungen an die Beschwerdeschrift stellt (BGE 112 Ib 636, 117 Ia 131).

Ersucht die beschwerdeführende Partei die Rechtsmittelinstanz, ihre Begründung ergänzen zu dürfen, wird diesem Begehren stattgegeben, wenn die Beschwerde sonst ordnungsgemäss eingereicht wurde und die Beschwerdesache einen aussergewöhnlichen Umfang oder einen besonderen Schwierigkeitsgrad aufweist (Art. 53 VwVG). Diese Bestimmung wird in der Praxis zurückhaltend angewandt. Eher ordnet die entscheidende Behörde einen zweiten Schriftenwechsel an, worin die Partei ihre Begründung ergänzen kann (vgl. VPB 1982 Nr. 61).

b. Änderung des Begehrens, Novenrecht

264 In der Beschwerdeschrift sind sämtliche Begehren und Eventualbegehren vorzubringen. Eine Änderung derselben ist gesetzlich nicht vorgesehen. Insoweit gilt somit die Eventualmaxime.

265 Die funktionelle Zuständigkeit, sowohl der erstinstanzlich verfügenden Behörde wie auch der Rechtsmittelinstanzen muss eingehalten und darf nicht durch die Änderung der Begehren durchbrochen werden. Auch dürfen die Rechtsmittelinstanzen grundsätzlich nur Streitiges entscheiden (vgl. BGE 110 V 51 f.). Daraus folgt, dass der Streitgegenstand im Laufe des Rechtsmittelzuges nicht ausgeweitet und qualitativ verändert werden darf. Es ist den Parteien daher grundsätzlich verwehrt, vor der nächsthöheren Instanz neue Begehren zu stellen oder ihre Begehren zu ändern. Zulässig ist es aber, weniger als im vorhergehenden Verfahren zu verlangen. Von Seiten der Beschwerdeinstanz können die Begehren der Parteien geändert werden, soweit diese an die Parteibegehren nicht gebunden sind (vgl. Art. 62 VwVG). Soll ein solcher Entscheid vor der nächsthöheren Instanz angefochten werden, müssen die Beschwerdeanträge unter Umständen angepasst und die Begehren geändert werden; dann ist das Novenrecht der Parteien ausnahmsweise zulässig. In allen Fällen einer Änderung der Parteibegehren ist aber der Sachzusammenhang zum Streitgegenstand zu wahren (vgl. auch BGE 104 Ib 315 f., 103 Ib 369 f.).

Eine unzulässige Erweiterung des Streitgegenstandes erblickte der Bundesrat beispielsweise im folgenden Fall: Eine Gemeinde, die im vorinstanzlichen Verfahren Subventionen für den Bau eines Freibades, das zusammen mit einem Sport- und Freizeitzentrum gebaut werden sollte, beantragt hatte, verlangte nun vor dem Bundesrat eine finanzielle Unterstützung für das gesamte Zentrum. Der vorinstanzlichen Verfügung wurde dadurch ein völlig neuer Sachverhalt zugrunde gelegt und der Streitgegenstand verändert (VPB 1977 Nr. 102; vgl. auch VPB 1980 Nr. 25).

266 Hingegen dürfen im Rahmen des Streitgegenstandes neue Tatsachen – unabhängig davon, zu welchem Zeitpunkt sie sich verwirklicht haben –, neue Beweismittel oder auch eine neue rechtliche Begründung vorgebracht werden; dies selbst verspätet, also auch nach Ablauf der Rechtsmittelfrist. Solche Vorbringen sind zu berücksichtigen, wenn sie ausschlaggebend erscheinen (Art. 32 Abs. 2 VwVG; verneint bezüglich einer neuen Projektvariante beim Umbau des Hauptbahnhofs Zürich: VPB 1991 Nr. 4, S. 45; vgl. auch VPB 1982 Nr. 11). Dies ist die Folge der behördlichen Untersuchungspflicht und der Rechtsanwendung von Amtes wegen. Damit hängt auch zusammen, dass der Entscheidung derjenige Sachverhalt zugrundezulegen ist, wie er sich

im Zeitpunkt der Entscheidung verwirklicht hat und bewiesen ist. Diese Noven dürfen gleichermassen vor der nächsten Rechtsmittelinstanz geltend gemacht werden.

III. BESCHWERDEGRÜNDE

Literatur: BERTOSSA FRANCESCO, Der Beurteilungsspielraum, zur richterlichen Kontrolle von Ermessen und unbestimmtem Gesetzesbegriff im Verwaltungsrecht, Bern 1984; FULDA JOHANNES F., Rechtsschutz im Prüfungswesen der Bundeshochschulen, ZBl 1983, S. 145 ff.; GADOLA, S. 343 ff.; GYGI, Bundesverwaltungsrechtspflege, S. 265 ff.; KNAPP BLAISE, Le pouvoir d'examen des organes du contentieux administratif fédéral et genevois, ZBl 1971, S. 401 ff.; MANFRINI PIERRE-LOUIS, Nature et effets juridiques des ordonnances administratives, Genève 1978; MOSER HANS PETER, Die akzessorische Normenkontrolle, ZBl 1983, S. 163 ff.; MÜLLER GEORG, Legitimation und Kognition in der Verwaltungsrechtspflege, ZBl 1982, S. 281 ff.; RECORDON LUC, La protection juridique du candidat à un examen en droit administratif fédéral, notamment dans les Ecoles Polytechniques Fédérales, ZBl 1984, S. 216 ff.; RYSER SIMON, Die Bedeutung der Verwaltungsweisungen für die Bemessung von Invalidität und Hilflosigkeit nach dem Bundesgesetz über die Invalidenversicherung vom 19. Juni 1959, Bern 1986; SALADIN, S. 188 ff.; *ders.,* Die Befugnis der Verwaltungsbehörden zur akzessorischen Überprüfung von Verordnungen, ZBl 1969, S. 193 ff.; SCHIESSER FRIDOLIN, Die akzessorische Prüfung, Zürich 1984; STAMPFLI KURT, Rechtliche Probleme allgemeiner Dienstanweisungen, Fribourg 1982; VALLENDER KLAUS A., Unbestimmter Rechtsbegriff und Ermessen, in: Mélanges André Grisel, Neuchâtel 1983, S. 819 ff.

267

1. ALLGEMEINE BEMERKUNGEN

Die zulässigen Beschwerdegründe, die mit der Kognition der zuständigen Beschwerdeinstanz korrespondieren, geben Aufschluss darüber, was die Rechtsmittelinstanz materiell zu prüfen hat. Die Verwaltungsbeschwerde ist ein vollkommenes Rechtsmittel. Werden die Verwaltungsbehörden als Rechtspflegeinstanzen tätig, überprüfen sie sowohl die Verletzung von Bundesrecht als auch die unrichtige und unvollständige Feststellung des Sachverhaltes sowie die Ermessensbetätigung der Vorinstanz (Art. 49 VwVG). Im Laufe des Rechtsmittelverfahrens kann sich die Kognition der Rechtspflegeinstanzen höchstens verengen, nicht aber ausweiten. Denn sonst müsste eine Stufe des Rechtsmittelzuges ohne Erfolgsaussicht durchlaufen werden, nur um die Rüge, die diese Instanz nicht geprüft hat, vor der nächsthöheren Instanz vorbringen zu können.

268

269 Die Rechtsmittelinstanzen sind grundsätzlich verpflichtet, ihre Kognition voll auszuschöpfen. Bei unzulässiger Kognitionsbeschränkung verletzen sie den Anspruch auf rechtliches Gehör (vgl. BGE 104 Ib 418), wobei das Bundesgericht darin auch schon eine formelle Rechtsverweigerung erblickt hat (vgl. BGE 106 Ia 71 f.). Die Natur einer Streitsache kann allerdings einer unbeschränkten Überprüfung entgegenstehen. Dies ist der Fall, wenn der Vorinstanz spezielle Fachkenntnisse zukommen, sodass eine bestimmte Frage nur schwer überprüfbar ist. Alsdann weicht die Rechtsmittelinstanz nicht ohne Not von der Auffassung der Vorinstanz ab und setzt nicht ihr Ermessen anstelle desjenigen der mit besonderen Sachkenntnisse ausgestatteten Vorinstanz. Eine solche Zurückhaltung ist unerlässlich bei Beschwerdeentscheiden über Examensleistungen (vgl. BGE 106 Ia 2). Unzulässig ist die Einschränkung der Kognition aber bei der Beantwortung der Frage, ob die Sonntags- oder Nachtarbeit für einen Betrieb wirtschaftlich oder technisch unentbehrlich ist (im Sinn von Art. 45 der Verordnung 1 des Bundesrates zum Arbeitsgesetz vom 14. Januar 1966, vgl. BGE 116 Ib 273; vgl. ferner VPB 1988 Nr. 25).

2. BUNDESRECHTSVERLETZUNG

270 Mit Verwaltungsbeschwerde kann die Verletzung von Bundesrecht einschliesslich Überschreitung oder Missbrauch des Ermessens geprüft werden (Art. 49 lit. a VwVG). Unter Bundesrecht ist hier das Bundesrecht schlechthin zu verstehen. Sowohl die Verletzung der Bundesverfassung und der EMRK (BGE 111 Ib 73) als auch die Verletzung irgendeines Bundesgesetzes oder einer Rechtsverordnung kann mit der Verwaltungsbeschwerde gerügt werden. Da das Anfechtungsobjekt in einer Verfügung, die sich auf Bundesverwaltungsrecht stützt oder im Umstand, dass fälschlicherweise keine Verfügung ergangen ist, besteht, bildet die Rüge der Verletzung von bundesverwaltungsrechtlichen Normen der häufigere Beschwerdegrund. Die Frage, ob sich die Verfügung auf Bundesverwaltungsrecht abstützt (Erfordernis einer anfechtbaren Verfügung), ist jedoch von der Frage des zulässigen Beschwerdegrundes zu unterscheiden (BGE 112 V 113).

271 Ausgeschlossen ist demgegenüber die Überprüfung der Anwendung von kantonalem Recht. Im Zusammenhang mit der Rüge der Verletzung von Bundesrecht kann aber geltend gemacht werden, kantonales *Verfahrensrecht* sei bei der Anwendung von Bundesverwaltungsrecht in gegen die Verfassung verstossender Weise angewandt worden. Zudem kann diese Rüge selbständig, ohne gleichzeitige Geltend-

machung einer Verletzung von materiellem Bundesrecht erhoben werden, wenn damit zugleich das materielle Bundesverwaltungsrecht vereitelt oder wesentlich erschwert wurde (vgl. BGE 111 Ib 202); die Vereitelung oder wesentliche Erschwerung von Bundesrecht durch das kantonale Recht wird einer Bundesrechtsverletzung gleichgesetzt (vgl. Kölz/Kottusch (ob. zit. in Rz. 17) ZBl 1978, S. 440 ff.; BGE 107 Ib 397 f.). Eine Vereitelung von Bundesverwaltungsrecht besteht etwa dann, wenn die kantonalen Behörden aufgrund von kantonalem Verfahrensrecht unzulässigerweise einen Nichteintretensentscheid fällen, indem sie beispielsweise die Legitimation verneinen (vgl. Bundesgerichtsentscheid vom 11. November 1983, ZBl 1984, S. 162 ff.). Zudem kann kraft Sachzusammenhangs ebenfalls eine Überprüfung des kantonalen Rechts erfolgen. In der Regel geht es dabei um gemischte Verfügungen, die sich sowohl auf Bundesrecht wie auf kantonales Recht abstützen (VPB 1991 Nr. 19; vgl. auch vorne Rz. 225). Im übrigen ist bei einer behaupteten Verfassungsverletzung in Anwendung von kantonalem Recht auf Bundesebene nur die staatsrechtliche Beschwerde gegeben.

Eine Rechtsverletzung liegt vor, wenn ein Rechtssatz falsch angewendet wird sowie wenn er unrichtig ausgelegt wird (vgl. BGE 116 Ib 209 f.). Ob dies der Fall ist, ergibt sich aus einer umfassenden Überprüfung der von der Vorinstanz vorgenommenen Auslegung des Rechtssatzes. Richtschnur sind dabei die Erkenntnisse der juristischen Methodenlehre.

Eine Rechtsverletzung kann zudem darin bestehen, dass ein ungültiger Rechtssatz angewendet wird. Die Gültigkeit der Rechtssätze wird im Rahmen der konkreten Normenkontrolle festgestellt. Die rechtsanwendende Behörde kann akzessorisch, das heisst bei der Anwendung einer Rechtsnorm auf einen konkreten Einzelfall, prüfen, ob der angewandte Rechtssatz überhaupt in Kraft steht oder mit einer Norm höherer Stufe vereinbar ist. Dabei sind Verwaltungsinstanzen wie das Bundesgericht an Art. 113 Abs. 3 BV gebunden. Bundesgesetze, allgemeinverbindliche Bundesbeschlüsse und durch die Bundesversammlung genehmigte Staatsverträge können nicht auf ihre Verfassungsmässigkeit hin geprüft werden. Hingegen können die Bundesgesetze oder allgemein verbindlichen Bundesbeschlüsse dann im Hinblick auf die Übereinstimmung mit von der Bundesversammlung genehmigten Staatsverträgen überprüft werden, wenn diese nach Erlass des Bundesgesetzes in Kraft getreten sind (BGE 111 Ib 71). Für das Verwaltungsbeschwerdeverfahren ergibt sich zudem die Besonderheit, dass die untergeordnete Verwaltungsbehörde unter Vorbehalt der offensichtlichen Rechtswidrigkeit nicht befugt ist, Erlasse der übergeordneten Behörde zu prüfen. So kann ein Departement eine Verordnung des

Bundesrates nicht einfach ausser acht lassen, wenn es der Ansicht ist, diese widerspreche einem Bundesgesetz. Vielmehr hat es beim Bundesrat deren Abänderung zu beantragen (BGE 104 Ib 418) oder die Weisung des Bundesrates einzuholen und dementsprechend über die Anwendung der Norm zu befinden; gegen den so gefällten Entscheid der unteren Instanz ist dann gegebenenfalls die Sprungbeschwerde möglich (vgl. Art. 47 Abs. 2 VwVG, BGE 108 Ib 547). Die einer Behörde übergeordnete Instanz hingegen ist befugt, Erlasse der untergeordneten Behörden zu überprüfen (VPB 1977 Nr. 97).

Die Behörden begehen weiter eine Rechtsverletzung, wenn sie einen Sachverhalt unter eine falsche Norm subsumieren, so dass der richtige Rechtssatz nicht zur Anwendung gelangt. Dies ist etwa der Fall, wenn kantonales Recht statt Bundesrecht zur Anwendung gelangt (BGE 115 Ib 356 f.). Zudem kann auch die Nichtanwendung von kantonalem Recht eine Bundesrechtsverletzung zur Folge haben (BGE 110 Ib 12).

272 Art. 49 lit. a VwVG nennt schliesslich diejenigen Ermessensfehler, die eine Rechtsverletzung darstellen, nämlich *Ermessensmissbrauch* und *Ermessensüberschreitung*. Die Behörden missbrauchen ihr Ermessen dann, wenn sie zwar die Voraussetzungen und Grenzen des ihnen zustehenden Ermessens beachten, sich aber von unsachlichen, dem Zweck der massgebenden Vorschriften fremden Erwägungen leiten lassen und insbesondere allgemeine Rechtsprinzipien wie das Verbot von Willkür oder von rechtsungleicher Behandlung, das Gebot von Treu und Glauben sowie den Grundsatz der Verhältnismässigkeit verletzen (vgl. BGE 116 V 310 mit Hinweisen; 116 Ib 195 ff.). Von Ermessensüberschreitung kann gesprochen werden, wenn die Behörden Ermessen ausüben, wo das Gesetz kein oder ein geringeres Ermessen einräumt (vgl. VPB 1982 Nr. 69). Der in Art. 49 lit. a VwVG nicht genannte Grund der Ermessensunterschreitung bedeutet ebenfalls eine Rechtsverletzung. Die Behörden haben Ermessen anzuwenden, wenn das Gesetz ihnen einen Ermessensspielraum einräumt (BGE 111 V 248); sie können nicht auf die Ermessensausübung verzichten.

273 Ausgeschlossen bleibt die Rüge, eine Verfügung verletze eine *Verwaltungsverordnung*. Machen Beschwerdeführende diesen Beschwerdegrund trotzdem geltend, prüft die Rechtsmittelinstanz grundsätzlich nur, ob die ergangene Verfügung nicht den materiellen Normen des Bundesrechts widerspreche (VPB 1981 Nr. 1, 84). Die Verwaltungsverordnungen enthalten aber oftmals auch Auslegungsanleitungen für das materielle Recht oder Hinweise auf die Ausübung der Ermessensbetätigung (VPB 1981 Nr. 37). In solchen Fällen werden sie mitberücksichtigt, sofern sie eine dem Einzelfall angepasste und gerecht werdende Auslegung der anwendbaren gesetzlichen Bestimmung zulas-

sen (BGE 116 V 19; vgl. auch VPB 1991 Nr. 27). Der Bundesrat weicht dann nicht ohne Not von ihnen ab (VPB 1985 Nr. 60).

3. UNRICHTIGE FESTSTELLUNG DES SACHVERHALTES

Einen weiteren Beschwerdegrund bildet nach Art. 49 lit. b VwVG die 274
Verletzung der behördlichen Untersuchungspflicht, die unrichtige oder unvollständige Feststellung des rechtserheblichen Sachverhalts. Unrichtig ist die Sachverhaltsfeststellung, wenn eine rechtswesentliche Tatsache nicht zum Gegenstand eines Beweisverfahrens gemacht wird, weil ihre Rechtserheblichkeit verkannt wurde; gleiches gilt für den Fall, dass Beweise falsch gewürdigt worden sind. Unvollständig ist die Sachverhaltsfeststellung demgegenüber, wenn nicht alle für den Entscheid rechtswesentlichen Sachumstände berücksichtigt wurden (vgl. etwa VPB 1992 Nr. 3 sowie BGE 116 Ib 308).
   Die Beschwerdeinstanz kann die vorinstanzliche Sachverhaltsfeststellung uneingeschränkt überprüfen (vgl. dagegen Art. 105 Abs. 2 OG). Die Beschwerdeinstanzen sind daneben befugt, Sachverhaltsabklärungen von sich aus zu treffen, da das Verwaltungsbeschwerdeverfahren von der Untersuchungsmaxime beherrscht wird.

4. UNANGEMESSENHEIT

A. Grundsatz

Schliesslich ist im Verwaltungsbeschwerdeverfahren die Rüge der Un- 275
angemessenheit zulässig. Die Ermessensüberprüfung der Beschwerdeinstanz bildet hier – im Gegensatz zur Verwaltungsgerichtsbeschwerde – den Grundsatz, die Beschränkung der Prüfungszuständigkeit auf Rechtsverletzung die Ausnahme (Art. 49 lit. c VwVG).
   Das Ermessen kann verstanden werden als individualisierende Zumessung von Rechtsfolgen. Den Verwaltungsbehörden kommt ein Entscheidungsspielraum zu, ob, wann und wie im konkreten Einzelfall gehandelt und das Recht angewendet werden soll. Dabei wird unterschieden zwischen Entschliessungsermessen und Auswahlermessen. Ersteres liegt vor, wenn die Verwaltungsbehörden nach Zweckmässigkeitsüberlegungen entscheiden, ob die Rechtsfolge eintreten

soll; beim letzteren hingegen besteht der Ermessensspielraum in der Wahl zwischen mehreren Massnahmen.

Handelt die Verwaltungsbehörde unangemessen, begeht sie, wie bei der rechtsverletzenden Ermessensbetätigung, ebenfalls einen Ermessensfehler. Im Unterschied zur Rechtsverletzung bleibt sie zwar innerhalb des gesetzlich eingeräumten Entscheidungsspielraumes, doch übt sie das Ermessen in unzweckmässiger Weise aus und trifft keine dem Sachverhalt adäquate Lösung (vgl. BGE 116 Ib 356).

276 Der Bundesrat überprüft im Regelfall die von der Vorinstanz vorgenommene Ermessensausübung, auferlegt sich jedoch dabei in einigen Fällen Zurückhaltung. Alsdann weicht er nicht ohne Not von der Auffassung der Vorinstanz ab. Das ist beispielsweise der Fall, wenn verwaltungsorganisatorische und technische Fragen zu lösen sind, bei denen Zweckmässigkeitsüberlegungen im Vordergrund stehen. So kann es nicht seine Sache als Beschwerdeinstanz sein, eine eigene Konzeption des Hauptbahnhofes Zürich zu entwickeln und diese jener der hierzu gesetzlich beauftragten Behörde gegenüberzustellen (vgl. VPB 1991 Nr. 4). Diese «Ohne-Not-Praxis» verfolgt der Bundesrat auch, wenn örtliche oder persönliche Verhältnisse zu berücksichtigen sind (VPB 1992 Nr. 3), wenn nach Sinn und Zweck einer bundesrechtlichen Bestimmung den kantonalen Behörden ein weiter Ermessensspielraum eingeräumt werden soll (VPB 1988 Nr. 52) oder wenn die Beurteilung von Prüfungsleistungen durch die Prüfenden sowie Expertinnen und Experten beurteilt werden müssen (VPB 1982 Nr. 69). Die Einschränkung der Überprüfungsbefugnis muss aber unerlässlich sein, weil sonst – wie angeführt – ein Verstoss gegen Art. 4 Abs. 1 BV vorliegt (BGE 116 Ib 273). Eine Rechtsverweigerung lag dementsprechend vor, als bei einer Medizinalprüfung die Überprüfungsbefugnis auch bezüglich der gerügten Verfahrensfehler eingeschränkt wurde, denn Verfahrensfehler sind immer Rechtsfehler (vgl. VPB 1992 Nr. 18).

B. Ausnahmen

277 Ausnahmsweise kann die Ermessensbetätigung der Vorinstanz nicht überprüft werden. Dies ist dann der Fall, wenn eine *kantonale* Behörde als Beschwerdeinstanz entschieden hat (Art. 49 lit. c VwVG; VPB 1991 Nr. 25, vgl. auch VPB 1988 Nr. 33). Hier wird, gleich wie bei der Verwaltungsgerichtsbeschwerde, die Unterscheidung zwischen Ermessen und unbestimmten Rechtsbegriffen bedeutsam, weil die Auslegung und Anwendung der letzteren eine Rechtsfrage darstellt. Ein unbestimmter Rechtsbegriff liegt dann vor, wenn die Formulierung des

Tatbestandes in unbestimmter Weise erfolgt. Die Unterscheidung zwischen Tatbestand und Rechtsfolge ist allerdings nicht in eindeutiger Weise möglich, da sich Ermessensentscheide auch auf die Feststellung der Voraussetzungen, mithin auf die Beurteilung des Tatbestandes, auswirken. Es ist durch Auslegung zu ermitteln, ob der Behörde die Befugnis zusteht, nach Ermessen zu entscheiden; dabei ist jeweils zu berücksichtigen, dass mit der Einräumung von Ermessen auch die Zuständigkeit zwischen der erstinstanzlich entscheidenden Verwaltungsbehörde und der Rechtsmittelinstanz – und hier insbesondere zwischen Kanton und Bund – aufgeteilt werden soll.

Als gefestigt gilt etwa, dass das öffentliche Interesse zu den unbestimmten Rechtsbegriffen gehört. Ebenso stellt die Abwägung zwischen öffentlichen und privaten Interessen eine Rechtsfrage dar und wird aus diesem Grund frei überprüft. Soweit aber örtliche Verhältnisse und planerische Aspekte zu würdigen sind, auferlegt sich der Bundesrat eine gewisse Zurückhaltung (VPB 1981 Nr. 44). Desgleichen auferlegt er sich Zurückhaltung, wenn die Vorinstanz infolge ihrer Kenntnisse der tatsächlichen Verhältnisse besonders geeignet ist, die Gegebenheiten zu beurteilen. Dies ist vorab bei einer Beförderung der Fall, weil es dort um die Leistungen und das Verhalten einer Person geht (vgl. VPB 1992 Nr. 3).

IV. WIRKUNG DER BESCHWERDE UND VORSORGLICHE MASSNAHMEN

Literatur: Vgl. die vorne in Rz. 145 zit. Lit.; sowie GYGI FRITZ, Aufschiebende Wirkung und vorsorgliche Massnahmen in der Verwaltungsrechtspflege, ZBl 1976, S. 1 ff. 278

1. SUSPENSIVEFFEKT

A. Im allgemeinen

Art. 55 Abs. 1 VwVG verleiht der Verwaltungsbeschwerde aufschiebende Wirkung. Erhebt die zur Beschwerde befugte Person Verwaltungsbeschwerde, wird die Wirksamkeit und damit die Vollstreckbar- 279 keit der Verfügung aufgeschoben (vgl. Art. 39 lit. b VwVG). Die laufende Rechtsmittelfrist an sich bewirkt nach Bundesrecht demgegenüber nur, dass die Vollstreckbarkeit, nicht auch die Wirksamkeit einer Verfügung gehemmt wird. Solange kein Rechtsmittel eingelegt wird, kann der Verfügungsadressat somit beispielsweise von einer erteilten Bewilligung Gebrauch machen (vgl. demgegenüber § 25 Abs. 1 VRG des Kantons Zürich). Dies hat zur Folge, dass ein Objekt unter Umständen gesetzeswidrig zerstört, etwa ein Gebäude abgebrochen wird, bevor die Rechtsmittelfrist abgelaufen ist und andere zur Beschwerde Legitimierte das Rechtsmittel eingelegt haben. Um irreversible Nachteile zu vermeiden, hat die verfügende Behörde in solchen Fällen die bewilligte Tätigkeit bis zum Ablauf der Frist zu verbieten (vgl. BGE 98 Ib 496). Ein solches Verbot kann bereits im materiellen Recht vorgesehen sein (vgl. etwa Art. 47 Waldgesetz).

Nicht in allen Fällen hat die aufschiebende Wirkung Folgen. Bei negativen Verfügungen bleibt die Beschwerdeerhebung ohne Wirkung. Es kann nicht angenommen werden, bis zum Beschwerdeentscheid sei beispielsweise eine Bewilligung erteilt worden, wenn die Vorinstanz ein entsprechendes Gesuch abgelehnt hatte (vgl. BGE 116 Ib 348). Um den Zustand während des Verfahrens zu ändern, ist die Anordnung vorsorglicher Massnahmen erforderlich.

280 Bereits die Vorinstanz kann in der Verfügung oder dem Entscheid anordnen, dass einer allfälligen Beschwerde die aufschiebende Wirkung entzogen ist (BGE 109 V 232); Voraussetzung ist allerdings, dass die Verfügung keine Geldleistung zum Gegenstand hat. Dieselbe Befugnis steht der Beschwerdeinstanz oder, wenn es sich um Kollegialbehörden handelt, den Vorsitzenden nach Einreichen der Beschwerde zu (Art. 55 Abs. 2 VwVG). Die Praxis legt diese Bestimmung so aus, dass die angefochtene Verfügung eine Geldzahlungspflicht des Adressaten beinhalten muss, damit die aufschiebende Wirkung nicht entzogen werden kann. Dies entspricht auch der Formulierung von Art. 111 Abs. 1 OG, der ausdrücklich von einer Verfügung spricht, «die zu einer Geldleistung verpflichtet» (vgl. VPB 1991 Nr. 1; BGE 109 V 232, 99 Ib 219 ff.). Deshalb ist es beispielsweise zulässig, einer Beschwerde die aufschiebende Wirkung zu entziehen, wenn die Einstellung einer Invalidenrente streitig ist (VPB 1978 Nr. 101) oder eine Tarifgenehmigung zur Diskussion steht (VPB 1987 Nr. 40). Hat die Vorinstanz die aufschiebende Wirkung entzogen, so kann sie durch die Beschwerdeinstanz oder deren Vorsitzenden von Kollegialbehörden wiederhergestellt werden (Art. 55 Abs. 3 VwVG; BGE 106 Ib 294). Der Entzug hat ausdrücklich im Dispositiv zu erfolgen (BGE 109 V 232).

Das Gesetz enthält keine weiteren Voraussetzungen für den Entzug oder die Wiederherstellung der aufschiebenden Wirkung. Die aufschiebende Wirkung bildet die Regel, der Entzug die Ausnahme. Auch wenn zwar nicht ausserordentliche Umstände vorliegen müssen, so ist es doch notwendig, dass überzeugende Gründe für den Entzug gegeben sind (VPB 1985 Nr. 50; BGE 110 V 45, 105 V 268). Beim Entscheid darüber sind die sich gegenüberstehenden Interessen abzuwägen (VPB 1988 Nr. 60). Auf der einen Seite ist der durch eine Verfügung belasteten Person daran gelegen, dass diese nicht vollstreckt wird, bevor sie rechtskräftig ist; dem steht andererseits das Interesse des Gemeinwesens daran, dass die als dringlich erachtete Vollstreckung einer Verfügung während des Beschwerdeverfahrens nicht gehindert wird, entgegen (VPB 1989 Nr. 25, S. 168; BGE 110 V 44, 106 Ib 116). Die entgegenstehenden Interessen können aber auch ausschliesslich privater Natur sein, oder es können sich verschiedene öffentliche Interessen gegenüberstehen. Dies ist beispielsweise der Fall, wenn die Bewilligung zum Betrieb eines Kernkraftwerkes streitig ist. Neben der Gesundheit der Bevölkerung muss auch der Aspekt der Energiepreiserhöhung bei der Interessenabwägung miteinbezogen werden, welche aus einer Verzögerung der Inbetriebnahme entsteht und die gesamte Volkswirtschaft betrifft (VPB 1979 Nr. 45, S. 210). Die Prozessaussichten dürfen bei der Interessenabwägung miterwogen werden, wenn sie eindeutig sind (VPB 1991 Nr. 1, 1987 Nr. 40; BGE 110 V 45 mit Hinweisen). Schliesslich gilt der allgemeine Grundsatz, dass die aufschiebende Wirkung der unterlegenen beschwerdeführenden Partei nicht zum Schaden der obsiegenden Gegenpartei einen materiell rechtlichen Vorteil bringen darf (BGE 112 V 77). Nach dem Verhältnismässigkeitsprinzip drängt sich unter Umständen auf, eine mildere Massnahme gemäss Art. 56 VwVG zu ergreifen.

Der 1978 eingefügte Absatz 5 von Art. 55 VwVG behält Bestimmungen des Bundesrechts vor, nach denen der Beschwerde keine aufschiebende Wirkung zukommt (z.B. Art. 111 UVG).

Der Entscheid über die aufschiebende Wirkung stellt eine Zwischenverfügung dar, die im Rahmen von Art. 45 Abs. 2 lit. g i.V.m. Art. 46 lit. e VwVG und i.V.m. Art. 101 lit. a OG selbständig anfechtbar ist (vgl. BGE 115 Ib 429, 109 V 231 f.).

Nach Art. 1 Abs. 3 VwVG ist die Bestimmung von Art. 55 Abs. 2 VwVG auch auf die letztinstanzlichen kantonalen Verfahren anwendbar, wenn über eine Verfügung im Sinn von Art. 5 VwVG entschieden wird. Damit wollte der Gesetzgeber die sofortige Vollstreckbarkeit einer Verfügung durch die Bundesbehörden sicherstellen. Ein Lücke in Art. 1 Abs. 3 VwVG liegt nicht vor; Abs. 1 und 3 von Art.

55 sind auf die kantonalen Verfahren somit nicht anwendbar (vgl. BGE 102 Ib 225 ff.).

B. Folgen des willkürlichen Entzuges

282 Wird die aufschiebende Wirkung willkürlich entzogen oder in willkürlicher Weise nicht oder verspätet wiederhergestellt, so hat die Körperschaft oder die autonome Anstalt, in deren Namen die Behörde verfügt hat, dem Beschwerdeführer den entstandenen Schaden zu ersetzen (Art. 55 Abs. 4 VwVG). Diese Bestimmung ist eine Spezialnorm zum Verantwortlichkeitsgesetz und hat zur Folge, dass in den übrigen Fällen, wenn zwar in ungerechtfertigter, aber nicht willkürlicher Weise auf den Entzug der aufschiebenden Wirkung oder deren Wiederherstellung verzichtet wird, keinerlei Haftung des Gemeinwesens besteht. Im Gegensatz zu Art. 3 Verantwortlichkeitsgesetz genügt hier die einfache Widerrechtlichkeit nicht (vgl. BGE 100 Ib 494 ff.; VPB 1986 Nr. 31). Der Grund für diese Einschränkung liegt darin, dass den Behörden bei der Interessenabwägung, ob die aufschiebende Wirkung zu entziehen oder wiederherzustellen ist, ein gewisser Spielraum zukommt und diese soweit als möglich aufgrund der Akten ohne zusätzliche Beweiserhebung zu entscheiden haben (VPB 1991 Nr. 1; BGE 110 V 45). Art. 55 Abs. 4 VwVG gilt nach Art. 1 Abs. 3 VwVG auch für die letztinstanzlichen kantonalen Verfahren.

283 Diese Haftungsbestimmung bezweckt den Schutz der einzelnen durch die Staatshaftung. Die Verantwortlichkeit für den ungerechtfertigten Entzug der aufschiebenden Wirkung liegt somit bei den verfügenden Behörden. Eine Verantwortlichkeit der privaten Parteien ist demgegenüber nicht vorgesehen. Im Zivilprozessrecht besteht – je nach Ausgang des Verfahrens – eine Kausalhaftung der unterliegenden Partei (vgl. etwa Art. 84 BZP). Angesichts der verschiedenen Interessenlage im öffentlichrechtlichen Streitverfahren kann hier aber keinesfalls von einer Lücke im Gesetz ausgegangen und eine den zivilprozessualen Regeln entsprechende Haftung angenommen werden. Hinzu kommt, dass die Verweise in Art. 19 VwVG auf die Bundeszivilprozessordnung abschliessend zu verstehen sind (vgl. auch hinten Rz. 431). Eine allfällige Haftung der Privaten richtet sich somit ausschliesslich nach Art. 41 OR.

C. Andere vorsorgliche Massnahmen

Der Entzug der aufschiebenden Wirkung stellt nach dem VwVG zwar ebenfalls eine vorsorgliche Massnahme dar (vgl. Randtitel zu Art. 55 VwVG). Diese Massnahme genügt aber nicht in allen Fällen, einen tatsächlichen oder rechtlichen Zustand unverändert zu erhalten, um das Streitobjekt zu sichern oder einen gefährlichen Zustand zu beseitigen. Deshalb kann die Beschwerdeinstanz andere Massnahmen anordnen (Art. 56). So kann der Bundesrat als Beschwerdeinstanz durchaus eine vorläufige Baubewilligung zur Sanierung eines Baches erteilen, wenn ohne die sofortige Verbauung erhebliche Überschwemmungen nicht verhindert werden können (VPB 1989 Nr. 34, S. 225 f.; vgl. auch VPB 1978 Nr. 94). Eine vorsorgliche Massnahme kann sich sodann bei negativen Verfügungen aufdrängen, indem etwa die Ausübung einer Tätigkeit vorläufig erlaubt wird (vgl. BGE 116 Ib 348). Wiederum gelten die bereits vorne in Rz. 146 erwähnten Grundsätze: Die vorsorgliche Massnahme muss durch ein überwiegendes öffentliches oder privates Interesse gerechtfertigt und verhältnismässig sein.

284

Da Art. 56 VwVG keine Norm über die Verantwortlichkeit enthält, richtet sich die Haftung bei widerrechtlicher Anordnung ausschliesslich nach Art. 3 Verantwortlichkeitsgesetz (BGE 100 Ib 494 ff.), wobei die Haftung nach der Praxis nur bei schweren und offensichtlichen Mängeln zum tragen kommt (vgl. BGE 107 Ib 166). Die Haftung von Privaten kommt höchstens unter der Voraussetzung von Art. 41 OR in Betracht.

2. Devolutiveffekt

Art. 54 VwVG besagt, dass die Behandlung der Sache, die Gegenstand der mit Beschwerde angefochtenen Verfügung bildet, mit Einreichung der Beschwerde auf die Beschwerdeinstanz übergeht. Die Vorinstanz kann allerdings bis zur Vernehmlassung die angefochtene Verfügung in Wiedererwägung ziehen – oder, gemäss vorerwähnter Begriffsverwendung, besser – widerrufen (Art. 58 Abs. 1 VwVG, vorne Rz. 191). Die Devolutivwirkung ist somit lediglich beschränkt. Nach vorherrschender und unseres Erachtens richtiger Auffassung ist die Wiedererwägung auch noch nach der Vernehmlassung zulässig (vgl. VPB 1979 Nr. 93 sowie die Hinweise bei Gadola, S. 367). Ergeht durch die Vorinstanz eine neue Verfügung, so sind die Parteien und die Beschwerdeinstanz sogleich in Kenntnis zu setzen (Art. 58 Abs. 2 VwVG).

285

Das Beschwerdeverfahren wird dann durch Abschreibung erledigt, wenn die neue Verfügung das Anfechtungsobjekt vollumfänglich ersetzt (Art. 58 Abs. 3 VwVG vgl. hinten Rz. 297). In diesem Fall nähert sich die Beschwerde einer Einsprache (VPB 1978 Nr. 31, S. 130 f. und Nr. 43, S. 202). Soweit die neue Verfügung Streitfragen aber nicht vollständig löst, muss die Beschwerdeinstanz materiell darüber entscheiden (vgl. BGE 108 Ib 171; VPB 1986 Nr. 13, S. 84). Widerspricht eine neue Verfügung dem zwar eröffneten, aber noch nicht in Rechtskraft erwachsenen Dispositiv des Rechtsmittelentscheides, so ist sie nach der Rechtsprechung des Bundesgerichts nichtig (vgl. BGE 109 V 236).

Ein Schriftenwechsel muss nach Art. 58 Abs. 3 VwVG nur durchgeführt werden, wenn die neue Verfügung auf einem erheblich veränderten Sachverhalt beruht oder eine erheblich veränderte Rechtslage schafft. Die Bestimmung ist allerdings im Lichte von Art. 4 Abs. 1 BV auszulegen. Die Parteien sind grundsätzlich vor Erlass einer neuen Verfügung anzuhören, es sei denn, es dürfe nach den vorne angeführten Ausnahmen darauf verzichtet werden (vgl. vorne Rz. 137).

Die Tragweite von Art. 54 VwVG ist nicht ganz klar. Jedenfalls kann daraus nicht abgeleitet werden, es dürfe durch die erste Instanz in der gleichen Sache keine neue Verfügung getroffen werden, wenn sich bei Dauersachverhalten die Umstände wesentlich geändert haben (vgl. auch BGE 97 I 752).

V. VERFAHREN VOR BESCHWERDEINSTANZ

286 *Literatur:* Vgl. die unter Rz. 103 und 112 zit. Lit. sowie GADOLA, S. 416 ff.; GYGI, S. 53 ff.; PFLEGHARD HEINZ, Regierung als Rechtsmittelinstanz, Zürich 1984; SALADIN, S. 210 ff.;

1. AUSSTAND

287 Neben den bereits vorne erläuterten Ausstandsgründen gemäss Art. 10 VwVG (vgl. vorne Rz. 104), enthält Art. 59 VwVG für das allgemeine Beschwerdeverfahren eine zusätzliche Regelung. Danach darf die Beschwerdeinstanz weder Personen im Dienste der Vorinstanz noch andere Personen mit der Behandlung der Beschwerdesache be-

trauen, die sich an der Vorbereitung der angefochtenen Verfügung beteiligt haben; beruht die angefochtene Verfügung auf einer Weisung der Beschwerdeinstanz, so ist gemäss dieser Bestimmung die Sprungbeschwerde nach Art. 47 Abs. 2 bis 4 VwVG zu ermöglichen (vgl. auch BGE 110 Ib 97).

2. BESCHWERDEINSTRUKTION

Das Instruktionsverfahren ist Ausdruck des Amtsbetriebes. Es ist Sache der Instruktion, das Verfahren von der Rechtshängigkeit zur Entscheidung zu führen. Das Instruktionsverfahren hat einerseits im Rahmen der Untersuchungsmaxime die Sammlung des Tatsachenmaterials, andererseits die Anhörung der Parteien zum Gegenstand. Im einzelnen sind der Schriftenwechsel durchzuführen und die Vernehmlassungsfristen anzusetzen; die Beweise müssen gesammelt werden, und es ist Antrag zum Beschwerdeentscheid zu stellen.

288

Ist das Departement Beschwerdeinstanz, so wird die Instruktion der Beschwerde – abgesehen vom Finanzdepartement, wo die Finanzverwaltung zuständig ist – von den jeweiligen Generalsekretariaten durchgeführt (vgl. etwa Art. 3 Ziff. 1 lit. b sowie Art. 11 Ziff. 2 lit. abis der Verordnung des Bundesrates über die Aufgaben der Departemente, Gruppen und Ämter vom 9. Mai 1979). Die formelle Prozessleitung äussert sich auch im Erlass prozessleitender Verfügungen. Die Zuständigkeiten hierfür werden aber im VwVG festgelegt. So entscheidet etwa nach Art. 56 VwVG die Beschwerdeinstanz über vorsorgliche Massnahmen, während eine Zeugeneinvernahme nur von den in Art. 14 Abs. 1 VwVG aufgezählten Behörden angeordnet werden kann. Das Generalsekretariat darf somit keine Zwischenverfügungen treffen. Besteht eine Regelung über die Stellvertretung im Sinn einer Unterschriftendelegation, ergeht die Verfügung gemäss Art. 62 Abs. 2 VwOG im Namen der Departementsvorsteherschaft (vgl. VPB 1976 Nr. 30; demgegenüber Art. 75 Abs. 3 VwVG).

3. VORPRÜFUNG UND SCHRIFTENWECHSEL

Bevor die Beschwerdeinstanz den Schriftenwechsel anordnet, hat sie zu prüfen, ob die Beschwerde nicht zum vornherein unzulässig ist. Dabei darf jedoch nur in offensichtlichen Fällen auf die Durchführung

289

des Schriftenwechsels verzichtet werden, zumal in der Regel die Rechts- und Sachlage erst aus der Vernehmlassung und des anschliessenden Beweisverfahrens klar wird. Stellt sich heraus, dass lediglich die Beschwerdeschrift mangelhaft ist, so wird eine Nachfrist zur Verbesserung angesetzt (Art. 52 Abs. 2 und 3 VwVG).

290 Wenn die Beschwerde nicht zum vornherein unzulässig ist, bringt die Beschwerdeinstanz die Beschwerdeschrift der Vorinstanz – hier in der Regel der verfügenden Behörde –, allfälligen Gegenparteien und anderen Verfahrensbeteiligten zur Kenntnis und setzt ihnen eine Frist zur Vernehmlassung (Art. 57 Abs. 1 VwVG; vgl. zum Mehrparteienverfahren vorne Rz. 231 f.). Das Vernehmlassungsverfahren dient einerseits der Wahrung des rechtlichen Gehörs. Andererseits aber dient der Schriftenwechsel der Rechtsmittelinstanz zur richtigen Sachverhaltsabklärung.

In der Vernehmlassung dürfen Anträge im Rahmen von Art. 62 VwVG auch zuungunsten der beschwerdeführenden Partei gestellt werden, wobei der Sachzusammenhang zum von der beschwerdeführenden Partei bestimmten Streitgegenstand gewahrt werden muss. Solche Anträge haben eher den Charakter einer prozessualen Anregung. Kann auf das Rechtsmittel nicht eingetreten werden oder wird die Beschwerde zurückgezogen, so fallen sie dahin. Der Gegenpartei steht es jedoch frei, bei gegebenen Voraussetzungen das Rechtsmittel selbständig einzulegen (vgl. BGE 110 Ib 31). Im Vernehmlassungsverfahren dürfen des weiteren im Rahmen des Streitgegenstandes neue Tatsachen und Beweismittel vorgebracht werden, die kraft Art. 32 Abs. 2 VwVG berücksichtigt werden müssen, wenn sie erheblich sind.

Die Beschwerdeinstanz kann einen weiteren Schriftenwechsel oder aber eine mündliche Verhandlung anordnen (Art. 57 Abs. 2 VwVG; Replik und Duplik). Wird in der Beschwerdeantwort auf neue und erhebliche Tatsachen oder Beweismittel hingewiesen, ist die Behörde zur Wahrung des rechtlichen Gehörs gemäss Art. 4 Abs. 1 BV zu einer der beiden Massnahmen verpflichtet (vgl. BGE 114 Ia 314 und Art. 31 VwVG). Dasselbe gilt, wenn die Beschwerdeinstanz aus anderen als den in der Beschwerdeschrift vorgebrachten Rechtsgründen entscheiden will (BGE 115 Ia 94 ff.), oder wenn die erste Instanz ihre Verfügung ungenügend begründete und die Begründung erst in der Vernehmlassung nachgebracht hat (BGE 111 Ia 3 ff.).

4. UNTERSUCHUNGSMAXIME UND DER GRUNDSATZ DER RECHTSANWENDUNG VON AMTES WEGEN

Im Verwaltungsbeschwerdeverfahren gilt, wie im nichtstreitigen Verwaltungsverfahren, der Grundsatz der *Untersuchung des Sachverhalts von Amtes* wegen (Art. 12 VwVG). Demzufolge ist es beispielsweise unzulässig, wenn die Parteien über den Sachverhalt, wie er für die Rechtsmittelinstanz massgebend sein soll, einen Vergleich abschliessen und vereinbaren, auf die Einholung einer Expertise werde verzichtet (vgl. VPB 1982 Nr. 72).   291

Die behördliche Untersuchungspflicht wird zunächst einmal durch den Streitgegenstand begrenzt. Sodann wird sie durch die den Parteien obliegenden Mitwirkungspflichten gemäss Art. 13 VwVG eingeschränkt. Diese Bestimmung hat im Beschwerdeverfahren besonderes Gewicht, weil hier das Verfahren regelmässig durch eigenes Begehren eingeleitet wird oder Gegenparteien darin eigene Begehren stellen (Art. 13 lit. a und b VwVG). Faktisch wird die Untersuchungsmaxime aber auch durch die objektive Beweislast eingeschränkt. Schliesslich begrenzt die Pflicht der Parteien, ein Rechtsmittel zu begründen, die Untersuchungspflicht ebenfalls (Art. 52 Abs. 1 VwVG). Die Rechtsmittelinstanz ist insbesondere nicht verpflichtet, über die tatsächlichen Vorbringen der Parteien hinaus den Sachverhalt vollkommen neu zu erforschen (BGE 110 V 52 f.). Sie kann aber den von der Vorinstanz zugrundegelegten Sachverhalt berichtigen oder ergänzen (VPB 1982 Nr. 72, S. 471). Sind die wesentlichen Tatbestandselemente aus den Akten ersichtlich, muss die Beschwerdeinstanz aber keine weiteren Vorkehren zur Tatbestandsfeststellung treffen (vgl. auch vorne Rz. 139).

Der Grundsatz der *Rechtsanwendung von Amtes* wegen hat zur Folge, dass die Rechtsmittelinstanz an die rechtliche Begründung der Parteibegehren nicht gebunden ist (Art. 62 Abs. 4 VwVG). Dieses Prinzip bedeutet, dass die Beschwerdeinstanz ihren Entscheid anders begründen darf als die Parteien oder die Vorinstanz. Sie kann dabei die Verfügung im Ergebnis gleich belassen, dieser aber andere Motive zugrunde legen (Motivsubstitution; VPB 1989 Nr. 10). Wie bei der Sachverhaltsabklärung ist die Beschwerdeinstanz nicht gehalten, nach allen möglichen Rechtsfehlern zu suchen. Es müssen sich zumindest Anhaltspunkte aus den Parteivorbringen oder den Akten ergeben (vgl. BGE 110 V 53). Bedeutsamer für die Begrenzung der Rechtsanwendung von Amtes wegen ist indessen der Streitgegenstand, wie er von den Parteien bestimmt wird.   292

5. WAHRUNG DES RECHTLICHEN GEHÖRS

293 Die vorne dargelegten Grundsätze des rechtlichen Gehörs sind auch im Verwaltungsbeschwerdeverfahren zu beachten (Art. 26 ff. VwVG). Gelangt überdies Art. 6 EMRK zur Anwendung, genügt die schriftliche Anhörung unter Umständen nicht (vgl. vorne Rz. 52 f. und 55).
  Hinzu kommen weitere dem Beschwerdeverfahren eigene Vorschriften, die den Grundsatz des rechtlichen Gehörs konkretisieren. Insbesondere hat die entscheidende Behörde die ihr zustehende Kognition auszuschöpfen (vgl. vorne Rz. 269). Auch ist eine Partei anzuhören, bevor die Verfügung zum Nachteil derselben geändert wird (Art. 62 Abs. 3 VwVG).

6. TRAGWEITE DER VERFAHRENSÖFFENTLICHKEIT GEMÄSS ART. 6 EMRK

294 Im Anwendungsbereich von Art. 6 EMRK gilt zugleich der Grundsatz der Öffentlichkeit der Verfahren. Die Verfahrensöffentlichkeit muss sich auf die Verfahren vor der mit der Sachverhaltsabklärung betrauten Instanz beziehen. Demzufolge wären in diesen Verfahren grundsätzlich öffentliche Verhandlungen durchzuführen. Der Mangel könnte zwar vor Bundesgericht geheilt werden, doch müsste dieses in solchen Fällen in öffentlicher Verhandlung Tat- und Rechtsfragen abklären und reformatorisch entscheiden (vgl. Schmuckli, (ob. zit. in Rz. 17), S. 97; vorne Rz. 58).

VI. BESCHWERDEENTSCHEID

295 *Literatur:* Bernet Martin, Die Parteientschädigung in der schweizerischen Verwaltungsrechtspflege, Zürich 1986; Böckli Peter, Reformatio in peius – oder der Schlag auf die hilfesuchende Hand, ZBl 1980, S. 97 ff.; Gadola, S. 435 ff.; Gygi, S. 249 ff., 325 ff.; Keiser Dagobert, Die reformatio in peius in der Verwaltungsrechtspflege, Zürich 1979; Kölz Alfred, Prozessmaximen (ob. zit. in Rz. 44), S. 46 ff.; Lebrecht André, Die formelle Verfahrenserledigung im Anfechtungsstreitverfahren, St. Gallen 1986; Saladin, S. 211 ff.; Zimmerli Ulrich, Zur reformatio in peius vel in melius im Verwaltungsrechtspflegeverfahren des Bundes, in: Mélanges Henri Zwahlen, Lausanne 1977, S. 511 ff.

1. FORMELLER ENTSCHEID

Fehlt es an den Prozessvoraussetzungen, fällt die Behörde einen Nichteintretensentscheid. Sind die Prozessvoraussetzungen nur in Bezug auf Teile der Beschwerde nicht erfüllt, ergeht ein teilweiser Nichteintretensentscheid. Sind die Prozessvoraussetzungen aber gegeben, ergeht darüber in der Regel keine Zwischenverfügung und das Verfahren nimmt nach Einreichen der Beschwerde seinen Fortgang; es wird die Vernehmlassung durchgeführt und je nach Umständen werden Beweise erhoben. In diesen Fällen kann eine mangelnde Prozessvoraussetzung erst mit der Endverfügung oder mit dem Endentscheid angefochten werden. 296

Abschreibungsbeschlüsse ergehen, wenn bereits auf die Beschwerde eingetreten wurde, diese aber infolge Beschwerderückzug, Anerkennung, Vergleich oder Gegenstandslosigkeit dahinfällt. Mit einem *Rückzug* der Beschwerde verzichtet die beschwerdeführende Partei auf die Überprüfung des Rechtsbegehrens mit der Folge, dass die Verfügung rechtskräftig wird. Der Beschwerderückzug muss bedingungslos (BGE 111 V 60 f.) und ausdrücklich erfolgen. Zudem ist er nicht widerrufbar, es sei denn, es bestünde ein Willensmangel. Die beschwerdeführende Partei wird bei einem Rückzug kostenpflichtig und hat allenfalls eine Parteientschädigung zu bezahlen. 297

Anerkennt die verfügende Instanz die Beschwerde, nimmt sie die Verfügung im Sinn der Beschwerdeanträge wiedererwägungsweise zurück (vgl. vorne Rz. 285). Die Anerkennung durch den Verfügungsadressaten hingegen erfolgt dadurch, dass er sich ausdrücklich oder stillschweigend der Verfügung unterzieht. Die Anerkennenden gelten jeweils als unterliegende Parteien und werden dementsprechend kosten- und entschädigungspflichtig (vgl. VPB 1991 Nr. 15, 1990 Nr. 39). 298

Der *Vergleich* zeichnet sich dadurch aus, dass die Parteien über den Streitgegenstand einen Vertrag schliessen. Infolge der zwingenden Natur des Verwaltungsrechts ist der Spielraum allerdings gering und ein Vergleich im Anfechtungsstreitverfahren kaum anzutreffen. 299

Die Abschreibung wegen *Gegenstandslosigkeit* sodann erfolgt, wenn das Streitobjekt dahinfällt, wenn zum Beispiel ein Haus, für welches eine Umbaubewilligung erteilt wurde, zerstört wird oder eine Person, deren höchstpersönliche Rechte im Streit liegen, stirbt. Das Bundesgericht erledigt überdies ein Verfahren durch Abschreibungsbeschluss infolge Gegenstandslosigkeit, wenn das Rechtsschutzinter- 300 esse nach Eintreten auf die Beschwerde dahinfällt (vgl. BGE 111 Ib 185; vgl. vorne Rz. 184).

2. MATERIELLER ENTSCHEID

A. Keine Bindung an Parteibegehren

301 Die Änderung der angefochtenen Verfügung entgegen den gestellten Parteibegehren ist grundsätzlich zulässig. Hier wird die Dispositionsmaxime zugunsten der Offizialmaxime eingeschränkt und der Verwirklichung des objektiven Rechts vor dem individuellen Rechtsschutz der Vorrang eingeräumt. Eine Änderung der Verfügung über die Begehren der Parteien hinaus, die sich zu deren Gunsten auswirkt, ist in jedem Fall zulässig (reformatio in melius; Art. 62 Abs. 1 VwVG). Bei einer Änderung der Verfügung zuungunsten einer Partei (reformatio in peius) dagegen müssen die gesetzlichen Voraussetzungen erfüllt sein: Die angefochtene Verfügung muss Bundesrecht verletzen oder auf einem unrichtigen oder unvollständigen Sachverhalt beruhen (VPB 1988 Nr. 33, S. 198, 205; vgl. demgegenüber die engere Praxis zu Art. 114 Abs. 1 OG: BGE 110 Ib 330). Wegen Unangemessenheit hingegen darf die Rechtsstellung einer Partei nur dann zu deren Nachteil geändert werden, wenn sich die Änderung auf der andern Seite zugunsten einer Gegenpartei auswirkt (Art. 62 Abs. 2 VwVG; VPB a.a.O.). Eine Änderung der Verfügung im Ermessensbereich ist somit nur im Mehrparteienverfahren zulässig.

Sowohl bei der reformatio in peius wie auch bei der reformatio in melius ist der Sachzusammenhang zum Streitgegenstand zu wahren (BGE 104 Ib 316).

302 Die Rechtsmittelinstanz hat eine beabsichtigte Änderung zuungunsten einer Partei anzuzeigen und dieser Gelegenheit zu geben, sich zu äussern (Art. 62 Abs. 3 VwVG; BGE 102 Ib 258). In diesem Fall werden die Parteirechte der Betroffenen verstärkt. In Kenntnis der drohenden Schlechterstellung ist es derjenigen Partei, die das Rechtsmittel erhoben hat, unbenommen, die Beschwerde wieder zurückzuziehen (VPB 1988 Nr. 33, S. 198, 1984 Nr. 47, S. 329). Die unbeholfene Partei sollte zudem ausdrücklich auf die Rückzugsmöglichkeit aufmerksam gemacht werden. Diese Befugnis wird allerdings wieder eingeschränkt, wenn die Beschwerdeinstanz zugleich Aufsichtsbehörde ist; denn in diesem Fall ist sie befugt, unabhängig von einer Beschwerde einen Entscheid aufzuheben, wenn die Vorinstanz klares Recht oder

wesentliche öffentliche Interessen verletzt hat. Wirkt sich die Reformierung demgegenüber zuungunsten der *Gegenpartei* aus, wird dieser der Rückzug ihrer Anträge nichts nützen, da sie nicht über die Beendigung des Verfahrens bestimmen kann, ausser sie habe das Rechtsmittel selbständig eingelegt. Eine nochmalige Anhörung hat aber in jedem Fall zu erfolgen.

B. Gutheissung oder Abweisung der Beschwerde

Der materielle Sachentscheid kann auf Abweisung oder Gutheissung 303
der Beschwerde lauten. Dabei ist auf den Sachverhalt abzustellen, wie er im Zeitpunkt des Entscheides vorliegt. Es sind somit alle bis dahin eingetretenen Tatsachen und die Beweismittel zu berücksichtigen, soweit sie in Zusammenhang mit dem Streitgegenstand stehen.

Beim Abweisungsentscheid wird der Rechtsmittelentscheid formell an die Stelle des vorinstanzlichen Entscheides gesetzt; inhaltlich stimmen der vorinstanzliche Entscheid und der Rechtsmittelentscheid aber überein.

Heisst die Rechtsmittelinstanz die Beschwerde hingegen ganz oder 304
teilweise gut, so ist sie grundsätzlich gehalten, in der Sache selbst zu entscheiden. Aus prozessökonomischen Gründen hat der Gesetzgeber die Verwaltungsbeschwerde dem Grundsatze nach reformatorisch ausgestaltet. Die Befugnis der Rechtsmittelinstanz des Bundes, in der Sache selbst zu entscheiden, kann auch nicht durch die kantonalen Verfahrensrechte eingeschränkt werden, indem diese der letzten kantonalen Instanz eine gegenüber der Beschwerdeinstanz des Bundes eingeschränktere Kognition einräumen (VPB 1987 Nr. 51, S. 299 f.). Die Rechtsmittelinstanz darf gemäss Art. 61 Abs. 1 VwVG nur ausnahmsweise kassatorisch entscheiden und die Sache an die Vorinstanz zurückweisen. In diesem Fall sind die Erwägungen – soweit das Dispositiv darauf verweist – für die angewiesene Behörde verbindlich; dabei darf die Rückweisung nur verbindliche Weisungen für den Einzelfall und keine allgemeinen Anordnungen enthalten (vgl. VPB 1986 Nr. 13, S. 84). Einen Rückweisungsentscheid wird die Rechtsmittelinstanz vor allem dann fällen, wenn weitere Tatsachen festgestellt werden müssen und ein umfassendes Beweisverfahren durchzuführen ist. Auch wenn der Rechtsmittelinstanz die Befugnis zusteht, weitere Sachverhaltsabklärungen zu treffen, soll die mit den örtlichen Verhältnissen besser vertraute oder sachlich kompetentere Behörde über die Angelegenheit des Beschwerdeführers entscheiden. Zur Rückweisung kommt es zudem immer dann, wenn die Vorinstanz einen Nichtein-

tretensentscheid gefällt und keine materielle Prüfung vorgenommen hat. Der Rückweisungsentscheid stellt insoweit eine selbständig anfechtbare Endverfügung dar, als in für die Vorinstanz verbindlicher Weise entschieden wird (BGE 113 V 159 f., 107 Ib 221 f.). Der aufgrund der Rückweisung getroffene neue Entscheid der Vorinstanz kann seinerseits wiederum mit allen zulässigen Rechtsmitteln angefochten werden. Unterlässt es die Vorinstanz, einen Neuentscheid zu fällen, macht sie sich der formellen Rechtsverweigerung schuldig, wogegen sich die betroffene Partei mit Rechtsverweigerungsbeschwerde zur Wehr setzen kann (BGE 102 Ib 237 f.).

3. INHALT DES ENTSCHEIDES

305 Der Beschwerdeentscheid enthält eine Zusammenfassung des erheblichen Sachverhaltes, die Entscheidungsformel (Dispositiv), welche Verbindlichkeit erlangt, sowie deren Begründung (Erwägungen; Art. 61 Abs. 2 VwVG). Art. 61 Abs. 2 VwVG stellt eine Präzisierung von Art. 35 VwVG dar. Dementsprechend muss der Entscheid auch eine Rechtsmittelbelehrung enthalten. Ebenso sind die Anforderungen an die Begründung des Rechtsmittelentscheids dieselben wie bei der Verfügung (vgl. vorne Rz. 156 f.). Unter Umständen kann auf die vorinstanzliche Begründung verwiesen werden, wenn die beschwerdeführende Person keine neuen Tatsachen oder Argumente vorzubringen vermochte.

4. VERFAHRENSKOSTEN UND PARTEIENTSCHÄDIGUNG

306 Im Gegensatz zum erstinstanzlichen Verfahren enthält das VwVG für das Beschwerdeverfahren eine detaillierte Regelung über die Verfahrenskosten und Parteientschädigung.

Gemäss Art. 63 Abs. 1 VwVG und den Bestimmungen der Verordnung vom 10. September 1969 über Kosten und Entschädigungen im Verwaltungsverfahren (Kostenverordnung) auferlegt die Beschwerdeinstanz der unterliegenden Partei die *Verfahrenskosten,* bestehend aus Spruchgebühr, Schreibgebühren und Barauslagen (vgl. VPB 1987 Nr. 41). Die Kosten hat nach dem Unterliegerprinzip jeweils die unterliegende Partei zu tragen (vgl. VPB 1989 Nr. 4). Bei einer Parteimehrheit tragen die Parteien ihre gemeinsamen Verfahrenskosten zu gleichen Teilen und haften dafür laut Art. 7 Kostenverordnung solidarisch, soweit die Beschwerdeinstanz nichts anderes verfügt. Diese Regelung ist zu wenig differenziert ausgefallen und kann zu willkürlichen Ergebnissen führen. Denn den rechtlich unter sich nicht verbundenen Parteien darf keine Solidarhaftung auferlegt werden. Bei einer derartigen Parteienmehrheit sind die Kosten vielmehr einzeln zu gleichen Teilen einzufordern (vgl. Kölz, Kommentar VRG, § 14 Rz. 1 bis 4). Den Vorinstanzen oder beschwerdeführenden und unterliegenden Bundesbehörden werden keine Kosten auferlegt. Führen dagegen andere als Bundesbehörden Beschwerden, beispielsweise eine Gemeindebehörde, so werden die Kosten auferlegt, wenn es um vermögensrechtliche Interessen der vertretenen Körperschaft oder autonomen Anstalt geht (Art. 63 Abs. 2 VwVG; vgl. VPB 1989 Nr. 14, Nr. 24; 1987 Nr. 64). Auch die in den Schriftenwechsel von Amtes wegen einbezogenen weiteren Beteiligten (vgl. Art. 57 Abs. 2 VwVG) haben keine Verfahrenskosten zu tragen (vgl. VPB 1988 Nr. 33, S. 206). Eine obsiegende Partei sodann darf nur unter der Voraussetzung zur Bezahlung der Verfahrenskosten verpflichtet werden, dass sie Verfahrenspflichten verletzt hat (Art. 63 Abs. 3 VwVG). Zum Teil sieht das VwVG bei Verletzung von Verfahrenspflichten aber weitergehende Sanktionen vor: So braucht die Beschwerdeinstanz auf ein Begehren gemäss Art. 13 Abs. 2 VwVG nicht einzutreten, wenn die notwendige und zumutbare Mitwirkung verweigert wird.

Eine *Vorschusspflicht* für die Verfahrenskosten kann die Behörde anordnen, wenn eine beschwerdeführende Person keinen festen Wohnsitz oder den Wohnsitz im Ausland hat. Ebenfalls vorschusspflichtig wird eine Person, die mit der Bezahlung früherer Verfahrenskosten in Verzug ist. Die Anordnung erfolgt unter Ansetzung einer angemessenen Frist mit der Androhung, dass bei Nichtleistung auf die Beschwerde nicht eingetreten werde (Art. 63 Abs. 4 VwVG). Dabei wird das Verhalten einer Hilfsperson, beispielsweise einer Bank, dem Pflichtigen angerechnet (VPB 1990 Nr. 25). 307

Gemäss Art. 64 Abs. 1 VwVG kann die Beschwerdeinstanz der ganz oder teilweise obsiegenden Partei von Amtes wegen oder auf Begehren hin eine *Parteientschädigung* für die erwachsenen notwendigen und verhältnismässig hohen Kosten zusprechen (vgl. VPB 1991 Nr. 22). Diese als «Kann-Vorschrift» formulierte Norm begründet allerdings nach ständiger Praxis des Bundesrats – in Anlehnung an Art. 159 OG – bei gegebenen Voraussetzungen einen Rechtsanspruch auf Parteientschädigung (vgl. VPB 1992 Nr. 2, 1991 Nr. 15, 1990 Nr. 39 S. 253) und stellt eine Spezialbestimmung zum Verantwortlichkeitsgesetz dar (vgl. Art. 3 Abs. 2 Verantwortlichkeitsgesetz, BGE 112 Ib 356). Ob die Parteikosten als notwendig zu betrachten sind, bestimmt 308 sich danach, was zur sachgerechten und wirksamen Rechtsverfolgung oder Rechtsverteidigung unerlässlich ist (VPB 1987 Nr. 23: Notwendigkeit verneint für einen Beschwerdeführer, der Anwalt ist.). Zwar verlangt das Gesetz weiter, dass die durch Entschädigung auszugleichenden Kosten verhältnismässig hoch sein müssen. Doch bestimmt Art. 8 Abs. 2 lit. b der Kostenverordnung, dass Barauslagen und andere Spesen bereits ab Fr. 50.– ersetzt werden. Vertretungskosten sodann gelten schon ab Fr. 100.– als verhältnismässig hoch (vgl. VPB 1992 Nr. 2, 1990 Nr. 39). Als anspruchsberechtigt gilt die ganz oder teilweise obsiegende Partei, wobei hier der Parteibegriff unter Ausschluss staatlicher Instanzen verstanden werden muss (vgl. Bernet, S. 9). Verpflichtet zur Bezahlung der Parteientschädigung ist nach Art. 64 Abs. 2 VwVG die Körperschaft oder autonome Anstalt, in deren Namen die Vorinstanz verfügt hat, sofern die Kosten nicht einer unterliegenden Gegenpartei auferlegt werden können. Dies ist nach Art. 64 Abs. 3 VwVG dann der Fall, wenn sich eine solche mit selbständigen Anträgen am Verfahren beteiligt hat. Entschädigungspflichtig kann die Vorinstanz auch werden, wenn sie infolge einer Praxisänderung unterliegt (VPB 1989 Nr. 34, S. 223). Andere gemäss Art. 57 Abs. 1 VwVG Beteiligte dagegen werden nicht entschädigungspflichtig. Keine Parteientschädigung wird im Verfahren der Rechtverweigerungs- und Rechtsverzögerungsbeschwerde zugesprochen (Art. 70 Abs. 3 VwVG, dazu VPB 1989 Nr. 4, S. 34).

309 Die Regelung der Kosten und Entschädigungsfolgen erfolgt im Dispositiv. Sie ist selbständig mit denselben Rechtsmitteln wie der Beschwerdeentscheid anfechtbar.

Gemäss Art. 65 Abs. 1 VwVG kann eine bedürftige Partei, deren Begehren nicht zum vornherein als aussichtslos erscheint, nach Einreichen der Beschwerde, von den *Verfahrenskosten* befreit werden. Bedürftig ist eine Partei dann, wenn sie ohne Beeinträchtigung des notwendigen Lebensunterhalts die Verfahrenskosten nicht zu bestreiten vermag (VPB 1991 Nr. 16). Im Anspruch auf unentgeltliches Verfahren gemäss Art. 4 Abs. 1 BV ist überdies eine Befreiung von der Kostenvorschusspflicht enthalten (BGE 114 V 231; VPB 1991 Nr.16), was auch für das verwaltungsinterne Beschwerdeverfahren im Bund gelten muss. Zudem besteht bereits kraft Art. 65 Abs. 2 VwVG ein Anspruch auf unentgeltliche Vertretung, wenn die bedürftige Partei nicht imstande ist, ihre Sache selbst zu vertreten. Dabei kann die Vertretung frei gewählt werden (vgl. VPB 1978 Nr.39). Hingegen kann die bedürftige Partei weder gemäss Art. 4 Abs. 1 BV noch gemäss den Bestimmungen des VwVG von der Bezahlung einer Parteientschädigung an die anspruchsberechtigte Gegenpartei befreit werden (BGE 114 V 231).

Die Kostenbefreiung erfolgt auf Gesuch hin (VPB 1985 Nr. 19). Darüber können auch die Vorsitzenden einer Kollegialbehörde entscheiden, während über die unentgeltliche Verbeiständung nur die Beschwerdeinstanz als ganzes befindet (Art. 65 Abs. 1 und 2 VwVG). Der Entscheid ergeht in einer anfechtbaren Zwischenverfügung (Art. 45 Abs. 2 lit. h VwVG).

Gelangt die ehemals bedürftige Partei später zu hinreichenden Mitteln, so ist sie verpflichtet, Honorar und Kosten des Anwalts an diejenige Körperschaft oder autonome Anstalt zu vergüten, die diese bezahlt hat (Art. 65 Abs. 4 VwVG; vgl. auch vorne Rz. 21).

Von der unentgeltlichen Rechtspflege zu unterscheiden ist der Erlass der *Verfahrenskosten*. Die Beschwerdeinstanz kann die Kosten dann ganz oder teilweise erlassen, wenn eine Beschwerde ohne erheblichen Aufwand für die Beschwerdeinstanz durch Rückzug oder Vergleich erledigt wurde. Desgleichen kann ein ganzer oder teilweiser Erlass gerechtfertigt sein, wenn andere Gründe in der Sache oder in der Person der Partei die Auferlegung von Verfahrenskosten als unverhältnismässig erscheinen lassen (Art. 63 Abs. 1 VwVG, Art. 4a Kostenverordnung). Dies kann etwa zutreffen, wenn eine beschwerdeführende Partei zur Beschwerdeerhebung infolge ungenügender Begründung der Verfügung gezwungen wurde (vgl. VPB 1989 Nr. 7). Mit der Durchführung eines zweiten Schriftenwechsels wird allerdings zugleich die Möglichkeit eines Beschwerderückzuges eingeräumt, was ebenfalls zum Erlass der Kosten führt (VPB 1985 Nr. 19). Gleichermassen erlassen werden die Kosten, wenn die Beschwerdeinstanz ihre Praxis änderte (vgl. VPB 1989 Nr. 34). Hingegen genügt es nicht, wenn eine beschwerdeführende Partei keine persönlichen Interessen, sondern öffentliche Interessen vertritt (VPB 1989 Nr. 2).

5. ERÖFFNUNG DES ENTSCHEIDES

Art. 61 Abs. 3 VwVG bestimmt, dass der Entscheid den Parteien und der Vorinstanz zu eröffnen ist. Die Anforderungen, welche an die Entscheideröffnung zu stellen sind, richten sich nach Art. 34 und 36 VwVG: Der Entscheid ist individuell zuzustellen oder bei gegebenen Voraussetzungen zu veröffentlichen (vgl. vorne Rz. 154 f.).

Der Entscheid ist überdies im Dispositiv der Öffentlichkeit zugänglich zu machen, wenn dieser in den Geltungsbereich von Art. 6 EMRK fällt (vgl. vorne Rz. 58).

6. WIRKUNG UND VOLLSTRECKUNG DES ENTSCHEIDES

312 Ein Beschwerdeentscheid wird formell rechtskräftig, wenn die Rechtsmittelfrist unbenutzt abgelaufen ist, wenn die Parteien rechtsgültig auf die Einlegung eines Rechtsmittels verzichtet haben, wenn sie das Rechtsmittel zurückgezogen haben oder wenn er endgültig ist. Mit der formellen Rechtskraft wird der Entscheid vollstreckbar (vgl. dazu Art. 39 VwVG sowie vorne Rz. 166).

Im Gegensatz zu Verfügungen werden Rechtsmittelentscheide, auch wenn sie von einer Verwaltungsbehörde erlassen wurden, materiell rechtskräftig. Sie können vorbehältlich der Revision nicht widerrufen werden (vgl. Art. 66 VwVG). Die materielle Rechtskraft wird jedoch insoweit eingeschränkt, als die erstinstanzlich zuständige Behörde bei einem Dauersachverhalt eine neue Verfügung erlassen darf, wenn sich die Umstände geändert haben (vgl. vorne Rz. 190 ff.). Materiell rechtskräftig werden auch Nichteintretensentscheide, soweit das Fehlen der Prozessvoraussetzung festgestellt wurde. Abschreibungsbeschlüssen kommt ebenfalls materielle Rechtskraft zu.

Die Rechtskraft bezieht sich nur auf das Dispositiv. Verweist dieses aber auf die Erwägungen, haben diese an der Rechtskraft teil.

9. KAPITEL: RECHTSVERWEI-GERUNGS- UND RECHTSVER-ZÖGERUNGSBESCHWERDE

Literatur: GADOLA, S. 118 ff.; GYGI, Bundesverwaltungsrechtspflege, S. 225 ff.; TRÜB, (ob zit. in Rz. 89), S. 205 ff.; *ders.;* Die Vollzugsklage im Umweltrecht, URP 1990, S. 423; SALADIN, S. 217 f.

Die Rechtsverweigerungs- und Rechtsverzögerungsbeschwerde weist gegenüber der Verwaltungsbeschwerde einige Besonderheiten auf. Eine *Rechtsverweigerung* liegt dann vor, wenn die Behörde trotz rechtlicher Verpflichtung keine Verfügung erlässt (zum Rechtsweg in der Sozialversicherung vgl. BGE 114 V 358).

Von *Rechtsverzögerung* kann gesprochen werden, wenn die Behörde eine Beschwerde oder ein Gesuch in ungerechtfertigter Weise nicht innert angemessener Frist behandelt, also «verschleppt». Zu beachten ist, dass ein Anspruch auf Entscheidung innert angemessener Frist zugleich in Art. 6 Ziff. 1 EMRK enthalten ist. Diese Garantie geht allerdings nicht über Art. 70 VwVG hinaus, sodass sich diesbezüglich keine Kollisionen ergeben dürften. Das Bundesgericht hat aus Art. 4 Abs. 1 BV abgeleitet, dass die angemessene Entscheidungsfrist nicht nur bei normaler Geschäftslast eingehalten werden muss, sondern auch in Zeiten einer vorübergehenden Überlastung. Dennoch kann aber eine Verzögerung zulässig sein, wenn die Geschäftslast unvorhergesehen ansteigt. Dies war etwa der Fall, als die Zahl der Asylgesuche derart in die Höhe schnellte, dass vor der ersten Beschwerdeinstanz eine drastische Überlastung ausgelöst wurde (VPB 1983 Nr. 39). Im übrigen ist auf die Natur und den Umfang des Rechtsstreits abzustellen, ob die Frist unangemessen ist (vgl. BGE 107 Ib 165).

Die Beschwerde kann jederzeit erhoben werden (Art. 70 Abs. 1 VwVG). Eine Verfügung als Anfechtungsobjekt ist bei dieser Beschwerdeform nicht notwendig; die Verweigerung oder Verzögerung kann einer solchen gleichgestellt werden (vgl. Art. 97 Abs. 2 OG). Doch ist vorauszusetzen, dass die Rechtsuchenden zunächst ein Begehren auf Erlass der Verfügung bei der erstinstanzlich zuständigen Behörde stellen oder – bei einer Verzögerung – dieses wiederholen, bevor sie Beschwerde einreichen. Lehnt es die zuständige Instanz ausdrücklich ab, mangels Sachvoraussetzungen einzutreten oder weist sie ein Begehren auf Erlass einer Feststellungsverfügung mit entsprechender Begründung ab, liegt in der Regel eine Verfügung im Sinn von Art. 5 Abs. 1 lit. c VwVG vor, die auf dem ordentlichen Rechtsmittelweg angefochten werden muss (vgl. VPB 1992 Nr. 4). Unterlässt es die Behörde demgegenüber, das Gesuch zu beantworten, kann die Rechtsverweigerungs- oder Rechtsverzögerungsbeschwerde erhoben werden. Voraussetzung einer Gutheissung ist, dass ein Anspruch auf Erlass einer Verfügung besteht (vgl. dazu vorne Rz. 94 und 304). Zuständig zur Behandlung der Rechtsverweigerungs- und Rechtsverzögerungsbeschwerde ist die *Aufsichtsbehörde* (Art. 70 Abs. 1 VwVG) und nicht diejenige Rechtsmittelinstanz, die zuständig wäre, wenn die Verfügung ordnungsgemäss ergangen wäre. Rekurskommissionen etwa können somit nicht über eine entsprechende Beschwerde entscheiden. Geht es hingegen um eine Sache, in welcher eine Vorinstanz gemäss Art. 98 OG zuständig wäre, ist bei gegebenen Voraussetzungen die Rechtsverweigerung oder Rechtsverzögerung mit Verwaltungsgerichtsbeschwerde an das Bundesgericht zu rügen. Wird die Beschwerde gutgeheissen, kann die Rechtsmittelinstanz nicht in der Sache selbst entscheiden. Vielmehr enthält der Beschwerdeentscheid eine verbindliche Weisung an die Vorinstanz, die Sache an die Hand zu nehmen (Art. 70 Abs. 2 VwVG).

Ein besondere Rechtsverweigerungs- und Rechtsverzögerungsbeschwerde enthält zudem Art. 39 Abs. 2 OG: Werden Bundesgerichtsentscheide mangelhaft vollzogen, kann dagegen beim Bundesrat Beschwerde erhoben werden (VPB 1986 Nr. 62).

10. KAPITEL: ERLÄUTERUNG UND BERICHTIGUNG VON RECHNUNGS- UND KANZLEIFEHLERN

Die Erläuterung als ausserordentliches Rechtsmittel dient dazu, Unklarheiten oder Widersprüche im Dispositiv oder zwischen diesem und der Begründung zu beseitigen (Art. 69 Abs. 1 VwVG; vgl. dazu VPB 1976 Nr. 31, S. 21). Die Erläuterung wird durch die Parteien bei der Behörde, die entschieden hat, anbegehrt und bewirkt, dass die Rechtsmittelfrist neu zu laufen beginnt (Art. 69 Abs. 2 VwVG). Der Erläuterungsentscheid kann sodann im ordentlichen Rechtsmittelverfahren weitergezogen werden (vgl. auch Art. 5 Abs. 2 VwVG). Eine Frist für die Gesuchstellung ist nicht vorgesehen. Doch bildet der Grundsatz von Treu und Glauben in allen Fällen eine Schranke der zulässigen Rechtsmittelerhebung.

Redaktions- und Rechnungsfehler sowie Kanzleifehler darf die Beschwerdeinstanz jederzeit berichtigen, sofern sie keinen Einfluss auf die Entscheid formell oder den erheblichen Inhalt der Begründung ausüben (Art. 69 Abs. 3 VwVG).

317

11. KAPITEL: REVISION

318 *Literatur:* AUER MATTHIAS, Das ausserordentliche Rechtsmittel der Revision nach schweizerischem Steuerrecht im Vergleich zur Revision nach dem Verwaltungsverfahrensgesetz des Bundes, Zürich 1980; BEERLI-BONORAND, (ob. zit. in Rz. 188), S. 33 ff.; GADOLA, S. 128 ff.; GYGI. Bundesverwaltungsrechtspflege, S. 260 ff.

I. INSTANZ, ANFECHTUNGSOBJEKT, LEGITIMATION

319 Zuständig zur Behandlung eines Revisionsbegehrens ist diejenige Beschwerdeinstanz, die sich zuletzt mit der Sache befasst hatte. Das Rechtsmittel ist somit nicht devolutiv (vgl. Art. 66 Abs. 1 VwVG). Als ausserordentliches Rechtsmittel richtet sich die Revision gegen formell rechtskräftige Verfügungen.

Das Begehren wird grundsätzlich durch eine am früheren Verfahren beteiligte Partei gestellt. Zu den Parteien im Sinn von Art. 66 Abs. 1 und 2 VwVG zählt auch die erstinstanzlich verfügende Behörde. Denn neu verfügen darf diese Behörde in Angelegenheiten, in denen ein Rechtsmittelentscheid ergangen ist, nur dann, wenn sich bei einem Dauersachverhalt die Verhältnisse verändert oder sich neue Erkenntnisse ergeben haben (vgl. BGE 97 I 752). Liegen demgegenüber Revisionsgründe vor, muss sie das Revisionsverfahren einleiten.

Gemäss Art. 66 Abs. 1 VwVG revidiert die Beschwerdeinstanz einen Entscheid von Amtes wegen und nicht nur auf Gesuch einer Partei hin, wenn er durch ein Verbrechen oder Vergehen beeinflusst worden ist oder wenn die Organe der Menschenrechtskonvention eine Individualbeschwerde gutgeheissen haben.

II. REVISIONSGRÜNDE

320 Mit dem Revisionsgesuch können nur ganz bestimmte Rügen angebracht werden. Die in Art. 66 Abs. 1 und 2 VwVG enthaltene Aufzählung der Revisionsgründe ist abschliessend (vgl. VPB 1989 Nr. 2, Nr. 14, S. 82).

Neben dem in Art. 66 Abs. 1 lit. a VwVG erwähnten Grund des Verbrechens oder Vergehens hält Art. 66 Abs. 1 lit. b VwVG nun neu fest, dass ein Revisionsgrund immer auch dann gegeben ist, wenn der Europäische Gerichtshof für Menschenrechte oder das Ministerkomitee des Europarates eine Individualbeschwerde wegen Verletzung der EMRK gutheisst und eine Wiedergutmachung nur durch eine Revision möglich ist. Grundsätzlich haben die Entscheide der Organe der Menschenrechtskonvention weder reformatorische noch kassatorische Wirkung. Die Schweiz hat allerdings die Entscheide als verbindlich anerkannt und sich verpflichtet, bei einer Konventionsverletzung Wiedergutmachung zu leisten (vgl. Art. 32 Ziff. 4 und Art. 53 EMRK; BBl 1982 II S. 747 ff.). Die Wiedergutmachung liegt in der Regel in einer Entschädigung. Diese kann aber wirkungslos bleiben oder unangebracht sein. Letzteres ist insbesondere der Fall, wenn die materielle Richtigkeit eines Entscheides nicht bezweifelt werden kann, jedoch das Verfahren mit einem Mangel behaftet ist. Hier muss die Möglichkeit der Wiederaufnahme des Vefahrens bestehen.

Art. 66 Abs. 2 lit. a bis c VwVG zählt sodann folgende Revisionsgründe auf:

- Die Partei bringt neue erhebliche Tatsachen oder Beweismittel vor.
- Die Beschwerdeinstanz hat aktenkundige erhebliche Tatsachen oder bestimmte Begehren übersehen.
- Die Beschwerdeinstanz verletzt die Bestimmungen über den Ausstand, das Akteneinsichtsrecht oder das rechtliche Gehör.

Als neu im Sinne von Art. 66 Abs. 2 lit. a VwVG gelten Tatsachen, die sich bereits im Beschwerdeverfahren verwirklicht haben, aber trotz hinreichender Sorgfalt der gesuchstellenden Person unentdeckt geblieben sind (VPB 1991 Nr. 40, S. 348, 1987 Nr. 39). Tatsachen, die sich erst nachträglich zutragen, können allenfalls den Erlass einer neuen Verfügung durch die erstinstanzliche Behörde rechtfertigen, bilden jedoch keinen Grund zur Revision eines Beschwerdeentscheids. Tatsachen im Sinn von Art. 66 Abs. 2 lit. a VwVG müssen ausserdem erheblich sein. Sie müssen geeignet sein, die tatbeständliche Grundlage des Entscheides zu ändern und bei zutreffender rechtlicher Würdigung zu einem anderen Entscheid zu führen. Wenn die Behörde eine bestimmte Tatsache nicht übersah, sondern deshalb nicht berücksichtigte, weil sie für unerheblich hielt, liegt kein Revisionsgrund vor. Denn diese Frage ist eine Rechtsfrage und keine Tatfrage (VPB 1991 Nr. 2).

Neue Beweismittel sodann bilden nur dann einen Revisionsgrund, wenn sie den vorangegangenen Entscheid zu Gunsten der gesuchstellenden Person zu ändern vermögen, weil sie entweder neue erhebliche Tatsachen erhärten oder dem Beweis von Tatsachen dienen, die zwar im früheren Verfahren bekannt gewesen, aber zum Nachteil der gesuchstellenden Person unbewiesen geblieben sind. Die neuen Beweismittel müssen im Gegensatz zu den Tatsachen nicht aus einer Zeit vor der Entscheidfällung stammen. Doch bedarf es neuer Elemente tatsächlicher Natur, etwa neuer wissenschaftlicher oder tatsächlicher Erkenntnisse, welche die Entscheidungsgrundlagen als objektiv mangelhaft erscheinen lassen. Ein neues Gutachten muss somit neue tatbeständliche Gesichtspunkte zutage fördern, die eine andere Würdigung des Sachverhalts zur Folge haben (VPB 1991 Nr. 40 S. 348, 1989 Nr. 14 S. 84, 1987 Nr. 39, 1985 Nr. 24; BGE 110 V 141, 108 V 171 f.).

Ein Revisionsgrund nach Art. 66 Abs. 2 lit. b VwVG liegt vor, wenn ein aktenkundige Tatsache übersehen wurde und diese erheblich ist. Liegt kein Versehen vor und lehnte es die Behörde bewusst ab, eine bestimmte Tatsache zu berücksichtigen, weil sie diese als nicht entscheidend hielt, betrifft dies wiederum eine Rechtsfrage und nicht den Sachverhalt. Ein Revisionsgrund ist dann nicht gegeben (vgl. VPB 1989 Nr. 4, S. 35). Um die Vollständigkeit der Entscheide zu garantieren, erwähnt Art. 66 Abs. 2 lit. b VwVG weiter Begehren, die übersehen wurden. Dies war etwa der Fall, als die Beschwerdeinstanz einen Antrag auf Parteientschädigung unbeachtet liess, obwohl der Gesuchstellerin ein Anspruch auf diese Entschädigung zustand (VPB 1978 Nr. 110).

Die in Art. 66 Abs. 2 lit. c VwVG erwähnten Revisionsgründe der Verletzung der dort erwähnten Verfahrensvorschriften bilden eigentliche Nichtigkeitsbeschwerdegründe. Für den Instanzenzug in der Verwaltungsrechtspflege des Bundes bleibt dies im Gegensatz zum staatsrechtlichen Beschwerdeverfahren jedoch ohne Bedeutung (vgl. BGE 110 Ia 136 ff.; dazu auch hinten Rz. 370). Keine Verletzung des rechtlichen Gehörs konnte etwa geltend gemacht werden, als der Bundesrat eine Rüge nicht prüfte, weil er nicht zuständig war. Auch war die Geltendmachung des überspitzten Formalismus unzulässig, weil die Revision nicht bezweckt, eine neue rechtliche Würdigung der bereits bekannten Tatsachen und der Rechtslage herbeizuführen (VPB 1989 Nr.4, S. 35 f.).

III. UNZULÄSSIGKEIT DER REVISION

322 Nach Art. 66 Abs. 3 VwVG ist die Revision ausgeschlossen, wenn die Revisionsgründe von Art. 66 Abs. 2 lit. a bis c VwVG bereits im vorangehenden Beschwerdeverfahren hätten geltend gemacht oder die Rüge im ordentlichen Rechtsmittelverfahren hätte vorgebracht wer-

den können. Hatte eine gesuchstellende Person die Revisionsgründe aus mangelnder, ihr zumutbaren Sorgfalt im Beschwerdeverfahren nicht gerügt, so wird das Revisionsbegehren abgewiesen (BGE 103 Ib 89 ff.).

IV. FRIST UND VERFAHREN

Das Revisionsbegehren ist innert 90 Tagen seit Entdecken des Revisionsgrundes zu stellen. Nach 10 Jahren seit Eröffnung des Beschwerdeentscheids kann grundsätzlich keine Revision mehr verlangt werden, es sei denn, der Entscheid wurde durch ein Verbrechen oder Vergehen beeinflusst (Art. 67 Abs. 1 und Abs. 2 VwVG). Die 90-tägige Frist muss aber immer eingehalten werden (VPB 1976 Nr. 53). 323

Die Wahrung der Frist ist im Revisionsbegehren darzulegen (Art. 67 Abs. 3 VwVG). Weiter sind die Revisionsgründe zu substantiieren. Die gesuchstellende Person hat etwa darzutun, warum sie ein Beweismittel im früheren Verfahren nicht beibringen konnte (VPB 1991 Nr. 40, S. 348; BGE 110 V 141). Ferner sind die Begehren im Hinblick auf einen neuen Beschwerdeentscheid zu stellen (Art. 67 Abs. 3 VwVG). Im übrigen finden die Vorschriften des ordentlichen Beschwerdeverfahrens Anwendung (Art. 67 Abs. 3 und Art. 68 VwVG). 324

Erweisen sich die vorgebrachten Revisionsgründe als nicht rechtserheblich, wird das Revisionsgesuch abgewiesen. Wird hingegen ein unzulässiger Revisionsgrund geltend gemacht (VPB 1989 Nr. 4, S. 36) oder fehlt es an den übrigen Zulässigkeitsvoraussetzungen, wie der Frist oder der Parteistellung im Beschwerdeverfahren, erledigt die Revisionsinstanz das Verfahren durch Nichteintreten.

Der Revisionsentscheid kann mit den ordentlichen Rechtsmitteln angefochten werden (vgl. Art. 5 Abs. 2 VwVG). Hat die Revisionsinstanz einen neuen Entscheid gefällt, bildet dieser Gegenstand des Rechtsmittelverfahrens. Wurde das Revisionsbegehren hingegen abgewiesen, kann nur Gutheissung der Revision, und nicht die Änderung oder Aufhebung des ursprünglichen Beschwerdeentscheids verlangt werden. 325

Wird in der Sache neu entschieden, ist grundsätzlich die Sach- und Rechtslage massgebend, wie sie sich beim ursprünglichen Entscheid dargeboten hat. Für den Revisionsgrund der neuen Tatsachen- und Beweismittel dagegen gilt die Sach- und Rechtslage im Zeitpunkt der neuen Entscheidung. Neu eingetretene Änderungen sind in diesem Fällen zu berücksichtigen (vgl. BGE 109 Ib 253).

12. KAPITEL: BESONDERHEITEN DER VERWALTUNGSBESCHWERDE AN DEN BUNDESRAT

326 *Literatur:* Vgl. ob. in Rz. 17 zur EMRK zit. Lit. sowie BRUNSCHWILER CARL HANS/ KUTTLER ALFRED, Kann die Schweiz beim angestrebten Standard des Verfahrensschutzes nach der EMRK mithalten? Notiz, EuGRZ 1988, S. 588 ff.; GYGI FRITZ, Zur sachlichen Zuständigkeit in der Bundesverwaltungsrechtspflege, recht 1987, S. 82 ff.; KARLEN PETER, Religiöse Symbole in öffentlichen Räumen, ZBl 1989, S. 12 ff.; MOOR Vol. II, S. 391 ff.; PFLEGHARD HEINZ, Instruktion von Beschwerden und Rekursen durch den Bundesrat und die kantonalen Regierungen, ZBl 1985, S. 445 ff.; *ders.,* ob. zit. in Rz. 286.

I. ALLGEMEINES

327 Der Bundesrat entscheidet als oberste Verwaltungsbehörde grundsätzlich letztinstanzlich. Dem Bundesgericht und dem eidgenössischen Versicherungsgericht steht er als funktionell gleichgeordnete Instanz gegenüber. Aus diesem Grund können seine Entscheide nicht justizmässig überprüft werden (vgl. aber die Ausnahme in Art. 98 lit. a OG).

Dass sich der Bundesrat als Spitze der Exekutive des Bundes und damit als Landesregierung, welche vor allem eine Leitfunktion bei der Lösung der wichtigsten Probleme des Landes innehaben soll, mit mehr oder weniger alltäglichen Rechtsstreitigkeiten herumschlagen muss, ist nur noch historisch zu begründen. Hinzu kommt, dass diese Regelung – die nachgeschobene auslegende Erklärung wurde vom Bundesgericht als ungültig erklärt – insoweit nicht mit der Menschenrechtskonvention zu vereinbaren ist, als gemäss Art. 6 EMRK der Zugang zu einem unabhängigen Gericht garantiert ist. Wünschbar wäre allgemein die Entbindung des Bundesrates von seinen Rechtsprechungsfunktionen und deren Zuweisung an eine verwaltungsunabhängige, für die Entscheidung von Rechtsstreitigkeiten spezialisierte Instanz. In Frage kämen das Bundesgericht oder Rekurskommissionen.

Die Besonderheiten der Verwaltungsbeschwerde an den Bundesrat sind in den Art. 72 bis 76 VwVG geregelt. Im übrigen finden die allgemeinen Bestimmungen des Verwaltungsbeschwerdeverfahrens Anwendung (Art. 77 VwVG).

II. ZUSTÄNDIGKEIT DES BUNDESRATES

1. DAS VERHÄLTNIS ZUR VERWALTUNGS-GERICHTSBESCHWERDE

Ob der Beschwerdeweg in oberster Instanz vor dem Bundesrat oder dem Bundesgericht endet, hängt vorab von der Sachzuständigkeit des Bundesgerichts ab, da gemäss Art. 74 lit. a VwVG die Verwaltungsbeschwerde an den Bundesrat unzulässig ist, wenn die Verwaltungsgerichtsbeschwerde an das Bundesgericht oder das eidgenössische Versicherungsgericht offensteht (vgl. dazu VPB 1991 Nr. 29). Wegleitend für die Abgrenzung der sachlichen Zuständigkeit zwischen dem Bundesrat und dem Bundesgericht sind demnach die Ausnahmekataloge der Art. 99 bis 101 OG, welche die allgemeine Zuständigkeit des Bundesgerichts nach der Generalklausel des Art. 97 OG einschränken (vgl. VPB 1989 Nr. 16). Daneben kann dem Bundesrat die Kompetenz zur Behandlung von Beschwerden aber auch aufgrund von Spezialgesetzen zugewiesen werden. 328

Die Verwaltungsbeschwerde an die oberste Exekutivbehörde erscheint als Restkompetenz zur Ausübung von Justizfunktionen des Bundesrats. Aus Gründen der Rechtssicherheit und der Prozessökonomie behandelt das Bundesgericht aber kompetenzausweitend zum Beispiel sämtliche Beschwerden gegen eine Verfügung über einen Plan, wenn lediglich ein Teil der Beschwerden von den Enteigneten, zu deren Behandlung das Bundesgericht gemäss Art. 99 lit. c OG zuständig ist, erhoben wurde, der andere Teil der eingereichten Beschwerde aber von weiteren Interessierten stammt und diese gleiche oder ähnliche Rügen erhoben haben wie die Enteigneten. Würde hier eine Gabelung des Rechtsweges in Kauf genommen, bestünde die Gefahr, dass in der gleichen Sache widersprüchliche Entscheide ergingen (BGE 112 Ib 287 f., 110 Ib 398 ff.).

2. WEITERE ZUSTÄNDIGKEITS-VORSCHRIFTEN

329 Ist die Verwaltungsgerichtsbeschwerde ausgeschlossen, so sind die weiteren Bestimmungen von Art. 72 und 74 VwVG zu beachten, die den Instanzenzug regeln und Auskunft darüber geben, wann der Bundesrat funktionell als letzte Beschwerdeinstanz tätig wird. Zunächst einmal entscheidet der Bundesrat als oberste Instanz, wenn Verfügungen der Departemente oder der Bundeskanzlei angefochten werden (Art. 72 lit. a VwVG; vgl. etwa VPB 1985 Nr. 28) oder aber wenn Verfügungen von Behörden im Streite liegen, deren unmittelbare Aufsichtsbehörde der Bundesrat selber ist (Art. 72 lit. b VwVG). Handelt es sich um Verfügungen autonomer eidgenössischer Anstalten oder Betriebe, muss die Beschwerdemöglichkeit an den Bundesrat im Bundesrecht eigens vorgesehen sein (Art. 72 lit. c VwVG). Schliesslich können unter den Voraussetzungen von Art. 73 VwVG Verfügungen letzter kantonaler Instanzen angefochten werden (Art. 72 lit. d VwVG; vgl. VPB 1985 Nr. 28, BGE 110 Ib 401; 112 Ib 287 f.).

Aus Art. 74 lit. b VwVG geht hervor, dass die zulässigen Rechtsmittel erschöpft sein müssen, bevor Beschwerde beim Bundesrat eingereicht werden kann. Vorbehalten bleibt die Sprungbeschwerde gemäss Art. 47 Abs. 2 und 3 VwVG.

330 Dagegen werden Entscheide eidgenössischer Rekurs- und Schiedskommissionen endgültig, sofern nicht das Bundesgericht zuständig ist (vgl. Art. 98 lit. e OG). Die Verwaltungsbeschwerde an den Bundesrat ist in diesem Fall unzulässig (Art. 74 lit. c VwVG). Überdies kann auch das materielle Bundesrecht Verfügungen als endgültig erklären (vgl. Art. 74 lit. e VwVG i. V. m. Art. 34 Abs. 3 RPG oder Art. 18 Abs. 1 ANAG: BGE 110 Ib 66; Art. 20 Abs. 3 ANAG: BGE 103 Ib 375). Derartige Bestimmungen treten im Geltungsbereich von Art. 6 EMRK in Widerspruch zur dort enthaltenen Rechtsweggarantie. Sie erweisen sich aber auch im Hinblick auf Art. 103 Abs. 2 BV, wonach das Beschwerderecht vorbehalten bleibt, als problematisch (vgl. auch VPB 1979 Nr. 24; vgl. auch vorne Rz. 21).

III. BESCHWERDE GEGEN LETZT-INSTANZLICHE VERFÜGUNGEN UND ERLASSE DER KANTONE IM BESONDEREN

1. ZUSTÄNDIGKEIT UND ANFECHTUNGSOBJEKT

Zunächst einmal können Verfügungen angefochten werden, die in letzter Instanz auf Grund von Bundesverwaltungsrecht ergangen sind. Der Bundesrat ist dann grundsätzlich kraft seiner Restkompetenz zuständig. Gegenüber der Verwaltungsgerichtsbeschwerde geht die auf Art. 73 Abs. 1 lit. a und b VwVG gestützte Beschwerde an den Bundesrat allerdings vor (Art. 102 lit. c OG). In diesen Fällen ist die Verwaltungsgerichtsbeschwerde ans Bundesgericht subsidiär. Dasselbe gilt für die staatsrechtlichen Beschwerde gemäss Art. 84 Abs. 2 OG. 331

Ob auch Verfügungen anfechtbar sind, die in Anwendung von kantonalem Recht ergehen, bleibt nach dem Wortlaut von Art. 73 Abs. 1 VwVG eher unklar, muss aber im Hinblick auf die Beschwerdegründe von Art. 73 Abs. 1 lit. a VwVG bejaht werden (vgl. Gygi, Bundesverwaltungsrechtspflege, S. 113 sowie VPB 1983 Nr. 32).

Ferner ist es zulässig, kantonale Erlasse anzufechten und ein abstraktes Normenkontrollverfahren einzuleiten (Art. 73 Abs. 1 VwVG; vgl. VPB 1988 Nr. 33, 1987 Nr. 7).

2. BESCHWERDEGRÜNDE

A. Zulässige Beschwerdegründe

Gegen Verfügungen von Bundesbehörden können die Beschwerdegründe gemäss Art. 77 i.V.m. Art. 49 VwVG vorgebracht werden (vgl. vorne Rz. 268 ff.). 332

Bei Verfügungen und Erlassen kantonaler Behörden ist dagegen kraft Art. 73 VwVG zu differenzieren. Als erstes werden in Art. 73 Abs. 1 lit. a Ziff. 1 bis 4 VwVG gewisse *verfassungsmässige Rechte* aufgezählt, die gegen Verfügungen letzter kantonaler Instanzen oder gegen kantonale Erlasse vorgebracht werden können. Es handelt sich 333 einerseits um «soziale» Rechte, so das Recht auf unentgeltliche Ausrüstung der Wehrmänner (Art. 18 Abs. 3 BV) und jenes über den unentgeltlichen Primarschulunterricht (Art. 27 Abs. 2 BV), andererseits um Rechte im Dienste der Religionsfreiheit, so das Recht auf konfessionsneutralen Unterricht (Art. 27 Abs. 3 BV; vgl. VPB 1987 Nr. 7, 1983 Nr. 32) und jenes auf schickliche Bestattung (Art. 53 Abs. 2 BV; VPB 1989 Nr. 36). Es geht dabei um den Rest der ursprünglich umfangreichen staatsrechtlichen Rechtsprechungskompetenzen von Bundesrat und Bundesversammlung. Materiell behandelt der Bundesrat hier «staatsrechtliche Beschwerden» gemäss Art. 113 Abs. 2 BV; nur formell geht es um sogenannte Administrativstreitigkeiten.

334   Die Verletzung anderer verfassungsmässiger Rechte als der in Art. 73 VwVG genannten wird nur dann geprüft, wenn die Rüge zur Unterstützung der Hauptfrage vorgebracht wird. Da dem Bundesrat in diesem Fall die Befugnis zusteht, Beschwerdegründe zu überprüfen, die ansonsten in die Prüfungszuständigkeit einer anderen Instanz, nämlich derjenigen des Bundesgerichtes fallen, spricht man in diesem Zusammenhang auch von *Kompetenzattraktion*. So konnte der Bundesrat mit dem Beschwerdegrund von Art. 27 Abs. 3 BV, der die konfessionelle Neutralität an den Schulen garantiert, zugleich eine Verletzung der Glaubens- und Gewissensfreiheit (Art. 49 BV) prüfen, als ein Student der Juristischen Fakultät der Universität Fribourg die Verweigerung der Dispensation von der obligatorischen Prüfung im Kirchenrecht angefochten hatte. (Der Bundesrat wies die Beschwerde ab: VPB 1983 Nr. 32.) Mit der gleichen Beschwerde hatte der Student auch einen Verstoss gegen Art. 4 Abs. 1 und 58 BV geltend gemacht. Da hier der enge Zusammenhang im vorerwähnten Sinn nicht bestand, entschied darüber das Bundesgericht im staatsrechtlichen Beschwerdeverfahren (vgl. BGE 107 Ia 264). Hier kommt es somit zu einer Spaltung des Rechtsweges (vgl. als weiteres Beispiel hierfür folgende, denselben Fall betreffende, Entscheide: VPB 1976 Nr. 37 und BGE 100 Ia 462 ff.). In einem anderen Fall prüfte der Bundesrat, nachdem er einen Meinungsaustausch mit dem Bundesgericht über die Zuständigkeitsfrage durchgeführt hatte, neben der Verletzung der Glaubens- und Gewissensfreiheit im Zusammenhang mit Art. 27 Abs. 3 BV auch die Verletzung der Gemeindeautonomie: Ein Lehrer einer Tessiner Gemeinde hielt die konfessionelle Neutralität der Schule sowie die Glaubens- und Gewissensfreiheit dadurch für verletzt, dass im Schulzimmer ein Kruzifix hing. Die Gemeinde vertrat die gegenteilige Meinung und drang gegen den die Auffassung des Lehrers schützenden Entscheid des Tessiner Verwaltungsgerichts beim Bundesrat durch (ZBl 1989, S. 19 ff.). Die Bundesversammlung vernein-

te aber als nächste Beschwerdeinstanz die Zuständigkeit des Bundesrats und hob dessen Entscheid wieder auf, sodass nun das Bundesgericht entscheiden musste. Dieses gelangte zum dem Bundesrat widersprechenden Schluss und sah das Gebot der religiösen Neutralität in der Schule als verletzt an. Die Gemeinde konnte somit keine Autonomie beanspruchen (vgl. BGE 116 Ia 252 ff. = ZBl 1991, S. 70 ff.).

Einen weiteren zulässigen Beschwerdegrund bildet die Verletzung von staatsvertraglichen Bestimmungen über Handels- und Zollverhältnisse, Patentgebühren, Freizügigkeit und Niederlassung (Art. 73 Abs. 1 lit. b VwVG; vgl. dazu etwa VPB 1985 Nr. 1, 1978 Nr. 3, 1977 Nr. 56). 335

Als letzten Beschwerdegrund nennt das Gesetz die Verletzung anderer, weder privat- noch strafrechtlicher, Bestimmungen des Bundesrechts (Art. 73 Abs. 1 lit. c VwVG). Nicht unter das Bundesrecht in diesem Sinne fallen somit das Bundesprivatrecht oder das Bundesstrafrecht. Andere als in Art. 73 Abs. 1 lit. a VwVG aufgezählte verfassungsmässige Rechte sodann werden nur insoweit geprüft, als die behauptete Verletzung angerufener Verfassungsnormen und diejenige von Bundesverwaltungsrecht einander wechselseitig bedingen (VPB 1986 Nr. 14, 1985 Nr. 28). Auch hier handelt der Bundesrat nach dem Grundsatz der Kompetenzattraktion (vgl. auch BGE 98 Ia 285). Bei der Anfechtung von kantonalen Akten ist die Überprüfungsbefugnis des Bundesrates somit enger als bei der Anfechtung von Verfügungen der Bundesbehörden, weil nicht die Verletzung von Bundesrecht schlechthin, sondern im wesentlichen nur die Verletzung von Bundesverwaltungsrecht gerügt werden kann (VPB 1988 Nr. 33; BGE 112 Ib 288). 336

Der Bundesgesetzgeber kann dem Bundesrat schliesslich weitere Zuständigkeiten in der Staatsrechtspflege einräumen. So entscheidet dieser etwa über Abstimmungsbeschwerden gegen Entscheide von Kantonsregierungen gemäss Art. 81 des Bundesgesetzes vom 17.12. 1976 über die politischen Rechte (vgl. Bundesgerichtsentscheid vom 3. Februar 1992, in: ZBl 1992, S. 308 ff.). 337

B. Unzulässige Beschwerdegründe

Die praktische Bedeutung der Beschwerde an den Bundesrat gegen letztinstanzliche Verfügungen der Kantone und kantonale Erlasse bleibt wegen den in Art. 73 Abs. 2 VwVG aufgezählten Ausnahmen gering. So ist dieses Rechtsmittel ausgeschlossen, wenn mit der Beschwerde zugleich ein Verstoss gegen Art. 2 ÜbBest BV geltend gemacht wird, wenn Bestimmungen über die Abgrenzung der sachlichen 338 oder örtlichen Zuständigkeit der Behörden vom Beschwerdeführer als verletzt betrachtet werden oder wenn die Verfügung gegen Bestimmungen verstösst, die den Ausländern einen Anspruch auf Bewilligung der Fremdenpolizei einräumen.

IV. AUSSTAND UND INSTRUKTION

339 Die *Instruktion* der Beschwerde besorgt das Eidgenössische Justiz- und Polizeidepartement, sofern sich die Beschwerde nicht gegen dieses Departement selbst richtet (Art. 75 Abs. 1 und 2 VwVG). In solchen Fällen ist das Eidgenössische Finanzdepartement zuständig (vgl. 11 Ziff. 2 lit. a^{bis} der Verordnung vom 9. Mai 1979 über die Aufgaben der Departemente, Gruppen und Ämter, *Aufgabenverordnung*). Das instruierende Departement übt die dem Bundesrat als Beschwerdeinstanz zukommenden Befugnisse bis zum Beschwerdeentscheid aus und stellt diesem Antrag (Art. 75 Abs. 3 VwVG).

Gemäss der Aufgabenverordnung ist die Instruktion jeweils verschiedenen Ämtern zugeordnet: Im Eidgenössischen Justiz- und Polizeidepartement ist es grundsätzlich das Bundesamt für Justiz (Art. 7 Ziff. 2 lit. g Aufgabenverordnung), bei Beschwerden gegen örtliche Verkehrsmassnahmen jedoch das Bundesamt für Polizeiwesen (Art. 7 Ziff. 3 lit. p Aufgabenverordnung) und bei Beschwerden an den Bundesrat wegen Verletzung von Staatsverträgen, die sich auf Freizügigkeit und Niederlassung beziehen, das Bundesamt für Ausländerfragen (Art. 7 Ziff. 4 lit. d Aufgabenverordnung). Im Eidgenössischen Finanzdepartement ist die Eidgenössische Finanzverwaltung für die Durchführung der Instruktion zuständig (Art. 11 Ziff 2 lit. abis Aufgabenverordnung). Muss allerdings eine Zwischenverfügung erlassen werden, wie beispielsweise eine Verfügung über den Entzug oder die Wiederherstellung der aufschiebenden Wirkung, sind die Zuständigkeiten gemäss Art. 75 Abs. 3 VwVG zu beachten und es hat das Departement zu verfügen (vgl. VPB 1987 Nr. 40; 1985 Nr. 50). Wiederum sind aber Unterschriftsdelegationen durch die Departementsvorsteherschaft zulässig (Art. 62 Abs. 2 VwOG; vgl. vorne Rz. 288).

340 Mit den am 15. Februar 1992 in Kraft getretenen Neuerungen wurde auch Art. 76 VwVG über den *Ausstand* geändert; diese Bestimmung ergänzt Art. 10 und Art. 59 VwVG. Danach hat dasjenige Mitgliedes des Bundesrates, gegen dessen Departement sich die Beschwerde richtet, für den Beschwerdeentscheid des Bundesrates in den Ausstand zu treten. Es darf somit nicht mehr an der Sitzung, auch nicht

mit beratender Stimme, teilnehmen. Allerdings kommen dem betreffenden Departement dann weitgehende Mitwirkungsrechte zu: Es kann sich nach Art. 76 Abs. 2 VwVG wie eine beschwerdeführende Partei und ausserdem im Rahmen des Mitberichtsverfahrens nach Art. 54 VwOG beteiligen. Führt es im Mitberichtsverfahren neue tatsächliche oder rechtliche Vorbringen an, ist aber das rechtliche Gehör zu wahren und es sind die Gegenparteien anzuhören. Ebenso sind andere Beteiligte zu diesen Vorbringen anzuhören (Art. 76 Abs. 3 VwVG).

V. ÜBERBLICK

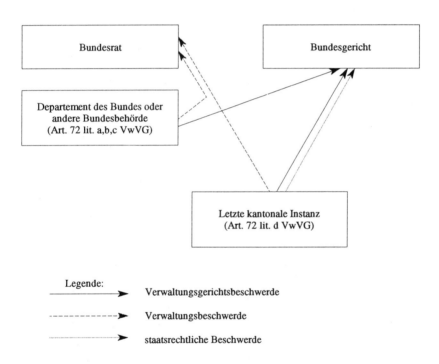

3. ABSCHNITT: BESCHWERDE AN DIE BUNDESVERSAMMLUNG

341 Obwohl die Bundesversammlung noch viel weniger geeignet ist als der Bundesrat, über Individualbeschwerden zu entscheiden, wurde auch anlässlich der letzten Revision der Bundesrechtspflege an ihren entsprechenden Zuständigkeiten nach Art. 79 VwVG festgehalten.

Nach dieser Bestimmung ist die Beschwerde an die Bundesversammlung grundsätzlich nur in zwei Fällen zulässig: Einerseits, wenn ein Entscheid des Bundesrats gemäss Art. 73 Abs. 1 lit. a VwVG ergangen ist, andererseits, wenn sich der Entscheid auf Art. 73 Abs. 1 lit. b VwVG stützt (Art. 79 Abs. 1 VwVG; vgl. VPB 1978 Nr. 3). Bundesgesetze können weitere Beschwerdemöglichkeiten vorsehen. Ein Beispiel ergibt sich aus Art. 5 des Bundesgesetzes über die politischen und polizeilichen Garantien vom 26. März 1934 (Garantiegesetz). Danach kann die Strafverfolgungsbehörde mit einer Beschwerde an die Vereinigte Bundesversammlung gelangen, wenn der Bundesrat oder das Bundesgericht die Zustimmung zur Strafverfolgung nach Art. 2 Garantiegesetz verweigert hat.

Wurde ein Entscheid des Bundesrats über eine Beschwerde gemäss Art. 73 Abs. 1 lit. a oder b VwVG an die Bundesversammlung weitergezogen und ist diese mit dem Ergebnis eines vorangegangenen Meinungsaustauschs zwischen Bundesrat und Bundesgericht, wonach ersterer zur Behandlung der entsprechenden Beschwerde die zuständige Instanz sei, nicht einverstanden, steht ihr der endgültige Entscheid darüber zu. Einerseits hat sie die oberste Gewalt gemäss Art. 71 BV inne, andererseits entscheidet sie kraft Art. 85 Ziff. 13 BV über Kompetenzstreitigkeiten zwischen Bundesbehörden. Zwar liegt in einem solchen Fall keine Streitigkeit im Rechtssinne vor, doch entspricht die Situation derjenigen, die in Art. 85 Ziff. 13 BV vorgesehen ist; das Bundesgericht muss einen solchen Entscheid anerkennen (Art. 85 Ziff. 13 BV; vgl. BGE 116 Ia 254 = ZBl 1991, S. 72).

342 Die allgemeinen Bestimmungen des VwVG sind auf das Verfahren zwar nicht anwendbar, da ein ausdrücklicher Verweis im VwVG fehlt (vgl. demgegenüber Art. 78 Abs. 3 VwVG). Doch sind für die Bundesversammlung die verfassungsmässigen Rechte ebenso verbindlich, und es gelten die Grundsätze des rechtlichen Gehörs, einschliess-

lich des Rechts auf Akteneinsicht, wie sie das Bundesgericht unmittelbar aus Art. 4 Abs. 1 BV ableitet. Für deren Konkretisierung können die Bestimmungen des VwVG, insbesondere von Art. 26 ff. VwVG, analog angewendet werden (VPB 1987 Nr. 2).

Die Frist beträgt 30 Tage seit Eröffnung des Beschwerdeentscheids (Art. 79 Abs. 2 VwVG). Die Beschwerde wirkt grundsätzlich nicht aufschiebend (Art. 79 Abs. 3 VwVG).

4. ABSCHNITT: VERWALTUNGSRECHTSPFLEGE DURCH REKURS- UND SCHIEDSKOMMISSIONEN

343 *Literatur:* BENDEL FELIX, Die AHV/IV-Rekurskommission für Personen im Ausland, Schweizerische Zeitschrift für Sozialversicherung 1973, S. 241 ff.; *ders.,* Gedanken und Vorschläge zu einer erstinstanzlichen Verwaltungsgerichtsbarkeit im Bunde, ZBl 1975, S. 225 ff.; MOOR, Vol. II, S. 394 f.

13. KAPITEL: GRUNDLAGEN

I. ALLGEMEINES

344 Rekurs- und Schiedskommissionen sind einander gleichgestellt und werden sowohl im VwVG wie im OG jeweils in einem Zug erwähnt. Der Unterschied zwischen den beiden Instanzen besteht darin, dass die Schiedskommission als erste Instanz über verwaltungsrechtliche Streitigkeiten entscheidet, ohne dass bereits eine Verfügung ergangen ist, währenddem im Verfahren vor einer Rekurskommission eine Verfügung angefochten wird (vgl. Art. 71a rev. VwVG). Mit dem Verfahren vor einer Schiedskommission wird ein Klageverfahren, mit dem Verfahren vor einer Rekurskommission ein Beschwerdeverfahren eingeleitet. Bei der ersteren handelt es sich um die ursprüngliche, bei der letzteren um die nachträgliche Gerichtsbarkeit (vgl. vorne Rz. 9 f.).

Die Einrichtung von Rekurskommissionen trägt der rechtsstaatlichen Forderung Rechnung, dass möglichst die gesamte Verwaltungsrechtspflege durch verwaltungsunabhängige Behörden ausgeübt werden soll (vgl. dazu vorne Rz. 14). Bereits die Ermessenskontrolle wird bei Bestehen von Rekurskommissionen durch eine verwaltungsexterne Instanz vollzogen. Ist auch die Verwaltungsgerichtsbeschwerde an das Bundesgericht zulässig, wird damit eine zusätzliche Rechtskontrolle ermöglicht.

II. RECHTSGRUNDLAGEN

Im vierten Abschnitt des VwVG sollen den Regelungen über die Beschwerde an den Bundesrat die Bestimmungen über die Rekurs- und Schiedskommissionen vorangestellt werden. Diese Bestimmungen sind noch nicht in Kraft gesetzt worden, weil der Bundesrat zunächst die organisatorischen Vorkehrungen treffen muss (Art. 2 lit. b der Verordnung über die teilweise Inkraftsetzung der Änderung des Bundesgesetzes über die Organisation der Bundesrechtspflege vom 15. Januar 1992). Die entsprechenden Vorschriften für die neuen Rekurskommissionen hat der Bundesrat gemäss III. Ziff. 1 Abs. 3 lit. a Schlussbestimmungen 1991 OG innert zweier Jahre zu erlassen. 345

Rekurs- und Schiedskommissionen bestehen aufgrund spezialgesetzlicher Normierung. Dort kann auch vorgesehen sein, dass Schiedskommissionen oder -gerichte durch öffentlichrechtlichen Vertrag eingerichtet werden können. Dabei handelt es sich aber nicht um Schiedsgerichte im zivilprozessualen Sinn, sondern um staatliche Organe; die Richterinnen und Richter werden regelmässig durch den Bund oder die Kantone eingesetzt (vgl. Art. 98 lit. e OG, Art. 25 KVG).

Laut Art. 1 Abs. 2 lit. d und Art. 71a Abs. 2 rev. VwVG sind auf das Verfahren vor diesen Kommissionen die Bestimmungen des VwVG anzuwenden, wobei der Bundesrat das Verfahren mittels Verordnung eingehender regeln darf. Solche Vorschriften dürfen dem Verwaltungsverfahrensgesetz aber nicht widersprechen (vgl. Art. 4 VwVG sowie vorne Rz. 87). Lediglich für Schiedskommissionen kann der Bundesrat kraft Art. 71a Abs. 3 rev. VwVG nötigenfalls abweichende Bestimmungen erlassen.

Auf die in Art. 71d rev. VwVG aufgezählten Rekurs- und Schiedskommissionen sind die *organisatorischen* Bestimmungen von Art. 71b und Art. 71c rev. VwVG nicht anwendbar. Im übrigen gelten die Bestimmungen von Art. 71a ff. rev. VwVG aber für sämtliche bestehenden und neu geschaffenen Kommissionen.

14. KAPITEL: BESONDERHEITEN DER ORGANISATION UND DES VERFAHRENS

I. ORGANISATION – VERFAHREN

346 Die Art. 71b und 71c rev. VwVG bezwecken insbesondere, die Unabhängigkeit und damit die richterliche Funktion der Rekurs- und Schiedskommissionen zu sichern.
   In Art. 71b rev. VwVG wird die Zusammensetzung und Wahl der Kommissionen geregelt. Die Fünferbesetzung für Grundsatzfragen und die Dreierbesetzung für die übrigen Fälle entspricht im wesentlichen der Regel, wie sie für die eidgenössischen Gerichte gilt (vgl. Art. 15 OG), doch soll bei den Rekurskommissionen neu auch eine Einzelrichterin oder ein Einzelrichter amten können, wenn dies das Bundesrecht vorsieht und es insbesondere um offensichtlich unzulässige, unbegründete oder begründete Beschwerden geht. Dasselbe gilt für Beschwerden gegen Verfügungen über vermögensrechtliche Ansprüche mit geringfügigem Streitwert. Das Verfahren vor dem Einzelrichter ist bereits in verschiedenen bestehenden Rekurskommissionen vorgesehen, wie bei der Eidgenössischen Rekurskommission der Alters-, Hinterlassenen- und Invalidenversicherung für die im Ausland wohnenden Personen. Dort ist der Einzelrichter in der Regel zuständig und die Kommission in Dreierbesetzung entscheidet nur über Beschwerden, die schwierige Tat- oder Ermessensfragen oder ungeklärte Rechtsfragen aufwerfen (Art. 22 der Verordnung des Bundesrates vom 3. 9. 1975 über verschiedene Rekurskommissionen).

347 In Art. 71b Abs. 3 rev. VwVG sodann wird eine Quote zugunsten sprachlicher Minderheiten sowie der verschiedenen Landesregionen vorgesehen. Schliesslich erlauben es die Abs. 4 und 5 von Art. 71b rev. VwVG, die Kommissionen entsprechend der Geschäftslast zu organisieren und auch vollamtliche Richterstellen sowie Sekretariate zu schaffen.
   Art. 71c rev. VwVG verankert den Grundsatz der richterlichen Unabhängigkeit. Gemäss Abs. 1 dieser Bestimmung sind die Richterinnen und Richter keiner Weisungsgewalt unterworfen und nur an das Gesetz gebunden; nach Abs. 2 sodann dürfen sie nicht der Bundesverwaltung angehören. Welche Stellen zur Bundesverwaltung gehö-

ren, ergibt sich aus Art. 1 Abs. 2 VwVG. Nach Abs. 6 von Art. 71c rev. VwVG übt der Bundesrat die administrative Aufsicht über die Geschäftsführung aus; den alljährlichen Geschäftsbericht erstatten die Kommissionen aber zuhanden der Bundesversammlung. Die Absätze 3 bis 4 von Art. 71c rev. VwVG regeln schliesslich das Rechtsverhältnis der Richter zum Bund und unterscheiden zwischen nebenamtlichen und vollamtlich tätigen Richterinnen und Richter.

II. ZUSTÄNDIGKEIT

Die Zuständigkeit der Rekurs- und Schiedskommissionen wird in den Gesetzen geregelt, die diese Rechtsschutzeinrichtungen vorsehen. In der Regel werden ihnen Streitigkeiten wirtschaftlicher oder technischer Natur zugewiesen, deren Entscheidung in tatsächlicher und rechtlicher Hinsicht Spezialkenntnisse erfordert (so beispielsweise die Rekurskommission nach Art. 13 Rohrleitungsgesetz). 348

Mit der Einschränkung der verwaltungsrechtlichen Klage an das Bundesgericht nach Art. 116 ff. rev. OG wird sich die Zuständigkeit der Rekurs- und Schiedskommissionen künftig noch ausdehnen. III Ziff. 1 Abs. 3 lit. b Schlussbestimmungen 1991 OG verlangt nämlich in Angelegenheiten, in denen die Klage nicht mehr zulässig ist, als unmittelbare Vorinstanzen Rekurs- und Schiedskommissionen. Der Bundesrat hat die entsprechenden Bestimmungen ebenfalls innert zwei Jahren seit dem 15. Februar 1992 zu erlassen.

Sehr weitgehende Zuständigkeiten werden der Rekurskommission Eidgenössisches Volkswirtschaftsdepartement zugeteilt werden (vgl. sogleich IV). Damit wird ein Spezialverwaltungsgericht für wirtschaftsverwaltungsrechtliche Streitigkeiten geschaffen.

III. RECHTSMITTEL

Gegen Entscheide von Rekurs- und Schiedskommissionen stehen die Verwaltungsgerichtsbeschwerde an das Bundesgericht oder an das Eidgenössische Versicherungsgericht offen (Art. 98 lit. e und Art. 128 OG). Die zentralen Rechtsmittelinstanzen verhüten eine Zersplitterung der Rechtsprechung weitgehend. Ist das Bundesgericht allerdings auf- 349 grund von Art. 99 ff. OG nicht zuständig, so wird der Entscheid kraft Art. 74 lit. c VwVG endgültig (vgl. BGE 106 Ib 271).

Die mit der Revision der Bundesverwaltungsrechtspflege neu eingeführten Rekurskommissionen treten grundsätzlich an die Stelle der Departemente als Beschwerdeinstanzen. Dort, wo die Verwaltungsgerichtsbeschwerde unzulässig ist, werden aber zum Teil weiterhin die Departemente zur Behandlung der Beschwerden zuständig sein (vgl. Art. 58 rev. BtG). Häufig werden die Rekurskommissionen künftig jedoch auch dann anstelle der Departemente entscheiden, wenn die Verwaltungsgerichtsbeschwerde unzulässig ist. Die Beschwerde an den Bundesrat ist dann aber – wie angeführt – nicht mehr möglich (Art. 74 lit. c VwVG; vgl. etwa Art. 6 Abs. 2 rev. Bundesgesetz vom 25. Juni 1982 über aussenwirtschaftliche Massnahmen).

IV. ARTEN VON REKURS- UND SCHIEDSKOMMISSIONEN

1. REKURSKOMMISSIONEN

- Asylrekurskommission (SR 142.31 Art. 11 Abs. 2; SR 142.317)
- Rekurskommission der AHV und IV für die im Ausland wohnenden Personen (SR 831.101 Art. 200 bis; SR 831.161 Art. 1 bis 25)
- Beschwerdekommission gemäss BG über die berufliche Alters-, Hinterlassenen- und Invalidenvorsorge (SR 831.40 Art. 74; SR 831.451)
- Alkoholrekurskommission (SR 680 Art. 47; SR 831.161 Art. 1 bis 20, 26, 27)
- Rekurskommission für Arbeitsbeschaffungsreserven (SR 823.32 Art. 12; SR 823.325); wird in die Rekurskommission des Eidgenössischen Volkswirtschaftsdepartement eingegliedert, vgl. sogleich 3.
- Beschwerdeausschuss für die Beurteilung von Verwaltungskostenbeschwerden der Arbeitslosenversicherung (SR 837.13)
- Rekurskommission für die Abgrenzung der Berggebiete sowie der voralpinen Hügelzonen (SR 912.8)
- Rekurskommission für Forschungsförderung (SR 420.1 Art. 14; SR 420.8; VPB 1987 Nr. 9 und 1986 Nr. 70)
- Beschwerdekammern des Eidgenössischen Amtes für geistiges Eigentum (SR 232.14 Art. 91 bis 94, 106, 106a; SR 232.141 Art. 82 bis 88)
- Getreidekommission (SR 916.111.0 Art. 59; SR 831.161 Art. 1 bis 20, 26, 27); wird in die Rekurskommission Eidgenössisches Volkswirtschaftsdepartement eingegliedert, vgl. sogleich 3.
- Rekurskommission für die Stiftung pro Helvetia (SR 447.13)
- Rekurskommission nach der Käsemarktordnung (SR 916.356.0 Art. 11)

- Rekurskommission gemäss BG über den Unterhalt der Melioration der Linthebene (SR 723.1 Art. 5, 10, 11, 23)
- Regionale Rekurskommissionen für Milchkontingentierung (SR 916.350.1 Art. 31; SR 916.350.101 Art. 41; SR 916.350.102 Art. 43)
- Oberrekurskommission für Milchkontingentierung (SR 916.350. 106); wird in die Rekurskommission Eidgenössisches Volkswirtschaftsdepartement eingegliedert, vgl. sogleich 3.
- Rekurskommission Eidgenössisches Militärdepartement (SR 510.30 Art. 96, 124, 125, 128 bis 131; SR 510.45; SR 742.101 Art. 48)
- Rekurskommission für Nationalisierungsentschädigungen (SR 981 Art. 3; SR 981.1 Art. 13 bis 22)
- Pachtzinskommission (SR 221.213.2 Art. 51; SR 221.213.25; SR 942.10 Art. 6; SR 942.101), wird neu in die Rekurskommission Eidgenössisches Volkswirtschaftdepartement eingegliedert, vgl. sogleich unter 3.
- Rekurskommission nach dem Rohrleitungsgesetz (SR 746.1 Art. 13; SR 746.11 Art. 70)
- Rekurskommission für Zivilschutzangelegenheiten (SR 520.1 Art. 79, 83; SR 520.2 Art. 15 Abs. 3; SR 527.1)
- Zollrekurskommission (SR 631.0 Art. 109, 141; SR 831.161 Art. 1 bis 20, 26, 27)

2. SCHIEDSKOMMISSIONEN

- Schiedsgericht der AHV-Kommission (SR 831.10 Art. 54, 85 bis; SR 831.101 Art. 105; SR 831.143.15; SR 831.20 Art. 69)
- Schätzungskommission gemäss BB über die Verwaltung der Armee (SR 510.30 Art. 89 bis 97)
- Schätzungskommission gemäss BG über die Enteignung (SR 711 Art. 59-76; SR 711.1)
- Pflichtlagerkommission (SR 531 Art. 39; SR 531.213), Schiedskommission über Streitigkeiten aus Lagerverträgen (SR 916.111.0 Art. 60), werden in die Rekurskommission Eidgenössisches Volkswirtschaftsdepartement eingegliedert; die Kommission entscheidet dann als Schiedskommission, vgl. sogleich 3.
- Schiedskommission betreffend Verwertung von Urheberrechten (SR 231.2 Art. 4 bis 6; SR 231.21 Art. 12 bis 14; SR 231.22).

3. REKURS- UND SCHIEDSKOMMISSIONEN NACH DER REVIDIERTEN BUNDESRECHTSPFLEGE

- Geistiges Eigentum und Firmenrecht (Rekurskommission für geistiges Eigentum: SR 232.11 Art. 16bis Abs. 2; SR 232.12 Art. 17bis; SR 232.14 Art. 59c, 87 Abs. 5, Art. 106; SR 232.16 Art. 25)
- Dienstverhältnis des Bundespersonals (Personalrekurskommission: SR 172.221.10 Art. 58 Abs. 2 lit. b Ziff. 3)
- Indirekte Bundessteuern (Stempelabgaben; SR 641.10 Art. 39a, Verrechnungssteuer: SR 641.21 Art. 42a, Art. 47 Abs. 3, Warenumsatzsteuer: SR 641.20 Art. 6 Abs. 3, Art. 27 Abs. 3; Steuerrekurskommission: SR 641.20 Art. 39a, 43 Abs. 3)
- Wasserkraft (Rekurskommission für Wasserwirtschaft: SR 721.80 Art. 71 Abs. 2, Art. 72 Abs. 3)
- Krankenversicherung (Rekurskommission für die Spezialitätenliste: SR 832.10 Art. 12 Abs. 7)
- Unfallversicherung (Prämientarife SUVA; Rekurskommission für die Unfallversicherung: SR 832.20 Art. 109)
- Aufsicht über die Privaten Versicherungseinrichtungen (Rekurskommission für die Aufsicht über die Privatversicherung (SR 961.02 Art. 45a Abs. 1)
- übrige Wirtschaftsverwaltung (Rekurskommission Eidgenössisches Volkswirtschaftsdepartement).

5. ABSCHNITT: VERWALTUNGSRECHTSPFLEGE DURCH DAS BUNDESGERICHT

15. KAPITEL: GRUNDLAGEN

Literatur: GYGI FRITZ, Eidgenössische und kantonale Verwaltungsgerichtsbarkeit, ZBJV 1976, S. 281 ff.; KÄGI-DIENER REGULA, Justiz und Verwaltung, Zürich 1979; KNAPP BLAISE, L'effectivité des décisions de justice, ZBl 1985, S. 465 ff.; *ders.,* Le recours de droit public, in: Die bundesgerichtlichen Rechtsmittelverfahren, Referate zum schweizerischen Juristentag 1975, Basel 1975, S. 207 ff.; KUTTLER ALFRED, Fragen des Rechtsschutzes gemäss dem Bundesgesetz über die Raumplanung, ZBl 1982, S. 329 ff.; RHINOW RENÉ A., Verwaltungsgerichtsbarkeit im Wandel, in: Staatsorganisation und Staatsfunktionen im Wandel, Festschrift für Kurt Eichenberger zum 60. Geburtstag, Basel und Frankfurt 1982, S. 657 ff.

350

I. DIE ANWENDBAREN BESTIMMUNGEN

1. RECHTSGRUNDLAGEN

Die Verwaltungsrechtspflege durch die Justiz findet ihre Rechtsgrundlage im Bundesgesetz über die Organisation der Bundesrechtspflege. Die Art. 97 bis 115 OG enthalten die Bestimmungen über die Verwaltungsgerichtsbeschwerde. Art. 97 Abs. 2 OG regelt die Rechtsverweigerungs- und Rechtsverzögerungsbeschwerde. Die Art. 116 bis 120 OG normieren die verwaltungsrechtliche Klage, Art. 121 OG regelt das Verfahren bei kantonalen verwaltungsrechtlichen Streitigkeiten. Die Art. 122 bis 135 OG beziehen sich auf die Verwaltungsgerichtsbeschwerde auf dem Gebiet des Sozialversicherungsrechts. Art. 136 bis 145 OG schliesslich ordnen die Rechtsmittel der Revision und

351

Erläuterung. Für das Verfahren erklärt Art. 113 OG zudem die Bestimmungen von Art. 94, 95 sowie 96 Abs. 2 und 3 OG anwendbar. Art. 115 OG schränkt die Anwendbarkeit des OG aber bezüglich der Anfechtung von Verfügungen der eidgenössischen Schätzungskommission ein; danach gelten für das verwaltungsgerichtliche Beschwerdeverfahren nur die Art. 104 bis 109 OG; im übrigen gilt das Enteignungsgesetz (Art. 77 bis 87 und 116 EntG).

352 Für die Organisation, den Ausstand und das Verfahren sind auch die allgemeinen Bestimmungen von Art. 1–40 OG zu beachten.

Einige Bundesgesetze enthalten Bestimmungen, welche diejenigen des OG über die Verwaltungsgerichtsbeschwerde konkretisieren. So erklärt beispielsweise Art. 34 Abs. 1 RPG die Verwaltungsgerichtsbeschwerde insbesondere gegen Ausnahmebewilligungen im Sinn von Art. 24 RPG für zulässig. Solche präzisierenden Bestimmungen haben grundsätzlich nicht zum Zweck, die übrigen in Art. 97 ff. OG vorgesehenen Voraussetzungen zur Erhebung der Verwaltungsgerichtsbeschwerde auszuschalten. Vielmehr müssen diese erfüllt sein. Bezüglich Art. 34 Abs. 1 RPG wollte der Bundesgesetzgeber lediglich Zweifelsfälle über das Begriffselement der Verfügung «öffentliches Recht des Bundes» beseitigen (vgl. BGE 113 Ib 372 ff.; 114 Ib 348). Allerdings schränkt Art. 34 Abs. 3 RPG zugleich die Generalklausel von Art. 97 OG ein; denn dort werden alle übrigen letztinstanzlichen kantonalen Entscheide, die sich zwar auf das RPG abstützen, aber nicht die in Art. 34 Abs. 1 RPG erwähnten Materien betreffen, für endgültig erklärt. Auch andere Gesetze schränken den Geltungsbereich von Art. 97 OG ein.

2. ÜBERGANGSBESTIMMUNGEN

353 Sowohl bei den allgemeinen Bestimmungen als auch bei der Verwaltungsgerichtsbeschwerde wurden einige Normen geändert und am 15. Februar 1992 in Kraft gesetzt. Gemäss III. Ziff. 3 Abs. 1 Schlussbestimmungen 1991 OG sind die revidierten Bestimmungen auf die nach dem Inkrafttreten eingeleiteten Beschwerdeverfahren vor Bundesgericht und dem Eidgenössischen Versicherungsgericht dann anwendbar, wenn auch der angefochtene Entscheid nach dem Inkrafttreten des Gesetzes ergangen ist (vgl. auch Art. 81 VwVG). Art. 15 OG über die Besetzung des Gerichts sowie Art. 36b OG über den Zirkulationsbeschluss können allerdings zur sofortigen Entlastung des Bundesgerichts und des Versicherungsgerichts auf alle hängigen Verfahren vor diesen Instanzen angewendet werden. Dasselbe gilt für die

besonderen Bestimmungen von Art. 150, 153 und 153a OG über die Gerichtskosten.

Demgegenüber sind die neuen Bestimmungen, die das verwaltungsrechtliche *Klage*verfahren einschränken, noch nicht in Kraft gesetzt worden. Gemäss III. Ziff. 1 Abs. 3 lit. b Schlussbestimmungen 1991 OG hat der Bundesrat aber innert zweier Jahre seit Inkrafttreten des revidierten Gesetzes die Zuständigkeiten für Entscheide in den Fällen, in denen bisher das Bundesgericht oder das Eidgenössische Versicherungsgericht als einzige Instanz auf verwaltungsrechtliche Klage zu entscheiden hatte, neu zu regeln. Dabei sind als unmittelbare Vorinstanzen eidgenössische Rekurs- oder Schiedskommissionen zu bezeichnen. Gemäss III. Ziff. 1 Abs. 1 Schlussbestimmungen 1991 OG haben sodann die Kantone innert fünf Jahren seit Inkrafttreten des Gesetzes Ausführungsbestimmungen über Zuständigkeit, Organisation und Verfahren letzter kantonaler Instanzen im Sinn des Art. 98a OG zu erlassen.

Nach III. Ziff. 2 Abs. 1 Schlussbestimmungen 1991 OG sind diejenigen Normen des kantonalen Rechts und des Bundesrechts, die dem revidierten OG widersprechen, mit dessen Inkrafttreten grundsätzlich aufgehoben. Allerdings bleiben die bisherigen Bestimmungen über das Klageverfahren anwendbar, bis der Bundesrat die Ausführungsregelung gemäss III. Ziff. 1 Abs. 3 Schlussbestimmungen 1991 OG erlassen hat. Desgleichen bleiben die Normen über die Zuständigkeit, Organisation und das Verfahren letzter kantonaler Instanzen in Kraft, bis die Kantone die Bestimmungen über die Verwaltungsrechtspflege in Anpassung an Art. 98a OG geändert haben. Die Inkraftsetzung des revidierten OG erfolgt somit gestaffelt.

II. ZUNEHMENDE BEDEUTUNG DER VERWALTUNGSGERICHTSBESCHWERDE

Die Bedeutung der Verwaltungsgerichtsbeschwerde an das Bundesgericht ist nicht nur wegen den Ansätzen zu einer Rechtsweggarantie im internationalen Recht im Zunehmen begriffen, sondern auch deshalb, weil vor allem im Bereich des Raumplanungs- und Umweltrechts zusätzlich zur staatsrechtlichen Beschwerde (gegen kantonalrechtliche Verfügungen) auch noch Verwaltungsgerichtsbeschwerde (gegen die gestützt auf Bundesrecht ergangenen Verfügungen) erhoben werden kann (vgl. aber Art. 34 Abs. 1 und 3 RPG).

III. TRÄGER DER VERWALTUNGS-GERICHTSBARKEIT

1. DAS BUNDESGERICHT

357 Das Bundesgericht mit Sitz in Lausanne (Art. 19 Abs. 1 OG) amtet in Verwaltungsrechtsstreitigkeiten als allgemeines Verwaltungsgericht und ist innerhalb seines Zuständigkeitsbereiches oberste unabhängige Rechtspflegeinstanz. Gemäss Art. 12 Abs. 1 lit. a OG sind zwei oder drei öffentlichrechtliche Abteilungen für die Erledigung von bundesverwaltungsrechtlichen Streitigkeiten zuständig, soweit deren Erledigung nach Reglement nicht einer anderen Abteilung oder dem Eidgenössischen Versicherungsgericht zusteht. So ist beispielsweise nach Art. 4 Ziff. 6 des Reglements für das Schweizerische Bundesgericht vom 14. Dezember 1978 zur Behandlung der Verwaltungsgerichtsbeschwerde in Angelegenheiten des Immaterialgüterrechts und des Handelsregisters die erste Zivilabteilung zuständig.

Dass auch eine dritte Abteilung zur Beurteilung von staatsrechtlichen oder bundesverwaltungsrechtlichen Streitigkeiten eingesetzt werden kann, ist eine Neuerung, die mit der Revision der Bundesverwaltungsrechtspflege eingeführt wurde. Diese dritte Abteilung soll insbesondere für Angelegenheiten aus dem Recht über öffentliche Abgaben zuständig sein. Da die Gesamtzahl der Richter problematischerweise nicht erhöht wird, werden diese aus den anderen Abteilungen zu rekrutieren sein. Die Bestellung der Abteilungen erfolgt alle zwei Kalenderjahre (Art. 12 Abs. 2 OG).

2. DAS EIDGENÖSSISCHE VERSICHERUNGS-GERICHT

358 Das eidgenössische Versicherungsgericht ist eine organisatorisch selbständige Sozialversicherungsabteilung des Bundesgerichtes (Art. 122 OG). Es hat seinen Sitz in Luzern (Art. 124 OG).

Im Gegensatz zum Bundesgericht handelt es sich um ein Spezialverwaltungsgericht, da dessen Zuständigkeit auf das allerdings weite Gebiet der Sozialversicherung beschränkt ist (Art. 128 OG). Wenn das Sozialversicherungsgericht eine Rechtsfrage abweichend von einem früheren Entscheid einer anderen Abteilung oder mehrerer anderer Abteilungen des Bundesgerichts oder des Gesamtgerichts entscheiden will, bedarf es der Zustimmung der jeweils beteiligten Abteilungen (Art. 127 Abs. 2 in Verbindung mit Art. 16 OG). Um die Einheitlichkeit der Rechtsprechung weiter zu gewährleisten, pflegt das Versicherungsgericht mit den öffentlichrechtlichen Abteilungen des Bundesgerichts periodisch einen Meinungsaustausch über sie gemeinsam interessierende Fragen. Beide Gerichte bringen einander ausserdem ohne Verzug ihre Entscheide über die sie gemeinsam interessierenden, im gegenseitigen Einvernehmen zu bestimmenden Rechtsfragen zur Kenntnis (Art. 127 Abs. 3 und 4 OG).

3. RICHTERLICHE UNABHÄNGIGKEIT

Die richterliche Unabhängigkeit wird durch verschiedene Bestimmungen sichergestellt. Nach den Art. 108 Abs. 2 und Abs. 3 BV sowie nach Art. 3 OG ist die Mitgliedschaft beim Bundesgericht mit derjenigen der eidgenössischen Räte oder des Bundesrates sowie mit einer anderen Beamtung oder privatwirtschaftlichen Berufs- oder Gewerbeausübung unvereinbar. Desgleichen können Bundesrichter keine anderen leitenden Funktionen in Vereinigungen oder Anstalten mit Erwerbszwecken bekleiden. Ferner werden die zulässigen Nebenbeschäftigungen eingeschränkt und bewilligungspflichtig erklärt (Art. 3a OG). Schliesslich enthält Art. 4 OG die Unvereinbarkeit für Verwandte und Verschwägerte in gerader Linie bis und mit dem vierten Grade in der Seitenlinie sowie für Ehegatten und Ehegatten von Geschwistern.

Die richterliche Unabhängigkeit wird zudem auch durch die Ausstandsregelung von Art. 22 f. OG sichergestellt. Darauf ist zurückzukommen (vgl. hinten Rz. 433).

359

16. KAPITEL: DIE VERWALTUNGS-GERICHTSBESCHWERDE AN DAS BUNDESGERICHT

I. DISPOSITIONSMAXIME

360 Das verwaltungsgerichtliche Beschwerdeverfahren ist geprägt durch die Dispositionsmaxime. Die zur Beschwerde Befugten leiten das Verfahren ein und bestimmen durch ihre Anträge den Streitgegenstand. Das Gericht darf den Parteien zudem gemäss Art. 114 Abs. 1 OG grundsätzlich nicht mehr und nichts anderes zuerkennen, als sie beantragt haben; auch darf es nicht weniger zusprechen als die Gegenpartei anerkannt hat. Die Parteien können das Verfahren durch Rückzug oder Anerkennung beenden, während ein Vergleich nur nach Massgabe des materiellen Verwaltungsrechts zulässig ist.

II. BESCHWERDEVORAUSSETZUNGEN

1. ZUSTÄNDIGKEIT DES BUNDESGERICHTS

361 *Literatur:* vgl. die ob. in Rz. 35 und 209 sowie AEMISEGGER HEINZ, Zu den bundesrechtlichen Rechtsmitteln im Raumplanungs- und Umweltschutzrecht, in: Verfassungsrechtsprechung und Verwaltungsrechtsprechung, Zürich 1992, S. 113 ff.; FAVRE DOMINIQUE, La jurisprudence disciplinaire du Tribunal administratif, Semj 1982, S. 257 ff.; GYGI FRITZ, Der Rechtsschutz nach dem Raumplanungsgesetz, in: Das Bundesgesetz über die Raumplanung, Berner Tage für die juristische Praxis 1980, S. 67 ff.; *ders.,* Bundesverwaltungsrechtspflege, S. 97 ff.; *ders.,* Zur sachlichen Zuständigkeit in der Bundesverwaltungsrechtspflege, recht 1987, S. 82 ff.; HILLER CHRISTOPH, Die Stimmrechtsbeschwerde, Zürich 1990; KOLLER ALFRED, Verwaltungsgerichtsbeschwerde gegen die Verweigerung einer Aufenthaltsbewilligung SJZ 1990, S. 353 ff.; *ders.,* Verwaltungsgerichtsbeschwerde in Ausländersachen: Zulässigkeit in der sogenannten Unterstellungsfrage: Überlegungen zu BGE 110 Ib 63 f. und 111 Ib 169 ff., ZBJV 1988, S. 147 ff.; KUTTLER ALFRED, Umweltschutz und Raumplanung, Zusammenhänge im Licht der neuere bundesgerichtlichen Rechtsprechung, ZBl 1988, S. 237 ff.; MACHERET AUGUSTIN, L'extension de la juridiction administrative du tribunal fédéral – questions choisies, in: Neuvième journée juridique, Genève 1970, S. 103 ff.; *ders.,* La receva-

bilité du recours de droit administratif au Tribunal fédéral, RDAF 1974, S. 1 ff., 86 ff.; MESSMER GEORG/IMBODEN HERMANN; Die eidgenössischen Rechtsmittel in Zivilsachen. Berufung, zivilrechtliche Nichtigkeitsbeschwerde und staatsrechtliche Beschwerde, Zürich 1991; PFISTER ALOIS, Staatsrechtliche und Verwaltungsgerichtsbeschwerde, ZBJV 1985, S. 533 ff.; SPÜHLER KARL, Der Rechtsschutz von Privaten und Gemeinden und Gemeinden im Raumplanungsrecht, ZBl 1989, S. 97 ff.; VOGEL CHRISTIAN, Einschränkungen der Verwaltungsgerichtsbeschwerde an das Bundesgericht, Zürich 1973.

A. Überweisungspflichten

Wird die Beschwerde einer unzuständigen Behörde eingereicht, und zwar in Gemeinde, Kanton oder Bund, so hat diese die Beschwerde aufgrund von Art. 107 Abs. 2 OG an das Bundesgericht zu überweisen. Nach Abs. 1 gilt die Frist mit dem rechtzeitigen Einreichen bei der unzuständigen Behörde als gewahrt. In Zweifelsfällen pflegt das Bundesgericht einen Meinungsaustausch über Zuständigkeitsfragen (Art. 113 i.V.m. Art. 96 Abs. 2 OG; Beispiel eines Meinungsaustausches zwischen Bundesgericht und Bundesrat: VPB 1989 Nr. 16, ZBl 1989 S. 19 ff.; BGE 109 Ib 248). 362

Eine Besonderheit besteht, wenn statt Verwaltungsgerichtsbeschwerde staatsrechtliche Beschwerde erhoben wird. Die falsche Bezeichnung des Rechtsmittels schadet nicht; sind im übrigen alle Beschwerdevoraussetzungen eingehalten, nimmt das Bundesgericht die Beschwerde als Verwaltungsgerichtsbeschwerde entgegen (vgl. BGE 116 Ib 172 E. 1).

B. Vorinstanzen

a. Allgemeines

In Art. 98 OG werden die Vorinstanzen bezeichnet, deren Verfügungen letztinstanzlich vom Bundesgericht überprüft werden. Damit wird der Instanzenzug festgelegt. Der vorgängige Instanzenzug und mithin die ordentlichen Rechtsmittel müssen ausgeschöpft worden sein, bevor das Bundesgericht auf die Beschwerde eintritt (vgl. Art. 102 lit. d und BGE 109 Ib 133, 108 Ib 377). 363

Mit Art. 98 OG bezweckte der Gesetzgeber richtigerweise, das Verwaltungsrechtspflegeverfahren grundsätzlich auf zwei Rechtsmittelinstanzen zu beschränken. Auf eine umfassende Prüfung der Tatbestandsfeststellung, des Ermessens und der Rechtsanwendung durch eine Rekurskommission oder Verwaltungsbehörde soll eine zweite und letzte Rechtskontrolle durch das Bundesgericht folgen. Diesem Prinzip entsprechend, hält Art. 98 lit. c OG fest, dass Beschwerde- oder Einspracheentscheide der den Departementen und der Bundeskanzlei unterstellten Dienstabteilungen, Anstalten oder Betriebe mit Verwaltungsgerichtsbeschwerde anfechtbar sind (vgl. BGE 106 Ib 376 f.). Handelt es sich aber um eine erstinstanzliche Verfügung, so ist zunächst Verwaltungsbeschwerde zu erheben (vgl. BGE 104 Ib 314 f.), es sei denn, das Bundesrecht lasse die direkte Verwaltungsgerichtsbeschwerde zu.

364 Zweistufig ist das Verfahren auch dann, wenn Entscheide von Rekurs- und Schiedskommissionen, einschliesslich von Schiedsgerichten aufgrund öffentlichrechtlicher Verträge im Sinn von Art. 116 lit. b OG angefochten werden (Art. 98 lit. e OG). Beim noch nicht in Kraft gesetzten Art. 98 lit. e rev. OG entfällt infolge der Einschränkung der verwaltungsrechtlichen Klage der Hinweis auf Art. 116 lit. b OG. Als Schiedskommission im Sinn dieser Bestimmung gilt auch die Eidgenössische Schätzungkommission; in Änderung der Rechtsprechung ist die Schätzungkommission somit nicht mehr als eine «Kommission» gemäss Art. 98 lit. f OG zu qualifizieren (BGE 112 Ib 421 mit Hinweisen; vgl. auch BGE 115 Ib 430). Offen ist, ob nun das Bundesgericht im Hinblick auf die Bindung an die Sachverhaltsfeststellung gerichtlicher Vorinstanzen gemäss dem neu formulierten Art. 105 Abs. 2 OG auch die Bindung an die Sachverhaltsfeststellung von Schiedskommissionen annehmen wird. Unter dem alten Art. 105 Abs. 2 OG hat dies das Bundesgericht noch verneint, weil dort nur die Rekurskommissionen und kantonale gerichtliche Instanzen erwähnt wurden (vgl. BGE a.a.O, hinten Rz. 423). Hingegen werden die Entscheide der Schätzungkommission nun auch der Behördenbeschwerde nach Art. 103 lit. b OG unterliegen.

Wird die Schiedskommission aufgrund eines privaten Vertrages tätig, kann gegen deren Entscheid nicht Verwaltungsgerichtsbeschwerde erhoben werden; der Vertrag müsste laut Art. 98 lit. e OG öffentlichrechtlicher Natur sein (BGE 112 Ib 541).

365 Das Prinzip des zweistufigen Verfahrens lässt sich allerdings nicht lückenlos verwirklichen. Bei Verfügungen der Departemente und der Bundeskanzlei kann es sich auch um erstinstanzliche Anordnungen handeln (Art. 98 lit. b OG; vgl. etwa BGE 110 Ib 109, 105 Ib 156). Auch die Verfügungen autonomer eidgenössischer Anstalten oder Betriebe können erstinstanzlich sein (Art. 98 lit. d OG). Ein allfälliger Instanzenzug innerhalb der Anstalt muss jedoch eingehalten werden (vgl. BGE 105 Ib 74, 109 Ib 309). Als Vorinstanz des Bundesge-

richts im Sinne von Art. 98 lit. d OG ist auch die Nationalbank zu betrachten (BGE 105 Ib 355 ff.).

Weiter kann gegen Verfügungen anderer eidgenössischer Kommissionen (als der Rekurs- und Schiedskommissionen) Verwaltungsgerichtsbeschwerde an das Bundesgericht erhoben werden, wenn das Bundesrecht die Beschwerdemöglichkeit vorsieht (Art. 98 lit. f OG). Ein Beispiel hierzu findet sich in Art. 47 des Anlagefondsgesetzes, der bestimmt, dass Verfügungen der eidgenössischen Bankenkommission anfechtbar sind (vgl. BGE 98 Ib 57, BGE 116 Ib 335. Vgl. auch BGE 113 Ib 93 bezüglich Art. 38 Kartellgesetz; künftig wird über diese Verfügungen die Rekurskommission des Eidgenössischen Volkswirtschaftsdepartements urteilen.). 366

Unter den anderen Instanzen oder Organisationen ausserhalb der Bundesverwaltung gemäss Art. 98 lit. h OG sind wirtschaftliche Selbstverwaltungskörperschaften zu verstehen, die im Unterschied zu den autonomen Anstalten und Betrieben neben den ihnen übertragenen Aufgaben noch eigene Interessen wahrnehmen. Die unmittelbare Verwaltungsgerichtsbeschwerde muss hier spezialgesetzlich normiert werden (vgl. Art. 19 Abs. 3 rev. VG). 367

Art. 98 lit. a OG schliesslich enthält den Ausnahmefall, dass Verfügungen des Bundesrates, die auf dem Gebiet des Dienstverhältnisses von Bundespersonal ergangen sind, mit Verwaltungsgerichtsbeschwerde angefochten werden können. Deren Anfechtbarkeit muss aber im Bundesrecht enthalten sein. Diese Ausnahmeregelung ist eine Folge des Grundentscheides des Gesetzgebers, dass Entscheide des Bundesrates beim Bundesgericht nicht angefochten werden können. Es bleibt also die Verwaltungsgerichtsbeschwerde an das Bundesgericht, abgesehen vom erwähnten Fall, immer dann ausgeschlossen, wenn dem Bundesrat die Verfügungskompetenz zukommt, selbst wenn die Streitigkeit nicht unter den Ausnahmekatalog von Art. 99 ff. OG fällt. Dies ist auch dann der Fall, wenn von der Zuweisung der Zuständigkeit zur Erfüllung einer Verwaltungsaufgabe an eine untere Verwaltungseinheit gemäss Art. 42 Abs. 1 VwOG abgesehen wurde. Aus diesem Grund enthält der neu eingefügte Art. 42 Abs. 1bis VwOG – den zuvor implizit geltenden – Grundsatz, dass alle Obliegenheiten der Bundesverwaltung von Rechts wegen auf das in der Sache zuständige Departement übergehen, soweit es sich um Verfügungen handelt, die nach dem Bundesgesetz über die Organisation der Bundesrechtspflege der Verwaltungsgerichtsbeschwerde an das Bundesgericht unterliegen. Art. 42 Abs. 1bis VwOG kommt nur dann nicht zum tragen, wenn im Katalog von Art. 99 ff. OG eine Ausnahme enthalten ist. Soll künftig somit die Verfügungskompetenz beim Bundesrat bleiben, ist der Ausnahmekatalog zu ergänzen. Der Grundsatz der Delegation von 368

217

Rechts wegen gemäss Art. 42 Abs. 1bis VwOG erleidet indes Ausnahmen: Ein Spezialgesetz kann die Verfügungskompetenz dem Bundesrat vorbehalten. Der Klarheit halber, ist der Ausnahmekatalog auch in diesen Fällen zu ergänzen.

369 Denkbar ist schliesslich auch der Fall, dass die Sprungbeschwerde gemäss Art. 47 Abs. 2 VwVG gegeben ist, und damit eine erstinstanzliche Verfügung mit Verwaltungsgerichtsbeschwerde angefochten werden kann. Voraussetzung dazu ist aber, dass keine weitere übergeordnete Instanz besteht (vgl. BGE 108 Ib 416).

b. Letzte kantonale Instanzen im Besonderen

370 Lit. g von Art. 98 OG erwähnt sodann die letzten kantonalen Instanzen als Vorinstanzen des Bundesgerichts (vgl. beispielsweise BGE 116 Ib 225, 117 Ib 71, 112 Ib 44 f.).

Anders als im staatsrechtlichen Beschwerdeverfahren gilt ein kantonaler Entscheid allerdings bereits dann als letztinstanzlich, wenn die Rügen, die vor Bundesgericht zulässig sind, innerkantonal mit keinem *ordentlichen* Rechtsmittel mehr geltend gemacht werden können. Im staatsrechtlichen Beschwerdeverfahren hingegen müssen all diejenigen ordentlichen und ausserordentlichen Rechtsmittel ergriffen worden sein, die einen persönlichen Anspruch auf einen Entscheid geben und geeignet sind, den behaupteten rechtlichen Nachteil zu beheben; erst dann liegt ein letztinstanzlicher Entscheid gemäss Art. 86 Abs. 1 OG (Erfordernis der relativen Subsidiarität) vor. Die begriffliche Unterscheidung zwischen den letztinstanzlichen Entscheiden nach Art. 86 Abs. 1 OG und denjenigen nach Art. 98 lit. g OG lässt sich damit rechtfertigen, dass die Verwaltungsgerichtsbeschwerde ein ordentliches, die staatsrechtliche Beschwerde dagegen ein ausserordentliches Rechtsmittel darstellt. Anzufügen bleibt, dass die *Revision im prozessrechtlichen* Sinne kein nach Art. 86 Abs. 1 OG zu ergreifendes Rechtsmittel ist, da diese lediglich die Wiederaufnahme des Verfahrens infolge strafbarer Einwirkung auf einen Entscheid oder nachträglicher Entdeckung von Tatsachen oder Beweismitteln erlaubt, nicht aber, einen Entscheid selbst als falsch anzufechten. Führt ein kantonales Verfahrensgesetz eigentliche Kassationsgründe als «Revisionsgründe» an, wie beispielsweise der Kanton Zürich die Verletzung wesentlicher Verfahrensvorschriften und die Berichtigung prozessualer Versehen (vgl. § 67 lit. a und b VRG), muss zunächst bei der kantonalen Instanz das Revisionsverfahren anhängig gemacht werden, weil damit das betreffende Urteil beim kantonalen Verwaltungsgericht als solches angefochten werden kann. Sollen diese Gründe im staatsrechtlichen

Beschwerdeverfahren geltend gemacht werden, ist demzufolge bei der kantonalen Vorinstanz zunächst das Revisionsverfahren anhängig zu machen (vgl. dazu BGE 110 Ia 136 ff. mit Hinweisen). Dies gilt aber – wie erwähnt – nicht für die Verwaltungsgerichtsbeschwerde an das Bundesgericht, da auch die Revision in diesem Sinne ein ausserordentliches Rechtsmittel ist.

Der neu eingefügte Art. 98a OG stellt an die kantonalen Instanzen gewisse Anforderungen. Zunächst einmal wird es sich bei den innert fünf Jahren einzurichtenden letzten kantonalen Instanzen (III. Ziff. 1 Abs. 1 Schlussbestimmungen 1991 OG) um Behörden handeln müssen, welchen die richterliche Unabhängigkeit zukommt (vgl. vorne Rz. 359). Dabei sind die Kantone im übrigen grundsätzlich frei, wie sie die Organisation und das Verfahren gestalten wollen. Zwei Einschränkungen werden aber in Art. 98a Abs. 3 OG gemacht: Einerseits müssen die Parteien in gleichem Umfang wie im bundesrechtlichen Verfahren zugelassen werden (vgl. Art. 103 OG i.V.m. Art. 6 VwVG), andererseits müssen dieselben Beschwerdegründe wie vor Bundesgericht vorgebracht werden können (Art. 104 OG). Mit dieser Bestimmung soll verhindert werden, dass die kantonalen richterlichen Behörden in Fällen, die der Verwaltungsgerichtsbeschwerde an das Bundesgericht unterliegen, gar nicht zum Zuge kommen und die damit angestrebte Entlastung des Bundesgerichts und Verbesserung des Rechtsschutzes leerläuft. Art. 98a Abs. 3 OG gilt für alle kantonalen Rechtsmittelinstanzen (BBl 1991 II 524). 371

c. Übersicht

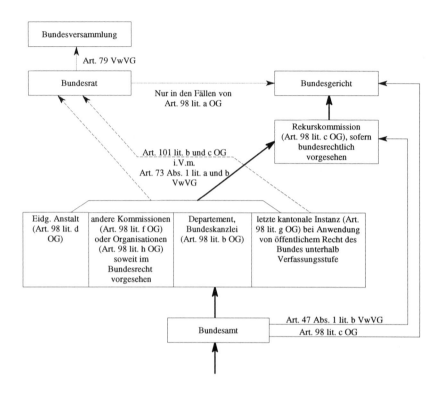

C. Sachliche Zuständigkeit

a. Methoden der Umschreibung des Zuständigkeitsbereiches der Verwaltungsgerichte im allgemeinen

372 Der Methode der Abgrenzung der Sachzuständigkeit kommt sehr grosse Bedeutung zu. In den einzelnen Verwaltungsverfahrens- oder Organisationsgesetzen wird der Zuständigkeitsbereich unterschiedlich umschrieben. Es kann in Form einer *Generalklausel* eine umfassende Zuständigkeit vorgesehen sein (vgl. Art. 34 des Gesetzes des Kantons Schaffhausen über den Rechtsschutz in Verwaltungssachen vom 21. September 1971). Die Generalklausel kann aber auch durch eine negative Kompetenzausscheidung eingeschränkt werden: Die Materien,

für die das Gericht nicht zuständig ist, werden im Gesetz in einem Negativkatalog aufgezählt. Diese Methode besteht im Bund (Art. 99 bis 101 OG).

Daneben können die einzelnen Zuständigkeiten des Verwaltungsgerichts in Form einer *Teilgeneralklausel* positiv erwähnt werden, wie dies etwa im Kanton Zürich in §§ 42 bis 45 VRG vorgesehen ist; oder die Gesetze können sich vollends auf eine blosse Enumeration der punktuellen Zuständigkeitsbereiche beschränken. Bei einer solchen positiven Aufzählung der verwaltungsgerichtlichen Zuständigkeiten können ohne ausdrückliche Gesetzesänderungen keine neuen Rechtsgebiete der Verwaltungsgerichtsbarkeit zugänglich gemacht werden. Wichtige Materien können damit vom gerichtlichen Rechtsschutz ausgeschlossen werden. Diese Lösung ist insoweit nur noch in einer Übergangsphase rechtmässig, als Art. 98a OG für Streitigkeiten aus Bundesverwaltungsrecht die Einsetzung letzter kantonaler Instanzen mit *richterlicher Unabhängigkeit* verlangt. Im Zuge dieser Revision kantonaler Verfahrensgesetze besteht allgemein die Chance, ein allgemeines Verwaltungsgericht zu schaffen, dessen Zuständigkeit mit einer Generalklausel festgelegt wird. Dies ist auch aus allgemeinen rechtsstaatlichen Gründen sinnvoll und drängt sich ferner deshalb auf, weil nun die vom Bundesrat nachträglich angebrachte auslegende Erklärung bezüglich der in Art. 6 EMRK vorgesehenen Rechtsweggarantie vom Bundesgericht als ungültig erklärt worden ist (vgl. Rz. 21). 373

b. Sachliche Zuständigkeit des Bundesgerichts gemäss Art. 97 ff. OG im allgemeinen

Die sachliche Zuständigkeit des Bundesgerichtes als Verwaltungsgericht wird, wie erwähnt, in Art. 97 Abs. 1 OG mit der sogenannten Generalklausel in allgemeiner Art und Weise umschrieben. Danach ist das Bundesgericht zuständig, Verfügungen und Entscheide zu beurteilen, die sich auf Bundesverwaltungsrecht abstützen (Art. 5 VwVG). Diese allgemeine Zuständigkeit ist allerdings zahlreichen Einschränkungen unterworfen. Zunächst einmal schliesst die Zuständigkeit des Eidgenössischen Versicherungsgerichts jene des Bundesgerichtes aus (Art. 102 lit. b i.V.m. Art. 128 ff. OG). Aber auch das materielle Bundesrecht kann die Zulässigkeit der Beschwerde an das Bundesgericht enger als das OG umschreiben. So geht etwa das Bundesgesetz vom 23. Dezember 1953 über die Nationalbank vom Enumerationsprinzip aus und zählt die Sachbereiche auf, in denen die Verwaltungsgerichtsbeschwerde zulässig ist (Art. 68a). Desgleichen beschränkt Art. 34 RPG die Zulässigkeit der Verwaltungsgerichts- 374 beschwerde gegen letztinstanzliche kantonale Entscheide auf solche über Entschädigungen als Folge von Eigentumsbeschränkungen und über Bewilligungen im Sinne von Art. 24 RPG.

375 Die weitaus wichtigste Beschränkung der sachlichen Zuständigkeit bildet aber der Ausnahmekatalog von Art. 99 bis 101 OG.
Wie weit sich die Verwaltung der richterlichen Rechtskontrolle unterziehen soll, wurde leider bei der «grossen» Revision des OG im Jahre 1968 teilweise als politische Frage angesehen. Insbesondere bei Art. 100 OG hat das Feilschen um den Ausschluss der bundesgerichtlichen Zuständigkeit eine innere Unausgeglichenheit der Gesetzgebung bewirkt. In nicht wenigen Bereichen kam der Gesetzgeber den Wünschen der Verwaltung zulasten eines wirksamen gerichtlichen Rechtsschutzes zu weit entgegen. Abgesehen davon verstösst der Negativkatalog gegen die in Art. 6 EMRK vorgesehene Garantie, mit einer Angelegenheit an eine unabhängige Beschwerdeinstanz zu gelangen, soweit nicht eine Rekurskommission als letzte Instanz entscheidet. Als Beispiel sei auf Art. 99 lit. b oder lit. e OG verwiesen (weitere Beispiele bei Schmuckli (ob. zit. in Rz. 17), S. 131 ff.). Der Ausschluss der Zuständigkeit im OG erfolgt nach drei Kriterien:

1. dem Gegenstand der Verfügung (Art. 99 OG);
2. dem Sachgebiet, in welchem die Verfügung ergeht (Art. 100 OG) oder
3. nach dem verfahrensrechtlichen Inhalt der Verfügung (Art. 101 OG).

376 Der Grundgedanke des Ausschlusses der bundesgerichtlichen Zuständigkeit besteht darin, ungeeignete Materien von der gerichtlichen Prüfung auszuschliessen. In den meisten Fällen geht es dabei um Sachverhalte, bei denen der Verwaltung ein grosser Ermessensspielraum zusteht und technische Fragen bedeutsam sind. Solche Materien erachtete der Gesetzgeber als nicht justiziabel. Daneben enthält das Gesetz auch Ausnahmen, die lediglich eine Klarstellung bedeuten und bereits aus anderen Gründen nicht der verwaltungsgerichtlichen Kontrolle unterliegen, etwa weil das Anfechtungsobjekt fehlt. In diesen Fällen kann von unechten Ausnahmen gesprochen werden.

377 Das Gesetz nennt zu den Ausnahmen oftmals «Gegenausnahmen», welche die Zuständigkeit des Bundesgerichts dann doch feststellen oder bestätigen. Die wichtigste Gegenausnahme enthält Art. 101 lit. d OG. Danach ist in gewissen Fällen der Widerruf von begünstigenden Verfügungen mit Verwaltungsgerichtsbeschwerde anfechtbar, auch wenn gegen die Verfügung selbst die Verwaltungsgerichtsbeschwerde unzulässig ist (vgl. dazu BGE 107 Ib 46 über den Widerruf einer Bundessubvention im Wohnungsbau).

Der Ausnahmekatalog in Art. 99 ff. OG ist nicht abschliessend zu 378
verstehen. Mit der Revision der Bundesrechtspflege wurde der Ausnahmekatalog aber um die Bereiche, in denen dem Bundesrat die Verfügungskompetenz vorbehalten werden soll, wegen der Regelung in Art. 42 Abs. 1bis VwOG vervollständigt. Desgleichen wurde der Ausnahmekatalog um die dem Bundesrat kraft Spezialgesetz vorbehaltenen Verfügungskompetenzen ergänzt. So wurden etwa Art. 100 lit. k Ziff. 2 OG bezüglich der Schulen, lit. t bezüglich des Umweltschutzes und lit. u in Bezug auf die Kernenergie – um nur einige wenige zu nennen – Art. 42 Abs. 1bis VwOG beziehungsweise den entsprechenden Spezialgesetzen angepasst. Der Ausnahmekatalog sollte aber auch nachgeführt werden, wenn ein Spezialgesetz die Verwaltungsbeschwerde an den Bundesrat ausdrücklich vorbehalten will (vgl. etwa Art. 100 lit. f OG i.Vm. Art. 26 des Bundesgesetzes vom 20. 3. 1981 über internationale Rechtshilfe in Strafsachen).

c. Die Ausschlüsse im einzelnen

aa. Ermessenssachverhalte

Die Gerichte haben in erster Linie Recht zu sprechen. Deshalb obliegt 379
es unbestrittenermassen den Verwaltungsbehörden, über die Angemessenheit und Zweckmässigkeit von Massnahmen zu entscheiden. Die Überprüfung des Ermessens ist deshalb den Gerichten in der Regel vorenthalten. Zu Recht hält indessen Fritz Gygi fest (Bundesverwaltungsrechtspflege, S. 108), dass kaum Streitsachen auftreten, in denen es ausschliesslich um Ermessensfragen geht. Der Gesetzgeber hat trotzdem gewisse Angelegenheiten der Rechtskontrolle durch das Bundesgericht gänzlich entzogen.

So hält Art. 99 lit. d OG fest, dass die Erteilung oder Verweige- 380
rung von Konzessionen nicht mit Verwaltungsgerichtsbeschwerde anfechtbar ist, wenn von Bundesrechts wegen kein Anspruch besteht. Das Kriterium des «Anspruchs» ist aber für einen generellen Ausschluss der Verwaltungsgerichtsbeschwerde nicht tauglich; denn damit kann das unabhängige Gericht auch die Rechtsfrage nicht daraufhin überprüfen, ob das Vorgehen der Verwaltungsbehörden rechtsgleich und willkürfrei war. Gemäss der Regelung von Art. 99 lit. d OG entscheidet der Bundesrat letztinstanzlich etwa über die Erteilung einer Luftseilbahnkonzession (VPB 1983 Nr. 16). Ebenso ist der Bundesrat für die Beurteilung einer Beschwerde gegen die Ablehnung einer Umweltverträglichkeitsprüfung bei einem Elektrizitätswerk zuständig, weil sich das Verfahren nach den Regeln richtet, die für die

Anfechtung des Entscheides über das Konzessionsgesuch gelten (VPB 1989 Nr. 16). Hingegen beurteilt das Bundesgericht, ob überhaupt eine Konzessionspflicht besteht, weil Art. 99 lit. d OG die Verwaltungsgerichtsbeschwerde nur bezüglich der Erteilung oder Verweigerung einer Konzession ausschliesst (BGE 105 Ib 390). Wirtschaftspolitische Bewilligungen können den Konzessionen dagegen nicht gleichgestellt werden und fallen ebenfalls nicht unter Art. 99 lit. d OG (BGE 106 Ib 37).

381 Unzulässig ist die Verwaltungsgerichtsbeschwerde auch dann, wenn es im Ermessen der Verwaltung liegt, Beiträge, Kredite, Garantien, Entschädigungen und andere öffentliche Zuwendungen zu erteilen (Art. 99 lit. h OG). Dies ist etwa der Fall bei Forschungsbeiträgen des Nationalfonds (VPB 1983 Nr. 15) oder bei Bodenverbesserungsbeiträgen (VPB 1988 Nr. 61). Desgleichen besteht kein Anspruch auf Beiträge zur Filmförderung (VPB 1988 Nr. 25). Umschreibt hingegen ein Erlass die Voraussetzungen eines Beitrages erschöpfend und stellt er den Entscheid über die Ausrichtung nicht in das Ermessen der Verwaltung, so kann daraus ein Anspruch abgeleitet werden; dann ist die Verwaltungsgerichtsbeschwerde zulässig. Dies ist etwa der Fall bezüglich der Beiträge an Sachinvestitionen nach Art. 10 Hochschulförderungsgesetz (vgl. BGE 110 Ib 300 f.). Ein weiteres Beispiele dazu ist die Entschädigungen für Tierverluste gemäss Art. 32 Abs. 1 Ziff. 3 Tierschutzgesetz (BGE 112 Ib 313). Ausgeschlossen ist die Verwaltungsgerichtsbeschwerde hingegen in allen Fällen, wenn es um Entscheide der Rekurskommission für ausländische Entschädigungen (Art. 99 lit. i OG) oder um Verfügungen der Stiftung Pro Helvetia über Beitragsgesuche geht (Art. 100 lit. q OG, vgl. etwa VPB 1986 Nr. 13).

382 Um Ermessen, dessen Ausübung nicht vom Bundesgericht überprüft werden kann, handelt es sich auch bei der Stundung oder beim Erlass geschuldeter Abgaben (Art. 99 lit. g OG).

383 Einen anderen Ermessenssachverhalt stellt sodann die erstmalige Begründung eines Dienstverhältnisses oder die Beförderung innerhalb eines solchen dar (Art. 100 lit. e Ziff. 1 OG). Hingegen kann die Nichtwiederwahl eines Beamten (vgl. BGE 103 Ib 321 mit Hinweis) mit Verwaltungsgerichtsbeschwerde angefochten werden und ist auch eine schwere Disziplinarmassnahme beim Bundesgericht anfechtbar, obwohl beides Verwaltungsakte darstellen, bei denen auch Ermessensfragen mitspielen (vgl. Art. 100 lit. e Ziff. 4; VPB 1986 Nr. 64; zum Rechtsweg in Angelegenheiten des Dienstverhältnisses vgl. auch Art. 58 BtG).

384 Bedeutsam ist das Ermessen ferner auf dem Gebiete der Fremdenpolizei. Dementsprechend ist nach Art. 100 lit. b OG die Verwaltungsgerichtsbeschwerde in zahlreichen, dieses Gebiet betreffenden Anwen-

dungsfällen ausgeschlossen. So können nach Ziff. 2 dieser Bestimmung Verfügungen über die Gewährung oder Verweigerung des Asyls nicht mit Verwaltungsgerichtsbeschwerde angefochten werden (vgl. BGE 116 Ib 3 ff.). Das Bundesgericht hat allerdings Art. 100 lit. b Ziff. 3 einschränkend ausgelegt und die Zulässigkeit der Verwaltungsgerichtsbeschwerde bejaht, wenn sich die beschwerdeführende Partei zugleich auf Art. 8 EMRK, wo der Schutz des Familienlebens garantiert wird, berufen kann. Dies ist der Fall, wenn eine familiäre Beziehung tatsächlich gelebt wird und intakt ist; alsdann kann die Verwaltungsbehörde nicht mehr nach freiem Ermessen über eine Bewilligungserteilung entscheiden. Vielmehr ist das den Behörden eingeräumte Ermessen eingeschränkt (vgl. BGE 116 Ib 353 mit Hinweis). Da die arbeitsmarktliche Bewilligung oftmals Voraussetzung zur Erteilung einer Bewilligung über die Einreise und Anwesenheit von Ausländern bildet und deshalb in engem Zusammenhang mit letzterer steht, stützt sich das Bundesgericht bei den Arbeitsbewilligungen ebenfalls auf Art. 100 lit. b OG. Weil das EFTA-Übereinkommen vom 4. Januar 1960 in Art. 16 Abs. 1 einen Anspruch auf eine Arbeitsbewilligung einräumt, betrachtete hingegen das Bundesgericht die Sachzuständigkeit aufgrund von Art. 100 lit. b Ziff. 3 OG als gegeben (BGE 116 Ib 302, mit Hinweisen). Die Ausweisung kann mit Verwaltungsgerichtsbeschwerde angefochten werden, wenn sie gemäss Art. 100 lit. b Ziff. 4 OG nicht aufgrund von Art. 70 BV, sondern aufgrund von Art. 10 ANAG erfolgt (BGE 114 Ib 1 ff.).

Ausgeschlossen ist auch die gerichtliche Prüfung der Erteilung oder Verweigerung der Bewilligung für die ordentliche Einbürgerung (Art. 100 lit. c OG). Nach Art. 51 Abs. 3 BüG entscheidet darüber das EJPD als Beschwerdeinstanz endgültig. Die Regierung des Einbürgerungskantons kann jedoch gegen die Verweigerung der Einbürgerungsbewilligung für die ordentliche Einbürgerung durch das Departement beim Bundesrat Beschwerde erheben.

Schliesslich ist in diesem Zusammenhang noch auf Art. 100 lit. r OG hinzuweisen. Danach sind auf dem Gebiete des Transportes im öffentlichen Verkehr Verfügungen über Leistungen beim Fahrplan und über die Bedienung von Stationen wie auch Verfügungen über Tariferleichterungen und über die Sicherstellung des direkten Verkehrs nicht anfechtbar. Auch diese Verfügungen sind im wesentlichen vom Ermessen der Behörden abhängig.

bb.   Technische Tatbestände

Ausgeschlossen bleibt der Rechtsweg an das Bundesgericht ferner bei Streitigkeiten über die Erteilung oder Verweigerung von Bau- und Betriebsbewilligungen für technische Anlagen oder für Fahrzeuge (Art. 99 lit. e OG). So können beispielsweise das Ergebnis der Typenprüfung von Kleinmotorrädern (BGE 104 Ib 124) oder die Bewilligung von Skiliften (VPB 1979 Nr. 80) nicht Gegenstand der Verwaltungsgerichtsbeschwerde bilden. Hingegen kann die Bewilligung zum Ausbau eines Schreinereibetriebes mit Verwaltungsgerichtsbeschwerde angefochten werden, wenn es um die umweltschutzrechtlichen Auswirkungen und nicht um das technische Funktionieren der Anlage geht (BGE 115 Ib 460, mit Hinweis sowie BGE 113 Ib 397, 109 Ib 248).

388 Auch bei den Verfügungen über das Ergebnis von Berufs-, Fach- oder anderen Fähigkeitsprüfungen (Art. 99 lit. f OG; betreffend die eidgenössischen Medizinalprüfungen: VPB 1987 Nr. 32) sowie bei der Anerkennung oder Verweigerung des schweizerischen Maturitätsausweises (Art. 100 lit. k Ziff. 1 OG; vgl. dazu BGE 105 Ib 75) stehen technische Fragen im Vordergrund; aber auch solche des Ermessens spielen eine wichtige Rolle. Dasselbe gilt für Verfügungen über die Zulassung zu Prüfungen und zu Kursen und über das Ergebnis von Prüfungen auf dem Gebiete der Berufsbildung (Art. 100 lit. v OG). Unter Art. 99 lit. f OG fallen auch die Leistungsprüfungen von Tieren (BGE 107 Ib 280).

389 Ein weiteres Beispiel sind sämtliche Verfügungen auf dem Gebiet der zollrechtlichen Tarifierung, welche das Bundesgericht gemäss kürzlich geänderter Rechtsprechung gestützt auf Art. 100 lit. h OG von der Verwaltungsgerichtsbeschwerde ausgeschlossen haben will; es ist unerheblich, ob die Tarifierung zum Zweck der Zollerhebung erfolgt ist, weil es bei der Tarifierung regelmässig um technische Fragen geht (BGE 115 Ib 202 ff.).

390 Technischer Natur sind aber auch die Verfügungen über Erfindungspatente (Art. 100 lit. i). Dabei ist die Verweigerung der Akteneinsicht eines Dritten im Patenteinspruchsverfahren anfechtbar (BGE 110 II 316), hingegen nicht Verfügungen der Prüfungsstellen über technische Fragen (BGE 105 II 63).

Weitere überwiegend technische Tatbestände betrifft Art. 100 lit. l, m, n, o und s OG.

cc. Andere Ausschlusstatbestände

391 Der Gesetzgeber hat weitere Streitsachen in den Ausnahmekatalog aufgenommen, die sich zur gerichtlichen Prüfung nicht eignen. Es handelt sich dabei zumeist um sogenannte «Regierungsakte». So unterliegen Verfügungen auf dem Gebiete der inneren und äusseren Sicherheit, der Neutralität, des diplomatischen Schutzes, der Entwicklungszusammenarbeit und der humanitären Hilfe sowie der übrigen auswär-

tigen Angelegenheiten gemäss Art. 100 lit a OG nicht der Verwaltungsgerichtsbeschwerde. Seine Zuständigkeit hat das Bundesgericht in einem Sonderfall aber trotzdem bejaht, als ein Beamter des Eidgenössischen Militärdepartements wegen Gefährdung der Staatssicherheit gemäss Art. 55 BtG vorläufig seines Dienstes enthoben wurde. Hier kam der beamtenrechtlichen Frage die grössere Bedeutung zu als derjenigen der Landessicherheit. Hinzu kam, dass im Rahmen einer verwaltungsrechtlichen Klage über allfällige Schadenersatzansprüche die Sicherheitsfrage ohnehin hätte geprüft werden müssen (BGE 104 Ib 131 f.). Nach Art. 100 lit. d OG sind zudem gewisse Verfügungen auf dem Gebiete der militärischen und zivilen Landesverteidigung von der Verwaltungsgerichtsbeschwerde ausgeschlossen.

Als Regierungsakt bezeichnete das Bundesgericht auch die vom Bundesrat beschlossenen Abstimmungserläuterungen. Abgesehen davon können diese aber auch deshalb mit keinem Rechtsmittel gerügt werden, weil die Art. 77 ff. BPR die zulässigen Rechtsmittel abschliessend regeln und dementsprechend auch Art. 100 lit. p OG die Verwaltungsgerichtsbeschwerde gegen Abstimmungs- und Wahlentscheide ausschliesst (vgl. Bundesgerichtsentscheid vom 3. Februar 1992, in: ZBl 1992, S. 309 f.; VPB 1984 Nr. 53). Die Verwaltungsgerichtbeschwerde ist nur gegen Entscheide über Stimmrechtsbeschwerden (Art. 80 Abs. 1 BPR) sowie gegen die in Art. 80 Abs. 2 und 3 BPR aufgezählten Verfügungen der Bundeskanzlei zulässig. 392

In den in Art. 100 lit. t OG aufgezählten Fällen auf dem Gebiete des Umweltschutzes schliesslich geht es um Entscheide mit politischem Einschlag, die dem Bundesrat bereits nach Art. 31 Abs. 3 und 5 USG zur Entscheidung vorbehalten wurden und ihm auch vorbehalten bleiben sollen (vgl. Art. 42 Abs. 1bis VwOG, Botschaft 1991 II 465, 525 f.). Dasselbe gilt für den Ausschluss der Verfügungen über Bewilligungen von Kernanlagen und vorbereitende Handlungen nach Art. 100 lit. u OG. 393

dd. Unechte Ausnahmen

Weil das Bundesgericht im Verwaltungsgerichtsbeschwerdeverfahren keine abstrakte Normenkontrolle vornimmt, kann die Genehmigung eines Erlasses nicht angefochten werden (Art. 99 lit. a OG). Dasselbe gilt für Verfügungen über Tarife (Art. 99 lit. b OG). Zulässig ist die Beschwerde aber, wenn die Anwendung eines Tarifs im Einzelfall bestritten werden soll (BGE 104 Ib 416; VPB 1988 Nr. 33). Weiter fallen auch Verfügungen über Pläne, soweit es sich nicht um Entscheide über Einsprachen gegen Enteignungen oder Landumlegungen handelt, unter die unechten Ausnahmen (Art. 99 lit. c OG). Der Gesetz- 394 geber wollte damit auch ausschliessen, dass Planinhalte Gegenstand einer Verwaltungsgerichtsbeschwerde bilden können (betreffend Sicherheitszonenplan: VPB 1987 Nr. 63, Lärmzonenplan: VPB 1987 Nr. 64, Grundwasserschutzzone: Entscheid des zürcherischen Verwaltungsgerichts vom 22. April 1986, in: ZBl 1987, S. 223 ff.; vgl. auch VPB 1989 Nr. 14, 1991 Nr. 19). Bezüglich der Genehmigung von Ausführungsprojekten von Nationalstrassen entscheidet das Bundesgericht kraft Kompetenzattraktion, wenn Enteignete und weitere Interessierte gegen das Projekt dieselben oder ähnliche Rügen erhoben haben (BGE 112 Ib 288, 114 Ib 363). Sind überdies Sondernutzungspläne derart konkret und für das nachfolgende Baubewilligungsverfahren präjudizierend, dass sie einer Verfügung gleichkommen, so sind sie insoweit anfechtbar, als es um die Anwendung von weiterem Bundesrecht, etwa um die Anwendung der Umweltschutzvorschriften, geht. Infolge der Sonderregelung in Art. 34 Abs. 1 und 3 RPG ist die raumplanungsrechtliche Problematik im übrigen dagegen dem Bundesgericht bei gegebenen Voraussetzungen mittels staatsrechtlicher Beschwerde zu unterbreiten, es sei denn, es handle sich um Verfügungen, die aufgrund von Art. 5 und 24 RPG ergangen sind; dann unterliegen auch planungsrechtliche Aspekte der Verwaltungsgerichtsbeschwerde (vgl. BGE 116 Ib 61). Strassenpläne können dann mit Verwaltungsgerichtsbeschwerde angefochten werden, sobald diese genügend konkret sind und die Verletzung etwa von Lärmschutzvorschriften gemäss USG geltend gemacht wird (vgl. BGE 116 Ib 163 und 424 f.; vgl. auch BGE 117 Ib 13, 115 Ib 350 ff.).

395 Eine unechte Ausnahme stellen sodann die dienstlichen Anordnungen nach Art. 100 lit. e Ziff. 2 OG dar, da solche grundsätzlich keine Aussenwirkungen haben und somit keine Verfügungen darstellen.

396 Ferner enthält auch Art. 100 lit. f OG auf dem Gebiet der Strafverfolgung eine unechte Ausnahme (vgl. BGE 112 Ib 351 f.). In Strafsachen steht die Nichtigkeitsbeschwerde ans Bundesgericht zur Verfügung (vgl. Art. 268 ff. BStP). Geht es jedoch um den Strafvollzug, ist die Verwaltungsgerichtsbeschwerde zulässig (vgl. BGE 106 IV 332).

397 Als unechte Ausnahme muss schliesslich der Ausschluss der Verwaltungsgerichtsbeschwerde auf dem Gebiete der Aufsicht über die Vormundschaftsbehörden bezeichnet werden (Art. 100 lit. g OG). Der Gesetzgeber ging hier davon aus, dass das Vormundschaftsrecht privatrechtlicher Natur sei. Da das Vormundschaftsrecht aber auch verwaltungsrechtliche Vorschriften enthält, ist darauf abzustellen, ob die Aufgabe, welche die Behörde erfüllt, öffentlichrechtlicher Natur ist und demzufolge eine Verfügung vorliegt (BGE 107 Ib 284 f.; vgl. auch vorne Rz. 224).

Als letztes sei noch auf den Ausschluss der Verwaltungsgerichts- 398
beschwerde gegen Zwischenverfügungen, Entscheide von Rechtsverweigerungs- und Rechtsverzögerungsbeschwerden sowie Verfügungen über Verfahrenskosten und Parteientschädigungen verwiesen.
Diese verfahrensrechtlichen Verfügungen sind dann nicht anfechtbar,
wenn es die Hauptverfügung ebenfalls nicht ist (Art. 101 lit. a und b
OG; bezüglich Zwischenverfügungen vgl. BGE 115 Ib 429). Dies
entspricht dem Grundsatz der Einheit des Prozesses (BGE 111 Ib 75).
Dementsprechend sind auch Verfügungen über den ganzen oder teilweisen Widerruf von Verfügungen nicht anfechtbar, wenn die Verwaltungsgerichtsbeschwerde auch gegen die ursprüngliche Verfügung
unzulässig war. Das Gesetz sieht aber Gegenausnahmen vor (vgl. Art.
101 lit. d OG, BGE 109 Ib 248, vgl. vorne Rz. 377).

2. ANFECHTUNGSOBJEKT

Literatur: Vgl. die vorne in Rz. 214 zit. Lit.

Bezüglich des Anfechtungsobjekts kann auf das vorne zu Art. 5 399
VwVG Gesagte verwiesen werden. Anfechtungsobjekt bildet wie im
verwaltungsinternen Verwaltungsbeschwerdeverfahren die Verfügung
beziehungsweise die Entscheidung im Sinne von Art. 5 VwVG (Art.
97 Abs. 1 OG).

Ergänzend ist im Zusammenhang mit der Verwaltungsgerichtsbeschwerde aber noch folgendes anzuführen: Wenn sich die Verfügung sowohl auf kantonales Recht als auch auf Bundesverwaltungsrecht stützt (gemischte Verfügung), ist vor Bundesgericht sowohl die
staatsrechtliche Beschwerde als auch die Verwaltungsgerichtsbeschwerde zu ergreifen. Die beschwerdeführende Partei kann aber die
beiden Rechtsmittel in einer Rechtsschrift verbinden (vgl. etwa BGE
116 Ia 267, 115 Ib 459 ff.).

Sodann ist nochmals auf die Regelung von Art. 34 RPG hinzuwei- 400
sen. Das kantonale Ausführungsrecht zu Art. 5 oder Art. 24 Abs. 2
RPG kann selbständiges kantonales Recht darstellen. Stützt sich die
Verfügung sowohl auf Art. 5 RPG (BGE 116 Ib 238) oder Art. 24
Abs. 2 RPG (BGE 116 Ib 9 f., 112 Ib 94) wie auch auf das kantonale
Recht, ist sie gleichwohl mit Verwaltungsgerichtsbeschwerde anfechtbar. Zudem prüft das Bundesgericht aufgrund von Art. 34 RPG auch
eine behauptete Verletzung des selbständigen kantonalen Rechts,
wobei es dann aber seine Kognition derjenigen im staatsrechtlichen
Beschwerdeverfahren anpasst und diese auf Willkür beschränkt.

401 Für die Anfechtung von *Zwischenverfügungen* sind die Voraussetzungen von Art. 45 Abs. 1 VwVG zu beachten. Sie sind nur insoweit mit Verwaltungsgerichtsbeschwerde anfechtbar, als es die Hauptverfügung ebenfalls ist (Art. 101 lit. a OG). Rückweisungsentscheide, die eine verbindliche Anordnung an die Vorinstanz enthalten, können hingegen nicht wie Zwischenverfügungen behandelt werden. Vielmehr gelten sie als Endverfügungen (BGE 107 Ib 222). Vollstreckungsverfügungen bilden gemäss Art. 101 lit. c OG nicht Gegenstand des Verwaltungsgerichtsbeschwerdeverfahrens. Nach dem Wortlaut des Gesetzes kann somit auch nicht die Rechtmässigkeit der Vollstreckungsmassnahme angefochten werden. Indessen stellt sich die Frage, ob Art. 101 lit. c nicht einschränkend auszulegen wäre und Vollstreckungsanordnungen dann Gegenstand der gerichtlichen Prüfung sein müssten, wenn nicht die Rechtmässigkeit der ursprünglichen Verfügung in Frage gestellt wird (vgl. vorne Rz. 229).

402 Bezüglich kantonaler Entscheide ist darauf hinzuweisen, dass das Anfechtungsobjekt immer nur der letztinstanzliche Entscheid ist. Eine Mitanfechtung des vorangegangenen Entscheides ist nicht zulässig (vgl. BGE 112 Ib 44 f., 104 Ib 270) und in der Regel auch hinfällig. Denn im verwaltungsgerichtlichen Beschwerdeverfahren gilt ein Entscheid bereits dann als letztinstanzlich, wenn dieselben Rügen, welche vor Bundesgericht vorgebracht werden können, im ordentlichen Verfahren nicht mehr geprüft werden. Kann beispielsweise das als letzte kantonale Instanz zuständige Verwaltungsgericht die Verletzung von Bundesrecht nicht überprüfen und soll einerseits die Verletzung von selbständigem kantonalem Recht sowie von Bundesverwaltungsrecht gerügt werden, kommt es zu einer Spaltung des Rechtsweges; es sind deshalb zur Fristwahrung beide Rechtsmittel gleichzeitig einzulegen (vgl. etwa § 49 VRG Kanton Zürich). Verfahrenstechnisch wird die eine Instanz das Verfahren sistieren. Weil die Anforderungen an die Letztinstanzlichkeit im staatsrechtlichen Beschwerdeverfahren anders definiert sind, wird dort eine Ausnahme vom Grundsatz, dass der dem letztinstanzlichen kantonalen Entscheid vorangegangene Entscheid nicht mitangefochten werden kann, zugelassen. Dies ist dann der Fall, wenn die letzte kantonale Instanz nicht alle Fragen, welche Gegenstand der staatsrechtlichen Beschwerde sind, zu prüfen befugt war, oder wenn zwar dieselben Rügen wie vor Bundesgericht vorgebracht werden konnten, jedoch die Kognition eingeschränkt war (BGE 111 Ia 354; vgl. dazu auch vorne Rz. 307 f.).

3. BESCHWERDELEGITIMATION

Literatur: Vgl. die vorne in Rz. 230 zit. Lit.

A. Parteivertretung vor Bundesgericht

Während in Zivil- und Strafsachen nur patentierte Anwälte und Rechtslehrer an schweizerischen Hochschulen die Parteivertretung vor Bundesgericht übernehmen dürfen (Art. 29 Abs. 2 OG), sind im verwaltungsgerichtlichen wie im staatsrechtlichen Beschwerdeverfahren beliebige Dritte, auch ausländische Staatsangehörige zur Parteivertretung zugelassen. Art. 29 Abs. 3 OG, wonach nur ausnahmsweise ausländische Anwältinnen und Anwälte zugelassen sind, gilt in diesen Verfahren demzufolge nicht (Poudret, Art. 29 Rz. 4). 403

B. Legitimation der Betroffenen

Art. 103 lit. a OG lautet gleich wie Art. 48 lit. a VwVG und bestimmt, dass die durch die Verfügung Betroffenen zur Beschwerde legitimiert sind, sofern sie ein schutzwürdiges Interesse an deren Aufhebung oder Änderung haben (vgl. dazu ausführlich vorne Rz. 238 f.). Dass die Legitimationsvoraussetzungen im Verwaltungsgerichtsbeschwerdeverfahren dieselben sind wie im Verwaltungsbeschwerdeverfahren, entspricht dem Grundsatz, dass im vorinstanzlichen Verfahren die Legitimation nicht enger formuliert werden darf, als bei der nächsthöheren Instanz. Sowohl den Adressaten der Verfügung als auch den Drittbetroffenen kommt somit die Beschwerdeberechtigung zu. Die bundesrechtlichen Legitimationsvorschriften gelten als Minimalvorschriften auch für die kantonalen Verfahren, sofern die kantonale Verfügung mit bundesrechtlichen Rechtsmitteln anfechtbar ist (Art. 98a Abs. 3 OG; vgl. BGE 116 Ib 122 mit Hinweisen). 404

C. Die Vertretung des öffentlichen Interesses

a. Behördenbeschwerde

Für die Beschwerdeberechtigung von Bundesbehörden enthält Art. 103 lit. b OG eine Besonderheit. Danach sind auch die in der Sache zuständigen Departemente (vgl. alle drei BGE 115 II 382, 112 II 65, 116 405

IV 108) oder, soweit das Bundesrecht es vorsieht, die in der Sache zuständigen Dienstabteilungen (vgl. etwa Art. 27 Abs. 3 der Verordnung vom 2. 10. 1989 über Raumplanung, dazu BGE 113 Ib 221) legitimiert, Verwaltungsgerichtsbeschwerde zu erheben. Dabei obliegt es dem Departement oder der Dienstabteilung, zu entscheiden, ob die Verfügung wegen der präjudiziellen Tragweite oder wegen der Bedeutung des Einzelfalls weitergezogen und damit durch das Bundesgericht eine andere Gesetzesinterpretation erreicht werden soll.

Die genannten Bundesbehörden können nur gegen Verfügungen bestimmter Vorinstanzen Beschwerde führen, da der Grundsatz, dass die Behörden innerhalb der Verwaltungshierarchie nicht gegeneinander prozessieren dürfen, auch hier seine Gültigkeit hat. Durch Bundesbehörden anfechtbar sind Verfügungen von:

– eidgenössischen Rekurs- oder Schiedskommissionen;
– letzten kantonalen Instanzen;
– ausserhalb der Bundesverwaltung stehenden Instanzen oder Organisationen im Sinne von Art. 98 lit. h OG.

Verfügungen anderer Instanzen können die Bundesbehörden aufgrund von Art. 103 lit. b OG nicht anfechten. Da beispielsweise die Nationalbank als autonome Anstalt betrachtet wird, ist das Eidgenössische Finanzdepartement nicht befugt, deren Verfügungen mit Verwaltungsgerichtsbeschwerde an das Bundesgericht weiterzuziehen (BGE 105 Ib 358).

Die Instanzen, deren Verfügung der Behördenbeschwerde unterliegen, sind verpflichtet, die durch sie ergangenen Verfügungen der beschwerdeberechtigten Bundesbehörde mitzuteilen, sofern sie mit Verwaltungsgerichtsbeschwerde anfechtbar sind (vgl. Art. 103 lit. b OG am Ende).

406   Die Befugnis der Bundesbehörden, die bei Anwendung von Bundesrecht ergangenen Entscheide kantonaler Instanzen anzufechten, gestattet eine einheitliche Anwendung der im *öffentlichen Interesse* des Bundes erlassenen Normen. Dementsprechend verlangt das eidgenössische Versicherungsgericht, dass ein spezifisches öffentliches Interesse an der Anfechtung der Verfügung bestehen und die Behörde eine vernünftige Veranlassung dazu haben muss. Ein solches Interesse verneinte das Versicherungsgericht beispielsweise, als Art. 73 BVG sachlich gar nicht anwendbar war; hingegen bejahte es das öffentliche Interesse im Anwendungsbereich von Art. 73 BVG im Hinblick auf die einheitliche und rechtlich zutreffende Durchführung der obligatorischen Versicherung gemäss Art. 7 ff. BVG (BGE 114 V 242 f.). Die Durchsetzung privater Interessen kann jedenfalls nicht Ziel der

Behördenbeschwerde sein. Der Nachweis eines anderweitigen besonderen öffentlichen Interesses wird aber nicht gefordert (BGE 113 Ib 219).

Die Behördenbeschwerde nach Art. 103 lit. b OG trägt der in vielen Bereichen den Kantonen überlassenen Vollzugszuständigkeit zu wenig Rechnung, da nur letztinstanzliche Entscheide vor Bundesgericht angefochten werden können. So bleiben zahlreiche Verfügungen, insbesondere begünstigende, aber gegen das öffentliche Interesse verstossende, unangefochten (Kölz (ob. zit. 9. Kapitel II) ZBl 1975, S. 369 ff.). Die integrale Behördenbeschwerde, welche die Anfechtung auch nicht letztinstanzlicher kantonaler Verfügungen oder Entscheide durch eine Bundesbehörde ermöglichen würde, ist im OG nicht vorgesehen. Weitergehende Behördenbeschwerden auch von *Bundesbehörden* müssen daher gemäss Art. 103 lit. c OG, wie nach Art. 48 lit. b VwVG, in einem Spezialgesetz vorgesehen sein: So kann die eidgenössische Steuerverwaltung nach Art. 107 Abs. 1 und 112 Abs. 2 des Bundesratsbeschlusses über die direkten Bundessteuern (BdBst) Veranlagungsverfügungen und Einspracheentscheide an die kantonalen Rekurskommissionen und hernach mit Verwaltungsgerichtsbeschwerde an das Bundesgericht weiterziehen. Demgegenüber dürfte das dem Eidgenössischen Justiz- und Polizeidepartement in Art. 51 Abs. 2 BüG eingeräumte Beschwerderecht nicht über die Behördenbeschwerde gemäss Art. 103 lit. b OG hinausgehen, weil das EJPD in Art. 51 Abs. 2 BüG nicht zugleich ermächtigt wird, die innerkantonalen Rechtsmittel zu ergreifen. Hingegen enthalten Art. 56 USG und Art. 46 Abs. 2 Waldgesetz die integrale Behördenbeschwerde, die auch für die Verwaltungsgerichtsbeschwerde an das Bundesgericht bedeutsam ist. Schliesslich ist auf den analog lautenden Art. 20 f. des Bundesgesetzes über den Erwerb von Grundstücken durch Personen im Ausland vom 16. Dezember 1983 hinzuweisen.

Den *kantonalen* und *kommunalen* Behörden steht die Beschwerdelegitimation zur Verwaltungsgerichtsbeschwerde überall dort zu, wo sie auch zur Verwaltungsbeschwerde legitimiert sind (vgl. vorne Rz. 245 ff. und 252 ff.). Dazu kommt die Beschwerdebefugnis von Kantonen und Gemeinden gegen letztinstanzliche kantonale Entscheide über sie betreffende Entschädigungen als Folge von raumplanerischen Eigentumsbeschränkungen sowie über Ausnahmebewilligungen im Sinne von Art. 24 RPG (vgl. Art. 34 Abs. 2 RPG; vgl. etwa BGE 113 Ib 370).

b. Verbandsbeschwerde

409 Für die Vertretung des öffentlichen Interesses durch die Verbände kann ebenfalls auf das bei der Verwaltungsbeschwerde Ausgeführte verwiesen werden (vgl. vorne Rz. 244 und 255).
Ergänzungen sind aber in Bezug auf das Raumplanungsgesetz anzubringen. Den ideellen Verbänden kommt nach Art. 34 RPG kein den Kantonen oder Gemeinden entsprechendes Beschwerderecht zu. Sie haben sich deshalb bei Streitigkeiten über Ausnahmebewilligungen nach Art. 24 RPG auf das Beschwerderecht gemäss Art. 12 Abs. 1 NHG abzustützen. Die Legitimation ist somit auf den Schutz des Natur- und Heimatschutzes begrenzt und erfasst nicht auch die Wahrung anderer öffentlicher Interessen. Es muss eine letztinstanzliche kantonale Verfügung in Frage stehen, die in Erfüllung einer Bundesaufgabe im Sinn von Art. 24^{sexies} Abs. 2 BV und Art. 2 NHG ergangen ist. Ihrem Wesen nach ist die Raumplanung wohl Sache der Kantone. Das Bundesgericht geht indessen hinsichtlich der Anwendung von Art. 24 RPG von einer besonderen Betrachtung aus: In der Handhabung dieser Bestimmung ist dann die Erfüllung einer Bundesaufgabe zu erblicken, wenn geltend gemacht wird, dass eine auf sie gestützte Baubewilligung gegen die nach Art. 24sexies BV und nach den Vorschriften des NHG notwendige Rücksichtnahme auf Natur und Heimat verstosse. Diese Betrachtungsweise drängt sich namentlich dann auf, wenn das Bauvorhaben ausserhalb des Baugebietes in einer Landschaft verwirklicht werden soll, die in einem Inventar des Bundes aufgeführt wird und unter Schutz von Art. 5 und 6 NHG steht (BGE 115 Ib 479 f.).
Die ideellen Verbände sind im Zusammenhang mit Ausnahmebewilligungen überdies auch nach Art. 55 USG zur Erhebung der Verwaltungsgerichtsbeschwerde berechtigt. Abgesehen von den besonderen Anforderungen, die ein Verband zur Beschwerdebefugnis erfüllen muss, ist dabei vorausgesetzt, dass das Bauvorhaben der Umweltverträglichkeitsprüfung untersteht.

4. BESCHWERDEFRIST UND BESCHWERDESCHRIFT

A. Beschwerdefrist

Die Verwaltungsgerichtsbeschwerde gegen Verfügungen ist innert 30 Tagen, gegen Zwischenverfügungen innert 10 Tagen beim Bundesgericht einzureichen. Richtet sich die Beschwerde gegen Verfügungen von Kantonsregierungen über das Wahl- und Stimmrecht in eidgenössischen Angelegenheiten, ist die Beschwerde innert 5 Tagen zu erheben (Art. 106 Abs. 1 OG). Die Rechtsverweigerung und Rechtsverzögerung kann jederzeit geltend gemacht werden (Art. 106 Abs. 2 OG).

410

Für die Berechnung und Verlängerung der Frist, für den Stillstand und die Wiederherstellung gelten die Art. 32 bis 35 OG (vgl. dazu vorne Rz. 148 ff.).

Die Frist ist auch dann eingehalten, wenn die beschwerdeführende Partei an eine unzuständige Instanz gelangt (Art. 107 Abs. 1 OG). Diese Bestimmung geht als Spezialnorm Art. 32 Abs. 4 OG vor. Sie ist auf die an andere Fristen gebundene Eingaben sowie auf den Kostenvorschuss sinngemäss anwendbar (BGE 111 V 407). Art. 107 Abs. 3 OG wiederholt den Grundsatz, dass dem Betroffenen aus mangelhafter Eröffnung keine Nachteile erwachsen dürfen (vgl. etwa BGE 114 Ib 46 f.). Aus dieser Bestimmung folgt auch, dass die Rechtsmittelbelehrung eines letztinstanzlichen kantonalen Entscheides die ordentlichen Rechtsmittel des Bundes mit einbeziehen muss (BGE 106 IV 333).

In BGE 101 Ib 192 hält das Bundesgericht fest, dass eine mangelhafte Eröffnung nicht immer alle Verfahrensbeteiligte betreffe. Dies hat zur Folge, dass beispielsweise für den Verfügungsadressaten die Verfügung in formelle Rechtskraft erwachsen kann, soweit sie ihm gegenüber richtig eröffnet wurde, für andere Verfahrensbeteiligte hingegen die Rechtskraft nicht eintritt, wenn ihnen gegenüber die Eröffnung nicht ordnungsgemäss erfolgte. So war in diesem Entscheid trotz abgelaufener Beschwerdefrist auf die Beschwerde einzutreten, weil eine kantonale Instanz der ihr in Art. 103 lit. b OG auferlegten Anzeigepflicht nicht nachgekommen war.

B. Beschwerdeschrift

a. Im allgemeinen

411 Gemäss Art. 108 Abs. 1 OG hat die beschwerdeführende Partei die Beschwerdeschrift im Doppel einzureichen. In dreifacher Ausfertigung hat sie dann zu erfolgen, wenn die Verfügung einer eidgenössischen Rekurs- oder Schiedskommission angefochten wird und wenn ein letztinstanzlicher kantonaler Entscheid oder eine Verfügung einer Vorinstanz gemäss Art. 98 lit. h OG im Streite liegt. Die Beschwerde ist ausserdem zu unterschreiben (Art. 108 Abs. 2 OG; vgl. dazu BGE 103 Ib 79). Weiter müssen ein Rechtsbegehren gestellt, die Beschwerde begründet, die Beweismittel bezeichnet und letztere wenn möglich zusammen mit der angefochtenen Verfügung beigelegt werden (Art. 108 Abs. 2 OG). Bei einer allfälligen Vertretung ist überdies die Vollmacht zu den Akten zu legen (Art. 29 Abs. 1 OG). Dem Begehren muss die Absicht entnommen werden können, dass der angefochtene Entscheid geändert oder aufgehoben werden soll. Ist das Begehren unklar, kann indessen auch auf die Begründung abgestellt werden (BGE 101 Ib 15). Sind die Parteien ungenau bezeichnet, so tritt das Bundesgericht auf eine Beschwerde gleichwohl ein, sofern diese einwandfrei bestimmt werden können (vgl. BGE 103 Ib 78 f.). Bezüglich der Begründung selber ist es ist zulässig, auf die Eingaben des vorinstanzlichen Verfahrens zu verweisen (BGE 104 Ib 270), allerdings nicht in globaler Weise (BGE 113 Ib 288). Aus der Begründung muss zumindest hervorgehen, im Hinblick auf welche Punkte und warum die Verfügung oder der Entscheid angefochten wird (vgl. 113 Ib 288 mit Hinweisen; vorne Rz. 261). Die Begründung muss nicht zutreffend, aber sachbezogen sein. Es genügt nicht, sich lediglich mit der materiellen Seite eines Falles auseinanderzusetzen, wenn die Vorinstanz aus formellen Gründen einen Nichteintretensentscheid gefällt hat (BGE 118 Ib 134 ff.). Die Beschwerde kann sich sowohl auf rechtliche als auch auf tatsächliche Gründe stützen. Die vorgebrachten Gründe haben sich aber im Rahmen der in Art. 104 OG festgelegten Prüfungszuständigkeit des Bundesgerichtes zu bewegen.

Es ist zulässig, einen letztinstanzlichen kantonalen Entscheid in derselben Beschwerdeschrift sowohl mit staatsrechtlicher als auch mit verwaltungsgerichtlicher Beschwerde anzufechten. Die Beschwerdeschrift muss dann aber sowohl den Anforderungen von Art. 108 Abs. 1 OG wie auch Art. 90 OG genügen (BGE 105 Ib 222 f.); selbstverständlich müssen die übrigen Voraussetzungen für beide Rechtsmittel gegeben sein.

Lassen die Begründung oder das Begehren die nötige Klarheit vermissen und stellt sich die Beschwerde nicht als offensichtlich unzulässig heraus, setzt das Bundesgericht eine kurze Nachfrist zur Behebung der Mängel an (Art. 108 Abs. 3 OG). Dabei ist aber nur eine Klarstellung und keine Ergänzung der ungenügend abgefassten Beschwerde erlaubt (vgl. BGE 112 Ib 634; 118 Ib 136). Sind die Mängel gravierender oder enthält die Beschwerde weder ein Begehren noch eine Begründung, so tritt das Bundesgericht auf die Beschwerde nicht ein. 412

Art. 108 Abs. 3 OG führt zu einer unverhältnismässigen Formenstrenge, weil aufgrund dieser Bestimmung andere Mängel als Unklarheiten im Begehren oder in der Begründung nach Ablauf der Rechtsmittelfrist nicht mehr behoben werden konnten (vgl. BGE 112 Ia 173). Um diese Rechtsfolge zu mildern, hat der Gesetzgeber bei der letzten Revision Art. 30 OG ergänzt. Diese neue Bestimmung gilt für alle Verfahren (vgl. Art. 30 Abs. 1 OG). Danach kann den Beschwerdeführenden bei fehlender Unterschrift nunmehr eine angemessene Nachfrist angesetzt werden. Ebenso wird eine Nachfrist gewährt, wenn die unterzeichnende Person zur Vertretung nicht zugelassen wurde oder die Vollmacht einer zugelassenen Vertretung fehlt. Die Fristansetzung ist mit der Androhung, dass die Rechtsschrift sonst unbeachtet bleibt, zu verbinden. In gleicher Weise werden unleserliche, ungebührliche und übermässig weitschweifige Eingaben zurückgewiesen (Art. 30 Abs. 2 und 3 OG).

b. Änderung des Begehrens, Novenrecht

Für das Vorbringen von Noven und die Änderung des Begehrens ist wie beim verwaltungsinternen Beschwerdeverfahren vom Streitgegenstand auszugehen (vgl. vorne Rz. 264 ff.). Dementsprechend dürfen die Begehren nur dahin geändert werden, dass gegenüber dem vorinstanzlichen Verfahren weniger verlangt wird, oder dass sie dem Entscheid der Vorinstanz angepasst werden. Das Bundesrecht kann zudem weitere Bestimmungen über die Zulässigkeit neuer Begehren oder deren Änderung aufstellen (vgl. Art. 77 Abs. 3 EntG und BGE 109 Ib 31). Unzulässig bleibt es, durch neue oder geänderte Begehren eine Beschwerdeänderung herbeizuführen. Die Parteien können vor Bundesgericht beispielsweise nicht die Aufnahme einer Sammelleitung in das generelle Kanalisationsprojekt auf Grund des Gewässerschutzgesetzes verlangen, wenn sie im vorinstanzlichen Verfahren lediglich die Aufnahme der Sammelleitung in das öffentliche Kanalisationssystem geltend machten (BGE 100 Ib 120). Ebenso kann das Bundesgericht 413 in einem Verfahren, in dem bislang nur die Rodungsbewilligung streitig war, auf einen Antrag nicht eintreten, es sei die Baubewilligung zu erteilen (vgl. BGE 108 Ib 382). Selbst dort, wo ein von den Parteibegehren abweichender Entscheid zulässig ist (vgl. Art. 114 Abs. 1 OG), kann der Streitgegenstand nicht auf neue Fragen ausgedehnt werden, die nicht Gegenstand des vorinstanzlichen Verfahrens waren (BGE 104 Ib 315, 103 Ib 369 f.).

414 Mit dem Streitgegenstand in Zusammenhang stehende neue Tatsachen dürfen hingegen vorgebracht, und es darf die rechtliche Begründung geändert werden (vgl. BGE 113 Ib 331). Auch ist es zulässig, dem Bundesgericht neue Beweismittel vorzulegen. War die Sorgfalt der beschwerdeführenden Partei aber bei der Sammlung des Prozessstoffes nicht über alle Zweifel erhaben, wird dies in der Kostenregelung und bei der Festlegung der Parteientschädigung zu berücksichtigen sein (Art. 156 und 159 OG; BGE 103 Ib 196). Neue Tatsachen oder Beweismittel bleiben allerdings dann unbeachtlich, wenn das Bundesgericht an die Sachverhaltsfeststellung der Vorinstanz gebunden ist (Art. 105 Abs. 2 OG; vgl. BGE 115 II 216). Das Bundesgericht wendet diese Bestimmungen selbst dann an, wenn sich der Sachverhalt nachträglich verändert hat, da in solchen Fällen der Vorinstanz nicht vorgeworfen werden kann, sie habe den Sachverhalt offensichtlich unrichtig festgestellt oder wesentliche Verfahrensvorschriften verletzt. Eine nachträgliche Veränderung des Sachverhalts müsste im Rahmen eines Wiedererwägungsgesuchs vor der erstinstanzlich verfügenden Behörde geltend gemacht werden (BGE 107 Ib 169; anders noch BGE 105 Ib 388).

415 Nach der Praxis des Bundesgerichts müssen sämtliche Tatsachen und Beweismittel mit Beschwerdeerhebung vorgebracht werden; verspätete Vorbringen werden von ihm nicht mehr berücksichtigt, es sei denn, sie dienten dazu, Vorbringen der Gegenpartei in einer vom Bundesgericht zugelassenen Replik zu widerlegen (BGE 109 Ib 249 f.). Zwar enthält das OG keine Art. 32 Abs. 2 VwVG entsprechende Vorschrift. Dennoch gilt auch vor Bundesgericht grundsätzlich die Untersuchungsmaxime (Art. 105 Abs. 1 OG). Aus diesem Grund sollten unseres Erachtens verspätet vorgebrachte Tatsachen und Beweismittel ebenso berücksichtigt werden, wenn sie für die Entscheidung erheblich sind (ebenso Gadola, S. 385 f.). Reicht dagegen eine Gegenpartei ihre Vernehmlassung in einem Verfahren, in dem das Bundesgericht an die Parteibegehren nicht gebunden ist, nicht innert Frist ein, erwägt das Bundesgericht aber die darin enthaltenen Anträge im Rahmen von Art. 114 Abs. 1 OG mit (BGE 107 Ib 168 f.), dies deshalb, weil es sich nicht um Anträge im eigentlichen Sinn, sondern um prozessuale Anregungen handelt.

III. BESCHWERDEGRÜNDE

Literatur: Vgl. die ob. in Rz. 267 zit. Lit. sowie KAUFMANN OTTO K./SCHMID HERMANN/PATRY ROBERT/BRUNSCHWILER CARL HANS/PFISTER ALOIS, Zur Abgrenzung von Verwaltungsgerichtsbeschwerde und staatsrechtlicher Beschwerde bei der Anwendung von Staatsverträgen, in: Mélanges André Grisel, Neuchâtel 1983, S. 689 ff.; BRUNSCHWILER CARL HANS, Wie die Verwaltungsgerichtsbeschwerde die Funktion der staatsrechtlichen Beschwerde übernimmt, in: Mélanges Robert Patry, Lausanne 1988, S. 267 ff.; LEUTHOLD MATTHIAS, Die Prüfungsdichte des Bundesgerichts im Verfahren der staatsrechtlichen Beschwerde wegen Verletzung verfassungsmässiger Rechte, Bern 1992; PFISTER ALOIS, Staatsrechtliche und Verwaltungsgerichts-Beschwerde: Abgrenzungsschwierigkeiten, ZBJV 1985, S. 533 ff.

416

1. IM ALLGEMEINEN

Im Verwaltungsgerichtsbeschwerdeverfahren wird das Ermessen der Verwaltung grundsätzlich nicht überprüft, denn die Ermessensausübung ist eine Verwaltungs- und keine Justizfunktion. Die Kognition des Bundesgerichts beschränkt sich daher auf die Verletzung von Bundesrecht und vorbehältlich Art. 105 Abs. 2 OG, auf die unrichtige und unvollständige Feststellung des Sachverhalts. Nur ausnahmsweise kann Unangemessenheit gerügt werden (Art. 104 lit. c OG). Nach Art. 98a Abs. 3 OG müssen aber vor den kantonalen Instanzen zumindest dieselben Beschwerdegründe wie vor Bundesgericht vorgebracht werden können, wenn die Verwaltungsgerichtsbeschwerde zulässig ist.

417

2. BUNDESRECHTSVERLETZUNG

Zunächst einmal kann die beschwerdeführende Partei die Verletzung von Bundesrecht einschliesslich Über- oder Unterschreitung oder Missbrauch des Ermessens geltend machen (Art. 104 lit. a OG).

Dabei ist es zulässig, die Verletzung von Bundesrecht aller Stufen vorzubringen. Die Verwaltungsgerichtsbeschwerde kann auch damit begründet werden, dass die vorinstanzliche Verfügung die Verfassung verletze. Ist eine Verfügung einer letzten kantonalen Instanz streitig, welche gemäss Art. 5 Abs. 1 VwVG in Anwendung von Bundesverwaltungsrecht ergangen ist, so übernimmt die Verwaltungsgerichtsbeschwerde die Funktion der staatsrechtlichen Beschwerde. Es müs-

418

sen für das Eintreten aber die übrigen Voraussetzungen von Art. 97 ff. OG gegeben sein (BGE 105 Ia 107 f.; 104 Ib 120 f.; Art. 84 Abs. 2 OG). Wegen der bedeutend weiter gefassten Legitimationsvoraussetzung bei der Verwaltungsgerichtsbeschwerde (vgl. Art. 103 OG) wirkt sich dies indessen als Vorteil aus. Die Verwaltungsgerichtsbeschwerde gegen einen letztinstanzlichen kantonalen Entscheid ist dann nicht möglich, wenn geltend gemacht wird, dieser erfülle einen Beschwerdegrund von Art. 73 Abs. 1 lit. a oder b VwVG (Art. 102 lit. c OG).

Nicht überprüft wird die Anwendung von kantonalem Recht, soweit es sich um selbständiges Recht handelt. Eine Ausnahme besteht allerdings bei der Verwaltungsgerichtsbeschwerde gemäss Art. 34 Abs. 1 RPG. Wie vorne angeführt, kann sich eine Verfügung auf selbständiges kantonales Recht stützen und das Bundesgericht tritt auch auf die Rüge ein, dieses sei verletzt worden. Dabei prüft es zunächst frei, ob das selbständige kantonale Ausführungsrecht mit Art. 5 bzw. Art. 24 RPG vereinbar ist. Ist dies zu bejahen, wird im Rahmen des verwaltungsgerichtlichen Verfahrens weiter geprüft – allerdings mit der bei der staatsrechtlichen Beschwerde geltenden Kognition nur auf Willkür –, ob die vorgenommene Gesetzesanwendung dem übrigen Bundesrecht und dem einschlägigen kantonalen Recht genügt (vgl. BGE 116 Ib 9 f., 238). Desgleichen richtet sich die Kognition nach derjenigen im staatsrechtlichen Beschwerdeverfahren, wenn vorgebracht wird, das kantonale Verfahrensrecht sei in gegen die Verfassung verstossender Weise angewandt worden (BGE 115 Ib 208). Diese Rüge kann selbständig, ohne gleichzeitige Geltendmachung der Verletzung von Bundesverwaltungsrecht erhoben werden, wenn dabei die Anwendung des Bundesverwaltungsrechts übermässig erschwert oder vereitelt wurde (BGE 111 Ib 202).

419 Die Gültigkeit von Rechtsnormen bei ihrer Anwendung auf den Einzelfall prüft das Bundesgericht lediglich im Rahmen von Art. 113 Abs. 3 und Art. 114bis Abs. 3 BV (vgl. BGE 110 Ib 250). Desgleichen überprüft das Bundesgericht allgemeinverbindliche Bundesbeschlüsse und Bundesgesetze auf ihre Konformität mit der EMRK, wenn diese bei Inkrafttreten der EMRK bereits bestanden haben (vgl. BGE 111 Ib 72). Unselbständige bundesrätliche Verordnungen (gesetzesvertretende Verordnungen) unterliegen daher nur insoweit dem konkreten Normenkontrollverfahren, als sie sich nicht an die Grenzen der dem Bundesrat gesetzlich eingeräumten Rechtssetzungsbefugnis halten. Räumt der Gesetzgeber dem Bundesrat zugleich einen Ermessensspielraum ein, beschränkt das Bundesgericht seine Überprüfungsbefugnis zudem auf die Frage, ob die Verordnung den Rahmen der Delegationsnorm offensichtlich sprengt; dabei ist das Verhältnismässigkeitsprinzip wegleitend. Zusätzlich prüft es, ob die Verordnung

sonst gesetzes- oder verfassungswidrig ist (BGE 110 Ib 166 ff.; vgl. auch 116 Ib 413 f. mit Hinweisen). Die Verfassungsmässigkeit der gesetzesvertretenden Verordnung wird allerdings dann nicht in Frage gestellt, wenn das Gesetz den Bundesrat ermächtigt, von der Verfassung abzuweichen (BGE 114 Ib 19 f.). Hingegen schränkt das Bundesgericht die Kognition nicht deshalb ein, weil die Bundesversammlung eine Verordnung genehmigt hat; die Genehmigung ergeht in einem einfachen Bundesbeschluss, der nicht unter Art. 113 Abs. 3 BV fällt (BGE 116 Ib 414). Für die Überprüfung von Vollziehungsverordnungen, welche selbständige Verordnungen darstellen, gilt das Gesagte sinngemäss: Die Verordnung darf nur insoweit auf Verfassungsmässigkeit überprüft werden, als nicht gleichzeitig indirekt auch das Bundesgesetz mitgeprüft wird.

Falls Ermessensfehler der Verwaltung eine Rechtsverletzung bewirken, führen sie zur Aufhebung der Verfügung. Dies ist dann der Fall, wenn das Ermessen missbraucht wird oder wenn der vom Gesetz eingeräumte Ermessensspielraum überschritten sowie unterschritten wird (vgl. auch vorne Rz. 272). 420

Vom Ermessensspielraum ist der unbestimmte Rechtsbegriff abzugrenzen, dessen Auslegung das Bundesgericht ohne Einschränkung prüft. Sind bei der Auslegung von unbestimmten Rechtsbegriffen aber planerische Gesichtspunkte miteinzubeziehen (BGE 106 Ib 43, 138), ist überdies Sachverstand notwendig (BGE 113 Ib 250) oder müssen technische (BGE 116 Ib 197) oder persönliche Verhältnisse gewürdigt werden (BGE 103 Ib 33), so überprüft das Bundesgericht die vorinstanzliche Auslegung mit Zurückhaltung (BGE 112 Ib 428 f. mit Hinweisen). Dasselbe gilt für die Würdigung örtlicher Verhältnisse (BGE 116 Ib 208), wobei das Bundesgericht dann seine Zurückhaltung ablegt, wenn es selbst einen Augenschein vorgenommen hat (BGE 115 Ib 135 f., 316). Im Hinblick auf die besondere Aufgabe der Verfassungsgerichtsbarkeit im Kontext des Föderalismus legt das Bundesgericht die Zurückhaltung demgegenüber im staatsrechtlichen Beschwerdeverfahren auch nach Durchführung eines Augenscheins nicht ab (vgl. BGE 115 Ia 372). Beschränkt es aber die Kognition, muss dies für die Beurteilung des Falles unerlässlich sein (vgl. BGE 116 Ib 273). 421

3. FESTSTELLUNG DES SACHVERHALTES

422 Die Rüge der unrichtigen und unvollständigen Feststellung des rechtserheblichen Sachverhalts kann in der Regel auch noch vor Bundesgericht erhoben werden (Art. 104 lit. b OG; vgl. BGE 112 Ib 19, 299 ff.).

423 Die Möglichkeit, diesen Beschwerdegrund anzurufen, entfällt aber, wenn ein Entscheid einer *richterlichen* Behörde angefochten wird, ausser die Feststellungen einer solchen Vorinstanz seien offensichtlich unrichtig, unvollständig und unter Verletzung wesentlicher Verfahrensbestimmungen zustandegekommen (Art. 104 lit. b i.V.m. Art. 105 Abs. 2 OG; vgl. etwa BGE 114 Ib 186). Die Bindung an die Sachverhaltsabklärungen richterlicher Behörden besteht nur, wenn dieser richterliche Unabhängigkeit zukommt. Die Unabhängigkeit entspricht der vorne umschriebenen; sie besteht beispielsweise nicht, wenn eine Rekurskommission von einem Regierungsrat präsidiert wird (vgl. BGE 106 Ib 289). Art. 105 Abs. 2 OG wurde im Zuge der letzten Revision der Bundesrechtspflege geändert. Früher war das Bundesgericht nur gebunden, wenn eine Rekurskommission oder ein kantonales Gericht entschieden hat (Art. 105 Abs. 2 alt OG). Inwiefern nun neuerdings auch eidgenössische Schiedskommissionen darunter fallen, ist – wie angeführt – noch offen (vgl. vorne Rz. 364), wäre aber wohl zu verneinen, zumal der Gesetzgeber mit der Änderung lediglich eine Anpassung an Art. 98a OG erreichen wollte (BBl 1991 II 527). Eine Gegenteilige Auslegung würde hingegen zu einer Einschränkung des Rechtsschutzes führen, weil Schiedskommissionen eine Streitsache zum ersten Mal überprüfen.

424 Ist das Bundesgericht an die Sachverhaltsfeststellung der Vorinstanz gebunden, sind Tat- und Rechtsfrage auseinanderzuhalten. Tatfrage ist, ob sich die rechtserheblichen Tatsachen verwirklicht haben; die Rechtsfrage dagegen beschlägt die rechtliche Würdigung der Tatsachen (anschaulich dazu BGE 116 Ib 307 f., 115 Ib 409 f., 112 Ib 157). So war in einem Prozess um die Haftung des Arbeitgebers für die ausstehenden AHV-Beiträge gemäss Art. 52 AHVG die Feststellung der kantonalen AHV-Rekurskommission über die konkreten Handlungen eines Verwaltungsratsmitglieds für das Eidgenössische Versicherungsgericht verbindlich, während das Gericht die Schlussfolgerungen der Rekurskommission, der Beschwerdeführer habe durch die festgestellten Handlungen die Geschäftsführung noch massgeblich beeinflussen können, als Rechtsfrage frei prüfte (Art. 132 i.V.m. Art. 104 OG, BGE 112 V 4).

4. UNANGEMESSENHEIT

Ausnahmsweise – in den in Art. 104 lit. c OG aufgezählten drei Fällen – ist es zulässig, die Unangemessenheit zu rügen. Der erste Fall betrifft erstinstanzliche Verfügungen und Einspracheentscheide über die Festsetzung von Abgaben oder öffentlich-rechtlichen Entschädigungen (Art. 104 lit. c Ziff. 1 OG). Darunter fallen beispielsweise Entscheide der eidgenössischen Schätzungskommission über Enteignungsentschädigungen (BGE 109 Ib 31; vgl. auch BGE 108 Ib 28 ff. betreffend erstinstanzliche Verfügung der Eidgenössischen Steuerverwaltung).   425

Zweitens wird das Ermessen uneingeschränkt überprüft, wenn der Bundesrat als erste Instanz Disziplinarmassnahmen gegen Bundespersonal verfügt hat (Art. 104 lit. c Ziff. 2 OG; vgl. auch Art. 98 lit. a OG). Dabei sind Disziplinarmassnahmen von den übrigen Administrativmassnahmen abzugrenzen. Der wesentliche Unterschied liegt darin, dass Disziplinarmassnahmen nur auf Grund einer *schuldhaften* Dienst- oder Amtspflichtverletzung erfolgen dürfen. Liegt eine Disziplinarmassnahme vor, prüft das Bundesgericht mit voller Kognition; bei administrativen Massnahmen ist diese auf Rechtsverletzungen beschränkt (z.B. bei einer administrativen Rückversetzung im Dienst: BGE 100 Ib 24 ff., 103 Ib 321 f.). Gemäss dem früheren Art. 104 lit. c OG prüfte das Bundesgericht das Ermessen auch bezüglich der von *anderen* Bundesbehörden angeordneten Disziplinarmassnahmen gegen Bundespersonal. Da der Begriff des Bundespersonals nur die Bundesbeamten einschliesst, nicht aber die ebenfalls der disziplinarischen Aufsicht unterstellten Angestellten, bewirkte dies eine Besserstellung der Beamten gegenüber den Angestellten. Diese Ungleichbehandlung wollte man mit der Änderung dieser Bestimmung aufheben. Das Ermessen wird künftig von der ebenfalls mit richterlichen Unabhängigkeit ausgestatteten Personalrekurskommission geprüft werden (vgl. Art. 58 BtG).   426

Als drittes kann auch das übrige Bundesrecht die Rüge der Unangemessenheit vorsehen (Art. 104 lit. c Ziff. 3 OG). So besteht eine Angemessenheitskontrolle, wenn der Sprungrekurs zulässig ist und die übersprungene Instanz die Angemessenheit hätte prüfen können (vgl. Art. 47 Abs. 3 VwVG). Desgleichen kann beispielsweise auf dem Gebiet der Rechtshilfe mit den Vereinigten Staaten von Amerika die Zentralstelle selbständig die einschlägigen kantonalen und eidgenössischen Rechtsmittel ergreifen und dabei auch die Unangemessenheit der Verfügung rügen (Art. 19 Abs. 1 des Bundesgesetzes vom 3. Okto-   427 ber 1975 zum Staatsvertrag mit den Vereinigten Staaten von Amerika über gegenseitige Rechtshilfe in Strafsachen).

IV. DEVOLUTIVE WIRKUNG DER BESCHWERDE

428 Die Verwaltungsgerichtsbeschwerde ist ein devolutives *Rechtsmittel,* da die Befugnisse der Vorinstanz an das Bundesgericht übergehen. Allerdings gilt Art. 58 VwVG analog auch für das Verwaltungsgerichtsbeschwerdeverfahren. Bis zum Beschwerdeentscheid ist die Wiedererwägung zulässig (vgl. BGE 107 V 192).

V. AUFSCHIEBENDE WIRKUNG UND ANDERE VORSORGLICHE MASSNAHMEN

1. ALLGEMEIN

429 Von selbst wirkt die Verwaltungsgerichtsbeschwerde nur *ausnahmsweise aufschiebend.* Dies ist dann der Fall, wenn Verfügungen angefochten werden, die zu einer Geldleistung verpflichten (Art. 111 Abs. 1 OG; vgl. auch vorne Rz. 280).

Bei anderen Verfügungen kann die aufschiebende Wirkung durch den Präsidenten der urteilenden Abteilung von Amtes wegen oder auf Begehren einer Partei hin erteilt werden (Art. 111 Abs. 2 OG). Damit das Bundesgericht die aufschiebende Wirkung anordnet, muss ein Nachteil dargetan sein, der die Interessen an der sofortigen Wirksamkeit der Verfügung überwiegt (BGE 115 Ib 96,104 Ib 176 ff.). Dem Bundesgesetzgeber steht es aber frei, von Art. 111 OG abweichende Bestimmungen zu erlassen (z.B. Art. 17 Abs. 5 des BG vom 3. Oktober 1975 zum Staatsvertrag mit den USA über gegenseitige Rechtshilfe in Strafsachen; BGE 115 Ib 64 ff.).

Der Präsident der entsprechenden Abteilung kann überdies nach Eingang der Beschwerdeschrift auf Ansuchen einer Partei hin auch andere *vorsorgliche Massnahmen* anordnen. Dies ist gemäss Art. 113

i.V.m. Art. 94 OG zulässig, um einen bestehenden Zustand zu erhalten oder bedrohte rechtliche Interessen einstweilen sicherzustellen (vgl. auch vorne Rz. 146; der Wortlaut von Art. 94 OG bezüglich der Zuständigkeit ist missverständlich; in der Praxis ist der Abteilungspräsident zuständig). Die angeordneten Massnahmen sind auch für die kantonalen Instanzen verbindlich. Wurde eine superprovisorische Massnahme, welche ohne Anhörung der Gegenpartei oder weiteren Beteiligten ergeht, getroffen, steht es der Vorinstanz allerdings frei, aus sachlichen Gründen ein Gesuch um Aufhebung derselben zu stellen (BGE 115 Ia 322 ff., 324).

2. HAFTUNG BEI UNGERECHTFERTIGTER ANORDNUNG

Das OG enthält keine Art. 55 Abs. 4 VwVG entsprechende Bestimmung, sodass bezüglich der Staatshaftung ausschliesslich auf das Verantwortlichkeitsgesetz abzustellen ist. 430

Geht der Prozess für die privaten Parteien ungünstig aus, stellt sich die Frage, ob diese für die von ihnen beantragten vorsorglichen Massnahmen vermögensrechtlich zur Verantwortung gezogen werden können. Das Bundesgericht hat dies mit Verweis auf Art. 40 OG i.V.m. Art. 84 BZP bei staatsrechtlichen Beschwerden im Zusammenhang mit zivilrechtlichen Verfahren auch schon bejaht (vgl. zuletzt BGE 112 II 34). 431

Die Anwendung von Art. 84 BZP auf öffentlichrechtliche Streitigkeiten ist indessen abzulehnen. Denn der Verweis in Art. 40 OG kann nur für diejenigen öffentlichrechtlichen Verfahrensprobleme gelten, welche strukturell und nach der Interessenlage den zivilprozessualen ähnlich sind. Dies trifft aber in der Regel nicht zu, insbesondere nicht bei der Verwaltungsgerichtsbeschwerde. Gerade bei den verwaltungsgerichtlichen Verfahren vertreten Private, beispielsweise Nachbarn oder ideelle Verbände, oftmals gleichzeitig öffentliche Interessen. Zudem würde der Individualrechtsschutzzweck des OG stark beeinträchtigt, wenn Private jeweils damit zu rechnen hätten, bei für sie ungünstigem Ausgang des Verfahrens den durch vorsorgliche Massnahmen entstandenen Schaden begleichen zu müssen (Gygi, Bundesverwaltungsrechtspflege, S. 246). Ferner würde die besondere Beschwerdelegitimation gemäss Art. 103 lit. c OG weitgehend obsolet gemacht; denn insbesondere bei baulichen Grossprojekten kann ein allfälliger Verspätungsschaden leicht Millionenhöhe erreichen; Verbände könnten ein Beschwerdeverfahren mit solchen Streitobjekten deshalb kaum mehr wirksam führen; dasselbe gilt für betroffene Nachbarn.

Die Festlegung einer Kausalhaftung bedarf einer genügenden gesetzlichen Grundlage. Angesichts der besonderen Interessenlage und der ungleichen Verfahrensstruktur der öffentlichen Streitverfahren, welche höchstens eine sinngemässe Anwendung der Bundeszivilprozessordnung erlauben, ist Art. 40 OG aber als zu unbestimmt zu qualifizieren und genügt als Haftungsgrundlage nicht. Dasselbe gilt auch für Art. 111 Abs. 2 OG, wo nur generell auf abweichende Bestimmungen des Bundesrechts verwiesen wird.

Die Verantwortlichkeit für die Anordnung der vorsorglichen Massnahmen sowohl im staatsrechtlichen wie im verwaltungsgerichtlichen Beschwerdeverfahren liegt beim Gericht, das heisst beim Abteilungspräsidium und nicht bei den Parteien. Denn vorsorgliche Massnahmen können auch von Amtes wegen angeordnet werden und sind deshalb von den Parteianträgen grundsätzlich unabhängig (Schaub, ob. zit. Rz. 145, S. 123). Aus diesem Grund hat der Gesetzgeber in Art. 55 Abs. 4 VwVG eine besondere Behördenverantwortlichkeit festgelegt. Es kann somit bei der Verwaltungsgerichtsbarkeit wie auch im verwaltungsinternen Beschwerdeverfahren allein eine obligationenrechtliche Haftung in Frage kommen; bei dieser sind aber Rechtswidrigkeit und ein Verschulden der privaten Parteien vorausgesetzt (vgl. vorne Rz. 282 f.).

VI. DAS VERFAHREN VOR BUNDESGERICHT

432 *Literatur:* POUDRET, Art. 1–40.

1. AUSSTAND

433 Art. 22 f. OG unterscheiden zwischen Ausschluss- und Ablehnungsgründen: Die Ausschlussgründe sind von Amtes wegen zu beachten, während die Ablehnungsgründe nur auf Gesuch hin berücksichtigt werden müssen. Trifft bei einer Gerichtsperson eine der Bestimmungen des Art. 22 oder 23 OG zu, so hat sie dem Abteilungspräsidenten Anzeige zu erstatten. Im Fall von Art. 23 OG hat sie überdies die Erklärung abzugeben, ob sie selbst ihren Ausstand verlange oder die Ablehnung den Parteien anheimstelle. Im letzteren Fall wird den Par-

teien eine kurze Frist zur Geltendmachung der Ablehnung angesetzt (Art. 24 Abs. 1 OG).

Wird das Ausstandsbegehren durch die Parteien gestellt, muss dies sofort nach Entstehung oder Bekanntwerden des Ausstandsgrundes in Schriftform, begründet und soweit möglich unter urkundlicher Bescheinigung geschehen (Art. 25 OG). Entsteht ein Streit über den Ausstand, entscheidet darüber die Gerichtsabteilung unter Ausschluss der betroffenen Gerichtspersonen (Art. 26 Abs. 1 OG). Dieses Verfahren wird aber nur durchgeführt, wenn die geltend gemachten Ausstandsgründe zulässig sind. Dies war nicht der Fall, als ein Beschwerdeführer geltend machte, die abgelehnten Richter hätten in früheren Verfahren gegen ihn entschieden und seien deshalb befangen (BGE 114 Ia 278 f. mit Hinweis.).

2. INSTRUKTION

Im Instruktionsverfahren können zwar Gerichtsschreiber, Sekretäre und persönliche Mitarbeiter beigezogen werden (vgl. Art. 10 Abs. 1 des Reglements für das Bundesgericht vom 14. Dezember 1978). Die Verantwortung des Instruktionsverfahrens liegt aber in den Händen des Instruktionsrichters. Insbesondere ist er gemäss Art. 113 i.V.m. Art. 95 OG für eine allfällige Aufklärung des Sachverhalts verantwortlich. Er kann die Beweisaufnahme selbst vornehmen, etwa die Einholung eines Gutachtens anordnen (vgl. BGE 114 Ib 271) oder die Anhörung der Parteien und Beteiligten durchführen (BGE 110 Ib 4); er kann die Beweisaufnahme aber auch durch die zuständige Bundes- oder Kantonsbehörde vornehmen lassen (Art. 95 Abs. 1 OG). 434

3. SCHRIFTENWECHSEL

Sofern die Verwaltungsgerichtsbeschwerde nicht offensichtlich unzulässig ist, werden die Vorinstanz, allfällige andere Parteien oder Beteiligte von der Beschwerdeerhebung in Kenntnis gesetzt; zudem wird ihnen die Beschwerdeschrift zugestellt (Art. 110 Abs. 1 OG). Ob ein Schriftenwechsel durchgeführt wird, steht nach dem Wortlaut der Bestimmung zwar im Ermessen des Gerichts. Doch sind die Grundsätze des rechtlichen Gehörs zu beachten. 435

Auch liegt es in der Zuständigkeit des Bundesgerichts, zu entscheiden, wer als Beteiligte in den Schriftenwechsel einbezogen wird.

Massgebend ist dabei die Beziehung zum Streitgegenstand (BGE 114 Ib 205, 104 Ib 390 f.). Es entspricht überdies der Praxis, auch die in einem Rechtsmittelverfahren entscheidende Instanz aufgrund von Art. 110 Abs. 1 OG einzubeziehen, obgleich die zweite Instanz nicht mehr als Partei im eigentlichen Sinn gelten kann (vgl. BGE 105 V 188). Nach Art. 110 Abs. 3 OG hat das Bundesgericht aber die Vernehmlassung der letzten kantonalen Instanzen sogar dann einzuholen, wenn über die Beschwerde zunächst eine eidgenössische Vorinstanz entschieden hat. Ist ausserdem die Behördenbeschwerde nach Massgabe von Art. 103 lit. b OG zulässig, wird auch die zuständige Bundesverwaltungsbehörde zur Vernehmlassung eingeladen (Art. 110 Abs. 1 OG 2. Satzteil).

Die Stellungnahmen sind innert der vom Bundesgericht angesetzten Frist einzureichen. Die Vorinstanz hat zusätzlich die Vorakten einzusenden (Art. 110 Abs. 2 OG). Nach Art. 110 Abs. 4 OG kann ein weiterer Schriftenwechsel angeordnet werden.

In den Vernehmlassungsschriften können auch allfällige Anträge gestellt werden. Dabei sind diese nur beachtlich, soweit sie nicht über den Streitgegenstand oder Art. 114 OG hinausgehen. Ist die reformatio in peius unzulässig, was grundsätzlich der Fall ist, kann diese nicht durch entsprechende Anträge im Schriftenwechsel herbeigeführt werden. Das verwaltungsgerichtliche Beschwerdeverfahren kennt auch die *Anschlussbeschwerde* nicht. Diese kann aber in einem Spezialgesetz vorgesehen sein (vgl. Art. 78 Abs. 2 EntG, BGE 110 Ib 31).

4. UNTERSUCHUNGSMAXIME UND GRUNDSATZ DER RECHTSANWENDUNG VON AMTES WEGEN

436 Das Bundesgericht kann den *Sachverhalt* von Amtes wegen überprüfen, ist aber nicht dazu verpflichtet (Art. 105 Abs. 1 OG). Handelte es sich bei der Vorinstanz allerdings um eine Verwaltungsbehörde und geht es um eine Streitigkeit, die in den Geltungsbereich von Art. 6 EMRK fällt, muss das Bundesgericht den Sachverhalt grundsätzlich neu abklären, damit das Verfahren der Menschenrechtskonvention entspricht (vgl. vorne Rz. 21).

Art. 105 Abs. 2 OG enthält Ausnahmen von der richterlichen Untersuchungsbefugnis. Hat eine richterliche Behörde entschieden, kann das Bundesgericht, wie gesagt, keine Sachverhaltsabklärungen mehr treffen (vgl. vorne Rz. 423 (zu Art. 104 lit. b OG). Die Bindung an die vorinstanzliche Sachverhaltsfeststellung entfällt in diesen Fällen allerdings, wenn der Tatbestand offensichtlich unrichtig, unvollständig (vgl. BGE 107 Ib 239) oder unter Verletzung wesentlicher Verfahrensbestimmungen abgeklärt wurde. Zu den wesentlichen Verfahrensbestimmungen gehört etwa der Grundsatz des rechtlichen Gehörs (BGE 105 Ib 383) oder die Bestimmung, dass die Behörde bei der Beurteilung der Bewilligung zum Grundstückerwerb durch Personen im Ausland nur auf Vorbringen abstellen darf, die sie geprüft hat und die allenfalls bewiesen wurden (BGE 106 Ib 203).

An die *rechtliche Begründung* der Beschwerde durch die Parteien ist das Bundesgericht nach dem Grundsatz der richterlichen Rechtsanwendung nicht gebunden (Art. 114 Abs. 1 am Ende OG, vgl. etwa 117 Ib 22 mit Hinweis). Es kann die Beschwerde aus anderen als den vorgebrachten Gründen gutheissen oder abweisen; es kann aber auch den Entscheid der Vorinstanz aus anderen Gründen als diese bestätigen (Motivsubstitution; vgl. BGE 108 Ib 30 mit Hinweis). 437

5. ERLEDIGUNG IM VEREINFACHTEN VERFAHREN

Bei der Revision der Bundesrechtspflege wurde das für das Verwaltungsgerichtsbeschwerdeverfahren vorgesehene summarische Verfahren in Art. 109 alt OG ersetzt durch das nun für alle bundesgerichtlichen Verfahren geltende vereinfachte Verfahren gemäss Art. 36a OG. Danach können klare Fälle, wenn sie in der Sache offensichtlich begründet oder unbegründet sind oder wenn das erhobene Rechtsmittel offensichtlich unzulässig ist und zu einem Nichteintretensentscheid führt, in der Besetzung mit drei Richtern bei Einstimmigkeit ohne öffentliche Beratung entschieden werden. Vorausgesetzt ist, dass der Entscheid in Dreierbesetzung zulässig ist (vgl. Art. 15 Abs. 2 und 3 OG). Ein Nichteintretensentscheid im vereinfachten Verfahren erfolgt zudem immer dann, wenn Rechtsmittel oder Klagen erhoben werden, welche auf querulatorischer oder rechtsmissbräuchlicher Prozessführung beruhen (Art. 36a Abs. 2 OG; vgl. auch BGE 111 Ia 149 f.). In allen Fällen ist der Entscheid nur summarisch zu begründen (Art. 36a Abs. 3 OG). 438

6. ZIRKULATIONSVERFAHREN

439 Unabhängig davon, ob das Gericht in Dreier- oder Fünferbesetzung entscheidet, kann es von einer mündlichen und damit öffentlichen Beratung absehen, sofern sich Einstimmigkeit ergibt und kein Richter mündliche Beratung verlangt (Art. 36b OG).

7. SCHLUSSVERHANDLUNGEN UND BESETZUNG DES GERICHTS

440 In der Regel sind die *Schlussverhandlungen* nicht mündlich, können aber auf Anordnung des Präsidenten mündlich durchgeführt werden (Art. 112 OG). Bleiben die Parteien den Verhandlungen unentschuldigt fern, verhandelt und entscheidet das Gericht in deren Abwesenheit.

Das Gericht entscheidet in der Regel in der Besetzung mit drei Richtern. Über Rechtsfragen von grundsätzlicher Bedeutung oder auf Anordnung des Abteilungspräsidenten hin entscheidet auch die öffentlich-rechtliche Abteilung in der Besetzung mit fünf Richtern (Art. 15 Abs. 1 und 2 OG).

8. ÖFFENTLICHKEIT DES VERFAHRENS UND DER ENTSCHEIDE

441 Parteiverhandlungen, Beratungen und Abstimmungen sind *öffentlich,* ausser wenn es sich um Disziplinarsachen handelt. Macht eine beschwerdeführende Partei in bezug auf Disziplinarmassnahmen aber lediglich Verfahrensfehler geltend und liegt nicht die Massnahme als solche im Streit, wird die Öffentlichkeit nicht ausgeschlossen (BGE 109 Ia 224). Ausgenommen von der Öffentlichkeit sind auch die Beratungen und Abstimmungen der strafrechtlichen Abteilungen (Art. 17 Abs. 1 OG). Wenn der Kassationshof des Bundesgerichts vorübergehend (vgl. Art. 8 Abs. 4 des Reglements für das Bundesgericht) auch Verwaltungsgerichtsbeschwerden beurteilt, wie etwa Beschwerden gegen den administrativen Entzug des Führerausweises, gilt ebenfalls das Öffentlichkeitsprinzip (vgl. BGE 117 Ib 94 f.).

In Steuersachen sodann dürfen nur die Parteien und ihre Vertreter den Verhandlungen, Beratungen und Abstimmungen bewohnen (Art. 17 Abs. 2 OG). Diese Bestimmung bezweckt, das Steuergeheimnis zu wahren. Sobald Steuer- und Vermögensbeträge zur Sprache kommen, ist die Geheimhaltung gerechtfertigt; geht es dagegen um eine Grundsatzfrage, etwa um die Kirchensteuerpflicht, wird die Öffentlichkeit zum Verfahren zugelassen (vgl. Kälin, S. 327). Aus überwiegenden öffentlichen oder privaten Interessen kann sodann die Öffentlichkeit durch Gerichtsbeschluss ausgeschlossen werden (Art. 17 Abs. 3 OG).

Nach Art. 18 des Reglements für das Bundesgericht bestimmt jede Abteilung selbst, welche ihrer Entscheidungen in der amtlichen Sammlung zu veröffentlichen sind. Zum Teil werden nicht amtlich publizierte Bundesgerichtsentscheide in anderweitigen privaten Publikationen abgedruckt. 442

Art. 17 Abs. 1 OG hat zur Folge, dass das Öffentlichkeitsprinzip nur gilt, wenn nicht das Zirkularverfahren oder das vereinfachte Verfahren angeordnet worden ist. Es stellt sich deshalb die Frage, ob der Verlust an Öffentlichkeit nicht dadurch kompensiert werden könnte, dass in den in der amtlichen Sammlung veröffentlichten Urteilen jeweils anzugeben wäre, ob sie im Zirkularverfahren zustande gekommen sind und in welcher Besetzung der Beschluss gefasst wurde. Es wären jeweils die Namen der Richterinnen und Richter und Gerichtsschreiber anzugeben (vgl. Jörg Paul Müller, Staatsrechtliche Rechtsprechung des Bundesgerichts im Jahre 1990, ZBJV 1992, S. 480).

9. VERHÄLTNIS DES VEREINFACHTEN VERFAHRENS UND DES ZIRKULATIONSVERFAHRENS ZUR EUROPÄISCHEN MENSCHENRECHTSKONVENTION

Stammen Entscheide von eidgenössischen Rekurskommissionen oder von Departementen des Bundes, ergehen auch diese in einem nichtöffentlichen Verfahren. Dasselbe kann auf die kantonalen Verfahren zutreffen. Nach Art. 6 EMRK muss jedoch das Verfahren über «zivilrechtliche Ansprüche» und «strafrechtliche Anklagen» öffentlich sein, jedenfalls soweit nicht vor Bundesgericht aufgrund der Akten angemessen entschieden werden kann und bereits das vorinstanzliche Verfahren bei Art. 6 Ziff. 1 EMRK entsprechender Kognition öffentlich war. Konkret kommen hier Entscheide der eidgenössischen Schät- 443 zungskommissionen in Betracht. Gegebenenfalls muss das Bundesgericht somit in solchen Fällen entweder auf das Zirkulationsverfahren oder das vereinfachte Verfahren verzichten. Unter Umständen kann es die Angelegenheit unter der Anordnung, dass das Verfahren öffentlich durchzuführen sei, zurückweisen (vgl. BGE 115 Ia 66 ff. vgl. auch Haefliger, ob. zit. Rz. 17).

VII. BESCHWERDEENTSCHEID

444 *Literatur:* Vgl. die oben in Rz. 295 zit. Lit. sowie Poudret, Art. 149 ff.

1. BINDUNG AN PARTEIBEGEHREN

445 Im Verwaltungsgerichtsbeschwerdeverfahren gilt grundsätzlich die Dispositionsmaxime. Das Bundesgericht darf weder zugunsten noch zuungunsten der Parteien über deren Begehren hinausgehen (Art. 114 Abs. 1 OG; vgl. BGE 117 Ib 22). So kann es etwa die Dauer des Führerausweisentzuges nicht verlängern, weil es die Verkehrsgefährdung schwerer als die Vorinstanz qualifiziert, ausser eine beschwerdeberechtigte Behörde habe eine solche Verlängerung anbegehrt (vgl. BGE 104 Ib 101). Unmassgeblich ist jedoch der Ausschluss einer reformatio in peius durch das kantonale Verfahrensrecht, wenn eine Bundesbehörde nach Art. 103 lit. b OG gegen den letztinstanzlichen kantonalen Entscheid Verwaltungsgerichtsbeschwerde ans Bundesgericht erhoben hat. Die Behördenbeschwerde als Mittel der Bundesaufsicht würde nämlich ihres Gehaltes entleert, wenn der Streitgegenstand für das Verfahren vor Bundesgericht bereits im kantonalen Verfahren eingeschränkt würde (BGE 113 Ib 222). Geht es um die Festlegung der Enteignungsentschädigung, so gilt die Bindung an Parteibegehren nur bezüglich der beantragten Gesamtsumme. Die einzelnen Entschädigungsposten hingegen kann das Bundesgericht korrigieren, dies selbst dann, wenn einige Posten unbestritten geblieben sind (BGE 106 Ib 226, vgl. 105 Ib 328 ff. mit Hinweisen, vgl. auch 114 Ib 300).

446 Die Offizialmaxime findet nur ausnahmsweise Anwendung. Die Bindung an die Begehren der Parteien entfällt, wenn es sich um eine *Abgabestreitigkeit* handelt und Bundesrecht verletzt oder der Sachverhalt unrichtig oder unvollständig festgestellt wurde (Art. 114 Abs. 1 OG). Unter Abgabestreitigkeiten fallen Streitigkeiten über Steuern,

Gebühren Vorzugslasten und ähnliches. Das Bundesgericht nimmt diese Befugnis jedoch nur insoweit in Anspruch, als der angefochtene Entscheid offensichtlich unrichtig oder die Korrektur von erheblicher Bedeutung ist (BGE 108 Ib 228, 110 Ib 330 mit Hinweisen; vgl. demgegenüber die weitere Praxis des Bundesrates: VPB 1988 Nr. 33, S. 205). Diese Einschränkung geht über das Gesetz hinaus; doch lässt sie sich rechtfertigen, weil es im Ermessen des Bundesgerichts liegt, inwieweit der vorinstanzliche Entscheid reformiert werden soll. Vor einer Verschlechterung der Rechtsstellung ist die Gegenpartei anzuhören, selbst wenn das OG keine dem Art. 62 Abs. 3 VwVG entsprechende Bestimmung enthält, weil sich dies aus dem Grundsatz des rechtlichen Gehörs ergibt (BGE 107 V 23 in Bezug auf Art. 132 lit. c OG).

Art. 114 Abs. 3 OG enthält zudem eine Besonderheit für den Fall, 447 dass die disziplinarische Auflösung des Dienstverhältnisses von Bundespersonal streitig ist: Kommt das Gericht zum Schluss, dass diese in ungerechtfertigter Weise erfolgte, so kann es ohne an die Parteibegehren gebunden zu sein, anstatt die angefochtene Verfügung aufzuheben oder zu ändern, der beschwerdeführenden Partei eine angemessene Entschädigung zubilligen. Das Dienstverhältnis muss somit nicht unter allen Umständen fortgesetzt werden.

Schliesslich kann auch das Bundesrecht von Art. 114 Abs. 1 OG abweichen und die reformatio in peius vorsehen, wie dies gemäss Art. 25 Abs. 6 IRSG (BGE 113 Ib 266) und Art. 78 Abs. 2 EntG (BGE 110 Ib 31) der Fall ist.

2. FORM UND INHALT DES ENTSCHEIDES

Das Bundesgericht teilt das Urteil sowohl den Parteien als auch allen 448 Beteiligten mit, die es zur Vernehmlassung eingeladen hat (Art. 114 Abs. 4 OG). Wenn die Parteien bei der Urteilsverkündung nicht anwesend waren, werden die Entscheide von der Bundesgerichtskanzlei ohne Verzug im Dispositiv mitgeteilt (Art. 37 Abs. 1 OG). Nur dieses erlangt Verbindlichkeit; darin wird auch über die Verteilung der Gerichtskosten und die Parteientschädigung entschieden (vgl. Art. 156 ff. OG). Die Erwägungen dagegen dienen der Entscheidbegründung. Sie sind nur verbindlich, wenn im Dispositiv darauf verwiesen wird (Rückweisung «im Sinne der Erwägung»). Das begründete Urteil, die vollständige Ausfertigung desselben, wird den Parteien sowie der Behörde, deren Entscheid angefochten worden war, später schriftlich mitgeteilt. Dort erfolgt auch die Angabe der mitwirkenden

Richter (Art. 37 Abs. 2 OG); dies ist deshalb notwendig, weil die Verletzung der Vorschriften über die richtige Besetzung des Gerichts oder der Ausstandsgründe einen Revisionsgrund bildet (Art. 136 lit. a i.V.m. Art. 28 OG). Im Einverständnis mit den Parteien und der Vorinstanz kann das Gericht von einer schriftlichen Begründung absehen (Art. 37 Abs. 2bis OG).

449 Bezüglich der Prozessentscheide kann auf das vorne Gesagte verweisen werden (vgl. vorne Rz. 296 ff.). Trifft das Gericht einen materiellen Entscheid, heisst es die Beschwerde gut und hebt die Verfügung oder den vorinstanzlichen Entscheid auf, kann es in der Sache selbst entscheiden oder die Angelegenheit an die Vorinstanz zur Neubeurteilung zurückweisen. Überdies ist es zulässig, den Rückweisungsentscheid an die verfügende Behörde zu richten, wenn die Vorinstanz als Beschwerdeinstanz entschieden hat (Art. 114 Abs. 2 OG).

450 Damit das Bundesgericht reformatorisch entscheiden kann, muss die Beschwerde eine gewisse Entscheidungsreife haben. Zwar steht ihm die Befugnis zu, weitere Sachverhaltsabklärungen zu treffen. Doch auferlegt es sich eine gewisse Zurückhaltung und weist die Sache zurück, wenn der Vorinstanz ein gewisses Ermessen – etwa im technischen Bereich – zusteht oder das Bundesgericht nicht über das nötige Fachwissen verfügt (BGE 115 Ib 357, 116 Ib 320). Desgleichen wird die Sache zurückgewiesen, wenn die Vorinstanz unzulässigerweise einen Nichteintretensentscheid gefällt und die Beschwerde noch nicht materiell behandelt hat (BGE 114 Ib 158 mit Hinweis; 109 V 120). Eine Rückweisung ist in diesem Fall auch deshalb geboten, weil sich der Streitgegenstand vor der nächsthöheren Instanz nicht ausweiten kann, ansonsten in die funktionelle Zuständigkeit der Vorinstanz eingegriffen würde (vgl. vorne Rz. 182). Die entscheidwesentlichen Erwägungen sind für die Vorinstanz verbindlich (vgl. etwa BGE 116 Ib 320 f.).

3. KOSTEN UND PARTEIENTSCHÄDIGUNG

451 Sowohl über die Kostenverteilung wie auch über die Parteientschädigung entscheidet das Gericht von Amtes wegen. Insbesondere muss die Parteientschädigung nicht ausdrücklich beantragt worden sein (BGE 111 Ia 154 ff.).

Auch vor Bundesgericht sind die *Gerichtskosten* der Regel von der unterliegenden Partei zu bezahlen (Art. 156 Abs. 1 OG; vgl. BGE 115 Ib 456). Ausgenommen davon sind grundsätzlich der Bund, die Kantone und Gemeinden in ihrem amtlichen Wirkungskreis, soweit es sich nicht um ihre Vermögensinteressen handelt (Art. 156 Abs. 2 OG; vgl. BGE 116 Ib 175, 116 Ia 263). Ein Abweichen vom Unterliegerprinzip ist dann zulässig, wenn sich die unterlegene Partei in guten Treuen zur Prozessführung veranlasst sah. In diesem Fall können die Kosten verhältnismässig verlegt werden (vgl. BGE 105 V 89 f.). Dasselbe gilt, wenn keine Partei vollständig obsiegt (Art. 156 Abs. 3 OG).

In Disziplinarfällen werden die Kosten bei Beschwerderückzug oder Unterliegen der beschwerdeführenden Partei ganz oder teilweise auferlegt; im übrigen trägt sie die Gerichtskasse (Art. 156 Abs. 5 OG). Werden mehreren Personen die Kosten gemeinsam auferlegt, tragen sie diese grundsätzlich zu gleichen Teilen unter Solidarhaft (Art. 156 Abs. 7 OG). Dies geschieht dann, wenn die betreffenden Personen untereinander durch ein besonderes Rechtsverhältnis miteinander verbunden sind. Das Bundesgericht ist auch befugt, die Kosten des angefochtenen Entscheides anders zu verlegen, wenn dieser abgeändert wird (Art. 157 OG).

Wer das Bundesgericht anruft, hat nach Anordnung des Präsidenten die mutmasslichen Gerichtskosten sicherzustellen, ansonsten auf die Rechtsvorkehr nicht eingetreten wird. Wenn besondere Gründe vorliegen, kann das Gericht die Sicherstellung ganz oder teilweise erlassen (Art. 150 Abs. 1 OG). Besondere Gründe werden auch angenommen bei Beschwerdeerhebung durch ideelle Verbände und bei der Stimmrechtsbeschwerde, da dort ideelle Interessen im Vordergrund stehen. Ausserdem haben die Parteien auch diejenigen Barauslagen vorzuschiessen, die im Laufe des Verfahrens infolge ihrer Anträge entstehen (vgl. Art. 151 OG). Die Gegenpartei kann überdies unter bestimmten Voraussetzung beim Präsidenten oder Instruktionsrichter die Sicherstellung einer allfälligen Parteientschädigung beantragen (Art. 150 Abs. 2 OG). In analoger Anwendung von Art. 32 Abs. 3 OG ist die zur Leistung des Vorschusses angesetzte Frist eingehalten, wenn das Betreffnis spätestens am letzten Tag der Frist bei der schweizerischen Post einbezahlt oder dieser ein entsprechender Überweisungsauftrag erteilt wird (BGE 111 V 407 mit Hinweisen).

Die Gerichtsgebühr richtet sich grundsätzlich nach dem Streitwert. Bei staatsrechtlichen Beschwerden und Verwaltungsgerichtsbeschwerden ohne Vermögensinteresse beträgt die Gebühr gemäss Art. 153a Abs. 2 lit. b OG Fr. 200–5000.–.

Mit dem Entscheid über die Streitsache selbst hat das Bundesgericht zu bestimmen, ob und in welchem Masse die notwendigen Kosten der obsiegenden Partei von der unterliegenden zu ersetzen sind (Art. 159 Abs. 1 OG). Dieser Entscheid fällt das Bundesgericht von Amtes wegen (BGE 111 Ia 154 ff.). In der Regel wird die unterliegende Partei zur Bezahlung einer *Parteientschädigung* verpflichtet, es sei denn, es habe berechtigter Anlass zur Beschwerdeführung bestanden; dann kann auch der obsiegenden Partei, unabhängig davon, ob es sich um den Bund, ein Kanton oder eine Gemeinde handelt, die Bezahlung einer Parteientschädigung auferlegt werden (vgl. Art. 159 Abs. 3 OG; BGE 112 V 86, 114 Ia 258 f.). Obsiegt im Verwaltungsgerichtsbeschwerdeverfahren oder im Verfahren über eine verwaltungsrechtliche Klage das Gemeinwesen oder eine mit öffentlichrechtlichen Aufgaben betraute Organisation (vgl. BGE 112 V 362 mit Hinweisen), wird in der Regel keine Parteientschädigung zugesprochen (Art. 159 Abs. 2 OG). Auch bei Art. 159 Abs. 2 OG handelt es sich um eine Spezialbestimmung zum Verantwortlichkeitsgesetz. Die Höhe der Parteientschädigung richtet sich nach dem Tarif über die Entschädigung an die Gegenpartei für das Verfahren vor Bundesgericht vom 9.11.1978. Ist die Partei nicht anwaltlich vertreten, entfällt in der Regel auch die Parteientschädigung. Ausnahmsweise sind aber die Auslagen trotzdem zu ersetzen; dies ist nach der Rechtsprechung des Bundesgerichts aber nur dann der Fall, wenn sie erheblich und nachgewiesen sind (vgl. Art. 2 Abs. 1 des Tarifs: BGE 113 Ib 357 mit Hinweisen; vgl. auch BGE 110 V 136 bezüglich der verweigerten Parteientschädigung für einen Anwalt, der in eigener Sache Beschwerde führt). Insbesondere kann auch der Ersatz für Expertenkosten darunter fallen (BGE 115 V 63). Der Entscheid über die *Höhe* der Parteientschädigung muss nicht begründet werden, wenn sie in einem Tarif festgelegt ist (BGE 111 Ia 1 f.). Legt der Gesetzgeber aber lediglich ein Minimum und ein Maximum fest, ist entgegen dem erwähnten Entscheid im übrigen durchaus eine Begründungspflicht anzunehmen; denn in diesem Fall ist der Entscheidungsspielraum erheblich (vgl. vorne Rz. 156 ff. und 272).

454 Nach Art. 152 Abs. 1 OG gewährt das Bundesgericht einer bedürftigen Partei, deren Rechtsbegehren nicht aussichtslos erscheint, auf Antrag Befreiung von der Bezahlung der Gerichtskosten sowie von der Sicherstellung der Parteientschädigung (vgl. BGE 108 V 268). Nötigenfalls kann der bedürftigen Partei auch eine anwaltliche Vertretung beigegeben werden (Art. 152 Abs. 2 OG; vgl. BGE 109 II 13). Wenn die Partei später dazu imstande ist, hat sie der Bundesgerichtskasse Ersatz zu leisten (Art. 152 Abs. 3 OG).

4. WIRKUNG DES BESCHWERDE-ENTSCHEIDS

Weil das Bundesgericht als letzte ordentliche Rechtsmittelinstanz entscheidet, wird das Urteil mit seiner Eröffnung rechtskräftig (Art. 38 OG). Dies bedeutet auch, dass der Streitgegenstand, über den das Bundesgericht bereits entschieden hat, nicht erneut einer gerichtlichen Beurteilung zugeführt werden darf (BGE 112 Ib 292; vgl. aber zur Wiedererwägungsbefugnis der ersten Instanz vorne, Rz. XXX?). Die Rechtskraft erstreckt sich nicht auf Zwischenverfügungen (BGE 110 Ib 204).

Wenn im Dispositiv global auf die Erwägungen verwiesen wird, erstreckt sich die Rechtskraft nicht auf Erwägungen, die nicht entscheidwesentlich sind (obiter dicta) (BGE 112 Ib 288). Solche «obiter dicta» sollten vom Bundesgericht allerdings möglichst vermieden werden. Bei einer Rückweisung darf sich die Vorinstanz nicht auf Erwägungen stützen, die vom Bundesgericht verworfen wurden (vgl. BGE 116 Ib 321). Demgegenüber darf sie zusätzliche Erwägungen anführen, die im ersten Entscheid nicht enthalten waren und zu denen sich das Bundesgericht nicht geäussert hat (BGE 112 Ia 353 ff.).

455

5. VOLLSTRECKUNG

Die Kantone sind verpflichtet, die Entscheidungen der mit der Bundesrechtspflege betrauten Behörde in gleicher Weise zu vollziehen wie die rechtskräftigen Urteile ihrer eigenen Gerichte und Verwaltungsbehörden. Wegen mangelhafter Vollziehung kann beim Bundesrat Beschwerde erhoben werden. Der Bundesrat ist verpflichtet und befugt, die zum Vollzug erforderlichen Verfügungen zu treffen (Art. 39 OG; VPB 1986 Nr. 62).

456

17. KAPITEL: RECHTSVER-WEIGERUNGS- UND RECHTS-VERZÖGERUNGSBESCHWERDE

Literatur: Vgl. die vorne in Rz. 313 zit. Lit.

457 Das unrechtmässige Verweigern oder Verzögern einer Verfügung ist gemäss Art. 97 Abs. 2 OG einer Verfügung gleichgestellt. Eine unzulässige Rechtsverweigerung oder Rechtsverzögerung liegt zum Beispiel vor, wenn die Behörde ein Baugesuch nicht an die Hand nimmt (BGE 111 Ib 87) oder aber ein Gesuch um Subventionen zurückstellt, ohne dass Gewissheit besteht, dass sie den ersuchten Beitrag in absehbarer Zeit ausrichten wird (BGE 110 Ib 148 ff.). Die Zuständigkeit des Bundesgerichts bestimmt sich nach der Zuständigkeit, die bestünde, wenn ein rechtzeitiger Entscheid ergangen wäre. Ob eine Rechtsverzögerung vorliegt und die Dauer eines Verfahrens unangemessen ist, kommt auf die Natur und den Umfang des Rechtsstreites an (BGE 107 Ib 165). Die Verwaltung darf sich jedenfalls nicht einer wirksamen Kontrolle entziehen, indem sie mit dem Erlass einer Verfügung zuwartet. Dementsprechend ist diese Beschwerde an keine Frist gebunden (Art. 106 Abs. 2 OG). Im Beschwerdeentscheid wird die Vorinstanz angewiesen, das Gesuch der beschwerdeführenden Partei an die Hand zu nehmen und einen Entscheid zu fällen (BGE 102 Ib 240). Fällt die Vorinstanz während des Verfahrens einen Entscheid, wird das Beschwerdeverfahren vor Bundesgericht gegenstandslos (BGE 104 Ib 314).

18. KAPITEL: ERLÄUTERUNG UND REVISION

Literatur: Vgl. die vorne in Rz. 318 zit. Lit.

I. ERLÄUTERUNG UND BERICHTIGUNG VON REDAKTIONS- UND RECHNUNGSFEHLERN

Ist das Dispositiv eines Bundesgerichtsentscheides widersprüchlich oder besteht ein Widerspruch zwischen dem Dispositiv und den Entscheidgründen, kann jede Partei beim Bundesgericht um Erläuterung nachsuchen (Art. 145 Abs. 1 OG). Die Erläuterung dient dazu, Abhilfe zu schaffen, wenn das Dispositiv unklar, unvollständig oder zweideutig ist. Sie kann sich ferner auf Gegensätze zwischen den Entscheidungsgründen und dem Dispositiv beziehen. Für die Erwägungen allein darf hingegen keine Erläuterung verlangt werden (BGE 110 V 222 mit Hinweisen, 104 V 53 f.). Zudem ist die Erläuterung eines Rückweisungsentscheides unzulässig, wenn ein kantonales Gericht bereits einen neuen Entscheid gefällt hat (Art. 145 Abs. 2 OG). 458

Enthält der Rechtsspruch Redaktions- oder Rechnungsfehler, kann eine Partei ein Gesuch um *Berichtigung* stellen (Art. 145 Abs. 1 OG).

II. REVISION

Die Zulässigkeit und das Verfahren einer Revision von bundesgerichtlichen Entscheiden regeln die Art. 136 bis 144 OG. Das Revisionsgesuch wird beim Bundesgericht gestellt. Die Revision als unvollkommenes Rechtsmittel ist nur aus den in Art. 136, 137 und 139a OG aufgezählten Gründen, die nicht in jeder Hinsicht mit denjenigen von Art. 66 VwVG übereinstimmen, zulässig. 459

Art. 136 lit. a bis d OG nennt folgende Revisionsgründe:

- Unrichtige Besetzung des Gerichtes, Verletzung der Regeln über die Aussetzung des Entscheides (Art. 57 OG) oder der Regeln über den Ausstand (Art. 28 OG);
- Nichtbeachtung des Verbotes der reformatio in peius vel in melius;
- Nichtbeachtung von Anträgen;
- Versehentliches Ausserachtlassen von aktenkundigen erheblichen Tatsachen.

Im Fall des unbeachtet gebliebenen Antrags muss dem Gericht die Pflicht zukommen, diesen zu berücksichtigen. Dies trifft aber für einen Antrag auf einen zweiten Schriftenwechsel nicht zu, wenn die Situation bereits klar war und dieser ohnehin nur ausnahmsweise angeordnet wird (BGE 101 Ib 222). Ähnliches gilt für eine beantragte Parteientschädigung. Dass diese dahinfällt, wenn die beschwerdeführende Partei unterliegt, bedarf keiner ausdrücklichen Erwähnung im Dispositiv; dasselbe gilt, wenn die Abweisung klar aus dem Gesetz oder den Umständen hervorgeht. In den übrigen Fällen ist darüber aber ausdrücklich zu urteilen (BGE 114 Ia 334). Die aktenkundigen Tatsachen sodann müssen dergestalt sein, dass sie den Entscheid zu beeinflussen vermögen (BGE 101 Ib 222).

460 *Art. 137 lit. a und b OG* führen weiter aus, dass ein Revisionsgrund dann gegeben ist, wenn durch Verbrechen oder Vergehen auf den Entscheid eingewirkt wurde, oder wenn die gesuchstellende Person erhebliche Tatsachen erfährt (vgl. dazu BGE 110 V 140 ff., 108 V 171 und vorne Rz. 320 f.) oder entscheidende Beweismittel auffindet, die sie im früheren Verfahren nicht beibringen konnte. Die Überprüfungsbefugnis des Bundesgerichts kann im Revisionsverfahren nicht ausgeweitet werden (vgl. Art. 105 Abs. 2 OG). In einem solchen Fall ist das Revisionsverfahren vor der Vorinstanz einzuleiten.

461 Gemäss dem neu eingefügten *Art. 139a OG* ist ein Revisionsgrund auch gegeben, wenn die Organe der Menschenrechtskonvention eine Verletzung der EMRK festgestellt haben und eine Wiedergutmachung nicht durch eine Entschädigung, sondern nur durch Revision möglich ist. Unter Umständen kann es geboten sein, dass das Bundesgericht die Sache zur Durchführung des Revisionsverfahrens an die Vorinstanz überweist (Art. 139a Abs. 2 OG). Dies ist etwa der Fall, wenn ein Mangel im vorinstanzlichen Verfahren festgestellt wurde, etwa wenn die zuständigen Behörden befangen waren. Ist die Vorinstanz eine kantonale Behörde, hat diese auch dann auf das Revisionsgesuch einzutreten, wenn das kantonale Recht diesen Revisionsgrund nicht vorsieht (Art. 139a Abs. 3 OG).

462 Keinen zulässigen Revisionsgrund bildet hingegen die Ungültigkeit eines vor Bundesgericht abgeschlossenen Vergleichs. Will eine Par-

tei einen in einem Enteignungsverfahren abgeschlossenen Vergleich wegen Übervorteilung oder Willensmangel anfechten, muss sie dies im zivilrechtlichen Verfahren anstreben. Zuständig ist dabei die Behörde, die als letzte Instanz entschieden hat; im konkreten Fall war es das Bundesgericht (BGE 114 Ib 74 ff.).

Das Revisionsverfahren wird nicht von Amtes wegen eingeleitet. Vielmehr wird das Bundesgericht nur auf Gesuch hin tätig (Art. 140 OG; vgl. demgegenüber Art. 66 Abs. 1 VwVG).

In den Fällen von Art. 136 OG ist das Revisionsgesuch binnen 30 Tagen seit Eingang der schriftlichen Ausfertigung des Urteils, in den Fällen von Art. 137 OG binnen 90 Tagen seit Entdecken des Revisionsgrundes einzureichen. Soll der Revisionsgrund von Art. 139a OG geltend gemacht werden, ist das Revisionsverfahren binnen 90 Tagen, nachdem das Bundesamt für Justiz den Entscheid der europäischen Behörde zugestellt hat, anhängig zu machen. Nach 10 Jahren kann nur noch der Grund des Verbrechens oder Vergehens vorgebracht werden (Art. 141 OG).

Ist das Bundesgericht der Ansicht, dass der Revisionsgrund zutreffe, hebt es die frühere Entscheidung auf, und es ergeht ein neues Urteil. Betrifft die Revision einen Rückweisungsentscheid, so bewirkt dies auch die Aufhebung des vom kantonalen Richter erlassenen neuen Entscheides (Art. 144 OG).

19. KAPITEL: DAS BUNDESGERICHT ALS EINZIGE INSTANZ

464 *Literatur:* METZ MARKUS, Der direkte Verwaltungsprozess in der Bundesrechtspflege, Basel 1980.

I. ALLGEMEINES

465 Bei der ursprünglichen Verwaltungsgerichtsbarkeit entscheidet das Bundesgericht als erste und einzige Instanz über Streitigkeiten aus dem Bundesverwaltungsrecht.

Der noch in Kraft stehende Art. 116 OG regelt die Zuständigkeit des Bundesgerichts, im verwaltungsrechtlichen Klageverfahren zu entscheiden. Diese wird nach Inkraftsetzung des neuen Art. 116 OG allerdings stark eingeschränkt. Die verwaltungsrechtliche Klage wird dannzumal, in zwei Jahren seit 15. Februar 1992 (III. Ziff. 1 Abs. 3 lit. b Schlussbestimmungen 1991 OG), nur noch in Angelegenheiten zulässig sein, welche für eine Regelung im Verfügungsverfahren ungeeignet sind. In diesem Zusammenhang erfährt auch Art. 117 lit. c OG eine redaktionelle Änderung. In Kraft ist hingegen bereits die Aufhebung von Art. 118 OG; die Prorogation ist somit nicht mehr zulässig (vgl. Art. 1 Abs. 1 der Verordnung über die teilweise Inkraftsetzung der Änderung des Bundesgesetzes über die Organisation der Bundesrechtspflege vom 15. Februar 1992).

Die Klageerhebung ist an keine Frist gebunden. Es gelten aber die spezialgesetzlichen Verwirkungsfristen (vgl. Art. 20 VG; BGE 103 Ib 66). Bei bereits abgelaufener Frist wird das Verfahren nicht durch einen Nichteintretensentscheid, sondern durch Abweisung der Klage erledigt.

II. VERHÄLTNIS ZU ANDEREN RECHTSMITTELN

Nach Art. 117 lit. a OG ist die verwaltungsrechtliche Klage unzulässig, wenn die zivil- oder staatsrechtliche Klage offensteht (vgl. BGE 116 Ib 371). Die zivilrechtliche Klage ist in Art. 41 und Art. 42 OG geregelt. In beiden Bestimmungen ist jeweils von «zivilrechtlichen» Klagen, Ansprüchen oder Streitigkeiten die Rede. Der Bestimmung von Art. 42 OG liegt allerdings ein anderer Begriff der «zivilrechtlichen» Streitigkeit zugrunde als derjenigen von Art. 41 OG. Im ersteren Fall wird der Begriff «zivilrechtlich» historisch ausgelegt (vgl. vorne, S. xx(Träger der Vwger.barkeit:Zivilgerichte), im letzteren Fall, bei Art. 41 OG, ist von der Unterscheidung zwischen Zivilrecht und Bundesverwaltungsrechts auszugehen, die auch für den Verfügungsbegriff massgebend ist (vgl. Poudret, Art. 41, Rz. 1.5). 466

Weiter kann die verwaltungsrechtliche Klage nach Art. 117 lit. b OG an das Bundesgericht nicht erhoben werden, wenn die verwaltungsrechtliche Klage an das Eidgenössische Versicherungsgericht gegeben ist. Letzteres trifft dann zu, wenn die Streitigkeiten von Art. 116 OG das Gebiet des Sozialversicherungsrechts beschlagen. Die Zuständigkeit entfällt zudem auch dann, wenn die zivilrechtliche Berufung in Streitigkeiten über die Haftpflicht für Nuklearschäden gemäss Art. 45 lit. c OG zulässig ist (Art. 117 lit. a[bis] OG).

Das Verhältnis zur Verwaltungsgerichtsbeschwerde ist vom Wortlaut des Gesetzes her nicht ganz eindeutig. Auf der einen Seite bezeichnet Art. 102 lit. a OG die Verwaltungsgerichtsbeschwerde als subsidiär (vgl. Randtitel); auf der anderen Seite hält Art. 117 lit. c OG fest, dass die Klage unzulässig ist, wenn die Erledigung des Streits einer Behörde im Sinne von Art. 98 lit. b bis h OG zusteht, gegen deren Verfügung (letztinstanzlich: Art. 117 lit. c rev. OG) die Verwaltungsgerichtsbeschwerde zulässig ist (BGE 117 Ib 353 ff.). Ausgangspunkt bildet der Grundsatz, dass dem Klageverfahren keine Verfügung vorausgehen kann. In der Regel werden die Rechtsverhältnisse zwischen den einzelnen und dem Gemeinwesen zwar mit Verfügung geregelt. Steht jedoch der Klageweg offen, hat die Behörde keine Verfügung zu erlassen; die Betroffenen können dann unmittelbar beim Bundesgericht verwaltungsrechtliche Klage erheben. 467

Um Unsicherheiten zu beseitigen, enthalten vielfach auch Spezialgesetze Bestimmungen darüber, ob eine Verfügung zu erlassen ist oder nicht. Dies ist wegen des noch geltenden Art. 116 OG bedeutsam, weil zahlreiche vermögensrechtliche Ansprüche, insbesondere diejenigen aus der ausservertraglichen Haftung (Art. 116 lit. c OG), dem Grundsatze nach in das Klageverfahren verwiesen werden. Bestimmt das Spezialgesetz, dass vermögensrechtliche Ansprüche in einer Verfügung festzulegen sind, ist diese im Beschwerdeverfahren anzufechten. Dies ist etwa der Fall beim Regressanspruch des Bundes gegen Armeeangehörige; dieser muss zunächst durch Verfügung der Direktion der Eidgenössischen Militärverwaltung geregelt werden. Dagegen ist die Verwaltungsgerichtsbeschwerde an das Bundesgericht gegeben (BGE 108 Ib 222; vgl. auch 106 Ib 281 f.).

III. ZUSTÄNDIGKEIT

1. SACHZUSTÄNDIGKEIT NACH DEM GELTENDEN ART. 116 OG

468 Die Streitigkeiten, die das Bundesgericht als einzige Instanz beurteilt, können grundsätzlich in zwei Kategorien eingeteilt werden: Einerseits handelt es sich um Anstände zwischen Bund und Kantonen oder zwischen Kantonen, andererseits um bestimmte vermögensrechtliche Ansprüche eines Privaten gegen den Bund oder die Kantone oder umgekehrt. Die Aufzählung in Art. 116 OG ist abschliessend zu verstehen (vgl. aber lit. k). Die dort aufgezählten Streitigkeiten sind folgende:

– lit. a: Vermögensrechtliche Streitigkeiten aus dem Dienstverhältnis von Bundespersonal einschliesslich Personalversicherung, wie etwa streitige Forderungen auf Leistung einer Altersrente (BGE 109 Ib 83, 106 Ib 185). Keinen solchen vermögensrechtlichen Anspruch bildet die Aufnahme unter Vorbehalt in eine Versicherungskasse (BGE 108 Ib 307).
– lit. b: Streitige Leistungen aus öffentlichrechtlichen Verträgen des Bundes, seiner Anstalten, Betriebe oder Organisationen im Sinne von Art. 98 lit. h OG. Nicht darunter fällt die Geltendmachung von Ansprüchen aus einem Schliessfachmietvertrag gegen die SBB (BGE 102 Ib 316).
– lit. c: Streitigkeiten über ausservertragliche Entschädigungen. Hierher gehören zum Beispiel Ansprüche aus dem Gebiet der Militärorganisation (BGE 103 Ib 277), aus der Tätigkeit der eidgenössischen Bankenkommission (BGE 116 Ib 195) oder Ansprüche infolge Ver-

weigerung des Wiederaufbaus einer Stallbaute (BGE 115 Ib 414 f.).
- lit. d: Streitigkeiten über die Verlegung oder den Ausgleich von Vorteilen oder Lasten (vgl. Art. 99 lit. h, 101 lit. d OG).
- lit. e: Streitigkeiten über die Auszahlung bewilligter oder die Rückerstattung ausbezahlter Zuwendungen und über die Herausgabe unrechtmässig erworbener Vermögensvorteile (zur Streitigkeit über die Auszahlung bewilligter Beiträge: BGE 104 Ib 160).
- lit. f: Die Befreiung von kantonalen Abgaben. Über die Befreiung nach dem BG vom 20. Dezember 1985 über politische und polizeiliche Garantien (Garantiegesetz) beispielsweise wird im Klageverfahren entschieden, sofern darüber ein Rechtsstreit entsteht (Art. 10 GarG, BGE 103 Ib 258; BGE 107 Ib 290).
- lit. g: Streitigkeiten zwischen Bund und Kantonen, ausser sie betreffen die Genehmigung von Erlassen, sowie von Kantonen unter sich.
- lit. h: Streitigkeiten über die Zugehörigkeit zu Organisationen im Sinne von Art. 98 lit. h OG.
- lit. k: Das Bundesrecht kann für weitere Angelegenheiten das verwaltungsrechtliche Klageverfahren vorsehen (Beispiel: Art. 9 Abs. 5 des Atomgesetzes).

2. ZUSTÄNDIGKEIT NACH DEM REVIDIERTEN ART. 116 OG

Gemäss der neuen Bestimmung von Art. 116 rev. OG wird dem Bundesgericht die Zuständigkeit im verwaltungsrechtlichen Klageverfahren zu entscheiden, noch zukommen bei Streitigkeiten über:

- lit. a: Das Verhältnis zwischen Bund und Kantonen, ausser über die Genehmigung von Erlassen;
- lit. b: Das Verhältnis zwischen den Kantonen
- lit. c: Ansprüche auf Schadenersatz aus der Amtstätigkeit von Personen im Sinn von Art. 1 Abs. 1 lit. a–c VG.

Bei den in Art. 1 Abs. 1 lit. a–c VG aufgezählten Personen handelt es sich um Parlamentsmitglieder und Magistratspersonen. Da Art. 10, 19 Abs. 3 und 20 Abs. 3 VG noch umfassend auf das Klageverfahren verweisen, sind auch diese Bestimmungen Art. 116 OG angepasst – aber noch nicht in Kraft gesetzt – worden. Dort, wo die Klage nicht mehr zulässig ist, hat die zuständige Bundesbehörde zunächst eine Verfügung zu erlassen, gegen welche dann bei der zuständigen Instanz Beschwerde erhoben werden kann. Eine besondere Rekurskommission ist im VG nicht vorgesehen.

Hingegen wird die neu einzusetzende Personalrekurskommission nach Art. 58 Abs. 2 BtG dann über vermögensrechtliche Ansprüche aus dem Dienstverhältnis zu entscheiden haben, wenn nachträglich die Verwaltungsgerichtsbeschwerde an das Bundesgericht zulässig ist.

IV. KLAGEGRÜNDE

470 Mit der Klage kann sowohl eine Rechtsverletzung als auch eine unrichtige Feststellung des Sachverhaltes geltend gemacht werden. Zudem umfasst die Kognition des Bundesgerichtes in diesem Verfahren auch die Prüfung der Unangemessenheit.

V. VERFAHREN

471 Art. 120 OG verweist zwar grundsätzlich auf Art. 3 bis 85 des Bundesgesetzes über den Zivilprozess. Jedoch gilt betreffend der Sachverhaltsfeststellung die Untersuchungsmaxime (Art. 120 i. V. m. Art. 105 Abs. 1 OG).

In der Regel wird der Bund durch das in der Sache zuständige Departement vertreten (Art. 119 Abs. 1 und 2 OG). Reicht jemand Klage gegen den Bund ein, ohne vorher um Stellungnahme der zuständigen Behörde nachgesucht zu haben, und anerkennt diese in der Folge den eingeklagten Anspruch, so hat der Kläger für die durch ihn unnötig verursachten Kosten einzustehen (Art. 119 Abs. 3 i.V.m. Art. 156 Abs. 6 OG). Die vorgängige Stellungnahme soll gewährleisten, dass nicht über Unstreitiges entschieden wird; sie bewirkt aber zugleich, dass faktisch eine Verfügung ergeht.

20. KAPITEL: DAS BUNDESGERICHT ALS INSTANZ FÜR KANTONALE VERWALTUNGSRECHTSSTREITIGKEITEN

Literatur: HALLER in Kommentar BV, Art. 114bis. 472

Nach Art. 114bis Abs. 4 BV sind die Kantone befugt, Administrativstreitigkeiten, die in ihren Bereich fallen, unter Vorbehalt der Genehmigung der Bundesversammlung dem eidgenössischen Verwaltungsgericht zuzuweisen. Der Kanton Nidwalden etwa hat gewisse vermögensrechtliche Streitigkeiten öffentlichrechtlicher Natur der Beurteilungskompetenz des Bundesgerichtes zugewiesen (vgl. BGE 101 Ib 474 ff.). Ferner haben beispielsweise die Kantone Zürich (§ 19 Abs. 3 Haftungsgesetz Kanton Zürich) und Schwyz (vgl. BGE 107 Ib 162) von der Kompetenzzuweisung Gebrauch gemacht. Es handelt sich in beiden Kantonen um die Haftung aus der Amtstätigkeit der obersten Gerichte. In den diesen angeführten Fällen überprüft das Bundesgericht in erster Linie die Anwendung von kantonalem Verwaltungsrecht. 473

Die Genehmigung durch die Bundesversammlung hat konstitutiven Charakter. Solange diese Zustimmung nicht gültig vorliegt, kann die Zuständigkeit des Bundesgerichtes nicht begründet werden. Denn die Kantone können nicht einseitig die Kompetenzen des Bundesgerichtes erweitern. Zudem entscheidet die Bundesversammlung nach Zweckmässigkeitsüberlegungen und von Fall zu Fall. Sie legt dabei gemäss Art. 121 OG fest, in welchem Verfahren vor Bundesgericht die kantonalen Administrativstreitigkeiten zu erledigen sind (BGE 104 Ia 62; vgl. die Bundesbeschlüsse).

21. KAPITEL: ZUSTÄNDIGKEIT DES EIDGENÖSSISCHEN VERSICHERUNGSGERICHTES

474 *Literatur:* DOBER MICHAEL, Verfahrensrecht in der sozialen Krankenversicherung des Bundes, Bern 1986; KIESER UELI, Das einfache und rasche Verfahren insbesondere im Sozialversicherungsrecht, in: Schweizerische Zeitschrift für Sozialversicherung und berufliche Vorsorge 1992, S. 268 ff.; KUHN MORITZ, BGE 110 Ib 74 ff., Verwaltungsgerichtsbeschwerde der Vereinigung privater Kranken- und Unfallversicherer (PKU) gegen das EJPD, SVZ 1986, S. 5 ff.; LANG BRUNO/HOLLENWEGER GEORG, Aufsicht und Rechtspflege in der beruflichen Vorsorge, Zürich 1985; LEUZINGER-NAEF SUSANNE, Bundesrechtliche Verfahrensanforderungen betreffend Verfahrenskosten, Parteientschädigung und unentgeltlichen Rechtsbeistand im Sozialversicherungsrecht, SZS 1991, S. 113 ff.; MEYER HEINZ, Probleme der Vertretung des Beschwerdeführers in Sozialversicherungsprozessen, SJZ 1985, S. 322 ff.; *ders.*, Verfahrensfragen bei AHV- und IV-Beschwerden, SZS 1981, S. 191 ff.; MEYER ULRICH, Die Rechtspflege in der Sozialversicherung, BJM 1989, S. 1 ff.; *ders.*, Die Rechtswege nach dem BVG, ZSR 1987 I, S. 601 ff.; MORGER WILLI, Das Einspracheverfahren im Leistungsrecht des Unfallversicherungsgesetzes, SZS 1985, S. 240 ff.; SCHMID ANATOL, Verfahrensrechtliche Bemerkungen zur Sozialversicherung, SZS 1978, S. 125 ff.; SCHWARZENBACH HANS RUDOLF, Die Rechtspflege nach dem BVG, SZS 1983, S. 169 ff.; *ders.*, Der Rechtsschutz des Versicherten in der eidgenössischen Alters- und Hinterlassenenversicherung, Zürich 1952; SPIRA RAYMOND, Le contrôle juridictionnel des ordonnances administratives en droit fédéral des assurances sociales, in: Mélanges André Grisel, Neuchâtel 1983, S. 803 ff.

475 Das eidgenössische Versicherungsgericht entscheidet über Rechtsstreitigkeiten auf dem Gebiet des Bundessozialversicherungsrechts (BGE 112 V 108 ff.), sofern eine Verfügung einer Vorinstanz im Sinne von Art. 98 lit. b bis h OG ergangen ist (Art. 128 OG). Art. 73 Abs. 4 BVG weicht aber insofern von Art. 128 OG und Art. 5 VwVG ab, als auf die Voraussetzung, dass eine auf öffentliches Recht des Bundes abgestützte Verfügung vorliegen muss, verzichtet wird (vgl. BGE 114 V 105 f.).

Die Generalklausel von Art. 128 OG wird durch die in Art. 129 OG aufgezählten Ausnahmen eingeschränkt. Nach Abs. 1 dieser Bestimmung ist die Verwaltungsgerichtsbeschwerde unzulässig gegen die Genehmigung von Erlassen, was etwa für die Krankenkassenstatuten oder Reglemente zutrifft (BGE 115 V 397). Desgleichen können Tarife (BGE 116 V 133) sowie die Bewilligung oder die Verweigerung vermögensrechtlicher Zuwendungen, auf die das Bundesrecht keinen

Anspruch einräumt, nicht angefochten werden. Umschreibt das Gesetz die Voraussetzungen derart konkret, dass der Verwaltung kein Ermessensspielraum bleibt, ist die Beschwerde jedoch zulässig (BGE 111 V 281, vgl. auch BGE 116 V 319 f., 111 V 348 ff.). Schliesslich sind Weisungen an Kassen oder andere Organe der Sozialversicherung, die Sicherstellung der Behandlung in der Krankenversicherung sowie die Grundprämie in der Arbeitslosenversicherung nicht anfechtbar. Zudem sind Verfügungen im Sinne von Art. 101 lit. a bis c sowie die Fälle von Art. 102 lit. a, c und d OG von der Anfechtung ausgeschlossen.

Im übrigen finden auf das Verfahren die Art. 103 bis 114 OG Anwendung (Art. 132 OG). Die Kognition des eidgenössischen Versicherungsgerichtes ist aber umfassend ausgestaltet, soweit es um die Bewilligung oder Verweigerung von Versicherungsleistungen geht (Art. 132 OG, BGE 112 V 100). Neben der Rüge der Rechtsverletzung und der unvollständigen Sachverhaltsfeststellung bildet dann auch die Unangemessenheit einen zulässigen Beschwerdegrund (vgl. BGE 116 V 206). Zudem ist das Gericht nach Art. 132 lit. c in diesen Fällen nicht an die Parteibegehren gebunden (vgl. BGE 107 V 23).

Das Klageverfahren kann auch hier eingeleitet werden, sofern die Klage eine in Art. 116 OG aufgezählte Materie betrifft und eine Angelegenheit aus der Sozialversicherung vorliegt (Art. 130 f. OG; vgl. BGE 105 V 122).

Art. 135 verweist zudem auf die Art. 29 bis 40 und 136 bis 162 OG. Das Beschwerdeverfahren über die Bewilligung oder Verweigerung von Versicherungsleistungen vor dem Eidgenössischen Versicherungsgericht ist aber kostenlos (Art. 134 OG).

III. TEIL

DAS NICHTSTREITIGE VERWALTUNGSVER- FAHREN UND DIE VERWALTUNGSRECHTS- PFLEGE IM KANTON ZÜRICH – EIN ÜBERBLICK*

---

* Dieser III. Teil vermittelt bewusst nur einen summarischen Überblick über die zürcherische Verwaltungsrechtspflege. Eingehendere Informationen enthalten der Kommentar von A. Kölz, die vom Verwaltungsgericht und den übrigen Behörden seither veröffentlichte Rechtsprechung sowie die im folgenden genannte Literatur. Das VRG des Kantons Zürich befindet sich infolge Anpassung an die revidierte Bundesrechtspflege gegenwärtig in Teilrevision. Die Autoren beabsichtigen, später übersichtsweise Darstellungen der Verwaltungsrechtpflege weiterer Kantone zu veröffentlichen.

1. ABSCHNITT: DAS VERWALTUNGSINTERNE VERFAHREN

22. KAPITEL: GRUNDLAGEN

Literatur: KÖLZ, Kommentar VRG, §§ 4 bis 18; MÄDER CHRISTIAN, Das Baubewilligungsverfahren. Eine Darstellung unter besonderer Berücksichtigung des zürcherischen Rechts und der neueren zürcherischen Rechtsprechung, Zürich 1991. 476

I. GEGENSTAND

Gegenstand des verwaltungsinternen Verwaltungsverfahrens bildet der Erlass einer Verfügung. Andere Formen des Verwaltungshandelns werden nicht geregelt. 477

II. RECHTSGRUNDLAGEN, GELTUNGSBEREICH DES VRG

Das Gesetz über den Rechtsschutz in Verwaltungssachen des Kantons Zürich (Verwaltungsrechtspflegegesetz) vom 24. Mai 1959 gehört im Bereich des nichtstreitigen Verfahrens zur Kategorie der rudimentären Gesetze. Der Gesetzgeber wollte durch die Unvollständigkeit auf gewissen Gebieten praktische Lösungen ermöglichen. Die wichtigsten Grundsätze sind immerhin in den §§ 4 bis 18 VRG niedergelegt. 478

Die §§ 1 bis 4 legen den Geltungsbereich des VRG insgesamt fest. Danach entscheiden über öffentlichrechtliche Angelegenheiten die Verwaltungsbehörden und das Verwaltungsgericht, während privatrechtliche Ansprüche bei den Zivilgerichten geltend zu machen sind (§ 1 VRG). Bei der Beurteilung, ob ein öffentlichrechtlicher oder privatrechtlicher Anspruch vorliegt, ist davon auszugehen, ob sich das geltend gemachte Recht auf öffentliches Recht abstützt, oder ob der Anspruch seine Grundlage im Privatrecht hat. Bei Verträgen ist massgebend, ob der Vertragsgegenstand im öffentlichen Recht oder im Privatrecht geregelt ist (RB 1990 Nr. 2). Dabei ist die vorne umschriebene Unterscheidung zwischen öffentlichem und privatem Recht massgebend (vgl. dazu vorne Rz. 224). Desgleichen entscheiden die Zivilgerichte über Schadenersatzansprüche von Privaten gegen Staat und Gemeinden sowie gegen deren Beamte und Angestellte, oder aber, wenn sich die Schadenersatzansprüche gegen Inhaber behördlicher Konzessionen, Bewilligungen oder Patente richten (§ 2 VRG). Ausserdem geht aus § 3 VRG hervor, dass Streitigkeiten, die vor Erlass des VRG formell als zivilrechtlich qualifiziert wurden, nicht zu öffentlichrechtlichen Streitigkeiten werden. Auch kann der Gesetzgeber materiell öffentlichrechtliche Streitigkeiten zur formellen Zivilsache erklären.

§ 4 VRG schränkt überdies den Geltungsbereich des Zweiten Abschnitts, wo das nichtstreitige und streitige Verwaltungsverfahren geregelt wird, nochmals ein. Nach § 4 Abs. 2 lit. a ist das VRG zunächst nicht auf Steuersachen anwendbar. Diesbezüglich gelten die §§ 69 bis 94 StG sowie §§ 26 bis 42 ESchG. In der gleichen Bestimmung wird die Anwendung des Zweiten Abschnitts des VRG auf Straf- und Polizeistrafsachen ausgeschlossen, da diese Verfahren in der Strafprozessordnung geregelt sind.

Nicht anwendbar sind gemäss § 4 Abs. 2 lit. b VRG die erwähnten Normen des VRG sodann in Angelegenheiten, welche das öffentliche Dienstverhältnis betreffen, es sei denn, es gehe um Disziplinarfälle. Diese Bestimmung ist nicht ganz unbedenklich und beruht auf der überholten Betrachtungsweise, es handle sich im Bereich des öffentlichen Dienstverhältnisses um justizfreie Hoheitsakte. Die Durchführung eines Verfahrens ist jedenfalls dann notwendig, wenn Rechte und Pflichten der Dienstnehmenden betroffen sind und diesen demgemäss der Anspruch auf rechtliches Gehör gemäss Art. 4 Abs. 1 BV zusteht; dies ist insbesondere bei einer Entlassung aus wichtigen Gründen der Fall (Entscheid des Verwaltungsgerichts vom 25. November 1977, ZBl 1978, S. 151 ff.). Auch lässt der Regierungsrat aufgrund von § 13 des Gesetzes vom 26. Februar 1899 betreffend Organisation und Geschäftsordnung des Regierungsrates (OG RR) den Rekurs in Angelegenheiten, die das Dienstverhältnis betreffen zu, wenn ein besonders intensives Rechtsschutzbedürfnis besteht (vgl. die Hinweise bei Kölz, Kommentar VRG, § 4, Rz. 17 ff.). Vorausgesetzt ist aber, dass die betroffene Person zur Erhebung des Rekurses legitimiert und mitunter in ihren Rechten betroffen ist (§ 21 VRG).

Schliesslich sind die Bestimmungen des zweiten Abschnitts nicht anwendbar in Angelegenheiten der zwangsweisen Internierung, auch wenn diese nicht an das Verwaltungsgericht weitergezogen werden können (§ 4 Abs. 2 lit. c i.V.m § 45 lit. a VRG).

Im übrigen gelten die §§ 5 ff. VRG für das streitige wie auch das nichtstreitige Verfahren. Vorbehalten bleiben abweichende Vorschriften in Spezialgesetzen (§ 4 Abs. 1 VRG). Als Beispiele können die §§ 309 ff. PBG oder § 151 GG erwähnt werden.

23. KAPITEL: DER VERFAHRENS- ABLAUF

I. OFFIZIALMAXIME

479 Wie im Bund ist auch im Kanton Zürich das nichtstreitige Verwaltungsverfahren von der Offizialmaxime beherrscht. Die Behörden leiten im Rahmen des Gesetzes von Amtes wegen ein Verfahren ein, bestimmen dessen Gegenstand und beenden dieses wieder. Steht es den Parteien zu, das Verfahren einzuleiten, sind die Behörden gemäss § 7 Abs. 3 VRG letzter Satz an die gestellten Sachbegehren nicht gebunden.

II. FESTSTELLUNGSVERFÜGUNG

480 Das Verwaltungsrechtspflegegesetz enthält eine Vorschrift zum Erlass einer Feststellungsverfügung, die lediglich auf Spezialfälle zugeschnitten ist: Nach § 43 Abs. 1 VRG trifft die Verwaltungsbehörde dann einen gesonderten Entscheid, wenn die Pflicht zur Einholung einer behördlichen Bewilligung, einer Konzession oder eines Patents in Frage steht. Die Bestimmung erwies sich mit der Zeit als zu eng, weshalb das Verwaltungsgericht den Anspruch auf Erlass einer Feststellungsverfügung erweiterte und seither immer dann als gegeben betrachtet, wenn ein schutzwürdiges Interesse an der Feststellung von Rechten und Pflichten besteht (Entscheid des Verwaltungsgerichts vom 21. Dezember 1972, in: ZBl 1973 S. 209, RB 1982 Nr. 150). Einen praktisch bedeutsamen Anwendungsfall einer Feststellungsverfügung enthält überdies § 323 f. PBG. Danach kann über Fragen, die für die spätere Bewilligungsfähigkeit eines Bauvorhabens grundlegend sind, ein Vorentscheid eingeholt werden. Ein anderes Beispiel bildet § 213 PBG, wonach ein Grundeigentümer jederzeit einen Entscheid über die Schutzwürdigkeit seines Grundstücks in bezug auf den Natur- und Heimatschutz sowie über den Umfang allfälliger Schutzmassnahmen verlangen kann.

III. ANSPRUCH AUF ERLASS EINER LEISTUNGS- ODER GESTALTUNGSVERFÜGUNG

Grundsätzlich besteht auch im Kanton Zürich ein Anspruch auf Erlass einer Leistungs- und Gestaltungsverfügung, wenn die Gesuchstellenden zugleich zum Rekurs und zur Verwaltungsgerichtsbeschwerde befugt sind, den Behörden ein gesetzlicher Auftrag zum Tätigwerden zukommt und die Angelegenheit zur Regelung in einer individuell konkreten Anordnung geeignet ist. Unterlässt es die Behörde, eine Verfügung zu erlassen, steht dagegen die Rechtsverweigerungsbeschwerde zu, es sei denn, es liege eine Nichteintretensverfügung vor. In diesem Fall können bei gegebenen Voraussetzungen Rekurs und Verwaltungsgrichtsbeschwerde erhoben werden. 481

Zurückhaltend beurteilt das Verwaltungsgericht allerdings den Anspruch der Natur- und Heimatschutzverbände auf Erlass einer Verfügung in Angelegenheiten des Baurechts, da deren Rechtsmittelmöglichkeiten in § 338a Abs. 2 PBG beschränkt sind. Unter anderem sind sie nur befugt, das eingelegte Rechtsmittel auf den III. Titel des PBG über den Natur- und Heimatschutz abzustützen. In diesem Zusammenhang bejaht das Verwaltungsgericht den Anspruch auf Erlass einer Verfügung dann, wenn die Schutzfähigkeit eines Objekts offensichtlich gegeben ist. Ist dies nicht der Fall, besteht der Anspruch nach Ansicht des Gerichts deshalb nicht, weil sich die Verbände ansonsten den Zugang zu jedem Verfahren verschaffen könnten, indem sie behaupten, die Natur- und Heimatschutzbestimmungen des PBG seien verletzt worden (Entscheid des Verwaltungsgerichts vom 11. Juni 1991, ZBl 1991 S. 495 ff. und RB 1991 Nr. 3; zur Kritik vgl. hinten Rz. 244 und 255). 482

IV. ZUSTÄNDIGKEIT

1. PFLICHT DER BEHÖRDE ZUR ÜBERPRÜFUNG IHRER ZUSTÄNDIGKEIT

Bevor die Verwaltungsbehörde auf eine Sache eintritt, hat sie ihre Zuständigkeit in sachlicher, örtlicher und funktioneller Hinsicht zu über- 483 prüfen (§ 5 Abs. 1 VRG). Die zwingende Natur der Kompetenzvorschriften verbietet es, dass über die Zuständigkeit Vereinbarungen getroffen werden.

2. ÜBERWEISUNGSPFLICHT

484 Gelangen die Eingaben an eine unzuständige Verwaltungsbehörde, besteht die Pflicht derselben, das Gesuch an die zuständige Verwaltungsinstanz weiterzuleiten (§ 5 Abs. 2 VRG). Die Überweisungspflicht zwischen Zivil- oder Strafgerichten einerseits und Verwaltungsbehörden andererseits ist in § 194 Abs. 2 GVG ZH geregelt. Danach besteht die Pflicht sowohl der Zivil- und Strafgerichte als auch der Verwaltungsstellen, Eingaben und Zahlungen, die an die unzuständige Stelle gelangen, von Amtes wegen zu überweisen. Sie gelten als rechtzeitig eingegangen, wenn sie aus Irrtum, aber innert Frist bei der unrichtigen zürcherischen Gerichts- oder Verwaltungsstelle eingegangen sind oder der schweizerischen Post übergeben wurden.

3. KOMPETENZKONFLIKTE

485 Massgebend für die Regelung von Kompetenzstreitigkeiten ist das aus der Regenerationszeit stammende Gesetz über die Konflikte vom 23. Juni 1831 (KonfliktG). Es befasst sich allerdings nur mit positiven Kompetenzkonflikten.

Hat eine Privatperson oder eine Gerichtsstelle den Eindruck, eine Verwaltungsbehörde behandle zu Unrecht eine Zivil- oder Strafsache, können sie sich beim Obergericht beschweren (§§ 1 und 2 KonfliktG). Betrachtet sich eine Gerichtsinstanz in den Augen eines Privaten oder einer Verwaltungsbehörde in ungerechtfertigter Weise als zuständig, haben dieses das Recht, den Regierungsrat anzurufen (§§ 3 und 4 KonfliktG).

Falls sich der Regierungsrat und das Obergericht bei einem Kompetenzkonflikt nicht einigen können (vgl. § 7 KonfliktG), entscheidet der Kantonsrat als oberste kantonale Behörde. Ebenfalls in die Entscheidungskompetenz des Kantonsrates fallen die im Konfliktgesetz nicht erwähnten negativen Kompetenzkonflikte (vgl. Art. 31 Ziff. 4 Abs. 1 KV).

Entstehen Kompetenzkonflikte unter den Verwaltungsbehörden, entscheidet die gemeinsame Aufsichtsbehörde.

4. ENTSCHEID ÜBER ZUSTÄNDIGKEIT ODER UNZUSTÄNDIGKEIT

Eine Verwaltungsbehörde, die mangels Zuständigkeit auf eine Sache nicht eintreten will, hat die Angelegenheit entweder an die zuständige Behörde zu überweisen (vgl. oben; § 5 Abs. 2 VRG) oder aber, wenn eine Überweisungspflicht nicht besteht, einen Nichteintretensentscheid in Form einer anfechtbaren Verfügung zu fällen (vgl. § 19 Abs. 1 VRG). Die Verfügung ist mit einer Rechtsmittelbelehrung zu versehen und zu begründen. 486

V. AUSSTAND

Der Kanton Zürich lässt eine allgemeine und klare Regelung über den Ausstand im nichtstreitigen Verwaltungsverfahren vermissen (vgl. dagegen Art. 10 VwVG und für das Verfahren vor Verwaltungsgericht § 71 VRG). Aus diesem Grund ist das Gesetz betreffend Organisation und Geschäftsordnung des Regierungsrates (OG RR) anwendbar. § 58 OG RR hält fest, dass die in § 43 OG RR aufgezählten Ausstandsgründe auf alle Beamten der kantonalen Verwaltung Anwendung finden. Eine Beamtin oder ein Beamter haben demnach in den Ausstand zu treten, wenn sie mit dem Betroffenen verwandt oder verschwägert sind oder – im Beschwerdeverfahren – wenn sie bereits in unterer Instanz mitgewirkt haben. Sie müssen jedoch nicht in den Ausstand treten, wenn sie an einem für den Gesuchsteller ungünstig ausgegangenen anderen, früheren Verfahren vor der gleichen Instanz mitgewirkt haben (RB 1990 Nr. 19). 487

Aufgrund von Art. 4 Abs. 1 BV haben die Parteien überdies einen Anspruch darauf, dass keine beamtete Person und kein Behördenmitglied am Erlass einer Verfügung oder an einem Entscheid mitwirkt, wenn ein persönliches Interesse am zu behandelnden Geschäft besteht. Nicht anwendbar ist Art. 58 BV, da der dort formulierte Grundsatz nur für richterliche Instanzen gilt. Das Bundesgericht leitet aber aus Art. 4 Abs. 1 BV der Bestimmung von Art. 58 BV entsprechenden Garantien ab (BGE 117 Ia 408 f.).

VI. PARTEIEN

Literatur: Vgl. die vorne in Rz. 107 zit. Lit.

488 Das VRG enthält keine Art. 6 VwVG entsprechende Norm, wer im erstinstanzlichen Verfahren als Partei zu beteiligen ist. Allerdings stützt sich § 8 VRG bezüglich des Akteneinsichtsrechts auf § 21 VRG, wonach diejenigen das Einsichtsrecht geltend machen können, welche in ihren Rechten betroffen werden.

An der Abklärung des Sachverhalts mitzuwirken haben nach § 7 Abs. 2 VRG die «Beteiligten». Damit wird den Behörden ermöglicht, neben den Verfügungsadressaten auch Personen mit in das Verfahren einzubeziehen, deren Rechte durch den Ausgang des Verfahrens berührt werden könnten.

Im Baubewilligungsverfahren haben diejenigen, die nachbarliche Ansprüche geltend machen und damit die Parteirechte ausüben wollen, um die Zustellung des baurechtlichen Entscheides zu ersuchen (§ 315 f. PBG).

VII. FESTSTELLUNG DES SACHVERHALTES

1. UNTERSUCHUNGSMAXIME

489 § 7 VRG statuiert die Untersuchungsmaxime. Eine Verfügung ist nur dann rechtmässig, wenn die Verwaltungsbehörde neben der richtigen Anwendung der massgebenden Norm das Tatsachenfundament umfassend abgeklärt hat. Das Prinzip der Sachverhaltsfeststellung von Amtes wegen wird durch die den Parteien zustehenden Mitwirkungsrechte und -pflichten beeinflusst und beschränkt.

2. BEWEISMITTEL

490 Der Verwaltungsbehörde stehen folgende Beweismittel zur Verfügung:

- Befragung der Beteiligten und von Auskunftspersonen
- Beizug von Amtsberichten, Urkunden und Sachverständigen
- Augenschein.

Die Aufzählung in § 7 Abs. 1 VRG ist nicht abschliessend. Der zuständigen Amtsstelle steht die Befugnis zu, weitere Beweismittel wie Pläne, Fotos, Gegenstände etc. beizuziehen, sofern sie sich zur Erhärtung der Sachumstände eignen. Ausgenommen von den zulässigen Beweismitteln sind die Zeugeneinvernahme und das Parteiverhör, da diese vom Gesetz bewusst nicht erwähnt werden (vgl. Art. 309 StGB).

Die *Befragung der Beteiligten* ist durch Aktennotiz und in wichtigen Angelegenheiten protokollarisch festzuhalten, sofern sie nicht ohnehin schriftlich erfolgt. Desgleichen ist über mündlich eingeholte *Auskünfte von Dritten* grundsätzlich ein Protokoll anzufertigen. Der *Amtsbericht* als Auskunft von Amststellen sollte in allen Fällen schriftlich eingeholt werden. Die Schriftform dient der Rechtssicherheit und der Wahrung der Parteirechte, da sich nur so die Fragestellung und Antworterteilung einwandfrei feststellen lässt. Obgleich eine § 60 VRG entsprechende Bestimmung für das Verwaltungsverfahren fehlt, drängt sich bezüglich der Einholung eines *Sachverständigengutachtens* auf, die einschlägigen Bestimmungen der Zivilprozessordnung sinngemäss anzuwenden, zumal die §§ 171 ff. ZPO den Ablauf und insbesondere die Parteirechte bei der Einholung eines Gutachtens im einzelnen regeln. Eine Einschränkung ist allerdings anzubringen: Die Strafandrohung nach § 174 ZPO kann für die Sachverständigen im Verwaltungsverfahren nicht gelten, da es lediglich um eine *analoge* Anwendung der zivilprozessrechtlichen Bestimmungen geht und eine ausdrückliche Verweisung im Verwaltungsrechtspflegegesetz fehlt; damit mangelt es an einer genügenden gesetzlichen Grundlage (vgl. Art. 309 StGB; RB 1988 Nr. 3).

Die Frage, ob ein rechtswidrig erlangtes Beweismittel verwendet werden darf, ist nach den vorne erwähnten Grundsätzen zu beantworten: Im Verwaltungsverfahren und der Verwaltungsrechtspflege muss die Verwendung widerrechtlich erlangter Beweismittel in allen Fällen als zulässig erachtet werden, in denen gewichtige öffentliche Interessen wie der Schutz des Lebens, der Gesundheit oder der Umwelt in hohem Mass gefährdet ist und bei der Erlangung derselben nicht in den Kerngehalt eines Grundrechts eingegriffen wurde (vgl. Kölz, Kommentar VRG, § 7 N. 46 sowie BGE 109 Ia 244 ff., dazu ZBJV 1985, S. 374).

Die Verwaltungsbehörde würdigt das Ergebnis der Untersuchung frei (§ 7 Abs. 3 VRG). Allerdings wird ein Gutachten nur beschränkt geprüft, nämlich daraufhin, ob es auf zutreffender Rechtsgrundlage beruht, vollständig, klar, gehörig begründet und widerspruchslos ist; zudem muss die sachverständige Person über hinreichende Sachkenntnisse und die nötige Unbefangenheit verfügen (RB 1984 Nr. 65).

3. MITWIRKUNGSPFLICHTEN DER PARTEIEN

Den am Verfahren Beteiligten kommt unter bestimmten Voraussetzungen die Pflicht zu, an der Beweiserhebung mitzuwirken. § 7 Abs. 2 VRG nennt zwei Fälle: Einmal haben die Beteiligten dann eine Mitwirkungspflicht, wenn sie ein Begehren gestellt haben; sodann kann unabhängig davon eine spezialgesetzliche Bestimmung eine Mitwirkungspflicht vorsehen.

494 Der Gesetzgeber nimmt derartige Mitwirkungspflichten sinnvollerweise dort an, wo eine betroffene Person den besseren Zugang zu einem zu klärenden Sachverhaltselement hat (vgl. etwa §§ 310 f. PBG). Sind Tatsachen für die Behörden nur schwer oder nicht zugänglich, können sich aus dem Grundsatz von Treu und Glauben weitere Mitwirkungspflichten ergeben. Immer ist bei der Auferlegung solcher Pflichten aber der Grundsatz der Gleichbehandlung der Parteien zu beachten.

Verweigern die Beteiligten die Mitwirkung, so kann das Verfahren durch Nichteintreten beendet werden, sofern das Begehren durch sie gestellt wurde. Im übrigen verfügt die Behörde aufgrund des Sachverhalts, der sich aus den Akten ergibt, wobei sie in der Beweiswürdigung frei ist. Auch kann eine ungerechtfertigte Weigerung, bei der Sachverhaltsabklärung mitzuwirken, bei den Kostenfolgen berücksich-
495 tigt werden (§ 13 Abs. 1 VRG). Unter Umständen, wenn es öffentliche Interessen oder die Interessen Dritter erfordert, ist die Androhung einer Ordnungsbusse angezeigt (Art. 292 StGB). Schliesslich ist auf § 18 VRG zu verweisen, wonach nicht nur die leichtfertige Einleitung, sondern auch eine leichtfertige Führung eines Verfahrens mit einer Ordnungsbusse bis zu Fr. 200.– belegt werden kann. Die Bestimmung wird allerdings nur zurückhaltend angewandt.

4. ANSPRUCH DER PARTEIEN AUF RECHTLICHES GEHÖR

A. Rechtsgrundlagen

Der Anspruch auf rechtliches Gehör findet seine Rechtsgrundlage nur teilweise im VRG. Insbesondere hat der Gesetzgeber darauf verzichtet, den Grundsatz in allgemeingültiger Formulierung aufzunehmen (vgl. Art. 29 VwVG). Nur das aus dem Grundsatz folgende Recht auf Akteneinsicht ist in den §§ 8 und 9 VRG geregelt. Infolge der restriktiven Normierung durch den Zürcher Gesetzgeber kommt der bundesgerichtlichen Rechtsprechung eine besonders grosse Bedeutung zu. Das Bundesgericht hat wiederholt festgehalten, dass die aus Art. 4 Abs. 1 BV folgenden bundesrechtlichen Mindestgrundsätze des rechtlichen Gehörs als Verfahrensregeln unmittelbar anzuwenden sind, sobald sich das kantonale Recht als ungenügend erweist (vgl. etwa BGE 117 Ia 268, 112 Ia 2, je mit Hinweisen).

Die Verwaltungsbehörden im Kanton Zürich sind daher verpflichtet, den von Art. 4 BV gewährleisteten Anspruch als vorgehendes Recht zu betrachten.

496

B. Zur Konkretisierung von Art. 4 Abs. 1 BV durch das Bundesgericht

a. Das Äusserungs- und das Anhörungsrecht

Ob eine verfahrensbeteiligte Person gemäss Art. 4 Abs. 1 BV vor Erlass einer sie belastenden Verfügung anzuhören ist, bestimmt sich nach dem Einzelfall oder nach Fallgruppen, welche die Rechtsprechung herausgebildet hat. Die Anhörung muss nicht mündlich erfolgen. Im Geltungsbereich von Art. 6 EMRK und soweit diese Bestimmung bereits im erstinstanzlichen Verfahren anzuwenden ist, gilt jedoch das Prinzip der Mündlichkeit (vgl. vorne Rz. 136 ff.). Der Gehörsanspruch vor Erlass einer belastenden Verfügung besteht allerdings nicht unter allen Umständen (BGE 113 Ia 288). Zwar ist das Bedürfnis angehört zu werden, dort besonders intensiv, wo die Gefahr besteht, dass jemand durch einen staatlichen Hoheitsakt beschwert werden könnte. Besondere Dringlichkeit, die Möglichkeit, dass die Betroffenen die im öffentlichen Interesse liegenden Massnahmen vereiteln könnten, die Möglichkeit der freien Wiedererwägbarkeit, insbesondere durch Ein-

497

spracheerhebung oder schliesslich jene der Anfechtung bei einer Rechtsmittelinstanz mit voller Kognition kann eine Verweigerung der vorgängigen Anhörung rechtfertigen (vgl. BGE 105 Ia 197, enger dann BGE 116 Ia 100, wo nicht mehr auf die freie Wiedererwägbarkeit verwiesen wird). Der Umstand, dass eine solche Möglichkeit besteht, erlaubt es aber nicht, schlechthin auf die Anhörung des Betroffenen vor Erlass einer Verfügung zu verzichten: Die nachträgliche Gewährung des rechtlichen Gehörs bildet nur einen unvollkommenen Ersatz für eine unterlassene vorgängige Anhörung (BGE 105 Ia 197).

b. Mitwirkung an der Beweiserhebung

498   Die Behörden sind zunächst einmal verpflichtet, richtig angebotene Beweismittel abzunehmen, es sei denn, diese beträfen eine unerhebliche Tatsache oder sie seien zum Beweis des streitigen Sachumstandes offensichtlich untauglich. Dasselbe gilt, wenn die Behörde den Sachverhalt aus eigener Sachkunde ausreichend zu würdigen vermag (vgl. BGE 112 Ia 202, 115 Ia 101).

499   Führen die Behörden sodann zum Zweck der Abklärung des Sachverhaltes eine Besichtigung der Streitsache an Ort und Stelle durch, müssen alle Verfahrensbeteiligten rechtzeitig zum Augenschein eingeladen werden (BGE 112 Ia 6 mit Hinweisen). Stehen schützenswerte Interessen Dritter oder des Staates im Vordergrund, besteht zeitliche Dringlichkeit oder kann der Zweck nur bei unangemeldeter Durchführung erfüllt werden, können die Betroffenen ausnahmsweise vom Augenschein ausgeschlossen werden (BGE 116 Ia 100 mit Hinweisen). In solchen Fällen haben aber die Behörden die wesentlichen Ergebnisse in einem Protokoll oder in einem Aktenvermerk festzuhalten (BGE 106 Ia 75).

500   Geht man bezüglich *Sachverständigengutachten* von einer analogen Anwendung der §§ 171 ff. ZPO aus, so ist den Verfahrensbeteiligten Gelegenheit zu geben, sich zur Ernennung der sachverständigen Person zu äussern (§ 172 ZPO). Im übrigen steht es im Ermessen der Behörden, ob ihnen auch Gelegenheit zu geben ist, sich zur Fragestellung zu äussern und Änderungs- oder Ergänzungsanträge zu stellen (§ 175 Abs. 2 ZPO). Dies muss sinngemäss auch für die Amtsberichte gelten, wenn sie an die Stelle eines Sachverständigengutachten treten sollen.

C. Akteneinsichtsrecht

a. Grundsatz

§ 8 VRG enthält den Grundsatz, dass die durch eine Anordnung in ihren Rechten Betroffenen berechtigt sind, in die Akten Einsicht zu nehmen. Im Prinzip ist das Akteneinsichtsrecht auf hängige Verfahren beschränkt. Bei besonders schützenswerten Interessen haben die Verwaltungsbehörden auch nach Erledigung eines Verfahrens oder bei einem anderen laufenden Verfahren Akteneinsicht zu gewähren, wobei die Interessen im Einzelfall sorgfältig abzuwägen sind (BGE 113 Ia 1 ff., 257 ff., 112 Ia 101, 95 I 103 ff.). Zur Akteneinsichtnahme berechtigt sind neben den Verfügungsadressaten die zum Rekurs Legitimierten (vgl. § 21 VRG). Besteht eine Unsicherheit über die Berechtigung, ist das Einsichtsrecht zu gewähren.

Als Akten gelten diejenigen Unterlagen, die sich unmittelbar auf den Streitgegenstand beziehen. Dazu sollten auch frühere Verfügungen oder Entscheide in ähnlich gelagerten Fällen gehören, wenn diese nicht regelmässig veröffentlicht werden oder die Behörde ihre Begründung auf unveröffentlichte Verfügungen oder Entscheide abzustützen gedenkt (zu den amtsinternen Akten vgl. vorne Rz. 128 f.). Das Akteneinsichtsrecht enthält wie im Bund keinen Anspruch auf Zustellung der Entscheidungsgrundlagen. Es ist aber zulässig, die Akten patentierten Rechtsanwälten am Geschäftssitz zu überlassen (BGE 108 Ia 8).

501

b. Ausnahmen

Die in § 9 Abs. 1 VRG aufgezählten Ausnahmen vom Anspruch auf Akteneinsicht erlauben eine umfassende Interessenabwägung. So kann das Einsichtsrecht verweigert werden, wenn wichtige öffentliche oder schützenswerte private Interessen oder aber ein höheres Interesse an einer noch nicht abgeschlossenen Untersuchung vorgehen (vgl. auch Art. 27 Abs. 1 VwVG).

Wird der Einblick in die Akten verweigert, ist der wesentliche Inhalt soweit bekanntzugeben, als dies ohne Verletzung der zu schützenden Interessen möglich ist (§ 9 Abs. 2 VRG). Diese Lösung stimmt weitgehend mit derjenigen von Art. 28 VwVG und Art. 4 Abs. 1 BV überein.

502

D. Prüfung der Parteivorbringen

503 Aus dem Gehörsanspruch nach Art. 4 Abs. 1 BV ergibt sich zudem, dass die Parteivorbringen geprüft werden müssen. Das Ergebnis dieser Würdigung muss sich insoweit in der Begründung der Verfügung niederschlagen, als die vorgebrachten tatbeständlichen Behauptungen und rechtlichen Einwände für die Verfügung wesentlich sind (BGE 112 Ia 110).

E. Folgen der Verletzung des rechtlichen Gehörs

504 Verfahren verwiesen werden: Der Anspruch auf rechtliches Gehör ist formeller Natur; eine unter Verletzung dieses Grundsatzes zustandegekommene Verfügung wird unabhängig von der materiellen Interessenlage aufgehoben (BGE 109 Ia 5). Der Mangel ist ausnahmsweise heilbar, wenn der Beschwerdeinstanz die gleiche Kognition wie der verfügenden Instanz zusteht und die Betroffenen keinen Nachteil erleiden (BGE 114 Ia 314 mit Hinweisen, vgl. auch 116 Ia 97 ff.).

VIII. VORSORGLICHE MASSNAHMEN

Literatur: Vgl. die vorne in Rz. 145 zit. Lit.

505 § 6 VRG gibt der Verwaltung die Kompetenz, die nötigen vorsorglichen Massnahmen zu treffen, falls es die Sicherung des Streitgegenstandes oder die Beseitigung rechtswidriger oder gefährlicher Zustände erfordert. Die Zulässigkeit vorsorglicher Massnahmen ergibt sich bereits aus dem materiellen Recht, da dieses den für seine Durchsetzung notwendigen Rechtsschutz erfordert. Die vorsorglichen Massnahmen ergehen, bevor die Behörde materiell verfügt hat, und fallen mit der materiellen Rechtskraft der Hauptverfügung wieder dahin.

Im kantonalen Verfahren sind Beispiele häufig anzutreffen: So kann vorsorglich ein Abbruchverbot angeordnet werden, bis über den denkmalpflegerischen Wert des Gebäudes entschieden ist; oder es wird ein Baustopp verfügt, wenn ein wesentlicher Verstoss gegen Bauvorschriften festgestellt wurde (vgl. § 327 PBG). Anderseits kann ein Lehrer sofort seines Dienstes enthoben werden, wenn er die Schüler gefährdet.

Zuständig zur Anordnung vorsorglicher Massnahmen ist die erstinstanzlich verfügende Behörde. Handelt es sich um eine Kollegialbehörde, entscheidet bei zeitlicher Dringlichkeit der oder die Vorsitzende (§ 6 Satz 2 VRG). Die vorsorgliche Massnahme ergeht als Zwischenverfügung, sofern sie einen Nachteil für die Beteiligten zur Folge haben könnte. Sie ist mit Rekurs anfechtbar (vgl. § 19 Abs. 2 VRG).

IX. FRISTEN

Das VRG regelt in § 11 den *Fristenlauf*. Die Berechnung der Frist stimmt mit derjenigen im Bundesrecht überein (Art. 20 VwVG, Art. 32 OG). Die Frist gilt als eingehalten, wenn die Eingabe spätestens am letzten Tag der Frist bei den Behörden eingegangen ist oder der schweizerischen Post übergeben wurde. Die Gerichtsferien gelten für die Verwaltungsbehörden nicht (vgl. demgegenüber § 71 VRG i.V.m § 140 Abs. 1 GVG ZH).

506

Nach § 12 Abs. 1 VRG dürfen gesetzlich vorgesehene Fristen *erstreckt* werden, wenn die von der Frist betroffene Person während des Fristenlaufs stirbt oder handlungsunfähig wird. Andere als gesetzliche Fristen werden aus zureichenden Gründen, die dargetan und soweit als möglich belegt werden müssen, erstreckt.

Die *Wiederherstellung* der Fristen ist nach § 12 Abs. 2 VRG dann zulässig, wenn der Partei keine grobe Nachlässigkeit zur Last fällt. Die Partei hat sich eine der Vertretung vorzuwerfende grobe Nachlässigkeit anrechnen zu lassen. Beim Einsatz von Hilfspersonen durch die Partei oder durch ihre Vertretung muss sie aber nur für deren sorgfältige Auswahl, Instruktion und Überwachung einstehen (RB 1986 Nrn. 3 und 4, 1988 Nr. 11).

Säumnisfolgen sind nicht ausdrücklich vorgesehen, ergeben sich aber jeweils aus der konkreten Unterlassung der betroffenen Person und richten sich nach dem Verhältnismässigkeitsgrundsatz. Kommt dieser zum Beispiel einer Mitwirkungspflicht nicht nach, so wird Verzicht auf das entsprechende Beweismittel angenommen.

X. ERÖFFNUNG DER VERFÜGUNG

1. FORMVORSCHRIFTEN

A. Schriftlichkeit

507 Im Gegensatz zu Art. 34 Abs. 1 VwVG ist es gemäss § 10 Abs. 1 VRG den Behörden anheimgestellt, ob sie eine Verfügung schriftlich oder mündlich eröffnen wollen. Eine schriftliche Mitteilung erfolgt sowohl an die gesuchstellende Person wie auch an die übrigen am Verfahren Beteiligten (§ 10 Abs. 1 lit. a und b). Drittbetroffene haben nach ständiger Praxis keinen Anspruch darauf, dass eine Verfügung automatisch zugestellt wird (Kölz, Kommentar VRG, § 10 Rz. 1). Vielmehr haben sie sich aus eigener Initiative um die schriftliche Bekanntgabe zu bemühen (vgl. § 10 Abs. 1 lit. c VRG und § 315 f. PBG).

Für die richtige Zustellung trägt die Verwaltung die Beweislast. Sie darf den Adressaten nicht seiner Rechte berauben, weil die betreffende Person infolge der vergeblich versuchten Zustellung über die Verfügung nicht in Kenntnis gesetzt werden konnte (BGE 101 Ia 9, ferner BGE 116 Ib 325 f., 113 Ia 22 ff.).

B. Begründung

508 Das Gesetz sieht keine Begründungspflicht für erstinstanzliche Verfügungen vor (vgl. dagegen § 28 Abs. 1 VRG). Aus dem Anspruch auf rechtliches Gehör folgt aber, dass den Betroffenen die Entscheidungsgründe bekannt sein müssen, ansonsten diese nicht sachgemäss Rekurs erheben können. Die Würdigung der Parteivorbringen hat sich insoweit in der Begründung niederzuschlagen, als sie für die Verfügung wesentlich sind. Die Anforderungen an die Begründung sind umso höher, je grösser der den Verwaltungsbehörden eingeräumte Entscheidungsspielraum ist und je stärker individuelle Rechte betroffen sind (BGE 112 Ia 110).

Von einer Begründung kann höchstens abgesehen werden, wenn die Behörde einem Antrag voll entspricht und die Verfügung nicht in Rechte anderer eingreift. Zudem besteht kraft besonderer Gesetzesvorschrift keine Begründungspflicht bei Verfügungen, die in grosser Zahl ergehen (vgl. § 78 Abs. 3 StG).

C. Rechtsmittelbelehrung

In § 10 Abs. 2 hält das VRG fest, dass mit der schriftlichen Mitteilung auf die Möglichkeit des Weiterzuges an eine Behörde innerhalb des Kantons und auf die Frist hinzuweisen ist. Dieser Grundsatz bildet ein formelles Gültigkeitserfordernis und geht über die aus Art. 4 Abs. 1 BV folgenden Grundsätze hinaus. 509

2. MÄNGEL

Wird die Verfügung nicht oder mangelhaft eröffnet, so beginnt die Rechtsmittelfrist grundsätzlich nicht zu laufen. Allerdings setzt der Grundsatz von Treu und Glauben dieser Rechtsfolge Grenzen. Dies gilt insbesondere für eine fehlende oder mangelnde Rechtsmittelbelehrung wie auch für eine fehlende oder mangelhafte Begründung. 510

Bei unrichtiger, unklarer oder fehlender Rechtsmittelbelehrung muss die Rekursinstanz im Rahmen von Treu und Glauben auch noch nach Ablauf der Rekursfrist auf die Beschwerde eintreten (vgl. BGE 117 Ia 422).

Ist die Begründung ungenügend, so hat der Adressat der Verfügung die ihm zumutbaren Schritte zu unternehmen, um in den Besitz der notwendigen Unterlagen zu gelangen. Eine mangelhafte Begründung kann zudem im Rechtsmittelverfahren geheilt werden, wenn ein zweiter Schriftenwechsel angeordnet wird und der Rechtsmittelinstanz volle Überprüfungsbefugnis zukommt.

XI. KOSTEN

Die Verwaltungsbehörden können für ihre Amtshandlungen Gebühren und Kosten auferlegen. Welche Amtshandlungen kostenpflichtig sind, hat der Regierungsrat in einer Verordnung festzulegen (vgl. etwa Gebührenordnung für die Verwaltungsbehörden vom 30. Juni 1966, sowie Verordnung über die Gebühren der Gemeindebehörden vom 30. Juni 1966, je mit seitherigen Änderungen). Dabei spielt es in der Regel keine Rolle, ob das Verfahren seitens einer Privatperson eingeleitet wurde oder nicht. Im nichtstreitigen Verwaltungsverfahren müssen allerdings nicht für alle Amtshandlungen Gebühren verlangt werden. So sind insbesondere nach der Praxis Auskünfte über Sach- und 511

Rechtsfragen kostenfrei, sofern nicht eine formelle Feststellungsverfügung ergangen ist.
Eine Parteientschädigung wird im erstinstanzlichen Verfahren nicht zugesprochen (§ 17 Abs. 1 VRG).

512 Aus Art. 4 Abs. 1 BV leitet das Bundesgericht in seiner jüngsten Rechtsprechung einen Anspruch auf unentgeltliches Verfahren und Verbeiständung auch für das erstinstanzliche Verwaltungsverfahren ab (vgl. BGE 117 Ia 279; 114 V 231). Das Recht, von den Verfahrenskosten befreit zu werden, setzt voraus, dass die gesuchstellende Person bedürftig ist, ihre Rechtsbegehren nicht zum vornherein aussichtslos erscheinen und die verlangten Verfahrenshandlungen nicht unzulässig sind. Unentgeltliche Verbeiständung sodann kann verlangt werden, wenn es die besondere Kompliziertheit der Sache erfordert und zur Wahrung der Interessen der bedürftigen Partei erforderlich ist; zudem dürfen die Begehren nicht zum vornherein aussichtslos erscheinen (BGE 114 V 231 f.).

XII. VOLLSTRECKUNG DER VERFÜGUNG

513 Das VRG regelt die Vollstreckung von Verfügungen in den §§ 29 bis 31. Dabei beschränkt es sich darauf, die rein exekutorischen Zwangsmittel zu nennen. § 30 VRG zählt sie abschliessend auf. So können die Behörden unter der Voraussetzung, dass die Verfügung formell rechtskräftig geworden ist oder der Beschwerde keine aufschiebende Wirkung zukommt, Anordnungen auf Geld- oder Sicherheitsleistung nach den Vorschriften des SchKG durchzusetzen, Ersatzvornahmen auf Kosten der Pflichtigen durchführen oder mit unmittelbarem Zwang gegen die Pflichtigen oder deren Sachen vorgehen. Ersatzvornahme und unmittelbarer Zwang sind grundsätzlich vorher anzudrohen (§ 31 Abs. 1 und 3 VRG). Die Kosten für Ersatzvornahmen dürfen den Pflichtigen nur insoweit auferlegt werden, als sie erforderlich gewesen sind; andererseits dürfen dem Gemeinwesen keine Sonderanstrengungen zugemutet werden, den preisgünstigsten Weg zur Wiederherstellung des rechtmässigen Zustandes zu erforschen (RB 1985 Nr. 14).

Weitere administrative Massnahmen sind ohne gesetzliche Grundlage zulässig, wenn sie zur Herstellung des gesetzlichen Zustandes notwendig sind (vgl. vorne Rz. 172). Die erstinstanzlich verfügende Verwaltungsinstanz vollstreckt in der Regel die von ihr getroffene

Anordnung selbst, auch wenn ein Rekursentscheid ergangen ist. Es ist jedoch zulässig, die Vollstreckung einer untergeordneten Behörde zu übertragen. Auch kann die Rekursinstanz etwas anderes bestimmen (§ 29 Abs. 2 VRG).

Die Befugnis der Behörden, Strafen auszufällen, ergibt sich in erster Linie aus den materiellen Verwaltungsgesetzen selber. Auch ist der Gemeinderat befugt, in seinen Verordnungen und Verfügungen in Gemeindeangelegenheiten Polizeibussen bis Fr. 100.– anzuordnen (§ 74 Abs. 2 GG). Ferner darf der Gemeinderat Personen, welche die Sicherheit oder das Eigentum anderer ernstlich bedrohen oder gefährden, bis auf die Dauer von zwei Tagen in Polizeiverhaft nehmen (§ 74 Abs. 3 GG). Weiter statuiert § 328 StPO eine subsidiäre Bussenkompetenz der Verwaltungsbehörden, wenn die Gesetze, die sie zu vollziehen haben, keine Strafandrohung zu deren Durchsetzung enthalten. § 328 StPO geht bezüglich der Bussenkompetenz der Gemeindebehörden nicht über § 74 Abs. 3 GG hinaus. Die Vollstreckungsbehörde ist schliesslich befugt, sich auf Art. 292 StGB zu stützen und Busse oder Haft anzudrohen, wenn § 328 StPO keine genügende gesetzliche Grundlage abgibt.

2. ABSCHNITT: VERWALTUNGSINTERNE RECHTSPFLEGE IM KANTON ZÜRICH

514 *Literatur:* BOSSHART EDUARD, Zürcherische Verwaltungsrechtspflege, Kommentar zum Gesetz über den Rechtsschutz in Verwaltungssachen, Zürich 1960; HIRSCHI FRED, Wie werden Rechtsmittelentscheide der Kantonsregierung vorbereitet und getroffen? ZBl 1985, S. 451 ff.; HUBER FELIX, Die Beiladung, insbesondere im Zürcher Baubewilligungsverfahren, ZBl 1989, S. 233 ff.; JAAG TOBIAS, Die Rechtsmittel des zürcherischen Gemeinderechts, ZBl 1989, S. 465 ff.; KÖLZ, Kommentar VRG, §§ 19 bis 94; PFLEGHARD HEINZ, Regierung als Rechtsmittelinstanz, Zürich 1984; PFLEGHARD HEINZ, Die Instruktion von Beschwerden und Rekursen durch den Bundesrat und die kantonalen Regierungen, ZBl 1985, S. 445 ff.; SOMMER EDUARD, Weiterentwicklung der zürcherischen Verwaltungsrechtspflege, ZBl 1977, S. 145 ff.; TRIPPEL SIMON ANDREAS, Gemeindebeschwerde und Gemeinderekurs im Kanton Zürich (§§ 151 und 152 Gemeindegesetz), Zürich 1988; WÄDENSWEILER JÖRG, Der Rechtsschutz im Planungs- und Baugesetz (PBG) des Kantons Zürich, Zürich 1987.

24. KAPITEL: RECHTSGRUNDLAGEN

515 Das Verwaltungsrechtspflegegesetz des Kantons Zürich regelt die verwaltungsinterne Verwaltungsrechtspflege in den §§ 19 bis 28. Diese Regelung betrifft vornehmlich das Verwaltungsrekursverfahren. Keine Bestimmungen enthält dieses Gesetz über die Rechtsbehelfe des Wiedererwägungsgesuchs und der Aufsichtsbeschwerde sowie über die Rechtsmittel der Einsprache, der Rechtsverweigerungs- und Rechtsverzögerungsbeschwerde. Desgleichen sind für das Rekursverfahren die Revision und Erläuterung nicht geregelt. Hingegen sind weitere Regelungen in Spezialgesetzen enthalten. So normieren etwa die §§ 151 ff. GG die Gemeindebeschwerde und den Gemeinderekurs, die §§ 123 ff. WahlG die Wahl- und Abstimmungsbeschwerde und die §§ 329 ff. PBG die Rechtsmittel im Baurecht.

25. KAPITEL: DIE RECHTSBEHELFE IM KANTON ZÜRICH

I. WIEDERERWÄGUNGSGESUCH

Das Wiedererwägungsgesuch richtet sich an die verfügende Instanz. Es kann während der laufenden Rechtsmittelfrist oder gegen formell rechtskräftige Verfügungen gestellt werden. Zwar besteht keine Pflicht der Behörden, das Gesuch materiell zu behandeln. Nach den in der Zürcher Praxis entwickelten Grundsätzen hat die gesuchstellende Person aber einen Anspruch darauf, dass ein allfälliger Entscheid, das Gesuch nicht zu behandeln, in Brief- oder Verfügungsform begründet wird.

Zudem besteht eine Behandlungspflicht gemäss den vom Bundesgericht aus Art. 4 Abs. 1 BV abgeleiteten Minimalgarantien. Danach ist die Behörde dann gehalten, ein Gesuch um Wiedererwägung inhaltlich zu prüfen, wenn sich die Umstände seit dem ersten Entscheid wesentlich geändert haben, oder wenn die gesuchstellende Person erhebliche Tatsachen und Beweismittel namhaft macht, die ihr im früheren Verfahren nicht bekannt waren oder die schon damals geltend zu machen für sie rechtlich oder tatsächlich unmöglich war oder keine Veranlassung dazu bestand (BGE 113 Ia 152).

II. AUFSICHTSBESCHWERDE

Die Aufsichtsbeschwerde oder «Anzeige», die sich im Rahmen der Dienstaufsicht an die hierarchisch übergeordnete Verwaltungsbehörde richtet, hat in der Praxis eine ausserordentlich grosse Bedeutung. Deshalb wird über eine Anzeige jeweils ein Schriftenwechsel durchgeführt, sofern diese nicht offensichtlich aussichtslos erscheint. Die anzeigende Person hat nach der Praxis Anspruch auf einen Bescheid, wenn auch nur in Briefform. Es stehen ihr jedoch keine Parteirechte zu.

Die Aufsichtsbehörden sind befugt, einen Rekurs, auf den mangels genügender Eintretensvoraussetzungen nicht eingetreten werden kann, als Aufsichtsbeschwerde entgegenzunehmen. Umgekehrt aber kann eine Aufsichtsbeschwerde auch als Rekurs entgegengenommen werden, wenn der Rekurswille zum Ausdruck kommt (Entscheid des Verwaltungsgerichts vom 9. Dezember 1986, in: ZBl 1987, S. 213 ff.).

Verfügungen oder Entscheide werden nach der Praxis im Aufsichtsbeschwerdeverfahren allerdings nur dann aufgehoben, wenn klares Recht oder wesentliche öffentliche Interessen verletzt werden. Ansonsten kann auch bei unangemessenem Handeln durch die untergeordnete Instanz eingegriffen werden, beispielsweise im rechtsgeschäftlichen Bereich.

Einzig wenn die Aufsichtsbehörde eine neue Verfügung erlässt, steht den davon Betroffenen der ordentliche Rechtsmittelweg offen. Nicht als neue Verfügung gilt die Ablehnung einer Aufsichtsbeschwerde: Auf ein Rechtsmittel dagegen muss nicht eingetreten werden; es ist nur eine weitere Aufsichtsbeschwerde an die nächsthöhere, hierarchisch übergeordnete Instanz zulässig (RB 1986 Nr. 18; ZBl 1987, S. 214 f.).

518 Besonders geregelt ist die *Aufsicht über die Gemeinden*. Aufgrund von § 142 GG kann der Bezirksrat – oder Statthalter (vgl. Art. 45 Abs. 2 KV) – auch Verfügungen einer Gemeindebehörde aufheben. Dazu ist er von Amtes wegen befugt oder wenn eine Anzeige gegen eine Gemeindebehörde eingeht. Als Oberaufsichtsbehörde kann auch der Regierungsrat einschreiten (§ 149 GG). Allerdings greift der Bezirksrat oder der Statthalter ebenfalls nur zu diesem Aufsichtsmittel, wenn klares Recht, wesentliche Verfahrensvorschriften oder öffentliche Interessen offensichtlich missachtet worden sind (ZBl 1987, S. 216).

26. KAPITEL: EINSPRACHE

Die Einsprache gehört zum Rechtsmittelverfahren, soweit sie in einem Spezialgesetz vorgesehen ist. Sie kommt vor allem im kommunalen Recht vor, ist aber auch in einigen kantonalen Gesetzen zu finden. Grundsätzlich wird sie bei der verfügenden Behörde anhängig gemacht. § 57 Abs. 2 GG enthält eine Besonderheit: Danach sind Einsprachen gegen Verfügungen, die ein einzelnes Mitglied oder ein Ausschuss einer Gemeindebehörde beispielsweise des Gemeinderates (Exekutive), erlassen hat, jeweils bei der Gesamtbehörde, anzubringen und von dieser zu behandeln. Ferner ist gegen Verfügungen von Beamten mit selbständigen Verwaltungsbefugnissen die Einsprache beim Gemeinderat (Exekutive) zu erheben (§ 115a Abs. 2 GG). Ebenso behandelt die Steuerkommission die Einsprache gegen die steuerliche Einschätzung. Trotzdem ist die Einsprache beim Steuerkommissär einzureichen (§ 89 StG).

Im praktisch wichtigsten Bereich, im Baurecht, wird auf das Einspracheverfahren verzichtet, um das Rechtsmittelverfahren zu verkürzen (vgl. § 329 PBG).

27. KAPITEL: VERWALTUNGS-REKURS

520 Der Rekurs ist nach zürcherischer Terminologie das ordentliche Rechtsmittel, welches eine umfassende Überprüfung durch die Rekursinstanz eröffnet. Es kann damit die Rechtsanwendung, die Tatsachenfeststellung und insbesondere das Ermessen überprüft werden. Dies im Gegensatz zur Beschwerde, die nur eine beschränkte Überprüfung, in der Regel nur die Rechtsanwendung und Tatsachenfeststellung unter Ausschluss des Ermessens ermöglicht.

I. DISPOSITIONSMAXIME

521 Die Parteien haben das Rekursbegehren an die zuständige Verwaltungsinstanz zu richten. Ob sie gegen die ergangene Verfügung ein Rechtsmittel einlegen wollen, ist nach dem Grundsatz der Dispositionsmaxime in ihr Ermessen gestellt. Die Dispositionsmaxime wird insoweit durchbrochen, als die Rekursinstanz an die Rekursbegehren nicht gebunden ist (§ 27 VRG). Zudem steht es den Parteien zu, das Verfahren durch Rückzug oder Anerkennung des Rekurses zu beenden. Vergleiche können infolge der zwingenden Bestimmungen des Verwaltungsrechts nur beschränkt abgeschlossen werden.

II. REKURSVORAUSSETZUNGEN

1. ZUSTÄNDIGKEIT

A. Im allgemeinen

522 Die sachliche Zuständigkeit ergibt sich aus dem kantonalen Organisationsrecht oder aus dem materiellen Recht, währenddessen dem VRG nur einige Bestimmungen über den Instanzenzug entnommen werden können.

Nach § 5 Abs. 2 VRG besteht, wie gesagt, die Pflicht der Zürcher Verwaltungsbehörden, das Rekursbegehren der zuständigen Instanz zu überweisen, wenn sie selbst unzuständig sind. Bezüglich der Überweisungspflicht zwischen den Gerichten und den Verwaltungsbehörden gilt § 194 Abs. 2 GVG ZH.

B. Instanzenzug bei Verfügungen unterer kantonaler Instanzen

Der Instanzenzug verläuft bei Anordnungen unterer Verwaltungsbehörden über die hierarchisch übergeordnete Instanz (§ 19 Abs. 1 VRG), es sei denn, ein Spezialgesetz sehe etwas anderes vor. Übergeordnete Instanzen sind Behörden, denen die Dienstaufsicht zusteht. Über Verfügungen unterer kantonaler Behörden entscheidet entweder eine Direktion des Regierungsrates (dem wiederum die Aufsichtsbefugnis über die Direktionen zusteht) oder aber der Regierungsrat selbst (vgl. Art. 40 Ziff. 5 KV). Gegen Beschwerdeentscheide einer Direktion kann allerdings bei gegebenen Voraussetzungen direkt Verwaltungsgerichtsbeschwerde erhoben werden, sodass die Zuständigkeit des Regierungsrates in diesen Bereichen wegfällt (vgl. § 47 VRG). Diese Konstellation ist selten, sodass in der Regel zunächst gegen die Verfügung der Direktion der Rekurs an den Regierungsrat gegeben ist (vgl. auch § 13 Abs. 1 OG RR sowie hinten Rz. 585 f.). Der Bezirksrat, der zwar ebenfalls eine untere kantonale Behörde darstellt, entscheidet in ganz seltenen Fällen als erste Instanz. Das Schwergewicht seiner Tätigkeit liegt in der Verwaltungsrechtspflege, in der Behandlung von Rekursen gegen Anordnungen der Gemeinden (vgl. dazu sogleich unter C.).

523

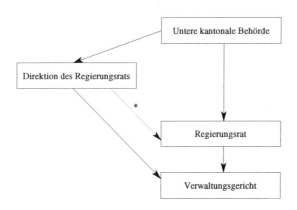

* Bei erstinstanzlichen Verfügungen entscheidet in jedem Fall zuerst der Regierungsrat

C. Instanzenzug bei Beschlüssen der Gemeinde und Gemeindebehörden

524 Auf die Zuständigkeit von Gesamtbehörden, insbesondere des Gemeinderats (Exekutive) als Einspracheinstanzen wurde bereits hingewiesen (vgl. §§ 57 Abs. 2, 115a Abs. 2 GG).

Über die *Gemeindebeschwerde* und über den *Gemeinderekurs* entscheidet als erste Instanz der Bezirksrat (vgl. § 151 Abs. 2 GG; Art. 45 Abs. 1 KV, §§ 141, 152 GG; § 19 Abs. 1 VRG), sofern nicht eine abweichende Bestimmung eine andere Zuständigkeit vorsieht (§ 153 GG). Dies ist etwa in ortspolizeilichen Angelegenheiten, im Bereich des Feuerwesens oder des Strassenwesens der Fall. Dort entscheidet erstinstanzlich der Statthalter (vgl. Art. 45 Abs. 2 KV, § 12 des Bezirksverwaltungsgesetzes vom 10. März 1985, § 40 Abs. 2 Strassengesetz). Im Bereich des Schulwesens ist es die Bezirksschulpflege, während im Baurecht die Baurekurskommission zuständig ist (vgl. § 329 f. PBG, dazu sogleich). Abweichende Zuständigkeiten enthält auch das Steuergesetz (vgl. § 145 StG).

Die Entscheide des Bezirksrates sowie des Statthalters sind in der Regel mit Rekurs an den Regierungsrat weiterziehbar. Der Entscheid der Bezirksschulpflege hingegen muss zuerst beim Erziehungsrat angefochten werden, bevor der Rekurs an den Regierungsrat zulässig ist. Gegen die Rekursentscheide des Regierungsrates oder – bei spezialgesetzlicher Regelung – der Direktionen (vgl. § 40 Abs. 1 Strassengesetz) kann unter den Voraussetzungen der §§ 42 ff. VRG beim Verwaltungsgericht Beschwerde erhoben werden (§ 47 Abs. 1 lit. b und c VRG). Ist dies nicht der Fall, kann gegen den Rekursentscheid einer Direktion beim Regierungsrat Rekurs eingelegt werden.

Exkurs zur Gemeindebeschwerde und zum Gemeinderekurs:

525 Gemeindebeschwerde und Gemeinderekurs unterscheiden sich im wesentlichen durch das Anfechtungsobjekt, in den Anfechtungsgründen sowie der Legitimation. Zu beachten ist, dass auch beim Abweichen von den vom Gemeindegesetz vorgesehenen Zuständigkeiten gemäss § 153 GG auf das Verfahren grundsätzlich die Bestimmungen der §§ 151 ff. GG anwendbar sind. Dasselbe gilt für den Weiterzug von Beschwerdeentscheiden. Vorbehalten bleiben aber die eigenen Verfahrensbestimmungen der Spezialgesetze (Disziplinarrekurs nach VRG, Wahlgesetz, Steuergesetz). Anders jedoch der Baurekurs nach PBG:

Gemäss Praxis ist trotz den spezielleren Rechtsmittelbestimmungen die Gemeindebeschwerde nach § 151 GG zulässig; dies wiederum ändert aber nichts daran, dass sich die Zuständigkeiten nach dem PBG richten, dazu Jaag, ZBl 1989, S. 468 / 473).

Mit Gemeinde*beschwerde* sind Beschlüsse (Erlasse und Einzelakte) der obersten Gemeindeorgane (Gemeindeversammlung, Urnenabstimmung und Grosser Gemeinderat) anfechtbar. Keine Beschlüsse im Sinn von § 151 Abs. 1 GG sind Wahlentscheide oder Vorbereitungshandlungen zu Wahlen und Abstimmungen. Anfechtungsgründe bilden gemäss § 151 Abs. 1 Ziff. 1 und 2 GG inhaltliche Mängel, während nach Ziff. 3 Verfahrensmängel gerügt werden können. Damit wird zugleich der autonome Wirkungsbereich der Gemeinden abgesteckt. Die Stimmrechtsbeschwerde von § 123 WahlG geht jedoch insoweit vor, als bei einem Verfahrensmangel, wenn Verspätung droht, nicht der Beschluss des obersten Gemeindeorgans abgewartet werden darf, sondern der Mangel innert 20 Tagen seit Entdecken geltend gemacht werden muss (§ 128 WahlG). Dabei bestimmt sich die Zuständigkeit nach § 126 Abs. 1 WahlG: Beschwerdeinstanz ist der Bezirksrat. Bei unterschiedlicher Zuständigkeit nach § 153 GG kommt es demzufolge, in den Fällen, in denen sowohl inhaltliche als auch verfahrensrechtliche Rügen erhoben werden, zu einer Gabelung des Rechtsweges.

Zur Gemeindebeschwerde legitimiert sind die Gemeindebehörden, zum Beispiel der Gemeinderat (Exekutive), die Stimmberechtigten und diejenigen Personen, die ein rechtliches Interesse haben (§ 151 GG). Im übrigen sind die §§ 128 bis 133 WahlG anwendbar.

Beschlüsse und Erlasse der anderen, nicht in § 151 GG erwähnten obersten Gemeindebehörden können mit *Rekurs* angefochten werden. Als oberste Gemeindebehörde gelten neben dem Gemeinderat (Exekutive) etwa die Fürsorgebehörde oder Kommissionen nach § 56 GG, nicht aber die in §§ 57 und 115a GG erwähnten Ausschüsse, Behördenmitglieder und Beamten. Kraft Verweisung in § 152 GG auf das VRG gilt für die Legitimation dessen Bestimmungen (§ 21 VRG). Werden Erlasse angefochten, muss die virtuelle Betroffenheit entgegen der Praxis des Regierungsrates allerdings genügen, ansonsten generell abstrakte Normen nie mit Rekurs angefochten werden könnten (vgl. Jaag, ZBl 1989, S. 474).

Die Verweisung in § 152 GG müsste auch für die Anfechtungsgründe gemäss § 20 VRG gelten. Die Anwendung dieser Bestimmung hätte allerdings zur Folge, dass den Gemeinden keine Autonomie mehr zukommen würde. Entsprechend der bundesgerichtlichen Praxis, dass sich der Umfang der Gemeindeautonomie nach dem den Gemeinden vom kantonalen Recht eingeräumten erheblichen Entscheidungsspielraum in einem spezifischen Sachbereich bestimmt, beschränken die Rechtsmittelinstanzen ihre Kognition auf die Rechtskontrolle (vgl. BGE 114 Ia 76 f.; die verfassungsrechtliche Garantie ergibt sich aus Art. 48 KV). Geht es um die Auslegung unbestimmter Rechtsbegriffe des kantonalen Rechts, wird den Gemeinden bei der Sinnermittlung derselben ebenfalls ein qualifizierter Entscheidungsspielraum eingeräumt, wenn dabei in besonderem Masse örtliche Verhältnisse zu würdigen sind, wie dies etwa im Bau- und Planungsrecht häufig der Fall ist. Eingeschränkt ist die Kognition der Rechtsmittelinstanz auch, wenn das kommunale Recht Ermessensspielräume offen lässt oder unbestimmte Rechtsbegriffe enthält (vgl. Trippel, S. 132).

Übersicht

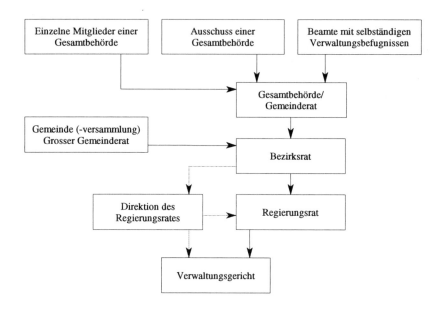

D. Instanzenzug nach dem Planungs- und Baugesetz

528 Geht es um eine Streitigkeit des Planungs- und Baurechts sowie damit zusammenhängende Rechtsfragen, fällt nach § 329 Abs. 1 lit. a PBG sowohl die Einsprache gemäss § 57 Abs. 2 GG wie auch die Beschwerde an den Bezirksrat weg. Dadurch wird das Rechtsmittel-

verfahren wesentlich vereinfacht. Als Mittelinstanz entscheidet in diesen Angelegenheiten die Baurekurskommission. Gegen deren Entscheid kann gemäss § 329 Abs. 2 PBG i.V.m. § 47 Abs. 1 lit. a VRG direkt Verwaltungsgerichtsbeschwerde erhoben werden. Ist die Verwaltungsgerichtsbeschwerde unzulässig, steht der Rekurs an den Regierungsrat offen (§ 329 Abs. 3 PBG). Der Rekurs an den Regierungsrat ist ebenfalls dort gegeben, wo die Baudirektion erstinstanzlich verfügt (§ 329 Abs. 1 lit. b PBG). Dieser regierungsrätliche Entscheid kann wiederum mit der Verwaltungsgerichtsbeschwerde (§ 329 Abs. 2 PBG i.V.m. § 47 Abs. 1 lit. b VRG) angefochten werden.

Übersicht

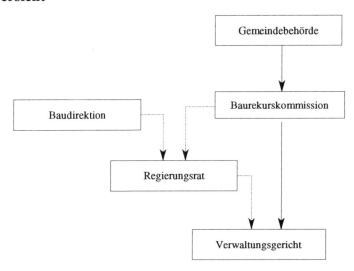

2. ANFECHTUNGSOBJEKT

§ 19 Abs. 1 VRG bestimmt, dass Anordnungen einer unteren Verwaltungsbehörde mit Rekurs anfechtbar sind. Darunter fallen sowohl erstinstanzliche Verfügungen wie auch Entscheide von Oberbehörden, die im Rechtsmittelverfahren ergangen sind. Der Verfügungsbegriff stimmt grundsäztlich mit demjenigen von Art. 5 VwVG überein. Einzig die Voraussetzung, dass sich die Verfügung auf öffentliches Recht des Bundes stützen muss, fällt hier weg. Es genügt, dass sie in Anwendung von kantonalem Verwaltungsrecht ergeht. Die Anfechtung von generellabstrakten Erlassen ist auch im kantonalen Rekursverfahren grundsätzlich ausgeschlossen (vgl. aber § 151 Abs. 1 GG).

530 Nach § 19 Abs. 2 VRG können *Zwischenentscheide* dann weitergezogen werden, wenn sie für den Betroffenen einen Nachteil zur Folge haben, der sich später voraussichtlich nicht mehr beheben lässt (vgl. RB 1990 Nr. 18). Der Rechtsweg folgt der Hauptsache. Die Anfechtbarkeit dieser verfahrensleitenden Anordnungen ist nur dann gegeben, wenn die Hauptverfügung ebenfalls dem Rekurs unterliegt.

531 Das Zürcherische Recht kennt sodann das Institut der *Vorentscheide*. In § 19 VRG werden sie zwar nicht erwähnt, gemäss § 48 Abs. 3 VRG können sie aber mit Verwaltungsgerichtsbeschwerde angefochten werden. Nach der Praxis ist diese Bestimmung auch für das Rekursverfahren anwendbar. Vorentscheide, durch die eine Rechtsfrage beurteilt wird, sind weiterziehbar, wenn dadurch sofort ein Endentscheid herbeigeführt und ein erhebliches Beweisverfahren erspart werden kann. Ein Anwendungsfall des Vorentscheids ist in § 323 f. PBG geregelt. Danach können über Fragen, die für die spätere Bewilligungsfähigkeit eines Bauvorhabens grundlegend sind, Vorentscheide eingeholt werden. Im kantonalen Verfahren sind diese wie Baubewilligungen anfechtbar (§ 324 Abs. 1 PBG). Das Bundesgericht betrachtet diese Vorentscheide allerdings als Zwischenentscheide und tritt auf eine staatsrechtliche Beschwerde wegen Verletzung von Art. 4 Abs. 1 BV nur nach Massgabe von Art. 87 OG ein. Danach muss ein nicht wiedergutzumachender Nachteil nachgewiesen sein (vgl. Bundesgerichtsentscheid vom 6. Januar 1987, ZBl 1988, S. 86).

3. PARTEIEN UND REKURSLEGITIMATION

532 *Literatur:* HUBER, (zit. in Rz. 514), ZBl 1989, S. 233 ff., 239 f.; MOSER HANS PETER, Die Rechtsmittelbefugnis in der zürcherischen Verwaltungsrechtspflege (Vernehmlassung des Verwaltungsgerichts), ZBl 1982, S. 297 ff.

A. Die Parteien

533 Bezüglich der Partei- und Prozessfähigkeit kann auf das vorne Gesagte verwiesen werden (vgl. Rz. 108 ff.).

534 Die Parteistellung bestimmt sich im wesentlichen nach der Rechtsmittelbefugnis. Allerdings verwendet das Gesetz auch im Rekursverfahren verschiedentlich den Begriff der Beteiligten, so bezüglich der Vernehmlassung (§ 26 Abs. 2 und § 58 VRG), bezüglich der Zustel-

lung der Entscheide (§ 28 Abs. 2 und § 65 Abs. 1 VRG, vgl. auch § 10 Abs. 1 lit. b VRG) sowie bezüglich Verfahrenskosten (§ 13 Abs. 2 VRG; vgl. demgegenüber § 17 Abs. 2 VRG).

Die Einräumung der Parteistellung hängt nach der zürcherischen Praxis in der Regel davon ab, ob sich die Vorinstanz dem Rekurs widersetzt oder – in einem Mehrparteienverfahren – andere «Beteiligte» eigene Anträge stellen. Alsdann kommt ihnen Parteistellung zu. Ist dies nicht der Fall, gelten sie als Mitbeteiligte. Demgegenüber hat der Baugesuchsteller in dem vom Nachbarn angestrengten Rechtsmittelverfahren immer die Parteistellung eines Rechtsmittelgegners, da vom Initianten des Baugesuchs stillschweigend vorausgesetzt wird, dass er sich dem Rechtsmittel widersetzt. Die Unterscheidung ist deshalb bedeutsam, weil in der Praxis entgegen dem Wortlaut von § 13 Abs. 2 VRG lediglich die Parteien, und nicht die «Beteiligten» zur Kostentragung verpflichtet werden (vgl. dazu Huber, ZBl 1989, S. 240; RB 1988 Nr. 12).

Infolge des engen Legitimationsbegriffs von § 21 VRG wird im Rekursverfahren, wie auch im Verwaltungsgerichtsbeschwerdeverfahren, die *Beiladung* zugelassen. Soll sich die Rechtskraft des Entscheides auf eine im vorinstanzlichen Verfahren nicht beteiligte Person, welche aber am Ausgang des Verfahrens ein schutzwürdiges Interesse hat, erstrecken, kann sie von der Rechtsmittelinstanz von Amtes wegen beigeladen werden. Desgleichen ist sie befugt, selber ein entsprechendes Gesuch zu stellen. Letzteres bildet vor Verwaltungsgericht die Regel; eine Beiladung erfolgt dort nur auf ausdrückliches Begehren hin (RB 1984 Nr. 15). Das Beiladungsinteresse ist weiter gefasst als dasjenige, das nach § 21 VRG zur Rechtsmittellegitimation verlangt wird. Es genügt, wenn das schutzwürdige Interesse tatsächlicher Natur ist; ein rechtlich geschütztes Interesse ist nicht vorausgesetzt. Ferner genügt es, wenn das Interesse ein potentielles ist. Die Beiladung ist aber immer dann unzulässig, wenn es darum geht, eine verpasste Rechtsmittelfrist zu heilen (Huber, ZBl 1989, S. 254). Da sich die Rechtskraft des Entscheides auf die Beigeladenen erstreckt, wird zugleich vermieden, dass über denselben Streitgegenstand ein zweites Verfahren angestrebt wird. Auch kann durch die Beiladung verhindert werden, dass ein Entscheid nachträglich infolge Verletzung zwingender Verfahrensvorschriften aufgehoben oder revidiert werden muss (vgl. Kölz, Kommentar VRG, § 21 Rz. 90). Das Institut der Beiladung hat in der Praxis trotzdem wenig Bedeutung erlangt.

B. Legitimation der durch die Verfügung Betroffenen

a. Im allgemeinen

536 Zum Rekurs berechtigt sind diejenigen, die durch eine Verfügung in ihren Rechten betroffen werden (§ 21 VRG). Die Regelung von § 21 VRG gilt gleichermassen für das verwaltungsinterne Beschwerde- wie für das Verwaltungsgerichtsbeschwerdeverfahren (§ 70 VRG). Die darin enthaltene Legitimationsumschreibung ist um einiges enger gefasst als diejenige im Bund (vgl. Art. 48 VwVG und Art. 103 OG). Das Gesetz geht von einer subjektiv-materiellrechtlichen Betrachtungsweise aus. Die Beschwerdeführenden müssen in ihren Rechten betroffen sein. Ein rein faktisches Interesse an der Aufhebung der Verfügung genügt nicht. Bereits bei der Legitimation muss dargetan sein, dass eine Norm verletzt werde, welche die Rekurrierenden in ihren Rechten schützt (vgl. auch Art. 88 OG).

Nach dem kantonalen Recht ist – wie im Bund – die Legitimation nur dann gegeben, wenn das Rechtsschutzinteresse ein aktuelles ist. Mithin kann aber auch im kantonalen Verfahren das Erfordernis der Aktualität des Interesses wegfallen, wenn eine Anordnung zu beurteilen ist, die sich jederzeit wiederholen kann und eine Überprüfung regelmässig ausgeschlossen wäre.

Die Gemeinde ist ebenfalls befugt, Rekurs zu erheben, wenn sie betroffen ist wie eine Privatperson.

b. Legitimation Dritter im besonderen

537 Neben den Verfügungsadressaten sind auch Dritte zum Rekurs berechtigt. Da § 21 VRG die Betroffenheit in ihren Rechten der Beschwerdeführenden verlangt, haben sich grundsätzlich auch Drittbeschwerdeführende auf diese sie angeblich schützende Norm zu berufen (Schutznormtheorie). Diese enge Konzeption erlaubt es beispielsweise einem Konkurrenten kaum, sich gegen die Bewilligungserteilung an ein Drittperson zu wehren, auch wenn diese widerrechtlich erfolgte. Die Praxis bejaht deshalb ausnahmsweise die Beschwerdeberechtigung auch, wenn nur tatsächliche Interessen an der Aufhebung oder Änderung der Verfügung bestehen. So können sich die Grundeigentümer und Mieter als Anstösser gegen eine Verkehrsbeschränkung zur Wehr setzen, wenn der Gemeingebrauch einer Strasse erheblich eingeschränkt wird (RB 1988 Nr. 5, 6; ZBl 1985, S. 82 ff.). Ebenso wurde der abgewiesene Mitbewerber, der sich um eine Berufsfischerpacht

beworben hatte, zur Verwaltungsgerichtsbeschwerde zugelassen, obwohl ihm kein Rechtsanspruch auf die Erteilung zustand (RB 1981 Nr. 12).

Verbände und Vereine können ein kantonales Rechtsmittel ergreifen, wenn sie statutengemäss die betreffenden Interessen zu wahren haben und die Mehrheit der Mitglieder zur Geltendmachung befugt wäre. Nicht rekurslegitimiert ist jedoch ein Verein dann, wenn durch die angefochtene Anordnung nur ein kleiner Teil seiner Mitglieder betroffen ist (RB 1991 Nr. 8). 538

Im Baurecht wurde die Legitimation in Anpassung an das Bundesrecht (vgl. Art. 33 Abs. 3 lit. a RPG) gegenüber § 21 VRG erweitert. Nach § 338a Abs. 1 PBG ist zum Rekurs berechtigt, wer durch die angefochtene Verfügung berührt ist und ein schutzwürdiges Interesse an ihrer Aufhebung oder Änderung hat. Diese Umschreibung der Legitimation hat zur Folge, dass sich etwa die Nachbarn nicht auf eine Norm berufen müssen, die ihren Schutz bezweckt, sondern es genügt, wenn sie ein tatsächliches Interesse darzutun vermögen und sie durch die Verfügung mehr als irgendwelche Drittpersonen betroffen werden. 539

Bei der Gemeindebeschwerde besteht schliesslich die Besonderheit, dass den Stimmberechtigten die Legitimation unabhängig von einem rechtlichen oder tatsächlichen Interesse zusteht, wenn Beschlüsse der Gemeindeversammlung, der Urnenabstimmung oder des Grossen Gemeinderates angefochten werden sollen (§ 151 Abs. 1 GG).

C. Vertretung des öffentlichen Interesses

a. Behördenbeschwerde

Das VRG enthält keine Regelung der Vertretung des öffentlichen Interesses durch die Behörden. 540

Die Zulässigkeit zur Rechtsmittelerhebung kann sich zunächst einmal aus dem Bundesrecht ergeben. Darauf ist sogleich zurückzukommen.

Für die nach Gemeindegesetz anfechtbaren Akte gelten die Bestimmungen von § 151 ff. GG. Einerseits sind nach § 151 Abs. 1 GG die Gemeindebehörden befugt, Beschlüsse der Gemeindeversammlung, der Urnenabstimmung oder des Grossen Gemeinderates mit *Gemeindebeschwerde* anzufechten. Andererseits darf die Gemeinde die Aufhebung eines Beschlusses weiterziehen, wenn dieser im Gemeinde- 541 beschwerdeverfahren durch die erste Instanz aufgehoben wurde. § 155 GG bezeichnet für diesen Fall die zuständigen Gemeindebehörden, die über den Weiterzug beschliessen dürfen (Jaag, ZBl 1989, S. 474). Beim *Gemeinderekurs* ist die Legitimationsbestimmung von § 21 VRG massgebend. Im Hinblick darauf erwägt das Verwaltungsgericht, dass die Gemeinde dann zur Beschwerdeerhebung legitimiert ist, wenn sie sich für die Durchsetzung des von ihr erlassenen kommunalen Rechts zur Wehr setzt oder aber ihr bei der Anwendung von kantonalem Recht ein erheblicher Entscheidungsspielraum zukommt. Zudem wird ein aktuelles Interesse gefordert (RB 1987 Nr. 2).

542 Der Grundsatz, wonach innerhalb der gleichen Verwaltungshierarchie die untere Instanz nicht gegen die obere prozessieren darf, findet bezüglich der Legitimation der Gemeinden somit nur beschränkte Anwendung.

b. Verbandsbeschwerde

543 Im Kanton Zürich besteht zwar kein allgemeines Rekurs- und Beschwerderecht der ideellen Verbände. Für das Planungs- und Baurecht existiert aber seit dem 1. Januar 1987 eine auf den Bereich des Natur- und Heimatschutzes (§§ 203–217, 238 Abs. 2 PBG) sowie des Bauens ausserhalb der Bauzonen beschränkte Rechtsmittellegitimation gesamtkantonaler Vereinigungen, welche sich seit mindestens zehn Jahren im Kanton statutengemäss dem Natur- und Heimatschutz oder verwandten rein ideellen Zielen widmen (§ 338a Abs. 2 PBG, vgl. ferner RB 1990 Nrn. 11–14 sowie RB 1991 Nrn. 3 und 9).

Das Verwaltungsgericht prüft allerdings im Zusammenhang mit dem Anspruch auf Erlass einer Gestaltungsverfügung zur Unterschutzstellung eines Objekts nicht nur, ob es sich um einen Natur- und Heimatschutzverband mit zehnjähriger Tätigkeit handelt, sondern ebenso, ob das Objekt offensichtlich schutzwürdig ist. Damit wird bei der Eintretensfrage zugleich die Begründetheit eines Begehrens geprüft. Wenngleich es dem gesetzgeberischen Willen entsprochen haben mag, den Verbänden keinen allgemeinen Zugang zu den Baubewilligungsverfahren einzuräumen, vermag diese Lösung nicht vollauf zu befriedigen. Denn die vom Verwaltungsgericht verworfene rein prozessuale Betrachtungsweise, wonach die Legitimation und die Begründetheit eines Rechtsmittels streng zu trennen sind, führt keineswegs dazu, dass sich die Verbände in sämtliche Verfahren einmischen. Die Verbände können sich gemäss § 338a Abs. 2 PBG nach wie vor nur auf die Bestimmungen des III. Titels des PBG oder auf § 238 Abs. 2 PBG berufen oder es muss eine Baute oder Anlage ausserhalb der Bauzone in Frage stehen; ist das Gesuch unbegründet, tragen sie überdies das Kosten- und Entschädigungsrisiko.

D. Anforderungen des Bundesrechts an die Legitimation

Dem weiteren Legitimationsbegriff des Bundes muss kraft Art. 98a Abs. 3 OG dann Rechnung getragen werden, wenn eine Verfügung in Anwendung von Bundesrecht ergeht und die Verwaltungsgerichtsbeschwerde an das Bundesgericht gegeben ist; in diesen Fällen darf die kantonale Beschwerdeberechtigung nicht enger gefasst werden als diejenige des Bundes. Es handelt sich dabei um eine Anforderung an das kantonale Verfahren, die bereits das Bundesgericht in seiner Rechtsprechung gestellt hatte (vgl. BGE 116 Ib 370 f. mit Hinweisen; Kölz/ Kottusch, (zit. in Rz. 17), ZBl 1978, S. 442 ff.). Bei der mittlerweile grossen Ausdehnung des von den Kantonen vollzogenen Bundesrechts führt dies in zahlreichen Rechtsmittelverfahren zu einer gegenüber § 21 VRG erweiterten Legitimation; aus Gründen der Rechtssicherheit wäre § 21 auch für die übrigen Verfahren dem Bundesverfahrensrecht anzupassen. 544

Weiter enthält auch das materielle Bundesverwaltungsrecht Bestimmungen über die Legitimation, welche über Art. 98a OG hinausgehen. So ist etwa auf Art. 55 USG zu verweisen, wonach den *Verbänden* unabhängig davon, ob die Verwaltungsgerichtsbeschwerde gegeben ist, das Recht zur Rechtsmittelerhebung auch in den kantonalen Verfahren zusteht. Desgleichen kommt den Verbänden gemäss der Rechtsprechung des Bundesgerichts nach Art. 12 NHG ein integrales Beschwerderecht zu (BGE 110 Ib 162; vgl. zudem vorne Rz. 255). Bezüglich der Behördenbeschwerde kann sodann auf Art. 46 Abs. 2 Waldgesetz hingewiesen werden; dort wird dem Bundesamt für Umwelt, Wald und Landschaft (BUWAL) die Befugnis zur Einlegung der kantonalen Rechtsmittel eingeräumt. Weiter sind die Bundesbehörden nach Massgabe von Art. 56 USG befugt, die kantonalen Rechtsmittel zu erheben. Von Bundesrechts wegen werden in Art. 24 Abs. 5 lit. a SVG andererseits die erstinstanzlich verfügenden kantonalen Behörden zur Rechtsmittelerhebung berechtigt, sofern im betreffenden Kanton eine unabhängige Rechtsmittelinstanz besteht. 545

E. Rekursfrist und Rekursschrift

a. Rekursfrist

546 Die Frist zur Rekurserhebung beträgt 20 Tage seit Mitteilung oder, mangels einer solchen, seit Kenntnisnahme der Anordnung (§ 22 Abs. 1 VRG). Bei besonderer Dringlichkeit kann die Frist auf 48 Stunden verkürzt werden (§ 22 Abs. 2 VRG). Eine versäumte Frist kann nur gemäss § 12 Abs. 2 VRG wiederhergestellt werden (vgl. dazu vorne Rz. 506). Für die Erstreckung gilt § 12 Abs. 1 VRG.

Die Rekursfrist wird durch die Gerichtsferien *nicht* unterbrochen; § 71 VRG, der eine Verweisung auf das Gerichtsverfassungsgesetz enthält (vgl. § 140 Abs. 1 GVG ZH), bezieht sich nur auf die Verwaltungsgerichtsbarkeit, nicht aber auf das Rekursverfahren (RB 1985 Nr. 7).

Bei mangelhafter Eröffnung der Verfügung kann diese in den Schranken des Grundsatzes von Treu und Glauben auch noch nach Ablauf der Rechtsmittelfrist angefochten werden.

b. Rekursschrift

aa. Im allgemeinen

547 § 22 Abs. 1 VRG bestimmt, dass der Rekurs schriftlich einzureichen ist. Die Rekursschrift muss einen Antrag und dessen Begründung enthalten; der angefochtene Entscheid ist beizulegen oder genau zu bezeichnen (§ 23 Abs. 1 VRG). Weiter hat die rekurrierende Partei die Beweismittel soweit als möglich beizulegen. Sie muss sie auf jeden Fall genau bezeichnen (§ 24 VRG). Mit dem Antrag bestimmen die Parteien den Streitgegenstand. Aus der Begründung soll sodann hervorgehen, inwiefern der angefochtene Entscheid nach Auffassung der rekurrierenden Partei mangelhaft ist. Wie weit die Rechtsmittelbefugnis (Legitimation) im einzelnen begründet sein muss, richtet sich nach dem materiellen Recht (RB 1989 Nr. 10).

Genügt die Rekursschrift den gesetzlichen Voraussetzungen nicht, wird der rekurrierenden Partei eine kurze Frist zur Behebung des Mangels angesetzt und ihr zugleich angedroht, dass ansonsten auf den Rekurs nicht eingetreten werde (§ 23 Abs. 2 VRG). § 23 Abs. 2 VRG ist ähnlich weit formuliert wie Art. 52 Abs. 2 VwVG. Deshalb wird verlangt, dass aus einer Rekursschrift zumindest der Wille zur Anfechtung einer Verfügung oder eines Entscheides hervorgehen muss, damit eine Nachfrist angesetzt wird. Diese Anforderung kann keinesfalls als überspitzter Formalismus angesehen werden (vgl. BGE 117 Ia 126 ff.).

bb. Änderung des Begehrens, Novenrecht

Aus § 20 Abs. 2 VRG, der besagt, dass neue Begehren verfahrensrechtlicher Art, neue tatsächliche Behauptungen und neue Beweismittel zugelassen sind, folgt e contrario, dass das Parteibegehren und damit der Streitgegenstand nicht geändert werden darf.

Neue Begehren verfahrensrechtlicher Art, wie sie in § 20 Abs. 2 VRG genannt werden, sind etwa die Rüge der Verletzung des rechtlichen Gehörs oder die Verletzung des Untersuchungsgrundsatzes.

Sodann können neue tatsächliche Behauptungen und neue Beweismittel unbeschränkt vorgebracht werden, soweit sie sich auf den Streitgegenstand beziehen. Dasselbe gilt für die in § 20 Abs. 2 VRG nicht erwähnte Änderung der Begründung. Entsprechend der Geltung der Untersuchungsmaxime sind verspätet vorgebrachte tatsächliche Behauptungen oder Beweismittel zu berücksichtigen, wenn sie ausschlaggebend erscheinen (vgl. vorne Rz. 264 ff.).

III. REKURSGRÜNDE

Literatur: KOTTUSCH PETER, Das Ermessen der kantonalen Fremdenpolizei und seine Schranken, ZBl 1990, S. 145 ff.

1. ALLGEMEINES

Mit dem Rekurs, der ein vollkommenes Rechtsmittel ist, kann sowohl eine Rechtsverletzung wie auch Unangemessenheit geltend gemacht werden. Dazu kommt die Rüge der unrichtigen und unvollständigen Sachverhaltsfeststellung. Die Rekursinstanz hat sowohl in rechtlicher wie auch in tatsächlicher Hinsicht volle Kognition. § 20 Abs. 1 VRG hält in allgemeiner Art und Weise fest, dass mit dem Rekurs alle Mängel des Verfahrens und der angefochtenen Anordnung geltend gemacht werden können. § 20 Abs. 1 VRG vermag den Anforderungen von Art. 98a Abs. 3 OG dementsprechend zu genügen.

2. RECHTSVERLETZUNG

551 Die Rechtsverletzung kann sich auf Rechtsnormen der gesamten Rechtsordnung beziehen: Es kann sowohl die Verletzung von kommunalem und kantonalem Recht als auch von Bundesrecht inklusive des Staatsvertragsrechts gerügt werden.

Die Rechtsmittelinstanz kann mit der Verfügung zugleich die der Verfügung zugrundeliegende Rechtsnorm auf ihre Rechtmässigkeit hin überprüfen. Rechtsmittelinstanzen unterer und mittlerer Stufe haben sich aber aus Gründen der Gewaltenteilung und wegen der zwingenden Natur der Zuständigkeitsordnung Zurückhaltung aufzuerlegen. Ein klar und eindeutig Verfassungs- oder gesetzeswidriger Erlass darf aber nicht angewendet werden (vgl. den Entscheid des Regierungsrates vom 7. Juni 1989, in: ZBl 1989, S. 556 f.). Auch der Regierungsrat hat eine gewisse Zurückhaltung zu üben, insbesondere wenn sein Entscheid mit Verwaltungsgerichtsbeschwerde anfechtbar ist. Allerdings ist es ihm nicht zuzumuten, Entscheide zu fällen, die im staatsrechtlichen Beschwerdeverfahren wieder aufgehoben werden, weshalb auch er ein klar verfassungswidriges kantonales Gesetz nicht anwenden darf (vgl. BGE 108 Ia 41 ff.). Bei der Anwendung von Bundesrecht gilt die Beschränkung von Art. 113 Abs. 3 BV.

3. UNRICHTIGE ODER UNVOLLSTÄNDIGE TATSACHENFESTSTELLUNG

552 Die Verwaltungsbehörden haben den Sachverhalt in umfassender Weise festzustellen (§ 7 Abs. 1 VRG). Der Grundsatz der freien Beweiswürdigung entbindet sie nicht von dieser Untersuchungspflicht (RB 1988 Nr. 2). Mängel der Sachverhaltsabklärung bilden gemäss § 20 Abs. 1 VRG einen Rekursgrund.

4. UNANGEMESSENHEIT

553 Im Gegensatz zum Verwaltungsgericht (vgl. § 50 VRG) kann die Rekursbehörde auch die Ermessensausübung sowie die Interpretation unbestimmter Rechtsbegriffe durch die unteren Instanzen in vollem Umfang überprüfen. Einschränkungen ergeben sich durch die Gemeindeautonomie (vgl. dazu vorne Rz. 527).

IV. WIRKUNG DES REKURSES

Die aufschiebende Wirkung kommt bereits dem Lauf der Rekursfrist zu, und es ist nicht vorausgesetzt, dass der Rekurs auch erhoben wurde (vgl. dagegen Art. 55 VwVG). Die verfügende Instanz darf aber etwas anderes bestimmen (§ 25 Abs. 1 VRG). Die Rekursinstanz kann die aufschiebende Wirkung wieder herstellen oder selbständig entziehen. Bei Kollegialbehörden können darüber in dringenden Fällen die Vorsitzenden entscheiden (§ 25 Abs. 2 VRG). Der Entzug der aufschiebenden Wirkung hat zur Folge, dass die Verfügung sofort vollstreckbar wird (§ 30 VRG). Er wird insbesondere dann angeordnet, wenn dies überwiegende öffentliche oder private Interessen erfordern. Stets ist beim Entscheid über die aufschiebende Wirkung eine Güterabwägung vorzunehmen. Mit Abschluss des Rechtsmittelverfahrens fällt die aufschiebende Wirkung wieder dahin, und die Verfügung wird vollstreckbar. Bezüglich der Anordnung anderer vorsorglicher Massnahmen kann auf das vorne Gesagte verwiesen werden (vgl. vorne Rz. 505).

554

Der Rekurs ist ein devolutives Rechtsmittel. Der Vorinstanz, insbesondere der verfügenden Behörde, steht aber die Befugnis zu, ihre Anordnung bis zum Rekursentscheid in Wiedererwägung zu ziehen, so dass das Rekursverfahren gegenstandslos wird. Die Wiedererwägung ist auch in den darauffolgenden Verfahren zugelassen.

555

V. VERFAHREN

1. AUSSTAND

Bezüglich des Ausstandes gelten wiederum die Regelungen von § 58 i.V.m. § 43 OG RR. § 43 Abs. 4 OG RR wurde allerdings durch die «Grundsätze für das Rekursverfahren vor dem Regierungsrat vom 5. Januar 1983 mit seitherigen Änderungen» verschärft (vgl. Amtsblatt 1987, S. 53; gleich nun Art. 76 VwVG), indem entgegen dem Wortlaut diejenige Vorsteherschaft einer Direktion in den Ausstand zu treten hat, deren Verfügung angefochten wurde.

556

2. INSTRUKTION

557 Die erwähnten Grundsätze regeln auch die Instruktion des Verfahrens. Bevor diese Richtlinien geändert wurden, amtete die Vorsteherschaft einer Direktion, deren Verfügung angefochten war, gestützt auf § 14 OG RR ebenfalls als instruierende Behörde. Das Verwaltungsgericht äusserte im Entscheid vom 18. Mai 1984 zur Zulässigkeit dieses Vorgehens einige Bedenken (RB 1984 Nr. 14). Nach den am 19. November 1986 revidierten Grundsätzen für das Rekursverfahren vor dem Regierungsrat wird nun ein – anderes – Mitglied des Regierungsrates als Referentin oder Referent bestellt, wenn eine Verfügung einer Direktion angefochten ist. Die verfügende Direktion hat ihrerseits einen Bericht zuhanden des Referenten zu verfassen. Dieser Bericht darf nicht von der Sachbearbeiterin oder dem Sachbearbeiter verfasst werden, welche die angefochtene Verfügung entworfen haben. Er wird von der Staatskanzlei in rechtlicher und redaktioneller Hinsicht geprüft. Eine abweichende Auffassung kann die Staatskanzlei dem Referenten und der betroffenen Direktion darlegen.

Die Staatskanzlei überprüft auch die Anträge der Direktionen, wenn eine Verfügung oder ein Entscheid einer Gemeinde- oder Bezirksbehörde angefochten ist. In diesem Fall kommt ihr ein eigenständiges Antragsrecht an den Regierungsrat zu.

3. AKTENBEIZUG UND ANORDNUNG DES SCHRIFTENWECHSELS

558 Kann auf den Rekurs eingetreten werden und erweist er sich nicht als offensichtlich unbegründet, werden die Akten beigezogen, welche den Beteiligten zur Einsicht offen stehen (§ 26 Abs. 1 VRG).

559 Die Vorinstanz, wie auch die am vorinstanzlichen Verfahren Beteiligten, erhalten Gelegenheit zur schriftlichen Vernehmlassung (§ 26 Abs. 2 VRG). Unter die zur Vernehmlassung Berechtigten fallen zunächst einmal allfällige öffentliche oder private Gegenparteien, wie auch andere am Verfahren Interessierte, die sich dem Rekurs aber nicht widersetzt haben.

Ob die Vorinstanz der Vorinstanz auch zur schriftlichen Stellungnahme einzuladen ist, geht aus dem Wortlaut von § 26 Abs. 2 VRG nicht hervor. Diese Frage drängt sich deshalb auf, weil sich das kantonale verwaltungsinterne Rekursverfahren über mehrere Instanzen hinzieht. Allgemein ist festzuhalten, dass neben der direkten Vorinstanz auch diejenige Vorinstanz zur Vernehmlassung einzuladen ist, welcher eigene Rechtsfähigkeit zukommt. Dieser Grundsatz zielt vor allem auf die Festigung der Stellung der Gemeinden im Rekursverfahren ab. In zahlreichen Fällen sind diese aber selber zum Rekurs legitimiert. Schliesslich sind allgemein jene erstinstanzlichen Behörden zur Teilnahme am Vernehmlassungsverfahren berechtigt, denen eine allgemeine Beschwerdebefugnis zusteht. Das Verwaltungsgericht hat darüber hinaus entschieden, dass die Aufhebung einer Verfügung im Rekursverfahren, ohne dass sich die verfügende Instanz hat äussern können, gegen § 26 Abs. 2 VRG verstosse und das rechtliche Gehör verletze (RB 1990 Nr. 15).

Gemäss § 26 Abs. 3 VRG kann ein zweiter Schriftenwechsel angeordnet werden. Der Entscheid aufgrund des ersten Schriftenwechsels bildet aber die Regel. Die rekurrierende Partei erhält so keine Kenntnis von den Vernehmlassungen. Will die Rekursinstanz aber auf erstmals in der Vernehmlassung vorgebrachte Noven abstellen oder von sich aus bisher unbeachtet gelassene Tatsachen berücksichtigen oder auf einen von keiner Partei angerufenen, nicht voraussehbaren Rechtsgrund abstellen, hat sie zwecks Wahrung des rechtlichen Gehörs einen zweiten Schriftenwechsel anzuordnen. Ein zweiter Schriftenwechsel kann sich auch aus dem Grundsatz der Untersuchung des Sachverhaltes von Amtes wegen aufdrängen. Anstelle des zweiten Schriftenwechsels ist es aber auch zulässig, mündliche Verhandlungen anzuordnen (§ 26 Abs. 3 VRG). Dazu besteht unter Umständen eine Pflicht, wenn die Streitsache in den Geltungsbereich von Art. 6 EMRK fällt (vgl. dazu vorne Rz. 21). 560

4. UNTERSUCHUNGSGRUNDSATZ UND RECHTSANWENDUNG VON AMTES WEGEN

Im Rekursverfahren kann die Behörde stärker als im nichtstreitigen Verfahren auf das von den Beteiligten Vorgebrachte abstellen. Sie ist insbesondere nicht verpflichtet, über die tatsächlichen Vorbringen der Parteien hinaus den Sachverhalt vollständig neu zu ermitteln. Geht der Sachverhalt zudem genügend klar aus den Akten hervor, muss sie keine weiteren Untersuchungen treffen. 561

Aus dem Grundsatz der Rechtsanwendung von Amtes wegen ergibt sich, dass die Rechtsmittelinstanz an die Begründung der Parteien wie auch an jene der Vorinstanz nicht gebunden ist (Zulässigkeit der Motivsubstitution). Indessen ist es unzulässig, durch das Nachschieben von Gründen eine Änderung des Streitgegenstandes herbeizuführen.

5. RECHTLICHES GEHÖR

562 Im Rahmen des Rekursverfahrens richtet sich das Akteneinsichtsrecht nach den §§ 8 und 9 VRG (vgl. § 26 Abs. 1 VRG und vorne Rz. 501 f.). Weiter kann ein Anspruch auf einen zweiten Schriftenwechsel aus dem Grundsatz des rechtlichen Gehörs folgen. Schliesslich ist eine Partei anzuhören, wenn die Verfügung zu ihren Ungunsten geändert werden soll. Unter Umständen ist eine mündliche Anhörung gefordert, wenn Art. 6 Ziff. 1 EMRK zur Anwendung gelangt (vgl. vorne Rz. 21).

6. ÖFFENTLICHKEIT DES VERFAHRENS

563 Gemäss dem VRG sind, wie im Bund, die Verfahren nicht öffentlich. Muss allerdings ein «zivilrechtlicher Anspruch» oder eine «strafrechtliche Anklage» beurteilt werden, sind die Grundsätze von Art. 6 Ziff. 1 EMRK zu beachten, da der bezüglich der Verfahrensöffentlichkeit angebrachte Vorbehalt vom Europäischen Gerichtshof als ungültig erklärt worden ist (EuGRZ 1990, S. 266, Entscheid Weber, dazu vorne, Rz. 21).

VI. REKURSENTSCHEID

1. KEINE BINDUNG AN PARTEIBEGEHREN

564 Die Rekursinstanz kann entweder zugunsten der Partei über das Rekursbegehren hinausgehen oder aber die angefochtene Verfügung zum Nachteil der Parteien abändern («reformatio in peius» § 27 VRG). Wird die Rechtsstellung einer Partei zu ihrem Nachteil geändert, so ist sie vorher anzuhören. Dieser Anspruch folgt bereits aus Art. 4 Abs. 1 BV (BGE 109 Ia 4 ff.). Der rekurrierenden Partei steht jedoch

das Recht zu, ihren Rekurs zurückzuziehen, wenn ihr eine Verschlechterung ihrer Rechtsstellung droht, so dass im Rahmen des Rekursverfahrens die «reformatio in peius» gegen den Willen der Betroffenen praktisch kaum möglich ist. Eine «Verböserung» kann auch durch aufsichtsrechtliches Einschreiten der Oberbehörde herbeigeführt werden, was jedoch nur geschehen soll, wenn sehr wichtige öffentliche Interessen auf dem Spiele stehen.

2. INHALT UND ZUSTELLUNG DES ENTSCHEIDES

Der Rekursentscheid umfasst den Tatbestand und fasst die Erwägungen zusammen (§ 28 Abs. 1 VRG). 565

Die Begründung des Entscheides ist zwingend. Aus den Erwägungen soll deutlich hervorgehen, aufgrund welcher tatsächlichen Feststellungen und aus welchen rechtlichen Gründen der Entscheid getroffen worden ist. Der Adressat des Entscheides muss in der Lage sein, diesen sachgemäss anzufechten. Dabei ist die Rekursinstanz nicht gehalten, sich mit sämtlichen Parteianträgen auseinanderzusetzen. Die Würdigung der Parteivorbringen muss sich aber insoweit in der Begründung niederschlagen, als die vorgebrachten tatbeständlichen Behauptungen und rechtlichen Einwände für die Verfügung wesentlich sind (BGE 112 Ia 109 ff.).

Das Gesetz sieht zwar die Möglichkeit der Rückweisung an die Vorinstanz nicht vor. Sie wird aber in der Praxis zugelassen. Da sich mit der Rückweisung das Verfahren in die Länge zieht, ist damit zurückhaltend umzugehen. Gilt es beispielsweise, örtliche Verhältnisse zu berücksichtigen oder räumt das kommunale Recht den Gemeindebehörden einen gewissen Ermessensspielraum ein, so kann die kantonale Rekursinstanz die Sache zur Neubeurteilung an die Gemeindebehörde zurückweisen (zu den formellen Entscheiden vgl. vorne Rz. 296 ff.).

Was die Öffentlichkeit der Entscheide angeht, so bezieht sich die öffentliche Urteilsverkündung nach Art. 6 EMRK nur auf die Entscheidung selbst und nicht auch auf die Begründung. Unabhängig davon wäre es aber der Rechtssicherheit zuträglich, wenn die wichtigen Rekursentscheide regelmässig in genügend ausführlicher Form veröffentlicht würden. 566

3. VERFAHRENSKOSTEN UND PARTEIENTSCHÄDIGUNG

567 Das Urteilsdispositiv muss eine Kostenregelung und, wenn verlangt, eine solche über die Parteientschädigung enthalten (§§ 13 ff. VRG). Auch für die Auferlegung der Kosten ist erforderlich, dass sich die betroffene Person mit eigenen Anträgen am Verfahren als Partei beteiligt hat (RB 1988 Nr. 12). Für die Auferlegung der Kosten bestehen unter Umständen spezialgesetzliche Bestimmungen (vgl. etwa § 132 WahlG).

568 Mit Gesetz vom 6. September 1987 ist das VRG geändert worden. § 17 Abs. 2 VRG sieht nun vor, dass die *unterliegende* Partei oder Amtsstelle zu einer angemessenen Entschädigung für die Umtriebe ihres Gegners verpflichtet werden. Dies namentlich, wenn es um Streitigkeiten mit komplizierten Sachverhalten und schwierigen Rechtsfragen ging, die besonderen Aufwand oder den Beizug eines Rechtsbeistandes erforderten. Ferner kann die unterliegende Partei oder Amtsstelle entschädigungspflichtig werden, wenn ihre Rechtsbegehren oder die angefochtene Anordnung «offensichtlich unbegründet» waren. Schliesslich wurde, vor allem im Hinblick auf Baurechtsstreitigkeiten, in Abs. 3 festgelegt, dass in Verfahren, wo sich private Parteien gegenüberstehen, in der Regel die unterliegende Partei entschädigungspflichtig wird. Die neue Regelung der Parteientschädigung schliesst nicht aus, eine Partei zulasten der Staatskasse für Umtriebe zu entschädigen, die durch fehlerhaftes Verhalten einer Rechtsmittelinstanz verursacht worden sind (RB 1989 Nr. 4).

Die Parteientschädigung kann ausnahmsweise auch einem Gemeinwesen zugesprochen werden. Allerdings ist dabei vorausgesetzt, dass der Aufwand für das Rechtsmittelverfahren den für die Prüfung eines Gesuches ohnehin anfallenden Aufwand erheblich übersteigt. Im übrigen ist davon auszugehen, dass die Mitwirkung der Verwaltungsbehörden am Rechtsmittelverfahren grundsätzlich zu deren normalen Aufgabenbereich gehört. Geht es um ein Bauvorhaben einer Gemeinde, so kann diese zwar als Bauherrin eine Parteientschädigung wie eine Privatperson beanspruchen. Da diese in der Regel zugleich Bewilligungsbehörde ist, kann sie die Parteientschädigung aber nur ein einziges Mal geltend machen (RB 1990 Nr. 4).

569 Der Entscheid über die Kosten- und Entschädigungsfolgen kann nur dann an das Verwaltungsgericht weitergezogen werden, wenn dieses für die Beurteilung des damit zusammenhängenden Sachentscheids zuständig ist (RB 1989 Nr. 11).

4. ERÖFFNUNG DES ENTSCHEIDES

Der Rekursentscheid wird der rekurrierenden Partei, der Vorinstanz und allfälligen weiteren am Rekursverfahren Beteiligten schriftlich zugestellt. Zudem erhalten alle jene Personen Kenntnis vom Entscheid, die in ihren Rechten betroffen sind, sofern die Anordnung der unteren Instanz abgeändert wurde (§ 28 Abs. 2 VRG). Die formgerechte Eröffnung ist Voraussetzung dazu, dass der Entscheid formell und materiell rechtskräftig werden kann.

28. KAPITEL: RECHTSVERWEIGE-RUNGS- UND RECHTSVER-ZÖGERUNGSBESCHWERDE

571 Das Gesetz enthält kein spezielles förmliches Rechtsmittel für diese Beschwerdeform. In der Praxis wird die Rechtsverweigerungs- und Rechtsverzögerungsbeschwerde an die Aufsichtsbehörde zugelassen. Verzichtet eine zuständige Behörde unzulässigerweise darauf, eine anfechtbare Anordnung zu treffen, so kann Rechtsverweigerungsbeschwerde erhoben werden. Es ist im Rahmen dieses Verfahrens zu prüfen, ob eine Anordnung hätte erlassen werden müssen (RB 1991 Nr. 3 = ZBl 1991, S. 495 ff.).

29. KAPITEL: ERLÄUTERUNG UND REVISION BEI REKURSENT-SCHEIDEN

Literatur: BOSSHART JÜRG, Verfahrensmängel als Revisionsgrund in der zürcherischen Verwaltungs- und Steuerrechtspflege, ZBl 1987, S. 473 ff.

572

Nach dem Verwaltungsverfahrensgesetz kann nur gegen einen Entscheid des Verwaltungsgerichtes *Revision* verlangt werden (vgl. ZBl 1988, S. 362 ff.). Die Praxis lässt aber das Revisionsverfahren auch gegen formell rechtskräftige Rekursentscheide zu. In diesem Fall gelten dieselben Revisionsgründe, die in § 67 VRG aufgezählt werden. Danach kann ein Entscheid revidiert werden, wenn:

573

– die Verwaltungsbehörde eine wesentliche Verfahrensvorschrift verletzt hat (beispielsweise die unrichtige Besetzung des Gerichts: ZBl 1988, S. 362 ff.) und der Revisionskläger den Mangel nicht vor der Ausfällung des Entscheides oder der Verfügung geltend machen konnte (lit. a);
– erhebliche Tatsachen, die sich aus den Akten ergeben, aus Versehen nicht berücksichtigt wurden (lit. b);
– ein Strafurteil feststellt, dass durch Verbrechen oder Vergehen zum Nachteil des Revisionsklägers eingewirkt wurde (lit. c);
– der Revisionskläger erst nachträglich erhebliche Tatsachen oder Beweismittel entdeckt, welche er auch bei Anwendung der erforderlichen Umsicht nicht rechtzeitig hätte beibringen können (lit. d).

Die Revision kann nur anbegehrt werden, wenn keine anderen Rechtsmittel mehr zur Verfügung stehen. Das Revisionsgesuch ist in den ersten beiden Fällen (lit. a und b) innert 30 Tagen seit der schriftlichen Mitteilung des begründeten Entscheides, in den letzten beiden Fällen (lit. c und d) innert 30 Tagen seit Entdecken des Revisionsgrundes schriftlich (§ 68 VRG) bei derjenigen Instanz einzureichen, welche zuletzt über die Sache entschieden hat. Die Revision richtet sich gegen das Dispositiv des Entscheides und nur dann gegen die Erwägungen, wenn ersteres auf sie verweist (RB 1986 Nr. 22). Da es sich bei den in § 67 lit. a und b VRG um eigentliche Nichtigkeitsbeschwerdegründe handelt, ist vor der Erhebung der staatsrechtlichen Beschwerde zunächst das Revisionsverfahren einzuleiten, damit ein letztinstanzlicher Entscheid im Sinn von Art. 86 Abs. 1 OG vorliegt (vgl. vorne Rz. 370).

574

575 Das Revisionsverfahren ist überdies durchzuführen, wenn das Bundesgericht kraft Art. 139a Abs. 2 OG eine Angelegenheit, die in gegen die EMRK verstossender Weise entschieden wurde, an die kantonale Vorinstanz überweist. Die Kantone sind zur Durchführung des Revisionsverfahrens verpflichtet, selbst wenn sie diesen Revisionsgrund nicht kennen (Art. 139a Abs. 3 OG).

576 Die Erläuterung ist im VRG überhaupt nicht geregelt. Zu einem unklaren, unvollständigen, zweideutigen sowie in sich oder zu den Entscheidgründen widersprüchlichen Dispositiv kann im Verwaltungsgerichtsbeschwerdeverfahren kraft der Verweisung von § 71 VRG auf das GVG (vgl. § 162 GVG ZH) Erläuterung verlangt werden, falls ein schützenswertes Interesse dargetan wird (RB 1991 Nr. 15). Dasselbe muss für das Rekursverfahren gelten.

3. ABSCHNITT: VERWALTUNGSRECHTSPFLEGE DURCH REKURSKOMMISSIONEN

Literatur: BOSSHARD URS, Die Sondergerichte des Kantons Zürich, Winterthur 1981

577

Bestimmte Bereiche der Verwaltungstätigkeit unterliegen auf Grund spezieller Bestimmungen der Rechtskontrolle von Rekurskommissionen. Im Kanton Zürich wurden diese Kommissionen entweder für die Anwendung von kantonalem Recht oder aber von Bundesrecht institutionalisiert.

578

Für die Beurteilung von Streitigkeiten aus kantonalem Recht wurden folgende Rekurskommissionen geschaffen:
- Steuerrekurskommissionen
- Baurekurskommissionen
- Kantonale und Gemeinde-Rekurskommissionen für Alters- und Hinterlassenenbeihilfe
- Rekurskommission für die Gebäudeversicherung
- Psychiatrische Rekurskommission

Im Bundesrecht dagegen finden folgende Rekurskommissionen ihre Rechtsgrundlage:
- AHV-Rekurskommission (auch für IV, EO und Familienzulagen in der Landwirtschaft);
- Rekurskommissionen gemäss BG über Ergänzungsleistungen zur AHV/IV;
- Rekurskommission gemäss BG über die Arbeitslosenversicherung und über Arbeitsvermittlung;
- Bundessteuer-Rekurskommission;
- Landwirtschaftliche Rekurskommission;
- Rekurskommission für den milchwirtschaftlichen Kontroll- und Beratungsdienst;
- Rekurskommission für Arbeitsbeschaffungsreserven.

Ausser den Entscheiden der Baurekurskommissionen und der Steuerrekurskommissionen sind die Entscheide der anderen Kommissionen nicht mit Verwaltungsgerichtsbeschwerde anfechtbar, da ihre Entscheide in den meisten Fällen kantonal letztinstanzlich sind (vgl. auch § 41

579

Abs. 2 VRG). Ergehen die Entscheide der Rekurskommissionen in Anwendung von Bundesrecht, bleiben die bundesrechtlichen Rechtsmittel vorbehalten. In diesem Fall amten die kantonalen Rekurskommissionen als Mittelinstanzen des Bundes.

4. ABSCHNITT: VERWALTUNGSRECHTSPFLEGE DURCH DIE JUSTIZ

Literatur: BOSSHARDT OSKAR, Das zürcherische Verwaltungsgericht, SJZ 1961, S. 272 ff.; *ders.,* Erste Ergebnisse der zürcherischen Verwaltungsgerichtsbarkeit, ZBl 1963, S. 225 ff., 249 ff.; LEVI ROBERT, Zum Zeitpunkt der Anfechtung von Entscheiden des zürcherischen Verwaltungsgerichtes mittels staatsrechtlicher Beschwerde, ZBl 1978, S. 245; SCHILLING MARGRIT, Die Unterstellung von Regierungsentscheiden unter die Verwaltungsgerichtsbarkeit, Zürich 1973; SOMMER EDUARD, Zwei Jahre zürcherisches Verwaltungsgericht, ZBl 1962, S. 272 ff., 305 ff.

580

30. KAPITEL: GRUNDLAGEN

I. RECHTSGRUNDLAGEN

Die verwaltungsgerichtliche Tätigkeit umfasst vier Bereiche:

581

- Erstens entscheidet das Gericht über Beschwerden gegen Entscheide des Regierungsrates sowie Rekursentscheide der Direktionen und der Baurekurskommissionen (§§ 41 bis 71 VRG);
- zweitens wird das Verwaltungsgericht als Rekurs- und Beschwerdeeinstanz in Steuersachen tätig (§§ 72 und 73 VRG);
- drittens amtet es als Disziplinargericht (§§ 74 bis 80 VRG);
- und viertens als einzige Instanz (§§ 81 bis 86 VRG).

Gegenüber den Entscheiden des Verwaltungsgerichts kann Revision verlangt (§§ 67 bis 69 VRG) oder um Erläuterung nachgesucht werden (vgl. § 71 VRG i.V.m. § 162 GVG ZH, vgl. dazu RB 1991 Nr. 15). Die Rechtsverweigerungs- und Rechtsverzögerungsbeschwerde ist im VRG auch bezüglich des Verwaltungsgerichts nicht geregelt und wurde bislang nicht zugelassen. Das Verwaltungsgericht tritt aber neuerdings auf Beschwerden ein, wenn der Regierungsrat verpflichtet gewesen wäre, zu prüfen, ob die Weigerung der ersten Instanz, eine Verfügung zu erlassen, rechtens gewesen sei, ob er mithin auf die

Rechtsverweigerungsbeschwerde hätte eintreten und materiell darüber entscheiden müssen (vgl. RB 1991 Nr. 3 = ZBl 1991, S. 499).

II. TRÄGER UND ORGANISATION DER VERWALTUNGSGERICHTSBARKEIT

1. VERWALTUNGSGERICHT

582 Das zürcherische Verwaltungsgericht ist als organisatorisch selbständige Behörde ausgestaltet und nicht wie in einigen anderen Kantonen als Abteilung oder Kammer des Obergerichts. Seine Organisation ist in den §§ 32 bis 40 VRG geregelt.

Das Verwaltungsgericht hat aufgrund von § 40 lit. a VRG eine Organisationsverordnung erlassen, welche die wichtigsten Fragen regelt (Verordnung über die Organisation und den Geschäftsgang des Verwaltungsgerichts vom 14. September 1961 mit seitherigen Änderungen). Die Unabhängigkeit des Gerichts ergibt sich aus Art. 56 Abs. 1 KV wie auch aus § 35 Abs. 1 VRG. Sie ist zudem durch die Unvereinbarkeitsbestimmung des § 34 VRG gewährleistet. Im Bereich der Justizverwaltung, also im Bereich des äusseren Geschäftsgangs, übt der Kantonsrat die Oberaufsicht über das Verwaltungsgericht aus (Art. 31 Ziff. 4 KV).

Das Gericht gliedert sich gemäss § 2 der Organisationsverordnung in drei Kammern. Es besteht aus vollamtlichen und nebenamtlichen Mitgliedern, die vom Kantonsrat gewählt werden. Zudem werden Ersatzrichterinnen und -richter gewählt, zur einen Hälfte durch den Kantonsrat, zur andern Hälfte durch das Verwaltungsgericht selber (§ 32 Abs. 1, § 33 VRG). Das Gericht hat seinen Sitz in Zürich (§ 32 Abs. 2 VRG); es amtet als allgemeines Verwaltungsgericht (vgl. vorne Rz. 12).

2. Zivilgerichte

583 Für die Beurteilung bestimmter Streitigkeiten sind die Zivilgerichte zuständig (vgl. § 2 VRG). Diese Regelung ist eine späte Folge der Fiskustheorie. Daneben spielte bei der Gesetzgebung auch mit, dass die Zivilgericht in Haftungsfragen, die den Zivilgerichten zur Beur-

teilung übertragen wurden, besser bewandert ist (vgl. §§ 19 ff. Haftungsgesetz, vorne Rz. 478).

31. KAPITEL: DAS VERWALTUNGSGERICHT ALS BESCHWERDEINSTANZ

I. DISPOSITIONSMAXIME

584 Das verwaltungsgerichtliche Beschwerdeverfahren wird durch das Beschwerdebegehren eingeleitet. Die beschwerdeführende Partei bestimmt den Streitgegenstand. An die Begehren der Parteien ist das Verwaltungsgericht gebunden; es darf nicht über die gestellten Rechtsbegehren hinausgehen. Zudem ist es unzulässig, die vorinstanzliche Verfügung oder Entscheidung zum Nachteil der Parteien abzuändern (§ 63 Abs. 2 VRG). Den Parteien steht es zudem zu, das Verfahren durch Rückzug oder Anerkennung wieder zu beenden.

II. BESCHWERDEVORAUSSETZUNGEN

1. ZUSTÄNDIGKEIT

A. Vorinstanzen

585 Der Instanzenzug und damit die funktionelle Zuständigkeit des Verwaltungsgerichts ergibt sich aus § 47 VRG (vgl. auch vorne Rz. 523 ff.).

Gemäss § 47 Abs. 1 lit. a VRG können zunächst einmal die Baurekurskommissionen Vorinstanzen sein. Die Streitsache ist nur dann vom Regierungsrat zu beurteilen, wenn die Verwaltungsgerichtsbeschwerde unzulässig ist oder die Baudirektion erstinstanzlich verfügt hat (vgl. § 329 PBG).

Sodann können Rekursentscheide einer Direktion des Regierungsrates beim Verwaltungsgericht angefochten werden (§ 47 Abs. 1 lit. b VRG). In diesem Fall ist der Rekurs an den Regierungsrat unzulässig (§ 47 Abs. 2 VRG). Da die Direktion in denjenigen Bereichen, in denen die Verwaltungsgerichtsbeschwerde zulässig ist, in den seltensten Fällen als Rekursinstanz entscheidet, kommt § 47 Abs. 1 lit. b VRG kaum zum Zuge (vgl. vorne Rz. 523).

Schliesslich sind Beschlüsse des Regierungsrates mit Verwaltungsgerichtsbeschwerde anfechtbar (§ 47 Abs. 1 lit. c VRG). Darunter fallen sowohl erstinstanzliche Verfügungen (selten) wie auch Rekursentscheide.

§ 47 Abs. 3 VRG statuiert die Möglichkeit, bei übereinstimmender Willenserklärung zwischen Regierungsrat und einer rekurrierenden Partei eine Streitsache dem Verwaltungsgericht zur Beurteilung zu überweisen. Diese Art Sprungrekurs kommt zwar der Prorogation sehr nahe. Die Zuständigkeit des Verwaltungsgerichts kann aber nur dann begründet werden, wenn das Verwaltungsgericht in der Sache selbst zuständig ist. Die Abkürzung des Instanzenzugs ist für die rekurrierende Partei insbesondere dann von Vorteil, wenn bereits eine Rekursinstanz mit umfassender Kognition über ihre Angelegenheit entschieden hat und nur noch Rechtsfragen streitig sind. 586

B. Sachliche Zuständigkeit

a. Zulässigkeit der Beschwerde

Da das VRG nicht von der Generalklausel, sondern vom Enumerationsprinzip ausgeht, ist das Verwaltungsgericht nur kraft ausdrücklicher Gesetzesvorschrift zuständig. Die Zuständigkeit kann im VRG selbst oder in einem anderen Gesetz (im formellen Sinn) enthalten sein (§ 41 Abs. 1 VRG). Der Gesetzgeber machte von dieser Befugnis allerdings sehr selten Gebrauch. Der Zuständigkeitsbereich des Gerichts erscheint zwar infolge der im VRG enthaltenen Teilgeneralklauseln als ansehnlich. Dennoch bleiben wichtige neuere Rechtsgebiete von der verwaltungsgerichtlichen Beurteilung ausgeschlossen (vor allem das Leistungsverwaltungsrecht). Dazu kommt, dass Angelegenheiten, welche «zivilrechtliche Ansprüche» oder «strafrechtliche Anklagen» im Sinn von Art. 6 Ziff. 1 EMRK betreffen, nach dem VRG unter Umständen nicht der gerichtlichen Beurteilung unterzogen werden können. Die vom Bundesrat zur Rechtsweggarantie nach Art. 6 Ziff. 1 EMRK nachgebrachte Erklärung ist vom Bundesgericht als ungültig erklärt worden (vgl. Bundesgerichtsentscheid vom 17. Dezember 1992, NZZ vom 18. Dezember 1992 Nr. 295, S. 15). Das VRG erweist sich insoweit als EMRK widrig. 587

Der Schwerpunkt der Regelung im VRG liegt bei der Eingriffsverwaltung und zielt hauptsächlich auf den Schutz von Vermögensrechten, der Handels- und Gewerbefreiheit und des Grundeigentums ab. 588

Zunächst einmal weist § 42 VRG das gesamte Abgaberecht in die Zuständigkeit des Verwaltungsgerichts. Diese Teilgeneralklausel bezieht sich auf die Leistungspflicht des Privaten gegenüber dem Staat, nicht aber des Staates gegenüber dem Privaten. Weiter ist das Verwaltungsgericht befugt, über Streitigkeiten zu urteilen, welche die Pflicht über die Einholung einer Bewilligung, einer Konzession oder eines Patents betreffen (§ 43 Abs. 1 VRG) und sich auf eine in § 43 Abs. 2 VRG abschliessend aufgezählte Materie beziehen. Dazu gehören etwa die Bewilligung über die Ausübung einer bewilligungs- oder patentpflichtigen gewerbsmässigen Tätigkeit, ausgenommen die Berufsausübung als Rechtsanwalt (§ 43 Abs. 2 lit. a VRG), ferner die Bewilligung über die Errichtung oder Änderung von Gebäuden (§ 43 Abs. 2 lit. b VRG).

Sodann ist die Verwaltungsgerichtsbeschwerde gegen gewisse öffentlichrechtliche Eigentumsbeschränkungen zulässig (§ 44 lit. a bis d VRG); diese Bestimmung muss angesichts dessen, dass in Enteignungssachen die Rechtsweggarantie von Art. 6 Ziff. 1 EMRK gilt, allerdings ausdehnend ausgelegt werden. Schliesslich zählt § 45 VRG weitere Einzelfälle auf, für die das Verwaltungsgericht zuständig ist. Diese Bestimmung enthält in lit. a und lit. c zwei weitere Teilgeneralklauseln. Nach der ersten ist die zwangsweise administrative Einweisung in eine öffentliche oder private Anstalt oder in eine Familie, die Aufhebung dieser Massnahme sowie die Verlängerung ihrer Dauer mit Verwaltungsgerichtsbeschwerde anfechtbar, soweit diese Anordnungen nicht auf Grund des Zivilgesetzbuches ergehen. In solchen Fällen sind die zivilrechtlichen Instanzen zuständig. Nach der zweiten Teilgeneralklausel ist die Verwaltungsgerichtsbeschwerde gegeben bei Streitigkeiten über die öffentlichrechtliche Pflicht, einer öffentlichen oder privaten Versicherung, einer Korporation oder einem anderen Unternehmen beizutreten oder hierfür Grundeigentum zur Verfügung zu stellen.

b. Unzulässigkeit der Beschwerde

589 Unzulässig ist die Verwaltungsgerichtsbeschwerde, wenn in den in §§ 42 bis 45 aufgezählten Sachbereichen eine militärische Anordnung ergeht, oder wenn es sich um eine Anordnung in Straf- und Polizeistrafsachen, einschliesslich des Vollzuges von Strafen und strafrechtlichen Massnahmen, handelt (§ 46 VRG). Ausgeschlossen ist die Verwaltungsgerichtsbeschwerde ausserdem, wenn das Gesetz ein anderes Gericht oder eine endgültig entscheidende Rekurskommission für zuständig erklärt (§ 41 Abs. 2 VRG). § 41 Abs. 3 VRG bestimmt

weiter, dass die Beschwerde nach den §§ 42 bis 71 VRG ausgeschlossen ist, sofern das Verwaltungsgericht in Steuersachen, als Disziplinargericht oder als einzige Instanz zu urteilen hat.

Wird im Rekursverfahren über die Parteientschädigungen entschieden (§ 17 VRG), kann schliesslich nur dann Verwaltungsgerichtsbeschwerde erhoben werden, wenn dieses für die Beurteilung der Hauptsache auch zuständig wäre (RB 1989 Nr. 11). Ansonsten sind die Entscheide über Kosten- und Entschädigungsfolgen nicht anfechtbar.

2. ANFECHTUNGSOBJEKT

Anfechtungsobjekt bilden nur konkrete Akte der Rechtsanwendung. § 44 lit. a VRG hält aber präzisierend fest, dass Quartierpläne der Beurteilung durch das Verwaltungsgericht unterliegen. Demgegenüber können Wohnanteilpläne nicht angefochten werden, weil sie Erlassen gleichzustellen sind (RB 1981 Nr. 27). 590

Das Verwaltungsgericht kann angerufen werden, wenn eine Sache materiell oder durch Nichteintreten erledigt worden ist (§ 48 Abs. 1 VRG). Unter den gleichen Voraussetzungen wie im Rekursverfahren sind sowohl Zwischenentscheide wie Vorentscheide anfechtbar (§ 48 Abs. 1 und 2 VRG; vgl. vorne Rz. 530 f.). Eine Besonderheit besteht dort, wo eine Verfügung in Anwendung von Bundesrecht ergeht.

3. VERHÄLTNIS ZU DEN EIDGENÖSSISCHEN RECHTSMITTELN

Literatur: SCHMID PETER, Das Verhältnis der kantonalen Verwaltungsgerichtsbeschwerde zur Weiterziehung an eine eidgenössische Rechtsmittelinstanz, ZBl 1980, S. 329 ff. 591

Die Beschwerde an das Zürcher Verwaltungsgericht ist unter Vorbehalt anderer gesetzlicher Vorschriften unzulässig, wenn ein ordentliches Rechtsmittel des Bundes zur Verfügung steht (§ 49 VRG). Als ordentliche Rechtsmittel fallen die Verwaltungsbeschwerde, die Verwaltungsgerichtsbeschwerde, die Beschwerde an eine eidgenössische Rekurskommission und die verwaltungsrechtliche oder staatsrechtliche Klage an das Bundesgericht in Betracht. Dagegen schliesst die staatsrechtliche Beschwerde die kantonale Verwaltungsgerichtsbe- 592 schwerde nicht aus. Mit dieser Bestimmung wollte der Gesetzgeber vermeiden, dass das Verwaltungsgericht als Mittelinstanz des Bundes tätig werden muss. Die Regelung hat zur Folge, dass Verfügungen, die sich auf Bundesverwaltungsrecht stützen, mit der Bundesverwaltungsgerichtsbeschwerde vor Bundesgericht anzufechten sind, während Verfügungen, die sich auf selbständiges kantonales Verwaltungsrecht stützen, mit kantonaler Verwaltungsgerichtsbeschwerde vor dem kantonalen Verwaltungsgericht angefochten werden können. Mit der Zunahme des Bundesrechts und der häufiger werdenden Methode der bundesrechtlichen Grundsatzgesetzgebung sind zahlreiche konkurrierende Gesetzgebungszuständigkeiten entstanden. Weil die Zulässigkeit der bundesrechtlichen Verwaltungsgerichtsbeschwerde durch die Umschreibung des Anfechtungsobjekts (Art. 5 Abs. 1 VwVG) an den Urheber des anzuwendenden Erlasses geknüpft ist, ergibt sich bei Verfügungen, die sich teils auf Bundesrecht, teils auf kantonales Recht stützen (sog. gemischte Verfügungen), eine doppelte Zuständigkeit und damit eine Gabelung des Rechtsweges. Daraus resultiert zugleich eine Verlängerung desselben, da die eine Instanz ihr Verfahren in der Regel sistiert, bis das Urteil der anderen Instanz ergangen ist. § 329 Abs. 2 PBG sieht nun vor, dass die Zuständigkeit des Bundesgerichtes die Beschwerde an das kantonale Verwaltungsgericht nicht ausschliesst, so dass das Problem wenigstens im Baurecht gelöst ist. Zusätzlich hat das Verwaltungsgericht entschieden, dass es trotz § 49 VRG zuständig ist, in Zusammenhang mit der (baurechtlichen) Bewilligung von Bauten und Anlagen Streitigkeiten über die Anwendung des Umweltschutzgesetzes des Bundes zu entscheiden (RB 1986 Nr. 16, URP 1986 Nr. 2). Unabhängig davon, wie im Kanton Zürich Art. 98a Abs. 1 OG Rechnung getragen werden soll, dürfte eine dauerhafte und richtige Lösung der Probleme, welche die heutige Regelung der verwaltungsgerichtlichen Zuständigkeit aufwerfen, nur die Streichung des § 49 VRG und die Zuständigkeitsumschreibung des Verwaltungsgerichts mit Hilfe der Generalklausel bringen.

4. LEGITIMATION

593 Für die Beschwerdeberechtigung kann auf das zum Rekurs Gesagte verwiesen werden, denn gemäss § 70 VRG ist die Regelung von § 21 VRG entsprechend anwendbar (vgl. vorne Rz. 536 ff.).

5. BESCHWERDEFRIST UND BESCHWERDESCHRIFT

A. Beschwerdefrist

Die Frist zur Beschwerdeerhebung beträgt 20 Tage seit der Mitteilung der beschwerdefähigen Anordnung (§ 53 VRG). § 22 Abs. 2 VRG, der bei Dringlichkeit die Abkürzung der Frist vorsieht, ist hier ebenso anwendbar. Kraft Verweisung von § 71 VRG auf § 140 Abs. 1 GVG ZH steht die Beschwerdefrist im Gegensatz zum Rekursverfahren während der Gerichtsferien still (RB 1985 Nr. 7). Bei einem während der Gerichtsferien zugestellten Rekursentscheid beginnt die Frist zur Einlegung der Verwaltungsgerichtsbeschwerde am ersten Tag nach Ablauf der Gerichtsferien zu laufen (RB 1991 Nr. 13).

594

B. Beschwerdeschrift

a. Allgemeines

Das Beschwerdebegehren ist schriftlich einzureichen (§ 53 VRG). Die Beschwerdeschrift umfasst einen Antrag und dessen Begründung (§ 54 VRG). Der Antrag, der den Streitgegenstand bestimmt, darf nur Begehren enthalten, worüber die Vorinstanz entschieden hat oder hätte entscheiden sollen. Mit der Beschwerdebegründung muss die beschwerdeführende Partei dartun, inwiefern der angefochtene Entscheid nach ihrer Auffassung an einem Mangel im Sinne der zulässigen Beschwerdegründe leidet. Die Beweismittel sind zu bezeichnen und zusammen mit dem angefochtenen Entscheid soweit als möglich beizulegen (§ 54 VRG).

595

Leidet die Beschwerdeschrift an einem Mangel, so setzt das Präsidium des Verwaltungsgerichts gemäss § 56 Abs. 1 und § 70 i.V.m. § 23 Abs. 2 VRG eine nicht erstreckbare Nachfrist zur Verbesserung an, unter Androhung des Nichteintretens auf die Beschwerde. Eine solche Nachfrist wird aber auch im verwaltungsgerichtlichen Beschwerdeverfahren nur angesetzt, wenn wenigstens der Wille aus der Beschwerdeschrift ersichtlich ist, überhaupt ein Rechtsmittel zu erheben (BGE 117 Ia 130 f.).

b. Änderung des Begehrens, Noven

596 Nach dem Grundsatz, dass der Streitgegenstand während des Durchlaufens des Instanzenzuges nicht erweitert werden darf, können die Parteien ihre Begehren nicht ändern und auch keine neuen Begehren stellen. Sie können indessen die Beschwerde teilweise zurückziehen, also den Streitgegenstand reduzieren.

Zulässig ist es hingegen, sich auf neue Beweismittel zu berufen (§ 52 Abs. 1 VRG). Der Richter hat diese entsprechend der Geltung des Untersuchungsgrundsatzes zu berücksichtigen. Neue Tatsachen dürfen hingegen nur insoweit geltend gemacht werden, als es durch die angefochtene Anordnung notwendig geworden ist (§ 52 Abs. 2 VRG). Dies ist insbesondere dann der Fall, wenn die Vorinstanz einen Neuentscheid getroffen oder die Begründung geändert hat (RB 1985 Nr. 18). Die Bestimmung von § 52 Abs. 2 VRG kann in der Regel nicht mit aller Konsequenz befolgt werden, da dem Richter nach dem Untersuchungsgrundsatz die Pflicht zukommt, seinem Urteil den wahren Sachverhalt zugrunde zu legen. Jedenfalls sind die neuen Tatsachen dann zu berücksichtigen, wenn sie einen Revisionsgrund bilden würden (vgl. § 67 lit. d VRG). Zudem sollten infolge der Geltung des Untersuchungsgrundsatzes auch verspätete, nach Ablauf der Beschwerdefrist vorgebrachte Tatsachen und Beweismittel berücksichtigt werden, wenn sie entscheidwesentlich sind.

Das Gesetz sagt nichts über die Änderung der rechtlichen Begründung aus. Entsprechend dem Grundsatz der richterlichen Rechtsanwendung (iura novit curia) ist sie aber zulässig.

III. BESCHWERDEGRÜNDE

1. ALLGEMEINE BEMERKUNGEN

597 Die beschwerdeführende Partei kann mit der Verwaltungsgerichtsbeschwerde entweder geltend machen, die Rechtsnormen seien unrichtig angewandt worden (§ 50 VRG), oder die Sachverhaltsfeststellung sei unrichtig oder ungenügend vorgenommen worden (§ 51 VRG). Nicht mit Verwaltungsgerichtsbeschwerde kann die Unangemessenheit gerügt werden. Im Falle des Verzichts auf eine Rückweisung an die Vorinstanz kann das Verwaltungsgericht beim Neuentscheid ausnahmsweise aber auch Ermessensfragen beurteilen (RB 1987 Nr. 12).

2. RECHTSVERLETZUNGEN

Literatur: MOSER HANS PETER, Die akzessorische Normenkontrolle, Stichwörter zur Praxis des Zürcher Verwaltungsgerichts, ZBl 1983, S. 163 ff.

§ 50 Abs. 2 VRG enthält Beispiele von Rechtsverletzungen. Danach kann zunächst die unrichtige Anwendung und die Nichtanwendung eines im Gesetz ausgesprochenen oder sich daraus ergebenden Rechtssatzes gerügt werden (§ 50 Abs. 2 lit. a VRG). Dabei ist die gesamte Rechtsordnung zu berücksichtigen. Das Verwaltungsgericht überprüft in ständiger Praxis auch die kantonalen Gesetze im Hinblick auf ihre Übereinstimmung mit der Kantonsverfassung, dem Bundesrecht und der EMRK. Im übrigen gilt Art. 113 Abs. 3 BV in gleichem Umfang wie für die Bundesbehörden (dazu vorne Rz. 419 und 551).

§ 50 Abs. 2 lit. b VRG erwähnt sodann die unrichtige rechtliche Beurteilung einer Tatsache. Als weitere Rechtsverletzung werden in § 50 Abs. 2 lit. c VRG der Ermessensmissbrauch und die Ermessensüberschreitung genannt.

§ 50 Abs. 2 lit. d VRG schliesslich hält fest, dass die Verletzung wesentlicher Form- oder Verfahrensvorschriften einen Grund zur Gutheissung der Beschwerde bildet. Wesentlich ist eine Verfahrensvorschrift immer dann, wenn ihre Verletzung oder Nichtbeachtung den Entscheidinhalt zu beeinflussen vermag und ihre unrichtige Anwendung einen Nachteil für die beschwerdeführende Partei zur Folge haben kann. Immer als wesentlich anzusehen ist der Grundsatz des rechtlichen Gehörs.

3. UNGENÜGENDE SACHVERHALTSFESTSTELLUNG

Mit Verwaltungsgerichtsbeschwerde kann jede für den Entscheid erhebliche unrichtige oder ungenügende Feststellung des Sachverhaltes angefochten werden (§ 51 VRG, dazu RB 1988 Nr. 2). Die Kognition des Verwaltungsgerichts wird in bezug auf die Untersuchung des Sachverhalts in keiner Weise eingeschränkt (RB 1987 Nr. 12; vgl. demgegenüber für den Bund Art. 105 Abs. 2 OG).

IV. WIRKUNG DER BESCHWERDE UND VORSORGLICHE MASSNAHMEN

601 Sowohl dem Lauf der Beschwerdefrist wie auch der Einreichung einer Beschwerde kommt aufschiebende Wirkung zu, sofern der angefochtene Entscheid nicht aus besonderen Gründen etwas anderes bestimmt (§ 55 Abs. 1 VRG). Das Verwaltungsgericht und dessen Vorsitzende können indessen eine gegenteilige Verfügung treffen (§ 55 Abs. 2 VRG). Wird die gegenteilige Anordnung vom Vorsitzenden getroffen, ist sie der Kammer zur Genehmigung zu unterbreiten.

Neben dem Entscheid über die aufschiebende Wirkung kann das Gericht oder der Vorsitzende auch vorsorgliche Massnahmen anordnen (§ 70 i.V.m. § 6 VRG).

V. VERFAHREN

1. AUSSTAND

602 Weil das Gesetz keine eigenen Ausstandsbestimmungen kennt, sind in Verbindung mit § 71 VRG die §§ 95 bis 103 GVG ZH über den Ausstand der Justizbeamten auch für das Verwaltungsgericht anwendbar. Das GVG unterscheidet zwischen Ausschluss- und Ablehnungsgründen. Bei den in § 95 GVG ZH genannten Ausschlussgründen sind Richter und Kanzleibeamte von Amtes wegen von der Mitwirkung am Prozess ausgeschlossen. Liegt dagegen ein Ablehnungsgrund gemäss § 96 GVG ZH vor, so kann jede Partei oder der Justizbeamte selber den Ausstand verlangen (§ 102 Abs. 1 GVG ZH).

603 Besondere Probleme stellen sich bei den nebenamtlichen Richterinnen und Richtern. Sind sie im Hauptberuf als Anwalt tätig, dürfen sie jedenfalls nicht in einer Angelegenheit mitwirken, in welcher sie die eine Partei in einem anderen, noch laufenden Verfahren vertreten. Dies ist selbst dann der Fall, wenn es sich dabei um ein Gemeinwesen mit einer grossen Verwaltung handelt und ein anderes Amt am Verfahren beteiligt ist. In diesem Fall liegen Umstände vor, die im Sinn von Art. 58 BV und Art. 6 Ziff. 1 EMRK den Anschein der Befangenheit und die Gefahr der Voreingenommenheit in objektiver Weise zu begründen vermögen (BGE 116 Ia 485). Nebenbei äussert das Bundesge-

richt in diesem Entscheid überdies Bedenken, wenn ein nebenamtlicher Richter bereits verschiedentlich anwaltschaftlich für das betreffende Gemeinwesen tätig gewesen war. Umgekehrt hingegen, wenn der als nebenamtliche Ersatzrichter tätige Anwalt in einem Verfahren am selben Gericht die Vertretung der einer Partei übernommen hat, kann nicht von einer unzulässigen Befangenheit des Gerichts im Sinn von Art. 6 Ziff. 1 EMRK ausgegangen werden (vgl. VPB 1991 Nr. 48).

2. VORPRÜFUNGSVERFAHREN

Im Vorprüfungsverfahren lässt das Präsidium des Verwaltungsgerichts allfällige Mängel in der Beschwerdeerhebung unter Ansetzung einer Nachfrist verbessern (§ 56 Abs. 1, § 70 i. V. m. § 23 Abs. 2 VRG). 604

Kann aber auf die Beschwerde wegen fehlender Prozessvoraussetzungen nicht eingetreten werden oder erweist sich die Beschwerde als offensichtlich unbegründet, so legt das Präsidium die Angelegenheit dem Verwaltungsgericht ohne Weiterung, das heisst ohne Vernehmlassung und in der Regel ohne Beizug der Akten sowie ohne Beweisverfahren, zum Entscheid vor (§ 56 Abs. 2 VRG).

3. ANORDNUNG DES SCHRIFTENWECHSELS – PARTEIVERHANDLUNG

Die Vorinstanz und die am Verfahren Beteiligten erhalten Gelegenheit zur schriftlichen Vernehmlassung. Nach Ermessen kann das Verwaltungsgericht einen zweiten Schriftenwechsel anordnen (§ 58 VRG). Soll auf erstmals in der Beschwerdeantwort vorgebrachten tatsächlichen Behauptungen abgestellt werden, die sich zum Nachteil der beschwerdeführenden Partei auswirken, ist das Verwaltungsgericht – zur Wahrung des rechtlichen Gehörs – verpflichtet, einen zweiten Schriftenwechsel anzuordnen. 605

Eine mündliche Verhandlung kann entweder neben der schriftlichen Vernehmlassung oder aber an deren Stelle durchgeführt werden (§ 59 Abs. 1 VRG).

Bei mündlichen Verhandlungen gilt das Öffentlichkeitsprinzip (§ 62 VRG). In der Praxis bildet das schriftliche Verfahren die Regel. Kann jedoch nicht aufgrund der Akten angemessen entschieden werden, war bereits das vorinstanzliche Verfahren nicht öffentlich und handelt es sich um eine Angelegenheit, die in den sachlichen Geltungsbereich von Art. 6 Ziff. 1 EMRK fällt, so sind gemäss dieser Bestimmung öffentliche Verhandlungen durchzuführen (vgl. vorne Rz. 58 ff.).

4. DIE FESTSTELLUNG DES SACHVERHALTES VON AMTES WEGEN UND DER GRUNDSATZ DER RICHTERLICHEN RECHTSANWENDUNG

606 Das Verwaltungsgericht stellt den Sachverhalt von Amtes wegen fest und erhebt die erforderlichen Beweise. Die Bestimmungen der Zivilprozessordnung über das Beweisverfahren sind sinngemäss anzuwenden (§ 60 VRG). Das Gericht darf von tatsächlichen Vorbringen der Parteien abweichen. Steht der massgebende Sachverhalt bereits auf Grund der Akten fest, so sind keine weiteren Beweise mehr zu erheben.

Wie an die tatsächlichen Vorbringen ist das Gericht auch nicht an die rechtliche Begründung – weder an jene der Vorinstanz noch an jene der Parteien – gebunden.

5. WAHRUNG DES RECHTLICHEN GEHÖRS

607 Alle am Verfahren Beteiligten haben das Recht, die Akten einzusehen (§ 57 Abs. 1 VRG). Abs. 2 von § 57 VRG regelt zugleich das Recht der Verwaltungsbehörden, einzelne Aktenstücke zurückzubehalten, soweit dies die Wahrung wichtiger öffentlicher und schutzwürdiger privater Interessen erfordert. Dieser Absatz ist enger formuliert als § 9 Abs. 1 VRG und sieht von der Verweigerung des Akteneinsichtsrechts REF im Interesse einer noch nicht abgeschlossenen Untersuchung ab. Werden die Akten zurückbehalten, soll – soweit dies ohne Verletzung der schützenswerten Interessen möglich ist – über deren Inhalt schriftlich Bericht erstattet werden (vgl. vorne Rz. 502). Eine weitere Bestimmung, die sich aus dem Grundsatz des rechtlichen Gehörs ergibt, enthält § 61 VRG. Danach erhalten die am Beschwerdeverfahren Beteiligten Gelegenheit, zu den erhobenen Beweisen schriftlich oder mündlich Stellung zu nehmen. Damit wollte der Gesetzgeber bewirken, dass die Verwaltung auf Grund der neuen Bewei-

sergebnisse ihren Standpunkt revidieren und das Verfahren durch Anerkennung gegenstandslos machen kann. Aus der Pflicht zur Anhörung kann sodann die Pflicht zu einem zweiten Schriftenwechsel fliessen.

VI. BESCHWERDEENTSCHEID

1. BINDUNG AN PARTEIBEGEHREN

Im verwaltungsgerichtlichen Verfahren ist die Dispositionsmaxime 608
konsequent verwirklicht. Der Richter darf den Entscheid der Vorinstanz weder zugunsten noch zuungunsten der Beschwerdeführenden abändern (§ 63 Abs. 2 VRG).

2. ERÖFFNUNG UND INHALT DES URTEILS

Der Entscheid des Verwaltungsgerichtes wird den am Beschwerdever- 609
fahren Beteiligten schriftlich, mit einer Begründung versehen, mitgeteilt (§ 65 Abs. 1 VRG). Der Entscheid kann bereits vor der schriftlichen Mitteilung mündlich oder durch Zustellung des Dispositivs eröffnet werden (§ 65 Abs. 2 VRG). Das Verwaltungsgericht ist befugt, in der Sache selbst zu entscheiden, oder aber einen Rückweisungsentscheid zu fällen (§ 64 Abs. 1 VRG). Ersteres bildet die Regel und drängt sich insbesondere dort auf, wo nicht ausgesprochene Ermessensfragen zu beurteilen sind. Letzteres wurde vom Gesetzgeber als Ausnahme verstanden, denn nur in besonderen Fällen soll das Gericht an die Vorinstanz zurückweisen. § 64 Abs. 1 VRG nennt zwei Beispiele: Das eine betrifft den Fall, in dem die Vorinstanz nicht auf die Sache eingetreten ist, das andere bezieht sich auf die ungenügende Feststellung des Sachverhaltes.

Das Verwaltungsgericht kann aber nach Ermessen auch aus anderen Gründen zurückweisen. Die Rückweisung erfolgt in der Praxis entgegen dem Wortlaut von § 64 Abs. 1 VRG nicht nur an die Vorinstanz sondern auch an die erstinstanzlich zuständige Behörde. Diejenige Instanz, an welche die Angelegenheit zurückgewiesen wurde, ist an die rechtliche Beurteilung der Streitsache durch das Verwaltungsgericht gebunden. Doch können neue tatsächliche Behauptungen vorgebracht und neue Beweismittel bezeichnet werden (§ 64 Abs. 2 VRG).

Das bezüglich der Öffentlichkeit der Rekursentscheide Gesagte gilt auch für die verwaltungsgerichtlichen Urteile (vgl. vorne Rz. 566). Anzuführen bleibt aber, dass die Urteile des Gerichts immerhin auszugsweise im jährlichen Rechenschaftsbericht (RB) an den Kantonsrat veröffentlicht werden.

3. KOSTEN UND PARTEIENTSCHÄDIGUNG

610 Die Regelung über die Kosten- und Entschädigungsfolgen von § 13 ff. VRG gelten auch für das verwaltungsgerichtliche Verfahren (§ 70 i.V.m. §§ 13 ff. VRG). Sie sind in das Dispositiv aufzunehmen (vgl. näheres vorne Rz. 567 ff.).

4. WIRKUNGEN

611 Gegen Entscheide des Verwaltungsgerichts kann kein ordentliches Rechtsmittel mehr eingelegt werden. Mit der Eröffnung des Dispositivs werden diese formell rechtskräftig und damit an sich vollstreckbar (vgl. § 66 VRG). Praktisch werden aber allfällige staatsrechtliche Beschwerden abgewartet (vgl. Alfred Kölz, Die staatsrechtliche Rechtsprechung des Bundesgerichts im Jahre 1981, ZBJV 1983, S. 588).

32. KAPITEL: DAS VERWALTUNGS-GERICHT ALS REKURS- UND BESCHWERDEINSTANZ IN STEUERSACHEN

Nach den besonderen Bestimmungen der Steuergesetzgebung ist das Verwaltungsgericht in Steuersachen letzte Rekurs- und Beschwerdeinstanz (§ 72 VRG). Dabei sind für das Verfahren die Bestimmungen des Steuergesetzes anzuwenden. Lediglich die Vorschriften über die Organisation (§§ 32 bis 40 VRG) sowie die Bestimmungen über die Parteientschädigung (§ 17 Abs. 2 VRG) sind entsprechend anwendbar (§ 73 VRG; Näheres dazu vgl. Reimann/Zuppinger/Schärer, Kommentar zum Zürcher Steuergesetz, Bern 1961 bis 1969, insbesondere Bd. III §§ 92 bis 95/100/101, 106/107, 108 bis 113; Bosshart Jürg, Überprüfung und Ermittlung des Sachverhaltes im zürcherischen Steuerjustizverfahren, ZBl 1984, S. 1 ff.).

612

33. KAPITEL: DAS VERWALTUNGS-GERICHT ALS DISZIPLINAR-GERICHT

I. DISZIPLINARFÄLLE

613 Gegen die eingreifendsten Disziplinarmassnahmen kann beim Verwaltungsgericht Rekurs erhoben werden. Dazu gehören die vorzeitige Entlassung, die Einstellung im Amt und die Versetzung in das provisorische Dienstverhältnis (§ 74 Abs. 1 VRG). Leichtere Disziplinarmassnahmen können nur im verwaltungsinternen Rekursverfahren angefochten werden, es sei denn, eine obengenannte eingreifende Massnahme liege gleichzeitig im Streit (§ 74 Abs. 2 VRG); so kann das Auseinanderfallen der Überprüfungszuständigkeit verhindert werden.

Weiter kann mit dem Disziplinarrekurs der Entzug der Wählbarkeit zu einem Amt sowie die Nichterneuerung eines befristeten Wählbarkeitszeugnisses angefochten werden (§ 76 VRG). Der Entzug muss aus disziplinarischen Gründen erfolgen. Wählbarkeitszeugnisse sind etwa für die Ausübung des Lehrerberufs oder des Pfarramts erforderlich.

Die Ordnung des VRG über den Disziplinarrekurs bedarf der Abgrenzung zwischen disziplinarischen und administrativen Massnahmen. Es stellt sich allerdings die Frage, ob es richtig ist, eine administrativ gemassregelte Person in bezug auf den Rechtsschutz schlechter zu stellen, denn ihr Rechtsschutzbedürfnis ist mindestens gleichwertig, da sie von einer Massnahme betroffen ist, die ohne ihr Verschulden angeordnet wurde. Auch bereitet die Abgrenzung zwischen disziplinarischen und administrativen Massnahmen zuweilen Schwierigkeiten.

Die Nichtwiederwahl nach Ende einer Amtsdauer und die fristgerechte Kündigung sind nicht an das Verwaltungsgericht weiterziehbar; und zwar ungeachtet dessen, aus welchen Gründen diese Massnahmen erfolgten (RB 1985 Nr. 20, 1990 Nr. 20 ff.).

II. LEGITIMATION

Zum Rekurs berechtigt sind die Adressaten der Disziplinarmassnahme. Adressaten einer Disziplinarmassnahme können diejenigen Personen sein, die zum Staat oder zu den Gemeinden in einem öffentlichrechtlichen Dienstverhältnis stehen (§ 75 VRG). Der Begriff «öffentlichrechtlich» ist funktionell zu verstehen: Massgebendes Element bildet die öffentlichrechtliche Funktion, die Beamte, Angestellte, Arbeiter oder Mitglieder einer Behörde ausüben. Zudem müssen die Betroffenen der dienstlichen Befehlsgewalt unterstehen. Eng verwandt mit der dienstlichen Befehlsgewalt ist das besondere Rechtsverhältnis. Dennoch werden nicht alle in einem besonderen Rechtsverhältnis stehenden Personen zum Disziplinarrekurs zugelassen, obwohl auch sie Adressaten einer disziplinarischen Verfügung sein können, wie beispielsweise Schülerinnen und Schüler oder Strafgefangene.

614

III. VORINSTANZEN

Mit dem Rekurs sind sowohl Beschlüsse der Gemeinderäte im Sinne der Gemeindevorsteherschaft als auch des Regierungsrates, des Obergerichts, des Erziehungsrats wie des Kirchenrates anfechtbar. Nach der Praxis können auch Massnahmen von Kommissionen mit selbständigen Verwaltungsbefugnissen angefochten werden (RB 1989 Nr. 17). Gegenüber dem vorne beschriebenen Instanzenzug ergibt sich in den Fällen, in denen eine Gemeindebehörde entschieden hat, eine wesentliche Verkürzung des Rechtsmittelwegs (vgl. vorne Rz. 523 f.).

615

IV. REKURSGRÜNDE

Als Rekursinstanz in Disziplinarfällen kommt dem Verwaltungsgericht eine umfassende Kognition zu. Es kann neben der Rechtsverletzung und der unrichtigen Sachverhaltsfeststellung auch Unangemessenheit gerügt werden (§ 78 VRG).

616

V. REKURSERLEDIGUNG

617 Das Verwaltungsgericht ist befugt, eine Disziplinarmassnahme aufzuheben und an deren Stelle eine leichtere Massnahme anzuordnen. Es kann die Sache aber auch an die Vorinstanz zurückweisen (§ 79 Abs. 2 VRG). Unzulässig ist es hingegen, eine für die Betroffenen schwerere Disziplinarmassnahme zu erlassen (Verbot der reformatio in peius).

Hält das Gericht eine disziplinarische Massnahme für nicht gerechtfertigt, ergeht ein Feststellungsurteil. Eine disziplinarische Entlassung kann in der Regel nicht wieder rückgängig gemacht werden, und die verfügende Behörde ist dazu auch nicht verpflichtet. Bei ungerechtfertigter Entlassung steht es dem Betroffenen deshalb zu, das Klageverfahren gemäss § 82 lit. a VRG einzuleiten und die ihm daraus entstandene Entschädigungsforderung geltend zu machen (§ 79 Abs. 1 VRG). Voraussetzung der Klage ist aber, dass das Verwaltungsgericht mit Disziplinarrekurs angerufen worden ist und darüber entschieden hat oder die Disziplinarbehörde am Disziplinarentscheid festhalten will (vgl. RB 1986 Nr. 25, 1987 Nr. 14).

Im übrigen sind die für das Verwaltungsgericht als Beschwerdeinstanz geltenden allgemeinen Vorschriften anwendbar (§ 80 VRG).

34. KAPITEL: DAS VERWALTUNGS-GERICHT ALS EINZIGE INSTANZ

I. ZUSTÄNDIGKEIT

Die Zuständigkeit des Verwaltungsgerichts als einzige Instanz ist in den §§ 81 und 82 VRG punktuell aufgezählt. Daneben können auch Gesetze im materiellen Sinn die Zuständigkeit begründen. Die im Klageverfahren zu beurteilenden Rechtsverhältnisse sind meistens vermögensrechtlicher Natur. Das Verwaltungsgericht urteilt im Klageverfahren nicht als Rechtsmittelinstanz, sondern als erstinstanzliche Gerichtsbehörde. Dies, obwohl die Betroffenen im allgemeinen vor der Klageerhebung den Anspruch bei der zuständigen Verwaltungsbehörde geltend zu machen haben und letztere ihn abgelehnt haben muss; um ein Rekursverfahren handelt es sich deswegen nicht (RB 1991 Nr. 14).

§ 81 VRG bezieht sich auf Streitigkeiten zwischen öffentlichrechtlichen Körperschaften. § 82 VRG betrifft Streitigkeiten zwischen Privaten und Körperschaften des öffentlichen Rechts. § 81 lit. a VRG statuiert zunächst die Zuständigkeit des Verwaltungsgerichts, vermögensrechtliche Streitigkeiten aus dem öffentlichen Recht zwischen Gemeinden oder Gemeindeverbänden zu beurteilen. Sodann entscheidet das Gericht gemäss § 81 lit. b VRG über Streitigkeiten betreffend die Ablösung staatlicher Leistungen für kirchliche Zwecke. Gemäss § 81 lit. c VRG urteilt es über Streitigkeiten von Rückgriffsansprüchen von Planungs- und Werkträgern (vgl. etwa § 44 PBG).

Von den Streitigkeiten zwischen öffentlichrechtlichen Körperschaften und Privaten sind nur die wichtigsten zu erwähnen. § 82 lit. a VRG beschlägt vermögensrechtliche Streitigkeiten aus dem Dienstverhältnis zwischen öffentlichen Angestellten und einer Körperschaft des kantonalen öffentlichen Rechts. Es muss somit ein öffentlichrechtliches Dienstverhältnis vorliegen und die beklagte Partei muss eine Körperschaft des öffentlichen Rechts sein. Schliesslich ist vorausgesetzt, dass es sich um eine vermögensrechtliche Streitigkeit handelt. Das Verwaltungsgericht ist bisher nur auf *unmittelbar* vermögensrechtliche Streitigkeiten eingetreten, nicht aber auf Streitigkeiten, die nur mittelbar vermögensrechtlicher Natur sind, so etwa solche über Arbeitszeugnisse von öffentlichen Angestellten (RB 1988 Nr. 15). Ferner hat es das Gericht zunächst abgelehnt, Klagen zu behandeln, die auf eine Prüfung von Besoldungsverordnungen im Hinblick auf Art.

4 Abs. 2 dritter Satz BV hinauslaufen. Das Bundesgericht hingegen bezeichnete diese Auffassung im Fall, als eine Gruppe von Krankenschwestern Klage erhoben und diese mit dem Anspruch auf gleichen Lohn von Mann und Frau für gleichwertige Arbeit begründet hatte, als unhaltbar. Es wies das Verwaltungsgericht an, die Klage materiell zu prüfen, zumal es durch eine zu enge Auslegung des kantonalen Verfahrensrechts nicht die Durchsetzung von Bundesrecht vereiteln darf (Bundesgerichtsentscheid vom 11. November 1983, in: ZBl 1984, S. 162 ff.; vgl. auch RB 1990 25 f.).

621 Die wohl am häufigsten vorkommenden Streitigkeiten sind in § 82 lit. g VRG normiert. Danach können Streitigkeiten über Entschädigungen und Beiträge auf Grund von Einsprachen gegen einen Entscheid der Schätzungskommission in *Enteignungssachen* sowie Streitigkeiten über die Rückforderungen abgetretener Rechte geltend gemacht werden. Gegenüber den anderen im Klageverfahren zu beurteilenden Streitigkeiten liegen hier einige Besonderheiten vor. Die wichtigste ist jene, dass bereits die Schätzungskommission erstinstanzlich über solche Abtretungsstreitigkeiten entschieden hat.

622 Schliesslich ist auf § 82 lit. h zu verweisen, wonach ebenfalls im Klageverfahren Streitigkeiten über das Vorkaufsrecht, das Kaufrecht oder das Rückgriffsrecht gegenüber Dritten und den Übernahmeanspruch des Gemeinwesens nach dem Planungs- und Baugesetz beurteilt werden. Darunter fallen insbesondere Streitigkeiten über das Zugrecht (§ 43a PBG) und das Heimschlagsrecht (beispielsweise nach den §§ 41 ff. PBG).

II. KOGNITION

623 Die dem Verwaltungsgericht im Klageverfahren vorgelegten Anträge werden in tatsächlicher und rechtlicher Hinsicht ohne Kognitionsbeschränkungen geprüft (§ 85 VRG). Die Grenze der Prüfungszuständigkeit ergibt sich aus den Parteianträgen.

III. VERFAHREN

624 Das Verwaltungsgericht hat an sich die gleiche Stellung wie das erstinstanzlich urteilende Zivilgericht. Doch gilt kraft Verweis von § 86

VRG grundsätzlich die Untersuchungsmaxime und nicht die Verhandlungsmaxime.

Für die Klageerhebung sind die Fristen des materiellen Rechts zu beachten. Der Kläger hat die einen Antrag und eine Begründung enthaltende Klageschrift in zweifacher Ausfertigung einzureichen (§ 83 Abs. 1 VRG). Die Beweismittel sind zu bezeichnen und soweit als möglich beizulegen (§ 83 Abs. 3 VRG). Das Verwaltungsgericht verlangt zudem eine ablehnende Stellungnahme der Verwaltung. Ansonsten tritt es zur Zeit auf die Klage nicht ein.

Der Beklagte erhält Gelegenheit zur schriftlichen Beantwortung der Klage. Im verwaltungsrechtlichen Klageverfahren bildet ein zweiter Schriftenwechsel die Regel (vgl. § 84 VRG). Das weitere Verfahren wird durch die Regelung des Verwaltungsbeschwerdeverfahrens bestimmt (§ 86 VRG).

35. KAPITEL: RECHTSSCHUTZ UND VERWALTUNGSKONTROLLE DURCH DIE OMBUDSSTELLE

625 *Literatur:* vorne in Rz. 39 zit. Lit. sowie HALLER WALTER, Der schwedische Justitieombudsmann, Zürich 1965; *ders.,* Der Ombudsmann im Gefüge der Staatsfunktionen, in: Festschrift Kurt Eichenberger, Basel 1982, S. 705 ff.; *ders.,* Der Ombudsmann – Erfahrungen im Ausland, Folgerungen für die Schweiz, ZBl 1972, S. 177 ff.; KÖLZ ALFRED, Kommentar zum Verwaltungsrechtspflegegesetz des Kantons Zürich, Zürich 1978, §§ 87–94; *ders.,* Zu Fragen der Zuständigkeit des kantonalzürcherischen Ombudsmannes, ZBl 1980, S. 281 ff.; JENT-SÖRENSEN INGRID, Der dänische Ombudsmann, Zürich 1986; MARTI HANS, Plädoyer für kontrollierte Macht, Bern 1964; OMBUDSMANN DES KANTONS ZÜRICH, Tätigkeitsberichte an den Kantonsrat, ab 1978; ROSEN WALTER, Das System der Ombudsmann-Ämter im Vereinigten Königreich von Grossbritannien und Nordirland, Basel 1982; SCHIBLI PETER, Die Möglichkeit der Einführung einer Zulassungsbeschränkung am schweizerischen Bundesgericht nach dem Muster des amerikanischen Certiorari-Verfahrens, Bern 1984; VONTOBEL JACQUES, Der Ombudsmann der Stadt Zürich, ZBl 1981, S. 1 ff.

I. ALLGEMEINES

626 Der Bereich der staatlichen Verwaltungstätigkeit hat sich im Zeichen der Umwandlung des liberalen Staates in den Wohlfahrtsstaat in bedeutendem Masse ausgedehnt. Zugleich hat der Staat in immer mehr Bereichen die Möglichkeit erhalten, eingreifend und gestaltend weite Lebensbereiche der Menschen zu beeinflussen, was ihm einen bedeutenden Machtzuwachs gegeben hat. Zwar genügen in zahlreichen Fällen die traditionellen Mittel der Verwaltungskontrolle, so die parlamentarische Verwaltungskontrolle, die demokratische Kontrolle der Verwaltungsspitze mittels Volkswahl, die heute weitgehend institutionalisierten verwaltungsinternen Rechtsmittel und Rechtsbehelfe sowie die Beschwerde- oder Klagemöglichkeiten beim unabhängigen Verwaltungsgericht. Dennoch kann es vorkommen, dass trotz der institutionalisierten, systematischen Mittel der Verwaltungskontrolle den Betroffenen ein ausreichender Schutz versagt bleibt. Unbeholfenen Personen ist es oft nicht möglich, die parlamentarische oder demokratische Verwaltungskontrolle zu ihren Gunsten in Gang zu setzen.

Was die justizförmige Kontrolle der Verwaltung betrifft, so verursachen die oft ausserordentlich komplizierte Zuständigkeitsordnung der Rechtsschutzinstanzen und die teilweise allzulangen Instanzenzüge im geltenden Recht Probleme. Nicht zu unterschätzen sind auch die Konfliktmöglichkeiten zwischen einzelnen und dem Staat beim informellen Handeln der Verwaltung, so bei Realakten, mündlichen Auskünften, Zahlungen, Zahlungsverweigerungen usw., auch das immer häufiger werdende Handeln der Verwaltung im «Graubereich» privatrechtlicher Formen schafft Konflikte, zu deren Beilegung ausreichende Mittel fehlen.

Diese Lücke ist mit der Schaffung der Ombudsstelle, einer Einrichtung, die zuerst in Schweden geschaffen wurde, geschlossen worden. Diese Institution hat in der Schweiz zunächst in der Stadt Zürich Fuss gefasst. Nach dem Kanton Zürich, der das VRG im Jahre 1977 um die §§ 87–94 ergänzte, folgten die Kantone Basel-Stadt und Basel-Land sowie die Stadt Winterthur; im Bund ist eine Ombudsstellen-Vorlage in Vorbereitung.

II. STELLUNG UND AUFGABEN

Die Ombudsperson ist ein vom Kantonsrat (Parlament) gewähltes, selbständiges und von der Exekutive und Judikative unabhängiges Staatsorgan, welches Beschwerden von einzelnen behandelt, die sich auf die Verwaltungstätigkeit beziehen. Die Ombudsperson ist mithin ein Organ der Verwaltungskontrolle. 627

Die Ombudsstelle prüft, ob die Behörden «nach Recht und Billigkeit» verfahren (§ 89 Abs. 1 VRG). Sie hat also zunächst zu prüfen, ob die Behörden gemäss dem geschriebenen und ungeschriebenen Recht handeln. In Frage kommen für ein Einschreiten Verletzungen von Verfassungsrecht, Gesetzesrecht, Verordnungsrecht und Normen unterer Stufe des Bundes, des Kantons und der Gemeinden sowie von Staatsvertragsrecht. Die Ombudsperson hat in Bezug auf Rechtsverletzungen dieselbe Überprüfungsbefugnis wie das Verwaltungsgericht. Grosse Bedeutung kommt der Aufgabe der Ombudsstelle zu, über die «Billigkeit» des Verwaltungshandelns zu befinden. «Billigkeit» ist ein noch weiterer Begriff als derjenige des «Ermessens». Die Billigkeit beschlägt alle Formen des Verwaltungshandelns. Insbesondere der Graubereich der vertraglichen oder vertragsähnlichen Beziehungen, der ausdrücklichen oder stillschweigenden Abmachungen sowie die blossen Tathandlungen staatlicher Stellen fallen darunter. Die Ombudsperson kann nicht nur bei Ermessenswillkür oder Ermessensüberschreitung, sondern auch bei einfachen Ermessensfehlern tätig werden. Sie wird indessen hier eine gewisse Zurückhaltung üben; dies insbesondere dann, wenn zur Ausübung des Ermessens eine besondere Sachkunde erforderlich ist. Die der Ombudsperson zustehende Überprüfungsbefugnis im Bereich des Verwaltungsermessens fällt besonders beim gesamten Personalrecht ins Gewicht.

III. ZUSTÄNDIGKEIT

628 Die Ombudsstelle ist für die gesamte kantonale Verwaltung und die dazugehörige Bezirksverwaltung zuständig. Der Begriff «Verwaltung» ist weit zu fassen. In den Zuständigkeitsbereich der Ombudsperson fallen also die Tätigkeit der Organe des Kantons und der Bezirke, einschliesslich der Tätigkeit der Organe der Kirchen und der unselbständigen Anstalten des Kantons. Verwaltungskörper, die ausserhalb der eigentlichen Verwaltungshierarchie liegen, wie öffentliche Körperschaften, Stiftungen und Genossenschaften sowie private Rechtssubjekte, die materielle Verwaltungstätigkeit ausüben, gehören weiter dazu. Zudem zählt die Strafverfolgungsbehörden (Bezirksanwaltschaften, Staatsanwaltschaft) zum Zuständigkeitsbereich der Ombudsperson. Auf die juristische Form, in der sich die Verwaltungstätigkeit abwickelt, kommt es nicht an.

Nicht zuständig ist die kantonale Ombudsperson dagegen für Gemeinden und Gemeindezweckverbände. Ausgeschlossen von ihrer Zuständigkeit sind ferner der Kantonsrat sowie sämtliche Behörden und Ämter im Rahmen ihrer *rechtssetzenden* Tätigkeit; sodann kann die Ombudsperson nicht in hängige Rechtsmittelverfahren eingreifen (§ 90 lit. c VRG).

Der Überprüfung durch die Ombudsperson entzogen sind schliesslich alle Rechtsprechungsbehörden mit richterlicher Unabhängigkeit (§ 90 lit. b VRG). Dabei ist aber nur die eigentliche Rechtsfindungstätigkeit der genannten rechtsprechenden Behörden von der Überprüfung durch die Ombudsperson ausgenommen, nicht aber der Bereich *Justizverwaltung,* wo die Ombudsperson tätig werden darf. Zur Justizverwaltung gehört das gesamte Personalrecht, welches das Dienstverhältnis der in der Justiz beschäftigten Personen regelt. Ferner sind Anhandnahme von Rechtsmitteln an sich sowie die Dauer der Verfahren Gegenstände der Justizverwaltung. Die Ombudsperson kann daher bei Rechtsverzögerung oder formeller Rechtsverweigerung auch bei Behörden mit richterlicher Unabhängigkeit intervenieren, denn auch der Kantonsrat ist als Oberaufsichtsbehörde über die Gerichte für diese Belange der Justizverwaltung zuständig. Im Vordergrund steht dabei die Rechtsverzögerung, also die Dauer der Verfahren. Bei einer behaupteten formellen Rechtsverweigerung, etwa der Nichtbehandlung eines Rechtsmittels, dürfte die Ombudsperson nach dem Sinn des Gesetzes nur bei klarer Zuständigkeit der entsprechenden Behörde und bei Erfüllung der übrigen Prozessvoraussetzungen tätig werden können. Ist die Zuständigkeit der Gerichtsinstanz zweifelhaft und lehnt diese ein Eintreten auf das Rechtsmittel mit zureichender Begründung ab, so findet die Zuständigkeit der Ombudsperson eine Schranke, die gleichermassen für den Kantonsrat als Oberaufsichtsinstanz gilt.

IV. VERFAHREN

Die Ombudsperson wird normalerweise auf Beschwerde einer an der Überprüfung rechtlich oder tatsächlich interessierten Person tätig (§ 91 Abs. 1 VRG). Sie kann aber – ausserordentlicherweise – auch von sich aus tätig werden (§ 91 Abs. 2 VRG).

Die Ombudsperson ist indessen nicht verpflichtet, eine Beschwerde überhaupt – oder, wenn ja, eingehend – zu behandeln; sie entscheidet nach ihrem Ermessen, inwieweit sie sich mit einer Beschwerde befassen will. Ein Rechtsmittel gegen einen solchen Entscheid existiert nicht.

Die Behörden, mit denen sich die Ombudsperson in einem bestimmten Fall befasst, sind ihr zur Auskunft und zur Vorlage der Akten verpflichtet. Ferner kann sie den Sachverhalt nach § 7 Abs. 1 VRG abklären; Zeugen kann sie demnach nicht einvernehmen. Nach den Grundsätzen des rechtlichen Gehörs haben die Behörden, gegen die sich eine Beschwerde richtet, Anspruch auf Abgabe einer Stellungnahme (§ 92 Abs. 3 VRG).

Es ist ein Wesensmerkmal der Institution «Ombudsstelle», dass letztere kein Recht hat, Anordnungen oder Entscheide von Behörden aufzuheben oder zu ändern (§ 93 VRG). Sie soll jedoch zwischen den Beteiligten vermitteln und kann gegebenenfalls versuchen, die Behörde von der Notwendigkeit einer Änderung ihres Entscheides zu überzeugen, was praktisch in ausserordentlich vielen Fällen auch gelingt. Die Behörden akzeptieren in der Praxis die Vorstellungen und Überlegungen der Ombudsperson sehr oft; nicht zuletzt deshalb, weil diese die

Möglichkeit hat, ihnen und ihren Vorgesetzten nötigenfalls eine schriftliche Empfehlung zuzustellen, die einer formellen Rüge gleichkommt (§ 93 lit. c VRG). Das ist zwar praktisch selten der Fall. Nichtsdestoweniger ist die Möglichkeit der schriftlichen Empfehlung von grosser Bedeutung, denn sie hat eine nicht zu unterschätzende Präventivwirkung und unterstützt indirekt sehr oft die Tätigkeit der Ombudsperson. Die überprüfte Amtsstelle will in der Regel diese Art der schriftlichen Empfehlung umgehen. Sie ist daher meist bereit, die Ansicht beziehungsweise die mündlichen oder schriftlichen Vorschläge der Ombudsperson nicht nur eingehend zu prüfen, sondern nach Möglichkeit auch zu übernehmen (Tätigkeitsbericht des Ombudsmannes des Kantons Zürich 1991, S. 6). Auch die mögliche Rüge des Verhaltens von Behörden im jährlichen Rechenschaftsbericht der Ombudsperson an den Kantonsrat als Oberaufsichtsbehörde verstärkt deren Einwirkungsmöglichkeiten. Es ist indessen auch eine wichtige Aufgabe des Ombudsperson, Beschwerdeführende gegebenenfalls von der Aussichtslosigkeit ihrer Beschwerde und der Rechtmässigkeit des Verhaltens der Behörden zu überzeugen. Sie kann ihnen dabei Rat für ihr weiteres Verhalten erteilen (§ 93 lit. a VRG).

Die Tätigkeit der Ombudsperson ist infolge des sozialen Charakters dieser Institution unentgeltlich (§ 94 VRG).

Bundesgesetz
über das Verwaltungsverfahren

(Vom 20. Dezember 1968)

*Die Bundesversammlung
der Schweizerischen Eidgenossenschaft,*

gestützt auf Artikel 103 der Bundesverfassung[1],
nach Einsicht in eine Botschaft des Bundesrates vom 24. September 1965[2],

beschliesst:

Erster Abschnitt: Geltungsbereich und Begriffe

Art. 1

¹ Dieses Gesetz findet Anwendung auf das Verfahren in Verwaltungssachen, die durch Verfügungen von Bundesverwaltungsbehörden in erster Instanz oder auf Beschwerde zu erledigen sind.

A. Geltungsbereich
I. Grundsatz

² Als Behörden im Sinne von Absatz 1 gelten:

a.[3] der Bundesrat, seine Departemente, die Bundeskanzlei und die ihnen unterstellten Dienstabteilungen, Betriebe, Anstalten und anderen Amtsstellen der Bundesverwaltung;

b.[3] die eidgenössischen Gerichte im Falle der Artikel 33 Absatz 1 Buchstabe *a* und 58 Buchstabe *a*[4] des Beamtengesetzes[5];

c. die autonomen eidgenössischen Anstalten oder Betriebe;

d. die eidgenössischen Kommissionen;

e. andere Instanzen oder Organisationen ausserhalb der Bundesverwaltung, soweit sie in Erfüllung ihnen übertragener öffentlich-rechtlicher Aufgaben des Bundes verfügen.

AS **1969** 737
[1] SR **101**
[2] BBl **1965** II 1348
[3] Fassung gemäss Ziff. II des BG vom 28. Juni 1972 betreffend Änderung des BG über das Dienstverhältnis der Bundesbeamten, in Kraft seit 1. Jan. 1973 (AS **1972** 2435; BBl **1971** II 1914).
[4] Heute: Art. 58 Abs. 1 Bst. a.
[5] SR **172.221.10**

Anlässlich der OG-Revision vom 4. Oktober 1991 wurden der Titel des Vierten Abschnitts und die Nummerierung der Randtitel zu Art. 72-79 VwVG geändert sowie die Art. 71a-71d VwVG eingefügt. Diese Änderungen des VwVG sind allerdings noch nicht in Kraft getreten.

³ Auf das Verfahren letzter kantonaler Instanzen, die gestützt auf öffentliches Recht des Bundes nicht endgültig verfügen, finden lediglich Anwendung die Artikel 34–38 und 61 Absätze 2 und 3 über die Eröffnung von Verfügungen und Artikel 55 Absätze 2 und 4 über den Entzug der aufschiebenden Wirkung. Vorbehalten bleibt Artikel 97 Absatz 2 des Bundesgesetzes über die Alters- und Hinterlassenenversicherung [1] betreffend den Entzug der aufschiebenden Wirkung von Beschwerden gegen Verfügungen der Ausgleichskassen.[2]

Art. 2

II. Ausnahmen
1. Teilweise Anwendbarkeit

¹ Auf das Steuerverfahren finden die Artikel 12–19 und 30–33 keine Anwendung.

² Auf das Verfahren der Abnahme von Berufs-, Fach- und anderen Fähigkeitsprüfungen finden die Artikel 4–6, 10, 34, 35, 37 und 38 Anwendung.

³ Auf das Verfahren der Schätzungskommissionen für die Enteignung finden die Artikel 20–24 Anwendung.

Art. 3

2. Unanwendbarkeit

Dieses Gesetz findet keine Anwendung auf:

a. das Verfahren von Behörden im Sinne von Artikel 1 Absatz 2 Buchstabe *e*, soweit gegen ihre Verfügungen die Beschwerde unmittelbar an eine Bundesbehörde unzulässig ist;

b. das erstinstanzliche Verfahren der erstmaligen Begründung des Dienstverhältnisses von Bundespersonal, der Beförderung von Bundespersonal, der dienstlichen Anordnungen an das Bundespersonal[3] und das Verfahren der Ermächtigung zur Strafverfolgung gegen Bundespersonal;

c. das erstinstanzliche Verwaltungsstrafverfahren und das gerichtspolizeiliche Ermittlungsverfahren;

d.[4] das Verfahren der Militärstrafrechtspflege einschliesslich der Militärdisziplinarrechtspflege,

das Verfahren in militärischen Kommandosachen, soweit Artikel 34^{quater} der Militärorganisation[5] nichts anderes bestimmt,

das erstinstanzliche militärische Schatzungsverfahren;

e. das Verfahren der Zollabfertigung;

---

[1] SR **831.10**
[2] Fassung gemäss Ziff. II 7 des BG vom 24. Juni 1977 (9. AHV-Revision), in Kraft seit 1. Jan. 1979 (AS **1978** 391 419; BBl **1976** III 1).
[3] Satzteil gemäss Ziff. 2 des Anhangs zum BG vom 19. Dez. 1986, in Kraft seit 1. Juli 1987 (AS **1987** 932 939; BBl **1986** II 313).
[4] Fassung gemäss Ziff. 1 des Anhangs zum BG vom 22. Juni 1990, in Kraft seit 1. Jan. 1991 (AS **1990** 1882 1892; BBl **1989** II 1194).
[5] SR **510.10**

*e*bis.[1)] das Verfahren über die Beanstandung von Radio- und Fernsehsendungen vor der unabhängigen Beschwerdeinstanz für Radio und Fernsehen;

f. das erstinstanzliche Verfahren in anderen Verwaltungssachen, wenn deren Natur die Erledigung auf der Stelle durch sofort vollstreckbare Verfügung erfordert.

Art. 4

Bestimmungen des Bundesrechts, die ein Verfahren eingehender regeln, finden Anwendung, soweit sie den Bestimmungen dieses Gesetzes nicht widersprechen.

III. Ergänzende Bestimmungen

Art. 5

¹ Als Verfügungen gelten Anordnungen der Behörden im Einzelfall, die sich auf öffentliches Recht des Bundes stützen und zum Gegenstand haben:

B. Begriffe
I. Verfügungen

a. Begründung, Änderung oder Aufhebung von Rechten oder Pflichten;

b. Feststellung des Bestehens, Nichtbestehens oder Umfanges von Rechten oder Pflichten;

c. Abweisung von Begehren auf Begründung, Änderung, Aufhebung oder Feststellung von Rechten oder Pflichten, oder Nichteintreten auf solche Begehren.

² Als Verfügungen gelten auch Vollstreckungsverfügungen (Art. 41 Abs. 1 Buchst. *a* und *b*), Zwischenverfügungen (Art. 45), Einspracheentscheide (Art. 30 Abs. 2 Buchst. *b*, 46 Buchst. *b*, und 74 Buchst. *b*), Beschwerdeentscheide (Art. 61 und 70), Entscheide im Rahmen einer Revision (Art. 68) und die Erläuterung (Art. 69).

³ Erklärungen von Behörden über Ablehnung oder Erhebung von Ansprüchen, die auf dem Klageweg zu verfolgen sind, gelten nicht als Verfügungen.

Art. 6

Als Parteien gelten Personen, deren Rechte oder Pflichten die Verfügung berühren soll, und andere Personen, Organisationen oder Behörden, denen ein Rechtsmittel gegen die Verfügung zusteht.

II. Parteien

[1)] Eingefügt durch Art. 26 des BB vom 7. Okt. 1983 über die unabhängige Beschwerdeinstanz für Radio und Fernsehen [AS **1984** 153]. Fassung gemäss Art. 75 Ziff. 3 des BG vom 21. Juni 1991 über Radio und Fernsehen, in Kraft seit 1. April 1992 (SR **784.40**).

Zweiter Abschnitt: Allgemeine Verfahrensgrundsätze

A. Zuständigkeit
I. Prüfung

Art. 7

¹ Die Behörde prüft ihre Zuständigkeit von Amtes wegen.

² Die Begründung einer Zuständigkeit durch Einverständnis zwischen Behörde und Partei ist ausgeschlossen.

II. Überweisung und Meinungsaustausch

Art. 8

¹ Die Behörde, die sich als unzuständig erachtet, überweist die Sache ohne Verzug der zuständigen Behörde.

² Erachtet die Behörde ihre Zuständigkeit als zweifelhaft, so pflegt sie darüber ohne Verzug einen Meinungsaustausch mit der Behörde, deren Zuständigkeit in Frage kommt.

III. Streitigkeiten

Art. 9

¹ Die Behörde, die sich als zuständig erachtet, stellt dies durch Verfügung fest, wenn eine Partei die Zuständigkeit bestreitet.

² Die Behörde, die sich als unzuständig erachtet, tritt durch Verfügung auf die Sache nicht ein, wenn eine Partei die Zuständigkeit behauptet.

³ Kompetenzkonflikte zwischen Behörden, ausgenommen Kompetenzkonflikte mit dem Bundesgericht, dem Eidgenössischen Versicherungsgericht oder mit kantonalen Behörden, beurteilt die gemeinsame Aufsichtsbehörde, im Zweifel der Bundesrat.

B. Ausstand

Art. 10

¹ Personen, die eine Verfügung zu treffen oder diese vorzubereiten haben, treten in Ausstand, wenn sie:

a. in der Sache ein persönliches Interesse haben;

b. mit einer Partei in gerader Linie oder in der Seitenlinie bis zum dritten Grade verwandt oder verschwägert oder durch Ehe, Verlobung oder Kindesannahme verbunden sind;

c. Vertreter einer Partei sind oder für eine Partei in der gleichen Sache tätig waren;

d. aus anderen Gründen in der Sache befangen sein könnten.

² Ist der Ausstand streitig, so entscheidet darüber die Aufsichtsbehörde oder, wenn es sich um den Ausstand eines Mitgliedes einer Kollegialbehörde handelt, diese Behörde unter Ausschluss des betreffenden Mitgliedes.

Art. 11

¹ Auf jeder Stufe des Verfahrens kann die Partei sich, wenn sie nicht persönlich zu handeln hat, vertreten oder, soweit die Dringlichkeit einer amtlichen Untersuchung es nicht ausschliesst, verbeiständen lassen; der Vertreter oder Beistand muss in bürgerlichen Ehren und Rechten stehen.

² Die Behörde kann den Vertreter auffordern, sich durch schriftliche Vollmacht auszuweisen.

³ Solange die Partei die Vollmacht nicht widerruft, macht die Behörde ihre Mitteilungen an den Vertreter.

C. Vertretung und Verbeiständung
I. Im allgemeinen [1]

Art. 11a [2]

¹ Treten in einer Sache mehr als 20 Parteien mit kollektiven oder individuellen Eingaben auf, um gleiche Interessen wahrzunehmen, so kann die Behörde verlangen, dass sie für das Verfahren einen oder mehrere Vertreter bestellen.

² Kommen sie dieser Aufforderung nicht innert angemessener Frist nach, so bezeichnet die Behörde einen oder mehrere Vertreter.

³ Die Bestimmungen über die Parteientschädigung im Beschwerdeverfahren sind auf die Kosten der Vertretung sinngemäss anwendbar. Die Partei, gegen deren Vorhaben sich die Eingaben richten, hat auf Anordnung der Behörde die Kosten der amtlichen Vertretung vorzuschiessen.

II. Obligatorische Vertretung

Art. 12

Die Behörde stellt den Sachverhalt von Amtes wegen fest und bedient sich nötigenfalls folgender Beweismittel:

a. Urkunden;

b. Auskünfte der Parteien;

c. Auskünfte oder Zeugnis von Drittpersonen;

d. Augenschein;

e. Gutachten von Sachverständigen.

D. Feststellung des Sachverhaltes
I. Grundsatz

Art. 13

¹ Die Parteien sind verpflichtet, an der Feststellung des Sachverhaltes mitzuwirken:

a. in einem Verfahren, das sie durch ihr Begehren einleiten;

II. Mitwirkung der Parteien

---

[1] Fassung gemäss Anhang Ziff. 3 des BG vom 4. Okt. 1991, in Kraft seit 15. Febr. 1992 (AS **1992** 288; SR **173.110.0** Art. 2 Bst. b; BBl **1991** II 465).

[2] Eingefügt durch Anhang Ziff. 3 des BG vom 4. Okt. 1991, in Kraft seit 15. Febr. 1992 (AS **1992** 288; SR **173.110.0** Art. 2 Bst. b; BBl **1991** II 465).

b. in einem anderen Verfahren, soweit sie darin selbständige Begehren stellen;

c. soweit ihnen nach einem anderen Bundesgesetz eine weitergehende Auskunfts- oder Offenbarungspflicht obliegt.

² Die Behörde braucht auf Begehren im Sinne von Absatz 1 Buchstabe *a* oder *b* nicht einzutreten, wenn die Parteien die notwendige und zumutbare Mitwirkung verweigern.

Art. 14

III. Zeugeneinvernahme
1. Zuständigkeit

¹ Lässt sich ein Sachverhalt auf andere Weise nicht hinreichend abklären, so können folgende Behörden die Einvernahme von Zeugen anordnen:

a. der Bundesrat und seine Departemente;

b. die Justizabteilung des Eidgenössischen Justiz- und Polizeidepartements;

c. die eidgenössischen Rekurs- und Schiedskommissionen.

² Die Behörden im Sinne von Absatz 1 Buchstaben *a* und *b* beauftragen mit der Zeugeneinvernahme einen dafür geeigneten Beamten.

³ Die Behörden im Sinne von Absatz 1 Buchstabe *a* können Personen ausserhalb einer Behörde, die mit einer amtlichen Untersuchung beauftragt sind, zur Zeugeneinvernahme ermächtigen.

Art. 15

2. Zeugnispflicht

Jedermann ist zur Ablegung des Zeugnisses verpflichtet.

Art. 16

3. Zeugnisverweigerungsrecht

¹ Das Recht der Zeugnisverweigerung bestimmt sich nach Artikel 42 Absätze 1 und 3 des Bundeszivilprozesses (BZP)[1].

² Der Träger eines Berufs- oder Geschäftsgeheimnisses im Sinne von Artikel 42 Absatz 2 BZP kann das Zeugnis verweigern, soweit ihn nicht ein anderes Bundesgesetz zum Zeugnis verpflichtet.

³ Handelt es sich nicht um die Abklärung des Sachverhaltes in einem Verfahren auf dem Gebiete der inneren oder äusseren Sicherheit des Landes, so können folgende an der Veröffentlichung von Informationen beteiligte Personen das Zeugnis über Inhalt und Quelle ihrer Informationen verweigern:

a. Redaktoren, Mitarbeiter, Verleger und Drucker periodischer Druckschriften sowie ihre Hilfspersonen;

---

[1] SR 273

b. Redaktoren, Mitarbeiter und Programmverantwortliche von Radio und Fernsehen sowie ihre Hilfspersonen.

Art. 17

Wer als Zeuge einvernommen werden kann, hat auch an der Erhebung anderer Beweise mitzuwirken; er hat insbesondere die in seinen Händen befindlichen Urkunden vorzulegen.

4. Andere Verpflichtungen von Zeugen

Art. 18

¹ Die Parteien haben Anspruch darauf, den Zeugeneinvernahmen beizuwohnen und Ergänzungsfragen zu stellen.

5. Rechte der Parteien

² Zur Wahrung wesentlicher öffentlicher oder privater Interessen kann die Zeugeneinvernahme in Abwesenheit der Parteien erfolgen und diesen die Einsicht in die Einvernahmeprotokolle verweigert werden.

³ Wird ihnen die Einsicht in die Einvernahmeprotokolle verweigert, so findet Artikel 28 Anwendung.

Art. 19

Auf das Beweisverfahren finden ergänzend die Artikel 37, 39-41 und 43-61 BZP[1]) sinngemäss Anwendung; an die Stelle der Straffolgen, die die BZP gegen säumige Parteien oder Dritte vorsieht, tritt die Straffolge nach Artikel 60 dieses Gesetzes.

IV. Ergänzende Bestimmungen

Art. 20

¹ Berechnet sich eine Frist nach Tagen und bedarf sie der Mitteilung an die Parteien, so beginnt sie an dem auf ihre Mitteilung folgenden Tage zu laufen.

E. Fristen
I. Berechnung

² Bedarf sie nicht der Mitteilung an die Parteien, so beginnt sie an dem auf ihre Auslösung folgenden Tage zu laufen.

³ Fällt der letzte Tag auf einen Samstag, einen Sonntag oder einen am Wohnsitz oder Sitz der Partei oder ihres Vertreters vom kantonalen Recht anerkannten Feiertag, so endigt die Frist am nächsten Werktag.

Art. 21

¹ Schriftliche Eingaben müssen spätestens am letzten Tage der Frist der Behörde eingereicht oder zu deren Handen der schweizerischen Post oder einer schweizerischen diplomatischen oder konsularischen Vertretung übergeben werden.

II. Einhaltung

[1]) SR 273

¹ᵇⁱˢ Schriftliche Eingaben an das Eidgenössische Amt für geistiges Eigentum können nicht gültig bei einer schweizerischen diplomatischen oder konsularischen Vertretung vorgenommen werden.¹⁾

² Gelangt die Partei rechtzeitig an eine unzuständige Behörde, so gilt die Frist als gewahrt.

Art. 22

III. Erstreckung

¹ Eine gesetzliche Frist kann nicht erstreckt werden.

² Eine behördlich angesetzte Frist kann aus zureichenden Gründen erstreckt werden, wenn die Partei vor Ablauf der Frist darum nachsucht.

Art. 22a ²⁾

III a. Stillstand der Fristen

Gesetzliche oder behördliche Fristen, die nach Tagen bestimmt sind, stehen still:

a. vom siebten Tag vor Ostern bis und mit dem siebten Tag nach Ostern;

b. vom 15. Juli bis und mit 15. August;

c. vom 18. Dezember bis und mit dem 1. Januar.

Art. 23

IV. Säumnisfolgen

Die Behörde, die eine Frist ansetzt, droht gleichzeitig die Folgen der Versäumnis an; im Versäumnisfalle treten nur die angedrohten Folgen ein.

Art. 24

V. Wiederherstellung

¹ Wiederherstellung einer Frist kann erteilt werden, wenn der Gesuchsteller oder sein Vertreter unverschuldet abgehalten worden ist, innert der Frist zu handeln, binnen zehn Tagen nach Wegfall des Hindernisses ein begründetes Begehren um Wiederherstellung einreicht und die versäumte Rechtshandlung nachholt; vorbehalten bleibt Artikel 32 Absatz 2.

² Absatz 1 ist nicht anwendbar auf Fristen, die in Patentsachen gegenüber dem Eidgenössischen Amt für geistiges Eigentum zu wahren sind.¹⁾

Art. 25

F. Feststellungsverfahren

¹ Die in der Sache zuständige Behörde kann über den Bestand, den Nichtbestand oder den Umfang öffentlichrechtlicher Rechte oder Pflichten von Amtes wegen oder auf Begehren eine Feststellungsverfügung treffen.

---

¹⁾ Eingefügt durch Ziff. II des BG vom 17. Dez. 1976 über die Änderung des BG betreffend die Erfindungspatente, in Kraft seit 1. Jan. 1978 (AS **1977** 1997 2026; BBl **1976** II 1).

²⁾ Eingefügt durch Anhang Ziff. 3 des BG vom 4. Okt. 1991, in Kraft seit 15. Febr. 1992 (AS **1992** 288; SR **173.110.0** Art. 2 Bst. b; BBl **1991** II 465).

² Dem Begehren um eine Feststellungsverfügung ist zu entsprechen, wenn der Gesuchsteller ein schutzwürdiges Interesse nachweist.

³ Keiner Partei dürfen daraus Nachteile erwachsen, dass sie im berechtigten Vertrauen auf eine Feststellungsverfügung gehandelt hat.

Art. 26

¹ Die Partei oder ihr Vertreter hat Anspruch darauf, in ihrer Sache folgende Akten am Sitze der verfügenden oder einer durch diese zu bezeichnenden kantonalen Behörde einzusehen: G. Akteneinsicht
I. Grundsatz
a. Eingaben von Parteien und Vernehmlassungen von Behörden;
b. alle als Beweismittel dienenden Aktenstücke;
c. Niederschriften eröffneter Verfügungen.

² Die verfügende Behörde kann eine Gebühr für die Einsichtnahme in die Akten einer erledigten Sache beziehen; der Bundesrat regelt die Bemessung der Gebühr.

Art. 27

¹ Die Behörde darf die Einsichtnahme in die Akten nur verweigern, wenn: II. Ausnahmen
a. wesentliche öffentliche Interessen des Bundes oder der Kantone, insbesondere die innere oder äussere Sicherheit der Eidgenossenschaft, die Geheimhaltung erfordern;
b. wesentliche private Interessen, insbesondere von Gegenparteien, die Geheimhaltung erfordern;
c. das Interesse einer noch nicht abgeschlossenen amtlichen Untersuchung es erfordert.

² Die Verweigerung der Einsichtnahme darf sich nur auf die Aktenstücke erstrecken, für die Geheimhaltungsgründe bestehen.

³ Die Einsichtnahme in eigene Eingaben der Partei, ihre als Beweismittel eingereichten Urkunden und ihr eröffnete Verfügungen darf nicht, die Einsichtnahme in Protokolle über eigene Aussagen der Partei nur bis zum Abschluss der Untersuchung verweigert werden.

Art. 28

Wird einer Partei die Einsichtnahme in ein Aktenstück verweigert, so darf auf dieses zum Nachteil der Partei nur abgestellt werden, wenn ihr die Behörde von seinem für die Sache wesentlichen Inhalt mündlich oder schriftlich Kenntnis und ihr ausserdem Gelegenheit gegeben hat, sich zu äussern und Gegenbeweismittel zu bezeichnen.   III. Massgeblichkeit geheimer Akten

|H. Rechtliches Gehör|
|I. Grundsatz|

Art. 29

Die Parteien haben Anspruch auf rechtliches Gehör.

II. Vorgängige Anhörung
1. Im allgemeinen[1]

Art. 30

¹ Die Behörde hört die Parteien an, bevor sie verfügt.

² Sie braucht die Parteien nicht anzuhören vor:

a. Zwischenverfügungen, die nicht selbständig durch Beschwerde anfechtbar sind;

b. Verfügungen, die durch Einsprache anfechtbar sind;

c. Verfügungen, in denen die Behörde den Begehren der Parteien voll entspricht;

d. Vollstreckungsverfügungen;

e. anderen Verfügungen in einem erstinstanzlichen Verfahren, wenn Gefahr im Verzuge ist, den Parteien die Beschwerde gegen die Verfügung zusteht und ihnen keine andere Bestimmung des Bundesrechts einen Anspruch auf vorgängige Anhörung gewährleistet.

Art. 30a [2]

2. Besondere Einwendungsverfahren

¹ Sind von einer Verfügung wahrscheinlich zahlreiche Personen berührt oder lassen sich die Parteien ohne unverhältnismässigen Aufwand nicht vollzählig bestimmen, so kann die Behörde vor ihrer Verfügung das Gesuch oder die beabsichtigte Verfügung ohne Begründung in einem amtlichen Blatt veröffentlichen, gleichzeitig das Gesuch oder die beabsichtigte Verfügung mit Begründung öffentlich auflegen und den Ort der Auflage bekanntmachen.

² Sie hört die Parteien an, indem sie ihnen eine angemessene Frist für Einwendungen setzt.

³ Die Behörde macht in ihrer Veröffentlichung auf die Verpflichtung der Parteien aufmerksam, gegebenenfalls eine Vertretung zu bestellen und Verfahrenskosten sowie Parteientschädigung zu zahlen.

Art. 31

III. Anhören der Gegenpartei

In einer Sache mit widerstreitenden Interessen mehrerer Parteien hört die Behörde jede Partei zu Vorbringen einer Gegenpartei an, die erheblich erscheinen und nicht ausschliesslich zugunsten der anderen lauten.

---

[1] Fassung gemäss Anhang Ziff. 3 des BG vom 4. Okt. 1991, in Kraft seit 15. Febr. 1992 (AS **1992** 288; SR **173.110.0** Art. 2 Bst. b; BBl **1991** II 465).

[2] Eingefügt durch Anhang Ziff. 3 des BG vom 4. Okt. 1991, in Kraft seit 15. Febr. 1992 (AS **1992** 288; SR **173.110.0** Art. 2 Bst. b; BBl **1991** II 465).

Art. 32

¹ Die Behörde würdigt, bevor sie verfügt, alle erheblichen und rechtzeitigen Vorbringen der Parteien.

² Verspätete Parteivorbringen, die ausschlaggebend erscheinen, kann sie trotz der Verspätung berücksichtigen.

IV. Prüfung der Parteivorbringen

Art. 33

¹ Die Behörde nimmt die ihr angebotenen Beweise ab, wenn diese zur Abklärung des Sachverhaltes tauglich erscheinen.

² Ist ihre Abnahme mit verhältnismässig hohen Kosten verbunden, und ist die Partei für den Fall einer ihr ungünstigen Verfügung kostenpflichtig, so kann die Behörde die Abnahme der Beweise davon abhängig machen, dass die Partei innert Frist die ihr zumutbaren Kosten vorschiesst; eine bedürftige Partei ist von der Vorschusspflicht befreit.

V. Beweisanerbieten

Art. 34

¹ Die Behörde eröffnet Verfügungen den Parteien schriftlich.

² Zwischenverfügungen kann sie anwesenden Parteien mündlich eröffnen, muss sie aber schriftlich bestätigen, wenn eine Partei dies auf der Stelle verlangt; eine Rechtsmittelfrist beginnt in diesem Falle erst von der schriftlichen Bestätigung an zu laufen.

J. Eröffnung
I. Schriftlichkeit
1. Grundsatz

Art. 35

¹ Schriftliche Verfügungen sind, auch wenn die Behörde sie in Briefform eröffnet, als solche zu bezeichnen, zu begründen und mit einer Rechtsmittelbelehrung zu versehen.

² Die Rechtsmittelbelehrung muss das zulässige ordentliche Rechtsmittel, die Rechtsmittelinstanz und die Rechtsmittelfrist nennen.

³ Die Behörde kann auf Begründung und Rechtsmittelbelehrung verzichten, wenn sie den Begehren der Parteien voll entspricht und keine Partei eine Begründung verlangt.

2. Begründung und Rechtsmittelbelehrung

Art. 36

Die Behörde kann ihre Verfügungen durch Veröffentlichung in einem amtlichen Blatt eröffnen:[1)]

a. gegenüber einer Partei, die unbekannten Aufenthaltes ist und keinen erreichbaren Vertreter hat;

II. Amtliche Publikation

[1)] Fassung gemäss Anhang Ziff. 3 des BG vom 4. Okt. 1991, in Kraft seit 15. Febr. 1992 (AS **1992** 288; SR **173.110.0** Art. 2 Bst. b; BBl **1991** II 465).

b. gegenüber einer Partei, die sich im Ausland aufhält und keinen erreichbaren Vertreter hat, wenn die Zustellung an ihren Aufenthaltsort unmöglich ist;

c.[1)] in einer Sache mit zahlreichen Parteien;

d.[2)] in einer Sache, in der sich die Parteien ohne unverhältnismässigen Aufwand nicht vollzählig bestimmen lassen.

Art. 37

III. Sprache

Bundesbehörden eröffnen Verfügungen in der Amtssprache, in der die Parteien ihre Begehren gestellt haben oder stellen würden. letzte kantonale Instanzen in der nach kantonalem Recht vorgeschriebenen Amtssprache.

Art. 38

IV. Mangelhafte Eröffnung

Aus mangelhafter Eröffnung darf den Parteien kein Nachteil erwachsen.

Art. 39

K. Vollstreckung
I. Voraussetzungen

Die Behörde kann ihre Verfügungen vollstrecken, wenn:

a. die Verfügung nicht mehr durch Rechtsmittel angefochten werden kann;

b. die Verfügung zwar noch angefochten werden kann, das zulässige Rechtsmittel aber keine aufschiebende Wirkung hat;

c. die einem Rechtsmittel zukommende aufschiebende Wirkung entzogen wird.

Art. 40

II. Zwangsmittel
1. Schuldbetreibung

Verfügungen auf Geldzahlung oder Sicherheitsleistung sind auf dem Wege der Schuldbetreibung nach dem Schuldbetreibungs- und Konkursgesetz[3)] zu vollstrecken; sie stehen vollstreckbaren Urteilen im Sinne von Artikel 80 jenes Gesetzes gleich, sobald sie in Rechtskraft erwachsen sind.

Art. 41

2. Andere Zwangsmittel

[1] Um andere Verfügungen zu vollstrecken, ergreift die Behörde folgende Massnahmen:

a. Ersatzvornahme durch die verfügende Behörde selbst oder durch einen beauftragten Dritten auf Kosten des Verpflichteten; die Kosten sind durch besondere Verfügung festzusetzen;

[1)] Fassung gemäss Anhang Ziff. 3 des BG vom 4. Okt. 1991, in Kraft seit 15. Febr. 1992 (AS **1992** 288; SR **173.110.0** Art. 2 Bst. b; BBl **1991** II 465).

[2)] Eingefügt durch Anhang Ziff. 3 des BG vom 4. Okt. 1991, in Kraft seit 15. Febr. 1992 (AS **1992** 288; SR **173.110.0** Art. 2 Bst. b; BBl **1991** II 465).

[3)] SR **281.1**

b. unmittelbaren Zwang gegen die Person des Verpflichteten oder an seinen Sachen;

c. Strafverfolgung, soweit ein anderes Bundesgesetz die Strafe vorsieht;

d. Strafverfolgung wegen Ungehorsams nach Artikel 292 des Strafgesetzbuches [1], soweit keine andere Strafbestimmung zutrifft.

² Bevor die Behörde zu einem Zwangsmittel greift, droht sie es dem Verpflichteten an und räumt ihm eine angemessene Erfüllungsfrist ein, im Falle von Absatz 1 Buchstaben *c* und *d* unter Hinweis auf die gesetzliche Strafdrohung.

³ Im Falle von Absatz 1 Buchstaben *a* und *b* kann sie auf die Androhung des Zwangsmittels und die Einräumung einer Erfüllungsfrist verzichten, wenn Gefahr im Verzuge ist.

Art. 42

Die Behörde darf sich keines schärferen Zwangsmittels bedienen, als es die Verhältnisse erfordern.

3. Verhältnismässigkeit

Art. 43

Die Kantone leisten den Bundesbehörden in der Vollstreckung Rechtshilfe.

III. Rechtshilfe

Dritter Abschnitt: Das Beschwerdeverfahren im allgemeinen

Art. 44

Die Verfügung unterliegt der Beschwerde.

A. Zulässigkeit der Beschwerde
I. Grundsatz

Art. 45

¹ Verfahrensleitende und andere Zwischenverfügungen in einem der Endverfügung vorangehenden Verfahren, die einen nicht wieder gutzumachenden Nachteil bewirken können, sind selbständig durch Beschwerde anfechtbar.

II. Beschwerde gegen Zwischenverfügungen

² Als selbständig anfechtbare Zwischenverfügungen gelten insbesondere Verfügungen über:

a. die Zuständigkeit (Art. 9);
b. den Ausstand (Art. 10);
c. die Sistierung des Verfahrens;

[1] SR 311.0

d. die Auskunfts-, Zeugnis- oder Editionspflicht und den Ausschluss einer Partei von der Zeugeneinvernahme (Art. 13–18);
e. die Verweigerung der Akteneinsicht (Art. 27);
f. die Ablehnung von Beweisanerbieten (Art. 33);
g. vorsorgliche Massnahmen (Art. 55 und 56);
h. die Verweigerung der unentgeltlichen Rechtspflege (Art. 65).

³ Im übrigen sind Zwischenverfügungen nur durch Beschwerde gegen die Endverfügung anfechtbar.

Art. 46

B. Unzulässigkeit der Beschwerde

Die Beschwerde ist unzulässig gegen:
a. Verfügungen, die durch Verwaltungsgerichtsbeschwerde an das Bundesgericht oder das Eidgenössische Versicherungsgericht anfechtbar sind;
b. Verfügungen, die durch Einsprache anfechtbar sind;
c. Verfügungen der militärischen Schatzungsorgane über die Abschatzung von Land- oder Sachschäden mit Schadenersatzforderungen unter 1000 Franken und über die Einschatzung gemieteter oder requirierter Objekte;
d. Verfügungen, die nach anderen Bundesgesetzen endgültig sind;
e. Zwischenverfügungen, wenn die Endverfügungen nicht mit Beschwerde anfechtbar sind;
f.[1] Zwischenverfügungen über die Ansetzung einer Frist zur Bestellung einer Vertretung und über die Bezeichnung einer Vertretung.

Art. 47

C. Beschwerdeinstanz

¹ Beschwerdeinstanzen sind:
a. der Bundesrat nach den Artikeln 72 ff.;
b. andere Instanzen, die das Bundesrecht als Beschwerdeinstanzen bezeichnet;
c. die Aufsichtsbehörde, wenn das Bundesrecht keine Beschwerdeinstanz bezeichnet.

² Hat eine nicht endgültig entscheidende Beschwerdeinstanz im Einzelfalle eine Weisung erteilt, dass oder wie eine Vorinstanz verfügen soll, so ist die Verfügung unmittelbar an die nächsthöhere Beschwerdeinstanz weiterzuziehen; in der Rechtsmittelbelehrung ist darauf aufmerksam zu machen.[2]

---

[1] Eingefügt durch Anhang Ziff. 3 des BG vom 4. Okt. 1991, in Kraft seit 15. Febr. 1992 (AS **1992** 288; SR **173.110.0** Art. 2 Bst. b; BBl **1991** II 465).
[2] Fassung gemäss Art. 67 des Verwaltungsorganisationsgesetzes, in Kraft seit 1. Juni 1979 (SR **172.010**).

³ Als nächsthöhere Beschwerdeinstanzen im Sinne von Absatz 2 gelten auch das Bundesgericht und das Eidgenössische Versicherungsgericht; sie überprüfen die Rüge der Unangemessenheit, wenn die übersprungene Vorinstanz sie hätte überprüfen können.

⁴ Weisungen, die eine Beschwerdeinstanz erteilt, wenn sie in der Sache entscheidet und diese an die Vorinstanz zurückweist, gelten nicht als Weisungen im Sinne von Absatz 2.

Art. 48

Zur Beschwerde ist berechtigt:

a. wer durch die angefochtene Verfügung berührt ist und ein schutzwürdiges Interesse an deren Aufhebung oder Änderung hat;
b. jede andere Person, Organisation oder Behörde, die das Bundesrecht zur Beschwerde ermächtigt.

D. Beschwerdelegitimation

Art. 49

Der Beschwerdeführer kann mit der Beschwerde rügen:

a. Verletzung von Bundesrecht einschliesslich Überschreitung oder Missbrauch des Ermessens;
b. unrichtige oder unvollständige Feststellung des rechtserheblichen Sachverhaltes;
c. Unangemessenheit; die Rüge der Unangemessenheit ist unzulässig, wenn eine kantonale Behörde als Beschwerdeinstanz verfügt hat.

E. Beschwerdegründe

Art. 50 ¹⁾

Die Beschwerde ist innerhalb von 30 Tagen, gegen eine Zwischenverfügung innerhalb von 10 Tagen seit Eröffnung der Verfügung einzureichen; vorbehalten bleibt die Beschwerdefrist von 60 Tagen nach Artikel 109 Absatz 2 des Zollgesetzes vom 1. Oktober 1925 ²⁾ für die erste Beschwerde gegen die Zollabfertigung.

F. Beschwerdefrist

Art. 51

¹ Die Beschwerdeschrift ist der Beschwerdeinstanz im Doppel einzureichen.

² Fehlt die zweite Ausfertigung oder benötigt die Beschwerdeinstanz nach Artikel 57 Absatz 1 mehr als zwei Ausfertigungen, so kann sie den Beschwerdeführer auffordern, ihr diese Ausfertigungen sofort nachzuliefern.

G. Beschwerdeschrift
I. Einreichung

---

¹⁾ Fassung gemäss Ziff. II 1 des BG vom 6. Okt. 1972 über die Änderung des Zollgesetzes, in Kraft seit 1. Juni 1973 (AS **1973** 664 650; BBl **1972** II 228).
²⁾ SR **631.0**

³ Sie verbindet diese Aufforderung mit der Androhung, sonst auf Kosten des Beschwerdeführers Abschriften anfertigen zu lassen.

Art. 52

II. Inhalt und Form

¹ Die Beschwerdeschrift hat die Begehren, deren Begründung mit Angabe der Beweismittel und die Unterschrift des Beschwerdeführers oder seines Vertreters zu enthalten; die Ausfertigung der angefochtenen Verfügung und die als Beweismittel angerufenen Urkunden sind beizulegen, soweit der Beschwerdeführer sie in Händen hat.

² Genügt die Beschwerde diesen Anforderungen nicht, oder lassen die Begehren des Beschwerdeführers oder deren Begründung die nötige Klarheit vermissen und stellt sich die Beschwerde nicht als offensichtlich unzulässig heraus, so räumt die Beschwerdeinstanz dem Beschwerdeführer eine kurze Nachfrist zur Verbesserung ein.

³ Sie verbindet diese Nachfrist mit der Androhung, nach unbenutztem Fristablauf auf Grund der Akten zu entscheiden oder, wenn Begehren, Begründung oder Unterschrift fehlen, auf die Beschwerde nicht einzutreten.

Art. 53

III. Ergänzende Beschwerdeschrift

Erfordert es der aussergewöhnliche Umfang oder die besondere Schwierigkeit einer Beschwerdesache, so gestattet die Beschwerdeinstanz dem Beschwerdeführer, der darum in seiner sonst ordnungsgemäss eingereichten Beschwerde nachsucht, deren Begründung innert einer angemessenen Nachfrist zu ergänzen; in diesem Falle findet Artikel 32 Absatz 2 keine Anwendung.

Art. 54

H. Übriges Verfahren bis zum Beschwerdeentscheid
I. Grundsatz

Die Behandlung der Sache, die Gegenstand der mit Beschwerde angefochtenen Verfügung bildet, geht mit Einreichung der Beschwerde auf die Beschwerdeinstanz über.

Art. 55

II. Vorsorgliche Massnahmen
1. Aufschiebende Wirkung

¹ Die Beschwerde hat aufschiebende Wirkung.

² Hat die Verfügung nicht eine Geldleistung zum Gegenstand, so kann die Vorinstanz darin einer allfälligen Beschwerde die aufschiebende Wirkung entziehen; dieselbe Befugnis steht der Beschwerdeinstanz oder, wenn es sich um eine Kollegialbehörde handelt, ihrem Vorsitzenden nach Einreichung der Beschwerde zu.

³ Die Beschwerdeinstanz oder ihr Vorsitzender kann die von der Vorinstanz entzogene aufschiebende Wirkung wiederherstel-

len; über ein Begehren um Wiederherstellung der aufschiebenden Wirkung ist ohne Verzug zu entscheiden.

⁴ Wird die aufschiebende Wirkung willkürlich entzogen oder einem Begehren um Wiederherstellung der aufschiebenden Wirkung willkürlich nicht oder verspätet entsprochen, so haftet für den daraus erwachsenden Schaden die Körperschaft oder autonome Anstalt, in deren Namen die Behörde verfügt hat.

⁵ Vorbehalten bleiben die Bestimmungen anderer Bundesgesetze, nach denen eine Beschwerde keine aufschiebende Wirkung hat.[1)]

Art. 56

Nach Einreichung der Beschwerde kann die Beschwerdeinstanz von Amtes wegen oder auf Begehren einer Partei andere vorsorgliche Massnahmen ergreifen, um einen tatsächlichen oder rechtlichen Zustand einstweilen unverändert zu erhalten.

2. Andere Massnahmen

Art. 57

¹ Die Beschwerdeinstanz bringt eine nicht zum vornherein unzulässige Beschwerde ohne Verzug der Vorinstanz und allfälligen Gegenparteien des Beschwerdeführers oder anderen Beteiligten zur Kenntnis, setzt ihnen Frist zur Vernehmlassung an und fordert gleichzeitig die Vorinstanz zur Vorlage ihrer Akten auf.

² Sie kann die Parteien auf jeder Stufe des Verfahrens zu einem weiteren Schriftenwechsel einladen oder eine mündliche Verhandlung mit ihnen anberaumen.

III. Schriftenwechsel

Art. 58

¹ Die Vorinstanz kann bis zu ihrer Vernehmlassung die angefochtene Verfügung in Wiedererwägung ziehen.

² Sie eröffnet eine neue Verfügung ohne Verzug den Parteien und bringt sie der Beschwerdeinstanz zur Kenntnis.

³ Die Beschwerdeinstanz setzt die Behandlung der Beschwerde fort, soweit diese durch die neue Verfügung der Vorinstanz nicht gegenstandslos geworden ist; Artikel 57 findet Anwendung, wenn die neue Verfügung auf einem erheblich veränderten Sachverhalt beruht oder eine erheblich veränderte Rechtslage schafft.

IV. Neue Verfügung

Art. 59

Die Beschwerdeinstanz darf mit der Behandlung der Beschwerdesache weder Personen im Dienste der Vorinstanz noch andere

V. Ausstand

[1)] Eingefügt durch Ziff. 5 des Anhangs zum Versicherungsaufsichtsgesetz vom 23. Juni 1978, in Kraft seit 1. Jan. 1979 (SR **961.01**).

Personen betrauen, die sich an der Vorbereitung der angefochtenen Verfügung beteiligt haben; beruht die angefochtene Verfügung auf einer Weisung der Beschwerdeinstanz, so findet ausserdem Artikel 47 Absätze 2–4 Anwendung.

Art. 60

VI. Verfahrensdisziplin

Die Beschwerdeinstanz kann Parteien oder deren Vertreter, die den Anstand verletzen oder den Geschäftsgang stören, mit Verweis oder mit Ordnungsbusse bis zu 500 Franken bestrafen.

Art. 61

J. Beschwerdeentscheid
I. Inhalt und Form

¹ Die Beschwerdeinstanz entscheidet in der Sache selbst oder weist diese ausnahmsweise mit verbindlichen Weisungen an die Vorinstanz zurück.

² Der Beschwerdeentscheid enthält die Zusammenfassung des erheblichen Sachverhalts, die Begründung (Erwägungen) und die Entscheidungsformel (Dispositiv).

³ Er ist den Parteien und der Vorinstanz zu eröffnen.

Art. 62

II. Änderung der angefochtenen Verfügung

¹ Die Beschwerdeinstanz kann die angefochtene Verfügung zugunsten einer Partei ändern.

² Zuungunsten einer Partei kann sie die angefochtene Verfügung ändern, soweit diese Bundesrecht verletzt oder auf einer unrichtigen oder unvollständigen Feststellung des Sachverhaltes beruht; wegen Unangemessenheit darf die angefochtene Verfügung nicht zuungunsten einer Partei geändert werden, ausser im Falle der Änderung zugunsten einer Gegenpartei.

³ Beabsichtigt die Beschwerdeinstanz, die angefochtene Verfügung zuungunsten einer Partei zu ändern, so bringt sie der Partei diese Absicht zur Kenntnis und räumt ihr Gelegenheit zur Gegenäusserung ein.

⁴ Die Begründung der Begehren bindet die Beschwerdeinstanz in keinem Falle.

Art. 63

III. Verfahrenskosten

¹ Die Beschwerdeinstanz auferlegt in der Entscheidungsformel die Verfahrenskosten, bestehend aus Spruchgebühr, Schreibgebühren und Barauslagen, in der Regel der unterliegenden Partei. Unterliegt diese nur teilweise, so werden die Verfahrenskosten ermässigt. Ausnahmsweise können sie ihr erlassen werden.

² Keine Verfahrenskosten werden Vorinstanzen oder beschwerdeführenden und unterliegenden Bundesbehörden auferlegt; ande-

ren als Bundesbehörden, die Beschwerde führen und unterliegen, werden Verfahrenskosten auferlegt, soweit sich der Streit um vermögensrechtliche Interessen von Körperschaften oder autonomen Anstalten dreht.

³ Einer obsiegenden Partei dürfen nur Verfahrenskosten auferlegt werden, die sie durch Verletzung von Verfahrenspflichten verursacht hat.

⁴ Die Beschwerdeinstanz kann einen Beschwerdeführer ohne festen Wohnsitz, mit Wohnsitz im Ausland oder im Verzug mit der Bezahlung früherer Verfahrenskosten unter der Androhung, auf die Beschwerde nicht einzutreten, zu einem Vorschuss an die Verfahrenskosten verpflichten und setzt zu dessen Leistung eine angemessene Frist an.

⁵ Der Bundesrat regelt die Bemessung der Gebühren.

Art. 64

¹ Die Beschwerdeinstanz kann der ganz oder teilweise obsiegenden Partei von Amtes wegen oder auf Begehren eine Entschädigung für ihr erwachsene notwendige und verhältnismässig hohe Kosten zusprechen.

IV. Parteientschädigung

² Die Entschädigung wird in der Entscheidungsformel beziffert und der Körperschaft oder autonomen Anstalt auferlegt, in deren Namen die Vorinstanz verfügt hat, soweit sie nicht einer unterliegenden Gegenpartei auferlegt werden kann.

³ Einer unterliegenden Gegenpartei kann sie je nach deren Leistungsfähigkeit auferlegt werden, wenn sich die Partei mit selbständigen Begehren am Verfahren beteiligt hat.

⁴ Die Körperschaft oder autonome Anstalt, in deren Namen die Vorinstanz verfügt hat, haftet für die einer unterliegenden Gegenpartei auferlegte Entschädigung, soweit sich diese als uneinbringlich herausstellt.

⁵ Der Bundesrat regelt die Bemessung der Entschädigung.

Art. 65

¹ Die Beschwerdeinstanz oder, wenn als Beschwerdeinstanz eine Kollegialbehörde entscheidet, ihr Vorsitzender kann nach Einreichung der Beschwerde eine bedürftige Partei, deren Begehren nicht zum vornherein aussichtslos erscheinen, auf Gesuch davon befreien, Verfahrenskosten zu bezahlen.

V. Unentgeltliche Rechtspflege

² Ist die bedürftige Partei nicht imstande, ihre Sache selbst zu vertreten, so kann die Beschwerdeinstanz ausserdem der Partei einen Anwalt beigeben.

³ Die Haftung für Kosten und Honorar des Anwalts bestimmt sich nach Artikel 64 Absätze 2–4.

⁴ Gelangt die bedürftige Partei später zu hinreichenden Mitteln, so ist sie verpflichtet, Honorar und Kosten des Anwalts an die Körperschaft oder autonome Anstalt zu vergüten, die sie bezahlt hat.

⁵ Der Bundesrat regelt die Bemessung von Honorar und Kosten.

Art. 66

K. Revision
I. Gründe

¹ Die Beschwerdeinstanz zieht ihren Beschwerdeentscheid von Amtes wegen oder auf Begehren einer Partei in Revision:

a. wenn ihn ein Verbrechen oder ein Vergehen beeinflusst hat;

b. wenn der Europäische Gerichtshof für Menschenrechte oder das Ministerkomitee des Europarates eine Individualbeschwerde wegen Verletzung der Konvention vom 4. November 1950[1)] zum Schutze der Menschenrechte und Grundfreiheiten (EMRK) und deren Protokolle gutheisst und eine Wiedergutmachung nur durch eine Revision möglich ist.[2)]

² Ausserdem zieht sie ihn auf Begehren einer Partei in Revision, wenn die Partei:

a. neue erhebliche Tatsachen oder Beweismittel vorbringt oder

b. nachweist, dass die Beschwerdeinstanz aktenkundige erhebliche Tatsachen oder bestimmte Begehren übersehen hat, oder

c. nachweist, dass die Beschwerdeinstanz die Bestimmungen von Artikel 10, 59 oder 76 über den Ausstand, der Artikel 26–28 über die Akteneinsicht oder der Artikel 29–33 über das rechtliche Gehör verletzt hat.

³ Gründe im Sinne von Absatz 2 gelten nicht als Revisionsgründe, wenn die Partei sie im Rahmen des Verfahrens, das dem Beschwerdeentscheid voranging, oder auf dem Wege einer Beschwerde, die ihr gegen den Beschwerdeentscheid zustand, geltend machen konnte.

Art. 67

II. Begehren

¹ Das Revisionsbegehren ist der Beschwerdeinstanz innert 90 Tagen seit Entdeckung des Revisionsgrundes, spätestens aber innert 10 Jahren seit Eröffnung des Beschwerdeentscheides schriftlich einzureichen; Artikel 51 findet Anwendung.

[1)] SR **0.101**
[2)] Fassung gemäss Anhang Ziff. 3 des BG vom 4. Okt. 1991, in Kraft seit 15. Febr. 1992 (AS **1992** 288; SR **173.110.0** Art. 2 Bst. b; BBl **1991** II 465).

² Nach Ablauf von 10 Jahren seit Eröffnung des Beschwerdeentscheides ist ein Revisionsbegehren nur aus dem Grunde von Artikel 66 Absatz 1 zulässig.

³ Auf Inhalt, Form, Verbesserung und Ergänzung des Revisionsbegehrens finden die Artikel 52 und 53 Anwendung; die Begründung hat insbesondere den Revisionsgrund und die Rechtzeitigkeit des Revisionsbegehrens darzutun. Dieses hat auch die Begehren für den Fall eines neuen Beschwerdeentscheides zu enthalten.

Art. 68

¹ Tritt die Beschwerdeinstanz auf das Revisionsbegehren ein und erachtet sie es als begründet, so hebt sie den Beschwerdeentscheid auf und entscheidet neu. III. Entscheid

² Im übrigen finden auf die Behandlung des Revisionsbegehrens die Artikel 56, 57 und 59–65 Anwendung.

Art. 69

¹ Die Beschwerdeinstanz erläutert auf Begehren einer Partei den Beschwerdeentscheid, der unter Unklarheiten oder Widersprüchen in seiner Entscheidungsformel oder zwischen dieser und der Begründung leidet. L. Erläuterung

² Eine Rechtsmittelfrist beginnt mit der Erläuterung neu zu laufen.

² Redaktions- oder Rechnungsfehler oder Kanzleiversehen, die keinen Einfluss auf die Entscheidungsformel oder auf den erheblichen Inhalt der Begründung ausüben, kann die Beschwerdeinstanz jederzeit berichtigen.

Art. 70

¹ Eine Partei kann jederzeit gegen die Behörde, die eine Verfügung unrechtmässig verweigert oder verzögert, Beschwerde wegen Rechtsverweigerung oder Rechtsverzögerung an die Aufsichtsbehörde führen. M. Besondere Beschwerdearten
I. Rechtsverweigerungs- und Rechtsverzögerungsbeschwerde

² Heisst diese die Beschwerde gut, so weist sie die Sache mit verbindlichen Weisungen an die Vorinstanz zurück.

³ Die Artikel 51, 57, 59, 60, 61 Absätze 2 und 3, und 63 finden auf dieses Beschwerdeverfahren sinngemäss Anwendung.

Art. 71

II. Aufsichtsbeschwerde

¹ Jedermann kann jederzeit Tatsachen, die im öffentlichen Interesse ein Einschreiten gegen eine Behörde von Amtes wegen erfordern, der Aufsichtsbehörde anzeigen.

² Der Anzeiger hat nicht die Rechte einer Partei.

Vierter Abschnitt: Besondere Behörden

Art. 71a

A. Eidgenössische Rekurs- und Schiedskommissionen
I. Zuständigkeit und Verfahren

¹ Soweit andere Bundesgesetze es vorsehen, entscheiden Schiedskommissionen als erste Instanzen und eidgenössische Rekurskommissionen als Beschwerdeinstanzen.

² Das Verfahren der Kommissionen bestimmt sich nach diesem Gesetz. Artikel 2 und 3 bleiben vorbehalten.

³ Entscheiden die Kommissionen als Schiedskommissionen, so kann der Bundesrat nötigenfalls abweichende Bestimmungen erlassen.

Art. 71b

II. Organisation
1. Zusammensetzung und Wahl

¹ Die Kommissionen bestehen aus sieben Richtern, wenn das Bundesrecht nicht einen höheren Bestand vorsieht.

² Sie entscheiden in der Besetzung mit fünf Richtern über Rechtsfragen von grundsätzlicher Bedeutung und im übrigen in der Besetzung mit drei Richtern; das Bundesrecht kann den Einzelrichter vorsehen, insbesondere für offensichtlich unzulässige, unbegründete oder begründete Beschwerden oder für Beschwerden gegen Verfügungen über vermögensrechtliche Ansprüche mit geringfügigem Streitwert.

³ Der Bundesrat wählt die Präsidenten, Vizepräsidenten und übrigen Richter der Kommissionen. Dabei achtet er darauf, dass die sprachlichen Minderheiten und die verschiedenen Regionen des Landes angemessen vertreten sind. Sind Kommissionen für einen bestimmten Fachbereich zuständig, so sorgt er für eine angemessene Vertretung.

⁴ Er kann für mehrere Kommissionen einen gemeinsamen Präsidenten bezeichnen und, wenn es die Geschäftslast erfordert, vollamtliche Richter wählen.

⁵ Für jede Kommission oder gemeinsam für mehrere Kommissionen wird im Einvernehmen mit deren Präsidenten ein Sekretariat bestellt.

Art. 71c

¹ Die Richter sind in ihrer Tätigkeit unabhängig und nur dem Gesetz unterworfen.

2. Unabhängigkeit

² Die Richter dürfen nicht der Bundesverwaltung angehören.

³ Im übrigen bestimmt sich die Rechtsstellung der nebenamtlichen Richter nach dem Bundesrecht über die Mitglieder ausserparlamentarischer Kommissionen.

⁴ Das Dienstverhältnis der vollamtlichen Richter bestimmt sich sinngemäss nach dem Bundesrecht über das Dienstverhältnis der Bundesbeamten, soweit dessen Anwendung die richterliche Unabhängigkeit nicht beeinträchtigen kann; der Bundesrat erlässt die nötigen Bestimmungen. Er kann ausserdem die Amtszeit und die Altersgrenze für die vollamtlichen und nebenamtlichen Richter vereinheitlichen.

⁵ Das Personal der Kommissionssekretariate ist für diese Tätigkeit den Kommissionspräsidenten unterstellt.

⁶ Der Bundesrat übt die administrative Aufsicht über die Geschäftsführung der Kommissionen aus; diese erstatten ihm über ihre Geschäftsführung alljährlich Bericht zuhanden der Bundesversammlung.

Art. 71d

Die Artikel 71b und 71c finden keine Anwendung auf folgende Kommissionen, deren Organisation sich ausschliesslich nach dem in der Sache anwendbaren Bundesrecht bestimmt:

3. Ausnahmen

a. die Schiedskommission für die Verwertung von Urheberrechten;
b. die Rekurskommissionen im militärischen sanitarischen Untersuchungsverfahren und die Schatzungskommissionen der Militärverwaltung;
c. die Schätzungskommissionen für die Enteignung;
d. die Schätzungskommission und die Rekurskommission für die Melioration der Linthebene;
e. die unabhängige Beschwerdeinstanz für Radio und Fernsehen;
f. das Schiedsgericht der AHV/IV-Kommission;
g. die Beschwerdeinstanz für die Verwaltungskostenentschädigung in der Arbeitslosenversicherung;
h. die Rekurskommissionen für die Käsemarktordnung und die regionalen Rekurskommissionen für die Milchkontingentierung.

Anlässlich der OG-Revision vom 4. Oktober 1991 wurden der Titel des Vierten Abschnitts und die Nummerierung der Randtitel zu Art. 72-79 VwVG geändert sowie die Art. 71a-71d VwVG eingefügt. Diese Änderungen des VwVG sind allerdings noch nicht in Kraft getreten.

Art. 72

B. Bundesrat
I. Als Beschwerdeinstanz
1. Zulässigkeit der Beschwerde
a. Im allgemeinen

Die Beschwerde an den Bundesrat ist zulässig gegen Verfügungen:

a. seiner Departemente und der Bundeskanzlei;

b. anderer Bundesbehörden, deren unmittelbare Aufsichtsbehörde der Bundesrat ist;

c. letzter Instanzen autonomer eidgenössischer Anstalten oder Betriebe, soweit das Bundesrecht die Beschwerde an den Bundesrat vorsieht;

d. letzter kantonaler Instanzen nach Artikel 73.

Art. 73

b. Kantonale Verfügungen und Erlasse

[1] Die Beschwerde an den Bundesrat ist zulässig gegen Verfügungen letzter kantonaler Instanzen und gegen kantonale Erlasse wegen Verletzung:

a. folgender Bestimmungen der Bundesverfassung[1] und entsprechender Bestimmungen der Kantonsverfassungen:

1. Artikel 18 Absatz 3 über die unentgeltliche Ausrüstung der Wehrmänner;

2. Artikel 27 Absätze 2 und 3 über das kantonale Schulwesen;

3. Artikel 51 [2] über das Jesuitenverbot;

4. Artikel 53 Absatz 2 über die Begräbnisplätze;

b. von Bestimmungen über Handels- und Zollverhältnisse, Patentgebühren, Freizügigkeit und Niederlassung in Staatsverträgen mit dem Ausland;

c. anderer weder privat- noch strafrechtlicher Bestimmungen des Bundesrechts.

[2] Die Beurteilung einer Beschwerde im Sinne von Absatz 1 Buchstabe *b* oder *c* steht jedoch dem Bundesgerichte zu, soweit der Beschwerdeführer die Verletzung rügt:

[1] SR 101
[2] Dieser Artikel (BS 1 3) ist aufgehoben.

a. von Artikel 2 der Übergangsbestimmungen der Bundesverfassung[1]);

b. von Bestimmungen über die Abgrenzung der sachlichen oder örtlichen Zuständigkeit von Behörden;

c. von Bestimmungen, die Ausländern einen Anspruch auf Bewilligungen der Fremdenpolizei einräumen.

Art. 74

Die Beschwerde an den Bundesrat ist unzulässig gegen: 2. Unzulässigkeit der Beschwerde

a. Verfügungen, die durch Verwaltungsgerichtsbeschwerde an das Bundesgericht oder das Eidgenössische Versicherungsgericht anfechtbar sind;

b. Verfügungen, die durch Beschwerde an eine andere Bundesbehörde oder durch Einsprache anfechtbar sind;

c. Verfügungen der eidgenössischen Rekurs- und Schiedskommissionen;

d. ...[2])

e. Verfügungen, die nach anderen Bundesgesetzen endgültig sind.

Art. 75

[1] Das Eidgenössische Justiz- und Polizeidepartement besorgt die Instruktion der Beschwerde.   3. Instruktion der Beschwerde

[2] Der Bundesrat betraut mit der Instruktion von Beschwerden, die sich gegen das Eidgenössische Justiz- und Polizeidepartement richten, ein anderes Departement.

[3] Das instruierende Departement stellt dem Bundesrat Antrag und übt bis zum Entscheid die dem Bundesrat als Beschwerdeinstanz zustehenden Befugnisse aus.

Art. 76[3])

[1] Das Mitglied des Bundesrates, gegen dessen Departement sich die Beschwerde richtet, tritt für den Entscheid des Bundesrates in den Ausstand.   4. Ausstand

[2] Sein Departement kann sich am Verfahren des Bundesrates wie ein Beschwerdeführer und ausserdem im Rahmen des Mitberichtsverfahrens nach Artikel 54 des Verwaltungsorganisationsgesetzes[4]) beteiligen.

---

[1]) SR **101**
[2]) Aufgehoben durch Ziff. I des Anhangs zum BG vom 22. Juni 1990 (AS **1990** 1882; BBl **1989** II 1194).
[3]) Fassung gemäss Anhang Ziff. 3 des BG vom 4. Okt. 1991, in Kraft seit 15. Febr. 1992 (AS **1992** 288; SR **173.110.0** Art. 2 Bst. b; BBl **1991** II 465).
[4]) SR **172.010**

³ Führt es im Mitberichtsverfahren neue tatsächliche oder rechtliche Vorbringen an, so sind der Beschwerdeführer, allfällige Gegenparteien oder andere Beteiligte zu diesen Vorbringen anzuhören.

Art. 77

5. Ergänzende Verfahrensbestimmungen

Im übrigen finden die Artikel 45–70 Anwendung.

Art. 78

II. Als einzige oder erste Instanz

¹ Verfügt der Bundesrat als einzige oder als erste Instanz, so stellt ihm das in der Sache zuständige Departement Antrag.

² Es übt die Befugnisse aus, die dem Bundesrat bis zur Verfügung zustehen.

³ Im übrigen finden die Artikel 7–43 Anwendung.

Art. 79

C. Bundesversammlung

¹ Die Beschwerde an die Bundesversammlung ist zulässig gegen Beschwerdeentscheide des Bundesrates nach Artikel 73 Absatz 1 Buchstabe *a* oder *b* und gegen andere Beschwerdeentscheide oder Verfügungen, gegen die ein Bundesgesetz die Beschwerde an die Bundesversammlung zulässt.

² Die Beschwerde ist der Bundesversammlung innert 30 Tagen seit Eröffnung des Beschwerdeentscheides oder der Verfügung einzureichen.

³ Die Beschwerde hat ohne entsprechende vorsorgliche Verfügung des Bundesrates keine aufschiebende Wirkung.

Fünfter Abschnitt: Schluss- und Übergangsbestimmungen

Art. 80

A. Aufhebung und Anpassung von Bestimmungen

Mit dem Inkrafttreten dieses Gesetzes sind aufgehoben:

a. Artikel 23bis des Bundesgesetzes vom 26. März 1914[1]) über die Organisation der Bundesverwaltung;

b. die Artikel 124–134, 158 und 164 des Bundesrechtspflegesetzes[2]);

c. widersprechende Bestimmungen des Bundesrechts; vorbehalten bleiben ergänzende Bestimmungen im Sinne von Artikel 4.

---

[1]) [BS **1** 261. SR **172.010** Art. 72 Bst. *a*]
[2]) SR **173.110**

Art. 81

Dieses Gesetz findet keine Anwendung auf die im Zeitpunkt seines Inkrafttretens vor Behörden der Verwaltungsrechtspflege hängigen Streitigkeiten und auf Beschwerden oder Einsprachen gegen vor diesem Zeitpunkt getroffene Verfügungen; in diesem Falle bleiben die früheren Verfahrens- und Zuständigkeitsbestimmungen anwendbar.

B. Übergangsbestimmung

Art. 82

Der Bundesrat bestimmt den Zeitpunkt, in dem dieses Gesetz in Kraft tritt.

C. Inkrafttreten

Datum des Inkrafttretens: 1. Oktober 1969[1]

---

[1] BRB vom 10. Sept. 1969 (AS **1969** 759)

Bundesgesetz
über die Organisation der Bundesrechtspflege
(Bundesrechtspflegegesetz [OG])[1)]

vom 16. Dezember 1943

Die Bundesversammlung der Schweizerischen Eidgenossenschaft,
gestützt auf die Artikel 103 und 106–114bis der Bundesverfassung[2)],
nach Einsicht in eine Botschaft des Bundesrates vom 9. Februar 1943[3)],
beschliesst:

Erster Titel: Allgemeine Bestimmungen
Erster Abschnitt: Organisation des Bundesgerichtes

Art. 1

¹ Das Bundesgericht besteht aus 30 Mitgliedern und 15 nebenamtlichen Richtern.[1)]

² Die Mitglieder und die nebenamtlichen Richter[4)] werden von der Bundesversammlung gewählt. Bei der Wahl soll darauf Bedacht genommen werden, dass alle drei Amtssprachen vertreten sind.

³ Werden ausscheidende Mitglieder als nebenamtliche Richter gewählt, so sind sie auf die Zahl der nebenamtlichen Richter nicht anzurechnen.[5)]

Mitglieder, nebenamtliche Richter. Wahlart[1)]

Art. 2

¹ In das Bundesgericht kann jeder Schweizer Bürger gewählt werden, der in den Nationalrat wählbar ist.

² Die Mitglieder der Bundesversammlung und des Bundesrates und die von diesen Behörden gewählten Beamten können nicht Mitglieder oder nebenamtliche Richter des Bundesgerichtes sein.[6)]

Wahlfähigkeit

BS 3 531
[1)] Fassung gemäss Ziff. I des BG vom 4. Okt. 1991, in Kraft seit 15. Febr. 1992 (AS **1992** 288; SR **173.110.0** Art. 1 Abs. 1; BBl **1991** II 465).
[2)] SR **101**
[3)] BBl **1943** 97
[4)] Bezeichnung gemäss Ziff. I des BG vom 4. Okt. 1991, in Kraft seit 15. Febr. 1992 (AS **1992** 288; SR **173.110.0** Art. 1 Abs. 1; BBl **1991** II 465). Diese Änd. ist im ganzen Erlass berücksichtigt.
[5)] Eingefügt durch Ziff. I des BG vom 4. Okt. 1991, in Kraft seit 15. Febr. 1992 (AS **1992** 288; SR **173.110.0** Art. 1 Abs. 1; BBl **1991** II 465).
[6)] Fassung gemäss Ziff. I des BG vom 23. Juni 1978, in Kraft seit 1. Aug. 1978 (AS **1978** 1450 1451; BBl **1977** II 1235 III 580). Siehe auch die SchlB Änd. 23. Juni 1978 am Ende dieses Textes.

Art. 3

Unvereinbarkeit

¹ Die Mitglieder des Bundesgerichtes dürfen keine andere Beamtung, sei es im Dienste der Eidgenossenschaft, sei es in einem Kanton, bekleiden noch irgendeinen andern Beruf oder ein Gewerbe betreiben.

² Sie dürfen auch nicht bei Vereinigungen oder Anstalten, die einen Erwerb bezwecken, die Stellung von Direktoren oder Geschäftsführern oder von Mitgliedern der Verwaltung, der Aufsichtsstelle oder der Kontrollstelle einnehmen.

Art. 3a [1]

Nebenbeschäftigung

¹ Das Bundesgericht kann seinen Mitgliedern die Tätigkeit als Gutachter und Schiedsrichter sowie andere Nebenbeschäftigungen nur gestatten, wenn die uneingeschränkte Erfüllung der Amtspflichten, die Unabhängigkeit und das Ansehen des Gerichts nicht beeinträchtigt werden.

² Das Bundesgericht ordnet die Zuständigkeit und die Voraussetzungen für diese Bewilligung in einem Reglement.

Art. 4

Verwandtschaft

¹ Verwandte und Verschwägerte, in gerader Linie und bis und mit dem vierten Grade in der Seitenlinie, sowie Ehegatten und Ehegatten von Geschwistern dürfen nicht gleichzeitig das Amt eines Mitgliedes oder nebenamtlichen Richters des Bundesgerichts, eines eidgenössischen Untersuchungsrichters, des Bundesanwalts oder eines sonstigen Vertreters der Bundesanwaltschaft bekleiden.[2]

² ... [3]

³ Wer durch Eingehung einer Ehe in ein solches Verhältnis tritt, verzichtet damit auf sein Amt.

Art. 5

Amtsdauer

¹ Die Amtsdauer der Mitglieder und der nebenamtlichen Richter des Bundesgerichtes beträgt sechs Jahre.

² Frei gewordene Stellen werden bei der nächsten Session der Bundesversammlung für den Rest der Amtsdauer wieder besetzt.

---

[1] Eingefügt durch Ziff. I des BG vom 4. Okt. 1991, in Kraft seit 15. Febr. 1992 (AS **1992** 288; SR **173.110.0** Art. 1 Abs. 1; BBl **1991** II 465).
[2] Fassung gemäss Ziff. I des BG vom 4. Okt. 1991, in Kraft seit 15. Febr. 1992 (AS **1992** 288; SR **173.110.0** Art. 1 Abs. 1; BBl **1991** II 465).
[3] Aufgehoben durch Ziff. I des BG vom 4. Okt. 1991 (AS **1992** 288; BBl **1991** II 465).

Art. 6

¹ Der Präsident und der Vizepräsident des Bundesgerichts werden von der Bundesversammlung aus den Mitgliedern desselben auf zwei Jahre gewählt.

Präsidium

² Dem Bundesgerichtspräsidenten liegt die allgemeine Geschäftsleitung und die Überwachung der Beamten und Angestellten ob.

³ Im Falle der Verhinderung wird er durch den Vizepräsidenten und, wenn auch dieser verhindert ist, durch das amtsälteste, unter gleichzeitig gewählten durch das der Geburt nach älteste Mitglied vertreten.

Art. 7

¹ Die Bundesversammlung bestimmt mit dem Voranschlag die Zahl der Gerichtsschreiber, der Sekretäre und der übrigen wissenschaftlichen Mitarbeiter, einschliesslich der persönlichen Mitarbeiter der Richter.¹⁾

Gerichtsschreiber, Sekretäre und persönliche Mitarbeiter¹⁾

² Die Gerichtsschreiber und Sekretäre werden vom Bundesgericht jeweilen nach seiner Gesamterneuerung auf sechs Jahre oder während der Amtsdauer für deren Rest gewählt.

Art. 8

¹ Das Bundesgericht stellt die Aufgaben des Personals durch ein Reglement fest.

Aufgaben des Personals

Art. 9

¹ Die Beamten der Bundesrechtspflege werden vor ihrem erstmaligen Amtsantritt auf getreue Pflichterfüllung beeidigt.

Amtseid

² Die Mitglieder und nebenamtlichen Richter des Bundesgerichts leisten den Eid vor dem Bundesgericht, sofern sie nicht von der Bundesversammlung beeidigt worden sind.

³ Die Gerichtsschreiber und Sekretäre werden durch das Bundesgericht beeidigt.

⁴ Die Beeidigung der Untersuchungsrichter kann das Bundesgericht einer kantonalen Amtsstelle übertragen.

⁵ Die Untersuchungsrichter beeidigen ihre Schriftführer.

⁶ Der Bundesanwalt und die übrigen Vertreter der Bundesanwaltschaft leisten den Eid vor dem Bundesrat.

⁷ Statt des Eides kann ein Gelübde abgelegt werden.

---

¹⁾ Fassung gemäss Ziff. I des BG vom 4. Okt. 1991, in Kraft seit 15. Febr. 1992 (AS **1992** 288; SR **173.110.0** Art. 1 Abs. 1; BBl **1991** II 465).

Art. 10

Abstimmung

¹ Das Bundesgericht und seine Abteilungen treffen die Entscheidungen, Beschlussfassungen und Wahlen, wenn das Gesetz nichts anderes verfügt, mit der absoluten Mehrheit der Stimmen.

² Sind die Stimmen gleichgeteilt, so gibt diejenige des Präsidenten den Ausschlag; bei Wahlen entscheidet das Los.

Art. 11

Gesamtgericht

¹ Dem Gesamtgerichte bleiben vorbehalten:
  a. die Vornahme von Wahlen;
  b. die Erledigung von Angelegenheiten, welche die Organisation oder die Verwaltung des Gerichtes betreffen;
  c. die Entscheidung in den ihm durch Gesetz oder Reglement zugewiesenen Rechtssachen sowie über Rechtsfragen gemäss Artikel 16;
  d. der Erlass von Verordnungen, Reglementen und Kreisschreiben für kantonale Behörden und Amtsstellen.

² Damit das Gesamtgericht gültig verhandeln kann, müssen wenigstens zwei Drittel der Mitglieder anwesend sein.

Art. 12

Abteilungen

¹ Das Bundesgericht bestellt aus seiner Mitte für die Dauer von zwei Kalenderjahren folgende Abteilungen: [1)]
  a. [1)] zwei oder drei öffentlichrechtliche Abteilungen für die staats- und verwaltungsrechtlichen Geschäfte, soweit deren Erledigung nach dem Reglement nicht einer anderen Abteilung oder nach den Artikeln 122 ff. dem Eidgenössischen Versicherungsgericht zusteht;
  b. zwei Zivilabteilungen zur Erledigung der zivilrechtlichen und der ihnen durch das Geschäftsreglement übertragenen weiteren Geschäfte;
  c. die Schuldbetreibungs- und Konkurskammer von drei Mitgliedern zur Erledigung der dem Bundesgericht als Aufsichtsbehörde im Schuldbetreibungs- und Konkurswesen zufallenden Geschäfte;
  d. die Anklagekammer von drei Mitgliedern, die nicht dem Bundesstrafgericht angehören;
  e. die Kriminalkammer von drei Mitgliedern, in der die drei Amtssprachen vertreten sein müssen;
  f. das Bundesstrafgericht, bestehend aus den drei Mitgliedern der Kriminalkammer und zwei weitern Mitgliedern;

[1)] Fassung gemäss Ziff. I des BG vom 4. Okt. 1991, in Kraft seit 15. Febr. 1992 (AS **1992** 288; SR **173.110.0** Art. 1 Abs. 1; BBl **1991** II 465).

g. den Kassationshof in Strafsachen zur Beurteilung der Nichtigkeitsbeschwerden gegen Entscheide kantonaler Straf- und Überweisungsbehörden.

² Zur Beurteilung von Nichtigkeitsbeschwerden und Revisionsgesuchen gegen Urteile der Bundesassisen, der Kriminalkammer und des Bundesstrafgerichtes, sowie zur Entscheidung von Kompetenzkonflikten zwischen den Bundesassisen und dem Bundesstrafgericht wird ein ausserordentlicher Kassationshof aus dem Präsidenten, dem Vizepräsidenten und den fünf amtsältesten Mitgliedern des Bundesgerichts gebildet, die weder der Anklagekammer noch dem Bundesstrafgericht angehören.

³ Jeder Richter ist zur Aushilfe in andern Abteilungen verpflichtet.

Art. 13

¹ Das Bundesgericht ernennt für die gleiche Dauer die Vorsitzenden der Abteilungen und bezeichnet den Stellvertreter für den Präsidenten der Anklagekammer. ¹⁾   *Abteilungsvorsitz*

² Artikel 6 Absatz 3 findet entsprechende Anwendung.

³ Der Abteilungspräsident bezeichnet die Instruktionsrichter und Berichterstatter.

⁴ Das Bundesstrafgericht und die Kriminalkammer bezeichnen für jeden Straffall ihren Präsidenten.

⁵ Der Abteilungspräsident kann Personen, die sich seinen Anordnungen nicht unterziehen, aus dem Sitzungssaal wegweisen. Er kann sie mit einer Ordnungsbusse bis 300 Franken bestrafen und bis 24 Stunden in Haft setzen lassen. Die gleiche Befugnis steht dem Instruktionsrichter an den von ihm angeordneten Rechtstagen zu. ¹⁾

Art. 14

¹ Das Bundesgericht setzt die Verteilung der Geschäfte durch ein Reglement fest.   *Geschäftsverteilung*

² Bei Geschäften, die einer Abteilung zufallen, ist überall, wo das Gesetz vom Bundesgericht oder dessen Präsidenten spricht, diese Abteilung oder ihr Präsident verstanden.

Art. 15 ¹⁾ ²⁾

¹ In der Regel entscheiden die Abteilungen in der Besetzung mit drei Richtern.   *Quorum*

---

¹⁾ Fassung gemäss Ziff. I des BG vom 4. Okt. 1991, in Kraft seit 15. Febr. 1992 (AS **1992** 288; SR **173.110.0** Art. 1 Abs. 1; BBl **1991** II 465).
²⁾ Siehe auch Ziff. 3 Abs. 2 der SchlB Änd. 4. Okt. 1991 am Ende dieses Textes.

² Über Rechtsfragen von grundsätzlicher Bedeutung oder auf Anordnung des Abteilungspräsidenten entscheiden die öffentlichrechtlichen Abteilungen, die Zivilabteilungen und der Kassationshof in Strafsachen in der Besetzung mit fünf Richtern.

³ Die öffentlichrechtlichen Abteilungen entscheiden in der Besetzung mit sieben Richtern über staatsrechtliche Beschwerden gegen referendumspflichtige kantonale Erlasse und gegen Entscheide über die Zulässigkeit einer Initiative oder das Erfordernis eines Referendums, ausser über Beschwerden in Gemeindeangelegenheiten.

Art. 16

Vereinigte Abteilungen

¹ Wenn eine Gerichtsabteilung eine Rechtsfrage abweichend von einem frühern Entscheid einer andern Abteilung oder mehrerer vereinigter Abteilungen oder des Gesamtgerichtes entscheiden will, so darf es nur mit Zustimmung der andern Abteilung oder auf Beschluss der Vereinigung der beteiligten Abteilungen oder des Gesamtgerichtes geschehen. Dieser Beschluss wird ohne Parteiverhandlung und in geheimer Beratung gefasst; er bindet die Abteilung bei der Beurteilung des Streitfalles.

² Die Vereinigung mehrerer Abteilungen umfasst sämtliche ihnen zugeteilten Richter unter dem Vorsitz des amtsältesten Abteilungspräsidenten.

³ Artikel 11 Absatz 2 findet entsprechende Anwendung.

Art. 17[1)]

Öffentlichkeit

¹ Parteiverhandlungen, Beratungen und Abstimmungen sind öffentlich, ausgenommen die Beratungen und Abstimmungen der strafrechtlichen Abteilungen, der Schuldbetreibungs- und Konkurskammer und, wenn es sich um Disziplinarsachen handelt, der öffentlichrechtlichen Abteilungen.[2)]

² In Steuersachen dürfen nur die Parteien und ihre Vertreter den Verhandlungen, Beratungen und Abstimmungen beiwohnen.

³ Wenn eine Gefährdung der Staatssicherheit, der öffentlichen Ordnung oder der Sittlichkeit zu befürchten ist oder das Interesse eines Beteiligten es erfordert, kann die Öffentlichkeit durch Gerichtsbeschluss ganz oder teilweise ausgeschlossen werden.

[1)] Fassung gemäss Ziff. I des BG vom 20. Dez. 1968, in Kraft seit 1. Okt. 1969 (AS **1969** 767 788; BBl **1965** II 1265).
[2)] Fassung gemäss Ziff. I des BG vom 4. Okt. 1991, in Kraft seit 15. Febr. 1992 (AS **1992** 288; SR **173.110.0** Art. 1 Abs. 1; BBl **1991** II 465).

Art. 18

¹ Die Behörden und Beamten der Bundesrechtspflege können Amtshandlungen, für die sie zuständig sind, auf dem ganzen Gebiete der Eidgenossenschaft vornehmen, ohne einer Einwilligung der Kantonsbehörden zu bedürfen.

Rechtshilfe der Kantone

² Die Kantonsbehörden haben ihnen die erforderliche Unterstützung zu leisten.

³ Auf Verlangen der Bundesgerichtskanzlei sind die kantonalen Behörden verpflichtet, die Kosten des Bundesgerichtes gemeinsam mit ihren Kosten einzuziehen.

Art. 19

¹ Sitz des Bundesgerichts ist Lausanne.

Gerichtssitz

² Die Mitglieder des Bundesgerichts können ihren Wohnort frei wählen, doch müssen sie in kurzer Zeit den Amtssitz erreichen können.¹⁾

Art. 20

¹ Das Bundesgericht kann jährlich bis auf sechs Wochen Ferien anordnen. Für diese Zeit trifft der Präsident Vorsorge für die Erledigung der unaufschiebbaren Geschäfte.

Ferien und Urlaub

² Daneben kann das Gericht aus zureichenden Gründen einzelnen seiner Mitglieder, Beamten und Angestellten Urlaub erteilen.

Art. 21

¹ Das Bundesgericht steht unter der Aufsicht der Bundesversammlung.

Verhältnis zur Bundesversammlung

² Es erstattet ihr alljährlich Bericht über seine Amtstätigkeit.

³ Vorbehältlich der Bestimmung des Artikels 85 Ziffer 13 der Bundesverfassung²⁾ entscheidet das Bundesgericht in allen bei ihm anhängig gemachten Streitsachen selbst und von Amtes wegen über seine Zuständigkeit und ist innerhalb seiner richterlichen Tätigkeit unabhängig und nur dem Gesetz unterworfen. Seine Entscheidungen können nur von ihm selbst nach Massgabe der gesetzlichen Bestimmungen aufgehoben oder abgeändert werden.

---

¹⁾ Fassung gemäss Ziff. II 1 des BG vom 9. Okt. 1986, in Kraft seit 1. Jan. 1987 (AS **1987** 226 227; BBl **1985** II 531, **1986** II 68).
²⁾ SR **101**

Zweiter Abschnitt: Ausstand von Gerichtspersonen

Art. 22

Ausschliessungsgründe

¹ Ein Mitglied oder nebenamtlicher Richter des Bundesgerichtes, Vertreter der Bundesanwaltschaft, Untersuchungsrichter, Schriftführer desselben oder Geschworener darf sein Amt nicht ausüben:
   a. in allen Angelegenheiten, in denen er selbst, seine Ehefrau, seine Verlobte, seine Verwandten oder Verschwägerten bis zu dem in Artikel 4 bezeichneten Grade, oder in denen der Ehemann der Schwester oder die Ehefrau des Bruders seiner Ehefrau oder eine Person, deren Vormund oder Beistand er ist oder mit der er durch Kindesannahme verbunden ist, am Ausgange des Streites ein unmittelbares Interesse haben;
   b. in einer Angelegenheit, in der er schon in einer anderen Stellung, als Mitglied einer administrativen oder richterlichen Behörde, als Justizbeamter, als Rechtsberater, Bevollmächtigter oder Anwalt einer Partei, als Sachverständiger oder Zeuge gehandelt hat;
   c. ....[1]

² Ausserdem darf ein Mitglied oder nebenamtlicher Richter des Bundesgerichtes oder ein Geschworener sein Amt nicht ausüben, wenn der Bevollmächtigte oder Anwalt einer Partei mit ihm in gerader Linie oder bis zum zweiten Grade in der Seitenlinie verwandt oder verschwägert ist.

Art. 23

Ablehnungsgründe

Ein Mitglied oder nebenamtlicher Richter des Bundesgerichtes, Vertreter der Bundesanwaltschaft, Untersuchungsrichter, Schriftführer desselben oder Geschworener kann von den Parteien abgelehnt werden oder selbst seinen Ausstand verlangen:
   a. in Sachen einer juristischen Person, deren Mitglied er ist;
   b. wenn zwischen ihm und einer Partei besondere Freundschaft oder persönliche Feindschaft oder ein besonderes Pflicht- oder Abhängigkeitsverhältnis besteht;
   c. wenn Tatsachen vorliegen, die ihn in bezug auf den zu beurteilenden Fall als befangen erscheinen lassen.

Art. 24

Anzeigepflicht

¹ Trifft bei einer Gerichtsperson eine der Bestimmungen des Artikels 22 oder des Artikels 23 zu, so hat sie dies rechtzeitig dem Abteilungspräsidenten anzuzeigen, im Falle des Artikels 23 mit der Erklärung, ob sie selbst ihren Ausstand verlange oder die Ableh-

---

[1] Aufgehoben durch Ziff. I des BG vom 20. Dez. 1968 (AS **1969** 767 788; BBl **1965** II 1265).

nung den Parteien anheimstelle. Im letzteren Fall ist den Parteien zur Geltendmachung der Ablehnung eine kurze Frist anzusetzen.

Art. 25

¹ Will eine Partei den Ausstand (Art. 22 und 23) einer Gerichtsperson verlangen, so hat sie dem Bundesgerichte sofort nach Entstehen oder Bekanntwerden des Ausstandsgrundes eine schriftliche Erklärung einzureichen.

Ausstandsbegehren einer Partei

² Die den Ausstand begründenden Tatsachen sind in der Erklärung anzuführen und urkundlich zu bescheinigen. Wenn die urkundliche Bescheinigung nicht möglich ist, hat sich die Gerichtsperson über die angebrachten Ausstandsgründe zu äussern. Ein weiteres Beweisverfahren ist nicht zulässig.

³ Wer bei der Einreichung eines Ausstandsbegehrens säumig ist, kann in die dadurch verursachten Kosten verfällt werden.

Art. 26

¹ Ist ein Ausstandsgrund (Art. 22 und 23) streitig, so entscheidet darüber die Gerichtsabteilung unter Ausschluss der betroffenen Richter, bei Untersuchungsrichtern und deren Schriftführern die Anklagekammer, bei Geschworenen die Kriminalkammer.

Gerichtsentscheid

² Über die Ausstandsfrage kann ohne Anhörung der Gegenpartei entschieden werden.

³ Sollten so viele Mitglieder und nebenamtliche Richter in Ausstand kommen, dass keine gültige Verhandlung stattfinden kann, so bezeichnet der Bundesgerichtspräsident durch das Los aus der Zahl der Obergerichtspräsidenten der in der Sache nicht beteiligten Kantone so viele ausserordentliche nebenamtliche Richter, als erforderlich sind, um die Ausstandsfrage und nötigenfalls die Hauptsache selbst beurteilen zu können.

Art. 27

¹ Über den Ausstand des Bundesanwaltes hat der Bundesrat zu entscheiden.

Ausstand des Bundesanwalts

² Die Artikel 24, 25 und 26 Absatz 2 finden entsprechende Anwendung.

Art. 28

¹ Amtshandlungen, an denen eine Gerichtsperson teilgenommen hat, die ihr Amt nicht hätte ausüben dürfen, können von jeder Partei angefochten werden, und zwar nach Artikel 136, wenn es

Verletzung der Ausstandsvorschriften

sich um einen Entscheid handelt, und in allen andern Fällen binnen 30 Tagen von der Entdeckung des Ausschliessungsgrundes an.

² Bei Ablehnung tritt die Nichtigkeit erst auf den Zeitpunkt des Ablehnungsbegehrens ein.

Dritter Abschnitt: Gemeinsame Verfahrensvorschriften

Art. 29

Parteivertreter. Zustellungsdomizil

¹ Parteivertreter haben als Ausweis eine Vollmacht zu den Akten zu legen; eine solche kann jederzeit nachgefordert werden.

² In Zivil- und Strafsachen können nur patentierte Anwälte sowie die Rechtslehrer an schweizerischen Hochschulen als Parteivertreter vor Bundesgericht auftreten. Vorbehalten bleiben die Fälle aus Kantonen, in welchen der Anwaltsberuf ohne behördliche Bewilligung ausgeübt werden darf.

³ Ausnahmsweise werden unter Vorbehalt des Gegenrechtes auch ausländische Rechtsanwälte zugelassen.

⁴ Parteien, die im Ausland wohnen, haben in der Schweiz ein Zustellungsdomizil zu verzeigen. Zustellungen an Parteien, die dieser Auflage nicht Folge leisten, können unterbleiben oder auf dem Ediktalweg erfolgen.

⁵ Ist eine Partei offenbar nicht imstande, ihre Sache selber zu führen, so kann das Gericht sie anhalten, einen Vertreter beizuziehen. Leistet sie innert der angesetzten Frist keine Folge, so bezeichnet das Gericht einen solchen auf Kosten der Partei.

Art. 30[1)]

Rechtsschriften

¹ Sämtliche Rechtsschriften für das Gericht sind in einer Nationalsprache abzufassen und, mit der Unterschrift versehen, mit den vorgeschriebenen Beilagen und in genügender Anzahl für das Gericht und jede Gegenpartei, mindestens jedoch im Doppel einzureichen.

² Fehlen die Unterschrift einer Partei oder eines zugelassenen Vertreters, dessen Vollmacht oder die vorgeschriebenen Beilagen, oder ist der Unterzeichner als Vertreter nicht zugelassen, so wird eine angemessene Frist zur Behebung des Mangels angesetzt mit der Androhung, dass die Rechtsschrift sonst unbeachtet bleibe.

³ Unleserliche, ungebührliche und übermässig weitschweifige Eingaben sind in gleicher Weise zur Änderung zurückzuweisen.

[1)] Fassung gemäss Ziff. I des BG vom 4. Okt. 1991, in Kraft seit 15. Febr. 1992 (AS **1992** 288; SR **173.110.0** Art. 1 Abs. 1; BBl **1991** II 465).

Art. 31[1])

¹ Wer im mündlichen oder schriftlichen Geschäftsverkehr den durch die gute Sitte gebotenen Anstand verletzt oder den Geschäftsgang stört, ist mit einem Verweis oder mit Ordnungsbusse bis 300 Franken zu bestrafen.

Disziplin

² Wegen böswilliger oder mutwilliger Prozessführung kann sowohl die Partei als auch deren Vertreter mit einer Ordnungsbusse bis 600 Franken und bei Rückfall bis 1500 Franken bestraft werden.

Art. 32

¹ Bei Berechnung der Fristen wird der Tag, an dem die Frist zu laufen beginnt, nicht mitgezählt.

Fristen
a. Berechnung. Einhaltung[1])

² Ist der letzte Tag einer Frist ein Sonntag oder ein vom zutreffenden kantonalen Recht anerkannter Feiertag[2]), so endigt sie am nächstfolgenden Werktag.

³ Prozessuale Handlungen sind innerhalb der Frist vorzunehmen. Eingaben müssen spätestens am letzten Tag der Frist der zuständigen Behörde eingereicht oder zu deren Handen der schweizerischen PTT oder einer schweizerischen diplomatischen oder konsularischen Vertretung übergeben werden.[1])

⁴ Bestimmt das Gesetz nichts anderes, so gilt die Frist als gewahrt:
  a. wenn eine beim Gericht einzulegende Eingabe rechtzeitig bei einer anderen Bundesbehörde oder bei der kantonalen Behörde, welche den Entscheid gefällt hat, eingereicht worden ist;
  b. wenn eine bei der kantonalen Vorinstanz einzulegende Eingabe rechtzeitig beim Gericht oder bei einer anderen Bundesbehörde eingereicht worden ist.[3])

⁵ Diese Eingaben sind unverzüglich der zuständigen Behörde zu überweisen.[3])

Art. 33

¹ Die vom Gesetz bestimmten Fristen können nicht erstreckt werden.

b. Verlängerung

---

[1]) Fassung gemäss Ziff. I des BG vom 4. Okt. 1991, in Kraft seit 15. Febr. 1992 (AS **1992** 288; SR **173.110.0** Art. 1 Abs. 1; BBl **1991** II 465).

[2]) Hinsichtlich der gesetzlichen Fristen des eidgenössischen Rechts und der kraft eidgenössischen Rechts von Behörden angesetzten Fristen wird heute der Samstag einem anerkannten Feiertag gleichgestellt (Art. 1 des BG vom 21. Juni 1963 über den Fristenlauf an Samstagen – SR **173.110.3**).

[3]) Eingefügt durch Ziff. I des BG vom 4. Okt. 1991, in Kraft seit 15. Febr. 1992 (AS **1992** 288; SR **173.110.0** Art. 1 Abs. 1; BBl **1991** II 465).

² Richterlich bestimmte Fristen können aus zureichenden und gehörig bescheinigten Gründen erstreckt werden, wenn das Gesuch vor Ablauf der Frist gestellt worden ist.

Art. 34

c. Stillstand der Fristen[1)]

¹ Gesetzlich oder richterlich bestimmte Fristen stehen still:
  a. vom siebten Tage vor Ostern bis und mit dem siebten Tage nach Ostern;
  b. vom 15. Juli bis und mit dem 15. August;
  c. vom 18. Dezember bis und mit dem 1. Januar.[1)]

² Diese Vorschrift gilt nicht in Strafsachen und Schuldbetreibungs- und Konkurssachen.

Art. 35

d. Wiederherstellung gegen Versäumnis

¹ Wiederherstellung gegen die Folgen der Versäumung einer Frist kann nur dann erteilt werden, wenn der Gesuchsteller oder sein Vertreter durch ein unverschuldetes Hindernis abgehalten worden ist, innert der Frist zu handeln, und binnen zehn Tagen nach Wegfall des Hindernisses unter Angabe desselben die Wiederherstellung verlangt und die versäumte Rechtshandlung nachholt.

² Die Entscheidung erfolgt auf Grundlage eines schriftlichen Verfahrens ohne öffentliche Beratung. Artikel 95 ist anwendbar.

Art. 36

Streitwert

¹ Der Wert des Streitgegenstandes wird durch das klägerische Rechtsbegehren bestimmt.

² Geht die Klage nicht auf Bezahlung einer bestimmten Geldsumme, so setzt das Bundesgericht zunächst von Amtes wegen auf summarischem Weg nach freiem Ermessen, nötigenfalls nach Befragung eines Sachverständigen, den Streitwert fest.

³ Zinsen, Früchte, Gerichtskosten und Parteientschädigungen, die als Nebenrechte geltend gemacht werden, ferner Vorbehalte sowie die Urteilsveröffentlichung fallen bei der Bestimmung des Streitwertes nicht in Betracht.

⁴ Als Wert wiederkehrender Nutzungen oder Leistungen ist der mutmassliche Kapitalwert anzunehmen.

⁵ Bei ungewisser oder unbeschränkter Dauer gilt als Kapitalwert der zwanzigfache Betrag der einjährigen Nutzung oder Leistung, bei Leibrenten jedoch der Barwert.

[1)] Fassung gemäss Ziff. I des BG vom 20. Dez. 1968, in Kraft seit 1. Okt. 1969 (AS **1969** 767 788; BBl **1965** II 1265).

Art. 36a[1)][2)]

¹ Die Abteilungen entscheiden in der Besetzung mit drei Richtern bei Einstimmigkeit ohne öffentliche Beratung über:
  a. Nichteintreten auf offensichtlich unzulässige Rechtsmittel und Klagen;
  b. Abweisung von offensichtlich unbegründeten Rechtsmitteln;
  c. Gutheissung offensichtlich begründeter Rechtsmittel.

² Rechtsmittel und Klagen, die auf querulatorischer oder rechtsmissbräuchlicher Prozessführung beruhen, sind unzulässig.

³ Die Abteilungen begründen ihren Entscheid summarisch. Sie können dabei auf die Ausführungen im angefochtenen Entscheid oder in der Vernehmlassung einer beteiligten Partei oder Behörde verweisen.

Besondere Verfahren
a. Vereinfachtes Verfahren

Art. 36b[1)][2)]

Das Gericht kann auf dem Weg der Aktenzirkulation entscheiden, wenn sich Einstimmigkeit ergibt und kein Richter mündliche Beratung verlangt.

b. Zirkulationsverfahren

Art. 37

¹ Wenn die Parteien bei der Verkündung nicht anwesend waren, teilt ihnen die Bundesgerichtskanzlei die Entscheidung des Bundesgerichts ohne Verzug im Dispositiv mit.

² Die vollständige Ausfertigung wird mit Angabe der mitwirkenden Richter den Parteien und der Behörde mitgeteilt, deren Entscheid angefochten worden war.

²bis Im Einverständnis mit den Parteien und der Vorinstanz kann das Gericht von einer schriftlichen Begründung absehen.[1)]

³ Das Urteil wird in einer Amtssprache, in der Regel in der Sprache des angefochtenen Entscheides verfasst. Sprechen die Parteien eine andere Amtssprache, so kann die Ausfertigung in dieser Sprache erfolgen. Bei direkten Prozessen wird auf die Sprache der Parteien Rücksicht genommen.[3)]

Eröffnung der Entscheidungen

Art. 38

Die Entscheidungen des Bundesgerichtes werden mit der Ausfällung rechtskräftig.

Rechtskraft

[1)] Eingefügt durch Ziff. I des BG vom 4. Okt. 1991, in Kraft seit 15. Febr. 1992 (AS **1992** 288; SR **173.110.0** Art. 1 Abs. 1; BBl **1991** II 465).
[2)] Siehe auch Ziff. 3 Abs. 2 der SchlB Änd. 4. Okt. 1991 am Ende dieses Textes.
[3)] Fassung gemäss Ziff. I des BG vom 4. Okt. 1991, in Kraft seit 15. Febr. 1992 (AS **1992** 288; SR **173.110.0** Art. 1 Abs. 1; BBl **1991** II 465).

Art. 39

Vollziehung

¹ Die Kantone sind verpflichtet, die Entscheidungen der mit der Bundesrechtspflege betrauten Behörden in gleicher Weise zu vollziehen wie die rechtskräftigen Urteile ihrer Gerichte.

² Wegen mangelhafter Vollziehung kann beim Bundesrat Beschwerde erhoben werden. Der Bundesrat trifft die erforderlichen Verfügungen.

Art. 40[1)]

Verhältnis zum Bundeszivilprozess

Wo dieses Gesetz keine besonderen Bestimmungen über das Verfahren enthält, finden die Vorschriften des Bundeszivilprozesses[2)] Anwendung.

[1)] Fassung gemäss Ziff. I des BG vom 4. Okt. 1991, in Kraft seit 15. Febr. 1992 (AS **1992** 288; SR **173.110.0** Art. 1 Abs. 1; BBl **1991** II 465).
[2)] SR **273**

Vierter Titel: Staatsrechtspflege durch das Bundesgericht

Art. 83

Das Bundesgericht beurteilt: *Staatsrechtliche Klagen*
a. Kompetenzkonflikte zwischen Bundesbehörden einerseits und kantonalen Behörden anderseits;
b.[1)] staatsrechtliche Streitigkeiten zwischen Kantonen, wenn eine Kantonsregierung seinen Entscheid anruft;
c. Klagen des Bundesrates auf Einbürgerung von Heimatlosen gemäss dem Bundesgesetz vom 3. Dezember 1850[2)] betreffend die Heimatlosigkeit sowie Bürgerrechtsstreitigkeiten zwischen Gemeinden verschiedener Kantone;
d. Streitigkeiten zwischen Behörden verschiedener Kantone über die Anwendung des Bundesgesetzes vom 25. Juli 1891[3)] betreffend die zivilrechtlichen Verhältnisse der Niedergelassenen und Aufenthalter;
e. Streitigkeiten zwischen den Vormundschaftsbehörden verschiedener Kantone über die Befugnisse und Obliegenheiten der Vormundschaftsbehörde der Heimat und über den Wechsel des Wohnsitzes bevormundeter Personen.

Art. 84

[1] Gegen kantonale Erlasse oder Verfügungen (Entscheide) kann beim Bundesgericht Beschwerde geführt werden: *Staatsrechtliche Beschwerden a. Im allgemeinen*
a. wegen Verletzung verfassungsmässiger Rechte der Bürger;
b. wegen Verletzung von Konkordaten;
c. wegen Verletzung von Staatsverträgen mit dem Ausland, ausgenommen bei Verletzung zivilrechtlicher oder strafrechtlicher Bestimmungen von Staatsverträgen durch kantonale Verfügungen (Entscheide);
d. wegen Verletzung bundesrechtlicher Vorschriften über die Abgrenzung der sachlichen oder örtlichen Zuständigkeit der Behörden.

[2] In allen diesen Fällen ist jedoch die Beschwerde nur zulässig, wenn die behauptete Rechtsverletzung nicht sonstwie durch Klage oder Rechtsmittel beim Bundesgericht oder einer andern Bundesbehörde gerügt werden kann.

[1)] Fassung gemäss Ziff. I des BG vom 20. Dez. 1968, in Kraft seit 1. Okt. 1969 (AS **1969** 767 788; BBl **1965** II 1265).
[2)] [BS 1 99. SR **141.0** Art. 55]
[3)] [BS 2 737; AS **1972** 2819 Ziff. II 1, **1977** 237 Ziff. II 1, **1986** 122 Ziff. II 1. SR **291** Anhang Ziff. I Bst. a]

Art. 85

b. Besondere Fälle

Ferner beurteilt das Bundesgericht:
   a. Beschwerden betreffend die politische Stimmberechtigung der Bürger und betreffend kantonale Wahlen und Abstimmungen, auf Grund sämtlicher einschlägiger Bestimmungen des kantonalen Verfassungsrechts und des Bundesrechtes;
   b. Beschwerden über die Verweigerung des Armenrechtes wegen Verletzung der Bestimmungen des Artikels 22 Ziffer 2 des Bundesgesetzes vom 28. März 1905[1)] betreffend die Haftpflicht der Eisenbahn- und Dampfschiffahrtsunternehmungen und der Post;
   c.[2)] Beschwerden gegen Urteile von Schiedsgerichten nach Artikel 190ff. des Bundesgesetzes vom 18. Dezember 1987[3)] über das Internationale Privatrecht.

Art. 86[4)]

Erschöpfung des kantonalen Instanzenzuges

¹ Die staatsrechtliche Beschwerde ist nur gegen letztinstanzliche kantonale Entscheide zulässig.

² Bei Beschwerden auf dem Gebiet der interkantonalen Doppelbesteuerung und des Arrestes auf Vermögen ausländischer Staaten muss der kantonale Instanzenzug nicht ausgeschöpft werden.

Art. 87

Beschwerden wegen Art. 4 BV

Die staatsrechtliche Beschwerde wegen Verletzung von Artikel 4 der Bundesverfassung[5)] ist erst gegen letztinstanzliche Endentscheide zulässig, gegen letztinstanzliche Zwischenentscheide nur, wenn sie für den Betroffenen einen nicht wiedergutzumachenden Nachteil zur Folge haben.

Art. 88

Legitimation

Das Recht zur Beschwerdeführung steht Bürgern (Privaten) und Korporationen bezüglich solcher Rechtsverletzungen zu, die sie durch allgemein verbindliche oder sie persönlich treffende Erlasse oder Verfügungen erlitten haben.

[1)] SR **221.112.742**
[2)] Eingefügt durch Ziff. II 1 des Anhangs zum IPRG vom 18. Dez. 1987, in Kraft seit 1. Jan. 1989 (SR **291**).
[3)] SR **291**
[4)] Fassung gemäss Ziff. I des BG vom 4. Okt. 1991, in Kraft seit 15. Febr. 1992 (AS **1992** 288; SR **173.110.0** Art. 1 Abs. 1; BBl **1991** II 465).
[5)] SR **101**

Art. 89

¹ Die Beschwerde ist binnen 30 Tagen, von der nach dem kantonalen Recht massgebenden Eröffnung oder Mitteilung des Erlasses oder der Verfügung an gerechnet, dem Bundesgericht schriftlich einzureichen.

² Werden von Amtes wegen nachträglich Entscheidungsgründe zugestellt, so kann die Beschwerde noch innert 30 Tagen seit dem Eingang der Ausfertigung geführt werden.

³ Bei Beschwerden wegen interkantonaler Kompetenzkonflikte beginnt die Beschwerdefrist erst, wenn in beiden Kantonen Verfügungen getroffen worden sind, gegen welche staatsrechtliche Beschwerde geführt werden kann.

Beschwerdefrist

Art. 90

¹ Die Beschwerdeschrift muss ausser der Bezeichnung des angefochtenen Erlasses oder Entscheides enthalten:
 a. die Anträge des Beschwerdeführers;
 b. die wesentlichen Tatsachen und eine kurz gefasste Darlegung darüber, welche verfassungsmässigen Rechte bzw. welche Rechtssätze und inwiefern sie durch den angefochtenen Erlass oder Entscheid verletzt worden sind.

² Ist dem Beschwerdeführer eine Ausfertigung des angefochtenen Entscheides zugänglich, so hat er sie beizulegen; unterlässt er es, so wird ihm eine kurze Frist zur nachträglichen Einreichung angesetzt mit der Androhung, dass bei Nichtbefolgen auf die Beschwerde nicht eingetreten werde.

Beschwerdeschrift

Art. 91

¹ Die staatsrechtlichen Entscheidungen des Bundesgerichtes erfolgen in der Regel auf Grundlage eines durch den Präsidenten oder einen Instruktionsrichter zu leitenden schriftlichen Verfahrens.

² Ausnahmsweise kann das Bundesgericht, wenn eine Partei es verlangt und besondere Gründe dafür vorliegen, eine mündliche Schlussverhandlung anordnen.

Instruktionsverfahren

Art. 92 [1]

Art. 93

¹ Ordnet das Gericht einen Schriftenwechsel an, so stellt es die Beschwerde der Behörde, von welcher der angefochtene Entscheid

Schriftenwechsel

---

[1] Aufgehoben durch Ziff. I des BG vom 4. Okt. 1991 (AS **1992** 288; BBl **1991** II 465).

oder Erlass ausgegangen ist, sowie der Gegenpartei und allfälligen weiteren Beteiligten zu. Es setzt ihnen eine angemessene Frist zur Einsendung der Akten und zur Vernehmlassung.[1)]

² Sind die Entscheidungsgründe erst in der Vernehmlassung der Behörde enthalten, so kann dem Beschwerdeführer eine Frist zur Ergänzung der Beschwerde angesetzt werden.

³ Ein weiterer Schriftenwechsel findet nur ausnahmsweise statt.

Art. 94

Vorsorgliche Verfügungen

Der Präsident des Bundesgerichtes kann nach Eingang der Beschwerdeschrift auf Ansuchen einer Partei diejenigen vorsorglichen Verfügungen treffen, die erforderlich sind, um den bestehenden Zustand zu erhalten oder bedrohte rechtliche Interessen einstweilen sicherzustellen.

Art. 95

Beweisverfahren

¹ Der Instruktionsrichter ordnet die zur Aufklärung des Sachverhaltes erforderlichen Beweisaufnahmen an. Er kann sie selbst vornehmen oder durch die zuständigen Bundes- oder Kantonsbehörden vornehmen lassen.

² In der Würdigung dieser Beweise ist das Bundesgericht frei.

Art. 96

Verhältnis zu andern Bundesinstanzen

¹ Ist eine Beschwerde rechtzeitig beim Bundesgericht, beim Bundesrat oder bei einer besondern eidgenössischen Instanz der Verwaltungsrechtspflege eingereicht worden, so gilt die Beschwerdefrist als eingehalten, auch wenn die Beschwerde in die Zuständigkeit einer andern dieser Behörden fällt; die Beschwerde ist dieser von Amtes wegen zu übergeben.

² Wenn eine Beschwerde gleichzeitig bei mehr als einer dieser Behörden erhoben wird oder wenn bei einer Behörde Zweifel über ihre Zuständigkeit bestehen, so soll vor der Entscheidung ein Meinungsaustausch über die Kompetenzfrage zwischen den Behörden stattfinden.

³ Die Bundesbehörde, die in der Hauptsache kompetent ist, hat auch alle Vor- und Zwischenfragen zu erledigen.

[1)] Fassung gemäss Ziff. I des BG vom 4. Okt. 1991, in Kraft seit 15. Febr. 1992 (AS **1992** 288; SR **173.110.0** Art. 1 Abs. 1; BBl **1991** II 465).

Fünfter Titel: Verwaltungsrechtspflege durch das Bundesgericht[1)]
Erster Abschnitt: Das Bundesgericht als Beschwerdeinstanz

Art. 97

¹ Das Bundesgericht beurteilt letztinstanzlich Verwaltungsgerichtsbeschwerden gegen Verfügungen im Sinne von Artikel 5 des Verwaltungsverfahrensgesetzes[2)]. I. Grundsatz

² Als Verfügung gilt auch das unrechtmässige Verweigern oder Verzögern einer Verfügung.

Art. 98

Die Verwaltungsgerichtsbeschwerde ist, unter Vorbehalt von Artikel 47 Absätze 2–4 des Verwaltungsverfahrensgesetzes[2)], zulässig gegen Verfügungen: II. Vorinstanzen

a. des Bundesrates auf dem Gebiete des Dienstverhältnisses von Bundespersonal, soweit das Bundesrecht vorsieht, dass der Bundesrat als erste Instanz verfügt;

b. seiner Departemente und der Bundeskanzlei;

c. der den Departementen und der Bundeskanzlei unterstellten Dienstabteilungen, Anstalten oder Betriebe der Bundesverwaltung, die als Beschwerde- oder Einspracheinstanzen entscheiden, soweit nicht zunächst die Beschwerde an eine eidgenössische Rekurskommission zulässig ist; verfügen sie als erste Instanzen, so ist unmittelbar die Verwaltungsgerichtsbeschwerde zulässig, soweit das Bundesrecht sie gegen diese Verfügungen vorsieht;

d. letzter Instanzen autonomer eidgenössischer Anstalten oder Betriebe, soweit nicht das Bundesrecht die vorgängige Beschwerde oder Klage an eine Instanz im Sinne von Buchstabe b, c oder g vorsieht;

e. eidgenössischer Rekurs- und Schiedskommissionen einschliesslich von Schiedsgerichten auf Grund öffentlichrechtlicher Verträge im Sinne von Artikel 116 Buchstabe b;[3)]

f. anderer eidgenössischer Kommissionen, soweit das Bundesrecht unmittelbar gegen ihre Verfügungen die Verwaltungsgerichtsbeschwerde vorsieht;

g. letzter Instanzen der Kantone, soweit nicht das Bundesrecht gegen ihre Verfügungen zunächst die Beschwerde an eine Vorinstanz im Sinne der Buchstaben b–f vorsieht;

[1)] Fassung dieses Tit. (Art. 97–121) gemäss Ziff. I des BG vom 20. Dez. 1968, in Kraft seit 1. Okt. 1969 (AS **1969** 767 788; BBl **1965** II 1265).
[2)] SR **172.021**

[3)] Für die 1991 revidierte Fassung siehe Seite 422.

h. anderer Instanzen oder Organisationen ausserhalb der Bundesverwaltung, soweit sie in Erfüllung ihnen übertragener öffentlichrechtlicher Aufgaben des Bundes verfügen und soweit das Bundesrecht unmittelbar gegen diese Verfügungen die Verwaltungsgerichtsbeschwerde vorsieht.

Art. 98a [1]

IIa. Letzte kantonale Instanzen

¹ Die Kantone bestellen richterliche Behörden als letzte kantonale Instanzen, soweit gegen deren Entscheide unmittelbar die Verwaltungsgerichtsbeschwerde an das Bundesgericht zulässig ist.

² Sie regeln deren Zuständigkeit, Organisation und Verfahren im Rahmen des Bundesrechts.

³ Beschwerdelegitimation und Beschwerdegründe sind mindestens im gleichen Umfang wie für die Verwaltungsgerichtsbeschwerde an das Bundesgericht zu gewährleisten.

Art. 99

III. Unzulässigkeit der Verwaltungsgerichtsbeschwerde
1. Nach dem Gegenstand der Verfügungen

Die Verwaltungsgerichtsbeschwerde ist unzulässig gegen:
a. Verfügungen über die Genehmigung von Erlassen;
b. Verfügungen über Tarife, ausser über Tarife auf dem Gebiete der Privatversicherung und der Verwertung von Urheberrechten;
c. Verfügungen über Pläne, soweit es sich nicht um Entscheide über Einsprachen gegen Enteignungen oder Landumlegungen handelt;
d. die Erteilung oder Verweigerung von Konzessionen, auf die das Bundesrecht keinen Anspruch einräumt, gleichzeitige Verfügungen über die Erteilung oder Verweigerung des Enteignungsrechts an diese Konzessionäre und die Bewilligung oder Verweigerung der Übertragung dieser Konzessionen;
e. die Erteilung oder Verweigerung von Bau- oder Betriebsbewilligungen für technische Anlagen oder für Fahrzeuge;
f. Verfügungen über das Ergebnis von Berufs-, Fach- oder anderen Fähigkeitsprüfungen;
g. Verfügungen über Erlass oder Stundung geschuldeter Abgaben;
h. die Bewilligung oder Verweigerung von Beiträgen, Krediten, Garantien, Entschädigungen und anderen öffentlichrechtlichen Zuwendungen, auf die das Bundesrecht keinen Anspruch einräumt;

---

[1] Eingefügt durch Ziff. I des BG vom 4. Okt. 1991, in Kraft seit 15. Febr. 1992 (AS **1992** 288; SR **173.110.0** Art. 1 Abs. 1; BBl **1991** II 465). Siehe auch Ziff. 1 Abs. 1 der SchlB dieser Änd. am Ende dieses Textes.

i.[1] Verfügungen der Rekurskommission für ausländische Entschädigungen.

Art. 100

Die Verwaltungsgerichtsbeschwerde ist ausserdem unzulässig gegen: 2. Nach Sachgebieten

a.[2] Verfügungen auf dem Gebiete der inneren oder äusseren Sicherheit des Landes, der Neutralität, des diplomatischen Schutzes der Entwicklungszusammenarbeit und der humanitären Hilfe sowie der übrigen auswärtigen Angelegenheiten;

b. auf dem Gebiete der Fremdenpolizei:
   1. die Einreiseverweigerung, die Einreisebeschränkung und die Einreisesperre;
   2.[3] Verfügungen über die Gewährung oder Verweigerung des Asyls;
   3. die Erteilung oder Verweigerung von Bewilligungen, auf die das Bundesrecht keinen Anspruch einräumt;
   4. die Ausweisung gestützt auf Artikel 70 der Bundesverfassung[4] und die Wegweisung;
   5.[5] Verfügungen über die vorläufige Aufnahme von Ausländern;

c. auf dem Gebiete des Schweizer Bürgerrechts:
   die Erteilung oder Verweigerung der Bewilligung für die ordentliche Einbürgerung;

d. auf dem Gebiete der militärischen und zivilen Landesverteidigung:
   1. Verfügungen in nicht vermögensrechtlichen Angelegenheiten des Militärdienstes und des Zivilschutzdienstes;
   2. Verfügungen der Schatzungsorgane im Sinne von Artikel 46 Buchstabe c des Verwaltungsverfahrensgesetzes[6];
   3. Verfügungen über den Schutz militärischer Anlagen und gegen Massnahmen in Ausübung der Aufsicht über Talsperren;

e. auf dem Gebiete des Dienstverhältnisses von Bundespersonal:

---

[1] Eingefügt durch Art. 12 Abs. 1 des BG vom 21. März 1980 über Entschädigungsansprüche gegenüber dem Ausland, in Kraft seit 1. Jan. 1981 (SR **981**).
[2] Fassung gemäss Ziff. I des BG vom 4. Okt. 1991, in Kraft seit 15. Febr. 1992 (AS **1992** 288; SR **173.110.0** Art. 1 Abs. 1; BBl **1991** II 465).
[3] Fassung gemäss Art. 52 Ziff. 2 des Asylgesetzes vom 5. Okt. 1979, in Kraft seit 1. Jan. 1981 (SR **142.31**).
[4] SR **101**
[5] Eingefügt durch Ziff. II des BG vom 20. Juni 1986, in Kraft seit 1. Jan. 1988 (AS **1987** 1665 1668; BBl **1986** I 1).
[6] SR **172.021**

1. Verfügungen über die erstmalige Begründung des Dienstverhältnisses und über die Beförderung;
2. [1)] dienstliche Anordnungen;
3. die nicht strafweise Versetzung im Amte oder die Zuweisung einer anderen Tätigkeit, wenn die Verpflichtung, sich ihr zu unterziehen, zu den Wahlbedingungen gehört;
4. [1)] die Disziplinarmassnahmen des Verweises, der Busse, des Entzuges von Fahrbegünstigungen und der Einstellung im Amte bis zu fünf Tagen;
5. ....[2)]

f. [3)] Verfügungen auf dem Gebiete der Strafverfolgung, ausser der Verweigerung der Ermächtigung zur Strafverfolgung von Bundespersonal und, soweit die entsprechenden Bundesgesetze nichts anderes bestimmen, Verfügungen über die internationale Rechtshilfe in Strafsachen;

g. Verfügungen auf dem Gebiete der Aufsicht über die Vormundschaftsbehörden;

h. auf dem Gebiete der Zölle:
Verfügungen über deren Veranlagung, soweit diese von der Tarifierung oder von der Gewichtsbemessung abhängt;

i. auf dem Gebiete der Erfindungspatente:
Verfügungen im Rahmen der amtlichen Vorprüfung;

k. [3)] auf dem Gebiete der Schule:
1. die Anerkennung oder die Verweigerung der Anerkennung schweizerischer Maturitätsausweise;
2. die Anerkennung, die Verweigerung oder den Entzug der Anerkennung von Schweizerschulen im Ausland;

l. auf dem Gebiete des Strassenverkehrs:
1. Massnahmen der örtlichen Verkehrsregelung;
2. Verfügungen über Klassifizierung von Fahrzeugen;
3. Verfügungen, die den Bau oder die Ausrüstung von Motorfahrzeugen beanstanden;

m. [4)] auf dem Gebiete der Landwirtschaft: [5)]
1. Verfügungen über die Verkürzung der Pachtdauer, die

[1)] Fassung gemäss Ziff. 3 des Anhangs zum BG vom 19. Dez. 1986, in Kraft seit 1. Juli 1987 (AS **1987** 932 939; BBl **1986** II 313).
[2)] Aufgehoben durch Ziff. I des BG vom 4. Okt. 1991 (AS **1992** 288; BBl **1991** II 465).
[3)] Fassung gemäss Ziff. I des BG vom 4. Okt. 1991, in Kraft seit 15. Febr. 1992 (AS **1992** 288; SR **173.110.0** Art. 1 Abs. 1; BBl **1991** II 465).
[4)] Eingefügt durch Art. 18 des BG vom 27. Juni 1969 über die Käsevermarktung (SR **916.356.0**). Fassung gemäss Art. 59 Ziff. I des BG vom 4. Okt. 1985 über die landwirtschaftliche Pacht, in Kraft seit 20. Okt. 1986 (SR **221.213.2**).
[5)] Während der Geltungsdauer des Milchwirtschaftsbeschlusses 1988 ist die Verwaltungsgerichtsbeschwerde gegen Verfügungen im Zusammenhang mit der Milchkontingentierung ausgeschlossen (Art. 33 Bst. a des genannten Beschlusses – SR **916.350.1**).

parzellenweise Verpachtung und Zupacht und über den Pachtzins;
2. Verfügungen über die Zuteilung, Klassierung und Taxierung von Käse;

n.[1] auf dem Gebiete des Schutzes von Pflanzenzüchtungen:
Verfügungen über die Schutzfähigkeit von Pflanzensorten;

o.[2] auf dem Gebiete der Seeschiffahrt:
Verfügungen betreffend den Namen, die Seetüchtigkeit, Sicherheit und Ausrüstung eines schweizerischen Seeschiffes oder einer schweizerischen Jacht;

p.[3] auf dem Gebiete der politischen Rechte:
Abstimmungs- und Wahlentscheide;

q.[4] auf dem Gebiete der Kulturförderung:
Verfügungen über Beitragsgesuche an die Stiftung Pro Helvetia;

r.[5] auf dem Gebiete des Transportes im öffentlichen Verkehr:
1. Verfügungen über Leistungen beim Fahrplan und über die Bedienung von Stationen;
2. Verfügungen über Tariferleichterungen;
3. Verfügungen über die Sicherstellung des direkten Verkehrs;

s.[6] Verfügungen auf dem Gebiete der Forschungsförderung, soweit das Bundesrecht vorsieht, dass der Bundesrat als einzige Instanz verfügt;

t.[6] auf dem Gebiete des Umweltschutzes:
1. Verfügungen über die Verpflichtung der Kantone, geeignete Anlagen zur Verwertung, Unschädlichmachung oder Beseitigung der Abfälle anderen Kantonen zur Verfügung zu stellen, sowie, im Zusammenhang damit, über die Kostenverteilung;
2. Verfügungen über die Standorte für Deponien und andere Entsorgungsanlagen für gefährliche Abfälle;

u.[6] auf dem Gebiete der Kernenergie:
Verfügungen über Bewilligungen von Kernanlagen und von vorbereitenden Handlungen;

---

[1] Eingefügt durch Art. 52 Ziff. 2 des BG vom 20. März 1975 über den Schutz von Pflanzenzüchtungen, in Kraft seit 1. Juni 1977 (SR **232.16**).
[2] Eingefügt durch Ziff. III des BG vom 17. Dez. 1976 über die Änderung des Seeschiffahrtsgesetzes, in Kraft seit 1. Aug. 1977 (AS **1977** 1323 1327; BBl **1976** II 1181).
[3] Eingefügt durch Art. 88 Ziff. 3 des BG vom 17. Dez. 1976 über die politischen Rechte, in Kraft seit 1. Juli 1978 (SR **161.1**).
[4] Eingefügt durch Ziff. II des BG vom 10. Okt. 1980 über die Änderung des BG betreffend die Stiftung «Pro Helvetia», in Kraft seit 1. Juli 1981 (AS **1981** 821 822; BBl **1980** II 109).
[5] Eingefügt durch Art. 54 Ziff. I des BG vom 4. Okt. 1985 über den Transport im öffentlichen Verkehr, in Kraft seit 1. Jan. 1987 (SR **742.40**).
[6] Eingefügt durch Ziff. I des BG vom 4. Okt. 1991, in Kraft seit 15. Febr. 1992 (AS **1992** 288; SR **173.110.0** Art. 1 Abs. 1; BBl **1991** II 465).

v.[1]) auf dem Gebiete der Berufsbildung:
Verfügungen über die Zulassung zu Prüfungen und zu Kursen und über das Ergebnis von Prüfungen.

Art. 101

3. Nach dem verfahrensrechtlichen Inhalt der Verfügungen

Die Verwaltungsgerichtsbeschwerde ist auch unzulässig gegen:
a. Zwischenverfügungen und Entscheide über Rechtsverweigerungs- oder Rechtsverzögerungsbeschwerden, wenn gegen die Endverfügungen die Verwaltungsgerichtsbeschwerde unzulässig ist;
b. Verfügungen über Verfahrenskosten und Parteientschädigungen, wenn in der Hauptsache die Verwaltungsgerichtsbeschwerde unzulässig ist;
c. Verfügungen über die Vollstreckung von Verfügungen;
d.[2]) Verfügungen über den ganzen oder teilweisen Widerruf von Verfügungen, gegen welche die Verwaltungsgerichtsbeschwerde unzulässig ist, ausser gegen Verfügungen über den Widerruf begünstigender Verfügungen im Sinne von Artikel 99 Buchstaben c–f und h und von Artikel 100 Buchstabe b Ziffer 3, Buchstaben c, e Ziffer 1, Buchstaben k Ziffer 1, l und v.

Art. 102

4. Subsidiarität der Verwaltungsgerichtsbeschwerde

Im übrigen ist die Verwaltungsgerichtsbeschwerde unzulässig, wenn offen steht:
a. die verwaltungsrechtliche Klage nach Artikel 116 oder jede andere Klage oder Beschwerde an das Bundesgericht ausser der staatsrechtlichen Beschwerde;
b. die Verwaltungsgerichtsbeschwerde oder die verwaltungsrechtliche Klage an das Eidgenössische Versicherungsgericht nach den Artikeln 128ff.;
c. die Beschwerde an den Bundesrat nach Artikel 73 Absatz 1 Buchstabe a oder b des Verwaltungsverfahrensgesetzes[3]);
d. jede vorgängige andere Beschwerde oder Einsprache.

Art. 103

IV. Verfahren
1. Beschwerdelegitimation

Zur Verwaltungsgerichtsbeschwerde ist berechtigt:
a. wer durch die angefochtene Verfügung berührt ist und ein

---

[1]) Eingefügt durch Ziff. I des BG vom 4. Okt. 1991, in Kraft seit 15. Febr. 1992 (AS **1992** 288; SR **173.110.0** Art. 1 Abs. 1; BBl **1991** II 465).
[2]) Fassung gemäss Ziff. I des BG vom 4. Okt. 1991, in Kraft seit 15. Febr. 1992 (AS **1992** 288; SR **173.110.0** Art. 1 Abs. 1; BBl **1991** II 465).
[3]) SR **172.021**

schutzwürdiges Interesse an deren Aufhebung oder Änderung hat;
b. das in der Sache zuständige Departement oder, soweit das Bundesrecht es vorsieht, die in der Sache zuständige Dienstabteilung der Bundesverwaltung gegen die Verfügung einer eidgenössischen Rekurskommission, einer eidgenössischen Schiedskommission, einer letzten kantonalen Instanz oder einer Vorinstanz im Sinne von Artikel 98 Buchstabe h; diese haben Verfügungen, gegen welche die Verwaltungsgerichtsbeschwerde zulässig ist, sofort und unentgeltlich den beschwerdeberechtigten Bundesbehörden mitzuteilen;
c. jede andere Person, Organisation oder Behörde, die das Bundesrecht zur Beschwerde ermächtigt.

Art. 104

Der Beschwerdeführer kann mit der Verwaltungsgerichtsbeschwerde rügen: 2. Beschwerdegründe
a. Verletzung von Bundesrecht einschliesslich Überschreitung oder Missbrauch des Ermessens;
b. unrichtige oder unvollständige Feststellung des rechtserheblichen Sachverhalts, unter Vorbehalt von Artikel 105 Absatz 2;
c.[1] Unangemessenheit:
   1. von erstinstanzlichen Verfügungen über die Festsetzung von Abgaben und öffentlichrechtlichen Entschädigungen;
   2. von Disziplinarmassnahmen gegen Bundespersonal, die der Bundesrat als erste Instanz verfügt;
   3. von anderen Verfügungen, soweit das Bundesrecht die Rüge der Unangemessenheit vorsieht.

Art. 105

¹ Das Bundesgericht kann die Feststellung des Sachverhaltes von Amtes wegen überprüfen. 3. Feststellung des Sachverhaltes

² Die Feststellung des Sachverhaltes bindet das Bundesgericht, wenn eine richterliche Behörde als Vorinstanz den Sachverhalt nicht offensichtlich unrichtig, unvollständig oder unter Verletzung wesentlicher Verfahrensbestimmungen festgestellt hat.[1]

Art. 106

¹ Die Verwaltungsgerichtsbeschwerde ist dem Bundesgericht innert 30 Tagen, gegen eine Zwischenverfügung innert zehn Tagen 4. Beschwerdefrist
a. Grundsatz

---

[1] Fassung gemäss Ziff. I des BG vom 4. Okt. 1991, in Kraft seit 15. Febr. 1992 (AS **1992** 288; SR **173.110.0** Art. 1 Abs. 1; BBl **1991** II 465).

seit Eröffnung der Verfügung, einzureichen; handelt es sich um Verfügungen der Kantonsregierung über das Wahl- und Stimmrecht in eidgenössischen Angelegenheiten, so beträgt die Beschwerdefrist fünf Tage.[1]

² Gegen das unrechtmässige Verweigern oder Verzögern einer Verfügung kann eine Partei jederzeit Beschwerde führen.

Art. 107

b. Sonderfälle

¹ Die Beschwerdefrist gilt auch dann als gewahrt, wenn der Beschwerdeführer gegen die Verfügung fristgerecht an eine unzuständige Behörde gelangt.

² Die unzuständige Behörde überweist die Beschwerde ohne Verzug dem Bundesgericht.

³ Aus mangelhafter Eröffnung, insbesondere aus fehlender, unvollständiger oder unrichtiger Rechtsmittelbelehrung dürfen den Parteien keine Nachteile erwachsen.

Art. 108

5. Beschwerdeschrift

¹ Die Beschwerdeschrift ist dem Bundesgericht mindestens im Doppel einzureichen; sie ist mindestens in dreifacher Ausfertigung einzureichen, wenn der Beschwerdeführer die Verfügung einer eidgenössischen Rekurskommission, einer eidgenössischen Schiedskommission, einer letzten kantonalen Instanz oder einer Vorinstanz im Sinne von Artikel 98 Buchstabe h anficht.

² Sie hat die Begehren, deren Begründung mit Angabe der Beweismittel und die Unterschrift des Beschwerdeführers oder seines Vertreters zu enthalten; die Ausfertigung der angefochtenen Verfügung und die als Beweismittel angerufenen Urkunden sind beizulegen, soweit der Beschwerdeführer sie in Händen hat.

³ Fehlen die Beilagen oder lassen die Begehren des Beschwerdeführers oder die Begründung der Beschwerde die nötige Klarheit vermissen und stellt sich die Beschwerde nicht als offensichtlich unzulässig heraus, so ist dem Beschwerdeführer eine kurze Nachfrist zur Behebung des Mangels anzusetzen, mit Androhen des Nichteintretens.

6. ...

Art. 109[2]

---

[1] Fassung gemäss Art. 88 Ziff. 3 des BG vom 17. Dez. 1976 über die politischen Rechte, in Kraft seit 1. Juli 1978 (SR **161.1**).
[2] Aufgehoben durch Ziff. I des BG vom 4. Okt. 1991 (AS **1992** 288; BBl **1991** II 465).

Art. 110

¹ Ordnet das Gericht einen Schriftenwechsel an, so stellt es die Beschwerde der Vorinstanz und allfälligen anderen Parteien oder Beteiligten zu;¹⁾ geht die angefochtene Verfügung von einer eidgenössischen Rekurskommission, einer eidgenössischen Schiedskommission, einer letzten kantonalen Instanz oder einer Vorinstanz im Sinne von Artikel 98 Buchstabe h aus, so bringt das Bundesgericht die Beschwerde auch der Bundesverwaltungsbehörde zur Kenntnis, die nach Artikel 103 Buchstabe b zur Beschwerde berechtigt gewesen wäre.

² Gleichzeitig setzt es Frist zur Vernehmlassung an und fordert die Vorinstanz auf, innert dieser Frist die Vorakten einzusenden.

³ Es holt die Vernehmlassung der letzten kantonalen Instanz auch dann ein, wenn über die Beschwerde zunächst eine eidgenössische Vorinstanz des Bundesgerichts zu entscheiden hatte und der Beschwerdeführer diesen Entscheid mit Verwaltungsgerichtsbeschwerde anficht.

⁴ Ein zweiter Schriftenwechsel findet nur ausnahmsweise statt.

7. Schriftenwechsel

Art. 111

¹ Die Verwaltungsgerichtsbeschwerde gegen die Verfügung, die zu einer Geldleistung verpflichtet, hat aufschiebende Wirkung.

² Die Beschwerde gegen eine andere Verfügung hat nur aufschiebende Wirkung, wenn der Präsident der urteilenden Abteilung sie von Amtes wegen oder auf Begehren einer Partei verfügt; vorbehalten bleiben abweichende Bestimmungen des Bundesrechts.²⁾

8. Aufschiebende Wirkung

Art. 112¹⁾

Der Präsident kann eine mündliche Parteiverhandlung anordnen.

9. Parteiverhandlung

Art. 113

Auf das Verfahren bis zum Urteil finden im übrigen die Artikel 94, 95 und 96 Absätze 2 und 3 sinngemäss Anwendung.

10. Übriges Verfahren bis zum Urteil

Art. 114

¹ Das Bundesgericht darf weder zugunsten noch zuungunsten der Parteien über deren Begehren hinausgehen, ausser in Abgabestrei-

11. Urteil

---

¹⁾ Fassung gemäss Ziff. I des BG vom 4. Okt. 1991, in Kraft seit 15. Febr. 1992 (AS **1992** 288; SR **173.110.0** Art. 1 Abs. 1; BBl **1991** II 465).
²⁾ Fassung gemäss Ziff. I des BG vom 6. Okt. 1978, in Kraft seit 1. Febr. 1979 (AS **1979** 42 45; BBl **1978** I 1229).

tigkeiten wegen Verletzung von Bundesrecht oder unrichtiger oder unvollständiger Feststellung des Sachverhalts; an die Begründung der Begehren ist es nicht gebunden.

² Hebt das Bundesgericht die angefochtene Verfügung auf, so entscheidet es selbst in der Sache oder weist diese zu neuer Beurteilung an die Vorinstanz zurück; hat diese als Beschwerdeinstanz entschieden, so kann es die Sache an die Behörde zurückweisen, die in erster Instanz verfügt hat.

³ Erachtet es eine disziplinarische Auflösung des Dienstverhältnisses von Bundespersonal als ungerechtfertigt, so kann es ohne Bindung an die Begehren der Parteien, anstatt die angefochtene Verfügung aufzuheben oder zu ändern, dem Beschwerdeführer eine angemessene Entschädigung zulasten des Bundes zubilligen.

⁴ Das Bundesgericht teilt sein Urteil den Parteien und den anderen Beteiligten mit, die es zur Vernehmlassung eingeladen hat.

Art. 115

12. Besondere Verfahrensbestimmungen für die Enteignung

¹ Das Verfahren der Verwaltungsgerichtsbeschwerde gegen Verfügungen der eidgenössischen Schätzungskommissionen bestimmt sich nach den Artikeln 104–109 dieses Gesetzes[1].

² Im übrigen bestimmt es sich nach den Artikeln 77–87 und 116[2] des Enteignungsgesetzes[3].

³ Artikel 116 des Enteignungsgesetzes findet auch Anwendung auf Verwaltungsgerichtsbeschwerden gegen Verfügungen anderer Behörden auf dem Gebiete der Enteignung.

Zweiter Abschnitt: Das Bundesgericht als einzige Instanz

Art. 116 [4]

I. Zulässigkeit der verwaltungsrechtlichen Klage

Das Bundesgericht beurteilt als einzige Instanz, unter Vorbehalt von Artikel 117, Klagen in Streitigkeiten aus dem Verwaltungsrecht des Bundes über:
   a. vermögensrechtliche Leistungen aus dem Dienstverhältnis von Bundespersonal einschliesslich der Personalversicherung;
   b. Leistungen aus öffentlichrechtlichen Verträgen des Bundes, seiner Anstalten oder Betriebe und von Organisationen im

---

[1] Heute richtet sich das Verfahren nach den Art. 104–109 dieses Gesetzes, soweit das Enteignungsgesetz nichts anderes bestimmt (Art. 77 Abs. 2 des genannten Gesetzes in der Fassung vom 18. März 1971 – SR **711**).
[2] Heute: nach den Art. 77–82, 86 und 116.
[3] SR **711**

[4] Für die 1991 revidierte Fassung siehe Seite 422.

Sinne von Artikel 98 Buchstabe h, unter Vorbehalt der Verwaltungsgerichtsbeschwerde gegen Verfügungen vertraglicher Schiedsgerichte;
c. ausservertragliche Entschädigungen;
d. die Verlegung oder den Ausgleich von Vorteilen oder Lasten;
e. die Auszahlung bewilligter oder die Rückerstattung ausbezahlter Zuwendungen und die Herausgabe unrechtmässig erworbener anderer öffentlichrechtlicher Vermögensvorteile;
f. die Befreiung von kantonalen Abgaben;
g. das Verhältnis zwischen Bund und Kantonen, ausser über die Genehmigung von Erlassen, oder zwischen Kantonen, soweit die Streitigkeiten nicht unter Buchstaben b-f fallen;
h. die Zugehörigkeit zu Organisationen im Sinne von Artikel 98 Buchstabe h;
i. . . . .[1)]
k. andere Angelegenheiten, soweit ein Bundesgesetz die verwaltungsrechtliche Klage vorsieht.

Art. 117

Die verwaltungsrechtliche Klage ist unzulässig, wenn: II. Unzulässigkeit der verwaltungsrechtlichen Klage
a. die zivil- oder staatsrechtliche Klage nach Artikel 41, 42 oder 83 offensteht;

a[bis].[2)] die zivilrechtliche Berufung nach Artikel 45 Buchstabe c offensteht;

b. die verwaltungsrechtliche Klage an das Eidgenössische Versicherungsgericht offensteht;

c. die Erledigung des Streites einer Behörde im Sinne von Artikel 98 Buchstaben b-h zusteht; gegen deren Verfügung ist die Verwaltungsgerichtsbeschwerde zulässig.[4)]

Art. 118[3)]   III. . . . .

Art. 119

[1] Das in der Sache zuständige Departement oder, soweit das Bundesrecht es vorsieht, die in der Sache zuständige Dienstabteilung der Bundesverwaltung vertritt den Bund im Falle verwaltungsrechtlicher Klagen des Bundes oder gegen den Bund; die Generaldirektionen der Schweizerischen Bundesbahnen und der Post-, Telefon- und Telegrafenbetriebe regeln die Vertretung je für den Bereich ihrer Betriebe.   IV. Verfahren 1. Vertretung des Bundes

---

[1)] Aufgehoben durch Art. 45 Ziff. 1 des Kartellgesetzes (SR **251**).
[2)] Eingefügt durch Art. 36 Ziff. 1 des Kernenergiehaftpflichtgesetzes vom 18. März 1983, in Kraft seit 1. Jan. 1984 (SR **732.44**).
[3)] Aufgehoben durch Ziff. I des BG vom 4. Okt. 1991 (AS **1992** 288; BBl **1991** II 465).

[4)] Für die 1991 revidierte Fassung siehe Seite 422.

² Die Behörden im Sinne von Absatz 1 können in vermögensrechtlichen Streitigkeiten die Vertretung der Eidgenössischen Finanzverwaltung übertragen.

³ Reicht jemand eine Klage gegen den Bund ein, ohne vorher um die Stellungnahme der zuständigen Behörde im Sinne von Absatz 1 nachzusuchen, und anerkennt diese in der Folge den eingeklagten Anspruch, so findet Artikel 156 Absatz 6 Anwendung.

Art. 120[1)]

2. Ergänzende Verfahrensbestimmungen

Im übrigen finden der Artikel 105 Absatz 1 dieses Gesetzes und die Artikel 3–85 des Bundeszivilprozesses[2)] sinngemäss Anwendung.

Dritter Abschnitt: Kantonale verwaltungsrechtliche Streitigkeiten

Art. 121

Kantonale verwaltungsrechtliche Streitigkeiten, die dem Bundesgericht in Anwendung von Artikel 114bis Absatz 4 der Bundesverfassung[3)] zugewiesen werden, sind in dem für das Bundesgericht als Beschwerde- oder einzige Instanz der Verwaltungsrechtspflege vorgesehenen Verfahren zu erledigen, soweit die Bundesversammlung nicht anders beschliesst.

Sechster Titel:[4)] Eidgenössisches Versicherungsgericht

Art. 122

I. Organisation
1. Grundsatz

Das Eidgenössische Versicherungsgericht gilt als organisatorisch selbständige Sozialversicherungsabteilung des Bundesgerichts.

Art. 123

2. Zusammensetzung und Wahl

¹ Das Eidgenössische Versicherungsgericht besteht aus je neun Mitgliedern und nebenamtlichen Richtern.[1)]

² Auf die Wahl der Mitglieder und der nebenamtlichen Richter finden Artikel 1–5, auf die Wahl des Präsidenten und Vizepräsidenten Artikel 6 sinngemäss Anwendung.[1)]

[1)] Fassung gemäss Ziff. I des BG vom 4. Okt. 1991, in Kraft seit 15. Febr. 1992 (AS **1992** 288; SR **173.110.0** Art. 1 Abs. 1; BBl **1991** II 465).
[2)] SR **273**
[3)] SR **101**
[4)] Fassung dieses Tit. (Art. 122–135) gemäss Ziff. I des BG vom 20. Dez. 1968, in Kraft seit 1. Okt. 1969 (AS **1969** 767 788; BBl **1965** II 1265).

³ Das Eidgenössische Versicherungsgericht wählt seine Gerichtsschreiber und Sekretäre; Artikel 7 findet sinngemäss Anwendung.

Art. 124

Das Eidgenössische Versicherungsgericht hat seinen Sitz in Luzern.

3. Sitz

Art. 125 [1)]

Im übrigen organisiert sich das Eidgenössische Versicherungsgericht in sinngemässer Anwendung der Artikel 8, 9 Absätze 1-3 und 7, Artikel 10, 11, 13 Absätze 1-3 und 5, Artikel 14, 15 Absätze 1 und 2, Artikel 16-18, 19 Absatz 2, Artikel 20-26 und 28.[2)] Artikel 17 Absatz 2 gilt auch für Parteiverhandlungen, Beratungen und Abstimmungen des Eidgenössischen Versicherungsgerichts, soweit es über Versicherungsleistungen oder Versicherungsbeiträge entscheidet.

4. Organisation im übrigen
a. Anwendbarkeit dieses Gesetzes

Art. 126

Die Bestimmungen anderer Erlasse, welche die Rechtsstellung der Mitglieder und nebenamtlichen Richter des Bundesgerichts, seiner Gerichtsschreiber, seiner Sekretäre und der übrigen Personen in seinem Dienste regeln, finden auf die entsprechenden Personen im Dienste des Eidgenössischen Versicherungsgerichts sinngemäss Anwendung; vorbehalten bleiben die besonderen Bestimmungen über die Besoldung seines Präsidenten.

b. Anwendbarkeit anderer Erlasse

Art. 127

¹ ... [3)]

² Artikel 16 findet auch Anwendung im Verhältnis zwischen dem Eidgenössischen Versicherungsgericht und dem Bundesgericht.

³ Das Eidgenössische Versicherungsgericht und die öffentlichrechtlichen Abteilungen des Bundesgerichts pflegen periodisch einen Meinungsaustausch über andere sie gemeinsam interessierende Fragen.[1)]

⁴ Ausserdem bringen beide Gerichte einander ohne Verzug ihre Entscheide über die sie gemeinsam interessierenden, im gegenseitigen Einvernehmen zu bestimmenden Rechtsfragen zur Kenntnis.

c. Verhältnis zum Bundesgericht

[1)] Fassung gemäss Ziff. I des BG vom 6. Okt. 1978, in Kraft seit 1. Febr. 1979 (AS **1979** 42 45; BBl **1978** I 1229).
[2)] Fassung gemäss Ziff. I des BG vom 4. Okt. 1991, in Kraft seit 15. Febr. 1992 (AS **1992** 288; SR **173.110.0** Art. 1 Abs. 1; BBl **1991** II 465).
[3)] Aufgehoben durch Ziff. I des BG vom 4. Okt. 1991 (AS **1992** 288; BBl **1991** II 465).

⁵ Das Eidgenössische Versicherungsgericht veröffentlicht seine grundsätzlichen Entscheide im Rahmen der amtlichen Sammlung der Entscheide des Bundesgerichts.

Art. 128[1)]

II. Zuständigkeit
1. als Beschwerdeinstanz
a. Grundsatz

Das Eidgenössische Versicherungsgericht beurteilt letztinstanzlich Verwaltungsgerichtsbeschwerden gegen Verfügungen im Sinne der Artikel 97, 98 Buchstaben b–h und 98 a auf dem Gebiete der Sozialversicherung.

Art. 129

b. Unzulässigkeit der Verwaltungsgerichtsbeschwerde

¹ Die Verwaltungsgerichtsbeschwerde ist unzulässig gegen Verfügungen über:
  a. die Genehmigung von Erlassen;
  b. Tarife;
  c. die Bewilligung oder Verweigerung vermögensrechtlicher Zuwendungen, auf die das Bundesrecht keinen Anspruch einräumt, ausser Stundung oder Erlass von Versicherungsbeiträgen;
  d. Weisungen an Kassen oder andere Organe der Sozialversicherung;
  e.[2)] die Sicherstellung der Behandlung in der Krankenversicherung;
  f. die Grundprämie in der Arbeitslosenversicherung.

² Die Verwaltungsgerichtsbeschwerde ist ausserdem unzulässig gegen Verfügungen im Sinne von Artikel 101 Buchstaben a–c.

³ Im übrigen ist die Verwaltungsgerichtsbeschwerde unzulässig im Falle von Artikel 102 Buchstaben a, c und d.

Art. 130[3)]

2. als einzige Instanz
a. Grundsatz

Das Eidgenössische Versicherungsgericht beurteilt als einzige Instanz verwaltungsrechtliche Klagen im Sinne von Artikel 116 Buchstaben b–h und k auf dem Gebiete der Sozialversicherung.

Art. 131

b. Unzulässigkeit der verwaltungsrechtlichen Klage

Die verwaltungsrechtliche Klage ist unzulässig im Falle von Artikel 117 Buchstaben a und c; im Falle von Buchstabe c ist die Verwaltungsgerichtsbeschwerde zulässig.

[1)] Fassung gemäss Ziff. I des BG vom 4. Okt. 1991, in Kraft seit 15. Febr. 1992 (AS **1992** 288; SR **173.110.0** Art. 1 Abs. 1; BBl **1991** II 465).

[2)] Fassung gemäss Ziff. 13 des Anhangs zum Unfallversicherungsgesetz, in Kraft seit 1. Jan. 1984 (SR **832.20, 832.201** Art. 1 Abs. 1).

[3)] Für die 1991 revidierte Fassung siehe Seite 422.

Art. 132

Auf das Verfahren der Verwaltungsgerichtsbeschwerde finden die Artikel 103-114 Anwendung, die Artikel 104, 105 und 114 jedoch, soweit es sich bei der angefochtenen Verfügung um die Bewilligung oder Verweigerung von Versicherungsleistungen handelt, mit folgenden Abweichungen:
  a. der Beschwerdeführer kann auch die Unangemessenheit der angefochtenen Verfügung rügen;
  b. Die Feststellung des Sachverhaltes bindet das Eidgenössische Versicherungsgericht in keinem Falle;
  c. das Eidgenössische Versicherungsgericht kann über die Begehren der Parteien zu deren Gunsten oder Ungunsten hinausgehen.

III. Verfahren
1. Verwaltungsgerichtsbeschwerde

Art. 133

Auf das Verfahren der verwaltungsrechtlichen Klage finden die Artikel 119 und 120 Anwendung.

2. verwaltungsrechtliche Klage

Art. 134

Im Beschwerdeverfahren über die Bewilligung oder Verweigerung von Versicherungsleistungen darf das Eidgenössische Versicherungsgericht den Parteien in der Regel keine Verfahrenskosten auferlegen.

3. Kosten

Art. 135

Im übrigen finden auf das Verfahren des Eidgenössischen Versicherungsgerichtes die Artikel 29-40 und 136-162 Anwendung.

4. Verfahren im übrigen

Siebenter Titel: Revion und Erläuterung[1]

Art. 136

Die Revision eines bundesgerichtlichen Entscheides ist zulässig:
  a. wenn die Vorschriften dieses Gesetzes über die Besetzung des Gerichtes oder Artikel 57 über die Aussetzung der Entscheidung verletzt wurden, sowie im Falle des Artikels 28;
  b. wenn das Gericht einer Partei mehr oder, ohne dass besondere Gesetzesvorschriften es erlauben, anderes zugesprochen hat, als sie selbst verlangt, oder weniger, als die Gegenpartei anerkannt hat;

Revisonsgründe
a. Verfahrensmängel

---

[1] Fassung gemäss Ziff. I des BG vom 20. Dez. 1968, in Kraft seit 1. Okt. 1969 (AS **1969** 767 788; BBl **1965** II 1265).

c. wenn einzelne Anträge unbeurteilt geblieben sind;
d. wenn das Gericht in den Akten liegende erhebliche Tatsachen aus Versehen nicht berücksichtigt hat.

Art. 137

b. Neue Tatsachen

Die Revision eines bundesgerichtlichen Entscheides ist ferner zulässig:
a. wenn auf dem Wege des Strafverfahrens erwiesen wird, dass durch ein Verbrechen oder Vergehen zum Nachteil des Gesuchstellers auf den Entscheid eingewirkt wurde. Die Verurteilung durch den Strafrichter ist nicht erforderlich. Bei Unmöglichkeit des Strafverfahrens kann der Beweis auf andere Weise erbracht werden;
b. wenn der Gesuchsteller nachträglich neue erhebliche Tatsachen erfährt oder entscheidende Beweismittel auffindet, die er im früheren Verfahren nicht beibringen konnte.

Art. 138

Kantonale Revisionsgründe

Die Revision eines den kantonalen Entscheid bestätigenden bundesgerichtlichen Entscheides kann nicht mehr verlangt werden aus einem Grund, der schon vor der Ausfällung des bundesgerichtlichen Entscheides entdeckt worden ist und im kantonalen Revisionsverfahren hätte geltend gemacht werden können.

Art. 139[1]

Vorbehalt zugunsten des BStP

Für die Revision von Urteilen der Strafgerichtsbehörden des Bundes im Strafpunkt gilt das Bundesstrafrechtspflegegesetz[2].

Art. 139*a*[3]

Verletzung der Europäischen Menschenrechtskonvention

1 Die Revision eines Entscheides des Bundesgerichts oder einer Vorinstanz ist zulässig, wenn der Europäische Gerichtshof für Menschenrechte oder das Ministerkomitee des Europarates eine Individualbeschwerde wegen Verletzung der Konvention vom 4. November 1950[4] zum Schutze der Menschenrechte und Grundfreiheiten und deren Protokolle gutgeheissen hat und eine Wiedergutmachung nur durch eine Revision möglich ist.

---

[1] Fassung gemäss Ziff. I des BG vom 4. Okt. 1991, in Kraft seit 15. Febr. 1992 (AS **1992** 288; SR **173.110.0** Art. 1 Abs. 1; BBl **1991** II 465).
[2] SR **312.0**
[3] Eingefügt durch Ziff. I des BG vom 4. Okt. 1991, in Kraft seit 15. Febr. 1992 (AS **1992** 288; SR **173.110.0** Art. 1 Abs. 1; BBl **1991** II 465).
[4] SR **0.101**

² Stellt das Bundesgericht fest, dass die Revision geboten, aber eine Vorinstanz zuständig ist, so überweist es ihr die Sache zur Durchführung des Revisionsverfahrens.

³ Die kantonale Vorinstanz hat auch dann auf das Revisionsgesuch einzutreten, wenn das kantonale Recht diesen Revisionsgrund nicht vorsieht.

Art. 140

Im Gesuch ist mit Angabe der Beweismittel der Revisionsgrund und dessen rechtzeitige Geltendmachung darzulegen und anzugeben, welche Abänderung des früheren Entscheides und welche Rückleistung verlangt wird.

Revisionsgesuch

Art. 141

¹ Das Revisionsgesuch muss bei Folge der Verwirkung beim Bundesgericht anhängig gemacht werden:
- a. in den Fällen des Artikels 136 binnen 30 Tagen vom Eingang der schriftlichen Ausfertigung des Entscheides an;
- b. in den Fällen des Artikels 137 binnen 90 Tagen, von der Entdeckung des Revisionsgrundes, frühestens jedoch vom Eingang der schriftlichen Ausfertigung des bundesgerichtlichen Entscheides oder vom Abschluss des Strafverfahrens an;
- c.¹⁾ in den Fällen des Artikels 139*a* binnen 90 Tagen, nachdem das Bundesamt für Justiz den Entscheid der europäischen Behörde den Parteien zugestellt hat.

Revisionsverfahren:
a. Frist

² Nach Ablauf von zehn Jahren kann die Revision bloss noch im Falle von Verbrechen oder Vergehen nachgesucht werden.

Art. 142

Während des Verfahrens kann das Bundesgericht oder der Präsident, gegebenenfalls gegen Sicherheitsleistung, den Vollzug des angefochtenen Entscheides aufschieben und weitere vorsorgliche Verfügungen treffen.

b. aufschiebende Wirkung

Art. 143

¹ Wird das Revisionsgesuch einstimmig als unzulässig oder unbegründet befunden, so kann es ohne öffentliche Beratung erledigt werden.

c. weiteres Verfahren

---

¹⁾ Eingefügt durch Ziff. I des BG vom 4. Okt. 1991, in Kraft seit 15. Febr. 1992 (AS **1992** 288; SR **173.110.0** Art. 1 Abs. 1; BBl **1991** II 465).

² Andernfalls wird es der Gegenpartei unter Ansetzung einer angemessenen Frist zur Beantwortung und mit der Aufforderung zur Einsendung der Akten mitgeteilt.

³ Ein weiterer Schriftenwechsel oder eine mündliche Schlussverhandlung findet nur ausnahmsweise statt.

⁴ Hängt die Zulässigkeit der Revision von der Feststellung bestrittener Tatsachen ab, so findet Artikel 95 entsprechende Anwendung.

Art. 144

d: Revisionsentscheid

¹ Findet das Bundesgericht, dass der Revisionsgrund zutreffe, so hebt es die frühere Entscheidung auf und entscheidet aufs neue. Es entscheidet gleichzeitig über die Rückleistung bezüglich Hauptsache und Kosten.

² Die Aufhebung eines Rückweisungsentscheides bewirkt auch die Aufhebung des auf Grund desselben vom kantonalen Richter erlassenen Endentscheides.

Art. 145

Erläuterung

¹ Ist der Rechtsspruch eines bundesgerichtlichen Entscheides unklar, unvollständig oder zweideutig oder stehen seine Bestimmungen untereinander oder mit den Entscheidungsgründen im Widerspruch oder enthält er Redaktions- oder Rechnungsfehler, so nimmt das Bundesgericht auf schriftliches Gesuch einer Partei die Erläuterung oder Berichtigung vor.

² Die Erläuterung eines Rückweisungsentscheides ist nur solange zulässig, als das kantonale Gericht nicht den Endentscheid in der Sache erlassen hat.

³ Die Artikel 142 und 143 sind entsprechend anwendbar.

Achter Titel[1]: Vergütungen und Prozesskosten
Erster Abschnitt: Vergütungen

Art. 146

Reiseauslagen und Taggelder

Die Vergütungen an die Mitglieder des Bundesgerichtes für amtliche Reisen, sowie an die nebenamtlichen Richter des Bundesgerichtes, die Untersuchungsrichter in Strafsachen, deren Schriftführer und an Geschworene (Reiseauslagen, Taggelder usw.) werden durch eine Verordnung des Bundesrates geregelt.

---

[1] Numerierung gemäss Ziff. I des BG vom 20. Dez. 1968, in Kraft seit 1. Okt. 1969 (AS **1969** 767 788; BBl **1965** II 1265).

Art. 147

¹ Zeugen haben Anspruch auf Ersatz der notwendigen Auslagen sowie auf eine angemessene Entschädigung für Zeitversäumnis. Das Bundesgericht kann darüber allgemeine Bestimmungen aufstellen.

² Experten erhalten eine vom Bundesgericht nach freiem Ermessen festzusetzende Entschädigung.

Entschädigungen an Zeugen und Experten

Art. 148

Die Vergütung an Hilfspersonen des Gerichts (Wachen u. dgl.) wird in jedem Falle vom Gericht festgesetzt, das sich hierüber, soweit es nötig ist, mit den Kantonsbehörden ins Einvernehmen setzt und auf den Ortsgebrauch Rücksicht nimmt.

Hilfspersonen des Gerichts

Zweiter Abschnitt: Gerichtskosten und Parteientschädigungen

Art. 149[1]

Für die Gerichtskosten und die Parteientschädigung sind die nachstehenden Vorschriften massgebend; in Strafsachen bleiben abweichende Bestimmungen des Bundesstrafrechtspflegegesetzes[2] vorbehalten.

Im allgemeinen

Art. 150[3]

¹ Wer das Bundesgericht anruft, hat nach Anordnung des Präsidenten die mutmasslichen Gerichtskosten (Art. 153 und 153*a*) sicherzustellen. Wenn besondere Gründe vorliegen, kann das Gericht die Sicherstellung teilweise oder ganz erlassen.[1]

² Eine Partei kann auf Begehren der Gegenpartei vom Präsidenten oder Instruktionsrichter zur Sicherstellung für eine allfällige Parteientschädigung (Art. 159 und 160) angehalten werden, wenn sie in der Schweiz keinen festen Wohnsitz hat oder erweislich zahlungsunfähig ist.

³ Die Sicherstellung ist in bar bei der Bundesgerichtskasse zu hinterlegen.

⁴ Bei fruchtlosem Ablauf der für die Sicherstellung (nach Abs. 1

Sicherstellung für Gerichtskosten und Parteientschädigung

---

[1] Fassung gemäss Ziff. I des BG vom 4. Okt. 1991, in Kraft seit 15. Febr. 1992 (AS **1992** 288; SR **173.110.0** Art. 1 Abs. 1; BBl **1991** II 465).
[2] SR **312.0**
[3] Siehe auch Ziff. 3 Abs. 2 der SchlB Änd. 4. Okt. 1991 am Ende dieses Textes.

oder 2) gesetzten Frist wird auf die Rechtsvorkehr nicht eingetreten.

Art. 151

Vorschuss für Barauslagen

¹ Ausserdem hat jede Partei die Barauslagen vorzuschiessen, die im Laufe des Verfahrens infolge ihrer Anträge entstehen, und anteilmässig die Barauslagen, die durch gemeinschaftliche Anträge der Parteien oder durch das Gericht von Amtes wegen veranlasst werden.

² Wird der Vorschuss innert gesetzter Frist nicht geleistet, so unterbleibt die Handlung, deren Kosten zu decken sind.

Art. 152

Unentgeltliche Rechtspflege

¹ Das Bundesgericht gewährt einer bedürftigen Partei, deren Rechtsbegehren nicht aussichtslos erscheint, auf Antrag Befreiung von der Bezahlung der Gerichtskosten sowie von der Sicherstellung der Parteientschädigung. Ausgenommen sind die Fälle der Prorogation.

² Nötigenfalls kann ihr ein Rechtsanwalt beigegeben werden, dessen Honorar im Falle des Unterliegens oder der Uneinbringlichkeit der Parteientschädigung im Rahmen des in Artikel 160 vorgesehenen Tarifs vom Bundesgericht festgesetzt und von der Bundesgerichtskasse ausgerichtet wird.

³ Wenn die Partei später dazu imstande ist, so hat sie der Bundesgerichtskasse Ersatz zu leisten.

Art. 153[1)]

Gerichtskosten a. im allgemeinen

¹ Die Gerichtskosten, die von den Parteien zu bezahlen sind, bestehen in der Gerichtsgebühr sowie in den Auslagen für Übersetzungen, ausgenommen in oder aus Nationalsprachen, sowie für Gutachten, für Zeugenentschädigungen und für die Untersuchungshaft.

² Wird ein Fall durch Abstandserklärung oder Vergleich erledigt, so kann das Gericht auf die Erhebung von Gerichtskosten ganz oder teilweise verzichten.

[1)] Fassung gemäss Ziff. I des BG vom 4. Okt. 1991, in Kraft seit 15. Febr. 1992 (AS **1992** 288; SR **173.110.0** Art. 1 Abs. 1; BBl **1991** II 465). Siehe auch Ziff. 3 Abs. 2 der SchlB dieser Änd. am Ende dieses Textes.

Art. 153a[1]

¹ Die Gerichtsgebühr richtet sich nach Streitwert, Umfang und Schwierigkeit der Sache, Art der Prozessführung und finanzieller Lage der Parteien.

b. Gerichtsgebühr

² Sie beträgt:
   a. in Streitigkeiten, in denen das Gericht als einzige Instanz entscheidet, 1000–100 000 Franken;
   b. bei staatsrechtlichen Beschwerden und Verwaltungsgerichtsbeschwerden ohne Vermögensinteresse 200–5000 Franken;
   c. in den übrigen Streitfällen 200–50 000 Franken.

³ Wenn besondere Gründe es rechtfertigen, kann das Gericht über die Höchstbeträge hinausgehen, jedoch höchstens bis zum doppelten Betrag.

Art. 154

¹ Bei Anständen, die sich auf Artikel 49 Absätze 1–5 und auf Artikel 50 Absätze 1 und 2 der Bundesverfassung[2] beziehen, sind weder Gerichtsgebühr noch Parteientschädigung zu entrichten.

c. Ausnahmen für staatsrechtliche Streitigkeiten

² Auch bei andern staatsrechtlichen Streitigkeiten kann aus besonderen Gründen ausnahmsweise von Gerichtsgebühren und Parteientschädigung abgesehen werden, wenn keine Zivilsache oder kein Vermögensinteresse in Frage steht.[3]

Art. 155[4]

Für die Zwangsliquidation, das Nachlassverfahren und das Gläubigergemeinschaftsverfahren einer Eisenbahn- oder Schiffahrtsunternehmung beträgt die Gerichtsgebühr 200–10 000 Franken.

d. in Eisenbahn- und Schiffahrtssachen

Art. 156

¹ Die Gerichtskosten werden in der Regel der vor Bundesgericht unterliegenden Partei auferlegt.

Kostenpflicht im Verfahren vor Bundesgericht
a. für Kosten des Bundesgerichts

² Dem Bund, Kantonen oder Gemeinden, die in ihrem amtlichen Wirkungskreis und ohne dass es sich um ihr Vermögensinteresse handelt, das Bundesgericht in Anspruch nehmen, oder gegen de-

---

[1] Eingefügt durch Ziff. I des BG vom 4. Okt. 1991, in Kraft seit 15. Febr. 1992 (AS **1992** 288; SR **173.110.0** Art. 1 Abs. 1; BBl **1991** II 465). Siehe auch Ziff. 3 Abs. 2 der SchlB dieser Änd. am Ende dieses Textes.
[2] SR **101**
[3] Fassung gemäss Ziff. I des BG vom 4. Okt. 1991, in Kraft seit 15. Febr. 1992 (AS **1992** 288; SR **173.110.0** Art. 1 Abs. 1; BBl **1991** II 465).
[4] Fassung gemäss Ziff. I des BG vom 20. Dez. 1968, in Kraft seit 1. Okt. 1969 (AS **1969** 767 788; BBl **1965** II 1265).

ren Verfügungen in solchen Angelegenheiten Beschwerde geführt worden ist, dürfen in der Regel keine Gerichtskosten auferlegt werden.

³ Hat keine Partei vollständig obgesiegt oder durfte sich die unterliegende Partei in guten Treuen zur Prozessführung veranlasst sehen, so können die Kosten verhältnismässig verlegt werden.

⁴ . . .¹⁾

⁵ Wird in Disziplinarfällen die Beschwerde zurückgezogen oder die angefochtene Verfügung als gerechtfertigt befunden, so sind dem Beschwerdeführer die Gerichtskosten ganz oder teilweise aufzuerlegen; im übrigen sind sie von der Gerichtskasse zu tragen.

⁶ Unnötige Kosten hat zu bezahlen, wer sie verursacht.

⁷ Mehrere Personen haben die ihnen gemeinsam auferlegten Gerichtskosten mangels anderer Bestimmung zu gleichen Teilen unter Solidarhaft zu tragen.

Art. 157

b. für kantonale Kosten

Wird das angefochtene Urteil einer untern Instanz abgeändert, so kann das Bundesgericht die Kosten des vorangegangenen Verfahrens anders verlegen.

Art. 158²⁾

Art. 159

Parteientschädigung

¹ Mit dem Entscheid über die Streitsache selbst hat das Bundesgericht zu bestimmen, ob und in welchem Masse die Kosten der obsiegenden Partei von der unterliegenden zu ersetzen seien.

² Die unterliegende Partei wird in der Regel verpflichtet, der obsiegenden alle durch den Rechtsstreit verursachten notwendigen Kosten zu ersetzen; im Verfahren der Verwaltungsgerichtsbeschwerde und der verwaltungsrechtlichen Klage darf obsiegenden Behörden oder mit öffentlichrechtlichen Aufgaben betrauten Organisationen in der Regel keine Parteientschädigung zugesprochen werden.³⁾

³ Fällt der Entscheid nicht ausschliesslich zugunsten einer Partei aus oder durfte sich die unterliegende Partei in guten Treuen zur Prozessführung veranlasst sehen, so können die Kosten verhältnismässig verteilt werden.

---

¹⁾ Aufgehoben durch Ziff. I des BG vom 4. Okt. 1991 (AS **1992** 288; BBl **1991** II 465).
²⁾ Aufgehoben durch Art. 80 Bst. b VwVG (SR **172.021**).
³⁾ Fassung gemäss Ziff. I des BG vom 20. Dez. 1968, in Kraft seit 1. Okt. 1969 (AS **1969** 767 788; BBl **1965** II 1265).

⁴ Wird eine angefochtene Disziplinarverfügung als nicht gerechtfertigt befunden, so ist dem Beschwerdeführer eine Parteientschädigung zuzusprechen.

⁵ Artikel 156 Absätze 6 und 7 sind entsprechend anwendbar.¹⁾

⁶ Die Verfügung der kantonalen Instanz, durch die eine Parteientschädigung zugesprochen worden ist, wird vom Bundesgerichte je nach dem Entscheid über die Hauptsache bestätigt, aufgehoben oder abgeändert. Dabei kann das Bundesgericht die Entschädigung nach Massgabe des kantonalen Tarifes selbst festsetzen oder die Festsetzung der zuständigen kantonalen Behörde übertragen.

Art. 160

Die Höhe der Entschädigung an die Gegenpartei für das Verfahren vor dem Bundesgericht, einschliesslich der Vertretung durch einen Anwalt, wird durch einen vom Bundesgericht zu erlassenden Tarif festgestellt.   Höhe der Entschädigung

---

¹⁾ Fassung gemäss Ziff. I des BG vom 20. Dez. 1968, in Kraft seit 1. Okt. 1969 (AS **1969** 767 788; BBl **1965** II 1265).

Schlussbestimmungen der Änderung vom 4. Oktober 1991[2)]

1. Ausführungsbestimmungen

¹ Die Kantone erlassen innert fünf Jahren seit Inkrafttreten dieses Gesetzes Ausführungsbestimmungen über Zuständigkeit, Organisation und Verfahren letzter kantonaler Instanzen im Sinne des Artikels 98a.

² Bis zum Erlass der Ausführungsgesetzgebung können die Kantone die Ausführungsbestimmungen nötigenfalls und vorläufig in die Form nicht referendumspflichtiger Erlasse kleiden.

³ Der Bundesrat erlässt innert zweier Jahre seit Inkrafttreten dieses Gesetzes Ausführungsbestimmungen über:
   a. die Organisation und das Verfahren eidgenössischer Rekurs- und Schiedskommissionen im Sinne der Artikel 71a–71c[3)] des Verwaltungsverfahrensgesetzes[4)];
   b. die Zuständigkeit für den Entscheid in den Fällen, in denen bisher das Bundesgericht oder das Eidgenössische Versicherungsgericht als einzige Instanz auf verwaltungsrechtliche Klage zu entscheiden hatte und diese Klage nach den Artikeln 116 und 130[3)] dieses Gesetzes nicht mehr zulässig ist. Der Entscheid ist einer Bundesbehörde zu übertragen, die nach ihrem übrigen Geschäftsbereich in der Sache zuständig und unmittelbar oder mittelbar Vorinstanz des Bundesgerichts oder des Eidgenössischen Versicherungsgerichts ist. Als unmittelbare Vorinstanzen sind in der Sache zuständige eidgenössische Rekurs- oder Schiedskommissionen zu bezeichnen. Vorbehalten bleiben Bestimmungen anderer Bundesgesetze, die den Entscheid einer kantonalen Behörde übertragen.

2. Aufhebung widersprechender Bestimmungen

¹ Bestimmungen des kantonalen Rechts und Bundesrechts, die diesem Gesetz widersprechen, sind mit dessen Inkrafttreten aufgehoben.

[2)] AS **1992** 288; BBl **1991** II 465
[3)] Diese Art. sind noch nicht in Kraft getreten.
[4)] SR **172.021**

² Ausgenommen sind widersprechende Bestimmungen über die Zuständigkeit, die Organisation und das Verfahren letzter kantonaler Instanzen sowie über die Zulässigkeit der verwaltungsrechtlichen Klage; sie bleiben bis zum Erlass der diesem Gesetz entsprechenden Ausführungsbestimmungen der Kantone und des Bundesrates in Kraft.

³ Der Bundesrat kann diesem Gesetz widersprechende, aber formell nicht geänderte Bestimmungen in Bundesgesetzen und Bundesbeschlüssen redaktionell anpassen.

3. Übergangsbestimmungen

¹ Dieses Gesetz ist auf die nach seinem Inkrafttreten eingeleiteten Verfahren des Bundesgerichts und des Eidgenössischen Versicherungsgerichts anwendbar, auf ein Beschwerde- oder Berufungsverfahren jedoch nur dann, wenn auch der angefochtene Entscheid nach dem Inkrafttreten dieses Gesetzes ergangen ist.

² Die Artikel 15, 36a und 36b, 150, 153 und 153a dieses Gesetzes sind ausserdem auf alle im Zeitpunkt seines Inkrafttretens hängigen Verfahren des Bundesgerichts und des Eidgenössischen Versicherungsgerichts anwendbar.

³ Kantone und Bundesrat erlassen entsprechende Übergangsbestimmungen zu ihren Ausführungsbestimmungen.

4. Referendum und Inkrafttreten

¹ Dieses Gesetz untersteht dem fakultativen Referendum.

² Der Bundesrat bestimmt das Inkrafttreten.[1)]

³ Er schiebt das Inkrafttreten der Bestimmungen dieses Gesetzes über die Organisation und das Verfahren eidgenössischer Rekurs- und Schiedskommissionen sowie über die Zulässigkeit der verwaltungsrechtlichen Klage auf, bis er darüber entsprechende Ausführungsbestimmungen erlässt.

[1)] Dieses Gesetz ist am 15. Febr. 1992 in Kraft getreten (SR **173.110.0**).

Änderung vom 4. Oktober 1991

Anlässlich der OG-Revision 1991 geänderte, aber noch nicht in Kraft getretene Bestimmungen.

Art. 98 Bst. e

Die Verwaltungsgerichtsbeschwerde ist, unter Vorbehalt von Artikel 47 Absätze 2–4 des Bundesgesetzes über das Verwaltungsverfahren[1], zulässig gegen Verfügungen:
  e. eidgenössischer Rekurs- und Schiedskommissionen einschliesslich Schiedsgerichte aufgrund öffentlichrechtlicher Verträge;

Art. 116

I. Zulässigkeit der verwaltungsrechtlichen Klage

Das Bundesgericht beurteilt als einzige Instanz, unter Vorbehalt von Artikel 117, Streitigkeiten aus Bundesverwaltungsrecht über:
  a. das Verhältnis zwischen Bund und Kantonen, ausser über die Genehmigung von Erlassen;
  b. das Verhältnis zwischen Kantonen;
  c. Ansprüche auf Schadenersatz aus der Amtstätigkeit von Personen im Sinne von Artikel 1 Absatz 1 Buchstaben a–c des Verantwortlichkeitsgesetzes[2].

Art. 117 Bst. c

Die verwaltungsrechtliche Klage ist unzulässig, wenn:
  c. die Erledigung des Streites nach anderen Bundesgesetzen einer Behörde im Sinne von Artikel 98 Buchstaben b–h zusteht; gegen deren Verfügungen ist letztinstanzlich die Verwaltungsgerichtsbeschwerde zulässig.

Art. 130

2. als einzige Instanz
a. Grundsatz

Das Eidgenössische Versicherungsgericht beurteilt als einzige Instanz verwaltungsrechtliche Klagen im Sinne von Artikel 116 auf dem Gebiete der Sozialversicherung.

---

[1] SR 172.021
[2] SR 170.32

GESETZESREGISTER

Bundesgesetz über das Verwaltungsverfahren vom 20. Dezember 1968 (SR 172.021; VwVG)

Artikel	Randziffer	Artikel	Randziffer
Art. 1–5	Rz. 204	Art. 9	Rz. 208, 227
Art. 1–6	Rz. 84	Art. 9 Abs. 1	Rz. 99, 102
Art. 1	Rz. 85, 217	Art. 9 Abs. 2	Rz. 99, 102
Art. 1 Abs. 1	Rz. 84, 86	Art. 9 Abs. 3	Rz. 99 f.
Art. 1 Abs. 2	Rz. 85, 98, 347	Art. 10	Rz. 105 f., 119, 287, 340, 487
Art. 1 Abs. 2 lit. a	Rz. 85		
Art. 1 Abs. 2 lit. c	Rz. 85	Art. 10 Abs. 1	Rz. 104
Art. 1 Abs. 2 lit. d	Rz. 14, 85, 345	Art. 11	Rz. 111, 261
Art. 1 Abs. 2 lit. e	Rz. 85	Art. 11 Abs. 3	Rz. 111, 148
Art. 1 Abs. 3	Rz. 29, 85, 281 f.	Art. 11a	Rz. 138, 228
Art. 2	Rz. 85, 87	Art. 11a Abs. 1	Rz. 111
Art. 2 Abs. 3	Rz. 87	Art. 11a Abs. 2	Rz. 111
Art. 3	Rz. 85, 87	Art. 11a Abs. 3	Rz. 149, 163
Art. 3 lit. a	Rz. 85	Art. 12	Rz. 49, 116, 291
Art. 3 lit. b	Rz. 87, 241	Art. 12 Abs. 1	Rz. 113
Art. 3 lit. e^{bis}	Rz. 186	Art. 13	Rz. 48, 110, 125, 262, 291
Art. 3 lit. f	Rz. 87, 173		
Art. 4	Rz. 14, 87, 345, 138	Art. 13 Abs. 1	Rz. 114
		Art. 13 Abs. 1 lit. a–c	Rz. 125
Art. 5	Rz. 37, 85, 86, 215, 225, 281, 374, 399, 475, 529	Art. 13 Abs. 1 lit. a	Rz. 291
		Art. 13 Abs. 1 lit. b	Rz. 291
Art. 5 Abs. 1	Rz. 82, 213, 215 ff., 224, 418, 592	Art. 13 Abs. 2	Rz. 125, 306
		Art. 14 ff.	Rz. 116
Art. 5 Abs. 1 lit. a–c	Rz. 223	Art. 14	Rz. 121
		Art. 14 Abs. 1	Rz. 288
Art. 5 Abs. 1 lit. b	Rz. 91	Art. 14 Abs. 1 lit. a–c	Rz. 121
Art. 5 Abs. 1 lit. c	Rz. 94, 316	Art. 14 Abs. 2	Rz. 141
Art. 5 Abs. 2	Rz. 215, 317, 325	Art. 15	Rz. 116, 122
Art. 5 Abs. 3	Rz. 216	Art. 16	Rz. 122
Art. 6	Rz. 94, 109, 154, 231 f., 236, 371, 488	Art. 17	Rz. 122
		Art. 18	Rz. 110, 127, 141
Art. 7–43	Rz. 3, 83	Art. 18 Abs. 1	Rz. 61
Art. 7	Rz. 208	Art. 18 Abs. 2	Rz. 141
Art. 7 Abs. 1	Rz. 97	Art. 18 Abs. 3	Rz. 141
Art. 7 Abs. 2	Rz. 97, 208	Art. 19	Rz. 63, 104, 116, 118 f., 122, 124 f., 133, 140, 283
Art. 8	Rz. 208		
Art. 8 Abs. 1	Rz. 98, 159		
Art. 8 Abs. 2	Rz. 99 f.		

Art. 20	Rz. 148, 506	Art. 36	Rz. 155, 311
Art. 20–24	Rz. 87, 148, 259	Art. 36 lit. a–d	Rz. 155
Art. 21 Abs. 1	Rz. 149	Art. 38	Rz. 64, 159, 259
Art. 21 Abs. 2	Rz. 98, 149	Art. 39	Rz. 166, 312
Art. 22	Rz. 150	Art. 39 lit. a	Rz. 172
Art. 22 Abs. 2	Rz. 226	Art. 39 lit. b	Rz. 172, 175, 279
Art. 22 a	Rz. 150	Art. 39 lit. c	Rz. 172, 175
Art. 23	Rz. 152	Art. 40	Rz. 173
Art. 24	Rz. 151	Art. 41	Rz. 173
Art. 25	Rz. 91	Art. 41 Abs. 1	Rz. 125
Art. 25 Abs. 2	Rz. 94	Art. 41 Abs. 1	
Art. 25 Abs. 3	Rz. 93	lit. a	Rz. 173, 229
Art. 26 ff.	Rz. 110, 127, 293, 342	Art. 41 Abs. 1 lit. b	Rz. 173, 229
Art. 26–28	Rz. 127 f.	Art. 41 Abs. 1	
Art. 26	Rz. 131	lit. d	Rz. 173
Art. 26 Abs. 1	Rz. 131	Art. 41 Abs. 2	Rz. 172
Art. 26 Abs. 1 lit. a–c	Rz. 128	Art. 41 Abs. 3	Rz. 173
		Art. 42	Rz. 172
Art. 26 Abs. 2	Rz. 162	Art. 44	Rz. 215
Art. 27 Abs. 1	Rz. 132, 502	Art. 44–65	Rz. 187
Art. 27 Abs. 1 lit. a	Rz. 133	Art. 44–78	Rz. 84, 187
		Art. 44–79	Rz. 3
Art. 27 Abs. 1		Art. 45 Abs. 1	Rz. 146, 226, 401
lit. b	Rz. 134	Art. 45 Abs. 2	Rz. 227
Art. 27 Abs. 1 lit. c	Rz. 133	Art. 45 Abs. 2 lit. a	Rz. 102, 208
Art. 28	Rz. 135, 141, 502	Art. 45 Abs. 2	
Art. 29	Rz. 127, 142, 496	lit. b	Rz. 105
Art. 30 f.	Rz. 110	Art. 45 Abs. 2	
Art. 30	Rz. 127 f., 136	lit. d	Rz. 122, 141
Art. 30 Abs. 2		Art. 45 Abs. 2	
lit. a–e	Rz. 137	lit. e	Rz. 135
Art. 30a	Rz. 127, 138, 205	Art. 45 Abs. 2	
Art. 31	Rz. 127, 136, 231 f., 290	lit. f	Rz. 139
		Art. 45 Abs. 2	
Art. 32	Rz. 127	lit. g	Rz. 281
Art. 32 Abs. 1	Rz. 143	Art. 45 Abs. 2	
Art. 32 Abs. 2	Rz. 143, 151, 266, 290, 415	lit. h	Rz. 309
		Art. 45 Abs. 3	Rz. 226
Art. 33	Rz. 127	Art. 46 lit. a	Rz. 212
Art. 33 Abs. 1	Rz. 115, 139	Art. 46 lit. b	Rz. 204, 210
Art. 33 Abs. 2	Rz. 162	Art. 46 lit. c	Rz. 210
Art. 34–38	Rz. 29	Art. 46 lit. d	Rz. 210
Art. 34	Rz. 127, 311	Art. 46 lit. e	Rz. 229, 281
Art. 34 Abs. 1	Rz. 110, 154, 507	Art. 46 lit. f	Rz. 186, 228
Art. 34 Abs. 2	Rz. 154	Art. 47 Abs. 1	
Art. 35	Rz. 127, 305	lit. a	Rz. 210
Art. 35 Abs. 1	Rz. 154, 156, 160	Art. 47 Abs. 1	
Art. 35 Abs. 2	Rz. 158	lit. b	Rz. 210
Art. 35 Abs. 3	Rz. 156, 158		

Art. 47 Abs. 1 lit. c	Rz. 210	Art. 62	Rz. 231, 265, 290
Art. 47 Abs. 2	Rz. 210 f., 271, 287, 329, 369	Art. 62 Abs. 1	Rz. 207, 301
		Art. 62 Abs. 2	Rz. 207, 301
Art. 47 Abs. 3	Rz. 211, 287, 329, 427	Art. 62 Abs. 3	Rz. 293, 302, 446
		Art. 62 Abs. 4	Rz. 292
Art. 47 Abs. 4	Rz. 211, 287	Art. 63 Abs. 1	Rz. 232, 306, 310
Art. 48	Rz. 231, 236, 252, 536	Art. 63 Abs. 2	Rz. 306
		Art. 63 Abs. 3	Rz. 306
Art. 48 lit. a	Rz. 91, 232 ff., 245 ff., 404	Art. 63 Abs. 4	Rz. 306
		Art. 64	Rz. 163
Art. 48 lit. b	Rz. 231 f., 248 f., 252, 407	Art. 64 Abs. 1	Rz. 308
		Art. 64 Abs. 2	Rz. 308
Art. 49	Rz. 268, 332	Art. 64 Abs. 3	Rz. 232, 308
Art. 49 lit. a	Rz. 37, 270, 272	Art. 65	Rz. 164, 309
Art. 49 lit. b	Rz. 274	Art. 66–69	Rz. 187
Art. 49 lit. c	Rz. 261, 275, 277	Art. 66	Rz. 190, 192 f., 312, 459
Art. 50	Rz. 259		
Art. 51 Abs. 1	Rz. 262	Art. 66 Abs. 1	Rz. 186, 319 f., 462
Art. 52	Rz. 184, 411		
Art. 52 Abs. 1	Rz. 51, 260, 262 f., 291	Art. 66 Abs. 1 lit. a	Rz. 193, 320
		Art. 66 Abs. 1 lit. b	Rz. 320
Art. 52 Abs. 2	Rz. 263, 289, 547		
Art. 52 Abs. 3	Rz. 263, 289	Art. 66 Abs. 2	Rz. 319 f.
Art. 53	Rz. 263	Art. 66 Abs. 2 lit. a	Rz. 321 f.
Art. 54	Rz. 285		
Art. 55	Rz. 284, 554	Art. 66 Abs. 2 lit. b	Rz. 321 f.
Art. 55 Abs. 1	Rz. 279, 281		
Art. 55 Abs. 2	Rz. 29, 280 f.	Art. 66 Abs. 2 lit. c	Rz. 144, 321 f.
Art. 55 Abs. 3	Rz. 280 f.		
Art. 55 Abs. 4	Rz. 29, 282, 430 f.	Art. 66 Abs. 3	Rz. 196, 322
		Art. 67 Abs. 1	Rz. 196, 323
Art. 55 Abs. 5	Rz. 281	Art. 67 Abs. 2	Rz. 323
Art. 56	Rz. 146, 280, 284, 288	Art. 67 Abs. 3	Rz. 324
		Art. 68	Rz. 324
Art. 57	Rz. 232	Art. 69	Rz. 317
Art. 57 Abs. 1	Rz. 231 f., 290, 308	Art. 70	Rz. 94, 187, 315
		Art. 70 Abs. 1	Rz. 62, 316
Art. 57 Abs. 2	Rz. 55, 231, 290, 306	Art. 70 Abs. 2	Rz. 316
		Art. 70 Abs. 3	Rz. 308
Art. 58	Rz. 191 f., 428	Art. 71	Rz. 187
Art. 58 Abs. 1	Rz. 187, 231, 285	Art. 71 Abs. 1	Rz. 198, 200
Art. 58 Abs. 2	Rz. 285	Art. 71 Abs. 2	Rz. 200
Art. 58 Abs. 3	Rz. 285	rev. Art. 71a	Rz. 60, 344
Art. 59	Rz. 287, 340	rev. Art. 71a ff.	Rz. 10, 345
Art. 60	Rz. 119	rev. Art. 71a Abs. 1	Rz. 14
Art. 61 Abs. 1	Rz. 304	rev. Art. 71a Abs. 2	Rz. 345
Art. 61 Abs. 2	Rz. 29, 305	rev. Art. 71a Abs. 3	Rz. 345
Art. 61 Abs. 3	Rz. 29, 210, 231, 311	rev. Art. 71b	Rz. 345 f.
		rev. Art. 71b Abs. 3	Rz. 14, 347
		rev. Art. 71b Abs. 4	Rz. 347

425

rev. Art. 71b Abs. 5	Rz. 347	Art. 74 lit. a	Rz. 179, 328
rev. Art. 71c	Rz. 345 ff.	Art. 74 lit. b	Rz. 204, 329
rev. Art. 71c Abs. 1	Rz. 14, 347	Art. 74 lit. c	Rz. 330, 349
rev. Art. 71c Abs. 2	Rz. 14, 347	Art. 74 lit. e	Rz. 210, 330
rev. Art. 71c Abs. 3	Rz. 347	Art. 75	Rz. 56
rev. Art. 71c Abs. 4	Rz. 347	Art. 75 Abs. 1	Rz. 339
rev. Art. 71c Abs. 6	Rz. 347	Art. 75 Abs. 2	Rz. 339
rev. Art. 71d	Rz. 14, 345	Art. 75 Abs. 3	Rz. 288, 339
Art. 72	Rz. 329	Art. 76	Rz. 340, 556
Art. 72 ff.	Rz. 210, 229	Art. 76 Abs. 2	Rz. 340
Art. 72–76	Rz. 327	Art. 76 Abs. 3	Rz. 231, 340
Art. 72–78	Rz. 187	Art. 77	Rz. 327, 332
Art. 72 lit. a–d	Rz. 329	Art. 78	Rz. 56, 84
Art. 73	Rz. 329, 334	Art. 78 Abs. 2	Rz. 142
Art. 73 Abs. 1	Rz. 220, 331	Art. 78 Abs. 3	Rz. 342
Art. 73 Abs. 1 lit. a	Rz. 331, 333, 336, 341, 418	Art. 79	Rz. 341
		Art. 79 Abs. 1	Rz. 16, 341
Art. 73 Abs. 1 lit. b	Rz. 331, 335, 341, 418	Art. 79 Abs. 2	Rz. 342
		Art. 79 Abs. 3	Rz. 342
Art. 73 Abs. 1 lit. c	Rz. 336	Art. 80	Rz. 138
		Art. 80 lit. c	Rz. 87
Art. 73 Abs. 2	Rz. 338	Art. 81	Rz. 31, 88, 186, 353
Art. 74	Rz. 329		

Verordnung über Kosten und Entschädigungen im Verwaltungsverfahren vom 10. September 1969 (SR 172.041.0; Kostenverordnung)

Artikel	Randziffer	Artikel	Randziffer
Art. 4a	Rz. 310	Art. 7	Rz. 306

Reglement für das Schweizerische Bundesgericht vom 14. Dezember 1978 (SR 173.111.1; R BGer)

Artikel	Randziffer	Artikel	Randziffer
Art. 4 Ziff. 6	Rz. 357	Art. 18	Rz. 59, 442
Art. 8 Abs. 4	Rz. 441	Art. 31	Rz. 59
Art. 10 Abs. 1	Rz. 434		

Tarif über die Entschädigung an die Gegenpartei für das Verfahren vor dem Bundesgericht vom 9. November 1978 (SR 173.119.1)

Artikel	Randziffer		
Art. 2 Abs. 1	Rz. 453		

Bundesgesetz über die Organisation der Bundesrechtspflege vom 16. Dezember 1943 (SR 173.110; OG)

Artikel	Randziffer	Artikel	Randziffer
Art. 1–40	Rz. 352	Art. 41	Rz. 466
Art. 3	Rz. 359	Art. 42	Rz. 466
Art. 3a	Rz. 359	Art. 42 Abs. 1	Rz. 13
Art. 4	Rz. 359	Art. 45 lit. c	Rz. 466
Art. 12 Abs. 1 lit. a	Rz. 357	Art. 57	Rz. 459
Art. 12 Abs. 2	Rz. 357	Art. 83 lit. a	Rz. 101
Art. 15	Rz. 346, 353	Art. 84 Abs. 2	Rz. 331, 418
Art. 15 Abs. 1	Rz. 440	Art. 86 Abs. 1	Rz. 370
Art. 15 Abs. 2	Rz. 438, 440	Art. 86 Abs. 2	Rz. 574
Art. 15 Abs. 3	Rz. 438	Art. 87	Rz. 226, 531
Art. 16	Rz. 358	Art. 88	Rz. 235, 536
Art. 17	Rz. 59, 441 f.	Art. 90	Rz. 411
Art. 19 Abs. 1	Rz. 357	Art. 94	Rz. 38, 351, 429
Art. 21 Abs. 1	Rz. 8	Art. 95	Rz. 351, 434
Art. 22 f.	Rz. 104, 359, 433	Art. 96	Rz. 208
Art. 22	Rz. 433	Art. 96 Abs. 1	Rz. 208
Art. 23	Rz. 433	Art. 96 Abs. 2	Rz. 94, 351, 362
Art. 24 Abs. 1	Rz. 433	Art. 96 Abs. 3	Rz. 351
Art. 25	Rz. 433	Art. 97–115	Rz. 351
Art. 26 Abs. 1	Rz. 433	Art. 97 ff.	Rz. 12, 37, 352, 418
Art. 28	Rz. 448, 459	Art. 97	Rz. 328, 352
Art. 29–40	Rz. 475	Art. 97 Abs. 1	Rz. 215, 374, 399
Art. 29 Abs. 1	Rz. 411	Art. 97 Abs. 2	Rz. 62, 316, 351, 457
Art. 29 Abs. 2	Rz. 403	Art. 98	Rz. 85, 212, 316, 363
Art. 29 Abs. 3	Rz. 403	Art. 98 lit. a	Rz. 327, 368, 426
Art. 30	Rz. 412	Art. 98 lit. b	Rz. 365
Art. 30 Abs. 1	Rz. 412	Art. 98 lit. b–h	Rz. 467, 475
Art. 30 Abs. 2	Rz. 412	Art. 98 lit. c	Rz. 210, 363
Art. 30 Abs. 3	Rz. 412	Art. 98 lit. d	Rz. 365
Art. 32	Rz. 148, 506	Art. 98 lit. e	Rz. 330, 345, 349, 364
Art. 32–35	Rz. 148, 410	Art. 98 rev. lit. e	Rz. 364
Art. 32 Abs. 3	Rz. 149, 452	Art. 98 lit. f	Rz. 364, 366
Art. 32 Abs. 4	Rz. 410	Art. 98 lit. g	Rz. 370
Art. 33	Rz. 150	Art. 98 lit. h	Rz. 367, 405, 411, 468
Art. 34	Rz. 150	Art. 98a	Rz. 15, 29, 72, 354 f., 371, 373, 423, 545
Art. 35	Rz. 151		
Art. 36a	Rz. 438		
Art. 36a Abs. 2	Rz. 438		
Art. 36a Abs. 3	Rz. 438		
Art. 36b	Rz. 353, 439		
Art. 37	Rz. 448	Art. 98a Abs. 1	Rz. 29, 592
Art. 38	Rz. 455	Art. 98a Abs. 2	Rz. 29
Art. 39	Rz. 199, 456	Art. 98a Abs. 3	Rz. 371, 404, 417, 544, 550
Art. 39 Abs. 2	Rz. 316		
Art. 40	Rz. 431		

Art. 99–101	Rz. 328, 372, 375	Art. 103 lit. b	Rz. 248 f., 252, 346, 405, 407, 410, 435, 445
Art. 99 ff.	Rz. 74, 349, 368, 378		
Art. 99	Rz. 375	Art. 103 lit. c	Rz. 236, 252, 407, 431
Art. 99 lit. a	Rz. 394		
Art. 99 lit. b	Rz. 375, 394	Art. 104–109	Rz. 351
Art. 99 lit. c	Rz. 221, 328, 394	Art. 104	Rz. 371, 411, 424
Art. 99 lit. d	Rz. 380	Art. 104 lit. a	Rz. 37, 418
Art. 99 lit. e	Rz. 375, 387	Art. 104 lit. b	Rz. 422 f., 436
Art. 99 lit. f	Rz. 388	Art. 104 lit. c	Rz. 417, 425
Art. 99 lit. g	Rz. 382	Art. 104 lit. c	
Art. 99 lit. h	Rz. 381, 468	Ziff. 1	Rz. 425
Art. 99 lit. i	Rz. 381	Art. 104 lit. c	
Art. 100	Rz. 375	Ziff. 2	Rz. 426
Art. 100 lit. a	Rz. 391	Art. 104 lit. c	
Art. 100 lit. b	Rz. 384	Ziff. 3	Rz. 427
Art. 100 lit. c	Rz. 385	Art. 105 Abs. 1	Rz. 415, 436, 471
Art. 100 lit. d	Rz. 391, 398	Art. 105 Abs. 2	Rz. 274, 364, 414, 417, 423, 436, 460, 600
Art. 100 lit. e Ziff. 1	Rz. 383		
Art. 100 lit. e Ziff. 2	Rz. 395	Art. 106 Abs. 1	Rz. 410
		Art. 106 Abs. 2	Rz. 410, 457
Art. 100 lit. e Ziff. 4	Rz. 383	Art. 107	Rz. 208
		Art. 107 Abs. 1	Rz. 208, 362, 410
Art. 100 lit. f	Rz. 378, 396	Art. 107 Abs. 2	Rz. 159, 362
Art. 100 lit. g	Rz. 397	Art. 107 Abs. 3	Rz. 64, 410
Art. 100 lit. h	Rz. 389	Art. 108	Rz. 263
Art. 100 lit. i	Rz. 390	Art. 108 Abs. 1	Rz. 411
Art. 100 lit. k	Rz. 378, 388	Art. 108 Abs. 2	Rz. 51, 411
Art. 100 lit. l–o	Rz. 390	Art. 108 Abs. 3	Rz. 412
Art. 100 lit. p	Rz. 392	alt Art. 109	Rz. 438
Art. 100 lit. q	Rz. 381	Art. 110	Rz. 435
		Art. 111	Rz. 172, 429
Art. 100 lit. r	Rz. 386	Art. 111 Abs. 1	Rz. 280, 429
Art. 100 lit. s	Rz. 390	Art. 111 Abs. 2	Rz. 429, 431
Art. 100 lit. t–u	Rz. 378, 393	Art. 112	Rz. 55, 440
Art. 100 lit. v	Rz. 388	Art. 113	Rz. 56, 351, 362, 429, 434
Art. 101	Rz. 375		
Art. 101 lit. a	Rz. 229, 281, 398, 401, 475	Art. 114	Rz. 435, 437
		Art. 114 Abs. 1	Rz. 301, 362, 413, 415, 445 ff.
Art. 101 lit. b	Rz. 398, 475		
Art. 101 lit. c	Rz. 229, 401, 475	Art. 114 Abs. 2	Rz. 449
Art. 101 lit. d	Rz. 377, 468	Art. 114 Abs. 3	Rz. 447
Art. 102 lit. a	Rz. 467, 475	Art. 114 Abs. 4	Rz. 448
Art. 102 lit. b	Rz. 374	Art. 115	Rz. 351
Art. 102 lit. c	Rz. 331, 418, 475	Art. 116–120	Rz. 351
Art. 102 lit. d	Rz. 204, 475	Art. 116	Rz. 465 ff., 475
Art. 103	Rz. 236, 250, 371, 418, 536	Art. 116 lit. a–h	Rz. 468
		Art. 116 lit. b	Rz. 364
Art. 103 lit. a	Rz. 91, 232, 234 f., 245, 247, 404	Art. 116 lit. c	Rz. 467
		Art. 116 lit. k	Rz. 468

rev. Art. 116 ff.	Rz. 348	Art. 136 lit. a–d	Rz. 459
rev. Art. 116	Rz. 10, 465, 469	Art. 136 lit. a	Rz. 448
rev. Art. 116 lit. a–c	Rz. 469	Art. 137	Rz. 459 f., 463
Art. 117 lit. a	Rz. 466	Art. 139a	Rz. 459, 461, 463
Art. 117 lit. a^{bis}	Rz. 466	Art. 139a Abs. 2	Rz. 461, 575
Art. 117 lit. b	Rz. 466	Art. 139a Abs. 3	Rz. 29, 461, 575
Art. 117 lit. c	Rz. 465, 467	Art. 140	Rz. 462
rev. Art. 117 lit. c	Rz. 467	Art. 141	Rz. 463
alt Art. 118	Rz. 465	Art. 144	Rz. 463
Art. 119	Rz. 471	Art. 145	Rz. 458
Art. 119 Abs. 3	Rz. 216, 471	Art. 150	Rz. 353, 452
Art. 120	Rz. 471	Art. 151	Rz. 452
Art. 121	Rz. 351, 473	Art. 152	Rz. 454
Art. 122–135	Rz. 351	Art. 153	Rz. 353
Art. 122	Rz. 15, 358	Art. 153a	Rz. 353
Art. 124	Rz. 358	Art. 153a Abs. 2 lit. b	Rz. 452
Art. 127	Rz. 358	Art. 156	Rz. 414, 448, 451
Art. 128	Rz. 15, 349, 358, 374, 475	Art. 156 Abs. 6	Rz. 471
		Art. 157	Rz. 451
Art. 129	Rz. 475	Art. 159	Rz. 308, 414, 453
Art. 129 Abs. 1	Rz. 475		
Art. 129 Abs. 2	Rz. 229	Schlussbestimmungen 1991	
Art. 130 f.	Rz. 475	III Ziff. 1 Abs. 1	Rz. 354, 371
Art. 132	Rz. 424, 475	III Ziff. 1 Abs. 3	Rz. 355
Art. 132 lit. c	Rz. 446, 475	III Ziff. 1 Abs. 3 lit. a	Rz. 345
Art. 134	Rz. 475	III Ziff. 1 Abs. 3 lit. b	Rz. 348, 354, 465
Art. 135	Rz. 475	III Ziff. 2 Abs. 1	Rz. 355
Art. 136–144	Rz. 459	III Ziff. 3 Abs. 1	Rz. 31, 353
Art. 136–145	Rz. 351		
Art. 136–162	Rz. 475		
Art. 136	Rz. 459, 463, 475		

Verordnung über die teilweise Inkraftsetzung der Änderung des Bundesgesetzes über die Organisation der Bundesrechtspflege vom 15. Januar 1992

Artikel	Randziffer	Artikel	Randziffer
Art. 1 Abs. 1	Rz. 465	Art. 2 lit. b	Rz. 345

Gesetz über den Rechtsschutz in Verwaltungssachen des Kantons Zürich vom 24. Mai 1959 (GS ZH 175.2; VRG)

Paragraph	Randziffer	Paragraph	Randziffer
§ 1–4	Rz. 478	§ 22 Abs. 1	Rz. 546 f.
§ 1	Rz. 478	§ 22 Abs. 2	Rz. 546, 594
§ 2	Rz. 10, 19, 478, 583	§ 23 Abs. 1	Rz. 547
		§ 23 Abs. 2	Rz. 547, 595, 604
§ 3	Rz. 10, 19, 478	§ 24	Rz. 547
§ 4–18	Rz. 3, 478	§ 25 Abs. 1	Rz. 279, 554
§ 4	Rz. 478	§ 25 Abs. 2	Rz. 554
§ 5 ff.	Rz. 478	§ 26 Abs. 1	Rz. 558, 562
§ 5 Abs. 1	Rz. 483	§ 26 Abs. 2	Rz. 534, 559
§ 5 Abs. 2	Rz. 484, 486, 522	§ 26 Abs. 3	Rz. 560
§ 6	Rz. 146, 505, 601	§ 27	Rz. 521, 564
§ 6 Satz 2	Rz. 505	§ 28 Abs. 1	Rz. 508, 565
§ 7	Rz. 489	§ 28 Abs. 2	Rz. 534, 571
§ 7 Abs. 1	Rz. 490, 552, 629	§ 29–31	Rz. 513
§ 7 Abs. 2	Rz. 488, 494	§ 29 Abs. 2	Rz. 513
§ 7 Abs. 3	Rz. 90, 479, 493	§ 30	Rz. 513, 554
§ 8	Rz. 488, 496, 501, 562	§ 31	Rz. 513
		§ 32–40	Rz. 582, 612
§ 9	Rz. 496, 562	§ 32	Rz. 582
§ 9 Abs. 1	Rz. 502, 607	§ 33	Rz. 582
§ 9 Abs. 2	Rz. 502	§ 34	Rz. 582
§ 10 Abs. 1	Rz. 507	§ 35 Abs. 1	Rz. 582
§ 10 Abs. 1 lit. b	Rz. 534	§ 40 lit. a	Rz. 582
§ 10 Abs. 1 lit. c	Rz. 507	§ 41–71	Rz. 581
§ 10 Abs. 2	Rz. 509	§ 41 Abs. 1	Rz. 587
§ 11	Rz. 506	§ 41 Abs. 2	Rz. 579, 589
§ 12	Rz. 506, 546	§ 41 Abs. 3	Rz. 589
§ 13 ff.	Rz. 567, 610	§ 42 ff.	Rz. 524
§ 13 Abs. 1	Rz. 495	§ 42–45	Rz. 373
§ 13 Abs. 2	Rz. 534	§ 42–71	Rz. 589
§ 17	Rz. 77, 589	§ 42	Rz. 588
§ 17 Abs. 1	Rz. 511	§ 43 Abs. 1	Rz. 480, 588
§ 17 Abs. 2	Rz. 534, 568, 612	§ 43 Abs. 2	Rz. 588
§ 18	Rz. 495	§ 44 lit. a–d	Rz. 588
§ 19–28	Rz. 3	§ 44 lit. a	Rz. 590
§ 19	Rz. 531	§ 45	Rz. 588
§ 19 Abs. 1	Rz. 486, 523 f., 529	§ 45 lit. a	Rz. 478, 588
		§ 45 lit. c	Rz. 588
§ 19 Abs. 2	Rz. 505, 530	§ 46	Rz. 589
§ 20	Rz. 527	§ 47	Rz. 523, 585
§ 20 Abs. 1	Rz. 550, 552	§ 47 Abs. 1 lit. a	Rz. 528, 585
§ 20 Abs. 2	Rz. 548	§ 47 Abs. 1 lit. b	Rz. 524, 528, 585
§ 21	Rz. 478, 489, 501, 527, 535 ff., 539, 541, 544, 593	§ 47 Abs. 1 lit. c	Rz. 524, 585
		§ 47 Abs. 2	Rz. 585
		§ 47 Abs. 3	Rz. 586

§ 48 Abs. 1	Rz. 590	§ 70	Rz. 536, 593, 595, 601, 604, 610
§ 48 Abs. 2	Rz. 590		
§ 48 Abs. 3	Rz. 531	§ 71	Rz. 487, 506, 546, 577, 581, 594, 602
§ 49	Rz. 402, 592		
§ 50	Rz. 553, 597		
§ 50 Abs. 2	Rz. 599	§ 72	Rz. 581, 612
§ 51	Rz. 597, 600	§ 73	Rz. 581, 612
§ 52 Abs. 1	Rz. 596	§ 74–80	Rz. 581
§ 52 Abs. 2	Rz. 596	§ 74	Rz. 613
§ 53	Rz. 594, 595	§ 75	Rz. 614
§ 54	Rz. 595	§ 76	Rz. 613
§ 55	Rz. 601	§ 78	Rz. 616
§ 56 Abs. 1	Rz. 595, 604	§ 79	Rz. 617
§ 56 Abs. 2	Rz. 604	§ 80	Rz. 617
§ 57	Rz. 607	§ 81–86	Rz. 581
§ 58	Rz. 534, 605	§ 81	Rz. 618 f.
§ 59 Abs. 1	Rz. 605	§ 81 lit. a–c	Rz. 619
§ 60	Rz. 492, 606	§ 82	Rz. 618 f.
§ 61	Rz. 607	§ 82 lit. a	Rz. 617, 620
§ 62	Rz. 605	§ 82 lit. g	Rz. 621
§ 63	Rz. 584	§ 82 lit. h	Rz. 622
§ 63 Abs. 2	Rz. 607	§ 83	Rz. 624
§ 64	Rz. 609	§ 84	Rz. 624
§ 65 Abs. 1	Rz. 534, 609	§ 85	Rz. 623
§ 65 Abs. 2	Rz. 609	§ 86	Rz. 624
§ 66	Rz. 611	§ 87–94	Rz. 77, 626
§ 67–69	Rz. 581	§ 89 Abs. 1	Rz. 627
§ 67	Rz. 573	§ 90	Rz. 628
§ 67 lit. a	Rz. 370, 574	§ 91	Rz. 629
§ 67 lit. b	Rz. 371, 574	§ 92 Abs. 3	Rz. 629
§ 67 lit. d	Rz. 596	§ 93	Rz. 629
§ 68	Rz. 574	§ 94	Rz. 629

SACHREGISTER

(Bezieht sich nur auf das Verwaltungsverfahren und die Verwaltungsrechtspflege des *Bundes* ohne Kanton Zürich. Die Ziffern bezeichnen die *Randziffern.)*

A

Abgaben	357, 425
– Befreiung von kantonalen	468
– Erlass und Stundung	382
Abgabestreitigkeit	446
Ablehnung	
– Gründe	104, 433
– Verfügung	195
Abschreibungsbeschluss	297, 300, 312
Abstimmungsbeschwerde	337
Administrative Massnahmen	426, 441
Administrativsanktionen	113
Administrativstreitigkeiten	66, 76, 333, 473
Adressat	6
– einer Allgemeinverfügung	220
– einer Bewilligung	193
– eines Gesetzes	6
– einer Verfügung	6, 193, 223, 231 f., 237, 238 ff., 245, 279, 280, 298, 404, 410
– als Dritter, Drittbetroffener	232, 238, 239 ff., 242, 245, 404
– als Gemeinwesen	245
– als Konkurrent	241
– als Nachbar	240
– als Partei	109, 238 ff.
– primäre Adressaten	109, 238 ff., 242 f.
– sekundäre Adressaten, s. Drittbetroffener, Gemeinwesen, Konkurrent, Nachbar, Verband	238, 239 ff., 242
– als Verband	243 ff.

Akteneinsicht (-srecht)	18, 52 f., 127, 128 ff., 342
– Aufsichtsbeschwerde	200
– Verletzung	321
– Verweigerung	226 f., 390,
Allgemeinverbindliche Bundesbeschlüsse	271, 419
Allgemeinverfügung	220
Amtsbetrieb	54, 62, 288
Amtsstelle	85, 96, 118, 124, 135 f., 142, 210
Änderung	
– des Rechtsbegehrens	413 ff.
– des Rechts	193
– der angefochtenen Verfügung	301 f.
Androhung	
– der Bestrafung	
– nach Art. 292 StGB	125
– nach Art. 309 StGB	121
– nach Art. 60 ff. USG	173
– nach Art. 70 ff. GSchG	173
– der Nichtbeachtung einer Rechtsschrift	412
– des Nichteintretens	307
– von Verwaltungssanktionen	173
Anerkennung	47, 207, 297 f., 360
Anfechtbarkeit von	
– Plänen	221
– Verfügungen	97
– des Bundesrates	368
– Verwaltungsauskünften	223
– Vollstreckungsverfügungen	229
– Zwischenverfügungen	229
Anfechtungsobjekt	34, 184, 186, 201, 215, 285
– Beschwerde an den Bundesrat	331

433

- Rechtsverweigerungs- und Rechtsverzögerungsbeschwerde 316
- Revision 319
- Verwaltungsbeschwerde 270
- Verwaltungsgerichtsbeschwerde 399 ff.

Anfechtungsstreitverfahren, s. a. Verwaltungsgerichtsbarkeit, nachträgliche 9 f., 299

Angemessenheit 379
- Kontrolle 427

Angestellte
- Begriff 426
- Schadenersatz 478
- Streitigkeiten aus dem Dienstverhältnis 26

Anklage, strafrechtliche 21 f., 55, 61, 443

Anordnung, s. Verfügung
- des Präsidenten 440, 452
- dienstliche 395
- verbindliche 401, 443
- Vollstreckungsanordnung 401
- vorsorglicher Massnahmen 429 ff.

Anpassung 81, 194, 355
- an Art. 98a OG 423
- an die EMRK 74
- an veränderte Verhältnisse, s. Wiedererwägung
- von Rechtsmittelentscheiden 190

Anschlussbeschwerde 435

Anspruch 338, 380 f., 384, 467, 471
- auf Akteneinsicht 18, 52, 128 ff., 131, 134
  - Ausnahmen 132
- auf Begründung 20
- auf Entscheidung innert angemessener Frist 20, 315
- auf Ergänzungsfragen 61, 141
- auf Erlass einer Verfügung 82, 94, 189, 304, 316
- auf Erledigung eines Rechtsmittels 189, 370
- auf Erteilung einer Bewilligung 384 ff.
- auf ein faires Verfahren 20
- auf formgerechte Eröffnung 154
- auf Leistungsverfügung 94
- auf Gestaltungsverfügung 94
- auf gleichen Lohn 92
- auf Öffentlichkeit 20 ff., 58
- auf Parteientschädigung 308, 321
- privatrechtlicher (zivilrechtlicher) 21 f.
- auf rechtliches Gehör 18, 52 ff., 55, 126 ff., 137, 140, 144, 200, 269, 302
- auf richtige Zusammensetzung der Behörde 18, 52, 157
- auf Zugang zu einem Gericht 20 f., 330
- auf Teilnahme am Augenschein 142
- auf Teilnahme an der Zeugeneinvernahme 141
- auf ein unabhängiges und unparteiisches Gericht 210
- auf eine unabhängige und unparteiische Instanz 104
- auf einen unabhängigen und unparteiischen Richter 8, 14, 20, 105, 133
- auf unentgeltlichen Rechtsbeistand 18, 21, 164, 309
- auf unentgeltliches Verfahren (Rechtspflege) 18, 164, 309
- auf Unmittelbarkeit 56
- auf Wiedererwägung 144, 193

Anstalt 85, 359, 363, 468
- autonome 199, 282, 306, 308 f., 329, 365, 367, 405
- eidgenössische 85, 329
- unselbständige 108

Anwalt, s. Parteivertreter
Anwaltsentschädigung,
s. a. Parteientschädigung 453
- Anwalt als Beschwerdeführer 308
- Rückzahlung bei unentgeltlichem Prozessbeistand 309
Anwaltspatent 22
Anzeige, s. Aufsichtsbeschwerde
Anzeigepflicht
- nach Art. 103 lit. b OG 410
- bei Ausstandsgründen 433
Anzeiger bei der Aufsichtsbeschwerde 199 ff.
Arbeitnehmer- und Arbeitgeberverbände
- Beschwerdebefugnis 257
Arbeitsvergebung, s. Submission
Attraktionsprinzip, s. Kompetenzattraktion
Aufklärungspflicht
- der Verwaltungsbehörden 114, 125
Aufschiebende Wirkung, s. a. vorsorgliche Massnahmen 29, 31, 34, 38, 279 ff., 284, 429 ff.
- der Aufsichtsbeschwerde 200
- der Beschwerde 263, 279 ff.
- der Beschwerde an die Bundesversammlung 342
- Haftung bei ungerechtfertigter Anordnung 430 ff.
- der Rechtsmittel 31, 166, 172, 175, 229, 263
- der Verwaltungsbeschwerde 29, 279 ff.
- der Verwaltungsgerichtsbeschwerde 29, 429 ff.
- Entscheid über die 281
- Entzug 282, 284, 339
  - willkürlicher, Folgen 282 f.
- Folgen 279
- Hemmung der Vollstreckbarkeit 279
- bei negativen Verfügungen 279
- Verweigerung, s. Entzug
- Wiederherstellung 280, 339
  - willkürlich verspätete, Folgen 282
Aufsicht, s. a. Aufsichtskompetenz
- administrative 347
- Bundesaufsicht 199, 252, 445
- Disziplinaraufsicht
  - über Bundesangestellte 426
  - über Bundesbeamte 426
  - über Rechtsanwälte 131
- parlamentarische 40, 43
- Verwaltungsaufsicht 40
Aufsichtsbehörde 100, 191, 199, 202, 210, 302, 316, 329
Aufsichtsbeschwerde 187, 189, 198 ff.
- Anzeigeberechtigte 198, 200
- Beschwerdeobjekt 200
- Entscheid 202
- rechtliches Gehör 200
- als Rechtsbehelf 189
- vorsorgliche Massnahmen 200
Aufsichtsmassnahmen 199
Aufsichtsmittel 199
- Verhältnismässigkeit 199
Aufsichtskompetenz 199
- Dienstaufsicht 199
- Verbandsaufsicht 199, 252
Aufsichtsinstanz 42
Augenschein, s. a. Beweismittel 55, 61, 116, 120, 122, 125, 130, 142, 144, 421
Ausgleichskassen 217
Auskunft 223
Auskunftspflicht 227
Ausländer, Einreisebewilligung 338, 384
Auslegung 13, 52
- von EMRK-Bestimmungen 21
- der Parteibegehren 262
- des Prozessrechts 34
- Streitgegenstand 181

435

– Überprüfung	271, 421	– Ermächtigung zur	
Auslegungsanleitung	273	Zeugenaussage	223
Auslegungsermessen,		– Neben- und Ehren-	
s. a. unbestimmter		amtlichkeit	26
Rechtsbegriff	277, 421	– Schadensbeteiligung	216
Ausnahmen von der	328, 368, 375,	– Vorläufige Dienstent-	
Generalklausel,	378, 391 ff., 433	hebung	391
s. a. Generalklausel		– Wahlen	77
Ausschluss		– Konkurrenten-	
– der bundesgerichtli-		beschwerde	241
chen Zuständigkeit,		– Nichtwiederwahl	383
s. a. Negativkatalog,		**Befangenheit,**	
Ausnahmen von der		s. a. Ausstandspflicht	104, 433, 461
Generalklausel	375	**Begehren um Erlass**	
– der Parteien vom		**einer Verfügung**	316
Beweisverfahren	141 f.	**Begründung**	
Ausschlussgründe,		– Beschwerdebegrün-	
s. a. Ablehnungs-		dung, s. a. Substanti-	
gründe	104, 433	ierungspflicht	260 ff., 411
Äusserungsrecht	136 ff., 302	– Bindung an Begrün-	
Aussenwirkungen,		dung, s. Beschwerde-	
s. Verwaltungsverord-		instanzen	
nungen		– gestützt auf unveröf-	
Ausstand	104 ff., 227, 231,	fentlichte Enscheide	128
	287, 321, 340,	– Mängel	160
	352, 359, 433,	– Recht auf eine Be-	
	459	gründung	52, 156 f.
– Begehren	64, 433	**Begründungspflicht**	51, 156 f.
– Entscheid	105	– nach EMRK Art. 6	
– Gründe	64, 104 f., 119,	Ziff. 1	20
	133, 157, 226,	– gesetzliche	51, 127, 261, 291
	287, 433	**Behörde**	
– Pflicht	104 f.	– Behördenbeschwerde,	28, 252 ff., 364,
Auswahlermessen	275	s. a. Legitimation von	405 ff., 435, 445
Autonome Anstalten	199, 282, 306,	Behörden	
und Betriebe des	308 f., 329, 365,	– abstrakte	247, 254, 407
Bundes	367, 405	– integrale	252
Autonomie der		– kantonale,	
Gemeinden,		kommunale	408
s. Gemeindeautonomie		– Behördenorganisation	30
		– Justizbehörden	6, 14 f., 29
		– europäische	21, 29, 58
B		– Rekursbehörden	28
		– Verwaltungsbehörde	3, 85
Bau- und Betriebs-		– als Beschwerde-	
bewilligung	387, 394	instanz	5, 7
Beamtenrecht	368, 391	– Bindung an Tatsa-	
– Ansprüche	22	chenfeststellung	26
– Ausstandspflicht	104	– letztinstanzlicher	
– Beamtenbegriff	426	Entscheid	38
– beamtenrechtliche		– Gesetzesbindung	24, 82
Entscheide	87	– kantonale	21, 30
– Ernennungen	218	– Rückweisung an die	41

– Verfahren 21
– als Verfügungs-
   instanz 2, 3, 80, 82, 85
– verwaltungsunabhän-
   gige 14, 344
– Zusammensetzung 18, 52
Behördenhierarchie 14, 252, 327, 405
Beiladung 232
Berichtigung 317
Berufsbewilligungen 22, 195, 387, 388
Berufung
– zivilrechtliche 466
Beschwer, s. Legitima-
tion, Voraussetzungen
Beschwerde, s. a.
Beschwerderecht,
Rechtsmittel,
Rechtsschriften 9
– Abschreibung, s. a.
   Abschreibungs-
   beschluss 285, 300
– Anschlussbeschwerde 435
– Arten
  – Aufsichtsbeschwer-
     de, s. a. dort 198 ff., 201
  – Behördenbeschwer-
     de, s. dort
  – Rechtsverweige-
     rungs- und Verzöge-
     rungsbeschwerde,
     s. dort
  – Verbandsbeschwer-
     de, s. dort
  – Verwaltungsbe-
     schwerde, s. dort
  – Verwaltungsgerichts-
     beschwerde, s. dort
– Entscheid, s. Be-
   schwerdeentscheid
– Erledigung durch
   Abschreibung 285
– Erschöpfung des
   Instanzenzuges 210
– Suspensiveffekt,
   s. aufschiebende
   Wirkung
**Beschwerde an den
Bundesrat,**
s. a. Bundesrat 326 ff., 349, 456
– Beschwerdegründe 332 ff.
  – Administrativ-
     streitigkeiten 333

– Kompetenzattrak-
   tion 334
– unzulässige 338
– Instruktion 339
– gegen kantonale
   Erlasse 331 ff.
– gegen letztinstanz-
   liche kantonale
   Verfügungen 329, 331 ff.
– Subsidiarität 331
**Beschwerde an die
Bundesversammlung** 341 f.
Beschwerdeantwort,
s. a. Rechtsschriften,
Vernehmlassung 290
Beschwerdebefugnis,
s. a. Legitimation 237, 249
Beschwerdebegehren,
s. Beschwerdeschrift
**Beschwerdebegrün-
dung,** s. a. Beschwer-
deschrift 260 ff.
– Begründungspflicht 260 ff.
Beschwerdeentscheid 295 ff., 301 ff.,
444 ff.
– Abweisung 303
– Bindung an Partei-
   begehren, s. a. refor-
   matio in peius vel in
   melius 301 f., 445 ff.
– Eröffnung 154 ff., 311
– formeller 296 ff.
– Gutheissung 304
– Inhalt 305
– kassatorischer, s. a.
   Rückweisungs-
   entscheid 304
– Kosten, s. dort
– materieller 301 ff.
– reformatorischer 304
– Vollstreckung,
   s. a. dort 312
– Wirkung 312
Beschwerdefähigkeit,
s. Prozessfähigkeit
Beschwerdefrist 259, 410
– Ablauf und neue
   Vorbringen 266
– Neubeginn 317
Beschwerdeführer
– Einflussnahme auf
   Streitgegenstand 248

437

Beschwerdegegenstand,
s. Beschwerdeobjekt
Beschwerdegründe, 261, 371, 417 ff.
s. a. Beschwerde an
den Bundesrat
- Begriff 268
- Bundesrechtsver- 268, 270 ff.,
  letzung 418 ff.
  - Begriff 270
  - durch verfassungs-
    widrige Anwendung
    kantonalen Rechts 270
  - Normenkontrolle,
    s. dort
  - offensichtliche 271
  - qualifizierte Ermes-
    sensfehler 270
  - Überprüfungsbe-
    fugnisse 270 f.
  - Vereitelung des
    Bundesverwaltungs-
    rechts 270
  - Verwaltungsverord-
    nungen 273
- Rechtsverweigerung,
  Rechtsverzögerung,
  s. dort
- Unangemessenheit, 268, 275 ff.,
  s. a. Ermessensfehler, 425 ff.
  Ermessenskontrolle
- unvollständige oder
  unrichtige Sachver-
  haltsermittlung 268, 274
- Verletzung kantonalen
  Rechts 270
Beschwerdeinstanzen 210
- Aufsichtsbehörde 210
- Beschwerdeinstruk-
  tion 288
- Bindung
  - an Begründung 292
  - an Begehren der
    Parteien, s. refor-
    matio in peius 265, 301 ff.
  - an rechtliche Vor-
    bringen der Par-
    teien? 292
  - an tatbeständliche
    Vorbringen der Par-
    teien? 291 f.
- Zuständigkeit, s. dort

Beschwerdeinstruk-
tion, s. Instruktions-
verfahren
Beschwerdelegitima-
tion, s. Legitimation
Beschwerdeobjekt 34, 214 ff.
- Allgemein 215 f.
- Aufsichtsbeschwerde-
  entscheid 202
- kantonale Erlasse 255
- Revisions- oder
  Wiedererwägungs-
  entscheide 325
- Verfügungen 215, 255, 316
- Verzögerung oder
  Verweigerung von
  Verfügungen 316
- Vollstreckungs-
  verfügung 226
- Zwischenverfügung 226
Beschwerderecht,
s. Legitimation
- integrales 255
Beschwerdeschrift 411 ff.
- Anzahl Exemplare 411
- Begehren 260, 264
  - Änderung 265
  - Noven 265
- Begründung 260 ff.
  - Begründungspflicht 261, 291
  - Ergänzung 263, 290
  - neue rechtliche 266, 290
- Form 262
- Frist, Ablauf und neue
  Vorbringen 266
- Inhalt 260 ff.
- Nachfrist zur Verbes-
  serung 263, 289
- ungenügende, Folgen 263, 289
Beschwerdeverfahren
- allgemeines, verwal-
  tungsinternes 207 ff., 286 ff.
- Erledigung durch
  Abschreibung 285
Beschwerdevorausset-
zungen, s. a. Prozess-
voraussetzungen 208 ff., 362 ff.
- Begründung,
  s. Beschwerdeschrift
- Gegenstand, s. Be-
  schwerdeschrift,
  Begründung
- Frist, s. dort

– Legitimation, s. dort
– Zuständigkeit, s. dort
Besonderes Rechts-
(oder Gewalt-)
verhältnis (Sonder-
statusverhältnis) 90
Bestandeskraft,
s. Rechtskraft,
materielle
Beteiligte, s. Partei
Betriebe 363
– des Bundes 85, 117, 329,
363, 365, 367,
468
– störende 225
Betroffenheit,
s. Interesse
Beziehungsnähe, be-
sondere, s. Interesse
Beweis 34, 60
Beweisantrag 48, 140
Beweisführung 56
– Mitwirkung der Par-
teien, s. Mitwirkungs-
pflicht
Beweisführungslast 48
Beweislast 48, 114, 291
Beweismittel 60, 63, 116 ff.,
136, 139 ff., 411
– Bezeichnung 262
– rechtswidrig erlangte 123
– neue 266, 288, 411
Beweisregeln 114
Beweisverfahren 123
Beweisverfügung,
s. Zwischenverfügung
Beweiswürdigung
– antizipierte 63
– freie 54, 63, 124
Bewilligung 90, 138, 384, 408
Bindungswirkung 47 f., 197, 292,
414
Budget 43
Bundesaufsicht,
s. Aufsicht
Bundesbehörden,
s. Behörde
Bundesbeschlüsse
– allgemeinverbindliche 271, 419
Bundesgericht,
s. a. Zuständigkeit 14, 25, 45, 52,
58, 71, 350 ff.,
357, 409

– Kompetenzabgren-
zung 30
– Organisation 357
– Unabhängigkeit des 8, 21
Bundesgesetze 271, 419
Bundesrat 7, 85, 121,
327 ff., 392 f.
– Ausstand 340
– Beschwerde an den,
s. a. dort 326 ff., 331 ff.,
393
– und EMRK 21, 327
– Überprüfung der Ent-
scheide 327
– Zuständigkeit 328 ff., 338
Bundesrecht
– Begriff 270, 336
– Verletzung von,
s. Beschwerdegründe
Bundesverfassung 27, 43, 101
Bundesverfassungs-
recht 18 ff.
Bundesversammlung
– Beschwerde an die 16, 341 f.
– Entscheide bei Kom-
petenzkonflikten 334

D

Datenschutz 118
Dauersachverhalte 190, 194, 285,
312, 319
Delegation 288, 339
Departemente 7, 121, 340
– Beschwerdeinstruk-
tion 288, 339
– Beschwerderecht 231, 252
– als Verwaltungs-
beschwerdeinstanz 349
Derogatorische Kraft
des Bundesrechts 388
Devolutiveffekt, s. a.
vorsorgliche Mass-
nahmen 285
Dienstabteilung 85
Dienstanweisungen,
s. a. Verwaltungs-
verordnungen 223
Dienstaufsicht,
s. Aufsicht

439

Dienstbefehle, s. a.
 Verwaltungsverord-
 nungen 223
**Dienstverhältnis von
 Bundespersonal**, s. a.
 besonderes Rechts-
 (oder Gewalt-)
 verhältnis 383, 447
**Direkter verwaltungs-
 rechtlicher Prozess**,
 s. verwaltungsrecht-
 liche Klage
Dispositionsmaxime 46 f., 207, 360
– Bestimmung des
 Streitgegenstands 360
– Durchbrechung durch
 Offizialmaxime 207, 301
– Einleitung des Verfah-
 rens 360
Dispositiv
– Beschwerdeentscheid 280, 285, 305
– Unklarheiten, Wider-
 sprüche 317
Disziplinaraufsicht 131
**Disziplinarische Sank-
 tionen** 22, 173, 426
– Gesetzliche Grundlage 173
Drittbetroffene,
 s. a. Adressat 232

E

Eidgenössisches Ver- 15, 71, 351, 358,
sicherungsgericht 424
– als organisatorisch
 selbständige Abtei-
 lung des Bundes-
 gerichts 15, 358
– Eigentum, Nutzungs-
 beschränkungen 22, 408
– Koordination der
 Rechtsprechung 358
– Zuständigkeit 15, 351, 358
Einheit des Prozesses 27
Einheitlichkeit der
 Rechtsprechung 358
Einsprache 204 f.
– und Beschwerdeent-
 scheid 285
– Unterscheidung vom
 besonderen Einwen-
 dungsverfahren 205

Einwendungsverfahren,
 besonderes 205
EMRK, s. Europäische
 Menschenrechtskon-
 vention
**Endgültig entscheiden-
 de Instanz** 330
Endverfügung 226 ff.
Enteignung 22, 87
Entschädigung, s. Par-
 teientschädigung
Entscheid, s. a. Be-
 schwerdeentscheid,
 s. a. Europäische
 Menschenrechtskon-
 vention 285, 295 ff.,
 304 f.
Erklärungen
– auslegende, der
 Schweiz 21
Erlass, revidierte 21
Erläuterung 317
Ermessen, s. a.
 Beschwerdegründe,
 Ermessensfehler 376
– Auswahlermessen 275
– Entschliessungs-
 ermessen 275
– Ermessensspielraum 276
– Kognition 269
– Ohne-Not-Praxis,
 s. a. dort 269
– organisatorisches 276
– technisches 276
– Unterschied zum
 unbestimmten Rechts-
 begriff 277, 421
Ermessensausnbung,
 s. a. Ermessenskon-
 trolle 272
– Pflicht zur 272
Ermessensermächtigung,
 s. Ermessen, Ermes-
 senskontrolle
Ermessensfehler,
 s. a. Rechtsfehler 272, 420, 425 ff.
– als Beschwerdegrund 268, 425 ff.
– einfacher (Unange-
 messenheit) 275, 425 ff.
– qualifizierter 270
– Ermessensmiss-
 brauch 270, 272, 418

440

– Ermessensüberschreitung	270, 272, 418
– Ermessensunterschreitung	272, 418
– Überprüfung	276 f., 379, 382, 417, 426
Ermessenskontrolle	14, 41, 344
– im Verwaltungsbeschwerdeverfahren	7
– Zurückhaltung	269, 276, 277
Eröffnung	
– von Beschwerdeentscheiden	154 ff., 311
– von Verfügungen	29, 31, 110, 154 ff.
– durch amtliche Publikation	155
– mangelhafte	159
– an die Parteien (individuelle Zustellung)	154
Ersatzvornahme	173, 229
– antizipierte	173
Europäische Menschenrechtskonvention	14, 29, 74, 443
– Entscheide	320
– Erklärung, auslegende	21, 327
– Geltung	20 ff.
– Individualbeschwerde	320
– gutgeheissene als Revisionsgrund	320
– Organe	320
– Rechtsweggarantie	20 f., 330
Eventualmaxime	50, 264
Experten, s. Sachverständige	

F

Fach- und Fähigkeitsprüfungen, s. a. Berufsbewilligungen	387, 388
Fachkenntnisse, spezielle, von Vorinstanzen	269
Feststellungsverfügung, s. a. Verfügung	91 ff.
– Anspruch auf	91
– auf Antrag	91
– Begehren, Inhalt	260
Fiskustheorie	10, 67
Form	

– von Beschwerdeentscheiden	448 ff.
Formelle Rechtskraft, s. Rechtskraft, formelle	
Formelle Rechtsverweigerung, s. Rechtsverweigerungs- und Rechtsverzögerungsbeschwerde, s. a. rechtliches Gehör	
Fristen	148 ff., 342
– für Behandlung eines Gesuchs oder einer Beschwerde	315
– Beschwerdefrist	259, 266, 410
– Einhaltung	149, 410
– Erstreckung	150, 226, 410
– Nachfrist	54, 263, 411
– Rechtsmittelfrist, s. Beschwerdefrist	
– Säumnisfolgen	152
– Wahrung	98
– Wiederherstellung	151
Fristenlauf	148, 410

G

Gabelung des Rechtswegs	328, 334
Gegenpartei, s. Partei	
Gegenstandslosigkeit, s. a. Prozesserledigung	300
Gehör, s. rechtliches Gehör	
Geldleistung, Verfügung über	280
Gemeindeautonomie	334
Genehmigung von Erlassen	222
Generalklausel	72
– Ausnahmen	328
Gericht, unabhängiges, unparteiisches, s. Unabhängigkeit, s. a. Anspruch, auf ein unabhängiges und unparteiisches Gericht	
Gerichtsbarkeit, s. Verwaltungsgerichtsbarkeit	

441

Gerichtskosten, s. Kosten	
Gerichtsstand, s. Zuständigkeit	
Gesetzmässigkeit, Grundsatz der	19, 24, 30, 90, 92, 248, 347
Gesetzmässigkeitsprinzip, s. Gesetzmässigkeit, Grundsatz der	
Gesuch	316
Gestaltungsverfügung	92, 94
Gewaltenteilung	67
Gewaltverhältnis, besonderes	90
Gleichbehandlung der Parteien	54, 125
Gutachten, s. Beweismittel	

H

Haftung	13
– der Parteien	283, 284, 430 ff.
– des Staates	283, 284
– im allgemeinen	22
– aus Verfahrensfehlern	282 f.
– für vorsorgliche Massnahmen	282 ff.
Handlungsermessen, s. Entschliessungsermessen	
Heilung von Formfehlern und Prozessmängeln	105
Hoheitlichkeit einer Verfügung, s. Verfügung, Einseitigkeit	

I

in dubio pro reo	113
Instanzenzug, s. a. Zuständigkeit, funktionelle, s. a. Devolutiveffekt	26, 105, 328 f., 341, 363
– Erschöpfung des	329
Instruktionsrichter, s. Prozessleitung	
Instruktionsverfahren, s. a. Prozessleitung	288, 339, 434

Interesse, s. a. Rechtsschutzinteresse	
– aktuelles	91, 237
– Betroffenheit	240, 243, 246
– Beziehungsnähe, besondere	239 ff.
– dahingefallenes	299
– Drittinteressen	235
– eigenes	235
– konkretes	91
– öffentliches	6, 43, 235, 245 f., 248 f., 253 ff., 406
– persönliches	235
– privates	134, 406
– schutzwürdiges	91, 226, 234 ff., 238, 246 f., 248 f.
– rechtliches	91, 235
– tatsächliches	91, 235
– Anfechtungsinteresse, s. Beschwerderecht, Rechtsschutzinteresse	
Interessenabwägung, s. a. Verhältnismässigkeitsprinzip	280, 282
Intertemporales Recht	31, 88, 186, 193, 353 ff.
Irrtum, s. Willensmängel	
iura novit curia, s. Rechtsanwendung von Amtes wegen, Untersuchungsgrundsatz	

K

Kann-Vorschrift, s. Ermessen	
Kanton	
– Abgrenzung des kantonalen von Bundesverwaltungsrecht	225
– Anwendung von kantonalem statt Bundesrecht	225
– Erlasse, kantonale, Anfechtung	29, 331 ff.

- kantonales Recht als Grundlage von Verfügungen 225, 331, 399 ff.
- kantonaler Vollzug von Bundesrecht 225, 252
- Kompetenzen 27 f.
- Organisationsautonomie 27, 252, 371
- Verfahrensautonomie 252
- Verfahrensrecht, kantonales 270, 304
- Verfügung, gemischte 225, 270
- Verfügungen, kantonale, Anfechtung 29, 225, 270, 329, 331 ff.
- verwaltungsrechtliche Streitigkeiten, kantonale 351
- Verwaltungsrechtspflege, kantonale 15
  - Entwicklung 75 ff.
- Verwaltungsverfahren, kantonales 21

Kanzleifehler, Berichtigung 317
Kassationsentscheid, s. Beschwerdeentscheid, kassatorischer
Klage
- verwaltungsrechtliche, s. verwaltungsrechtliche Klage

Klageänderung, Streitgegenstand 182
Kläger, s. Partei
Kognition 78, 443
- Ausschöpfung der 269, 293
- Beschränkung 400, 402, 419
  - Abweichung von der Vorinstanz 269
  - Aufsichtsbeschwerde 199
  - unzulässige 269
- des Bundesgerichts 304, 418 f.
- des Bundesrates 336
- Kompetenzattraktion 336
- von Rechtsmittelinstanzen 268 f., 304
- der Rechtspflegeinstanzen im allgemeinen 268
- Sprungbeschwerde (-rekurs) 211

- Verwaltungsbeschwerdeverfahren 268
Kommissionen, eidgenössische 85
Kompetenz
- Attraktion, Prinzip 334, 336, 394
- Konflikt, s. a. Zuständigkeit, Meinungsaustausch über 334, 341
- zwischen Bundesgericht und Bundesrat 328 f., 334, 341

Konkurrent, s. Adressat
Konkurrentenbeschwerde, s. Legitimation
Konzession 90, 380
Körperschaften, öffentlich-rechtliche, Legitimation 235
Kosten, s. a. Verfahrenskosten 21, 162 ff., 353, 448, 451 ff.
- Befreiung, s. a. unentgeltliches Verfahren, unentgeltliche Vertretung 309 f.
- Rückzahlung 309
- des Beschwerdeverfahrens 306 f.
- Erlass der Verfahrenskosten 309 f.
- Gerichtskosten 448, 451 ff.
- obsiegende Partei 306
- öffentlichrechtliche Körperschaft 306
- Parteientschädigung, s. dort
- Regelung im Dispositiv 309
- Vorschusspflicht 307, 309

Kreisschreiben, s. Verwaltungsverordnungen

L

Legalitätsprinzip, s. Gesetzmässigkeit
Legitimation 34, 234 ff., 403 ff.
- abstrakte, s. a. Behördenbeschwerde 254

- Beschwerdebefugnis
  durch Bundesrecht   249 f., 404 ff.
- Beschwerdeberech-
  tigte allgemein   237
- Minimalvorschriften
  für das kantonale
  Verfahren   234
- Nutzen des Beschwer-
  deführers am Obsie-
  gen   239
- Teilnahmepflicht am   110, 236, 250,
  erstinstanzlichen   255
  Verfahren
- von
  - Behörden,   237, 252, 253
    s. a. Behörden-   405 ff.
    beschwerde
  - Dritten, Drittbetrof-
    fenen   237, 245, 404
  - Konkurrenten,
    s. a. Beamten-
    recht, Wahlen   241, 245, 404
  - Nachbarn   240
  - Gemeinden   245 f., 254 f.
  - öffentlichrechtliche
    Körperschaften und
    andere Verwaltungs-
    einheiten   235, 237, 245 f.
  - Organisationen   255
  - politische Parteien   244
  - Verbänden,   236 f., 243 ff.,
    s. a. Verbands-   255 ff., 409
    beschwerde
  - Vereinen   243, 255
  - Vertragspartnern
    von primären
    Adressaten   242
- Voraussetzungen
  - Berührtsein   234 f., 247
  - Beschwer   235 f.
  - formelle   236, 250
  - materielle   235, 246, 249
  - Beziehungsnähe,
    besondere, s. Inter-
    esse
  - Interesse, s. dort
- zur staatsrechtlichen
  Beschwerde   237

Leistungsverfügung,
   Anspruch   92, 94
Leistungsverwaltung   90
lex mitior   31

M

Massenverfahren   138
Massnahmen, vorsorg-
   liche, s. vorsorgliche
   Massnahmen
Materielle Rechtskraft,
   s. Rechtskraft,
   materielle
**Mehrparteienverfah-
ren**   231 f.
**Meinungsaustausch
über Zuständigkeit**   334
**Menschenrechtskon-
vention,** s. Euro-
päische
**Minimalanforderungen
und Minimalgaran-
tien,** verfassungsmäs-
sige, des rechtsstaat-
lichen Verwaltungs-
verfahrens   193
**Mittelbarkeitsgrund-
satz**   56
Mitteilungen   405
Mitwirkungspflichten
- der Parteien   48, 114, 125, 291
- der Zeugen   114, 116 ff., 121 f.
- Verletzung der   306
Mitwirkungsrechte
- der Departemente   340
- der Parteien   115
**Mündlichkeit des Ver-
fahrens**   55, 290

N

Nachbar, s. Adressat
Nachbarbeschwerde,
   s. Legitimation von
   Nachbarn
Nachfrist, s. Fristen
Nachteil, nicht wieder-
   gutzumachender   226
- Nachweispflicht   227
Nachteil, rechtlicher   226
Nachteil, tatsächlicher   226
**Natur- und Heimat-
schutzinteressen**   253 ff.
ne bis in idem   170

Negativkatalog,
s. a. Generalklausel,
Ausnahmen 72, 74, 375
Neues Recht,
s. Revision
Nichteintreten, s. a. 263, 296, 324,
Prozesserledigung, 412
Prozessvoraussetzungen
– Entscheid 94, 98, 102, 184, 227, 304
Nichtigkeitsgründe,
relative, s. a. Revision, Gründe 321
Nichtigkeitsbeschwerde, strafrechtliche 396
Nichtigkeitsklage,
s. Revision
Normenkontrolle
– abstrakte 78, 91, 331, 394
– konkrete, s. a. Überprüfung, akzessorische 271
– vorfragweise (akzessorische) 91
Noven, Novenrecht
– vor Rechtsmittelinstanz? 265, 413 ff.
Nutzen des Beschwerdeführers am Obsiegen 239

O

Obiter dictum 455
Öffentliche Interessen,
s. Interessen
Öffentlichkeit des 54 f., 57 ff., 294,
Verfahrens 441 f.
– Öffentliche Urteilsverkündung 20 f., 58, 311, 441 f.
– Parteiöffentlichkeit,
s. a. rechtliches 20, 55, 57, 61,
Gehör 441 f.
– Publikumsöffentlichkeit 20, 57, 58 ff.
  – vor Gerichten 59
  – vor Spezialverwaltungsgerichten 60
  – vor Verwaltungsbehörden 58

– und unveröffentlichte
Entscheide 59
Öffentlichrechtlicher Vertrag,
s. Vertrag
Offizialmaxime 45, 46 f., 90, 301, 446
Ohne-Not-Praxis
– des Bundesrates 276
– der Rechtsmittelinstanzen 269
Ombudsmann 77
Ordnungsbussen 22, 119
Organisatorische
Massnahmen,
s. Verwaltungsverordnungen 223

P

Parlamentarische
Kontrolle 43
Parlamentarische
Verwaltungsrechtspflege im
Bund 16
Partei 108 ff., 231, 371
– Adressat einer
Verfügung 109
– Begehren, s. Parteibegehren
– Begriff 109
– Behörden 231, 319
– Beschwerdebefugte 109
– Departemente 231
– Dritte, Drittbetroffenen 109, 232
– Entschädigung 138
– Kläger (Beschwerdeführer) 231
– im Mehrparteienverfahren 231 f.
– Pflichten 110
– Rechte 111
– im Verwaltungsverfahren 108 ff., 231, 371
– Verwaltung als 231
– Vorinstanz als 231, 319
– weitere Beteiligte 232
– im Zweiparteienverfahren 231

445

Parteibegehren	181	Prozessleitende	
– Bindung an, s. a. Dispositionsmaxime,		Verfügung	288
		Prozessleitung	288, 339
s. a. reformatio	34, 301, 415	Prozessökonomie	304
– Freistellung von (reformatio in peius vel		Prozessstandschaft	244
		Prozessvoraussetzungen	184 ff.
in melius)	301		
Parteibetrieb	62	– mangelnde, fehlende	296
Parteientschädigung	163, 308 f., 448, 451 ff.	– massgebender Zeitpunkt	184
Parteifähigkeit	108, 233	– Rechtsmittelvoraussetzungen	184 ff., 208 ff., 362 ff.
– der Verwaltung	231, 233		
Parteihandlungen	24	Prüfungszuständigkeit, s. Kognition	
Parteikosten, s. Parteientschädigung		Publikation von Entscheiden	59, 442
Parteiöffentlichkeit, s. Öffentlichkeit des Verfahrens		Publikumsöffentlichkeit, s. Öffentlichkeit des Verfahrens	
Parteipflichten	110		
Parteirechte, s. a. rechtliches Gehör	111	**R**	
Parteiverhör, s. Beweismittel		Raumplanung, s. a. Plan	28
Parteivertretung, s. Vertretung		– Rechtsnatur des Raumplans	221
Parteivorbringen, Prüfung	143	– Rechtsschutz	221, 328, 356, 409
Plan	80, 394		
– als Gegenstand des Verwaltungsverfahrens	328	Realakte der Verwaltung	81
		Rechnungs- und Kanzleifehler	317
– Genehmigung, s. dort		Rechtliches Gehör	52 f., 340
– Raumpläne	221	– bei Änderung einer Verfügung	302
– als Verfügung	221		
Politische Kontrolle	68	– Aufsichtsbeschwerde	200
Politische Partei, zur Beschwerde legitimiert? s. Legitimation		– Beschwerdeverfahren	293
		– formelle Natur	53
		– Gegenstand, Inhalt	52, 55
Popularbeschwerde	239, 241	– Geltungsbereich	20, 52
Prozessbetrieb	24 f.	– neue Verfügungen	285
Prozesserledigung, s. a. Urteil		– vor reformatorischem Entscheid	293, 302
– ohne Urteil	300	– im schriftlichen Verfahren	293
Prozessfähigkeit	108, 233		
– Behörden	231, 233	– Unverzichtbarkeit	53
Prozessführung, unentgeltliche	309 f.	– Verletzung	37, 53, 269
		– Folgen	53, 144
Prozesshindernisse, s. Prozessvoraussetzungen		– Heilbarkeit	53, 294
		– durch Kognitionsbeschränkung	269
Prozessinstruktion, s. Instruktionsverfahren, s. Prozessleitung		– Verzicht	53

- Wahrung des rechtlichen Gehörs 290, 293, 302
Rechtsanwendung von Amtes wegen, s. a. Untersuchungsgrundsatz 51, 291 f.
- im Beschwerdeverfahren 266, 292
Rechtsbegehren 411, 413 ff.
Rechtsbehelf 189
- Aufsichtsbeschwerde, s. dort
- Unterscheidung zum Rechtsmittel 189
- Wiedererwägungsgesuch, s. dort
Rechtsdienste
- und institutionelle Unabhängigkeit 7
- und Sachkompetenz 7
Rechtsfrage 277
Rechtsgrund, Änderung 182
Rechtskontrolle 7
Rechtskraft
- formelle 26, 166, 190, 312, 410
- materielle 26, 167, 190, 194, 312
Rechtsmissbrauch 263
Rechtsmittel
- Anspruch auf Erledigung 189
- Arten 175 ff.
  - ausserordentliche 38, 175 ff., 317, 319
  - devolutive 175 ff.
  - nicht devolutive 175 ff., 319
  - kassatorische 38, 175 ff., 304
  - ordentliche 175 ff.
  - prinzipale 175 ff.
  - reformatorische 175 ff., 304
  - selbständige 38
  - subsidiäre 175 ff.
  - vollkommene 175 ff., 269
- Begriff 175 ff.
- Begründung, s. Beschwerdeschrift
- Bezeichnung, falsche 261
- Einsprache, s. dort

- Entscheid, Anpassung an veränderte Verhältnisse 190, 319
- gegen Entscheide von Rekurs- und Schiedskommissionen 349
- Erläuterung, s. dort
- Rückzug, s. dort
- Unterscheidung zum Rechtsbehelf 189
Rechtsmittelbefugnis, s. Beschwerderecht, Legitimation
Rechtsmittelbelehrung 51, 64, 158, 305, 410
Rechtsmittelentscheid, s. Beschwerdeentscheid
Rechtsmittelfrist, s. a. Fristen
- Neubeginn 317
- Wirkung 279
Rechtsmittelgründe, s. Beschwerdegründe
Rechtsmittellegitimation, s. Legitimation
Rechtsmittelvoraussetzungen, s. Prozessvoraussetzungen
Rechtsprechung, einheitliche 358
Rechtsschriften der Parteien, s. a. Beschwerdeschrift 51, 54
Rechtsschutz 6, 66, 73 f., 76 ff., 78, 81
Rechtsschutzinteresse, s. Interesse 94
Rechtsstreit 2 f., 6, 9, 22
Rechtsverbindlichkeit 223
Rechtsverhältnis 9
Rechtsverletzung, s. a. Beschwerdegründe, Bundesrecht, Verletzung von 271
Rechtsverweigerung, Rechtsverzögerung 18, 62, 276, 410, 457
- als Beschwerdegegenstand 18
- Nichtbehandlung eines Wiedererwägungsgesuches 197

447

– formelle Rechtsverweigerung	18, 52, 269, 304, 628	– Rechtsmittel gegen deren Entscheid	349
– Rechtsverweigerung	314, 316, 410	– Organisation	345 ff.
– Rechtsverzögerung	315 f., 410	– Unabhängigkeit	344, 346 f.
– Rüge an Bunderat	316	– Zuständigkeit	348
– Rüge mit Verwaltungsgerichtsbeschwerde ans Bundesgericht	316	**Replik**	415
		Revision	29, 318 ff.
– im Sozialversicherungsrecht	314	– Anfechtungsobjekt	319
Rechtsverweigerungs- und Rechtsverzögerungsbeschwerde	62, 187, 202, 314 ff., 351, 398, 457	– Anspruch auf Eintreten	190
		– als ausserordentliches Rechtsmittel	319
– Entscheid	316	– Begehren, Gesuch	319, 324 f.
– Entscheid als Beschwerdegegenstand	398	– Entscheid als Beschwerdegegenstand (als Verfügung)	190
– keine Parteientschädigung	308	– Erledigungsformen	193, 324
– Rechtsverweigerungsbeschwerde	94, 304, 316	– Frist	323 f.
		– Gründe	29, 190, 193, 321 f., 324
– Rechtsverzögerungsbeschwerde	316	– Legitimation	319
– Voraussetzungen	316	– Unzulässigkeit	322
– Zuständigkeit	316	– Verfahren	194, 319, 334
Rechtsweggarantie, s. a. Anspruch auf Zugang zu einem Gericht	21, 330, 356	– von Verfügungen (Widerruf)	319
		– und Wiedererwägung	190
		– Zuständigkeit	194, 319
Rechtsweg, Gabelung/ Spaltung	328, 334	**Richter,** s. Unabhängigkeit	
Rechtswidrigkeit, s. Beschwerdegründe		**Rückweisung an Vorinstanz**	197, 304
Redaktions- und Rechnungsfehler, Berichtigung	317	**Rückweisungsentscheid,** s. a. Beschwerdeentscheid, kassatorischer	41, 304
reformatio in peius vel in melius, s. a. Dispositionsmaxime, Parteibegehren, Freistellung von	301 f., 435	**Rückzug einer Beschwerde**	297, 302, 360
		Rügeprinzip	51
reformatorische Entscheidung, s. a. Rechtsmittel	302, 304	**S**	
Rekurskommissionen	14, 29, 41, 60, 121, 330, 344, 354, 364, 381, 411, 423, 443	**Sachurteil**	303 f.
		Sachurteilsvoraussetzungen, s. Prozessvoraussetzungen	
		Sachverhaltsermittlung, s. Untersuchungsgrundsatz	
– Verwaltungsrechtspflege durch Rekurskommissionen	344 ff.	**Sachverhaltsfeststellung,** s. a. Untersuchungsgrundsatz	261, 290 f., 294, 422 ff.
– Rechtsgrundlagen	345	– Bindung an	274, 291, 423

- unrichtige oder
  unvollständige 261, 274
- im Verwaltungs-
  gerichtsverfahren 422 ff.
Sachverständige,
  s. a. Beweismittel 104, 119
Sanktionen, s. Voll-
  streckung, Mass-
  nahmen
Schadenersatz,
  s. a. Haftung 146, 431
Schätzungskommis- 217, 226, 364,
sion, eidgenössische 443
- Verfahren 87, 351
Schiedsgerichte 364
Schiedskommissionen 10, 14, 60, 121,
  330, 344, 354,
  364, 411, 423
- Verwaltungsrechts-
  pflege durch Schieds-
  kommissionen, s. a.
  Rekurskommissionen 344 ff.
Schlussverhandlung 440
Schriftenwechsel, s. a.
  Rechtsschriften 22, 289 f., 435
- Ausdehnung 435
- Beschränkung 435
- bei neuer Verfügung 285
- weiterer 231, 290
Schriftlichkeit des
  Verfahrens 52 f., 55, 293
Sonderstatusverhältnis,
  s. Besonderes Rechts-
  verhältnis
Sozialversicherungs-
  gerichtsbarkeit,
  s. a. Eidgenössisches
  Versicherungsgericht 351, 358
Sozialversicherungs-
  recht 28, 358
- Ansprüche 22
Spaltung des Rechts-
  wegs 334
Spezialverwaltungs-
  gerichte 348, 358
Sprungbeschwerde 211, 271, 287,
(-rekurs) 329, 369, 427
Staatsaufsicht,
  s. Aufsicht
Staats- und Beamten-
  haftung, s. Haftung

Staatsrechtliche Be- 38, 73, 82, 270,
schwerde 321, 334, 370,
  394, 399, 402,
  421, 431
- Legitimation, s. dort
- und Verwaltungs-
  beschwerde an den
  Bundesrat 334
- Verbindung mit
  Verwaltungsgerichts-
  beschwerde 411
- und Verwaltungs-
  gerichtsbeschwerde 82
- gegen Vollstreckungs-
  verfügungen 229
Staatsverträge 271
Strafverfolgung 396
Streitgegenstand, s.a. 47, 181 ff., 207,
  Dispositionsmaxime, 248, 265, 290,
  Klageänderung, 360, 413 f.
  Noven, Rechtsanwen-
  dung von Amtes
  wegen
- Erweiterung 265 f.
- Veränderung 265 f.
Streitigkeit
- öffentlich-rechtliche 13
- vermögensrechtliche 13, 67
- zivilrechtliche (privat-
  rechtliche) 13, 67
Streitwert 13
Submission
- Verfahren 201
- Zuschlag 82, 218
- Zweistufentheorie 219
Substantiierungs-
  pflicht, s. a. Begrün-
  dung, Begründungs-
  pflicht 261
Subventionen 90
- Entzug, Widerruf
  - Anfechtungsberech-
    tigte 242, 245
  - Subventionsgewäh-
    rung als Verfügung 218
Suspensiveffekt, s. auf-
  schiebende Wirkung

449

T

Tatbestandsermessen,
s. a. unbestimmter
Rechtsbegriff 277
Tatfrage
– Abgrenzung zur
Rechtsfrage 277
Tatsachen
– neue 266, 290
Teilverfügung 226
Treu und Glauben 19, 48, 54, 64,
93, 97, 105, 114,
125, 172, 317
– Fristenlauf 196
– Verbindlichkeit von
Zusicherungen und
Auskünften 223

U

Überspitzter Formalismus 18, 25
Überprüfung akzessorische, von Bundesgesetzen, s. a. Normenkontrolle 18, 271
Überprüfung
– Befugnis kraft Sachzusammenhangs 270
– von Bundesratsentscheiden 327
– von Entscheiden
höherer Instanzen 271
– der Verfassungsmässigkeit 271
Überweisung an die zuständige Instanz von Amtes wegen 98, 159, 362
Umweltrecht, Rechtsschutz 356
Umweltverträglichkeitsprüfung 119, 223, 255
– Beschwerdebefugnis 255
– Durchführungsentscheid 223, 226
– Stellungnahme zur 223
Unabhängigkeit und Unparteilichkeit
– des Gerichts 106, 210, 359, 371
– des Richters, s. a. Anspruch, auf einen unabhängigen und unparteiischen Richter 371, 373, 359, 423
– von Rekurs- und Schiedskommissionen 344 f., 346 f.
Unangemessenheit,
s. Ermessenskontrolle,
Ermessensfehler,
Beschwerdegründe 425 ff.
Unbestimmter Rechtsbegriff
– Unterschied zum
Ermessen 277
Unentgeltliche Rechtspflege 309 f.
Unentgeltliches Verfahren 309 f.
Unentgeltliche Vertretung 309
Ungehorsam, Androhung der Bestrafung wegen 125, 170 f.
Ungültigkeit von Verwaltungsakten, s. a.
Verfügung, Anfechtbarkeit, Fehlerhaftigkeit
Unmittelbarer Zwang 229
Unmittelbarkeitsgrundsatz (-prinzip) 56
Unparteilichkeit des Richters, s. Unabhängigkeit
Unterliegerprinzip,
s. a. Kosten 306
Unterschriften 262
Unterschriftendelegation 288, 339
Untersuchungsgrundsatz 45, 48 f., 51,
113 ff., 288,
291 f., 436 f.
– Beweisführung 262
– Beweisführungslast,
Beweislast 291
– Einschränkungen 291
– Ermittlung/Feststellung des Sachverhalts 274, 291, 436 f.
– Feststellung des anzuwendenden Rechts
(iura novit curia) 437

- und Mitwirkungspflichten der Parteien 262, 291
- neue Vorbringen mit Rechtsmitteln 266

Unzuständigkeit, s. Zuständigkeit
Urteil, s. a. Rechtskraft 449 f.
- Begründung, s. a. Begründung
- Prozessurteil, s. a. Nichteintreten 47, 449 f.
- Sachurteil 449 f.

Urteilsformel, s. Dispositiv
Urteilswirkung 455

V

Verantwortlichkeit, Staats- und Beamtenhaftung, s. Haftung
Verbandsaufsicht, s. Aufsichtskompetenz
Verbandsbeschwerde,
  s. a. Legitimation 235, 256 f., 409
- egoistische 243 ff., 255
- ideelle 244, 255 ff.

Verbeiständung, s. Vertretung
Verfahren, vereinfachtes 438
Verfahren, zweistufiges 363 ff.
Verfahren-.., s. a. Prozess–...
Verfahrensfehler, s. a. rechtliches Gehör 276
- Heilbarkeit 294

Verfahrenskosten,
  s. a. Kosten 306 f.
- unentgeltliche Prozessführung 309 f.

Verfahrensmaximen, s. a. Dispositionsmaxime, Offizialmaxime, Verhandlungsmaxime, Untersuchungsgrundsatz 44 ff.

Verfahrensöffentlichkeit, s. Öffentlichkeit des Verfahrens

Verfahrenspflichten, Verletzung 306
Verfassungsgerichtsbarkeit 36, 271
Verfassungsmässige Rechte 8, 51
Verfassungsmässigkeit, Überprüfung der 271
Verfassungsprinzipien 19
Verfügung 3, 7, 80, 82
- Abgrenzungen
  - kantonales von Bundesverwaltungsrecht 225
  - öffentliches von privatem Bundesrecht 224
  - von Rechtsmitteln des Bundes 224
  - von Rechtssätzen 220
  - von der ursprünglichen Verwaltungsgerichtsbarkeit 216
  - von Verträgen 218
- Adressaten, s. a. dort 238, 410
- mit grossem Adressatenkreis 220
- Allgemeinverfügung, s. a. dort 220
- Änderung der Verfügung
  - nachteilige 293
  - entgegen dem Parteibegehren 301
  - rechtliches Gehör 302
- Anfechtbarkeit 220
- Anordnung einer Behörde 217
- Anpassung, s. dort
- Anspruch auf Erlass, s. dort
- Anwendung von öffentlichem Recht des Bundes 224 f.
- Arten
  - ablehnende 195
  - Allgemeinverfügung 220
  - Einspracheentscheid, s. dort
  - endgültige 210, 330
  - Endverfügung, s. dort

451

- Feststellungsverfügung, s. dort
- gemischte 225, 270
- als Gegenstand des VwVG 86, 399 ff.
- Gestaltungsverfügung, s. dort
- Leistungsverfügung, s. dort
- negative 215
- Nichteintretensentscheid, s. dort
- prozessleitende 288
- über Pläne, s. a. dort 221, 328
- Vollstreckungsverfügung, s. dort
- Zwischenverfügung, s. dort
- Befugnis zum Erlass 217
- Begriff 37, 82, 215, 217 ff., 224
- Begründung, s. dort
- als Beschwerdeobjekt 215, 399 ff.
- Bestandeskraft, s. Rechtskraft, materielle
- Dienstanweisungen 223
- Dienstbefehle 223
- Einseitigkeit 218
- Empfehlungen 223
- Entscheid über Rechtsverweigerungs- und Rechtsverzögerungsbeschwerde, s. dort
- Erlass 81, 96, 217
  - Zuständigkeit zum Erlass 96 f.
- Ermächtigung zur Zeugenaussage 223
- Eröffnung, s. dort
- Ersetzung durch neue Verfügung, s. a. Widerruf, Wiedererwägung 285
- Fehlerhaftigkeit und ihre Folgen 190, 191
- Gegenstand von Verfügungen 215, 255
- Genehmigung von Erlassen 222
- generell-konkrete Anordnungen? 220

- Gesetzmässigkeit, s. dort
- Hoheitlichkeit 217
- individuell-konkrete Anordnungen 220
- Kartellkommission, Stellungnahme der 223
- Kompetenz 217
- Legaldefinition
  - Elemente 217 ff.
  - mangelnder Verfügungscharakter 223
  - Verwaltungsäusserungen (Auskünfte, Mitteilungen, Empfehlungen) 223
  - verwaltungsinterne Anordnung 223
  - Willensentschluss der Verwaltung 219
- mitwirkungsbedürftige 46, 218
- neue Verfügung 285
- organisatorische Massnahmen 223
- Rechtsbeständigkeit, s. Rechtskraft, materielle
- Rechtsverbindlichkeit 223
- Rechtswirkungen 223
- Umweltverträglichkeitsprüfung, s. dort
- Vollstreckung, s. dort
- Voraussetzungen
  - Abstützung im öffentlichen Recht des Bundes 224 f.
  - Anordnung einer Behörde, s. dort
  - Einseitigkeit 218
  - individuell-konkrete Anordnung 220
  - Rechtsverbindlichkeit 223
- Widerruf, s. dort
- Widerruflichkeit, s. dort
- Wiedererwägung, s. dort
- Willensentschluss der Verwaltung 219
- Wirkung 166 f.

– Zustellung, s. Eröffnung
Verfügungsbefugnis 217
Verfügungsgrundsatz,
s. Dispositionsmaxime
Vergleich 47, 299, 360
Verhältnismässigkeitsprinzip, s. a. Interessenabwägung 19, 172, 280
Verhandlungsgrundsatz 48 f.
Verhandlungsmaxime 48 f.
Verkehrszeichen als generell-konkrete Anordnungen 220
Verkehrsverbände,
s. Legitimation von Verbänden
Vernehmlassung, s. a. Vorprüfungsverfahren
– der Gegenpartei 290, 415
– der Vorinstanz 290
– und Wiedererwägung 285
Vernehmlassungsverfahren 290
Verordnung, s. Verwaltungsverordnung
Versäumnis, s. Fristen
Versicherungsgericht,
s. Eidgenössisches
Vertrag 80
– Abgrenzung von Verfügung 218
– und mitwirkungsbedürftige Anordnungen, s. a. Verfügung, mitwirkungsbedürftige 218
– privatrechtlicher 22, 219
– öffentlichrechtlicher 219, 364
Vertrauensprinzip,
s. Treu und Glauben
Vertrauensschutz,
s. a. Treu und Glauben 191
Vertretung 403
– unentgeltliche 309
Verwaltungsakt,
s. Verfügung, Wiedererwägung
– mitwirkungsbedürftiger, s. Verfügung, mitwirkungsbedürftige

Verwaltungsbehörden,
s. Behörden
Verwaltungsbeschwerde 23, 37, 72, 94
– Beschwerdeinstanz, s. dort
– an den Bundesrat, s. Beschwerde an den Bundesrat
– an die Bundesversammlung 341 f.
– Legitimation, s. dort
– Rechtswirkungen 268
– Subsidiarität 331
– und Verwaltungsgerichtsbeschwerde 94, 212, 328, 334
– Verfahren 293
– Voraussetzungen 208 ff.
Verwaltungsgerichte
– allgemeine 11, 12 ff.
– Spezialverwaltungsgerichte 11, 14
Verwaltungsgerichtsbarkeit 5, 8 ff., 12, 72
– eidgenössische 71
– in den Kantonen 199
– nachträgliche 9 ff., 344
– Träger 357 ff.
– ursprüngliche 9 ff., 232, 344
Verwaltungsgerichtsbeschwerde 29, 37, 72, 94, 348 f., 350 ff., 360 ff., 370
– Ausnahmen 356
– und Beschwerde an den Bundesrat 334
– devolutive Wirkung 428
– und Dispositionsmaxime 360
– Legitimation, s. dort
– Rechtsgrundlagen 351 f.
– und staatsrechtliche Beschwerde 362, 411
– Subsidiarität 331
– Übergangsbestimmungen 1991 353 ff.
– und Verwaltungsbeschwerde 94, 212, 328, 408
– Voraussetzungen 362 ff.
– Vorinstanzen 363 ff., 370 f.
– Zuständigkeit 357 ff.
Verwaltungsgerichtsverfahren und Verwaltungsverfahren 37

453

Verwaltungshandeln		– Aussenwirkungen	223
– informelles	81	– Verletzung durch	
Verwaltungshierarchie	252	Verfügung	273
Verwaltungskontrolle	42	**Verwaltungszwang,**	
Verwaltungskontroll-		s. Vollstreckung	
stelle, parlamenta-		**Verweigerung,** s.	
rische	43	Rechtsverweigerung	
Verwaltungsrechtliche	348, 351, 354,	– einer Verfügung	22
Klage, s. a. Verwal-	364, 391, 453	**Vökerrecht,** s. Euro-	
tungsgerichtsbarkeit,		päische Menschen-	
ursprüngliche		rechtskonvention	
Verwaltungsrechts-	4 ff., 18, 22, 26,	**Vollmacht,**	
pflege	41, 56	s. Vertretung	
– Aufgaben	6	**Vollstreckung**	169 ff., 456
– durch das Bundes-		– Hemmung durch auf-	
gericht	350 ff.	schiebende Wirkung	279 f.
– und Dispositionsma-		– Gesetzmässigkeit	229
xime, s. Dispositions-		– Massnahmen	173
maxime		– disziplinarische	
– gerichtliche	6, 12	Sanktionen, s. dort	
– Legitimation,		– Ersatzvornahme,	
s. a. dort	235	s. a. dort	229
– nachträgliche	344	– unmittelbarer	
– ungelöste Probleme	74	Zwang	229
– durch Rekurs- und		– sofortige	281
Schiedskommissionen,		– von Verfügungen	146, 166, 281,
s. a. dort	344 ff.		312
– nicht streitige, s. Ver-		– Verhältnismässigkeit	229
waltungsverfahren,		– Vollstreckbarkeit und	
nicht streitiges		rechtliche Wirksam-	
– streitige, s. Verwal-		keit	229, 279, 312
tungsverfahren,		– Vollstreckungs-	
streitiges		verfügung	226, 229
– ursprüngliche	344	– Voraussetzungen	169 ff., 172
– verwaltungsbehördli-		**Vollzug von Bundes-**	
che, s. verwaltungs-		**gerichtsentscheiden,**	
interne		mangelhafter	316
– verwaltungsinterne	5, 7, 71, 175 ff.	**Vollzugskompetenz**	229
– verwaltungsexterne	5, 8 ff.	**Vorbefassung,**	
– Ziele	6	s. Ausstandsgründe	
Verwaltungsverfahren	3, 18, 61, 72	**Vorbehalt der Schweiz**	
– allgemeine Regeln	352	**bei Ratifikation der**	
– Eröffnung	207	**EMRK**	21
– nichtstreitiges	2 f., 24, 26, 46,	**Vorprüfungsverfahren**	289 f.
	56, 80 ff., 90,	**Vorschuss,** s. Kosten	
	215	**Vorsorgliche Mass-**	146, 279 ff., 284,
– streitiges	3, 5, 207, 215	**nahmen,** s. a. auf-	285, 429 ff.
– verwaltungsinternes	201, 229	schiebende Wirkung,	
Verwaltungsver-	80 f., 85, 186,	Devolutiveffekt	
fahrensgesetz des	327, 342	– Haftung	282 ff.
Bundes (VwVG)		– Interessenabwägung	146, 284
Verwaltungsverord-		– Verantwortlichkeit	282 f., 430 ff.
nungen	223	– Zwischenverfügung	
		über	281

W

Wahrung des rechtlichen Gehörs 293
Weisungen, verbindliche, an die Vorinstanz 211, 287, 316
Widerrechtlichkeit,
 s. a. Haftung 284
 – einfache 282
Widerruf 34
 – und Dienstaufsicht 199
 – eines Fähigkeitszeugnisses
 – einer Verfügung 22, 93, 190, 285, 398
 – und Wiedererwägung 191, 193, 285
 – von Verwaltungsakten 190, 191
Widerruflichkeit von Beschwerdeentscheiden? 312
Wiederaufnahme, s. Revision
Wiedererwägung 190 ff., 231, 285, 298
 – Anspruch auf 193
 – Entscheide, als Verfügungen 194, 197
 – Entscheid, reformatorischer
  – Anzeige an Parteien und Vorinstanzen 285
 – Gesuch
  – Berechtigte 192
  – Gründe 192 f., 196
  – Nichtbehandlung 197
 – als Rechtsbehelf 189, 193
 – und Revision 190
 – und veränderte Verhältnisse 194, 312
 – Verfügungen als Beschwerdegegenstand 190, 192
 – und Widerruf 191, 285
 – Zuständigkeit 190
Willensbildung, behördeninterne 219
Willensmängel 297
Willkür 24, 37
 – bei vorsorglichen Massnahmen 282 f.

Z

Zeugen 121 f.
 – Aussage, Ermächtigung zur 223
 – Einvernahme 121 f., 141
 – Mitwirkungspflichten, s. dort 121 f.
 – Zeugnispflicht 121 f.
 – Zeugnisverweigerungsrecht 122 f.
Zirkulationsbeschluss 353
Zivilgerichte 13
Zivilprozess 9, 45, 62, 235
Zivilprozess, Grundsätze, im Verwaltungsprozess 9
Zusicherungen 80, 223
 – als Verfügung 223
Zuständigkeit
 – Beschwerdeinstanz, grundsätzlich zuständige 210
 – des Bundesgerichts 10, 12 f., 210, 316, 339, 351 f., 357, 374 ff., 402
 – des Bundesrates 316, 328 ff., 380
 – der Bundesversammlung 334, 341
 – Folgen der Unzuständigkeit
  – Überweisungspflicht 208
  – Weiterleitung 208
 – funktionelle 212, 265
 – Kompetenzattraktion 334, 341
 – Meinungsaustausch über 208, 334, 341, 362
 – Prüfung, Feststellung von Amtes wegen 24, 208
 – der verwaltungsinternen Rechtspflegeinstanzen 213
 – der eidgenössischen Rekurs- und Schiedskommissionen 348
 – sachliche 213, 372 ff.
 – aufgrund des Sachzusammenhangs 334
 – Streit über Zuständigkeit
  – zwischen den Behörden 100 f.

455

- zwischen Behörden
  und Privaten 103
- Entscheid über
  Kompetenzkonflikt 99, 208
- Meinungsaustausch 99 f.
- Überweisung an
  zuständige Instanz 99, 208
- Unzuständigkeit,
  Überweisungspflicht
  bei 99, 102, 208
- des eidgenössischen
  Versicherungs-
  gerichtes 351, 358
- Zuweisung durch
  Gesetze 337, 341
- zwingende Natur der 208
Zustellung,
  s. a. Eröffnung
- fingierte 148
Zweckmässigkeit,
  s. Ermessenskontrol-
  le, Unangemessenheit
Zweiparteienverfahren 231
Zweistufentheorie,
  s. a. Submission 219
Zwischenverfügung 2, 105, 226, 339, 455

- Abgrenzung 226
- Anfechtbarkeit 135, 226 f., 281, 401
- selbständige 135, 146
- atypische 102
- Aufzählung der 227
- Begriff 226
- Beschwerdefrist 410
- als Beschwerdegegen-
  stand
  - als Gegenstand von
    Verwaltungsge-
    richtsbeschwerden
    ans Bundesgericht 398
- Eröffnung, s. dort
- Interesse daran 226
- Rechtsmittelfrist,
  s. dort
- Voraussetzung 229
- über Kosten 309
- über Prozessvoraus-
  setzungen 296
- über aufschiebende
  Wirkung 281
- über Zuständigkeit 208, 288
- Zuständigkeit zum
  Erlass 339